ACCESO GRATIS *a la Lectura en la Nube*

Para visualizar el libro electrónico en la nube de lectura envíe junto a su nombre y apellidos una fotografía del código de barras situado en la contraportada del libro y otra del ticket de compra a la dirección:

ebooktirant@tirant.com

En un máximo de 72 horas laborables le enviaremos el código de acceso con sus instrucciones.

CUESTIONES ACTUALES DEL DERECHO DE SOCIEDADES Y DE LA INSOLVENCIA

(Libro de ponencias del III Encuentro Tirant en materia societaria y concursal)

CUESTIONES ACTUALES DEL DERECHO DE SOCIEDADES Y DE LA INSOLVENCIA
(Libro de ponencias del III Encuentro Tirant en materia societaria y concursal)

Directores
JOSÉ LUIS FORTEA GORBE
JACINTO TALENS SEGUÍ

Coordinadores
EDUARDO AZNAR GINER
JORGE LÓPEZ PARICIO

tirant lo blanch
Valencia, 2025

En caso de erratas y actualizaciones, la Editorial Tirant lo Blanch publicará la pertinente corrección en la página web www.tirant.com.

EDITA: TIRANT LO BLANCH
C/ Artes Gráficas, 14 - 46010 - Valencia
TELFS.: 96/361 00 48 - 50
FAX: 96/369 41 51
Email: tlb@tirant.com
www.tirant.com
Librería virtual: www.tirant.es
DEPÓSITO LEGAL: V-3780-2025
ISBN: 979-13-7021-282-7

Si tiene alguna queja o sugerencia, envíenos un mail a: *atencioncliente@tirant.com*. En caso de no ser atendida su sugerencia, por favor, lea en *www.tirant.net/index.php/empresa/politicas-de-empresa* nuestro procedimiento de quejas.

Responsabilidad Social Corporativa: http://www.tirant.net/Docs/RSCTirant.pdf

Listado de autores

AHEDO PEÑA, Olga
AZNAR GINER, Eduardo
BLANCO GARCÍA-LOMAS, Leandro
CABRERA TOMÁS, Francisco
CANO MARCO, Francisco
CÓRDOBA ARDAO, Bárbara
DUTILH CARVAJAL, José María
ECHEVERRÍA LARRAÑAGA, Josu
FERNÁNDEZ GARCÍA, Guillermo
FORTEA GORBE, José Luis
GARCÍA OREJUDO, Raúl
GIL MONZÓ, Francisco
GUILLAMÓN RUIZ, Moisés
GONZÁLEZ SUÁREZ, Carmen
MARTÍNEZ DE MARIGORTA MENÉNDEZ, Carlos
MARTÍNEZ MUÑOZ, Miguel
MATILLA MAHÍQUES, Laura
PASTOR GARCÍA, David
PULGAR EZQUERRA, Juana
PÉREZ-BUSTOS MANZANEQUE, Alba
PICAZO MENDENDEZ, Juan Carlos
SALINAS ADELANTADO, Carlos
SUÁREZ VAZQUEZ, César
TAPIA LÓPEZ, José María
TEJERO ALDOMAR, Juan Francisco
VILATA MENADAS, Salvador
YANGUELA CRIADO, Rafael
ZUBIZARRETA URCELAY, Vicente

ÍNDICE

3. La acción rescisoria concursal y el procedimiento especial para microempresas

Eduardo Aznar Giner

4. Funcionalidad de las reglas de prioridad

Leandro Blanco García-Lomas

5. La responsabilidad tributaria de los administradores concursales en los ilícitos tributarios

Francisco Cabrera Tomás

6. Lo sublime de las funciones del experto en la reestructuración
VICENTE ZUBIZARRETA URCELAY

7. La necesaria participación de los representantes de los trabajadores en el concurso de acreedores
FRANCISCO CANO MARCO

8. Intervención del experto en los planes de reestructuración no consensuales
OLGA AHEDO PEÑA

9. Cuestiones sobre concurso sin masa y exoneración del pasivo insatisfecho
José María Dutilh Carvajal

10. El papel de los socios en los procesos de reestructuración empresarial en un escenario de preinsolvencia
Bárbara Córdoba Ardao

11. Particularidades de la comunicación de negociaciones en el régimen especial de microempresa y diferencias con el régimen general
David Pastor García

12. Cuestiones prácticas a raíz de dos resoluciones dictadas, de veinte de enero de dos mil veinticinco del juzgado mercantil 9 de Madrid y de veinticinco de enero de dos mil veinticinco del juzgado mercantil 5 de Madrid
Moisés Guillamón Ruiz

13. El crédito público como circunstancia impeditiva de la exoneración del art. 487.1.2 estado de la cuestión y soluciones jurisprudenciales

Rafael Yanguela Criado

14. Apuntes sobre el procedimiento especial de microempresas

José Luis Fortea Gorbe

22. Concurso de personas físicas y exoneración del pasivo insatisfecho en los supuestos de concursos sin masa. Algunas cuestiones

Raúl García Orejudo

23. La responsabilidad de los administradores sociales: cuestiones prácticas

Carmen González Suárez

24. La homologación judicial de los planes de reestructuración: criterios y límites

Miguel Martínez Muñoz

25. Sobre la venta de la unidad productiva y el pre-pack

Francisco Gil Monzó

26. Los efectos de la quita o espera del convenio en la contabilidad e impuesto de sociedades de la concursada

Eduardo Aznar Giner
Josu Echeverria Larrañaga

27. Los planes de reestructuración liquidativos: preconcurso y pre-pack

Juana Pulgar Ezquerra

28. Estrategia procesal en la homologación de los planes de reestructuración a la luz del caso Novoline SAP Madrid 9 de junio de 2025

Carlos Salinas Adelantado

PRESENTACIÓN

Como en ediciones anteriores, el Ateneo Mercantil de Madrid ha acogido la tercera edición de los Encuentros Tirant en materia societaria y concursal, ya conocidos como ENCUENTROS TIRANT MADRID, solvente y brillantemente organizados por la EDITORIAL TIRANT LO BLANCH y PROA FORMACIÓN, y que se han celebrado en la capital de España durante los meses de noviembre de 2024 a junio de 2025.

Estructurado el programa académico en ocho sesiones, una por mes, y siempre en viernes, los ENCUENTROS TIRANT MADRID se han convertido, un año más, en un punto de referencia y encuentro formativo para los profesionales del ámbito de la insolvencia y de lo mercantil, en el que, con rigor y concienzudamente, hemos debatido, junto a los asistentes, y reputados y prestigiosos ponentes, las cuestiones más relevantes y de actualidad del derecho de sociedades y de la insolvencia, tanto de empresas como de particulares, poniendo el foco en el procedimiento especial para microempresas, la responsabilidad de administradores sociales, los planes de reestructuración, la venta de las unidades productivas, la exoneración del pasivo insatisfecho, o los aspectos fiscales laborales y contables del concurso de acreedores.

El presente libro reúne los estudios y ponencias, todas brillantísimas, presentadas a debate durante los Encuentros por especialistas del ámbito económico, financiero, mercantil, y de la insolvencia, todos de reconocido prestigio, y de diversa procedencia (magistrados, economistas, profesores universitarios, y abogados), a los que queremos agradecer su participación en esta tercera edición de los ENCUENTROS TIRANT MADRID, y felicitarles por la brillantez de sus exposiciones y trabajos. También extendemos nuestra felicitación y agradecimiento a los organizadores, la EDITORIAL TIRANT LO BLANCH y PROA FORMACIÓN, y al patrocinador, KUALITTE AUCTIONS. Y obviamente, a los verdaderos protagonistas de los encuentros: todos y a cada uno de los asistentes que han apostado otro año más por recibir una formación rigurosa y ágil, dirigida a una intensa especialización en lo societario y concursal.

Esperamos que este trabajo sea del agrado del lector y contribuya a la mejora de nuestro Derecho sobre sociedades y de la insolvencia, y sea de utilidad a los profesionales en su quehacer diario.

En Valencia, hoy día veinticinco de julio de 2025.

José Luis FORTEA GORBE
Magistrado Juez de lo Mercantil núm. 3 de Valencia

Jacinto TALENS SEGUÍ
Magistrado Juez de lo Mercantil núm. 2 de Valencia

1. EL JUICIO DE PROPORCIONALIDAD DEL ARTÍCULO 487.1.2 TRLC

ALBA PÉREZ-BUSTOS MANZANEQUE
Magistrada de la Audiencia Provincial de Valladolid
Especialista en asuntos propios de los órganos de lo mercantil

Sumario: I. LA DOCTRINA JURISPRUDENCIAL DEL TJUE. II. ANÁLISIS DE PROPORCIONALIDAD DEL PRECEPTO. II.1. El legislador español no ha justificado de ninguna forma, en la trasposición de la Directiva, las exclusiones de acceso a la exoneración del artículo 487 TRLC. II.2. La justificación al amparo de la contribución al sistema de gasto público no es bastante, es genérica. Artículo 31 de la Constitución y artículo 3 de la Ley General Tributaria. II.3. El fin de la responsabilidad tributaria en el caso de los acuerdos de derivación. II.4. La imprescriptibilidad de facto. III. CONCLUSIÓN.

I. LA DOCTRINA JURISPRUDENCIAL DEL TJUE

El Tribunal de Justicia en la STJUE, de 7 de noviembre de 2024, asuntos acumulados C-289/23 [Corván] y C-305/23 [Bacigán] (-ECLI:EU:C:2024:934-) resolvió varias cuestiones prejudiciales planteadas tanto por el Juzgado Mercantil 1 de Alicante y el Juzgado de lo Mercantil número 10 de Barcelona en las que expresamente se preguntaba si el artículo 487.1.2 TRLC es contrario a la Directiva de insolvencia.

Recordemos que el legislador español ha diseñado el límite (art. 487.1.2 TRLC) de la siguiente forma:

2º Cuando, en los diez años anteriores a la solicitud de la exoneración, hubiera sido sancionado por resolución administrativa firme por infracciones tributarias muy graves, de seguridad social o del orden social, o cuando en el mismo plazo se hubiera dictado acuerdo firme de derivación de responsabilidad, salvo que en la fecha de presentación de la solicitud de exoneración hubiera satisfecho íntegramente su responsabilidad.

En el caso de infracciones graves, no podrán obtener la exoneración aquellos deudores que hubiesen sido sancionados por un importe que exceda del cincuenta por ciento de la cuantía susceptible de exoneración por la Agencia

Estatal de Administración Tributaria a la que se refiere el artículo 489.1.5º, salvo que en la fecha de presentación de la solicitud de exoneración hubieran satisfecho íntegramente su responsabilidad.

De la respuesta del TJUE, en lo que aquí respecta, se han de destacar tres párrafos clave:

"En lo que atañe a esta apreciación, ha de recordarse que los Estados miembros están obligados a ejercer sus competencias con observancia del Derecho de la Unión y de sus principios generales y, por consiguiente, respetando el principio de proporcionalidad. De ello se infiere que la medida nacional de que se trate no debe exceder los límites de lo que es apropiado y necesario para lograr los objetivos legítimamente perseguidos por tal medida (véase, en este sentido, la sentencia de 24 de febrero de 2022, Agenzia delle dogane e dei monopoli y Ministero dell'Economia e delle Finanze, C-452/20, EU:C:2022:111, apartado 36 y 37 y jurisprudencia citada). De este modo, dicha medida no puede afectar a la obligación de los Estados miembros, que figura en el artículo 20, apartado 1, de la Directiva sobre reestructuración e insolvencia, de velar por que los empresarios insolventes tengan acceso al menos a un procedimiento que pueda desembocar en la plena exoneración de deudas" (párrafo 50).

"Así pues, en la medida en que el órgano jurisdiccional remitente considere que la exclusión de la exoneración de deudas en las circunstancias definidas en el artículo 487, apartado 1, punto 2, del TRLC está justificada por el legislador nacional en aras de un interés público legítimo, le corresponderá apreciar, a la luz del referido principio, si ese interés justifica, en particular, que esta exigencia se aplique a esas deudas en los diez años anteriores a la solicitud de la exoneración y que no pueda tenerse en cuenta un posible retraso en la adopción del acuerdo de derivación de responsabilidad" (párrafo 51).

"Habida cuenta de las consideraciones anteriores, procede responder a la primera cuestión prejudicial, letras b), c) y d), planteada en el asunto C-289/23 y a las cuestiones prejudiciales segunda y cuarta planteadas en el asunto C-305/23 que el artículo 23, apartados 1 y 2, de la Directiva sobre reestructuración e insolvencia debe interpretarse en el sentido de que no se opone a una normativa nacional que, al transponer esa Directiva, impone el pago de los créditos públicos no privilegiados a raíz de un procedimiento concursal para poder acogerse a la exoneración de deudas, excluye el acceso a la exoneración de deudas en circunstancias en las que el deudor haya tenido un comportamiento negligente o imprudente, sin haber actuado, no obstante, de forma deshonesta o de mala fe, y excluye ese acceso cuando, en los diez años

anteriores a la solicitud de la exoneración, el deudor haya sido sancionado mediante resolución administrativa firme por infracciones tributarias muy graves, de seguridad social o del orden social, o se haya dictado en su contra un acuerdo firme de derivación de responsabilidad, salvo que, en la fecha de presentación de esa solicitud, dicho deudor hubiera satisfecho íntegramente sus deudas tributarias y sociales, siempre que esas excepciones estén debidamente justificadas con arreglo al Derecho nacional". (párrafo 52).

Tales conclusiones parecen confirmadas por el Auto del Tribunal de Justicia (Sala Sexta), de 28 de abril de 2025, RB/Ayuntamiento de Humanes de Madrid, asunto C- 46/24, ECLI:EU:C:2025:289, en el que se remite en su integridad a la sentencia de 7 de noviembre de 2024, Corván y Bacigán, C-289/23 y C-305/23, EU:C:2024:934. Y en dicha remisión, el TJUE ha recordado nuevamente que la justificación debida debe realizarse a la luz del principio de proporcionalidad (ap. 30 C-46/24).

II. ANÁLISIS DE PROPORCIONALIDAD DEL PRECEPTO

Para analizar la proporcionalidad de la medida, hemos de estar al ordenamiento jurídico nacional en los términos de la Sentencia del Tribunal de Justicia de la Unión Europea transcrita. Y en este sentido, en los apartados 40 a 52, se puede advertir claramente, que la existencia de una justificación debida debe ser apreciada por el Juez nacional, de conformidad con el principio de proporcionalidad.

En cualquier caso, por Derecho nacional no solo entendemos la norma de transposición sino el conjunto del ordenamiento jurídico, y en este sentido se considera que el inciso no es proporcionado por las siguientes razones:

II.1. El legislador español no ha justificado de ninguna forma, en la trasposición de la Directiva, las exclusiones de acceso a la exoneración del artículo 487 TRLC

La cuestión sólo parece abordarse en el apartado IV de la Exposición de Motivos de la Ley 16/22 que incorporó a nuestro Ordenamiento Jurídico la Directiva de insolvencia, en estos términos:

Se amplía la exoneración a todas las deudas concursales y contra la masa. Las excepciones se basan, en algunos casos, en la especial relevancia de su satisfacción para una sociedad justa y solidaria, asentada en el Estado de Derecho (como las deudas por alimentos, las de derecho público, las deudas derivadas de ilícito penal o incluso las deudas por responsabilidad extracontractual). Así, la exoneración de deudas de derecho público queda sujeta a ciertos límites y solo podrá producirse en la primera exoneración del pasivo insatisfecho, no en las sucesivas. En otros casos, la excepción se justifica en las sinergias o externalidades negativas que podrían derivar de la exoneración de cierto tipo de deudas: la exoneración de las deudas por costes o gastos judiciales derivados de la tramitación de la propia exoneración podría desincentivar la colaboración de ciertos terceros con el deudor en este objetivo (por ejemplo, los abogados), lo cual perjudicaría el acceso del concursado al expediente. De la misma forma, la exoneración de deudas que gocen de garantías reales socavaría, sin fundamento alguno, una de las piezas esenciales del acceso al crédito y, con ello, del correcto funcionamiento de las economías modernas, cual es la inmunidad del acreedor que disfrute de una garantía real sólida a las vicisitudes de la insolvencia o el incumplimiento del deudor. Por último, de forma excepcional, se permite al juez que declare la no exonerabilidad total o parcial de ciertas deudas cuando ello sea necesario para evitar la insolvencia del acreedor.

No es difícil deducir que esta justificación se concede para las excepciones a la exoneración del artículo 489 TRLC, esto es, para los créditos no exonerables, pero no para las causas que impiden el acceso a la misma del artículo 487 TRLC.

En consecuencia, hemos de partir de que, en el marco de la norma de transposición de la Directiva de insolvencia no existe ningún tipo de justificación para las prohibiciones del artículo 487 TRLC.

II.2. La justificación al amparo de la contribución al sistema de gasto público no es bastante, es genérica. Artículo 31 de la Constitución y artículo 3 de la Ley General Tributaria

Lo anterior nos lleva a buscar justificación en el resto del ordenamiento jurídico. Se podría pensar que se halla en el artículo 31 de la Constitución Española prevé que: "1. Todos contribuirán al sostenimiento de los gastos públicos de acuerdo con su capacidad económica mediante un sistema tributario justo inspirado en los principios de igualdad y progresividad que, en ningún caso, tendrá alcance confiscatorio. 2. El gasto público realizará una asignación equitativa de los recursos públicos, y su programación y ejecución responderán a los criterios de eficiencia y economía. 3. Sólo podrán establecerse prestaciones personales o patrimoniales de carácter público con arreglo a la ley".

Por su parte, el artículo 3 de la Ley General Tributaria establece: "1. La ordenación del sistema tributario se basa en la capacidad económica de las personas obligadas a satisfacer los tributos y en los principios de justicia, generalidad, igualdad, progresividad, equitativa distribución de la carga tributaria y no confiscatoriedad. A estos efectos, se prohíbe el establecimiento de cualquier instrumento extraordinario de regularización fiscal que pueda suponer una minoración de la deuda tributaria devengada de acuerdo con la normativa vigente. 2. La aplicación del sistema tributario se basará en los principios de proporcionalidad, eficacia y limitación de costes indirectos derivados del cumplimiento de obligaciones formales y asegurará el respeto de los derechos y garantías de los obligados tributarios".

Parece evidente no sólo que estos incisos son genéricos y que podrían venir a justificar cualquier gasto público sino que, en cualquier caso, la contribución ciudadana al sostenimiento del Estado se basa en la capacidad económica del contribuyente, cuestión que, como veremos, resulta de vital importancia en relación a los acuerdos de derivación de responsabilidad, puestos se dictan al margen de la capacidad económica de sus destinatarios, y que no puede servir para colmar la exigencia de justificación debida que impone el TJUE.

Finalmente cabe señalar que, en cuanto a la justificación debida, la normativa tributaria podría establecer un objetivo legítimo, pero tampoco ello supone la validación de la compatibilidad de la normativa española con arreglo al Derecho de la Unión Europea. En efecto, la mera existencia de un objetivo legítimo no implica que las medidas adoptadas sean proporcionadas al mismo.

En consecuencia, no hay justificación en la norma de transposición, y no la hay más que en términos genéricos e inconcretos en el resto del ordenamiento jurídico nacional.

II.3. El fin de la responsabilidad tributaria en el caso de los acuerdos de derivación

La responsabilidad tributaria, una vez declarada, supone la aparición en el ámbito jurídico de un obligado al pago de la deuda tributaria, así como, en su caso, de las sanciones. Se trata, por tanto, de una obligación pecuniaria impuesta a un sujeto determinado.

Como dispone el artículo 41.1 LGT el responsable tributario se sitúa "junto a los deudores principales" de este modo, la doctrina señala que el responsable se añade como codeudor o bien que se posiciona como deudor secundario o complementario. Téngase en cuenta que, a diferencia del sustituto del contribuyente, el responsable no ha de responder de la deuda en primer término, por lo que no desplaza al obligado principal, sino que lo acompaña.

Si bien la figura del responsable tradicionalmente ha presentado un sentido de garantía, hoy se puede distinguir entre razones estrictamente de garantía, responsabilidad por acto ilícito y responsabilidad por la omisión de una diligencia exigida por la ley. En esta línea, indica el TS en su sentencia 729/2023 de 5 de junio (rec 4293/2021), tras clasificar la responsabilidad como solidaria o subsidiaria, que "otra clasificación, distinta a la anterior, es la que separa la responsabilidad que deriva de actuaciones infractoras y el resto de tipos de responsabilidad". Esto es, no todos los tipos de responsables responden a esta característica.

El TS en Sentencia 1033/2019 de 10 de julio 4540/2017 señaló que "los responsables son, en todo caso, obligados tributarios, con una obligación material de pago que deriva, no de la realización del hecho imponible o de algún otro hecho relacionado con la obligación principal de pago, sino de un hecho ajeno al hecho imponible"; "cuando el artículo 41.1 LGT declara que "la ley podrá configurar como responsables de la deuda tributaria, junto a los deudores principales, a otra personas o entidades", no está definiendo una categoría jurídica, sino describiendo la posición jurídica que ocupa un responsable como garante personal del crédito tributario.

Forzar a un tercero a satisfacer la obligación tributaria que otro ha generado vulnera el principio de capacidad económica sobre el que gravita el sistema tributario y, en consecuencia, el mandato constitucional que veíamos antes del artículo 31 CE, el principio general del artículo 3 de la Ley Tributaria y, en ultima ratio, el principio de proporcionalidad de la Unión Europea.

Ello es relevante en la medida en que mina igualmente la justificación de la figura de la derivación de responsabilidad sobre la base del artículo 31.1 CE. Si el citado artículo dispone que todos contribuirán al sostenimiento de los gastos públicos de acuerdo con su capacidad económica mediante un sistema tributario justo inspirado en los principios de igualdad y progresividad que, en ningún caso, tendrá alcance confiscatorio, lo cierto es que en el caso de la derivación de responsabilidad, el garante no responde de conformidad con su capacidad económica, sino de acuerdo con la capacidad económica de un tercero, el obligado tributario con carácter principal. Por tanto, como se anunciaba, el artículo 31.1 CE difícilmente constituye un objetivo legítimo que permita justificar el límite y, sin lugar a dudas, pone en serio compromiso la proporcionalidad del límite al acceso a la exoneración del artículo 487.1.2 TRLC.

La Ley General Tributaria prevé supuestos de responsabilidad subsidiaria que no por menos habituales dejan de llamar la atención en lo que ahora interesa: la responsabilidad del adquirente de bienes afectos (art. 43.1.d), del representante de aduanas (art. 43.1.e) o del contratista (art. 43.1.f). piénsese en los desproporcionado que resultaría privar ex artículo 487.1.2 TRLC de acceso a exoneración a alguien por el hecho de contratar —probablemente sin conocimiento alguno— a quien no está al corriente de sus obligaciones tributarias.

La obligación por responsabilidad tributaria subsidiaria de los administradores de las personas jurídicas podrá surgir por tres supuestos de hecho diferentes: cuando la sociedad haya cometido infracciones, cuando la sociedad haya cesado en su actividad sin haber sido formalmente disuelta y, como es el caso que aquí interesa, cuando se presenten autoliquidaciones sin ingreso por tributos que deban repercutirse o cantidades que deban retenerse. La propia exposición de motivos de la Ley 7/2012 de 29 de octubre de modificación de la normativa tributaria reconocía que la misión de este tipo responsable es la de facilitar el cobro, en este caso contra los administradores, en lugar de contra el obligado principal, de aquellas empresas que, carentes de patrimonio, pero con actividad económica regular, realizan una actividad recurrente y sistemática de presentación de autoliquidaciones formalmente, pero sin ingreso por determinados conceptos tributarios, con ánimo defraudatorio. Sin embargo, ese teórico ánimo defraudatorio es más que cuestionable. La prevención del fraude no siempre habrá de ser la excusa para la aplicación de este tipo de responsabilidad, pues es frecuente que, ante la falta de tesorería, sin ningún interés defraudatorio, las empresas opten por hacer frente a las obligaciones cuyo impago puede impedir la continuación de la actividad económica, como puedan ser los salarios, suministros, proveedores, etcétera, postponiendo de modo racional el pago del tributo, pese a ser el acreedor tributario uno de los que mayores prerrogativas podrá hacer valer frente la deudor.

La derivación de responsabilidad hace a los terceros responsables de peor condición que al primer obligado tributario —se da la paradoja de que en determinados supuestos de derivación, el primer obligado podría acceder a la exoneración y el declarado responsable no—.

El Tribunal Supremo, en la STS, Contencioso sección 2 del 10 de julio de 2019 (ROJ: STS 2694/2019 - ECLI:ES:TS:2019:2694) ha declarado que el responsable subsidiario cumple la función de garante personal del crédito tributario. Por ello, muchos tribunales nacionales vienen señalando que "la derivación de responsabilidad tributaria tiene una función meramente garantizadora de la recaudación" (SAP, Barcelona, Civil sección 1 del 10 de diciembre de 2020 (ROJ: SAP CC 1239/2020 - ECLI:ES:APCC:2020:1239), SAP, Barcelona, Civil sección 15 del 28 de julio de 2022 (ROJ: SAP B 8676/2022 - ECLI:ES:APB:2022:8676; SAP, Sevilla, Civil sección 5 del 21 de julio de 2021 (ROJ: SAP SE 2368/2021 - ECLI:ES:APSE:2021:2368, SAP, Civil sección 1 del 10 de diciembre de 2020 (ROJ: SAP CC 1239/2020 - ECLI:ES:APCC:2020:1239).

A diferencia de este caso, sí parece lógico impedir acceder a la exoneración en el supuesto de los deudores cuyo concurso haya sido declarado culpable o que hayan sido declarados personas afectadas en el concurso de un tercero, dado que, de ser así, se les está haciendo responsables de la deuda generada (propia o de tercero), y por ello, es plausible que se les impida acceder a la exoneración. La deuda proveniente de una derivación tributaria es una deuda, se insiste, de tercero en el que no se tiene en cuenta la capacidad económica del obligado. Pues bien, para ello se ha tipificado un mecanismo concursal que impide el acceso a la exoneración en el caso de que se haya apreciado culpa grave en la generación o agravación de la insolvencia, como es la calificación culpable el concurso (causa prevista en el artículo 487.1,3° TRLC o, en el caso de personas afectadas, el 487.1.4° TRLC). Tal causa constituye un remedio suficiente para que, en los casos en los que se haya apreciado una situación de culpa grave o dolo en la generación de la insolvencia, se limite al deudor el acceso a la exoneración.

En añadidura, tal y como se ha diseñado el límite, la excepción de acceso a la exoneración dependen de la actuación de la Administración Tributaria para la adopción de los acuerdos de derivación de responsabilidad, lo que puede extender el plazo de imposibilidad de acceso a la exoneración. Sólo de ella depende cuándo actuar.

En definitiva, ello supone que el tiempo durante el cual el deudor no puede acceder a un procedimiento de plena exoneración de deudas, depende de múltiples factores que nada tienen que ver con su obrar. De hecho, genera un incentivo negativo para la adopción en tiempo de tales acuerdos de derivación. Cuanto más tarde, mayor será el incentivo para abonar la deuda dado que mayor será el lapso de tiempo dentro del cual el deudor no podrá solicitar el acceso a la exoneración.

II.4. La imprescriptibilidad de facto

El inciso que aquí analizamos implica que, como se apuntaba, y de facto, la AEAT no está sujeta a límite temporal alguno. Y sobre ello, y en términos de proporcionalidad, ya se ha pronunciado el Tribunal de Justicia de la Unión Europea, Sala Primera, Sentencia de 27 Ene. 2022, C-788/2019 (Ponente: Bonichot, Jean-Claude).

Por otra parte, una normativa que presume la existencia de un comportamiento fraudulento por la sola razón de que concurren los requisitos que establece, sin conceder al contribuyente posibilidad alguna de destruir esa presunción, va, en principio, más allá de lo necesario para alcanzar el objetivo de lucha contra el fraude y la evasión fiscales [véanse, en este sentido, las sentencias de 3 de octubre de 2013, Itelcar, C-282/12, EU:C:2013:629, apartado 37 y jurisprudencia citada, y de 26 de febrero de 2019, X (Sociedades intermedias domiciliadas en terceros países), C-135/17, EU:C:2019:136, apartado 88]. (párrafo 34).

A este respecto, procede señalar que los artículos 39, apartado 2, de la LIRPF y 121, apartado 6, de la LIS permiten, en realidad, a la Administración tributaria proceder sin limitación temporal a la regularización del impuesto adeudado por las cantidades correspondientes al valor de los bienes o derechos situados en el extranjero y no declarados, o declarados de manera imperfecta o extemporánea, mediante el «modelo 720». Ello es así aunque se considere que el legislador español únicamente pretendió, en aplicación de la regla de la actio nata, retrasar el momento inicial del cómputo del plazo de prescripción y fijarlo en la fecha en que la Administración tributaria tenga conocimiento por primera vez de la existencia de los bienes o derechos en el extranjero, ya que esta opción conduce, en la práctica, a permitir a la Administración gravar durante un período indefinido las rentas correspondientes al valor de esos activos, sin tener en cuenta el ejercicio o el año respecto de los que se adeudaba normalmente el impuesto correspondiente a esas rentas (párrafo 35).

De lo anterior se desprende no solo que la normativa adoptada por el legislador español produce un efecto de imprescriptibilidad, sino también que permite a la Administración tributaria cuestionar una prescripción ya consumada en favor del contribuyente (párrafo 37).

En efecto, la exigencia fundamental de seguridad jurídica se opone, en principio, a que las autoridades puedan hacer uso indefinidamente de sus competencias para poner fin a una situación ilegal (véase, por analogía, la sentencia de 14 de julio de 1972, Geigy/Comisión, 52/69, EU:C:1972:73, apartado 21). (párrafo 39).

En el caso de autos, como se ha indicado en los apartados 35 y 36 de la presente sentencia, **la posibilidad de que la Administración tributaria actúe sin limitación temporal e incluso cuestione una prescripción ya consumada resulta únicamente de la inobservancia por parte del contribuyente de la formalidad consistente en cumplir, dentro de los plazos establecidos, la obligación de información relativa a los bienes o derechos que posee en el extranjero. (párrafo 40).**

Al atribuir consecuencias de tal gravedad al incumplimiento de esta obligación declarativa, la opción elegida por el legislador español va más allá de lo necesario para garantizar la eficacia de los controles fiscales y luchar contra el fraude y la evasión fiscales, sin que proceda preguntarse sobre las consecuencias que deben extraerse de la existencia de mecanismos de intercambio de información o de asistencia administrativa entre Estados miembros (párrafo 41).

El hecho pues de hacer una deuda prácticamente imprescriptible, es contrario, como vemos, al Derecho de la Unión Europea.

III. CONCLUSIÓN

Hemos de concluir que, no se puede olvidar que la plena exoneración de deudas de los empresarios es un fin positivizado por el ordenamiento jurídico comunitario —artículo 20 de la Directiva de insolvencia—, y en cumplimiento del mismo existe, por tanto, un interés legítimo. Por virtud del principio de primacía, tal principio no puede ser socavado por el ordenamiento nacional, ni siquiera por la propia Constitución. Esto es, si bien la Constitución puede contener preceptos de los cuales extraer un objetivo legítimo para ciertas restricciones o limitaciones, ello no permite apartarse de las obligaciones impuestas en la Directiva y, por tanto, deben justificarse debidamente de acuerdo con el principio de proporcionalidad.

Dado que la Administración Tributaria puede derivar responsabilidades a administradores por una mera negligencia, al margen de cualquier situación personal, al margen de su capacidad económica, y sin necesidad de acreditar dolo o culpa grave, la situación de los empresarios en el marco de una crisis empresarial queda nuevamente abocada a una imposibilidad fáctica de rehabilitarse para el tejido productivo, amén de equipararles con infractores penales.

Como vemos, existen sobradas razones para considerar que el controvertido inciso no supera el juicio de proporcionalidad europeo y, en consecuencia, como ha señalado el TJUE es contrario a la Directiva de reestructuraciones e insolvencia.

Tanto es así que la propia Comisión Europea, en la fase de audiencia de las cuestiones prejudiciales resueltas en la resolución transcrita, expresó sus profundas dudas sobre la proporcionalidad de la medida:

"A juicio de la Comisión, el someter todas estas circunstancias —tan diferentes entre sí en grado de culpabilidad— a una misma consecuencia jurídica, ni está debidamente justificado, ni resulta conforme con el principio de proporcionalidad. Al contrario, todo sugiere que una norma como el artículo 487.1.2 TRLC compromete la consecución de los objetivos previstos por la Directiva, y no resulta conforme con su artículo 23.2". (apartado 42)."

De hecho, la Comisión concluye en su inciso 45 que el artículo 23.2 de la Directiva debe interpretarse en el sentido de que se opone a una normativa nacional, como la que figura en el artículo 487.1.2 TRLC.

Más complicado será determinar las consecuencias de la conclusión alcanzada.

2. LOS PLANES DE REESTRUCTURACIÓN: FUNDAMENTOS TEÓRICOS, JURÍDICOS Y ECONÓMICOS DE SU APROBACIÓN

LAURA MATILLA MAHÍQUES
Abogada ICAV. Doctora en Derecho (UA)
Profesora asociada de Derecho Mercantil (UA) y contratada (UEV)

I. EL NUEVO DERECHO PRECONCURSAL

I.1. Introducción

Los planes de reestructuración son una de las principales novedades que introdujo la Ley 16/2022, de 5 de septiembre, de transposición de la Directiva (UE) 1023/2019, y que se integran en el Libro II del TRLC (arts. 614 a 671, planes de reestructuración; arts. 672 a 681 TRLC, experto en la reestructuración; y arts. 682 a 684 TRLC, régimen especial).

Los planes de reestructuración se configuran como un instrumento preconcursal dirigido a evitar la insolvencia, o a superarla, a modo de marco de decisión colectiva mediante la coordinación y la cooperación entre los sujetos afectados —acreedores, empresa y socios—, reduciendo la intervención judicial al mínimo estrictamente necesario, pero abandonando la consensualidad por el sistema de mayoría de clases de acreedores, que no de pasivo, en la decisión sobre su adopción y posible homologación.

Esto es, posibilitan una actuación del deudor en una crisis de solvencia, evitando el estigma concursal.

Por ello, con su introducción se pretende incentivar una actuación más temprana y con mayores probabilidades de éxito frente a una crisis de solvencia.

Los planes de reestructuración van dirigidos a empresas o negocios viables económicamente, pero inviables financieramente, sobreendeudadas: se trata de salvar a las empresas viables que se encuentren en dificultades financieras, debido a su estructura de capital, y no a las empresas inviables económicamente.

La viabilidad económica supone que el negocio tiene valor como empresa en funcionamiento, que si se cierra y se liquidan sus activos (vale más como *goin concern*); la inviabilidad financiera o de capital del deudor supone un sobreendeudamiento, esto es, un desajuste temporal entre las inversiones y el horizonte temporal de su financiación: esto es, "*un buen negocio, con un mal balance*".

La homologación judicial de los planes de reestructuración es un procedimiento vinculado funcionalmente a la comunicación de apertura de negociaciones con los acreedores (arts. 583 a 613 TRLC), pero totalmente independiente: puede iniciarse sin formular esa previa comunicación de apertura de negociaciones, como es también totalmente independiente de ambos el procedimiento establecido para el nombramiento de experto en la reestructuración (arts. 672 a 681 TRLC), aunque lo habitual es que con la solicitud de comunicación de apertura de negociaciones, se interese el nombramiento de experto; aunque nada obsta a que ese nombramiento se dé tras la solicitud de homologación, tal y como ha resuelto el AJM nº 3 de Valencia de 14 de mayo de 2025.

La reestructuración es un *régimen especial* del Derecho concursal, pues su objetivo es salvar el llamado "*excedente de valor*" asociado a la reestructuración, y que es la diferencia entre (i) el valor de la empresa reestructurada, una vez corregidos sus problemas con la estructura de capital, sin pasar por el concurso, y (ii) el valor de esa empresa tras pasar por el concurso.

Se busca evitar esa pérdida de valor entre una reestructuración preconcursal y una liquidación concursal. Para ello, se impone un cambio de modelo: se ha pasado del modelo de "*recapitaliza o liquida*", al modelo de "*recapitaliza o entrega*". Así, si la sociedad no va a poder pagar lo que debe a los acreedores (no a los socios), o se recapitaliza la sociedad o se entrega el negocio a los acreedores; esto es, ante la falta de pago de sus créditos, los acreedores pueden quedarse con la empresa sin necesidad de pasar por un procedimiento concursal de liquidación, mediante una capitalización forzosa de sus créditos para socios y acreedores disidentes al plan, pues se modifican las reglas de control o gobierno sobre el patrimonio social, atribuyendo el poder de decisión a los "nuevos dueños financieros de la empresa", que son quienes más van a sufrir si la empresa no se reestructura y se aboca a una liquidación concursal (es la denominada "*clase fulcro*", en la terminología financiera anglosajona).

En palabras de MOYA BALLESTER (2022, p. 2282), la introducción de los planes de reestructuración en nuestra legislación concursal "*supone una novedad de primera magnitud en el derecho preconcursal español. Entre las diferencias existentes con la vieja regulación de los acuerdos de refinanciación, los planes hacen un especial énfasis en la posibilidad de reestructurar no solo el pasivo, sino también el activo. Además, los planes deben ser aprobados en clases y podrán ser impuestos a través de la homologación, tanto a los acreedores disidentes como a los socios, cuando el plan les afecte y hayan votado en contra del mismo. De este modo, la homologación se convierte en el paso natural para la tramitación del plan, pues de otra forma el plan no gozaría de protección alguna en un hipotético concurso de acreedores posterior*".

Como en toda situación de gobernanza corporativa, en adoptar una decisión de reestructuración, pueden darse tanto causas externas, que escapan al control directo de la compañía, tales como crisis económicas, cambios legales, cambios tecnológicos, o *guerras de marcado*; como causas internas que recomienden el hacerlo, que son aquellas directamente relacionadas con la mala gestión del equipo directivo, ya sea por acción o por omisión, como la falta de respuesta adecuada a cambios de mercado, ausencia de controles, crecimiento excesivo, disminución del flujo de efectivo y de la rentabilidad, o excesivo apalancamiento financiero.

Hemos de reiterar que la reestructuración es un proceso, que pasa por el diagnóstico de la situación, el tratamiento del problema y todo ello, para llegar a una fase de recuperación y crecimiento, a través de un plan de viabilidad que haya obtenido el apoyo de las necesarias clases de acreedores en el plan de reestructuración. Para ello, los gestores, o el equipo directivo, han de aunar voluntades con los trabajadores y acreedores; para ello, han de anticiparse y establecer alertas internas que les adviertan de una posible crisis de solvencia. De ahí que el umbral de la probabilidad de insolvencia haya sido determinado en un horizonte temporal de dos (2) años (art. 584.2 TRLC, probabilidad de insolvencia). Igualmente, sobre los administradores se mantiene una expectativa razonable de buena administración y, por ello, una reacción temprana ante la insolvencia (art. 19 de la Directiva (UE) 1023/2019), con la visión puesta no únicamente en el interés de los socios, sino también de los acreedores.

Por último, debemos destacar que conforme a la Directiva (UE) 1023/2019 (Considerando 96) la reestructuración no puede verse comprometida por el Derecho de sociedades. Por lo que los planes de reestructuración pueden salir adelante aún sin el apoyo de los socios, con la única excepción del régimen especial, en el que sí se exige el consentimiento del deudor (art. 684.2 TRLC).

I.2. Premisas básicas en la reestructuración

A modo de síntesis de todo lo que posteriormente analizaremos *in extenso* en los apartados posteriores de este trabajo, pueden establecerse las siguientes premisas básicas de la reestructuración:

1°.- El negocio tiene más valor como empresa en funcionamiento (*going concern*) que, si se cierra y se liquidan sus activos, por el propio sentido económico del negocio: generar flujos libres de caja, y la previsibilidad de seguir haciéndolo, sin pérdida de valor.

2°.- La inviabilidad financiera deriva de sus problemas con la estructura del capital —sobreendeudamiento— que hace que no vaya a cumplir con las obligaciones regular y puntualmente. La inviabilidad económica no tiene nada que ver con la estructura del capital; la inviabilidad financiera, sí, y precisamente, su causa es la estructura de capital.

3°.- Los planes de reestructuración surgen para proporcionar una herramienta eficaz para asegurar la continuación de la empresa frente a las (1) conductas estratégicas/oportunistas de los acreedores (ejecuciones individuales para forzar una liquidación) y (2) los grandes costes directos o indirectos derivados de la liquidación concursal (descuento enorme en la masa pasiva, aunque se vendiera la unidad productiva, por comparación a una venta en condiciones no concursales).

4°.- Las especiales reglas de la reestructuración están dirigidas a facilitar la modificación de la estructura de capital de la empresa, por decisión colectiva de ésta, de sus acreedores y de sus socios.

Ahora bien, ha de decirse también que este modelo presenta unos riesgos reales, que podemos identificar, como los siguientes:

1°.- La posibilidad de facilitar conductas expropiatorias por parte de los acreedores, que presenten un plan de reestructuración (incluso en connivencia con algún socio) (v. gr. la SJM 2 de Barcelona de 4 de septiembre de 2023, asunto *CELSA*).

2°.- La posibilidad legal de exclusión del derecho de suscripción preferente de nuevas acciones o participaciones a los accionistas/socios cuando se reestructura en insolvencia actual o inminente (art. 631.4 TRLC), pues ya no se exige la aprobación del deudor (y los socios) del plan (salvo en el régimen especial art. 684.2 TRLC). Por lo que a los socios/accionistas únicamente se les debe respetar el valor actual (post reestructuración) de sus participaciones sociales/acciones, no eventuales revalorizaciones futuras: carecen de opción (*call*) sobre una revalorización futura de la empresa.

3°.- La reestructuración forzosa, no asumida por todos los acreedores, es una *anomalía jurídica*, puesto que los acreedores se ven obligados a "invertir" en un negocio en el que no creen, parte de su cuota de liquidación; incluso puede convertirse en socio/accionista, a pesar de que el que incumple es el deudor: el acreedor que se opone a una reestructuración no incumple ningún deber.

4°.- El poder de decisión (o gobierno corporativo) se atribuye a las clases que conservan interés económico en el negocio (se dice que están "*dentro del dinero*"); y, tendencialmente, tomará la decisión la clase *flucro*, esto es, la clase "*donde rompe el valor*", que son los nuevos acreedores residuales y, por consiguiente, quienes más se juegan en la opción entre reestructurar preconcursalmente o instar el procedimiento concursal.

5º.- No se impide la solicitud de concurso voluntario por el deudor en cualquier momento del proceso.

6º.- Se excluye la acción concursal (colectiva, conjunta o individual) de los acreedores (concurso necesario), al sustituir el consentimiento individual por el consentimiento colectivo, determinado en la *regla de la mayoría*: si una mayoría suficiente de acreedores afectados está dispuesta a refinanciar en unos términos concretos la empresa, ello será porque la empresa es viable económicamente y por consiguiente, su valor en reestructuración es superior a lo que se obtendría en una liquidación concursal. Es la regla del "*por algo será*", en términos coloquiales.

Esta *regla de la mayoría* regula el arrastre horizontal (*intra-class cram-down*) y se combina con otra regla de control o gobierno, cuando se pretende imponer la reestructuración a clases enteras de acreedores, cual es el arrastre vertical (*cross-class cram-down*) en planes no consensuados, funcionando por defecto: si una o varias clases de acreedores, o los propios socios, se han opuesto al plan, es suficiente con que haya sido aprobado por una mayoría de clases, entre las cuales una de ellas, sea una clase de créditos con privilegio especial o general; o en su defecto, por al menos una clase de acreedores distinta de los socios y de cualquier otra clase que no hubiese recibido pago alguno o conservado ningún derecho o interés, aplicando los rangos concursales, en caso de una valoración del deudor como empresa en funcionamiento. En virtud del arrastre vertical, se extienden los efectos del plan a los acreedores disidentes.

Por ello, a fin de cerrar en la mejor forma posible estos comentarios, podemos sentar las siguientes conclusiones introductorias:

1ª.- El plan de reestructuración adopta un modelo que abandona la idea del acuerdo de voluntades del deudor (y sus socios) y los acreedores, y pasa a ser el resultado de un proceso de negociación y decisión colectivas.

2ª.- El modelo de decisión se basa en la regla de la mayoría, cuyo contenido puede ser acordado por una sola clase de acreedores e impuesto a las demás; incluidos los socios del deudor persona jurídica.

3ª.- Su alcance es superior al de una mera refinanciación, puesto que incluye medidas que afectan a activo y pasivo; aunque principalmente se dirige al pasivo, pues pretende resolver los problemas derivados de la estructura financiera de deudor (deuda y fondos propios), permitiendo redimensionarla, para así ajustarla al valor real del negocio y a sus flujos de caja, mediante un procedimiento de negociación y decisión colectivas.

4ª.- Se establecen salvaguardas expresas en el nuevo modelo, en la siguiente forma:

1.- Procedimentales:

- 1.1.- Formación de clases de acreedores: bajo criterios de legalidad y de razonabilidad, los acreedores deben de ser agrupados en clases; el interés común se determina conforme a criterios objetivos, y se identifica con los rangos crediticios concursales. Y pueden ser separados créditos de la misma clase si hay razones que lo justifiquen: naturaleza financiera o no, y la causa (préstamo, crédito…) o su titularidad; modo de afectación del plan, titulación por pymes especialmente afectadas (más del 50%); separación de créditos de garantía real por heterogeneidad.
- 1.2.- Mayorías necesarias para la aprobación del plan: 2/3 del pasivo incluido en esa clase; ¾ en créditos con garantía real del pasivo incluido en esa clase.

2.- Sustantivas: se establecen tres (3) reglas de reparto.

- 2.1.- La prueba del interés superior de los acreedores (*best interest of creditors test,* art. 654.7º TRLC): se intenta asegurar que los acreedores disidentes dentro de una clase no vayan a quedar en el PR en una situación peor de la que estarían en una liquidación concursal (individualmente o como VUP); se identifica como el respeto a la "*cuota hipotética de liquidación*" a valor presente, a cobrar a los 2 años desde la formalización del PR.
- 2.2.- La regla de la prioridad absoluta o paridad de trato *(absolute priority rule,* arts. 638.4º y 655.2.4º TRLC): los acreedores de una misma clase deben recibir un trato paritario; y si créditos del mismo rango se han separado en clases diferentes, ninguna clase disidente debe recibir un trato menos

favorable que otra clase del mismo rango. Es una regla de distribución de todo el valor generado tras el PR, de reparto horizontal. Esta regla determina quienes tienen derecho a quedarse con la compañía post reestructuración (están "*dentro del dinero*", *in the money,* con interés y posibilidad de proponer y aprobar planes de reestructuración y arrastrar a otras clases superiores o inferiores en el orden de prelación); pero no es una regla absoluta, y permite dejar algo de valor a algunas clases de créditos de rango inferior, o incluso a los socios si ello es necesario para asegurar la viabilidad de la empresa.

- 2.3.- La regla de la prioridad relativa (art. 655.3 TRLC). Es una regla de reparto vertical: cuando el PR no haya sido aprobado por todas las clases de créditos o por los socios, *nadie puede cobrar más de lo que se le debe, ni menos de lo que merece*", ya que ningún acreedor de categoría inferior puede recibir pagos mientras no se haya satisfecho completamente a los acreedores de categoría superior.
- Para ello han de hacerse dos valoraciones como paso previo a la reestructuración: (1) el valor de la empresa si se hubiese liquidado en un concurso, a los efectos del arrastre de acreedores dentro de una misma clase y aplicar la prueba del interés superior de los acreedores; y (2) la valoración de la empresa en condiciones normales de mercado competitivo, a los efectos del arrastre entre clases y aplicar la regla de la prioridad absoluta.

I.3. Concepto de plan de reestructuración

Es el art. 614 TRLC el que nos proporciona el concepto legal de plan de reestructuración, en la siguiente forma: «*Se considerarán planes de reestructuración los que tengan por objeto la modificación de la composición, de las condiciones o de la estructura del activo y del pasivo del deudor, o de sus fondos propios, incluidas las transmisiones de activos, unidades productivas o de la totalidad de la empresa en funcionamiento, así como cualquier cambio operativo necesario, o una combinación de estos elementos*».

De la citada definición se desprende la amplitud del concepto, pues establece nueve posibles contenidos. Así, se consideran planes de reestructuración los que tengan por objeto (1) la modificación de la composición, (2) de las condiciones o (3) de la estructura del activo y del pasivo del deudor, o de (4) sus fondos propios, incluidas (5) las transmisiones de activos, (6) unidades productivas o (7) de la totalidad de la empresa en funcionamiento, o (8) que mantengan cualquier cambio operativo necesario o (9) una combinación de estos elementos.

Tal y como ya hemos adelantado, el plan de reestructuración es un mecanismo concertado por el deudor y sus acreedores y socios, en su caso, para la reestructuración del deudor que se encuentra en situación de dificultades económico-financieras, y con la finalidad de superar esa situación. Es más que un acuerdo, es un proceso de negociación y decisión colectiva.

La experiencia nos dice que se dirige especialmente a la reestructuración financiera de la estructura de capital, que es donde se localiza el problema, para hacerla sostenible (reducir endeudamiento y aumentar los fondos propios); pero no se limita a ello, ya que permite reestructuraciones operativas (venta de activos, cierre de establecimientos, redimensionamiento de la plantilla, con implicaciones laborales, administrativas y de Derecho común) e incluso reestructuraciones liquidativas (totales o parciales) con el único límite de la viabilidad de la empresa resultante.

Para mayor identificación y conceptuación, haremos referencia en primer término, a su contenido mínimo (art. 633 TRLC) y al perímetro afecto al plan (arts. 616 y 616 bis TRLC).

En cuanto al contenido mínimo, todo plan de reestructuración tiene que consignar los siguientes datos, y contener los siguientes elementos:

1°.- identidad del deudor; 2°.- identidad del experto encargado de la reestructuración si fue nombrado; 3°.- descripción de la situación económica del deudor, situación de trabajadores, y causas y alcance dificultades; 4°.- activo y pasivo al tiempo de formalizar el plan; 5°.- acreedores afectados, identificados individualmente o por clases, con expresión del importe del crédito afectado e intereses y clase; 6°.- contratos con obligaciones recíprocas a resolver; 7°.- valor nominal acciones o participaciones sociales si el plan afecta a los socios; 8º.- acreedores y socios no afectados, individualmente o por clases, con razones de no afectación, 9º.- Medidas de reestructuración operativa propuestas, duración, flujos de caja estimados, medidas de reestructuración financiera, financiación interina y nueva financiación, justificando necesidad y consecuencias para el empleo; 10º.- Plan de viabilidad de la empresa en el corto y medio plazo; 11º.- medidas de información y consulta con los trabajadores; 12º.- si hay afectación al crédito público, certificado de estar al corriente obligaciones AEAT-TGSS.

Como contenido complementario, el plan puede contemplar medidas de naturaleza societaria y de modificación estructural y establecimiento de cláusula de resolución por incumplimiento y sus efectos (art. 671 TRLC).

En cuanto a la formalización del plan de reestructuración, el art. 634 TRLC exige el otorgamiento de escritura pública por quienes lo suscriban, acompañando el oportuno certificado de mayorías del experto en la reestructuración/auditor. No es posible firma electrónica, salvo que sea por conducto notarial

En cuanto al ámbito objetivo, se someten a la regulación del TRLC y, por ello, exigen su homologación judicial, los planes de reestructuración que prevean extensión de efectos a:

1º.- Acreedores o clases de acreedores titulares de créditos afectados que no hayan votado a favor del plan de reestructuración.

2º.- Los socios de la persona jurídica cuando no hayan aprobado el PR. La homologación del PR de un deudor persona natural siempre exige su aprobación (art. 640.1 TRLC), así como la de los socios responsables de las deudas sociales en personas jurídicas que así lo establezcan (art. 640.2 TRLC).

3º.- Cuando se pretenda proteger la financiación interina (art. 665 TRLC) y la nueva financiación (art. 666 TRLC) prevista en el PR, y los actos, operaciones y negocios realizados en ejecución de éste frente al régimen de las acciones rescisorias; reconociendo a esa financiación preferencias de cobro del Libro I en caso de ulterior concurso de acreedores.

Por ello, desde una perspectiva práctica, puede formularse la siguiente clasificación de los planes de reestructuración:

1.- NO HOMOLOGADOS JUDICIALMENTE: no se someten al filtro judicial y no gozan de ninguna protección al encontrarse al margen del Libro II TRLC (art. 615 TRLC a *sensu contrario).*

2.-(SÍ) HOMOLOGADOS JUDICIALMENTE:

2.1- Por su APROBACIÓN:

2.1.1- Consensuales: ha obtenido la conformidad y aprobación de todas y cada una de las clases de acreedores que se hayan formado.

2.1.2- No consensuales: no ha obtenido el apoyo de todas y cada una de las clases de acreedores formadas, pero que puede ser homologado si concurren determinadas circunstancias (*reestructuración forzosa,* por arrastre de clases).

2.2.-Por su CONTENIDO (con independencia de su aprobación)

2.2.1.- De activo, que pueden contemplar modificaciones estructurales, al amparo de la nueva Ley de modificaciones estructurales de las sociedades mercantiles (fusión, escisión, cesión global de activo y pasivo, etc...), aprobada por RD-Ley 5/2023, de 28 de junio.

2.2.2.- De pasivo, busca la renegociación de la deuda bancaria, la búsqueda de financiación alternativa, nuevas políticas de financiación y redefinición de la estructura financiera futura.

2.2.3.- Operativos: son aquéllas que contemplan múltiples aspectos de la empresa: desde la revisión de los objetivos estratégicos (alineación estratégica) y de misión de la empresa (*core business),* hasta el redimensionamiento de todas las áreas productivas, pasando por el control de tesorería, la optimización de los recursos y el control de la gestión empresarial.

2.2.4.- Mixtos (activo, pasivo, y operativos).

2.2.5.- Liquidativos, que son aquellos que, con reflejo en el Considerando (2) de la Directiva (UE) 2019/1023, recogidos en el apartado III, párrafo 16 de la Exposición de Motivos de la Ley 16/2022, de 5 de septiembre tienen por objeto la transmisión de "*unidades productivas o de la totalidad de la empresa en funcionamiento*", a modo de venta del negocio pre acordada con los acreedores, directa, con la propia homologación del plan, o aplazada a un momento posterior, y por la que el deudor transmite toda su actividad, y en funcionamiento; sin perjuicio de que pueda quedarse con activos destinados a su realización, o convertirse en una mera tenedora de participaciones en otras sociedades que desarrollen el negocio.

Como puede apreciarse es algo más que una refinanciación, ya que ha de contemplar una renegociación de la deuda financiera y comercial en toda su extensión, y contemplar recortes de gastos superfluos. Como precisa AZOFRA VEGAS (2023, p. 973), "*la reestructuración posible a través de un plan abarca tanto el pasivo, como el activo, como los fondos propios*".

En definitiva, se han de buscar alternativas de producción y financiación; y se ha priorizar el impacto en la gestión de caja frente al impacto en la cuenta de resultados.

Y hay que buscar, sobre todo, el aumentar la liquidez de la compañía, y acompañar ese esfuerzo con visualizar la viabilidad y la sostenibilidad de la empresa.

II. FUNDAMENTOS JURÍDICOS DE LOS PLANES DE REESTRUCTURACIÓN

II.1. Presupuestos objetivo y subjetivo de los planes de reestructuración

Son dos los presupuestos de los planes de reestructuración:

1º.- PRESUPUESTO OBJETIVO de la reestructuración es que el deudor se encuentre en insolvencia actual, o en insolvencia inminente (3.2 TRLC), o en probabilidad de insolvencia, que es aquella que concurre cuando es objetivamente previsible que, de no alcanzarse un plan de reestructuración, el deudor no podrá cumplir regularmente sus obligaciones que venzan en los próximos dos años (art. 584 TRLC).

2º.- PRESUPUESTO SUBJETIVO (art. 583 TRLC): el deudor puede ser tanto persona natural, como persona jurídica, si lleva a cabo una actividad empresarial o profesional (v. gr. el AJM nº 12 de Madrid, de 20 de noviembre de 2023).

Conforme al art. 583.1 TRLC, cualquier persona natural o jurídica que lleve a cabo una actividad empresarial o profesional podrá efectuar la comunicación de apertura de negociaciones con los acreedores o solicitar directamente la homologación de un plan de reestructuración, de conformidad con lo previsto en el TRLC. Este presupuesto subjetivo viene matizado por el régimen especial de reestructuración que regula el art. 682 TRLC. La ley limita objetivamente el acceso al plan de reestructuración, pues su ámbito de aplicación, en cuanto a la tramitación especial, se circunscribe al siguiente:

- Personas naturales o jurídicas que lleven a cabo una actividad empresarial o profesional, siempre que, de acuerdo con el balance del ejercicio anterior reúnan las circunstancias siguientes:
- 1º.- Número medio de trabajadores empleados durante el ejercicio anterior no superior a cuarenta y nueve (49) personas.
- 2º.- Que el volumen de negocios anual o balance general anual no supere los diez (10) millones de euros.

Consiguientemente, no pueden acogerse a tal procedimiento especial las empresas que superen esas cifras, que irán al procedimiento sin especialidades; y, por exclusión legal, las personas naturales no empresarias; así como las microempresas (art. 682.3 TRLC), que son aquellas empresas que hayan empleado en el ejercicio anterior una media de menos de diez (10) trabajadores, y no superen un volumen de negocio anual de setecientos cincuenta mil euros (750.000,00.-€) o presenten un pasivo inferior a trescientos cincuenta mil euros (350.000,00.-€) según las últimas cuentas (las del ejercicio anterior), tal y como dispone el art. 685.1 TRLC, en sus ordinales 1º y 2º. Y tampoco cuando la sociedad a reestructurar pertenezca a un grupo obligado a consolidar cuentas (art. 682.2 TRLC).

El resto de compañías —aquellas que no se identifiquen con los límites cuantitativos de los arts. 682 y 685 TRLC, respectivamente—, deberán acogerse al procedimiento de reestructuración ordinario, si los superan; o ya al procedimiento concursal ordinario, con posibilidad de convenio o, en su caso, de liquidación; o, como decimos, al régimen del procedimiento especial de microempresas, si se encuentran dentro de su ámbito (art. 685 TRLC, haber empleado a menos de diez trabajadores y tener un volumen de negocio inferior a setecientos mil euros o un pasivo inferior a trescientos cincuenta mil según las cuentas del ejercicio anterior); o a las normas previstas para los concursos sin masa (arts. 37 bis a quinquies TRLC); pero éstas en ningún caso pueden acudir a la reestructuración. Como contrapartida, la ley prevé el procedimiento especial de microempresas, en sus opciones de continuación/liquidación (arts. 685 y ss. TRLC; y la posibilidad de exoneración del pasivo insatisfecho para las personas naturales —empresarios y no empresarios—, con liquidación material del patrimonio, o simplemente formal, o evitando la liquidación, acogiéndose a un plan de pagos (arts. 486 y ss. TRLC).

Quedan excluidas las empresas de seguros, las entidades de crédito, las empresas de inversión u organismo de inversión colectiva, las entidades de contrapartida central de mercados financieros, depositarios centrales de valores y otras entidades o entes financieros, las entidades que integran la organización territorial del estado. Organismos públicos y demás entes de derecho público, así como los que entran dentro del Libro III (microempresas, art. 685 TRLC, menos de 10 trabajadores, VN inferior a 700.000 euros o pasivo inferior a 350.000.-€ en las últimas cuentas del ejercicio anterior.

En esta materia surgen grandes dudas, tales como de si ¿se exige pluralidad de acreedores, al igual que en el concurso de acreedores? la SAP Madrid, Secc. 28ª, de 23 de abril de 2024, responde a esta cuestión, declarando que "*no es aceptable trasladar el requisito de pluralidad de acreedores afectados por el plan de reestructuración, cuando realmente no es un requisito legal*".

II.2. El alcance objetivo de los planes de reestructuración

Conforme a un muy escueto precepto, el art. 615 TRLC, se establece el *Ámbito objetivo* de esta materia, en la siguiente forma:

1. Se someterán a este título los planes de reestructuración que prevean una extensión de sus efectos frente a:

1° Acreedores o clases de acreedores titulares de créditos afectados que no hayan votado a favor del plan.

2° Los socios de la persona jurídica cuando no hayan aprobado el plan.

2. Con independencia de que se prevea o no una extensión de los efectos del plan de reestructuración, también se someterán a este título los planes de reestructuración cuando los interesados pretendan proteger la financiación interina y la nueva financiación que proteja el plan y los actos, operaciones o negocios realizados en el contexto

de éste, frente al régimen general de las acciones rescisorias, y reconocer a esa financiación las preferencias de cobro previstas en el libro primero (arts. 242.1.17ª créditos contra la masa, y 280.6º TRLC, créditos con privilegio general).

En definitiva, los acreedores afectados, que son aquellos que, en virtud del PR, sufren una modificación en sus términos o condiciones, y ello, aunque e altere su valor real.

Por ello, se permite incluir a acreedores financieros, comerciales, créditos contingentes (litigiosos y créditos sometidos a condición suspensiva, como los que se ostentan frente al fiador/avalista); créditos por repetición, subrogación o regreso; acreedores no dinerarios; créditos con titular desconocido; créditos públicos del art. 616.2 TRLC (si se está al corriente de cumplimiento de obligaciones tributarias y de SS, y si son de antigüedad inferior a 2 años).

Cualquier crédito puede ser afectado, dejándose tal afectación a la voluntad de los interesados, con algunas excepciones, en función de las necesidades de cada caso y del desarrollo del proceso. A decir de la Sentencia de la Audiencia Provincial de Madrid, Secc. 28ª, de 23 de abril de 2024, el plan de reestructuración no es un instrumento que pueda afectar universalmente a todos los acreedores. Por ello, la definición del perímetro del plan de reestructuración es una facultad discrecional de los proponentes del PR. La selección de los acreedores afectados por el PR, con la consiguiente exclusión del resto, es un mecanismo expresamente contemplado en el TRLC (arts. 633.5º y 7º TRLC).

La determinación del perímetro de créditos afectados conlleva una dificultad añadida: la formación de clases de acreedores a los que va a afectar el plan de reestructuración, ya que para la aprobación del plan de reestructuración, se pasa del principio de mayoría de pasivos al principio de mayoría de clases, lo que puede ocasionar que "*la mayoría de clases comporte un porcentaje del pasivo nimio en proporción al pasivo afectado y que el plan deba ser homologado*" (AJM 13 de Madrid, de 30 de mayo de 2023); incluso, se podría imponer el interés de una sola clase frente a una mayoría de clases o de categorías que no hayan aprobado el plan conforme permite el art. 639.2 TRLC (SAP Pontevedra, Secc. 1ª, de 10 de abril de 2023), ya que los acreedores titulares de créditos afectados por el PR votan agrupados por clases de créditos (art. 622 TRLC).

El art. 616.1 TRLC considera bajo la definición de *créditos afectados en virtud del plan de reestructuración* determina que serán todos aquellos que *sufran* una modificación de sus términos o condiciones, en particular: (1) fecha de vencimiento; (2) modificación del principal o los intereses; (3) la conversión en crédito participativo o subordinado, acciones o participaciones sociales; o cualquier otro instrumento de características o rango distintos de aquéllos que tuviese el crédito originario, (4) la modificación o extinción de las garantías, personales o reales, que garanticen el crédito; (5) el cambio en la persona del deudor; o (6) la modificación de la ley aplicable al crédito.

No podrán ser créditos afectados (art. 616.2 TRLC) (1) los créditos de alimentos derivados de una relación familiar, de parentesco o de matrimonio; (2) los derivados de responsabilidad civil extracontractual y (3) los créditos derivados de relaciones laborales distintas de la del personal de alta dirección; así como tampoco los créditos futuros que nazcan de contratos de derivados en vigor;

Los créditos por repetición, subrogación o regreso quedarán afectados en la misma forma que el crédito principal si así lo establece el plan de reestructuración; si dispone de garantía real, será tratado como crédito garantizado.

Y los de derecho público, solo en la forma prevista en el art. 616 bis TRLC, sólo si: 1°.- el deudor acredita en el momento de hacer la comunicación u homologar el plan, estar al corriente de las obligaciones tributarias y de seguridad social, 2°.- Los créditos sean de una antigüedad inferior a dos años, fecha a fecha del devengo hasta la de la comunicación; y con el siguiente alcance:

El plan de reestructuración no puede reducir ni su importe, ni el cambio de la ley aplicable, ni el deudor, sin perjuicio de tercer asunto sin liberación de pago; ni la modificación o extinción de garantías, ni la conversión en acciones, participaciones sociales, crédito o préstamo participativo o instrumento de características o rango distinto del originario. Además, hay que satisfacerlos en los siguientes plazos: 1°.- doce (12) meses a contar del auto de homologación, o 2° seis (6) si había concedido un previo aplazamiento o fraccionamiento; 3°.- En todo caso, en dieciocho (18) meses desde la fecha de comunicación de la apertura de negociaciones.

No serán acreedores afectados los "créditos excluidos", esto es, los voluntariamente excluidos, motivadamente (arts. 616.2 y 633.8 TRLC; AJM nº 5 de Madrid, de 20 de marzo de 2024); alimentos, responsabilidad civil extracontractual, laborales distintos de la alta dirección).

En esta materia se adopta el denominado *"principio flexible de universalidad" o de "universalidad relativa":* cualquier crédito puede ser afectado, dejándose tal afectación a la voluntad de los interesados, con algunas excepciones, en función de las necesidades de cada caso y del desarrollo del proceso. En tal sentido se pronuncia la SAP Madrid, Secc. 28ª, de 23 de abril de 2024, cuando declara que el plan de reestructuración no es un instrumento que pueda afectar universalmente a todos los acreedores. La definición del perímetro del plan de reestructuración es una facultad discrecional de los proponentes del mismo. La selección de los acreedores afectados por el plan de reestructuración, con la consiguiente exclusión del resto, es un mecanismo expresamente contemplado en el TRLC (arts. 633.5º y 7º TRLC).

Hay que advertir, no obstante, que no hay libertad absoluta ni ilimitada: han de indicarse las razones de la no afectación (art. 633.8 TRLC). El perímetro no se puede delimitar de manera arbitraria o irracional, ya que ha de obedecer a criterios objetivos y su control se realizará a través del control de la formación de clases de la que es premisa (SAP Valencia, Secc. 9ª, de 27 de marzo de 2024, asunto DAS PHOTONIC).

II.3. El contenido del plan de reestructuración

El contenido formal de todo plan de reestructuración viene determinado en el art. 633 TRLC, en el que se dispone que los planes de reestructuración sometidos al Título III contendrán, como mínimo, las siguientes menciones:

1ª La identidad del deudor.

2ª La identidad del experto encargado de la reestructuración, si hubiera sido nombrado.

3ª Una descripción de la situación económica del deudor y de la situación de los trabajadores, y una descripción de las causas y del alcance de las dificultades del deudor.

4ª El activo y el pasivo del deudor en el momento de formalizar el plan de reestructuración.

5ª Los acreedores cuyos créditos van a quedar afectados por el plan, identificados individualmente o descritos por clases, con expresión del importe de su crédito que vaya a quedar afectado e intereses y la clase a la que pertenezcan.

6ª Los contratos con obligaciones recíprocas pendientes de cumplimiento que, en su caso, vayan a quedar resueltos en virtud del plan.

7ª Si el plan afectase a los derechos de los socios, el valor nominal de sus acciones o participaciones sociales.

8ª Los acreedores o socios que no vayan a quedar afectados por el plan, mencionados individualmente o descritos por clases, así como las razones de la no afectación.

9ª Las medidas de reestructuración operativa propuestas, la duración, en su caso, de esas medidas y los flujos de caja estimados del plan, así como las medidas de reestructuración financiera de la deuda, incorporando la financiación interina y la nueva financiación prevista en el plan de reestructuración, con justificación de su necesidad y, en su caso, las consecuencias globales para el empleo, como despidos, acuerdos sobre reducción de jornada o medidas similares.

10ª La exposición de las condiciones necesarias para el éxito del plan de reestructuración y de las razones por las que ofrece una perspectiva razonable de garantizar la viabilidad de la empresa, en el corto y medio plazo, y evitar el concurso del deudor.

11ª Las medidas de información y consulta con los trabajadores que, de conformidad con la legislación laboral aplicable, se hayan adoptado o se vayan a adoptar, incluida la información de contenido económico relativa al plan de reestructuración, así como las previstas en los casos de adopción de las medidas de reestructuración operativas.

12ª En el caso de que se pretenda que el plan de reestructuración afecte al crédito público, se incluirá la acreditación de encontrarse al corriente en el cumplimiento de las obligaciones tributarias y frente a la Seguridad Social mediante la presentación de las correspondientes certificaciones emitidas por la Agencia Estatal de Administración Tributaria.

Como hemos dicho, se trata de un contenido mínimo, al que se puede añadir cualesquiera otros contenidos, como anejos o como apartados propios. En cualquier caso, tales apartados deberán ser especificados en forma clara, a los efectos de cumplir lo preceptuado.

II.4. Los contratos afectados en el plan de reestructuración

Una materia trascendental es el *principio general de vigencia de los contratos* que proclama el art. 618 TRLC: la homologación del PR, por sí sola, no afectará a los contratos con obligaciones recíprocas pendientes de cumplimiento [STS de 5 de septiembre de 2013: las obligaciones de ambas partes son principales en el funcionamiento de la relación contractual, y además interdependientes; lo que supone que cada una sea y actúe como contraprestación de la otra, al darse interdependencia o nexo causal determinante de que cada uno sea y funcione como contravalor o contraprestación del otro (SSTS de 26 de marzo de 2012, 23 de julio y 2 de septiembre de 2014)].

Pero si que pueden resolverse contratos con obligaciones recíprocas pendientes de cumplimiento en interés del plan de reestructuración, como efecto automático de la homologación (AJM 1 de Murcia de 2 de mayo de 2024) sin perjuicio de su impugnación posterior por el cauce de la impugnación u oposición al PR. El crédito indemnizatorio derivado de la resolución quedaría afectado por el PR (art. 620 TRLC). También pueden liquidarse o cancelarse anticipadamente, con los mismos efectos.

En todo caso, se tienen por no puestas las cláusulas contractuales que establezcan la facultad de la otra parte de suspender o de modificar las obligaciones o los efectos del contrato, así como la facultad de resolución o la de extinción del contrato por el mero motivo de la presentación de la homologación del plan de reestructuración o cualquier otra circunstancia análoga o directamente relacionada con las anteriores.

Los contratos necesarios para la continuidad de la actividad empresarial o profesional del deudor no podrán suspenderse, modificarse, resolverse o terminarse anticipadamente por el mero hecho de que el plan de reestructuración conlleve un cambio de control del deudor (AJM 9 de Barcelona, de 17 de abril de 2024). Así, expresamente se establece que los *contratos necesarios* para la continuidad de la actividad empresarial o profesional del deudor no podrán suspenderse, modificarse, ni resolverse ni terminarse anticipadamente por el mero hecho de que el plan de reestructuración conlleve un cambio de control de deudor. Expresión que, sin duda, no es muy afortunada, por limitar su ámbito a esa situación, y que, sin duda, exigirá de una interpretación integradora.

No pueden vencer anticipadamente, resolverse o terminarse los contratos de suministro de bienes, servicios o energía necesarios para la continuidad de la actividad empresarial o profesional del deudor, salvo si han sido negociados en mercados que permitan su sustitución por otros a valor de mercado (art. 619.3 TRLC).

Sí que pueden resolverse los acuerdos de compensación contractual sujetos al RDL 5/2005, de 11 de marzo, aunque el saldo sea pasivo afectado, sin que se vea afectada la garantía financiera por el plan de reestructuración.

También cabe la resolución de los contratos de alta dirección en interés del plan de reestructuración (art. 621 TRLC), con facultad moderadora del Juez en cuanto a la indemnización establecida; con posibilidad de impugnación como incidente concursal, a resolver en sentencia.

II.5. La formación de clases de acreedores

Hemos de destacar la gran importancia de la formación de clases de acreedores afectados en el plan, ya que permite la aprobación de un plan de reestructuración con el apoyo de un porcentaje relativamente reducido del pasivo total (SAP Barcelona, Secc. 15ª, de 9 de julio de 2024, asunto VILASECA).

La formación de clases de créditos es clave en la aprobación de los planes de reestructuración, por cuanto que se dispone en el art. 622 TRLC, que los acreedores titulares de créditos afectados por el plan de reestructuración votarán por clases, es decir, agrupados, y dentro de cada grupo, en la forma dispuesta en los arts. 628 y ss. TRLC.

Pero no hay libertad absoluta ni ilimitada: han de indicarse las razones de la no afectación (art. 633.8 TRLC). El perímetro no se puede delimitar de manera arbitraria o irracional, ya que ha de obedecer a criterios objetivos y su control se realizará a través del control de la formación de clases de la que es premisa (SAP Valencia, Secc. 9ª, de 27 de marzo de 2024, asunto DAS PHOTONIC).

El art. 623 TRLC nos proporciona los criterios generales de formación de clases de créditos, que deben atender siempre a la existencia de un interés común a los integrantes de cada clase, determinados conforme a criterios objetivos. Se considera que existe interés común entre los créditos de igual rango determinado por el orden de pago en el concurso de acreedores.

No obstante, si bien el art. 623 TRLC establece los criterios generales de formación de clases, ofrece ciertos márgenes de discrecionalidad para su determinación, al agrupar a los acreedores en función de los diferentes criterios legalmente tasados (SJM 2 de Barcelona de 2 de diciembre de 2022, asunto CELSA).

– Los criterios son los siguientes:

1º.- (criterio general): La existencia de un interés común entre los integrantes de cada clase determinado conforme a criterios objetivos.

2º.- (criterio imperativo que concreta el general): Se considera que existe interés común entre los créditos de igual rango, determinado por el orden de pago en el concurso de acreedores. La SAP Valencia, Secc. 9ª, de 27 de marzo de 2024 (DAS PHOTONIC) considera que el rango concursal es un *criterio imperativo,* ya que el interés común no se corresponde con la finalidad subjetiva que persigue cada uno de los acreedores, o con criterios subjetivos o personales de los acreedores.

3º.- El parámetro principal para formar las clases deben ser los rangos crediticios concursales; los créditos con rangos concursales distintos deben separarse en clases distintas: privilegiados, ordinarios y subordinados. Para la SAP Pontevedra, Secc. 1ª, de 10 de abril de 2023 (asunto XELDIST), para acudir a la excepción a la regla general de clases por rango, se exigen razones suficientes que lo justifiquen atendiendo a criterios objetivos.

4º.- Separación por clases de créditos del mismo rango concursal: es posible si hay razones suficientes que lo justifiquen (art. 623.3 TRLC). Y éstas son las siguientes: 1.- la naturaleza financiera o no financiera; 2.- el conflicto de intereses de los acreedores sobre las distintas clases; 3.- la afectación del crédito por el plan de reestructuración (si son pymes y quedan afectados por quitas superiores al 50%, deben constituir una clase separada. *"Solo en el caso de que los intereses de los acreedores incluidos en una y otra clase sean distintos, y sin embargo, comunes dentro de cada clase, se puede justificar la formación de dos o más clases de créditos de igual rango"*, según la SAP Valencia, Secc. 9ª, de 27 de marzo de 2024, asunto DAS PHOTONIC.

5º.- Se consideran créditos financieros: 1º.- los derivados de contratos de crédito o préstamo, con independencia de la condición de su titular; 2º.- los que sean de titularidad de entidades financieras, sujetas o no a supervisión, y con independencia del origen del crédito; 3º.- los créditos de las aseguradoras de crédito/caución; 4º.- los derivados de arrendamiento financiero, financiación con reserva de dominio, aval, contra aval, factoring y confirming. No se consideran créditos financieros los derivados de operaciones comerciales, aunque tuvieran aplazada su exigibilidad, salvo que hayan sido cedidos a una entidad financiera.

6º.- Los créditos con garantía real deben constituir una clase separada entre las clases de su mismo rango concursal, salvo que la heterogeneidad de los bienes o derechos gravados justifique su separación en dos o más clases.

7º.- Los créditos de derecho público deben constituir una clase separada entre las clases de su mismo rango concursal, aunque se admite que pueda haber varias clases separadas de créditos de derecho público si tienen diferente rango, e incluso separar varias clases si concurren razones objetivas y justificadas (SAP Valencia, Secc. 9ª, de 27 de marzo de 2024, asunto DAS PHOTONIC). Pueden ser afectados en los términos del art. 616 bis TRLC, y sujetos a los requisitos del art. 616.2 TRLC: encontrarse al corriente de obligaciones, antigüedad inferior a dos años, y el crédito de regreso es crédito garantizado.

Los citados criterios actúan como garantías (SAP Pontevedra, Secc. 1ª, de 10 de abril de 2023, asunto XELDIST), que se proyectan sobre las siguientes circunstancias: 1º.- Correcta formación de clases.

2º.- Aprobación por una mayoría cualificada dentro de cada clase.
3º.- En el supuesto de existir acreedores disidentes, debe respetarse un valor económico mínimo.

El análisis de la formación de clases debe de hacerse partiendo de una visión amplia y flexible, atendiendo a las circunstancias del caso concreto, puesto que lo relevante es evitar la arbitrariedad o el fraude de ley mediante la manipulación de clases, que no se apreciará si hay una clara justificación objetiva, aunque ello suponga la creación de numerosas clases (SAP Pontevedra, Secc. 1ª, de 10 de abril de 2023). Puede admitirse una única clase que integre todo el pasivo afectado si solo se identifica un interés común susceptible de quedar afectado por el plan de reestructuración (SAP Madrid, Secc. 28ª, de 23 de abril de 2024).

Debe siempre tenerse presente que los créditos excluidos voluntariamente excluidos, deben de serlo motivadamente (arts. 616.2 y 633.8 TRLC; AJM nº 5 de Madrid, de 20 de marzo de 2024);

Por lo que prima el "*principio flexible de universalidad*" o de "*universalidad relativa*": cualquier crédito puede ser afectado, dejándose tal afectación a la voluntad de los interesados, con algunas excepciones, en función de las necesidades de cada caso y del desarrollo del proceso. SAP Madrid, Secc. 28ª, de 23 de abril de 2024: el PR no es un instrumento que pueda afectar universalmente a todos los acreedores. La definición del perímetro del plan de reestructuración es una facultad discrecional de sus proponentes. La selección de los acreedores afectados por el plan de reestructuración, con la consiguiente exclusión del resto, es un mecanismo expresamente contemplado en el TRLC (arts. 633.5º y 7º TRLC). Pero no hay libertad absoluta ni ilimitada: han de indicarse las razones de la no afectación (art. 633.8 TRLC). El perímetro no se puede delimitar de manera arbitraria o irracional, ya que ha de obedecer a criterios objetivos y su control se realizará a través del control de la formación de clases de la que es premisa (SAP Valencia, Secc. 9ª, de 27 de marzo de 2024).

En conclusión, y siguiendo a GARCÍA MARRERO (2024, p. 133), puede decirse que, tras la cláusula general del interés común, el parámetro principal para formar las clases debe de ser el del rango crediticio concursal; así los créditos con rangos concursales distintos deben separarse en clases distintas (privilegiados, ordinarios y subordinados). Se entiende que en cada rango concursal está presente la comunidad de intereses o el interés común, y que para acudir a la excepción a la regla general de clases por rango se exigen razones suficientes que lo justifiquen, atendiendo a criterios objetivos (SAP Pontevedra, Secc. 1ª, de 10 de abril de 2023, asunto XELDIST).

Los arts. 625 y 626 TRLC establecen un procedimiento de confirmación judicial facultativa de las clases de acreedores (SJM 3 de Valencia de 27 de noviembre de 2024).

Así, la correcta formación de las clases puede ser confirmada judicialmente, a petición del deudor y de los acreedores que representen más del 50% del pasivo afectado por el plan, con carácter previo a la solicitud de homologación (art. 625 TRLC). Nada se establece si no hay voluntad de homologar.

El procedimiento para la confirmación judicial de las clases de créditos lo establece el art. 626 TRLC, que seguirá los siguientes pasos:

1. Cualquiera de los legitimados podrá solicitar la confirmación de una o varias clases al juez competente para conocer de la homologación del plan. A la solicitud deberá acompañarse la acreditación de la comunicación de la propuesta de formación de la clase o clases a las partes afectadas por la confirmación judicial, donde se les haya anunciado la presentación de esta solicitud.

2. El juez, si considera que posee competencia internacional y territorial, dictará providencia admitiendo la solicitud a trámite. La providencia se publicará en el Registro público concursal.

3. Los acreedores que puedan verse afectados por la formación de clases solicitada podrán presentar escrito de oposición dentro de los diez días siguientes a la publicación de la providencia.

El juez resolverá por medio de sentencia dentro de los cinco días siguientes a la conclusión del plazo de oposición. Y la resolución judicial que se dicte no será susceptible de recurso alguno.

4. En el caso de que se hayan confirmado las clases propuestas por el solicitante, la formación de clases no podrá invocarse como motivo de impugnación u oposición a la homologación judicial del plan.

II.6. Reglas de cómputo de los créditos a efectos de atribución del voto

Los créditos deberán ser computados en la siguiente forma (art. 617 TRLC):

1ª.- A la fecha de formalización del plan, expresado en euros.

2ª.- Por el principal, más recargos e intereses hasta la fecha de formalización del plan.

3ª.- En contratos de crédito, por la cantidad dispuesta hasta la fecha de formalización del plan.

4ª.- Los créditos contingentes, por su cuantía máxima, si se computan por cuantía inferior, sólo se verán afectados hasta esa cuantía.

5ª.- Créditos con garantía real, la parte no cubierta por la garantía será tratado como no garantizado, determinándose el valor de la garantía conforme al título V Libro I (arts. 273 y ss. TRLC, 90% del valor razonable del bien o derecho objeto de la garantía tras la deducción de deudas preferentes). Según el AJM 7 de Madrid, de 23 de enero de 2024, no hay que valorar garantías cuando el 100% del crédito de la clase de créditos con garantía real votan a favor del PR.

A los efectos del plan de reestructuración, el art. 617 TRLC establece que cada crédito —incluidos los sujetos a condición resolutoria— se computará por el principal más los recargos e intereses vencidos hasta la fecha de formalización del plan en instrumento público. Y se establecen las siguientes normas especiales:

– En los contratos de crédito sólo se computará la parte del crédito dispuesta en el momento de la formalización del plan en instrumento público.

– Los créditos expresados en otra moneda se computarán en euros según el tipo de cambio oficial en la fecha del instrumento público en que se hubiese formalizado el plan.

– Los créditos contingentes, litigiosos o sometidos a condición suspensiva se computarán por su importe máximo, salvo que en el plan de reestructuración se hubieran incluido por una cantidad inferior. Si finalmente se materializaran, sólo se verán afectados por la cuantía correspondiente al importe incluido en el plan.

– En el caso de créditos garantizados con garantía real, cuando el valor de la garantía sea inferior al de la obligación garantizada, el crédito por el exceso será tratado como no garantizado, conforme a la clase que le corresponda según esta ley. La parte del crédito cubierta por el valor de la garantía se considerará como crédito garantizado. Para determinar el valor de la garantía se estará a lo establecido en el título V del libro primero. Las certificaciones emitidas por el organismo rector del centro de negociación o del mercado secundario de que se trate, en caso de garantías sobre valores mobiliarios cotizados, o por una sociedad de tasación homologada e inscrita en el registro especial del Banco de España, en caso de bienes inmuebles, se unirán al instrumento público como anejo.

– Por último, en referencia a los contratos de alta dirección y de consejeros ejecutivos, el art. 621 TRLC, si resulta necesario para el buen fin del plan, éste puede prever su suspensión o su extinción, con posibilidad de moderación judicial de la indemnización; así como la extinción en caso de suspensión, a instancia del directivo, con posibilidad de planteamiento de incidente concursal, y ulterior recurso de suplicación.

II. 7. La aprobación y la homologación de los planes de reestructuración

El procedimiento es formalista y garantista, pues se exige:

1º.- Comunicación de la propuesta a los acreedores, individual, postal o electrónica, o anuncio web, o edicto en RPC. A los acreedores públicos, electrónicamente; y a acreedores sindicados, por sus reglas contractuales.

2º.- Derecho de voto: es de los créditos afectados. Los que cuenten con garantía personal o real de tercero, el ejercicio corresponde al acreedor principal, conforme a los pactos acordados.

3º.- Derecho de información y consulta de los trabajadores, conforme a la legislación laboral.

4º.- Votación del plan por cada clase de créditos: para su aprobación se exige el voto a favor de 2/3 del pasivo correspondiente. Si se trata de créditos con garantía real, 3/4.

5º.- Se admite los pactos de sindicación: se respetan pactos contractuales sobre ejercicio de voto y se aplican iguales mayorías, entendiéndose que votan a favor todos si se reúne la mayoría exigible. Si no se obtiene, se computan los votos individuales, salvo que formen una única clase, entendiéndose en este caso que no ha sido aprobado. Los acreedores disidentes pueden impugnar.

6º.- Decisión de los socios sobre la aprobación del plan: se aplican especialidades sobre las disposiciones societarias en materia de convocatoria junta (10/21 días), posible celebración junta posterior a la presentación del PR, convocatoria judicial, rechazo si no se convoca junta, único punto orden del día PR, adopción de acuerdos conforme a normas societarias, posible impugnación del acuerdo; y exclusión derecho de adquisición preferente en PR en insolvencia actual, aunque se haga operación acordeón. Para la conversión de créditos en acciones o participaciones, con o sin prima, se entiende que los créditos a compensar son líquidos, vencidos y exigibles.

De la aprobación de los planes se ocupan los artículos 627 a 634 TRLC, exigiéndose instrumento público; y de su homologación judicial, los artículos 635 a 652 TRLC, sin contradicción previa; y con fase contradicción previa, en los arts. 662 y 663 TRLC; regulándose además un novedoso procedimiento judicial de impugnación del auto de homologación en los arts. 653 a 661 TRLC. Ahorraremos al lector mayor extensión en este apartado, así como del tratamiento de la nueva figura profesional del Experto en reestructuración (arts. 672 a 681 TRLC), pues ello desbordaría la extensión de esta colaboración.

No obstante, sí haremos mención a la aprobación de los planes por los acreedores y por los socios de la deudora que condicionan su homologación.

La mayor innovación de la Ley es la posibilidad de homologar un plan de reestructuración no aprobado por todas las clases de acreedores; o incluso por los socios del deudor persona jurídica, cuando el plan contenga medidas que requieran acuerdo de junta (art. 640.2 TRLC). Los requisitos dependerán de si se trata de un plan consensual (aprobado por todas las clases) o no (no aprobado por todas las clases, *cross-class cram-down*); y aprobado o no por los socios.

Para evitar ser reiterativos, vamos a plantearnos las siguientes cuestiones:

¿Cuándo es necesaria la homologación? Cuando se pretenda que el plan de reestructuración sea extensivo a los acreedores disidentes, que puedan resolverse los contratos previstos en el PR, y que, en un eventual concurso de acreedores, la financiación nueva e interina tenga preferencia en el cobro; y que tanto ésta, como determinados actos y operaciones, sean irrescindibles. [art. 635 TRLC]

¿Cuándo es posible la homologación? Cuando el deudor se encuentre en insolvencia, ya sea probable (art. 584.2 TRLC), inminente (art. 2.3 TRLC, segundo inciso) o actual (art. 2.3 TRLC, primer inciso, pero siempre que no hubiera sido admitida a trámite solicitud de concurso necesario).

¿Qué se precisa para la homologación? Presentar un plan de reestructuración que cumpla con los requisitos de forma, contenido y comunicación a los acreedores; dar un tratamiento paritario a los acreedores que se encuentren dentro de una misma clase; ofrecer una perspectiva razonable de evitar el concurso y asegurar la viabilidad en el corto y medio plazo; y contar con el respaldo suficiente de los interesados (acreedores, y, en su caso, del deudor y de los socios legalmente responsables de las deudas de la sociedad).

– Requisitos para la homologación del plan aprobado por todas las clases (art. 638 TRLC): en primer lugar, los requisitos subjetivos y objetivos (probabilidad de insolvencia, insolvencia actual o inminente); que el plan ofrezca una perspectiva razonable de evitar el concurso; y asegurar la viabilidad de la empresa en el corto y medio plazo; en segundo lugar, cumplir los contenidos de contenido (art. 633 TRLC), formación de clases (art. 622 y ss. TRLC), y forma (instrumento público y certificado de suficiencia de mayorías, art. 634 TRLC), y aprobación por todas las clases de créditos (mayoría de 2/3 en cada clase, y de ¾ en clase de créditos con garantía real); aprobación por el deudor y los socios, en su caso (art. 640 TRLC); que haya sido comunicado a todos los acreedores afectados (art. 627 TRLC); que las clases hayan sido formadas correctamente y los créditos de una misma clase reciban trato paritario; es decir, igual.

– Requisitos para la homologación del plan no aprobado por todas las clases (art. 639 TRLC): en primer lugar, deben cumplir las mismas condiciones que las establecidas en el art. 638 TRLC para los consensuales; y, en segundo lugar, los requisitos específicos siguientes:

- 1°.- Obtención de mayoría simple de clases, y entre ellas, una clase de créditos con privilegio especial o general, según la normativa concursal.

- 2º.- En su defecto, aprobados por al menos una clase que, de acuerdo con la clasificación de créditos, pueda razonablemente presumirse que hubiese recibido algún pago tras una valoración de la deudora como empresa en funcionamiento. Es necesario que a la solicitud de homologación se acompañe un informe del experto en la reestructuración sobre el valor de la deudora como empresa en funcionamiento. El proceso, en la práctica, pasa por determinar el valor del activo, calcular el pasivo, e identificar la clase de acreedores que, según su rango concursal, hubiesen recibido algún pago de haberse vendido la empresa por aquel valor. Y al menos una de estas clases debe haber votado a favor del plan, clase que debe de estar dentro del dinero, y que será la clase donde rompe el valor (clase *flucro*)
- 3º.- En el régimen especial del art. 682 TRLC, aunque no hubiese sido aprobado el PR por todas las clases, podrá ser homologado si la clase o clase de acreedores que no lo hayan aprobado reciben un trato más favorable que cualquier clase de rango inferior (art. 684 TRLC).

– Requisitos para la homologación del plan no aprobado por los socios (art. 640 TRLC): si se trata de un deudor persona natural, se requiere la aprobación del deudor; si el deudor es persona jurídica, la homologación del plan requerirá que haya sido aprobado por los socios legalmente responsables de las deudas sociales (socios colectivos, socio unipersonal sin inscripción de la unipersonalidad en el registro en 6 meses); si no hay esta tipología de socios, y siempre que el plan de reestructuración contenga medidas que requieran acuerdo de la junta de socios, el plan se podrá homologar aunque no haya sido aprobado por los socios, si la sociedad se encuentra en situación de insolvencia actual o inminente.

Si estamos en una empresa ubicada en el régimen especial del art. 682 TRLC, la homologación solo podrá solicitarse si el deudor y, en su caso, los socios de la sociedad deudora, lo hubieran aprobado.

En cuanto a la homologación judicial de los planes de reestructuración, reseñaremos los distintos procedimientos alternativos, a opción del solicitante:

– Primera vía (sin contradicción previa): la homologación del PR es decidida por Auto por el Juez de lo mercantil, concediendo o denegando la homologación, cuya solicitud previamente ha admitido por Providencia la solicitud, y la ha publicado en el RPC; este Auto puede ser impugnado ante la Sección especializada de la Audiencia Provincial en 15 días, que resolverá conjuntamente las impugnaciones por el trámite del incidente concursal.

– Segunda vía (con contradicción previa): la homologación se decide por el Juez de lo mercantil, por Sentencia irrecurrible, ya que previamente se ha dado un trámite de oposición previa en 15 días; que, si se da, se tramita conjuntamente como incidente concursal. Problema: no se regula la posibilidad de resolver por Auto si no se dan oposiciones previas; entendemos que lo propio es que se resuelva como si no hubiera habido contradicción previa en ausencia de oposiciones, por Auto y no en sentencia.

Es cuestión de estrategia procesal la opción por una u otra vía: se buscará la primera vía si se busca una homologación rápida, pero débil, ya que depende de la resolución de la AP, se optará la segunda vía si se prefiere eliminar toda inseguridad jurídica, o si el plan incluye créditos públicos susceptibles de aplazamiento (18 meses, art. 616 bis TRLC desde el inicio de negociaciones, ni doce desde la homologación (o seis si el crédito había sido previamente aplazado); aunque ello depende del funcionamiento del Juzgado competente, que puede disminuir el plazo de 18 meses.

Con relación al alcance del control judicial, ha de estarse al art. 647.1 TRLC, que dispone que *"1. Salvo que de la documentación presentada se deduzca manifiestamente que no se cumplen los requisitos exigidos en la sección 1ª de este capítulo, el juez homologará el plan de reestructuración"*, por lo que parece que se impone un análisis meramente formal (superficial) por parte del Juez de lo mercantil.

Sobre las operaciones societarias, a tenor de lo dispuesto en el art. 647.4 TRLC, debe realizarse por el Juez de lo mercantil un control de legalidad de las operaciones societarias, dejando constancia de ello en el auto.

En la homologación con contradicción previa, el Juez de lo mercantil —del mismo modo que los Magistrados de la Audiencia Provincial en supuesto de impugnación del auto dictado sin contradicción previa— en cambio, dado que decide un procedimiento contradictorio, en cualquier caso, y por sentencia, debe de realizar, además del control formal, un añadido control exhaustivo, pero limitado a las causas de impugnación (arts. 654 a 656 TRLC).

El TRLC establece los motivos en atención a la aceptación del plan, distinguiendo entre los planes consensuales (aprobados por todas las clases de créditos) art. 654 TRLC; y los no consensuales (planes no aprobados por todas las clases de créditos), art. 655 TRLC.

Dado el consenso doctrinal y jurisprudencial, pueden clasificarse en (1°) motivos generales, (2°) motivos de clase, y (3°) motivos particulares.

1°.- Motivos generales: pueden ser alegados por cualquier acreedor afectado, que no haya votado a favor del plan; dentro de ellos, hay motivos cuya estimación determina la ineficacia del plan, como 1°.- la defectuosa formación de clases y 2°.- la falta de concurrencia de las mayorías necesarias para la aprobación del plan (art. 654.2° TRLC); y otros motivos que únicamente determinan la no afectación del plan al impugnante (art. 661 TRLC); y son cuatro: 1°.- el incumplimiento de los requisitos de la comunicación, contenido y de forma del plan (art. 654.1° TRLC); 2°.- la solvencia del deudor (art. 654.3° TRLC); 3°.- la inutilidad de reestructuración, esto es, que no ofrezca una perspectiva razonable de evitar el concurso y asegurar la viabilidad de la empresa en el corto y medio plazo (art. 654.4° TRLC); y 4°.- que el deudor no esté al corriente en el cumplimiento de sus obligaciones tributarias y de Seguridad Social (art. 654.8° TRLC).

2°.- Motivos de clase: son aquéllos que tratan de defender la posición de los acreedores que tienen una comunidad de intereses suficiente con el impugnante o oponente, al estar incluidos en la misma clase, frente a las restantes. Son tres: 1°.- Que el plan no respete la *regla de la prioridad absoluta,* en virtud de la cual, una clase de acreedores no puede sufrir perjuicio alguno si los créditos de otra clase de rango inferior mantienen algo de valor (art. 655.4° TRLC); aunque el legislador admite que no se cumpla esta regla cuando sea imprescindible para asegurar la viabilidad de la empresa y los créditos de los acreedores afectados no se vean perjudicados injustificadamente (art. 655.3 TRLC); 2°.- Que una clase salga beneficiada de la reestructuración, lo que sucede cuando los acreedores que la integren reciban un valor superior al de sus créditos (art. 655.2º TRLC); y 3º.- Que no se respete el tratamiento paritario entre clases el mismo rango, es decir, que la clase del impugnante u oponente vaya a recibir un trato menos favorable que cualquier otra clase con el mismo rango (art. 655.2º TRLC); siendo que éstos dos motivos tienen igualmente su base en el respeto de la regla de la prioridad absoluta, ya que el segundo de los motivos, porque permitir que aumente el valor nominal de los créditos de una clase equivale atribuir valor a algo inexistente, y que por tanto, tendría que considerarse de valor inferior; y el tercero de los motivos, porque los créditos de igual rango deben pagarse a prorrata.

3º.- Motivos particulares: son aquellos que están relacionados con el carácter excesivo del perjuicio que se causaría al concreto acreedor impugnante. Pueden ser alegados por cualquier acreedor, aunque su clase haya votado a favor del plan. Son tres: (1º) que su crédito no haya sido tratado de forma paritaria con otros créditos de su clase (art. 654.5º TRLC), no de su mismo rango; (2º), que el sacrificio sea parcialmente innecesario, esto es, que la reducción del valor de sus créditos sea manifiestamente mayor al que resulta necesario para garantizar la viabilidad de la empresa (art. 654.6º TRLC); y (3º).- que el plan no supere la prueba del interés superior de los acreedores (art. 654.6º TRLC), que se identifica con el valor real y actual de su crédito (frente a su valor nominal), es decir, con el importe que percibiría en caso de liquidación concursal del deudor. Motivo éste igualmente relacionado con la regla de la prioridad absoluta, ya que una empresa debe reestructurar si con la homologación del plan su valor va a aumentar. Y este excedente de la reestructuración es el que debe repartirse entre todos los acreedores, en función de su graduación.

4º.- También cabe la impugnación de la resolución de contratos (art. 657 TRLC) por motivos tasados: que no resulte necesaria la resolución para asegurar el buen fin de la reestructuración, y prevenir el concurso; y que no sea adecuada la indemnización prevista en el plan por la resolución impugnada.

En cuanto a la tramitación de la impugnación (art. 658 TRLC), se dispone que ha de ser ante la Audiencia Provincial competente; y que carece de efectos suspensivos. Se tramitan conjuntamente todas las impugnaciones, se apertura trámite de oposición, y se resuelven en una única sentencia; que, si es estimatoria, declarará la no extensión de efectos del PR únicamente frente a quien hubiera instado la impugnación, subsistiendo los efectos de la homologación frente a los demás acreedores y socios. Pero si los efectos no se pueden revertir, el impugnante tendrá derecho a una indemnización de daños y perjuicios.

Como excepción, si la sentencia estimatoria se hubiera basado en la falta de concurrencia de las mayorías necesarias o en la formación defectuosa de las clases, se declarará la ineficacia del plan. La sentencia no perjudicará a terceros de buena fe, de acuerdo con la LH.

En cuanto a los efectos del plan, pueden sintetizarse en los siguientes: 1°.- Ejecutividad inmediata (art. 649 TRLC): es título ejecutivo (art. 650 TRLC) y puede inscribirse en registros de bienes; 2°.- Medidas de naturaleza societaria: si el plan requiere medidas con acuerdo de junta o asamblea de socios, los administradores o quien designe el juez, a propuesta de acreedor legitimado, tendrán las facultades precisas para llevar a cabo los actos necesarios, incluso modificaciones estatutarias. Las medidas de reestructuración operativa se llevarán a cabo conforme a su normativa, y las controversias, ante la jurisdicción competente; 3°.- Los titulares de derechos reales contrarios al plan, siendo que en su clase el voto favorable fue inferior al disidente, podrán ejecutar sus garantías en un mes desde la publicación del auto; 4°.- No se afectan derechos de garantía otorgados por terceros (art. 652 TRLC); 5°.- Se establece una protección frente a acciones rescisorias en las operaciones razonables y necesarias para el éxito de la negociación, si se identificaron en el plan: tasas y costes de la negociación, adopción o confirmación del plan; honorarios y costes de asesoramiento profesional en reestructuración; pago de salarios a trabajadores; pagos de la actividad ordinaria del deudor; igualmente, sobre la financiación interina (art. 665 TRLC) y la nueva financiación (art. 666 TRLC); y los actos o negocios razonables y necesarios para la ejecución del plan; 6°.- No se puede solicitar nueva homologación de PR hasta transcurrido un año desde la fecha de solicitud de la homologación anterior (art. 664 TRLC), sin distinción entre solicitante deudor o acreedores.

Para concluir este apartado, reseñaremos brevemente el incumplimiento del plan de reestructuración y el concurso de acreedores posterior. Así, una vez homologado el plan, no se podrá pedir su resolución por incumplimiento, ni la desaparición de efectos novatorios o extintivos de los créditos afectados, salvo que otra cosa hubiese previsto el plan. Lo anterior, sin perjuicio de la posibilidad de los acreedores públicos afectados, que podrán instar su resolución con relación a los créditos de derecho público. Se entenderá incumplido por el impago de los plazos de amortización por créditos de derecho público del art. 616 bis TRLC, como por la generación de deuda por cuota corriente tributaria y de seguridad social durante la vigencia de este.

Si el incumplimiento del plan tuviera como causa la insolvencia, cualquier legitimado podrá pedir la declaración de concurso del deudor.

III. LOS FUNDAMENTOS ECONÓMICOS DE LOS PLANES DE REESTRUCTURACIÓN

III.1. Identificación

La reestructuración es un *régimen especial* del Derecho concursal, pues su objetivo es salvar el llamado "*excedente de valor*" asociado a la reestructuración, y que es la diferencia entre (i) el valor de la empresa reestructurada, una vez corregidos sus problemas con la estructura de capital, sin pasar por el concurso, y (ii) el valor de esa empresa tras pasar por el concurso. Esto es, se busca evitar esa pérdida de valor entre una reestructuración preconcursal y una liquidación concursal.

En palabras de THERY MARTÍ (2023, p. 1007), "*conviene recordar que el plan de reestructuración consiste en la distribución del valor de reestructuración entre las clases de acreedores, hasta donde alcance. La clase en la que «rompa el valor» (es decir, la clase que solo pueda pagarse parcialmente) será aquella en la que, en los planes no consensuales, operará la transubstanciación de los créditos afectados en capital de la deudora post-reestructuración (en los planes consensuales, por el contrario, el mantenimiento o reparto del capital post-reestructuración será un extremo más del acuerdo alcanzado entre las clases)*".

Para ello, con la nueva normativa se impone un cambio de modelo: como ya dijimos al comienzo de este trabajo, se ha pasado del modelo de "*recapitaliza o liquida*", al modelo de "*recapitaliza o entrega*": si la sociedad no va a poder pagar lo que debe a los acreedores (no a los socios), o se recapitaliza la sociedad o se entrega el negocio a los acreedores; esto es, ante la falta de pago de sus créditos, los acreedores pueden quedarse con la empresa sin necesidad de pasar por un procedimiento concursal de liquidación, mediante una capitalización forzosa de sus créditos para socios y acreedores disidentes al plan, pues se modifican las reglas de control o gobierno sobre el patrimonio social, atribuyendo el poder de decisión a los "nuevos dueños financieros de la empresa", que son quienes más van a sufrir si la empresa no se reestructura y se aboca a una liquidación concursal (es la denominada *"clase fulcro"*, en la terminología financiera anglosajona).

En esta materia, puede hablarse, en forma indistinta, tanto de los fundamentos económicos de los planes de reestructuración, como de las "*reglas de reparto económico*", tal y como las define en profesor GARCIMARTÍN ALFÉREZ (2022, pp. 265 a 288); o también, de los "*pilares empresariales*" de la reestructuración, como los identifica el profesor CERDÁ ALBERO (2023, pp. 77 a 106); y debido a esa diferente nomenclatura, pueden ser clasificados en distinta forma. En cualquier caso, ambos dos autores coinciden en la propuesta del primero de ambos, que pasa por afirmar que «*la racionalidad del Derecho preconcursal que ha diseñado la Ley de Reforma del Texto Refundido de la Ley Concursal (Ley 16/2022, de 5 de septiembre) puede construirse a partir de cuatro sencillas ideas:*

(a) *Su sentido económico es ofrecer un régimen normativo que facilite la continuidad de empresas económicamente viables, pero en riesgo de insolvencia;*

(b) *La experiencia ha demostrado que ni el Derecho común o general, y ni el Derecho concursal, tal y como lo diseñó el legislador en la Ley del año 2003 (Ley 22/2003, de 9 de julio), ofrecen un marco apropiado para cumplir esa función;*

(c) *El Derecho preconcursal intenta ofrecer ese marco, y para ello introduce un régimen especial, por contraposición tanto al Derecho común como al procedimiento concursal, que permita o facilite la reestructuración del pasivo de las empresas en esa situación; es, en este sentido, fundamentalmente, un régimen especial de reconfiguración de la estructura financiera o de capital (en sentido amplio, i.e. pasivo y recursos pro-*

pios) mediante la aprobación y posterior homologación de un "plan de reestructuración".

(d) *Este régimen especial, tal y como queda diseñado tras la Ley de Reforma, descansa sobre la combinación de tres piezas: un principio de intervención judicial mínima, que evite los costes del procedimiento concursal; unas reglas de decisión colectiva, que permitan reducir los llamados "riesgos de extorsión" de los acreedores disidentes, e incluso de los propios socios, y unas salvaguardas procedimentales y sustantivas, para evitar un empleo torticero o abusivo de este régimen. Como en cualquier otro mecanismo de decisión colectiva, se trata de buscar un equilibrio entre los derechos de la mayoría y de la minoría, y evitar así la utilización del Derecho preconcursal para redistribuir valor entre los distintos grupos de afectados*».

Los *pilares empresariales* que el profesor CERDÁ ALBERO (2023, p. 77-78) identifica de la nueva normativa sobre reestructuración son tres: el primero, la *viabilidad* de la empresa deudora; la valoración de la deudora como *empresa en funcionamiento*; y la protección del crédito disidente, mediante reglas específicas: la prueba del interés superior de los acreedores; y los instrumentos de protección de las clases de acreedores disidentes; la regla de la prioridad absoluta y la regla de la prioridad relativa, sobre las que posteriormente nos extenderemos.

En términos financieros, es clave la contraposición del valor de la *empresa en liquidación*, que supone el cierre del negocio y la venta de los activos, y el valor de la *empresa en funcionamiento*, que supone calcular los flujos libres de caja futuros del negocio, y el valor residual, descontados a valor actual o presente.

- El PR tiene como presupuesto la viabilidad económica de la empresa, y debe controlarse en sede de homologación judicial (art. 633.10º TRLC).
- El PR debe ofrecer una perspectiva razonable de garantizar la viabilidad de la empresa en el corto y medio plazo, y evitar su concurso.
- Todo PR debe basarse en proyecciones y estimaciones: capacidad de generación de caja en el futuro; nivel de costes; financiación, etc…por lo que no cabe exigir total fiabilidad, sino razonabilidad de las expectativas que se proponen. Ahora bien, "*no es necesaria una detallada enumeración de los datos, variantes y*

análisis del plan de negocio, ya que basta con perfilar el conjunto de presupuestos imprescindibles para que el plan pueda tener éxito" (SJM 2 de Barcelona, de 4 de septiembre de 2023).

- *"Si el deudor carece de actividad o el PR no garantiza de manera manifiesta su sostenibilidad, aunque haya obtenido el apoyo de una mayoría de acreedores, no estaremos ante un PR del TRLC"* (AJM 12 de Madrid, de 20 de noviembre de 2023).

Pero para ello, es necesario establecer previamente una tipología empresarial de las compañías que se enfrentan a la opción por la reestructuración, en función de dos conceptos diferentes, pero relacionados: la *viabilidad económica* u operativa, y la *viabilidad financiera.* Así, GARCIMARTÍN ALFÉREZ (2022, p. 266 y 267), establece la siguiente división tipológica:

1ª.- *Empresas viables, tanto desde el punto de vista económico, como financiero*; esto es, empresas que pueden y deben continuar en funcionamiento, sometidas a las reglas del Derecho común, civil y mercantil, y para las que cualquier reestructuración debe respetar las referidas normas, y no someterse a normas de Derecho de la insolvencia.

2ª.- *Empresas inviables, tanto desde el punto de vista económico, como financiero.* Estas empresas deben cerrarse y liquidarse siguiendo un procedimiento concursal, tal y como dispone el Considerando 2 de la Directiva (UE) 2019/1023, "*tan rápido como sea posible*".

3ª.- *Empresas inviables económicamente, pero viables financieramente.* La inviabilidad económica implica que los rendimientos operativos deducibles de los distintos indicadores, son muy bajos o directamente negativos, y no es previsible que la tendencia vaya a cambiar; ello lleva a una paulatina pérdida de valor, hasta un valor actual neto negativo, por lo que no tiene sentido que siga en funcionamiento; por lo que la mejor opción es la liquidación societaria, al no darse problemas financieros.

4ª.- *Empresas viables económicamente, pero inviables desde el punto de vista financiero.* La viabilidad económica implica que la empresa tiene márgenes operativos o flujos libres de caja positivos, lo que determina que su valor en funcionamiento es mayor que en un escenario de liquidación; esto es, tiene un "*going concern surplus*"; esto es, vale más como *"going concern"*, que si se liquida; y, por lo tanto, tiene sentido mantenerla como tal tras una reestructuración, que permita superar su inviabilidad financiera (pago de deudas al vencimiento o imposibilidad de refinanciación), ante la generación de beneficios insuficientes para pagar la deuda histórica en los términos y condiciones acordados con los acreedores. Ello evidencia que todos los problemas de las empresas integradas en esta tipología, derivan de un excesivo endeudamiento. Esto es, una empresa inviable económicamente lo es con independencia de su estructura de capital; mientras que una empresa inviable financieramente lo es precisamente por su estructura de capital. Consecuentemente, la conservación de la empresa pasa necesariamente por una reestructuración del pasivo, pues de otro modo, se verá abocada a un procedimiento concursal.

Por consiguiente, el objetivo o sentido económico del plan de reestructuración, que únicamente puede aplicarse a empresas *viables económicamente, pero inviables desde el punto de vista financiero*, no es otro que el de reestablecer la viabilidad financiera del negocio, rediseñando su estructura de capital, para hacerla sostenible. Sin dejar de tener presente que una empresa inviable financieramente, que no se reestructura a tiempo y óptimamente, pasa a engrosar las filas de las empresas inviables económicamente, por pura lógica. *"Si el deudor carece de actividad o el PR no garantiza de manera manifiesta su sostenibilidad, aunque haya obtenido el apoyo de una mayoría de acreedores, no estaremos ante un PR del TRLC"* (Auto del Juzgado de lo Mercantil nº 12 de Madrid, de 20 de noviembre de 2023).

Podemos sintetizar las premisas básicas de los planes de reestructuración, en las siguientes:

1º.- El negocio tiene más valor como empresa en funcionamiento (*going concern*), que si se cierra y se liquidan sus activos, por el propio sentido económico del negocio, que no es otro que el de generar flujos libres de caja, y la previsibilidad de seguir haciéndolo, sin pérdida de valor.

2º.- La inviabilidad financiera deriva de sus problemas con la estructura del capital —sobreendeudamiento— que hace que no vaya a cumplir con las obligaciones regular y puntualmente. La inviabilidad económica no tiene nada que ver con la estructura del capital; la inviabilidad financiera, sí, y precisamente, su causa es la estructura de capital.

3º.- Los planes de reestructuración surgen para proporcionar una herramienta eficaz para asegurar la continuación de la empresa frente a las (1) conductas estratégicas/oportunistas de los acreedores (ejecuciones individuales para forzar una liquidación) y (2) los grandes costes directos o indirectos derivados de la liquidación concursal (descuento enorme en la masa pasiva, aunque se vendiera la unidad productiva, por comparación a una venta en condiciones no concursales).

4º.- Las especiales reglas de la reestructuración están dirigidas a facilitar la modificación de la estructura de capital de la empresa, por decisión colectiva de ésta, de sus acreedores y de sus socios.

Ahora bien, este modelo no está exento de riesgos. Podemos advertir los siguientes riesgos reales:

1º.- La concurrencia de conductas expropiatorias por parte de los acreedores, que presenten un plan de reestructuración (incluso en connivencia con algún socio) (v. gr. la SJM 2 de Barcelona de 4 de septiembre de 2023, asunto *CELSA*).

2º.- La exclusión del derecho de suscripción preferente de nuevas acciones o participaciones a los accionistas/socios cuando se reestructura en insolvencia actual o inminente (art. 631.4 TRLC), pues ya no se exige la aprobación del deudor (y los socios) del plan (salvo en el régimen especial art. 684.2 TRLC). Por lo que a los socios/accionistas únicamente se les debe respetar el valor actual (post-reestructuración) de sus participaciones sociales/acciones, no eventuales revalorizaciones futuras: carecen de opción (*call*) sobre una revalorización futura de la empresa.

3º.- La reestructuración forzosa, no asumida por todos los acreedores, es una *anomalía jurídica*, puesto que los acreedores se ven obligados a "invertir" en un negocio en el que no creen, parte de su cuota de liquidación; incluso puede convertirse en socio/accionista, a pesar de que el que incumple es el deudor: el acreedor que se opone a una reestructuración no incumple ningún deber.

4º.- El poder de decisión (o gobierno corporativo) se atribuye a las clases que conservan interés económico en el negocio (se dice que están "*dentro del dinero*"); y, tendencialmente, tomará la decisión la clase *flucro*, esto es, la clase "donde rompe el valor", que son los nuevos acreedores residuales; y, por consiguiente, quienes más se juegan en la opción entre reestructurar preconcursalmente o instar el procedimiento concursal.

5º.- No se impide la solicitud de concurso voluntario por el deudor en cualquier momento del proceso.

6º.- Se excluye la acción concursal (colectiva, conjunta o individual) de los acreedores (concurso necesario), al sustituir el consentimiento individual por el consentimiento colectivo, determinado en la "*regla de la mayoría*": si una mayoría suficiente de acreedores afectados está dispuesta a refinanciar en unos términos concretos la empresa, ello será porque la empresa es viable económicamente y por consiguiente, su valor en reestructuración es superior a lo que se obtendría en una liquidación concursal. Es la regla del "*por algo será*", en términos coloquiales. Esta "*regla de la mayoría*" regula el arrastre horizontal entre clases de acreedores (*intra-class cram-down*), y se combina con otra regla de control o gobierno, cuando se pretende imponer la reestructuración a clases enteras de acreedores, cual es el arrastre vertical entre clases de acreedores (*cross-class cram-down*) en planes no consensuados, funcionando por defecto: si una o varias clases de acreedores, o los propios socios, se han opuesto al plan, es suficiente con que haya sido aprobado por una mayoría de clases, entre las cuales una de ellas, sea una clase de créditos con privilegio especial o general; o en su defecto, por al menos una clase de acreedores distinta de los socios y de cualquier otra clase que no hubiese recibido pago alguno o conservado ningún derecho o interés, aplicando los rangos concursales, en caso de una valoración del deudor como empresa en funcionamiento. En virtud del arrastre vertical, se extienden los efectos del plan a los acreedores disidentes.

Como conclusiones introductoras, podemos formular las siguientes:

1ª.- El plan de reestructuración adopta un modelo que abandona la idea del acuerdo de voluntades del deudor (y sus socios) y los acreedores, y pasa a ser el resultado de un proceso de negociación y decisión colectivas.

2ª.- El modelo de decisión se basa en la regla de la mayoría, cuyo contenido puede ser acordado por una sola clase de acreedores e impuesto a las demás; incluidos los socios del deudor persona jurídica.

3ª.- Su alcance es superior al de una mera refinanciación, puesto que incluye medidas que afectan a activo y pasivo; aunque principalmente se dirige al pasivo, pues pretende resolver los problemas derivados de la estructura financiera de deudor (deuda y fondos propios), permitiendo redimensionarla, para así ajustarla al valor real del negocio y a sus flujos de caja, mediante un procedimiento de negociación y decisión colectivas.

4º.- El modelo establece, como contrapartida, salvaguardas, de naturaleza tanto procedimental, como sustantiva; y podemos esquematizarlas en la siguiente forma:

1.- Procedimentales:

1.1.- Formación de clases de acreedores: bajo criterios de legalidad y de razonabilidad, los acreedores deben de ser agrupados en clases; el interés común se determina conforme a criterios objetivos, y se identifica con los rangos crediticios concursales. Y pueden ser separados créditos de la misma clase si hay razones que lo justifiquen: naturaleza financiera o no, y la causa (préstamo, crédito...) o su titularidad; modo de afectación del plan, titulación por pymes especialmente afectadas (más del 50%); separación de créditos de garantía real por heterogeneidad.

1.2.- Mayorías necesarias para la aprobación del plan: 2/3 del pasivo incluido en esa clase; ¾ en créditos con garantía real del pasivo incluido en esa clase.

2.- Sustantivas: tres (3) reglas de reparto.

2.1.- La prueba del interés superior de los acreedores (*best interest of creditors test,* art. 654.7º TRLC): se intenta asegurar que los acreedores disidentes dentro de una clase no vayan a quedar en el PR en una situación peor de la que estarían en una liquidación concursal (individualmente o como VUP); se identifica como el respeto a la "*cuota hipotética de liquidación*" a valor presente, a cobrar a los 2 años desde la formalización del PR.

2.2.- La regla de la prioridad absoluta o paridad de trato *(absolute priority rule,* arts. 638.4º y 655.2.4º TRLC): los acreedores de una misma clase deben recibir un trato paritario; y si créditos del mismo rango se han separado en clases diferentes, ninguna clase disidente debe recibir un trato menos favorable que otra clase del mismo rango. Es una regla de distribución de todo el valor generado tras el PR, de reparto horizontal. Esta regla determina quienes tienen derecho a quedarse con la compañía post-reestructuración (están "*dentro del dinero*", *in the money*, con interés y posibilidad de proponer y aprobar planes de reestructuración y arrastrar a otras clases superiores o inferiores en el orden de prelación); pero no es una regla absoluta, y permite dejar algo de valor a algunas clases de créditos de rango inferior, o incluso a los socios si ello es necesario para asegurar la viabilidad de la empresa.

2.3.- La regla de la prioridad relativa (art. 655.3 TRLC). Es una regla de reparto vertical: cuando el PR no haya sido aprobado por todas las clases de créditos o por los socios, *nadie puede cobrar más de lo que se le debe, ni menos de lo que merece*", ya que ningún acreedor de categoría inferior puede recibir pagos mientras no se haya satisfecho completamente a los acreedores de categoría superior.

Para ello han de hacerse dos valoraciones como paso previo a la reestructuración: (1) el valor de la empresa si se hubiese liquidado en un concurso, a los efectos del arrastre de acreedores dentro de una misma clase y aplicar la prueba del interés superior de los acreedores; y (2) la valoración de la empresa en condiciones normales de mercado competitivo, a los efectos del arrastre entre clases y aplicar la regla de la prioridad absoluta.

Ahora bien, no debemos olvidar que, en el escenario de inviabilidad financiera, frente al deudor, concurren una pluralidad de sujetos, a saber, los acreedores y los socios. El respeto absoluto a los derechos de los acreedores llevaría a la desmembración del negocio y a la pérdida de su valor como empresa en funcionamiento. Y lo mismo en el proceso concursal, si no se consigue alcanzar un convenio, conforme a las mayorías legalmente establecidas, o se acuerda la venta de la unidad productiva. De ahí que el nuevo derecho preconcursal, para evitar los referidos riesgos (y costes) del proceso concursal, adopta un nuevo mecanismo de decisión, que pasa por la coordinación y cooperación entre los interesados, evitando los riesgos de conductas oportunistas desde la perspectiva individual. Este nuevo mecanismo descansa, de un lado, sobre lo que se conoce como la "*regla de la mayoría"*, para tomar decisiones entre acreedores del mismo rango concursal; y de otro lado, sobre una *regla de cambio de control*, que pasa por atribuir el gobierno corporativo a las clases que están "*dentro del dinero"*, para tomar decisiones que están dentro del mismo rango concursal (arts. 627 a 640 TRLC); reduciendo la fiscalización judicial al mínimo indispensable, con una doble vertiente, procedimental y de contenido (arts. 641 a 663 TRLC), por el que el juez verifica, en primer lugar, que el procedimiento de decisión colectivo haya sido conforme con los parámetros legales (*justicia procedimental*); y, en segundo lugar, que se hayan respetado unas reglas mínimas de reparto del valor económico del negocio (*justicia sustantiva*), que son tres: (1) la prueba del *interés superior de los acreedores*; (2) la regla de *paridad de trato*, dentro de la misma clase, y dentro de las clases del mismo rango; y (3) la regla de la *prioridad absoluta*.

Posteriormente volveremos sobre su contenido, pero ahora, debemos detenernos en el primer pilar empresarial del plan de reestructuración, el plan de viabilidad; para posteriormente ocuparnos de la valoración de la deudora como empresa en funcionamiento, y terminar sobre las reglas para la protección de los acreedores disidentes anteriormente enunciadas.

III.2. El plan de viabilidad

La viabilidad de la empresa y su valoración como empresa en funcionamiento son dos pilares económicos de la reestructuración empresarial (arts. 614 a 684 TRLC).

En términos económicos, como acertadamente precisa MARTÍN TORRES (2024, p. 179), "*La viabilidad de una empresa es la capacidad de llevar a cabo un proyecto empresarial con éxito; y el éxito, en este caso, se definiría como el cumplimiento de los fines para los que la empresa fue constituida, con un retorno para el capital invertido, en consonancia con el riesgo asumido por el empresario"*. Como refiere este autor, "*La viabilidad de un proyecto es un concepto dinámico, afectado por determinadas variables que evolucionan en el tiempo, y que deberán ser revisadas si existe una pérdida de rentabilidad o se generan tensiones de liquidez en el negocio, con el fin de establecer un plan de reestructuración que permita a la sociedad volver a la viabilidad"*.

Puede hablarse de *viabilidad técnica, comercial, económica y financiera.* En relación a estas dos últimas, es necesario identificarlas: la *viabilidad económica* supone algo tan sencillo como que los ingresos, menos los gastos, den como resultado un beneficio empresarial.

La *viabilidad financiera* está ligada a la capacidad del empresario de obtener y gestionar los fondos que se precisan para el proyecto empresarial de que se trate, tanto en términos de inversiones a largo plazo, como gestión del circulante; en definitiva, de poder financiar la diferencia entre los días de cobro a clientes, del pago a proveedores y empleados, y del mantenimiento de existencias o proyectos en curso en balance.

Nuestra ley concursal no distingue entre viabilidad económica y viabilidad financiera, sino que declara que la viabilidad de la empresa en el corto y medio plazo es la finalidad fundamental del plan de reestructuración, tal y como dispone el ordinal 10° del art. 633 TRLC; exigiéndose por la ley que el plan exponga "*las razones por las que ofrece una perspectiva razonable de garantizar la viabilidad de la empresa, en el corto y medio plazo*".

Desde esta perspectiva, como acertadamente afirma la profesora PULGAR EZQUERRA (2020, p. 79), "*sólo la viabilidad de la compañía justificaría el eventual «arrastre» que los acreedores pueden sufrir sin o contra su voluntad*" en aquéllos planes de reestructuración no consensuales.

Como recuerda el profesor CERDÁ ALBERO (2023, pp. 78 y ss.) se alinea con el objetivo de la Directiva (UE) 1023/2019 (art. 1.1.a), cuyo objeto es impedir la insolvencia y garantizar la viabilidad del deudor; siendo además el primer requisito para la homologación del plan de reestructuración (art. 638.1° TRLC); y la falta de esta exigencia es motivo de impugnación del auto de homologación del plan (arts. 654.4°, 655.1.2, y 656.1.4° TRLC) y de oposición previa a la homologación (art. 633.2ª TRLC). Además, como destaca el citado autor, el art. 655.3 TRLC establece, como para poder aplicar la excepción o modulación a la regla de la prioridad absoluta, que ello "*sea imprescindible para asegurar la viabilidad de la empresa*".

Sin embargo, a pesar del anterior marco jurídico, la Ley 16/2022, de reforma del TRLC, no estableció cual es el contenido y alcance de la noción de la viabilidad de la empresa en el corto y medio plazo, ni como se ha de acreditar dicha viabilidad; ni que ello sea realizado ni validado por el experto en la reestructuración, que sí era admitido por el art. 8.1.h) de la (UE) 1023/2019 en su segundo inciso. No obstante, el Juez que conozca del asunto sí puede exigir informe al respecto al experto en la reestructuración designado, ya que así se permite por el art. 679 TRLC.

Como aproximación de la práctica judicial a esta materia, puede citarse la SJM nº 2 de Barcelona, de 4 de septiembre de 2026, asunto GRUPO CELSA, en la que expresamente se declara que el plan de viabilidad "*no se exige una detallada enumeración de los innumerables datos, variantes y análisis que tradicionalmente contiene un plan de negocios. De lo que se trata es de perfilar a grandes rasgos el conjunto de presupuestos imprescindibles para que el plan se pueda llevar a efecto, para que tenga "éxito", y de exponer los argumentos que sustentan esa apuesta por la viabilidad, enderezada a evitar la situación de concurso. No se exige un detallado y minucioso análisis econométrico de las diferentes variables o hipótesis que pueden acaecer, entre otras cosas, porque como sucede en el caso que nos ocupa, los acreedores pueden no tener y de hecho es frecuente que no tengan, si no colaboran intensamente con el deudor, un exacto conocimiento de la situación económica, financiera y operativa de la compañía*". En cuanto al periodo de análisis elegido, de tres años, la resolución considera que es absolutamente pertinente y razonable, puesto que por la referencia legal al "*corto y medio plazo se entienden siempre periodos inferiores a cinco años*".

No nos queda otro remedio que recurrir a la literatura económica para identificar el contenido mínimo del plan de viabilidad que exige el ordinal 10º del art. 633 TRLC, para poderlo diferenciar de otros planes habituales en el mundo empresarial, como el "*plan de negocio*", el "*plan estratégico*", el "*plan financiero*", el "*plan de reflotamiento*" o el "*plan de salvación*"; éste último, como documento más extremo y alejado y completo del primero, como su propio nombre indica. Vemos que las dificultades son muchas y variadas.

Entre las recientes propuestas, encontramos una, de ZUBIZARRETA/ETXEITA (2024, pp. 169 a 171, y 2023, pp. 114 a 121), que, por encontrarse expresamente formulada con los planes de reestructuración, entendemos de interés exponer. Estos autores parten de que no existe un criterio único para la confección del plan de viabilidad, debido a la diversidad de objetivos que se persiguen del tipo de negocio, de los intereses de los administradores, del sector o tipo de actividad empresarial, grado de inversiones requeridas; pero siempre presentan un contenido mínimo:

PLAN DE VIABILIDAD

0. **INTRODUCCIÓN Y ALCANCE.**
1. **ANTECEDENTES.**
2. **VISIÓN, MISIÓN Y OBJETIVOS ESTRATÉGICOS.**
3. **LOS VALORES DE LA EMPRESA.**
   a. Valores internos.
   b. La sostenibilidad, la responsabilidad social, y la ética empresarial
4. **DIAGNÓSTICO DE SITUACIÓN.**
   a. Análisis del entorno
   b. Análisis interno.
   c. Resumen (matriz DAFO).
5. **ANÁLISIS DE ALTERNATIVAS ESTRATÉGICAS.**
   a. Creación y mantenimiento de la ventaja competitiva.
      i. En costes
      ii. En diferenciación de producto o servicio.
      iii. En diferenciación segmentada.
   b. Estrategias según el ciclo de vida de la industria/productos/servicios
   c. Estrategias de consolidación de la empresa
   d. Estrategias de crecimiento y desarrollo.
      i. Desarrollo interno.
      ii. Desarrollo externo.
6. **EVALUACIÓN Y SELECCIÓN DE ESTRATEGIAS**
   a. Test de adecuación, factibilidad y aceptabilidad.
7. **OBJETIVOS ESTRATÉGICOS Y ACCIONES OPERATIVAS**
8. **PRESUPUESTOS ECONÓMICO-FINANCIEROS**
   a. Cuenta de resultados
   b. Balance
   c. Presupuesto de tesorería
   d. Plan financiero
   e. Ratios económico-financieros
   f. Análisis de sensibilidad
   g. La coherencia económico-financiera.
9. **IMPLANTACIÓN DEL PLAN DE VIABILIDAD (ESTRATEGIAS).**
   a. Nuevo diseño de la estructura organizativa
   b. Liderazgo estratégico.
   c. Estrategia y recursos humanos.
   d. Cultura organizativa.
10. **CONTROL DEL PLAN DE VIABILIDAD.**
   a. Indicadores clave de rendimiento
   b. Controles económico-financieros.

En todo caso, hay que tener presente la dimensión estratégica y de liderazgo ínsita en el plan de viabilidad. Como refirió PÉREZ LÓPEZ (2018, p. 156), "*un directivo es estratega en la medida en que tenga la habilidad para descubrir metas u objetivos inmediatos, cuyo logro permita la obtención de un alto valor para los productos o servicios que es capaz de generar la organización a través de sus operaciones*". Por lo que el plan de viabilidad habrá de contemplar reestructuraciones operativas si el equipo directivo no cuenta con *estrategas* en el sentido propio del plan de viabilidad, esto es, si son incapaces de plantearse metas estratégicas en la implementación del plan de viabilidad. Como refiere el citado autor (2018, p. 308), "*la planificación estratégica intenta asegurar la existencia de los supuestos necesarios para el logro efectivo de alguna o algunas metas estratégicas a través de la operación de la empresa*", cuya hoja de ruta, en reestructuración, no es otra que el propio plan de viabilidad. Sin dejar de emplear criterios de sostenibilidad, y transmitiendo la *misión* (qué quiere lograrse), la *visión* (en qué quiere convertirse la empresa a largo plazo) y los *valores* (conjunto de principios éticos que guiarán las actividades de la empresa, que ha de mantener la organización en sus distintas áreas funcionales, tal y como acertadamente precisan VÁZQUEZ/SÁNCHEZ (2020, p. 114).

III.3. La valoración de la deudora como empresa en funcionamiento

Como recuerda la mejor doctrina (THERY MARTÍ, 2023, p. 1007, antes citado ya), "*El valor de reestructuración es el «valor de la deudora como empresa en funcionamiento»*, al que la terminología financiera anglosajona se refiere como «*enterprise value*». Como posteriormente comentaremos, aunque existen distintos métodos de valoración de empresa, generalmente se identifica con el valor presente de las rentas (flujos de caja) que se estime que sea capaz de generar la deudora en el tiempo, manteniendo su estructura corporativa; esto es, sin liquidarse.

El mayor valor del valor de reestructuración, con respecto al valor de liquidación, se denomina "*excedente de reestructuración*".

El valor de liquidación es indisponible o no expropiable a los acreedores disidentes (*test del interés superior de los acreedores*"), mientras que el excedente de reestructuración es disponible, pero siempre que exista acuerdo (plan consensual) entre las partes de la reestructuración (esto es, entre las clases de acreedores). De no existir acuerdo, el excedente de reestructuración debe repartirse, al menos, con respecto a las clases disidentes, respetando el denominado *test de equidad*: principio de no discriminación injusta (art. 655.2.3° TRLC); la regla de la prioridad absoluta (o "APR", art. 655.2.4° TRLC), y el corolario de la APR (arts. 655.2.2° y 656.1.5° TRLC).

La equidad del plan viene determinada por el principio mayoritario, esto es, por el acuerdo entre las clases para distribuir el excedente de reestructuración (plan consensual); o bien, en defecto de acuerdo, dicho excedente se distribuya conforme a una lógica concursal, conforme al rango concursal.

En definitiva, el plan de reestructuración consiste en la distribución del valor de reestructuración entre las clases, sobre el papel; y la liquidación concursal, consiste en la distribución en metálico del valor de liquidación.

Como acertadamente concluye THERY MARTÍ (2023, 1009-1010), "*La valoración de la empresa es el objeto de la distribución a través del plan, mientras que la formación de clases determina la división y jerarquización de las clases receptoras de dicho valor. En un paso ulterior, la demarcación del perímetro de afectación implica la determinación, de entre todas las clases existentes, de aquellas clases que incluyen instrumentos que vayan a resultar afectados por el plan*".

Esta valoración es clave, y se contrapone, por su propia naturaleza, a la valoración de la empresa en concurso; y más concretamente, a la valoración de la empresa en situación de liquidación concursal (o societaria). Que, como destaca entre la mejor doctrina, ÁLVAREZ RELLO (2024, pp. 46 a 48), pasaría por contemplar dos escenarios: el primero, un escenario de liquidación sin venta de unidad productiva; un segundo escenario de liquidación con venta de unidad productiva en cualquiera de sus posibilidades.

La valoración de la deudora como empresa en funcionamiento se contempla en el art. 639.2° TRLC, al admitir que se puede homologar un plan de reestructuración que haya sido aprobado por, al menos, una clase, que, de acuerdo con su clasificación concursal, pueda razonablemente presumirse que habría recibido algún pago tras una valoración de la deudora como empresa en funcionamiento, lo que requiere que la solicitud vaya acompañada de un informe del experto en reestructuración sobre el referido valor de la deudora como empresa en funcionamiento.

Este concepto, como precisa el profesor CERDÁ ALBERO (2023, p. 85), es clave para resolver el conflicto de arrastre "horizontal" (de los acreedores entre sí, por su diferente rango crediticio), como también el conflicto de interés "vertical", entre acreedores y socios. Así, a los titulares de rango superior o preferente, les conviene una menor valoración de la empresa, porque con ello se reducen los acreedores que están "*dentro del dinero*" o "*in the money*", y, por tanto, la clase "*donde rompe el valor*" o clase "*flucro*", conforme recoge el propio preámbulo de la Ley 16/2022 (apartado III, párrafo 23). Y lo contrario sucede con los créditos de rango inferior y los socios de la deudora, pues están interesados en un mayor valor de la empresa. En tal sentido, la citada SJM nº 2 de Barcelona, de 4 de septiembre de 2023, asunto GRUPO CELSA.

Hay que determinar, entonces, el valor de la empresa en funcionamiento, lo cual no es una tarea fácil. Como tan acertadamente afirman PEREIRA/GRANDES (2021, p. 160), el balance sirve para muy poco en el momento de realizar la valoración de la empresa, ya que no hay posibilidad de que muestre valores reales de activos; y además, la contabilidad parte de la hipótesis de una vida ilimitada de la empresa, por lo que no hay razón para calcular el precio de mercado de sus activos, conforme recuerda el principio contable de *empresa en funcionamiento.*

Son muchos los métodos de valoración de empresas. Siguiendo el documento de principios de valoración de empresas de la Asociación Española de contabilidad y Administración de empresas (AECA), de 1996, puede definirse el valor como el grado de utilidad o aptitud de las cosas para satisfacer necesidades. Por lo que el valor de una empresa es el grado de utilidad que proporciona a sus usuarios o propietarios y, en el contexto de insolvencia que es el concurso, a sus acreedores. Dado que el valor se expresa en dinero, en ocasiones se confunde con el precio y con coste de obtención de los bienes, como precisa ÁLVAREZ RELLO (2024, p. 44); por lo que hay que precisar que el precio es el valor de equilibrio en el que estarían de acuerdo un comprador y un vendedor a la hora de hacer una transacción; el coste de obtención de un bien es una medida de los recursos empleados para conseguirlo; y el valor, como grado de utilidad, es siempre subjetivo y dependerá tanto de la propia utilidad que proporciona, como del coste de obtención del bien.

Los métodos de valoración pueden clasificarse, siguiendo los criterios de AECA, en tres categorías: la primera, los métodos basados en los activos de las empresas, que engloba a su vez, el del valor contable; el del valor contable ajustado (valor de reposición o valor sustancial, y valor de liquidación); los métodos basados en el beneficio (conocidos como aplicación de múltiplos de una magnitud del beneficio); y los métodos basados en el *Cash Flow* actualizado. También se utilizan algunos métodos basados en aplicar múltiplos al EBITDA (acrónimo en inglés del *Beneficio Antes de Intereses, Impuestos, Depreciación y Amortización)*, como aproximación al valor de la compañía, en términos de capacidad de devolución del pasivo.

Si la compañía no tiene viabilidad económica, ha de estarse al valor de liquidación de sus activos. Si la empresa la tiene, ha de estarse en algún método de *Cash Flow* actualizado, para lo que es necesario, en primer lugar, realizar una proyección de la actividad de la empresa, tomando los datos históricos contenidos en tres de las cuentas anuales que debe publicar la empresa: el Balance, la cuenta de Pérdidas y Ganancias, y el Estado de Flujos de Efectivo. Ésta última no es una cuenta anual de elaboración obligatoria para la mayoría de las empresas españolas, pero es relativamente sencillo realizar una aproximación. También habrá de tenerse en consideración, para realizar las proyecciones financieras, los aspectos de negocio, así como las medidas de reestructuración operativa. Tras ello, habrán de estimarse los flujos de caja que sean relevantes, sostenibles en el tiempo y estimados después de impuestos y descontarlos a la tasa de descuento adecuada.

Como medida de los *Flujos de Caja relevantes*, se suele utilizar los *Flujos de Caja Libres*, que son los que se destinan a retribuir a los financiadores de la empresa, si son positivos; o que deben financiarse con deudas y recursos propios si son negativos.

Por tanto, se tratará de flujos de caja que tendrán su origen en tres actividades de la empresa:

– Flujos de Caja Libres con origen en la gestión operativa de la cuenta de explotación.

– Flujos de Caja Libres con origen en la gestión operativa del activo circulante operativo.

– Flujos de Caja Libres con origen en la gestión de las inversiones en Activo Fijo operativas, es decir, con lo que, en la terminología anglosajona se denomina *CAPEX*.

En relación con la tasa de descuento, se suele utilizar el Coste Medio Ponderado de los Recursos Financieros de una empresa, o su abreviatura en inglés WACC.

El WACC debe ser calculado con valores de mercado, lo que implicará utilizar un diferencial, respecto del coste que se exija o se haya pactado con el financiador, para determinar el coste de los distintos recursos financieros (básicamente Recursos Propios y Deudas). Además, para el caso de las deudas, se deberá tener en cuenta el ahorro fiscal que supone este tipo de financiación, incluyendo el cálculo del tipo impositivo vigente para esa compañía.

ÁLVAREZ RELLO (2024, p. 48) es firme partidario de utilizar en situaciones de reestructuración, como método de valoración de la empresa en funcionamiento, utilizar, generalizadamente, un método de descuento de Flujos de Efectivo, ya que es un escenario de continuidad de la empresa.

Siguiendo la propuesta de ZUBIZARRETA/ETXEITA (2023, pp. 216 a 228), el enfoque de valoración ha de ser el que se basa en el "ingreso", sustentado en el plan de viabilidad, que, como se ha dicho, tiene como datos finales los flujos de Tesorería; al que debe añadirse el proceso del descuento financiero de los correspondientes flujos de Tesorería (aplicando la tasa correspondiente de descuento) y así obtener el valor actual.

Lo que se identifica con el modelo de descuento de flujos de Tesorería (DFC) antes comentado y que, como es sabido, es una herramienta fundamental en finanzas para valorar una empresa, un proyecto o incluso un activo financiero basándose en sus flujos de efectivo futuros esperados. La idea central es que el valor de algo hoy, está determinado por el valor presente de los beneficios futuros que generará; de lo que los referidos autores deducen los componentes clave, en la siguiente forma:

1. Proyección de los Flujos de Tesorería Libres (FTL o FCF por sus siglas en inglés):

- Este es el corazón del modelo. El FTL representa el efectivo que genera una empresa después de cubrir todos sus gastos operativos e inversiones, y que está disponible para todos los proveedores de capital (tanto acreedores como accionistas).
- Proyección: Se deben proyectar estos flujos de efectivo para un periodo determinado (normalmente entre 5 y 10 años). Esta proyección se basa en supuestos sobre el crecimiento de los ingresos, los márgenes de beneficio, las inversiones en capital de trabajo y en activos fijos, los impuestos, etc. Esta es la parte más crítica y subjetiva del modelo, ya que depende de las expectativas y el análisis del futuro de la empresa o proyecto.
- Cálculo: La fórmula general para calcular el FTL es:

  FTL = Beneficio Neto + Gastos por Depreciación y Amortización - Inversión en Capital de Trabajo - Inversión en Activos Fijos
- También se puede calcular a partir del Beneficio Antes de Intereses e Impuestos (BAII o EBIT):

  FTL = BAII * (1 - Tasa de Impuestos) + Gastos por Depreciación y Amortización - Inversión en Capital de Trabajo - Inversión en Activos Fijos

2. Tasa de Descuento (r):

- Esta tasa se utiliza para traer al presente los flujos de efectivo futuros. Refleja el riesgo asociado con la inversión. Cuanto mayor sea el riesgo percibido, mayor será la tasa de descuento que se aplicará.
- Costo de Capital Promedio Ponderado (WACC por sus siglas en inglés): Para valorar una empresa en su totalidad, la tasa de descuento más comúnmente utilizada es el WACC. Este representa el costo promedio de financiar los activos de la empresa a través de deuda y capital propio, ponderado por su proporción en la estructura de capital.
- Costo del Capital Propio (Ke): Se utiliza para valorar el patrimonio de la empresa. Se puede calcular utilizando el modelo CAPM (*Capital Asset Pricing Model*):

  $Ke = Rf + \beta * (Rm - Rf)$

  Donde:

- o Rf es la tasa libre de riesgo (por ejemplo, el rendimiento de un bono gubernamental).
- o β (Beta) mide la sensibilidad del precio de la acción a los movimientos del mercado.
- o Rm es la tasa de rendimiento esperada del mercado.
- o (Rm–Rf) es la prima de riesgo de mercado.

- Costo de la Deuda (Kd): Es la tasa de interés que la empresa paga por su deuda, ajustada por el efecto fiscal (ya que los intereses son deducibles de impuestos).
  - o Kd = Tasa de Interés de la Deuda * (1 - Tasa de Impuestos)

3. Valor Terminal (VT):

- Dado que las proyecciones explícitas de los flujos de efectivo generalmente se realizan para un periodo limitado, se necesita estimar el valor de la empresa o proyecto más allá de ese horizonte de proyección. Esto se conoce como valor terminal o valor residual.
- Métodos comunes para calcular el VT:
  - o Modelo de Crecimiento Perpetuo de Gordon: Asume que los flujos de efectivo crecerán a una tasa constante (g) para siempre.
  - o VT = FTL {último año proyectado} * (1 + g) / (r - g)

  Donde g debe ser menor que la tasa de descuento (r).
  - o Múltiplos de Salida: Se basa en múltiplos de valoración de empresas comparables (por ejemplo, múltiplo Precio/Beneficio o Valor Empresa/EBITDA) aplicados a las métricas del último año proyectado.

4. Cálculo del Valor Presente (VP):

- Una vez que se han proyectado los flujos de efectivo para cada periodo y se ha estimado el valor terminal, el siguiente paso es descontar cada uno de estos flujos de efectivo futuros a su valor presente utilizando la tasa de descuento.
- La fórmula para descontar un flujo de efectivo futuro (FTLt) en el periodo t es:
  - VP_t = FTL_t / (1 + r)^t

- El valor presente del valor terminal se calcula de manera similar:
- $VP_{VT} = VT / (1 + r)^n$

  Donde n es el número de periodos en la proyección explícita.

5. Valoración:

- Finalmente, el valor total de la empresa o proyecto se obtiene sumando el valor presente de todos los flujos de efectivo proyectados (incluyendo el valor terminal).

  $Valor = VP_1 + VP_2 + \ldots + VP_n + VP_{VT} = \sum_{t=1}^{n} \frac{FTL_t}{(1 + r)^t} + \frac{VT}{(1 + r)^n}$

Como precisan ÍÑIGUEZ/GARRIDO (2021, pp. 211-212), el PGC incluye el estado de flujos de efectivo como uno de los documentos de las cuentas anuales; siendo su principal objetivo explicar las variaciones que se producen en el efectivo de la empresa; lo que va a permitir realizar predicciones sobre los futuros flujos de tesorería de la empresa; considerando estos autores que el estado de flujos de efectivo solventa la carencia de información del resultado del ejercicio determinado por el principio del devengo, al mostrar el efectivo generado o gastado por las distintas actividades que realiza la empresa entre dos balances de situación consecutivos. Lo que permite evaluar la capacidad de la empresa para generar efectivo en la actualidad y en un futuro, así como sus necesidades de liquidez; es decir, según este autor, "*podrán determinar si los beneficios se transforman regularmente en tesorería, que permita a la empresa pagar dividendos, si se dispone de efectivo para financiar las inversiones y reembolsar los fondos ajenos o si, por el contrario, existen carencias de tesorería para afrontar la continuidad de las operaciones.*

En resumen, el modelo de descuento de flujos de tesorería pronostica cuánto dinero generará la empresa o el proyecto en el futuro; determina una tasa que refleja el riesgo de recibir ese dinero en el futuro; trae ese dinero futuro, a su valor actual utilizando la tasa de descuento; y suma todos los valores presentes para obtener una estimación del valor total. Su importancia reside en que proporciona una valoración intrínseca, basada en los fundamentos financieros de la empresa o proyecto, en lugar de depender únicamente de las condiciones del mercado; y permite analizar el impacto de diferentes escenarios y supuestos en la valoración; ello evidencia su utilidad para la toma de decisiones de inversión, fusiones y adquisiciones, y planificación estratégica.

No obstante, como todo modelo, presenta limitaciones; así, es muy sensible a los supuestos utilizados en la proyección de los flujos de efectivo y la determinación de la tasa de descuento. Pequeños cambios en estos supuestos pueden llevar a variaciones significativas en la valoración; la proyección del futuro es inherentemente incierta; y finalmente, puede ser complejo de implementar correctamente, y requiere un profundo conocimiento financiero.

A pesar de las referidas dificultades, esta metodología se considera apropiada para determinar el valor de la deudora como una empresa en funcionamiento, por cuanto que su fundamento, como hemos visto, se basa precisamente en la capacidad de una empresa activa para generar flujos de efectivo futuros; y, además, refleja el valor intrínseco al descontar los flujos de efectivo esperados, más allá de las fluctuaciones de mercado. Además, la tasa de descuento utilizada en el modelo incorpora el riesgo asociado con la empresa y sus flujos de efectivo futuros, lo que es crucial para una valoración realista.

Y, además, por su flexibilidad, pues el modelo permite incorporar diferentes escenarios de crecimiento y rentabilidad, adaptándose a las particularidades de cada empresa en funcionamiento, entendida ésta como deudora en reestructuración. Así, la proyección de flujos de tesorería libres (FTL) se debería fundamentar en su historial financiero, su modelo de negocio, las perspectivas del sector, la estrategia de la empresa y las perspectivas macroeconómicas; así, podría predecir con la mayor precisión posible el efectivo que la empresa generará en los próximos años. Para la determinación de la tasa de descuento (r), debe calcularse el costo de capital promedio ponderado (WACC), que es el que refleja el costo de financiera las operaciones de la empresa con deuda y con capital propio. La estimación del valor terminal (VT), representa el valor de todos los flujos de efectivo futuros, de los que, por aplicación de la tasa de descuento, determinará el valor actual. Y la suma de todos los valores presentes de los flujos de efectivo proyectados y el valor terminal, nos dará una estimación del valor total de la empresa en funcionamiento. En tal sentido, REVELLO (2022, pp. 58 a 64).

A modo de conclusión, entendemos muy oportuno traer aquí el criterio de PÉREZ-CARBALLO VEIGA (2010, pp. 140-142) estima que todo análisis económico-financiero de la empresa se asienta sobre cinco principios básicos: el análisis de la totalidad, que exige contemplar los diversos aspectos de la empresa y de su entorno, para comprender su situación empresarial global; identificar la particularidad de la situación, para no extraer conclusiones genéricas; adoptar una perspectiva temporal de evolución en el pasado, para prever su evolución futura; para, posteriormente, formular hipótesis como forma de concretar y avanzar en el diagnóstico y contrastar las conjeturas que deducen del mismo; y concluir, identificando la realidad y futuro de la empresa, con prudencia en la interpretación de ratios, sin limitarse al análisis de los estados contables aislados, e identificando las posibles *alquimias* financieras derivadas del exceso de actividad y del endeudamiento.

III.4. La protección de los acreedores disidentes

A decir del profesor GARCIMARTÍN ALFÉREZ (2022, pp. 272-274), la *prueba del interés superior de los acreedores* (art. 654.7° TRLC) intenta asegurar que los acreedores disidentes, dentro de una clase de acreedores, no queden, como consecuencia del plan de reestructuración, en una situación peor de la que estarían en un escenario de liquidación concursal. Esta norma es un derecho individual, como también lo es la *regla de la paridad* de trato entre créditos de una misma clase (art. 638.4° TRLC); ahora bien, la regla de no discriminación entre clases de acreedores del mismo rango, que deben de recibir un trato paritario (art. 655.2. 3° TRLC), así como la regla de la *prioridad absoluta* (art. 655.3 TRLC) son un derecho "colectivo" de los acreedores, ya que conciernen al reparto del excedente asociado a la reestructuración. Veamos cada una de ellas.

(1) La prueba del *interés superior de los acreedores* (art. 654.7° TRLC).

Como veremos posteriormente, la aprobación del plan de reestructuración determina que los acreedores voten agrupados y separados por clases, que han de determinarse bajo una serie de criterios determinados por el legislador (arts. 619 y 623 TRLC). Y una vez obtenidas las mayorías legales en una clase, los efectos acordados se extienden a los acreedores que no hayan votado a favor. Éstos podrán impugnar u oponerse a la homologación judicial del plan de reestructuración si, entre otros motivos, (i) el sacrificio de sus créditos es manifiestamente mayor al que resulta necesario para garantizar la viabilidad de la empresa o (ii) no supere la llamada "regla del interés superior de los acreedores" (arts. 654.6° y 7° TRLC). Ésta última intenta asegurar que los acreedores disidentes de una clase no vayan a quedar, como consecuencia del plan, en una situación peor que en la que estarían en un escenario de liquidación concursal. Esto es, cuando no se haya respetado la llamada "*cuota hipotética de liquidación*", que es un derecho de cada acreedor individual que no puede verse perjudicado. Para su determinación, debe de compararse el valor presente de lo que vaya a recibir el acreedor disidente conforme al plan de reestructuración, con esa cuota hipotética de liquidación a valor presente. Lo cual exige una operación compleja, cuya concreción depende de múltiples variables: lo que hubiese cobrado, cuando lo hubiese cobrado y la tasa de descuento aplicable para traer esa cantidad a valor actual, con un horizonte temporal: lo que se hubiera cobrado a los dos años de la formación del plan (art. 654.7° TRLC). Comprendiendo esa liquidación concursal tanto la venta de la empresa, como de la unidad o unidades productivas; esto es, la venta de empresa en funcionamiento —*going concern*—, pero con el descuento de los costes directos que todo proceso concursal liquidativo conlleva. Si el argumento del acreedor opositor tiene éxito, el efecto legal es el de la no extensión de efectos del plan frente a él (art. 661.1 TRLC), sin que se contemple en la ley ningún efecto enervador a la satisfacción al acreedor de su hipotética cuota de liquidación.

(2) La regla de la *paridad de trato* (arts. 638.4° y 655.2. 3° TRLC).

Esta regla de reparto recoge el principio *pari passu*: todos los créditos de la misma clase deben recibir un trato paritario (art. 638.4° TRLC); y las clases de acreedores del mismo rango concursal deben recibir también un trato paritario (art. 655.2. 3° TRLC).

Ha de hacerse notar que la ley emplea el término "paritario", y no "igual", lo que determina que no se exige que se reciba exactamente lo mismo. Ello se cumple, por ejemplo, cuando se da una opción entre dos alternativas dentro de una misma clase (como una quita o una espera), siempre que se les ofrezca a todos los acreedores.

A su vez, si con los acreedores de un mismo rango concursal se hacen clases distintas, por ejemplo, una con deuda financiera y otra con la deuda comercial, la regla prohíbe el trato discriminatorio o menos favorable de una clase en comparación con la otra, por lo que un acreedor financiero podría oponerse si el sacrificio para su clase es mayor que el previsto en el plan para la clase de deuda comercial.

(3) La regla de la *prioridad absoluta* (art. 655.3 TRLC).

Si el plan de reestructuración es consensual, que es aquel que ha sido aprobado por todas las clases de acreedores afectados y por los socios, no hay control judicial sobre el reparto fuera de las reglas anteriores. En consecuencia, si el sacrificio no es manifiestamente desproporcionado, se respeta esa cuota hipotética de liquidación y la paridad dentro de la clase, pues lo que se han repartido las clases es el llamado "*excedente asociado a la reestructuración*".

En cambio, cuando el plan no haya sido aprobado por todas las clases de créditos o por los socios —esto es, cuando el plan no es consensual— se exige que se haya respetado la llamada "*regla de la prioridad absoluta*" del art. 655.3 TRLC, que tiene un doble contenido, como se refleja en el preámbulo de la norma: "*nadie puede cobrar más de lo que se le debe, ni menos de lo que se merece*".

Así, por un lado, ninguna clase de acreedores afectados debe recibir, como consecuencia del plan de reestructuración, derechos de crédito, acciones o participaciones con un valor actual neto *superior* al importe que tenían sus créditos, acciones o participaciones antes del plan; lo que exige comparar el valor de lo que cada clase recibe, con lo que titulaban antes del plan. Incluidos los socios.

Y de otro, ninguna clase ninguna clase de acreedores afectados debe recibir, como consecuencia del plan de reestructuración, derechos de crédito, acciones o participaciones con un valor actual neto *inferior* al importe que tenían sus créditos, acciones o participaciones antes del plan; lo que igualmente exige comparar el valor de lo que cada clase recibe, con lo que titulaban antes del plan. Incluidos los socios.

Para aplicar esta regla, debe tomarse como referencia el valor de la empresa en funcionamiento ("*going concern*" o "*enterprise valour*"), y una vez corregida su estructura de capital, se trata de repartir entre las distintas clases de acreedores el excedente de valor asociado a la reestructuración, que es conocido como la "*prima de reestructuración*".

Así, el profesor GARCIMARTÍN ALFÉREZ (2022, p. 278), propone como ejemplo, el siguiente: el valor de la empresa en funcionamiento (empresa post-reestructuración tras corregir la estructura de capital) es 100, y tiene créditos con rango concursal ordinario por 60, créditos subordinados por 60, y accionistas, lo que exige la regla de la prioridad absoluta es que, salvo que la clase de subordinados apruebe otra cosa, que no se deje ningún valor a los accionistas si los subordinados sufren sacrificios (reducción del valor real); ello ayudará a que los acreedores ordinarios conserven el valor de su crédito, los subordinados capitalicen el suyo, y se conviertan en los nuevos socios; y los accionistas no retengan ningún valor. En terminología anglosajona, anteriormente ya referida, los acreedores subordinados serían la clase "*flucro*", esto es, "*la clase donde rompe el valor*".

No obstante, nuestro legislador, separándose del criterio rígido de esta norma, permite que, en casos excepcionales, el plan no consensual se aparte de esta regla de la prioridad absoluta, y deje algo de valor a las clases de créditos de rango concursal inferior, o incluso a los socios, cuando ella sea imprescindible para asegurar la viabilidad de la empresa y no perjudique injustificadamente a los derechos de las clases de acreedores afectados que hayan votado en contra del plan (art. 655.3 TRLC, por excepción al ordinal 4º del art. 655.2 TRLC). Así, puede justificarse la excepción para mantener a los accionistas en la empresa, o para mantener determinados contratos de suministro de bienes o servicios esenciales. O cuando se trate de una gran empresa en probabilidad de insolvencia (art. 640.2 TRLC). Por ello, la regla de la *prioridad relativa* es la solución para muchas empresas pequeñas, como así dispone el art. 684.4 TRLC: "*4. Aunque no haya sido aprobado por todas las clases de acreedores, el plan de reestructuración podrá ser homologado si la clase o clases de acreedores que no lo hayan aprobado reciben un trato más favorable que cualquier otra clase de rango inferior*".

En relación con los acreedores garantizados, la Ley establece ciertas especialidades y salvaguardas sustantivas que intentan respetar el valor económico de su privilegio, que son diferentes según la clase de acreedores garantizado haya aprobado el plan de reestructuración ("*arrastre horizontal*") o no ("*arrastre vertical*").

En el primer caso, el privilegio se fija o *se cristaliza* en ese valor en el momento de aprobación del plan, junto con la coetánea valoración del bien; siendo que la hipotética cuota de liquidación concursal coincidirá normalmente con el valor de la garantía, que no es sino el 90% del valor razonable del bien gravado. El valor neto presente del instrumento que reciben conforme al plan debe ser igual o superior a esa cantidad.

En el segundo caso, cuando el plan va a imponerse a la clase entera de acreedores garantizados, el art. 651 TRLC, partiendo de la idea de que el acreedor con garantía real no asume "riesgo de negocio", o por lo menos, no lo asume en la misma medida que lo hace el acreedor no garantizado; y ello porque éste ha prestado contra el patrimonio libre de cargas con capacidad para generar flujos de efectivo, mientras que el acreedor garantizado ha prestado contra el valor de un activo concreto, como un inmueble; por lo que su garantía no recae sobre el patrimonio como unidad productiva y en funcionamiento, sino sobre este activo específico. Por ello, el art. 651 TRLC establece un "*derecho de salida de la reestructuración*" a los créditos con garantía real cuando su clase se ha opuesto activamente al plan de reestructuración. La razón económica de esta posibilidad es sencilla: los acreedores financieros, si piensan que hay valor como empresa en funcionamiento, deberán pagar a los acreedores con carga real y refinanciarse con los activos libres de cargas. Pero como contrapeso a esta posibilidad de ejecución individual, el apartado 3 del art. 651 TRLC establece que la ejecución se inicie dentro del mes siguiente a la publicación del auto de homologación, con el fin de evitar especulaciones con el valor del activo; y además, la consecuencia derivada de que si el valor de realización del bien es superior al valor de la garantía (el 90% del valor razonable), pero inferior al crédito garantizado original, podrá quedarse con lo cobrado; pero si es inferior al valor de la garantía, la diferencia quedará insatisfecha.

Como puede verse, la norma intenta conseguir un punto de equilibrio entre el respeto al derecho de garantía frente a su arrastre por parte de los créditos no garantizados y una aplicación, sin matices, de la regla general de arrastre entre clases de acreedores; que tiene difícil justificación con los acreedores garantizados. Ello, en definitiva, busca también posibilitar el acuerdo con esta clase de créditos.

No queremos finalizar este apartado sin hablar del llamado "*envilecimiento de la posición de los socios*" al que se refiere el profesor GARCIMARTÍN ALFÉREZ (2022, pp. 285-286), como consecuencia de la reestructuración que les impone, por ejemplo, una capitalización, o una amortización total del valor de sus acciones mediante una operación acordeón sin derecho de suscripción preferente (art. 631.4 TRLC).

Conjurar el riesgo de expropiación por parte de los socios no pasa sino por la recapitalización de la empresa; si no, los acreedores buscarán la realización del negocio, puesto que tienen un derecho al cobro de sus créditos, del que carecen los socios. No obstante, éstos se encuentran legitimados para impugnar el plan (art. 656 TRLC) o solicitar la declaración de concurso si el incumplimiento del plan tuviera como causa la insolvencia (art. 671.2 TRLC); aunque este control siempre es *ex post*, al margen del informe del experto en la reestructuración sobre el valor de la deudora como empresa en funcionamiento cuando el plan no ha sido aprobado por todas las clases de acreedores (art. 639.2º TRLC).

IV. BIBLIOGRAFÍA

ÁLVAREZ RELLO, I. "Valoración de la empresa en concurso", Revista REFOR Economistas Forenses, Consejo General de Economistas, nº 69, diciembre 2024.

Asociación Española de Contabilidad y Administración de empresas (AECA), Documento de principios de valoración de empresas nº 5, de 1996. www.aeca.es.

AZOFRA VEGAS, F., "Comentarios a los artículos 614 a 621 y arts. 651 y 652 TRLC", en la obra colectiva dirigida por PULGAR EZQUERRA, J., Comentario a la Ley concursal, Ed. La Ley Wolters Kluwer, Tomos I y II, 3ª Edición, Madrid, 2023.

CERDÁ ALBERO, F. «El plan de reestructuración: pilares empresariales (viabilidad y valoración); protección del crédito disidente (interés superior de los acreedores) y de las clases disidentes (reglas de prioridad absoluta y relativa)», en la obra colectiva coordinada por HERBOSA MARTÍNEZ, I./MARTÍN OSANTE, J. M. Jornadas de Estudio de la Insolvencia del País Vasco, Bilbao 2023, Ed. Aranzadi, Cizur Menor, Navarra, 2023.

GARCIMARTÍN ALFÉREZ, F. «Las reglas de reparto económico en el nuevo Derecho preconcursal», en la obra colectiva *Nuevo marco jurídico de la re-*

estructuración de empresas en España, dirigida por COHEN BENCHETRIT, A. Ed. Aranzadi, Cizur Menor, Navarra, 2022.

GARCÍA MARRERO, J., «Institutos preconcursales: comunicación de apertura de negociaciones y planes de reestructuración», en la obra colectiva dirigida por PULGAR EZQUERRA, J. *Manual de Derecho concursal,* Ed. Aranzadi La Ley, Madrid 2024.

ÍÑIGUEZ SÁNCHEZ, R./GARRIDO MIRALLES, P. *Análisis de estados contables.* Ed. Pirámide, Madrid 2021.

MARTÍN TORRES, A. "La viabilidad como condición de la reestructuración", en la obra colectiva dirigida por CAMPUZANO LAGUILLO, A. B./DÍAS MORENO, A., *Reestructuaciones preconcursales y operaciones societarias,* Ed. Aranzadi-Civitas, Madrid 2024.

MOYA BALLESTER, J. «Los planes de reestructuración», en la obra colectiva *Derecho concursal y* preconcursal, dirigida por GALLEGO SÁNCHEZ, E., Tomo II, Ed. Tirant lo Blanch, Valencia 2022.

PEREIRA, F./GRANDES, Mª. J. *Dirección y contabilidad financiera,* Ed. EUNSA-IESE, Pamplona 2021.

PÉREZ-CARBALLO VEIGA, J. F. *Diagnóstico económico-financiero de la empresa.* Ed. ESIC, Madrid 2010.

PÉREZ LÓPEZ, J. A. *Fundamentos de la dirección de empresas.* Ed. Rialp, 7ª ed. Madrid 2018.

PULGAR EZQUERRA, J. "Gobierno corporativo y reestructuración preventiva: la Directiva UE 2019/1023", en la obra colectiva dirigida por PULGAR EZQUERRA, J. y coordinada por RECAMÁN GRAÑA, E. *Reestructuración y Gobierno Corporativo en la proximidad de la insolvencia,* Ed. La Ley Wolters Kluwer, 2020.

REVELLO DE TORO CABELLO, J. Mª. *La valoración de los negocios.* Ed. Almuzara Universidad, Madrid 2022.

THERY MARTÍ, A., "Comentario a los artículos 622 a 630 TRLC", en la obra colectiva dirigida por PULGAR EZQUERRA, J., Comentario a la Ley concursal, Ed. La Ley Wolters Kluwer, Tomos I y II, 3ª Edición, Madrid, 2023.

VÁZQUEZ SUÁREZ, L./SÁNCHEZ GÓMEZ, R. *Introducción a la gestión de empresas,* Ed. Pirámide, Madrid 2020.

ZUBIZARRETA URCELAY, V. «Valoración de la empresa como empresa en funcionamiento», en la obra colectiva dirigida por FORTEA GORBE, J. L./TALENS SEGUÍ, J. La insolvencia de empresas y particulares: dos años de vigencia de la reforma concursal de la Ley 16/2022, Ed. Tirant lo Blanch, Valencia 2024.

ZUBIZARRETA URCELAY, V./ETXEITA ESCOBAL, A./ZUBIZARRETA RIEGO, M./ECHEVERRÍA CORCUERA, I./AZNAR GINER, E. «Las reestructuraciones desde una perspectiva económica y financiera», en la obra colectiva *Reestructuraciones e insolvencia,* dirigida por AZNAR GINER, E./ZUBIZARRETA URCELAY, V., Ed. Tirant lo Blanch, Valencia 2023.

ZUBIZARRETA URCELAY, V./ ETXEITA ESCOBAL, A., «El Plan de viabilidad en los planes de reestructuración», en la obra colectiva dirigida por FORTEA GORBE, J. L./TALENS SEGUÍ, J. La reforma concursal de la Ley 16/2022 a debate. Un nuevo paradigma en el tratamiento de la insolvencia, Ed. Tirant lo Blanch, Valencia 2023.

3. LA ACCIÓN RESCISORIA CONCURSAL Y EL PROCEDIMIENTO ESPECIAL PARA MICROEMPRESAS

EDUARDO AZNAR GINER
Abogado. Administrador concursal. Experto en reestructuraciones
Director de AZNAR & MONDEJAR ABOGADOS. Socio de AZPAL ADMINISTRACIONES CONCURSALES SLP

I. INTRODUCCIÓN

La Ley 16/2022, de 5 de septiembre, (LRTRLC, en adelante), formuló una radical y ambiciosa reforma del Real Decreto Legislativo 1/2020 de 5 de mayo, aprobatorio del TRLC), e introdujo un cambio de paradigma en el ámbito de la insolvencia, y una firme y decidida apuesta por la preconcursalidad, y consiguiente deprecio de lo concursal, como manera de afrontar la insolvencia de las empresas.

En dicha Reforma, y a través del libro III TRLC, se introdujo en nuestro ordenamiento jurídico de la insolvencia una figura novedosa, el procedimiento especial para microempresas, no prevista en la Directiva (UE) del Parlamento europeo y del Consejo, de 20 de junio de 2019, sobre reestructuración e insolvencia[1], y pensada y diseñada para un empresario ínfimo y escuálido en cuanto a su actividad empresarial, o profesional, y deudas, así como a la vista de sus recursos

---

1 Directiva (UE) del Parlamento europeo y del Consejo, de 20 de junio de 2019, sobre marcos de reestructuración preventiva, exoneración de deudas e inhabilitaciones, y sobre medidas para alimentar la eficiencia de los procedimientos de reestructuración, insolvencia y exoneración de deudas.

y patrimonio, aquí nominado microempresario (art. 685 TRLC), y a quien se le ofrece el acceso a este procedimiento como único remedio a la insolvencia que le afecta, actual o inminente, o en grado de probabilidad (art. 686.1 TRLC).

Este proceso fue diseñado con una absoluta ignorancia de la realidad de la insolvencia, de forma más teórica que práctica, casi ingenua e infantil, y desconociendo, además, la idiosincrasia pícara y lazarillesca tormesiana del empresariado patrio, y de manera ajena a éste. El estropicio se acabó de "arreglar", dicho con sarcasmo, tras una tramitación de la figura tumultuosa, lamentable e infame.

El procedimiento microempresarial se ofrece como una suerte de lamentable y ruinoso espectáculo, con una sistema de formularios normalizados absolutamente desastroso, y fallón hasta la sociedad, lento y relantizador del procedimiento, incluso de su mero inicio, del que todos los operadores jurídicos huyen y reniegan; donde, pese a al tenor literal de la norma, y debido a lo pueril e infantil de sus recetas, brilla por su ausencia cualquier pretensión de continuidad de la empresa en favor de su liquidación, y con unos deudores empleadores del procedimiento para escaquearse de sus acreedores y responsabilidades. Y una plataforma electrónica de liquidación que ha resultado ser un absoluto fiasco, y que obliga a acudir a los que saben de liquidaciones de activos: las empresas y plataformas especializadas en ello.

Pero aquí está el rutilante procedimiento especial para microempresas que, obviamente, ni se trata de un procedimiento concursal (libro I TRLC), ni tampoco preconcursal (libro II TRLC), aunque el común denominador de todos ellos resulte ser su carácter de instrumento tratador de la insolvencia, siéndole aplicable a los citados microempresarios aspectos del citado derecho concursal y preconcursal, especialmente en cuanto a su aplicación supletoria (art. 689 TRLC), y aun cuando el procedimiento microempresarial resulta totalmente ajeno y distinto del concurso de acreedores y los planes de reestructuración[2].

---

2 Sobre los principios informadores del procedimiento especial para microempresas vid. FERRÁNDIZ AVENDAÑO, P. J."Los principios".

Este proceso microempresarial emerge como único y exclusivo, y de aplicación obligatoria para tal clase de livianos deudores, del cual no podrán abdicar ni huir, tramitándose, la vista del art. 585.5 TRLC, como proceso de continuación (arts. 697 y ss. TRLC), régimen éste de ínfima y residual aplicación, con pretendida semejanza a los planes de reestructuración del libro II TRLC, aunque con evidente diferencias entre ambos[3], o, luctuosamente, a través de un procedimiento de liquidación (arts. 705 y ss. TRLC) aprovechado en demasía como instrumento y maquillaje encubridor de desastres económicos y financieros. Estos dos itinerarios, pese a contar con unas reglas comunes o aplicables a ambos, se exhiben y ofrecen como alternativos para el deudor, aunque el fracaso del primero sea por no aprobarse u homologarse el plan de continuación, sea por su incumplimiento, conlleva la apertura del segundo, con la consiguiente liquidación del deudor (art. 705.1 TRLC).

Además, con independencia de su cauce continuativo o liquidatorio, se configura con una pretensión de simpleza y agilidad procedimental, simplificándose hasta la escualitud, e impulsado, como regla general, por el propio deudor, pero también por los acreedores, en base a formularios normalizados y plataformas, en ambos casos, francamente mejorables, y abaratándolo con extremo ahorro de tramites, tiempos, costes, e intervinientes en el proceso microempresario.

Y en con relación a este último aspecto, expulsando del procedimiento especial para microempresas a los profesionales tradicionalmente intervinientes en el ámbito de la insolvencia, salvo aquellos cuya actuación resulte conveniente, y siempre que alguien "pague la fiesta", instando su designación y haciéndose cargo de sus honorarios[4], pues, lamentablemente, se presume y acepta, como irremediable, el impago de su retribución al profesional, justificándose así su exclusión del proceso microempresarial. Esta repulsa profesional ya ha sido parcialmente corregida a través de la LO 1/2025, modificatoria del art. 713.5 TRLC.

---

3 RECAMAN GRAÑA, E. "Comentario", p. 1694.

4 En similar sentido, RECAMAN GRAÑA, E. "Comentario", p. 1695.

II. DE LA REINTEGRACIÓN EN EL PROCEDIMIENTO ESPECIAL PARA MICROEMPRESAS

Dentro de la regulación del citado procedimiento especial, coexisten normas aplicables únicamente al camino de continuación, otras exclusivas del liquidatorio, y otras, aplicables o comunes, a ambos. Una de estas últimas, art. 695 TRLC, incluido en el Título I ("reglas comunes"), Capítulo IV, denominado "acciones para incrementar el patrimonio a disposición de los acreedores", resulta habilitadora del ejercicio de acciones rescisorias frente a actos del deudor. Señala el art. 695 TRLC:

> 1. Desde la comunicación de la apertura del procedimiento especial y durante los treinta días hábiles siguientes, los acreedores y los socios personalmente responsables de las deudas del deudor podrán comunicar cualquier información que pueda resultar relevante a los efectos del posible ejercicio de acciones rescisorias contra actos realizados por el deudor, de acuerdo con las reglas de la sección 1ª del capítulo IV del título IV del libro primero.
>
> 2. Los acreedores y los socios personalmente responsables de las deudas del deudor comunicarán la información mediante formulario normalizado.
>
> 3. Dentro de los cuarenta y cinco días siguientes a la comunicación de la apertura del procedimiento especial, los acreedores cuyos créditos representen al menos el veinte por ciento del pasivo total podrán solicitar el nombramiento de un experto en la reestructuración o un administrador concursal a los efectos del ejercicio de acciones rescisorias. Los acreedores que representen un porcentaje del pasivo mayor al que ha solicitado el nombramiento pueden oponerse al mismo, salvo que los solicitantes asuman íntegramente la retribución del experto en la reestructuración o del administrador concursal.
>
> 4. Si ya hubiera un experto en la reestructuración o un administrador concursal en el procedimiento especial, acreedores que representen al menos el diez por ciento del pasivo total podrán solicitar del mismo el ejercicio de la acción rescisoria. En caso de negativa del experto en la reestructuración o del administrador concursal, o en caso de falta de respuesta dentro de los quince días hábiles siguientes, los acreedores solicitantes tendrán legitimación subsidiaria para entablar la acción rescisoria. Los acreedores litigarán a su costa en interés del procedimiento especial, según el régimen jurídico previsto para la legitimación activa subsidiaria de acreedores en el libro primero.
>
> 5. Esta acción no suspenderá el normal desarrollo procesal del procedimiento especial.

6. La acción rescisoria solo podrá ser presentada en caso de insolvencia actual del deudor.

7. La acción rescisoria puede ser objeto de cesión a un tercero y, en caso de procedimiento especial de continuación, su ejercicio puede incluirse en el plan de continuación.

Estas acciones incrementadoras del patrimonio conectan, exclusivamente, con la genuina acción rescisoria concursal de los arts. 226 y ss. TRLC, pero no con las otras acciones de reintegración del art. 238 TRLC. Ciertamente la referencia efectuada en el art. 695.1 TRLC a "acciones rescisorias", en plural, abona una precipitada interpretación abarcatoria, tanto de una como las otras. Sin embargo, la concreta referencia efectuada en el art. 695.1 TRLC al ejercicio de acciones rescisorias conforme a las normas "de la sección 1ª del capítulo IV del título IV del libro primero", cuyo objeto exclusivo es la acción rescisoria concursal del art. 226 TRLC, y omitiendo cualquier mención a la sección 2ª, del citado capítulo y titulo, atada a las otras acciones de impugnación del art. 238 TRLC, permite concluir que solo cabe ejercitar en el procedimiento especial para microempresas, sea en el itinerario de continuación como en el liquidativo, la acción rescisoria concursal de los arts. 226 y ss. TRLC[5], obviamente, acomodándolas a los principios de este procedimiento especial y las reglas que integran el libro III del TRLC (art. 689.1 TRLC).

Pero ese espejo regulador de la rescisión del Libro I TRLC en el procedimiento especial para microempresas no surge absoluto. Por lo pronto, el posible ejercicio de las acciones rescisorias, que nace y muere con el citado procedimiento, y sin perjuicio de la cesión de las acciones a un tercero o, en caso de procedimiento especial de continuación, de su ejercicio incluido en el plan de continuación, requiere impepinablemente la insolvencia actual del deudor (art. 695.6 TRLC), quedando, por lo tanto, expulsado del régimen rescisorio microempresarial, aquellos procedimientos especiales aperturados como consecuencia de la insolvencia inminente, o de la probabilidad de insolvencia del deudor, aunque, cierto es, ésta no habilita para la presentación del concurso de acreedores (art. 5 y 584.2 TRLC), y la insolvencia inminente no permite instar el concurso necesario (art.

---

5 Contra, SANJUAN Y MUÑOZ, E. "Comentario", p. 238.

5 TRLC). Esta insolvencia actual deberá ser comprobada tanto por el profesional, experto en reestructuraciones, o administrador concursal, en orden al ejercicio de la acción rescisoria, como el Juez a la hora de la admisión de la demanda rescisorio y, en todo caso, de su estimación[6].

También observo variaciones respecto a la legitimación activa para el ejercicio de las acciones rescisorias. Como es sabido, la legitimación para interponer las acciones de reintegración en el Libro I TRLC corresponde, con carácter principal, a la administración concursal y, con carácter subisidiario, a los acreedores (arts. 231 y 232 TRLC). Y que uno de los pronunciamientos ineludibles en la declaración del concurso, es la designación de un administrador concursal (art. 28.1.3º TRLC), que surge como órgano ineludible y central del concurso de acreedores.

La rescisión microempresarial presenta un esquema legitimatorio aparentemente similar al previsto para el ejercicio de las acciones de reintegración en el Libro I TRLC. Aquí, la legitimación se reserva a un profesional, experto en la reestructuración o administrador concursal (art. 695.3 TRLC) y, caso de pasividad, o rechazo al ejercicio rescisorio, quedan habilitados determinados acreedores (art. 695.4 TRLC). Sin embargo, ese esquema quiebra respecto al del Libro I TRLC en cuanto la intervención en el procedimiento especial de microempresas de estos profesionales, no viene impuesta por Ley, en todo caso y todos los procedimientos microempresariales sino que, salvo que el juez ejercite la facultad designatoria que le confiere el art. 713.5 TRLC, su aparición y nombramiento requiere de una previa solicitud formulada, según el caso, por deudor o determinados acreedores (arts. 695 TRLC, 704 TRLC, y 713 TRLC) y que conecta con el ejercicio de determinadas funciones principales, entre las que se encuentra, el ejercicio de acciones rescisorias contra actos del deudor, y que permiten, tras la designación, el ejercicio de otras funciones secundarias y subyugadas a esa previa designación.

Tras aperturarse el procedimiento especial para microempresas, una eventual designación profesional, sea de un experto en reestructuraciones, sea el de un administrador concursal, choca con prin-

---

6 RECAMAN GRAÑA, E. "Comentario", p. 1614

cipios básicos del sistema microempresarial ya reseñados como el de agilizar el procedimiento, tanto en plazos como en trámites, y abaratar económicamente el mismo, entre otras herramientas y con la excusa que nunca cobran sus honorarios, prescindiendo de la intervención de profesionales. Ante tal disyuntiva, y a la vista de la importancia de las funciones principales, que rezuma de su previsión, tanto en el itinerario especial de continuación (arts. 704.1 y 2 TRLC y 695.3 y 4 y 696 TRLC) como en el liquidatorio (arts. 713.1 TRLC y los citados 695.3 y 4 y 696 TRLC), el legislador que ab initio entiende no precisa ni necesaria la presencia del experto en la reestructuración, o de un administrador concursal, permite y no impide el nombramiento del profesional, por el Juez, pero necesariamente para el ejercicio de cualquiera de las citadas funciones principales, y siempre que lo solicite un legitimado al efecto, deudor o acreedores, y se den determinadas circunstancias.

Además, en este caso concurre otra diferencia adicional respecto al régimen de reintegración del Libro I TRLC. En efecto, designada la administración concursal en el concurso de acreedores, ésta, desde la aceptación del cargo, cuenta con absoluta autonomía a efectos de interponer la acción de reintegración, y sin perjuicio que devenga separado del cargo (art. 100 y 101 TRLC) o se le exija responsabilidad por la concursada o los acreedores (art. 94 y ss. TRLC). En el proceso microempresarial no acontece así, pues el experto en la reestructuración, o, el administrador concursal, incluso, aunque éste ya estuviese designado en el procedimiento, queda capado en su iniciativa rescisoria, haciéndole depender de la previa solicitud designatoria de los acreedores y, en cualquier caso, de la rogación por estos del ejercicio de determinada acción rescisoria.

Así, y como resumen, la rescisión microempresarial se ejecuta en tres actos. El primero, prescindible como a continuación expongo, pasa por la comunicación al procedimiento de hechos y circunstancias alumbradores de actos rescindibles. El segundo, por la petición de la designación y nombramiento judicial de un profesional para que ejercite la acción rescisoria señalada por los acreedores contra un determinado acto del deudor, aunque, alternativamente, si ya estuviera designado ese profesional, la petición ira dirigida a éste y girará, en exclusiva, en torno a la impetración de la citada acción. Estas dos fases principian con la citada comunicación de la apertura del procedimiento (art. 692 bis TRLC), en la que debe hacerse constar tales facultades (auto del Juzgado de lo Mercantil núm. 5 de Madrid, de fecha 12 de abril de 2023) Y el restante acto, consistente en el ejercicio de la acción por el profesional y, en defecto de ejercicio, y si lo estiman oportuno, por determinados acreedores. Veámoslo.

II.1. Comunicación de información sobre actos rescindibles

Primer paso. A la vista del art. 695.1 TRLC, desde la comunicación de la apertura del procedimiento especial y durante los treinta días hábiles siguientes, los acreedores, y los socios personalmente responsables de las deudas del deudor, podrán comunicar cualquier información que pueda resultar relevante a los efectos del posible ejercicio de acciones rescisorias contra actos realizados por el deudor.

Esta facultad informativa no exige concreción y detalle en orden al acto rescindible y la acción a ejercitar, pero excluye lo genérico y confuso, y requiere cierta explicitud en cuanto a los hechos y circunstancias de las que pudiera derivar ese potencial y posible ejercicio de acciones rescisorias. Nada más. Solo comunicar hechos que pueden tener relevancia en orden a la rescisión de actos del deudor para así incrementar el patrimonio a disposición de los acreedores[7], función alumbradora informativa ésta confiada tanto a los acreedores, en su condición de máximos interesados en el reintegro de la masa pues, se supone, constituye la garantía de sus créditos y, en caso de liquidación, de donde cobraran, como a los socios personalmente responsables de las deudoras del deudor, en este caso, a la vista que ese eventual reintegro de la masa resulta paliativo de esa responsabilidad deudora.

En fin, esta comunicación solo cumple una finalidad informativa y de traída al procedimiento[8], de hechos e informaciones con incidencia en actos potencialmente rescindibles a los ojos de los acreedores, tomando en consideración las reglas y supuestos generales de rescisión[9], y en conexión con la eventual construcción de una ma-

---

7 SANJUAN Y MUÑOZ, E. "Comentario", p. 238.

8 RECAMAN GRAÑA, E. "Comentario", p. 1611.

9 SANJUAN Y MUÑOZ, E. "Comentario", p. 239.

yoría acreedora para peticionar el nombramiento, según el caso, de un administrador concursal o de un experto en la restructuración, para el ejercicio de la acción rescisoria frente a un concreto acto del deudor. O si ese profesional ya estuviese nombrado, con la finalidad que éste proceda a ese ejercicio accional rescisorio. Y en defecto de ejercicio, acometiéndolo si es de su interés los acreedores promotores de la rescisión.

Por ello, esta información rescisoria se vierte en el procedimiento mediante un formulario normalizado (art. 695.2 TRLC). No se comunica individualmente a los acreedores o al socio responsable. Pero ese avituallamiento informativo rescisorio al procedimiento también permite el acceso a ese acervo por parte del deudor, lo que puede acarrear por parte de éste, conductas defensivas y maliciosas ante ese eventual tornado rescisorio que se le avecina. Aunque cierto es que esa actuación investigadora del acreedor, sabiendo que llegara a conocimiento del deudor, puede presentar esa finalidad acongojatoria, querellística catalana, y tendente a enseñar la patita rescisoria de lo que viene, y con ello invitar y excitar al deudor en el pago, por este o quien sea, de lo que le es adeudado.

De esta forma, a través del mecanismo del art. 695.1 TRLC, el legislador deja en mano del activismo de los acreedores y los socios personalmente responsables de las deudas del deudor, la averiguación y comunicación al procedimiento de cualquier información relativa al ejercicio de tales acciones rescisorias para recuperar activos salidos del patrimonio deudor. Pero lo cierto es que por mucho que los citados pretendan averiguar e indagar sobre actos del deudor rescindibles, el acceso a la información les resulta fuertemente limitado, y habitualmente, incompleto y sesgado, sin que la herramienta del art. 695.1 TRLC le conceda facultades averiguativas invasoras en el deudor y su documentación. Por ello, el vertido de información al procedimiento microempresarial queda fuertemente capado y lisiado, será excepcional, y normalmente consistirá en rumores recibidos de terceros, o hechos vinculados a la propia experiencia y conocimiento personal del informante.

Por otro lado, esta comunicación informativa, que se exhibe facultativa ("podrán" señala el art. 695.1 TRLC) para los acreedores y socios responsables antes señalados, y que no precisan, a estos efectos comunicatorios, de ningún requisito adicional, cuantitativo o cualitativo, distinto de ostentar dicha condición acreedora o social, precisa de su formulación dentro del plazo de treinta días hábiles a contar desde la comunicación electrónica del procedimiento especial para microempresas y la publicación en el Registro Público Concursal a que se refieren el art. 692 bis TRLC. En el primer caso, dirigida, entre otros, a los acreedores incluidos en su solicitud de cuya dirección electrónica tenga constancia, permitiéndoles el acceso a toda la documentación presentada en el juzgado (art. 692 bis 1 TRLC). En el supuesto de apertura a solicitud de los acreedores, la publicación en el Registro Público Concursal surtirá los efectos de notificación respecto del deudor y demás acreedores de cuya dirección electrónica no se tenga constancia (art. 692 bis 3 TRLC).

De esta forma, con la referida noticia electrónica principia el plazo reseñado en el párrafo precedente a efectos de la comunicación informativa de marras. Pero ello parece que solo conecta con los acreedores incluidos en su solicitud, y de cuya dirección electrónica tenga constancia. La duda surge respecto a los acreedores no compilados en la solicitud, o, aun recogidos, carentes de dirección electrónica conocida. O los socios personalmente responsables de las deudas del microempresario que, salvo que el procedimiento haya sido declarado a instancia acreedora, no reciben la citada comunicación (art. 692 bis 1 TRLC). O aquellos no reconocidos en el procedimiento microempresarial pero si posteriormente (art. 706 TRLC). Aquí, pese a lo tosco de la redacción del referido art. 692 bis TRLC, se me antoja que en estos supuestos el plazo comunicatorio comienza con la referida publicación en el Registro Público Concursal. Cualquier otra interpretación conduce al sinsentido de impedir que jamás principie el plazo para dichos acreedores y socios, con la consiguiente imposibilidad de cursar una comunicación de hechos rescisorios para la que están expresamente habilitados en el art. 695.1 TRLC[10].

Finalmente, la comunicación informativa de marras no constituye presupuesto necesario para requerir la designación de profesional y el ejercicio por este, sino estuviese ya designado, de la acción rescisoria ex art. 695.3 y 4 TRLC, como tampoco obliga a formular el requerimiento mencionado a los acreedores que hubieren comu-

---

[10] Acertadísimamente, RECAMAN GRAÑA, E. "Comentario", pp. 1611 y 1612.

nicado hechos rescisorios. Incluso, cabe formular tal requerimiento rescisorio sin que nadie haya comunicado nada al procedimiento, u obviando y apartándose, total o parcialmente, de la información aportada ex art. 695.1 TRLC por el requirente o un tercer acreedor o socio. Así resulta de una lectura conjunta de los apartados 1, 3 y 4 del art. 695 TRLC, de la que se desprende la autonomía entre ambos tramites, susceptibles de solapamiento en cuanto principian a la vez, y de la ausencia de conexión o sometimiento del segundo al primero, así como de la falta de referencia a un ejercicio de las acciones resultantes necesariamente atado a los hechos comunicados.

II.2. Nombramiento de experto y requerimiento de rescisión concursal

Segundo acto. De conformidad con lo dispuesto en el art. 695.3 TRLC, cabe solicitar del Juzgado el nombramiento de un experto en la reestructuración, o un administrador concursal, a los efectos del ejercicio de acciones rescisorias, y a instancia de acreedor, o acreedores, que representen, individual o conjuntamente, al menos, el veinte por ciento del pasivo total del deudor, careciendo este deudor, obviamente, y al igual que ocurre en la reintegración de la masa del Libro I TRLC, de legitimación al efecto. Tampoco la ostentan, a diferencia de lo que acontece con la comunicación informativa antes analizada, los socios personalmente responsables de las deudas sociales. Lo cual no parece que tenga mucho sentido. Ni cabe su designación de oficio por el Juzgador, incluso, a través de la facultad designatoria del Juez recogida en el art. 713.5 TRLC. Ello a la vista del marcado y evidente carácter rogado acreedor, no solo de la designación profesional o del ejercicio de la acción rescisoria, como del señalamiento del acto del deudor objeto perjudicial y objeto del ataque rescisorio peticionado. En este requerimiento designador, que no precisa justificación acreedora del ejercicio de esta facultad, sí que resulta preciso concretar la acción a ejercitar, su fundamento, y demás circunstancias relevantes para la impetración rescisoria, hayan o no sido comunicadas al procedimiento ex art. 695.1 TRLC.

Ese colectivo acreedor, por lo tanto, puede, si lo estima oportuno, requerir la designación de un profesional, experto reestructuración o administrador concursal, que asuma la función de ejercicio de una concreta acción rescisoria contra el acto del deudor (art. 695.3

TRLC). Pero, obviamente, no le asiste la opción de pedir el nombramiento de uno u otro profesional. La referencia que se efectúa en el art. 695.3 TRLC a que a efectos del ejercicio de acciones rescisorias los acreedores pueden instar "el nombramiento de un experto en reestructuración o un administrador concursal", no permite defender una facultad electiva entre ambos profesionales a favor del acreedor o acreedores pedigüeños de la designación, sino que dependiendo del itinerario tratador de la insolvencia escogido en el procedimiento especial para microempresas, proceso de continuación o de liquidación, quedan habilitados para formular, en el primer caso, una petición designatoria de un experto en reestructuración, y en el segundo, cauce liquidatorio, un administrador concursal[11]. Como dije antes, la norma del art. 695 TRLC resulta de aplicación a ambos itinerarios, continuativo o liquidacional, del procedimiento especial para microempresas.

Por cierto, la elección de los nombres de los profesionales en el Libro III TRLC es para que legislador se lo haga ver. Por un lado, el nombre escogido para el profesional microempresarial y continúatico, "experto en la reestructuración", ya llama la atención a la vista nada tiene que reestructurar, y las funciones que permiten su designación e intervención son las propias de la administración concursal del Libro TRLC I y prácticamente análogas a las del profesional microempresarial liquidativo, que, pese a ello, no se llama "experto en la reestructuración", sino "administrador concursal". Parejas funciones y distinta denominación. No tiene mucho sentido la verdad, salvo diferenciar radicalmente la senda continuadora de la liquidativa. O quizás tal diferente nombre viene dado por la voluntad legislativa de conectar el plan de continuación, siempre positivo y tendente a la continuidad y mantenimiento de la empresa viable, a otra figura happy, frendly y positiva de la insolvencia como el experto en reestructuraciones y los planes de reestructuración del libro II TRLC, y atar lo luctuoso y liquidativo a ese "administrador concursal" tradicional e injustamente denostado y humillado por todos y, por lo que se ve, culpable de todos los males que azotan los concursos de acreedores. Váyase usted a saber. Quizá lo lógico hubiera sido nominar a todos

---

11 RECAMAN GRAÑA, E. "Comentario", pp. 1613 y 1614.

bajo una misma denominación, simplemente experto, como acontece con el profesional a que se refiere el art. 714 TRLC, cuya función, pese a ser desplegada en la secuencia liquidativa, no se asigna al administrador concursal sino al llamado simplemente "experto", función valorativa esta, por cierto, también presente con un contenido similar en el proceso de continuación (art. 698 bis 5 TRLC), y asignada no a un "experto" sino al "experto en la reestructuración". Todo un auténtico galimatías carente de sentido. Pero en el ámbito de la insolvencia, y especialmente, en el del procedimiento especial para microempresas, la lógica, ciertamente, brilla por su ausencia.

La petición designatoria, como dije, debe cursarse dentro del plazo de los cuarenta y cinco días siguientes a la comunicación de apertura del procedimiento especial (arts. 692 bis TRLC), y no desde la resolución judicial acordando la apertura (art. 692 TRLC), sin que se haga mención aquí, a diferencia de lo que acontece con el plazo comunicatorio del art. 695.1 TRLC, del carácter hábil del citado término. Ciertamente, el computo de los plazos en el procedimiento especial para microempresas aparece ciertamente borrascoso y embarrado a la vista que, en el libro III TRLC, surgen plazos hábiles (ej: arts. 695.1 TRLC, 706.1 TRLC o 717.1 TRLC), plazos naturales (ej: art. 609 TRLC o 716.1 TRLC), y otros como el del art. 695.3 TRLC, en el que la norma elude mención alguna sobre su carácter, hábil o natural.

Un lamentable ejemplo de asistemática y falta de coherencia al regular los plazos en el procedimiento especial de microempresas, cada uno de su padre y de su madre, careciendo de sentido, en mi opinión, la referida distinción que, sinceramente, no sé a qué obedece. La solución quizás parta de la indudable consideración del procedimiento especial para microempresas como un procedimiento jurisdiccional del orden civil, desjudicializado al extremo, pero proceso jurisdiccional, y su conexión con lo previsto en los arts. 182 a 185 LOPJ y 130 a 136 LEC, para el computo de los plazos procesales en tal orden. Y aquellos referidos como naturales en la norma, amparando su computo, recurriendo a lo dispuesto en el art. 5 CC. Por lo tanto, el plazo, dado su carácter procesal, computara a la vista de las normas previstas en la LEC (arts. 130 a 136), sin que sea susceptible de prorroga o suspensión alguna.

Frente a esta pretensión nominatoria acreedora también cabe una respuesta opositora a ese nombramiento, reconocida a favor de acreedores que representen un porcentaje del pasivo mayor que el que representan los solicitantes, el que sea, pero siempre superior que el de los solicitantes, y que no requiere motivación alguna, en cuyo caso, queda automáticamente desactivada la solicitud de nombramiento del profesional rescindidor, ello con la única excepción de que los solicitantes hayan asumido en su petición el pago íntegro de la retribución expertual, en cuyo caso, no cabra oposición alguna a la solicitud (art. 695.3 TRLC)[12].

La activación de la palanca opositora aborta cualquier pretensión rescisoria del acto sospechoso, por muy perjudicial y lesivo que resulte éste para la masa del procedimiento.

Obviamente, si el porcentaje solicitador del nombramiento resulta superior al cincuenta por ciento del total pasivo, no cabrá oposición alguna, pues el quorum batallador siempre será inferior al requeridor del nombramiento y procederá el mismo sin que estos asuman íntegramente la retribución del experto[13]. La oposición, al igual que la petición de designación de profesional, como dije, no requiere de justificación o motivación alguna.

El nombramiento del profesional rescisorio sigue el cauce, según el caso, de los arts. 704 o 713 TRLC.

Por el contrario, en el supuesto que ya hubiese profesional designado, que solo puede serlo ex arts. 704 o 713 TRLC, y en congruencia con la pretensión abaratatoria economical y de mínima intervención de profesionales en el procedimiento especial de microempresas, ya no procede solicitar ni verificar nombramiento alguno, sino que, a la vista del art. 695.4 TRLC, el previamente nominado asumirá el ejercicio de tales acciones rescisorias, ejercicio que debe serle requerido expresamente por esa comunidad acreedora, señalando el acto a rescindir.

---

[12] FERNÁNDEZ GONZÁLEZ, V. "El procedimiento", p. 538.

[13] NIETO DELGADO, C. "El experto", p. 330

II.3. Ejercicio de la acción rescisoria

Tercer acto. Ejercicio de la acción rescisoria. Una vez designado el experto, procede la interposición por este de la acción rescisoria contra el concreto acto del deudor requerido por los acreedores promovitorios de esa rescisión microempresarial, y no otro. En el ejercicio de esa potestad rescisoria, el profesional podrá servirse, o no, de lo vertido al procedimiento como consecuencia de la comunicación informativa del art. 695.1 TRLC o de cualquier otra que le sea suministrada u obtenga del deudor, o cualquier tercero.

La duda que se me plantea es si ese ejercicio de acciones rescisorias deviene imperativo para el profesional. En el supuesto de que ya hubiere sido designado previamente, parece que no, pues el art. 695.4 TRLC, y en ausencia de tal ejercicio, por negativa o silencio dentro de los quince días hábiles siguientes al requerimiento rescisorio, permite que lo acometan los acreedores solicitantes, en cuanto legitimados activamente subsidiarios, pero a su costa y en interés del concurso, según el régimen jurídico previsto en el art. 232 TRLC, lo que permite mantener la libertad del experto reestructurador en orden al no ejercicio de las acciones caso que éste dude de su viabilidad, falta de fundamento, o entienda que el deudor no se halla en situación de insolvencia actual, que constituye presupuesto del ejercicio de tales acciones rescisorias (art. 695.6 TRLC)[14].

La cuestión se torna más turbia en el supuesto de designación de un experto o administrador concursal para ejercitar las referidas acciones. Ciertamente, el tenor del art. 695.3 TRLC y la atadura del nombramiento al "ejercicio de acciones rescisorias" que se efectúa en el citado precepto, así como la falta de referencia alguna a la parálisis ejercitadora del experto y la entrada en acción subsidiaria en tal caso de los acreedores solicitantes, permiten, inicialmente, mantener que la designación, en este caso, lo es para el necesario e inevitable ejercicio de la acción rescisoria, quedando compelido y atado el experto a ello.

---

14 SANJUAN Y MUÑOZ, E. "Comentario", p. 239 y RECAMAN GRAÑA, E. "Comentario", p. 1615.

Sin embargo, no cabe olvidar que el procedimiento especial para microempresas, en materia de acciones rescisorias, y a diferencia del concurso de acreedores, como dije antes, parte de una patente ausencia de información al efecto derivada de la inexistencia ab inito de una administración concursal en su seno y difícilmente subsanable o completable mediante el mecanismo del art. 695.1 TRLC. Por otro lado, no cabe olvidar que el profesional, pese al silencio de la Ley, debe actuar diligentemente y con imparcialidad e independencia frente al deudor y los acreedores, arts. 80 y 680 TRLC en conexión con el art. 689 TRLC, por lo que, a la vista de todo ello, se me exhibe carente de sentido el ejercicio por el profesional designado de una acción rescisoria que, a la vista de la información con la que cuenta, se exhibe inviable, o no suficientemente fundada, o respecto de la cual no concurre el presupuesto de la insolvencia actual del deudor que permite su ejercicio (art. 695.6 TRLC), so pena de menoscabar los citados principios rectores de su actuación, en especial, la diligencia que debe serle exigida. Amén de resultar contrario al interés del procedimiento y de la masa activa, esencialmente, desde la perspectiva de gastos y costas procesales.

Por todo ello, entiendo procedente una interpretación conjunta e integradora de los apartados 3 y 4 del art. 695 TRLC en orden a la libertad ejercitadora de las acciones en cuestión a favor del profesional rescisorio en los términos expuestos anteriormente y sin perjuicio siempre de la legitimación subsidiaria de los acreedores solicitantes[15].

De esta manera, en ambos supuestos, cabe el ejercicio de la acción rescisoria por el profesional. En caso de negativa, o falta de respuesta dentro de los quince días hábiles siguientes, los acreedores solicitantes tendrán legitimación subsidiaria para entablar la acción rescisoria. Los acreedores litigarán a su costa y en interés del procedimiento especial, según el régimen jurídico previsto para la legitimación activa subsidiaria de acreedores en el libro primero (art. 232 TRLC).

A efectos de cuantificar la retribución por el ejercicio de la acción, y ante el silencio de la Ley, resulta de aplicación lo previsto en

---

15 RECAMAN GRAÑA, E. "Comentario", p. 1615. Contra, SANJUAN Y MUÑOZ, E. "Comentario", p. 239.

los arts. 704.7 TRLC, respecto al experto en reestructuraciones, o 713.4 TRLC, dirigido al administrador concursal[16].

Los efectos de la rescisión conectan con lo regulado en el aRT. 235 TRLC[17].

El ejercicio de la acción rescisoria no suspende el desarrollo del procedimiento especial para microempresas (art. 695.5 TRLC), sin perjuicio de lo dispuesto en el art. 719.1 TRLC, según el cual, si estuviera en tramitación la calificación, o una acción rescisoria o de responsabilidad, el informe final se presentará dentro de los quince días hábiles siguientes a la notificación de la última de las sentencias[18].

Finalmente, y de manera análoga a lo que acontece con la reintegración en el concurso de acreedores (arts. 330 y 474 TRLC), y con la misma finalidad acelelatoria y terminadora, cuanto antes, del procedimiento, las acciones rescisorias podrán ser objeto de cesión a tercero, e incluso, en caso de procedimiento especial de continuación, su ejercicio puede incluirse en el plan de continuación. En el primer supuesto, no se exige que las acciones cedidas estén ejercitadas. En el segundo si[19].

III. BIBLIOGRAFÍA

AZNAR GINER, E. "La capacitación del experto en materia de reestructuraciones. Una reflexión sobre el contenido del art. 674 TRLC", en "La reforma concursal de la Ley 16/2022 a debate. Un nuevo paradigma en el tratamiento de la insolvencia", AA.VV., dirigidos por FORTEA GORBE, J., y TALENS SEGUI, J. y coordinados por LÓPEZ PARICIO, J., y AZNAR GINER, E., Valencia, 2023.

AREOSO CASAL, A. "Tratado práctico de derecho Concursal, Tomo II, A Coruña, 2023

FERNÁNDEZ GONZÁLEZ, V. "EL Procedimiento de microempresas y mricoempresarios: el plan de continuación como solución a la insolvencia", en "Comentario a la reforma del Texto Refundido de la Ley Concursal",

16 RECAMAN GRAÑA, E. "Comentario", p. 1613.

17 RECAMAN GRAÑA, E. "Comentario", p. 1616.

18 SANJUAN Y MUÑOZ, E. "Comentario", p. 239.

19 SANJUAN Y MUÑOZ, E. "Comentario", p. 240.

AA.VV., dirigidos por PRENDES CARRIL, P y FACHAL NOGUER, N., Cizur Menor, 2022.

FERNÁNDEZ PÉREZ, N. "Disposiciones generales", en "Derecho Concursal y Preconcursal", AA.VV., dirigidos por GALLEGO SANCHEZ, E. Tomo II, Valencia, 2022.

FERRÁNDIZ AVENDAÑO, P. J. "Los principios informadores del procedimiento especial de microempresas". La Ley Insolvencia, núm. 26, enero de 2024.

GONZÁLEZ VÁZQUEZ, J. C. "Píldoras sobre la reforma del Texto Refundido de la Ley Concursal (Ley 16/2022). Análisis crítico con enfoque práctico", Valencia, 2023.

ÍÑIGUEZ ORTEGA, P. "El procedimiento de continuación", en "Derecho Concursal y Preconcursal", AA.VV., dirigidos por GALLEGO SANCHEZ, E. Tomo II, Valencia, 2022.

NIETO DELGADO, C. "El experto en la reestructuración", en "Nuevo marco jurídico de la reestructuración de empresas en España", AA.VV. dirigidos por COHEN BENCHETRIT, A., Cizur Menor, 2022.

RECAMAN GRAÑA, E. "Comentario art. 704", en "Comentario a la Ley Concursal", AA.VV. dirigidos por PULGAR EZQUERRA, J. y coordinados por GUTIÉRREZ GILSANZ, A., MEGIAS LÓPEZ J., y RECAMAN GRAÑA, E., 3º edición, Tomo II, Las Rozas, 2023.

RECAMAN GRAÑA, E. "Comentario art. 695", en "Comentario a la Ley Concursal", AA.VV. dirigidos por PULGAR EZQUERRA, J. y coordinados por GUTIÉRREZ GILSANZ, A., MEGIAS LÓPEZ J., y RECAMAN GRAÑA, E., 3º edición, Tomo II, Las Rozas, 2023.

SANJUAN Y MUÑOZ, E. "Comentario art. 695", en "Comentarios al articulado del Libro tercero del Texto Refundido de la Ley Concursal", AA.VV., dirigidos por SANJUAN Y MUÑOZ, E. y PEINADO GARCÍA, J. I., Madrid, 2023.

YANES YANES, P. "Comentario art. 704", en "Comentarios al articulado del Libro tercero del Texto Refundido de la Ley Concursal", AA.VV., dirigidos por SANJUAN Y MUÑOZ, E. y PEINADO GARCÍA, J. I., Madrid, 2023.

VELA PÉREZ, J. "Procedimiento especial para microempresas", en "Memento Practico Concursal Francis Lefebvre 2024", AA.VV. coordinados por VILLORIA RIVERA, I. y ENCISO ALONSO-MUÑUMER, M., Madrid 2023.

4. FUNCIONALIDAD DE LAS REGLAS DE PRIORIDAD

LEANDRO BLANCO GARCÍA-LOMAS
Magistrado de la Sección Novena de la Audiencia Provincial de Valencia
Especialista en asuntos propios de los órganos de lo mercantil

I. DELIMITACIÓN DEL OBJETO DE ESTE TRABAJO

El objetivo de la Directiva 1023/2019 puede asimilarse, como señala Seymour/Schwarcz[1], al del *Chapter 11* del *Bankruptcy Code* norteamericano: "*suministrar a los Estados miembros un marco para la promulgación de leyes nacionales para facilitar la reestructuración de la deuda de compañías insolventes o próximas a la insolvencia*". A este respecto, indica que la Directiva 1023/2019 ha acogido mecanismos y principios del sistema norteamericano: (i) dar control de la reestructuración al deudor (vemos que esto queda muy tocado en nuestro sistema en el caso del régimen general cuando la insolvencia es actual o inminente); (ii) permanece el esfuerzo colectivo durante la reestructuración; (iii) requiere a la contraparte para que cumpla el contrato con el deudor; (iv) introduce el mecanismo del arrastre; (v) incluye el test del interés superior de los acreedores; y (vi) se adopta una regla de prioridad para controlar el arrastre.

Pese a que persiguen el mismo fin, establecer un marco para facilitar la reestructuración de la deuda de compañías solventes o próximas de la insolvencia, atribuyendo el protagonismo al acuerdo del deudor y los acreedores, y permitiendo el arrastre a acreedores

---

1 SEYMOUR, J. M./SCHWARCZ, S. L. (2020): "La reestructuración corporativa bajo las reglas de prioridad relativa y absoluta: una visión corporativa".

disidentes, así como relegando el papel del juez a un mero homologador del acuerdo, esto es, controlador de los presupuestos legales, difieren en cuanto a la regla de equidad a aplicar por el Juzgador.

En efecto, el ámbito más genuinamente judicial de la homologación de un plan de reestructuración se encuentra en el cumplimiento de la regla de equidad. A grandes rasgos, la reestructuración se configura en ambos sistemas como un mecanismo de reparto del valor asociado a la continuación de la actividad de la sociedad con problemas (*going concern*) entre los acreedores de ésta, de forma que no cobren menos que en el escenario hipotético alternativo posible (*best interest of creditor test* o el test del interés superior del acreedor) y no cobren algo o nada antes que cobren todo o más los acreedores de rango superior o senior, analizados desde el punto de vista de un escenario concursal (*relative o absolute priority rule*, o regla de prioridad relativa o absoluta), a través de un sistema de aprobación por clases de acreedores, que garanticen un trato no discriminatorio dentro de cada clase.

Por tanto, es necesario calcular adecuadamente el *going concern* de una sociedad y que las clases se configuren adecuadamente para poder determinar donde rompe el valor y concretar la clase de acreedores que están dentro del dinero (*in the money*) a los efectos de arrastrar la solución de reestructuración a los acreedores disidentes. Una vez determinado lo anterior, entra en juego el reparto del excedente entre los acreedores que están dentro del dinero, para lo cual deben respetarse las reglas de equidad anteriormente mencionadas, esto es, la regla de prioridad que se adopte y el test del interés superior del acreedor, así como el respeto al principio de no discriminación.

Lo que está detrás de las reglas de equidad es una valoración puramente funcional del mecanismo de la reestructuración. Me explico, el legislador no quiere que se fuerce a un acreedor, máxime cuando no forma parte de la clase que han votado a favor del plan de reestructuración, a pasar por una solución a la crisis de insolvencia no asumida por él que le proporcione un retorno a su crédito inferior al que obtendría en un escenario concursal alternativo posible, bien porque obtendría un retorno mayor en ese escenario (test del interés superior del acreedor), bien porque el orden de pago en el procedimiento concursal le proporcionaría un mayor retorno (reglas de prioridad, relativa o absoluta). En el fondo, es una regla que ajusta el límite del sacrificio que puede soportar un acreedor disidente en un plan de reestructuración.

Creo que no hace falta decir que cuando todas las clases de acreedores están conformes con el plan de reestructuración a aprobar, el control judicial se limita únicamente al respeto del principio de no discriminación, porque no puede permitirse un trato discriminatorio a un acreedor minoritario dentro de una misma clase, y el test del interés superior del acreedor, por cuanto que esta regla se convierte la clave de bóveda del sistema de la reestructuración, pues no debe permitirse que se acuda a un plan de reestructuración para facilitar a los acreedores un menor retorno que el que obtendrían en un escenario concursal alternativo posible.

Fíjese el lector que lo anterior, esto es, la aplicación de las reglas de equidad limitadas al respeto del principio de no discriminación y al test del interés superior del acreedor, únicamente entraría en juego si se solicita la homologación del plan de reestructuración de un plan de reestructuración consensual y uno de los acreedores o demás legitimados plantea una impugnación a la homologación que incumba a estas reglas. De ahí que la infracción del principio de no discriminación y el test del interés superior del acreedor se configure en nuestro sistema como motivos de impugnación de los planes de reestructuración consensuales (motivos 5° y 7° del artículo 654 del TRLC) o no consensuales (artículo 655 del TRLC). Si no hay impugnación, no entrarían en juego las reglas de equidad limitadas anteriormente señaladas.

En cambio, las reglas de prioridad únicamente entran en juego en nuestro sistema en el supuesto de impugnación de la homologación de un plan de reestructuración (motivo 4° del artículo 655 del TRLC). En este escenario, el principio de no discriminación se define de manera distinta (motivo 3° del artículo 655 del TRLC), al referirse al trato no menos favorable de las clases del mismo rango, lo que nos permite afirmar que el principio de trato no discriminatorio es la regla de equidad propia de los planes de reestructuración no consensuales, y que la regla de equidad que recoge el artículo 654.5° del TRLC a propósito de los planes de reestructuración consensuales es el del principio de trato paritario entre acreedores dentro de una misma clase.

Como he dicho, la funcionalidad de las reglas de prioridad es clara: garantizar que no se imponga a una clase de acreedores disidentes una solución a la crisis de insolvencia que le reporte un retorno menor al que le reportaría si se respetase el orden de pago en un escenario concursal alternativo posible. De ahí que la configuración de esta regla va a determinar la manera en que el legislador admite o no el sacrificio del retorno de los acreedores en aras de promover la continuidad de las entidades mercantiles en el mercado.

En Estados Unidos ha permeado las ideas económicas del canibalismo constructivo de Schumpeter[2], de suerte que consideran que la vida media de las empresas es de 3 años y que únicamente el 10% de las empresas que llegan a esa vida media con problemas son susceptibles de reestructuración, optan por sistemas o reglas de equidad que garanticen que únicamente tengan acceso a este instrumento las sociedades que realmente van a lograr volver a la senda de viabilidad por medio de la reestructuración operativa, de suerte que las sociedades que no sean viables pasen a los procedimientos de *pay-out cases* del *Chapter 7* del *Bankruptcy Code*, esto es, procedimientos puramente liquidativos.

Pretendo mostrar en estas líneas que la opción de la Directiva 1023/2019 por una regla de prioridad relativa obedece a un intento de favorecer la continuidad de las sociedades, aun cuando no esté claro que se logre la viabilidad de las empresas por medio de la reestructuración operativa, así como que la adopción por el Libro II del TRLC de la regla de prioridad absoluta persigue un objetivo más espurio que la verdadera viabilización de las empresas. En definitiva, pretendo mostrar la distinta funcionalidad que las distintas opciones relativas a las reglas de prioridad ofrecen a los efectos del objetivo perseguido por el sistema de reestructuración.

---

2 SCHUMPETER, J. A. (1942 [ed. 2014]): *Capitalism, Socialism and Democracy* (2ª ed.). Wilder Publications. Edición digital (KOBO EPUB), 689 páginas utilizadas.

II. LA REGLA DE PRIORIDAD EN ESTADOS UNIDOS

El *Chapter 11* del *Bankruptcy Code* opta por la regla de la prioridad absoluta, sin definir una regla alternativa o subsidiaria de prioridad relativa, si bien la doctrina, como veremos, está construyendo una especie de regla de prioridad relativa denominada "reckoning" o "call option".

Seymour/Schwarcz[3] señala que la regla de prioridad absoluta asumida en el sistema norteamericano consiste en que un crédito de los acreedores senior o los socios senior se pagarán completamente antes de que se efectúe cualquier pago a cualquier clase junior. La justificación técnica de esta regla ya la he dado, pero insisto en que obedece a las prioridades derivadas del pago contractual que se aplicaría fuera del concurso, que únicamente se da en caso de arrastre, no en caso de planes de reestructuración consensuales.

Podemos definir la regla de prioridad absoluta como aquella en la que el valor creado o asociado a la continuidad de la actividad de la sociedad como consecuencia de la reestructuración se distribuirá según la jerarquía de prioridades (Ballerini[4]): (i) en primer lugar, los acreedores con mayor rango concursal o acreedores senior; y (ii) después, los acreedores de menor rango o acreedores junior, por orden de rango. En esta regla surge lo que la doctrina americana denomina la excepción del nuevo valor, que Ballerini indica que consiste en que si el acreedor senior aporta capital conserva su aportación en la empresa. Esta excepción es muy relevante para entender que si los socios adquieren la posición de uno o varios acreedores senior lo es para conservar su participación en la empresa, cosa que podría no suceder en el caso de la regla de la prioridad relativa.

No obstante, quizás debido a que el sistema no contempla una regla de prioridad relativa alternativa o subsidiaria, en Estados Unidos se está empezando a trabajar con otro mecanismo de respuesta ante la amenaza de toma de control por medio de un plan de reestructuración, que conforma una mejor respuesta al problema planteado por la teoría de juegos de lograr que todos los implicados tengan una

---

3 SEYMOUR, J. M./SCHWARCZ, S. L. (2020): *Ob. Cit.*

4 BALLERINI, G.: "The priority dilema in the EU Reestructuring Directive: Absolute or Relative Priority Rule?".

pequeña participación en el valor asociado por la continuación[5]. Es el mecanismo del "reckoning" o "call option", que consiste en que los socios, considerados en el derecho anglosajón de las reestructuraciones como acreedores residuales, esto es, el último de los acreedores a cobrar en un procedimiento concursal, adquieran la posición de un acreedor senior, a cuyo efecto acuden al mercado financiero o de entidades de inversión. Adquieren la financiación necesaria de estas fuentes como para ofrecer la compra del crédito del acreedor senior, normalmente por debajo de su valor. Éste estudia su aceptación, teniendo en consideración que el cobro íntegro de su crédito es muy difícil que se consiga con la continuación de la actividad empresarial. Aceptada la compra a través del "strike price", el socio pasa a tener la posición del acreedor senior, y, por tanto, puede evitar la conversión de créditos en acciones y la pérdida del control de la empresa, pues no sólo pasan a estar nuevamente dentro del dinero, sino que, además, pasan a formar parte de la clase que domina la reestructuración. Por último, los socios y el ente inversor, bancos o fondos de inversión, fijan un "exercise date", o día de ajuste de cuentas, en el que acuerdan devolver el préstamo o dinero prestado para hacer la operación, bien con excedente, si la participación en el valor de continuación de la compañía es superior al dinero prestado, bien con déficit, si el valor es inferior a lo prestado.

Esta operación supone una ganancia para todos los intervinientes en la operación. En primer lugar, los acreedores senior más afectados por un plan de reestructuración, los que pueden verse arrastrados, tienen la oportunidad de vender su posición a los socios y lograr un retorno mayor que el que podría lograr en el plan de reestructuración, en el que las quitas suelen ser mayores que el precio de adquisición de su crédito. En segundo lugar, los socios logran volver a estar dentro del dinero y tener una posición de fuerza para evitar la amenaza de la toma de control por un acreedor a través de un plan de reestructuración; y, en tercer lugar, el ente inversor, bancos o fondos de inversión, especulan en un ámbito, el de las reestructuraciones, que la experiencia norteamericana está poniendo de relieve que, implementada la medida en el momento adecuado, permite obtener

---

5 BAIRD, D. (2016): "Priority Matters", en *The Law School University oof Chicago*. Abril, 2016.

excedentes de la operación superiores a lo que obtendrían si dirigieran su inversión a otros sectores, como el de la Bolsa, los futuros, las opciones, los bonos, etc.

Debe tenerse presente que este mecanismo puede tropezar con dos objeciones.

La primera de ellas refiere el tipo de sociedad en la que se está empezando a implementar, los Estados Unidos, donde existe un mercado desarrollado de empresas reestructuradas, adaptadas al nuevo paradigma empresarial del canibalismo que defendía ya hace tiempo Schumpeter[6], al mercado de demanda, en el que el cliente puede hundir una empresa, y en el que el tiempo medio de creación, maduración y extinción de empresas no pasa de 3 años. Por esta razón, muchos de los negocios surgen para ser vendidos en 3 años a un tercero. Esto provoca que haya un mercado, que va en aumento, de reestructuradores, interesados en la adquisición de empresas para redefinir su *core business* por medio de la reestructuración, y lograr la continuación de la actividad como medio más directo de obtener beneficios (volver a iniciar un negocio es más caro y complicado que reestructurar una empresa mediante la redefinición de su *core business* y el adelgazamiento de ésta, librándola de gastos inútiles y de líneas de negocios ruinosas). Dudo mucho que España esté en este momento de bullicio en el mercado de la reestructuración. Pero no descarto que, si se sigue con la línea marcada por reestructuraciones, como la de Celsa (Barcelona) o Ator y Elacón (Murcia), se genere un efecto llamada a los fondos de inversión y encuentren en España el mercado propicio para desarrollar el instrumento del "reckoning" o "call option".

En segundo lugar, se encuentra la regla de prioridad que se asuma, pues, como trato de explicar en este artículo, la opción por la regla de la prioridad relativa, que sin duda acoge la Directiva 1023/2019, pero con acierto (eso espero, y que no haya sido mera casualidad) el legislador español parece desdeñar, asumiendo la regla de la prioridad absoluta, puede afectar a la operatividad de este mecanismo. Esto puede adquirir especial relevancia en el caso de que la aprobación del plan de reestructuración se realice por la vía del artículo 639.2

---

6 SCHUMPETER, J. A. (1942 [ed. 2014]): *Ob. Cit.*

del TRLC, en el que puede discutirse si se abre o no la puerta a la regla de prioridad relativa.

Por tanto, este artículo, en el fondo, es un intento de exponer cómo la regla de prioridad que asuma el legislador puede influir en los mecanismos defensivos que pueden adoptar los socios ante las amenazas de toma de control o "takeover" por parte de los acreedores senior de un plan de reestructuración.

III. LA REGLA DE PRIORIDAD EN LA DIRECTIVA 1023/2019

La Directiva 1023/2019 permite a los Estados miembros escoger entre la regla de prioridad absoluta (artículo 11(2): responde a la idea de que debe asegurarse que una clase disidente es pagada en total si más clases junior reciben algo en la distribución o mantienen algún interés a la luz del plan de reestructuración; es decir, requiere que el crédito de los acreedores disidentes sea satisfecho en su totalidad o por medios equivalentes, antes de que una clase junior reciba algún pago o retenga algo a la luz del plan de reestructuración) y la de la prioridad relativa (artículo 11(1)c), si bien establece esta última por defecto. Así, el Considerando 55 dispone que "*Los Estados miembros deben aplicar como regla subsidiaria aquella que es capaz de proteger una clase disidente de acreedores perjudicados asegurando que son tratados de forma al menos tan favorable como otra clase del mismo rango y más favorable que una clase junior*". A su vez, el Considerando 56 establece que no se puede acoger la regla de prioridad absoluta por razones de justicia: en muchas ocasiones se requiere que los socios se mantengan en la compañía, incluso si a los acreedores senior no se le paga del todo.

Como defiende Ballerini[7], la regla de la prioridad relativa, como la define Ballerini, consiste en que los acreedores senior o de mayor rango concursal no tienen que ser pagados en su totalidad antes que los acreedores junior o de menor rango concursal, ya que sólo se necesita que sean tratados "*de forma más favorable*". Dicho de otra forma, los socios pueden retener parte de su participación en la sociedad

---

[7] BALLERINI, G.: *Ob Cit.*

contra la clase de rango superior, o clase disidente, siempre que esta clase sea tratada "*de forma más favorable*".

Debe apuntarse que la regla de la prioridad relativa, tal y como está definida en la Directiva 1023/2019, no es una transcripción de la regla de la prioridad relativa del derecho norteamericano, pues allí como tal no existe en el *Chapter 11* del *Bankruptcy Code*, y se articula por la doctrina y por los tribunales como el mecanismo del "reckoning".

Seymour/Schwarcz[8] apuntan como razones por las que la Directiva 1023/2019 asume la regla de la prioridad relativa como criterio prioritario las siguientes: (i) "*algunos Estados miembros temen que la regla de la prioridad absoluta (con el requerimiento de valoración) pueda hacer la aprobación de un plan de reestructuración más gravoso y costoso, dotando al sistema de flexibilidad*"; (ii) "*la regla de prioridad relativa desanima a los acreedores a hacer el hold-out*"; y (iii) "*si los socios saben que van a recibir algo, se provoca que la regla de prioridad relativa incentive a acudir al plan de reestructuración de forma más rápida*". Veremos que estas razones se están recientemente poniendo en entredicho.

IV. DIFERENCIAS FUNCIONALES ENTRE AMBAS REGLAS

Se afirma que la regla de la prioridad relativa afronta mejor los problemas que provoca la regla de la prioridad relativa, a saber: (i) un problema de valoración, esto es, que el mecanismo de arrastre requiera de una valoración de la empresa en funcionamiento que haga más gravosa y costosa su aprobación; (ii) un problema de resistencia, pues, ante problemas de *hold-out* o de *free-riding*; y (iii) un problema de accionistas relevantes, que, al no hacerles partícipes de la reestructuración, no pueden contribuir con sus *soft variables* (experiencia, contratos, *know-how*, etc.), además de que no constituye un incentivo para reestructurar antes, pues los socios no entienden que van a continuar en la empresa.

Estas críticas han sido rebatidas por la doctrina indicada en el siguiente sentido:

---

8 SEYMOUR, J. M./SCHWARCZ, S. L. (2020): *Ob. Cit.*

a) El problema de la valoración de la empresa: surge en el caso de los planes de reestructuración no consensuales, pues es preciso conocer el valor asociado a la continuación de la empresa para poder saber si la clase que quiere arrastrar está o no dentro del dinero (vía del artículo 639.2 del TRLC), y, en todo caso, para la correcta formación de las clases (vía del artículo 639.1 del TRLC). Debe tenerse presente que serán las clases fuera del dinero las que se liquidará bajo la regla de prioridad absoluta.

Se percibe que la regla de prioridad absoluta obliga erróneas valoraciones, porque puede eliminar clases que están dentro del dinero y compensar de más a una clase, así como es costosa y prolongada en el tiempo, pues puede demorar determinar exactamente, sin equivocaciones, lo que percibe cada uno. Seymour/Schwarcz[9] sostienen que la valoración que requiere el arrastre es costosa, ya que, en la mayor parte de los casos, la valoración requiere de un experto, en nuestro caso, un experto en la valoración, así como el hecho de que puedan proponerse varios expertos y éstos realicen valoraciones muy divergentes entre sí, puede dar lugar a una batalla que conduzca a la reducción del valor de la empresa. En España, esta segunda objeción puede paliarse con el específico régimen de sustitución de experto.

Estos autores conciben la regla de la prioridad relativa como negativa para la negociación de un plan, por cuanto que, si no es precisa una valoración de la sociedad para la aprobación de un plan, se puede aprobar uno que favorezca a los socios, en perjuicio de los acreedores. A propósito del arrastre, como quiera en la regla de la prioridad relativa se necesita valoración de la empresa a reestructurar, bastará con que se fije un valor techo, sin incurrir en los costes de valoración, lo que puede redundar en soluciones inequitativas.

A esto añaden la escasa formación de los jueces para determinar, dentro de los sistemas ofrecidos por el *Chapter 11* del *Bankruptcy Code* para la valoración de la empresa (descuentos de flujos de caja a una tasa de descuento; comparación con otras empresas del sector; transacciones comparables), cuál es el que permite determinar qué acreedores están dentro o fuera del dinero y que constituye un incentivo perverso: para los acreedores senior, por cuanto que preten-

---

9 SEYMOUR, J. M./SCHWARCZ, S. L. (2020): *Ob. Cit.*

derán una baja valoración para así participar en una mayor parte del valor asociado a la continuación; y para los acreedores junior, que se encuentran en la situación contraria.

Estas razones esgrimen los autores anteriores para justificar que el *Chapter 11* del *Bankruptcy Code* haya ideado la valoración de la empresa como una regla por defecto, en castigo por no haber podido alcanzar un plan consensual, ya que éste genera una "option value" a los acreedores junior y minimiza el riesgo de tener que entregar valor los seniors a aquéllos. Es decir, las incertidumbres asociadas a los planes no consensuales, muchas de ellas derivadas de los problemas de valoración anteriormente dichos, provoca que, en la práctica, exista un incentivo poderoso para llegar a un acuerdo con los acreedores disidentes y deudores, y logren que el plan sea consensual.

En este escenario se ofrece una virtud de la regla de la prioridad relativa, ya que la anterior exactitud no es precisa, con tal de que el acreedor senior o de mayor rango sea tratado mejor que el acreedor junior o de rango inferior. La regla por defecto de castigo, propia del derecho anglosajón, se difumina si adoptamos la regla de la prioridad relativa, pues la amenaza de una costosa, prolongada en el tiempo y errónea valoración decae en cuanto que se consigue que los socios puedan participar en el valor asociado a la continuación y que, de esta forma, no sea tan importante que la valoración esté bien hecha como que el reparto sea equitativo.

Seymour/Schwarcz[10] consideran que la regla de la prioridad relativa, tal y como está definida en la Directiva 1023/2019, socava los principios de un plan de reestructuración consensual, ya que no especifica si es o no un test financiero, en el sentido de que el mejor tratamiento sea el mayor retorno del crédito o la constitución de una garantía para asegurar el retorno, ni contempla que el mejor tratamiento puede consistir en un pago completo de una clase de acreedores antes de pasar a otra clase de acreedores (como ocurre con la regla de la prioridad absoluta).

En este sentido, debe tenerse presente que el mecanismo del "reckoning" o "call option" participa del fundamento de la regla por defecto de castigo del derecho estadounidense, por cuanto que, una

---

10 SEYMOUR, J. M./SCHWARCZ, S. L. (2020): Ob. Cit.

vez que el deudor ha tomado la posición del acreedor senior, tiene un incentivo claro a que el plan sea consensual: tratar que la valoración de la empresa en continuidad o en funcionamiento se asimile al fijado de base para el "price strike", y evitar sobrevaloraciones o infravaloraciones consecuentes a la batalla de expertos, que implique que cuando llegue el "exercise date" o día de ajuste de cuentas con el ente financiador o fondo de inversión, éste puede llevarse el excedente que justifica su actuación como vehículo de la operación. Es precisamente la regla de la prioridad absoluta el que permite acudir a este mecanismo del "reckoning" o "call option", aprovechándonos de las ventajas de esta regla como incentivo para alcanzar un plan consensual, y desprendiéndonos de las desventajas de la regla de la prioridad relativa, en el que este incentivo negativo no existe.

b) El problema de la resistencia: en un apartado anterior de este artículo ya expuse que los críticos de la regla de prioridad absoluta incentivo los comportamientos de *hold-out*, actitud coactiva de la dirección de la empresa para evitar la reestructuración, o actitud obstaculizadora y vehemente de los acreedores disidentes, mediante chantaje, para evitar el arrastre; y de *free-riding*, esto es de llevar un polizón barato, que se aprovecha del esfuerzo económico, financiero y de tiempo del acreedor o deudor instante de la reestructuración. Ambos problemas se refiere a la actitud negociadora de las partes, esto es, a cómo se desarrolla la negociación para la aprobación de un plan de reestructuración.

Los defensores de la regla de la prioridad absoluta aducen que ésta permite establecer el marco para la negociación, de tal suerte que es muy difícil que las actuaciones egoístas o agresivas de los interlocutores arruinen el, buen éxito de la reestructuración. Cifran el valor de la regla de la prioridad absoluta en el incremento de la probabilidad de llegar a un acuerdo, de alcanzar un plan consensual, como medio de lograr evitar el problema de la valoración.

Por el contrario, concluyen que la regla de la prioridad relativa aminora el consenso y anima la disensión, porque no ofrece unas reglas claras de negociación. De esta forma, al permitir que una clase junior pueda acceder a participar en el valor asociado a la continuación de la sociedad, incentiva comportamientos oportunistas, en el que se puede producir la transferencia de riqueza de una clase a otra, o depositar el peso del acuerdo sobre los hombros de las clases más débiles. Estos peligros se muestran de una manera evidente en el sistema europeo, en el que permite a los Estados miembros acudir a un doble sistema de aprobación, por mayoría de clases y mediante el arrastre de una única clase al resto (apartados 1 y 2 del artículo 639 del TRLC).

El sistema americano del "reckoning" o "call option" permite que la clase que prevea que va a ser arrastrada por un acreedor hostil actúe para obtener su posición, y de este modo contrarreste los comportamientos de *hold-out* que puedan desarrollarse en torno a la aprobación de un plan de reestructuración que pueda ser necesario para el mantenimiento de la sociedad y que suponga el mantenimiento en la dirección de los anteriores socios. Al mismo tiempo, es una medida muy eficaz para soslayar conductas de *free-riding*, pues la adquisición de la posición del acreedor clave para revertir una amenaza de toma de control o "takeover" es adecuado para contrarrestar la existencia de polizones. El deudor deja de ser uno, pues requiere de la negociación con la clase de acreedores clave para la compra de su posición, al tiempo que le coloca en una situación de fuerza para negociar un plan consensual, pues al adquirir dicha posición su consentimiento se muestra como llave de esta aprobación. Es más, al seguir el sistema de arrastre del sistema norteamericano, que supone al arrastre de todas las clases menos una, y no que una pueda arrastrar a todas las clases, se centra el ámbito de la negociación, y elimina los comportamientos egoístas u oportunistas que podemos encontrar en la regla de la prioridad relativa.

c) El problema de los accionistas relevantes: ya he indicado antes que se defiende la regla de la prioridad relativa como regla más beneficiosa para los socios, por cuanto que les permite mantener su participación en la sociedad, de tal suerte que este mantenimiento les incentivará a acudir antes a la reestructuración de la sociedad, y no cuando ésta no es posible. Además, contar con los socios supone hacerlo con sus *soft variables* (experiencia, contratos, *know-how*, etc.).

Este último extremo debe abordarse con cierto cuidado, porque, como dice Ballerini[11], existe el riesgo de que los socios con *soft variables*, en el caso de una toma de control o "takeover" excesivamen-

11 BALLERINI, G: *Ob. Cit.*

te agresiva que contribuya a la expulsión de éstos, se vayan a otra sociedad, incluso directamente competidora de la sociedad que se pretende reestructurar. Este hecho puede tener catastróficos resultados en el buen éxito de la reestructuración de una sociedad, pues en ocasiones el carácter específico y minuciosamente cualificado de una actividad o del sector del que forma una sociedad, hace imposible de gestionar ésta sin el que tiene conocimiento de la actividad o del sector.

Los defensores de la regla de la prioridad absoluta esgrimen las siguientes razones para afirmar que esta regla solventa mejor que la regla de la prioridad relativa el problema de los accionistas relevantes:

- La primera razón es de orden práctico, consistente en que, bajo la regla de la prioridad absoluta, se permite que los acreedores y responsables de los trabajadores inicien el procedimiento cuando es claro que sus derechos están en peligro. Es decir, la regla de la prioridad relativa, al no establecer un marco de negociación, supone una amenaza para los acreedores y responsables de los trabajadores, en el caso de que la transferencia de valor a los accionistas se haga en perjuicio de sus derechos. De esta forma, la mejor forma de evitar esta amenaza es acudir directamente a la reestructuración, sin contar con la aquiescencia de la propiedad, y aprueben un plan que persiga más proteger sus derechos que lograr el mayor retorno de su crédito mediante su participación en el excedente asociado a la continuación de la actividad corporativa.
- La segunda razón también es de índole práctico, y atiende a la conveniencia u oportunidad de contar con la anterior propiedad de la sociedad para capitanear el proceso de reestructuración, conservando el *expertise* y conocimientos de la actividad y del sector de los antiguos socios. De esta forma, los partidarios de la regla de la prioridad absoluta sobre la regla de la prioridad relativa consideran que es un objeto de la negociación entablada bajo la primera regla que se logre la participación de los socios.

En este punto, sostienen que la regla de la prioridad relativa plantea el problema derivado de la decisión de alterar las prioridades preexistentes, que recae enteramente sobre la autonomía de las partes, lo que se conoce como *self-regulation*, ya que el tribunal sólo controla qué clases de acreedores seniors, que disienten de la clase mayoritaria, es tratada mejor que la clase de acreedores junior.

Pero no controla la transferencia de riqueza de una clase de acreedores senior a una clase de acreedores junior, no desde el punto de vista de la regla de equidad, que sí, que debe controlarla, sino desde el punto de vista de la razonabilidad de esa transferencia para la viabilidad del proyecto de reestructuración.

La mejor doctrina define el problema del "hold-out" como aquel que se produce cuando una parte en la negociación de un plan de reestructuración evade el espíritu de consenso que guía este instrumento de solución de las crisis de insolvencia y toma ventajas de las contingencias impuestas para obtener valor. Además, afirman que la autonomía de las partes o *self-regulation* genera un círculo de influencias entre los acreedores que actúa como repelente de la inversión. Piénsese si el fondo de inversión del caso Naviera Armas hubiera emprendido una inversión como la que supone la reestructuración aprobada, si no hubiera podido controlar la autonomía de los intervinientes en la reestructuración, y si no hubiera podido impedir la actuación o comportamiento de *hold-out* de los socios mediante un "lock-up agreement". Casey habla del problema del "hold-up", derivado de la participación de todas las partes en el valor asociado a la continuación de la empresa.

Ballerini[12] considera que el problema de los accionistas relevantes se puede solventar mediante el reconocimiento de la excepción de nuevo valor a la que he aludido anteriormente. Sería una excepción a la aplicación rígida y estricta de la regla de la prioridad absoluta. Así:

- Entiende que una excepción a la regla de la prioridad absoluta estaría justificada si la aplicación rígida y estricta de esta regla pone en peligro el objetivo de maximizar el valor asociado a la continuación de la sociedad. Eso sí, la aplicación de esta excepción debería estar sometidos a límites probatorios. En concreto, se debería probar ante el juzgado que: (i) la desviación de la regla no es parte de una tentativa de actuar o comportarse

12 BALLERINI, G.: *Ob. Cit.*

conforme al "hold-up" (esto es, lograr transferencia de valor a costa de la viabilidad del proyecto de reestructuración), lo que implica la prueba genérica de la actuación de buena fe; y (ii) la desviación es eficiente, por cuanto que contribuye a dotar de viabilidad a la sociedad, para que de esta forma puedan cumplirse los objetivos de la reestructuración.

Ballerini[13], como propuesta de *lege ferenda,* sugiere que se recoja en la regulación de las reestructuraciones la excepción de nuevo valor, que se fundamenta en el deber de explicar al tribunal por qué apartarse de la regla de la prioridad absoluta es razonable y está justificado en ese caso. Propugna que el tribunal debe dirigir una investigación independiente para averiguar la razonabilidad de esta decisión de apartarse de la regla; y que, a la hora de tomar una decisión, el tribunal valore o tome en consideración: (i) la naturaleza del negocio, gran o pequeña empresa; (ii) si los socios contribuyen a la creación de valor asociado a la continuación de la sociedad a reestructurar, esto es, si estamos ante un socio-empresario o ante un socio-inversor; (iii) si se han presentado planes de reestructuración competidores (recordemos que en Italia están expresamente permitidos los planes de reestructuración competidores, mientras que en España existen dudas razonables sobre su admisibilidad, y de hecho ya hay alguna resolución que desmiente su existencia); y (iv) el marco regulatorio.

Podríamos pensar que una especie de excepción de nuevo valor se recoge en la regla de aprobación de un plan de reestructuración se recoge en el artículo 639.2 del TRLC, cuando indica "*Al menos una clase que, de acuerdo con la clasificación de créditos prevista por esta ley, pueda razonablemente presumirse que hubiese recibido algún pago tras una valoración de la deudora como empresa en funcionamiento. En este caso, la homologación del plan requerirá que la solicitud vaya acompañada de un informe del experto en la reestructuración sobre el valor de la deudora como empresa en funcionamiento*". Exige un informe de experto sobre el valor de la deudora como empresa en funcionamiento como requisito para no acudir a la regla general de aprobación de un plan de reestructuración por una mayoría de clases. Es una regla de apro-

---

13 BALLERINI, G.: *Ob. Cit.*

bación de un plan de reestructuración y de arrastre por una única clase (sistema diametralmente opuesto al ideado por el *Chapter 11* del *Bankruptcy Code*).

Aunque no puede concebirse como una excepción a la regla de prioridad absoluta, de alguna forma participa de la excepción de nuevo valor, por cuanto que exceptiona la regla general por una necesidad de mantenimiento en funcionamiento de la empresa, lo que puede lograrse mediante la aprobación de un plan que contemple el mantenimiento de la antigua propiedad de la sociedad.

El experto en la reestructuración, a la hora de elaborar el meritado informe sobre el valor de la sociedad a reestructurar como empresa en funcionamiento, puede constatar que este valor es superior si se conserva a los socios en la estructura de la sociedad, por el hecho precisamente de incorporar *soft variables.* Aunque, como veremos a continuación, los defensores de la regla de la prioridad absoluta son escépticos a la hora de entender que deba incluirse los *soft variables* en el cálculo del valor asociado a la continuación de la sociedad.

- Por otra parte, Ballerini[14] defiende que el propósito del límite de la prueba es mostrar al tribunal que los socios no ejercen poderes de "hold-up". Algunos autores, como Tollenaar[15], sostienen que los *soft variables* no pueden formar parte del valor asociado a la continuación de la empresa, a los efectos de aplicar la regla de la prioridad absoluta, ya que no se premia a un socio por sacrificar derechos preexistentes, sino por su contribución a la reestructuración. Es más, se defiende que la regla de la prioridad absoluta debe aplicarse a los acreedores que disientan, ya que serán los acreedores que están fuera del dinero los que con el límite de la prueba acrediten su contribución a la reestructuración, así como que tienen derecho a cierto valor.

En este sentido, el mecanismo del "reckoning" o "call option" sortea el problema de los *soft variables*, por cuanto que es el propio socio el que asume la posición del acreedor clave para la aprobación de

---

14 BALLERINI, G.: *Ob. Cit.*

15 TOLLENAAR, N. (2019): *Pre-Insolvency Proceedings: A Normative Foundation and Framework.* Oxford University Press. 2019.

un plan de reestructuración. Dicho de otro modo, como quiera que asume la posición de un acreedor senior, el socio conserva sus *soft variables*, y no tiene que justificar la necesidad de que siga en la sociedad para la continuidad de ésta. De esta forma, se esquiva la preocupación por la incorporación de los *soft variables* en la determinación del valor asociado a la continuidad de la sociedad, informe necesario para la aprobación por la vía del artículo 639.2 del TRLC, vía que seguramente acogerá el deudor que adquiere la posición de la clase de acreedores que está dentro del dinero para lograr el arrastre de su plan de reestructuración y conseguir así hacer frente a la amenaza de un plan de reestructuración que implique una toma de control o "takeover" a través de una ejecución por apropiación (conversión de créditos en acciones).

- Quizás no sería necesario acudir a esta técnica del "reckoning" o "call option" en España si, como en Italia, se reconociera expresamente los planes de reestructuración competidores. Ballerini recuerda que los planes de reestructuración competidores están expresamente reconocidos en Italia[16] y que éstos tienen un valor correctivo, no de control, consistente en proponer un reparto del valor asociado a la continuación de la empresa distinto del propuesto por el inicial plan de reestructuración.

En definitiva, la excepción de nuevo valor definida por la doctrina parte de la idea de que, conforme al artículo 11.1 de la Directiva 1023/2019, en el caso de planes de reestructuración no consensuales, éste puede ser homologado por la autoridad judicial, o en su caso administrativa, a pesar de la oposición de una o más clases cuando la solicitud de homologación se presentó por el deudor o existe el acuerdo del deudor. En ambos casos, puede ser preciso el mecanismo de arrastre para imponer el plan a las clases disidentes, lo que puede convertir el consentimiento del deudor en una forma de obtener valor de los acreedores. Ahora bien, para evitar este efecto, puede acudirse a un plan de reestructuración alternativo o competidor,

---

[16] En Italia, por medio del decreto ley nº 83/2015, convertido en la ley nº 132/2015, se prevé la existencia de planes competidores, y se establece en los arts. 160 y 163 del IBC y en los arts. 85 y 90 del CCII, normas relativas a la tramitación de los planes de reestructuración competidores.

evitando de esta manera el efecto del *hold-up* (el comportamiento de una parte que toma ventaja de una situación imprevista para obtener valor de otra parte). De esta forma, si un acreedor quiere evitar que los socios con soft variables se vayan a otra empresa, o el deudor no está de acuerdo con la distribución del valor, puede acudir a elaborar un plan competidor.

Así, Ballerini[17] argumenta que si una clase de acreedores no muestra su conformidad con la propuesta de reparto contenida en un plan de reestructuración formulado por el deudor, concretamente por el valor asignado a los socios, tiene la posibilidad de formular un plan de reestructuración competidor. De esta forma, si procede a la presentación de un plan competidor, y prevalece el del deudor, será porque el de éstos es mejor, lo que deberán probar los socios, o porque las otras clases se comportan de manera oportunista. En cambio, si los acreedores disidentes no presentan un plan de reestructuración alternativo, esta omisión puede adoptarse como criterio para afirmar que su oposición es oportunista, lo que permitiría que entrase en juego la excepción a la regla de la prioridad absoluta.

Como he indicado antes, no es posible trasladar esta solución del derecho italiano a nuestro derecho, por cuanto que existen numerosas dudas acerca de si es posible en España, tal y como está la regulación actual, tramitar un plan de reestructuración competidor. Aunque personalmente pienso que no hay ningún problema en admitir su existencia, y así lo ha entendido la mejor doctrina[18], las escasas resoluciones que se han dictado en este breve periodo de tiempo de

---

17 BALLERINI, G.: *Ob. Cit.*

18 Por ejemplo, COHEN BENCHETRIT, A./THERY, A. (2023). "Planes de Reestructuración Competidores", en AA.VV. *Nuevo marco jurídico de la reestructuración de empresas en España.* Ed. Aranzadi. Enero, 2023. Estos autores abogan por la tramitación conjunta y coordinada de las solicitudes de homologación. También es conocida la posición favorable de PULGAR, J., que propone un criterio temporal para la tramitación del plan de reestructuración que primero se presente en el Juzgado, o el de GARCIMARTÍN ALFÉREZ, F., que también admite la existencia de los planes competidores y aboga por la tramitación en primer lugar del plan del deudor y, sólo en el caso de que éste no prospere, continuar con el de los acreedores.

aplicación del derecho de preinsolvencia muestran una posición de los tribunales reacia a su admisión[19].

Esta posición de nuestro legislador, tal y como lo interpretan nuestros Tribunales, obliga a acudir a otros mecanismos defensivos frente a amenazas de toma de control o "takeover" articuladas a través de un plan de reestructuración elaborado por un acreedor que pretenda el control de la sociedad mediante la conversión de sus créditos en acciones. La experiencia demuestra que el mecanismo más eficiente es a través de un plan de reestructuración competidor, por cuanto que también es un mecanismo muy eficiente para eliminar el problema de los socios relevantes, obligando a éstos a deponer comportamientos de "hold-up", o evitando el "hold-out" o el "free-riding".

El problema de los planes de reestructuración competidores, como argumentan Seymour/Schwarcz[20], estriba en su efecto sobre el control de la reestructuración. Recuerdan que el sistema instaurado por el #1121 del *Bankruptcy Code* es un sistema que garantiza el control por parte del Juzgador.

El *Chapter 11* del *Bankruptcy Code* norteamericano, como explica Buil Aldana[21], contempla, en su #1121(b), lo que denomina periodo de exclusividad o *exclusivity period*, consistente en la existencia de un plazo, los primeros 120 días de duración del proceso concursal, du-

---

19 El Auto del Juzgado de lo Mercantil nº 5 de Madrid, de 10 de abril de 2023 (caso Single Home): reconoce la posibilidad, acogida en el artículo 9 de la Directiva 1023/2019, de que tanto el deudor como el acreedor elaboren un plan de reestructuración y lo presenten al juez para su homologación, pero constata la existencia de una laguna legal en cuanto a la forma en la que los jueces han de tramitar la solicitud de homologación, afirmando que únicamente cabe dos posibilidades: la de tramitar la primera de las solicitudes presentadas, sea del deudor o del acreedor, o tramitar conjuntamente ambas solicitudes con el fin de homologar uno sólo de los planes de reestructuración presentados. El citado auto opta por tramitar la primera solicitud de homologación presentada en el tiempo, y dejar en suspenso la segunda, que únicamente se tramitaría en caso de que la primera solicitud no prosperara, apreciando de esta forma una especie de prejudicialidad civil, conforme al artículo 43 de la Ley de Enjuiciamiento Civil.

20 SEYMOUR, J. M./SCHWARCZ, S. L. (2020): *Ob. Cit.*

21 BUIL ALDANA, I. (2022). "La necesaria regulación de los planes de reestructuración competidores en el derecho español", en *Revista General de Insolvencias & Reestructuraciones, nº 3, extraordinario.* Octubre de 2021.

rante el cual el deudor puede preparar su plan de reestructuración, sin la amenaza de un plan competidor, por cuanto que no le está permitido a un acreedor presentar en ese periodo ningún plan de reestructuración. Es lo que se conoce como *first-mover advantage.*

Si en este periodo el deudor elaborara y presentara un plan de reestructuración, el #1121(b) le concede un plazo adicional de 60 días para que solicite a los acreedores los votos precisos para la aprobación del plan. En este periodo adicional, los acreedores tienen, igualmente, vedada la posibilidad de presentar un plan de reestructuración competidor.

Asimismo, el #1121(b) contempla la posibilidad de que el deudor, bien porque no consigue los votos necesarios para la aprobación de un plan de reestructuración, bien porque considere que necesita más tiempo para llevar a cabo su ejecución en perfectas condiciones de éxito, pueda solicitar una prórroga, dando lugar a lo que se conoce como el *limited exclusivity*. Esto es, en este supuesto, el deudor cuenta con un plazo de 18 meses máximo, a contar desde la fecha de solicitud del concurso (conocido como *petition date*) para lograr la aprobación del plan de reestructuración.

Ahora bien, únicamente podrá concederse una *limited exclusivity* cuando se acredite que existe una "causa razonable" (*for cause*). La definición de "causa razonable" no la encontramos en el #1121(b), sino que ha sido fruto de una construcción jurisprudencial norteamericana[22], en la que se ha considerado que existe "causa razonable" en los siguientes casos:

a) Por el tamaño y la complejidad del supuesto;
b) Por la necesidad de dotar al deudor de un tiempo adicional para negociar el plan de reestructuración (*reorganise*);
c) Por la necesidad de dotar al deudor de un tiempo adicional para preparar la información adecuada que permita poner a éste en una mejor condición para negociar el plan de reestructuración con sus acreedores;

---

[22] In re Dow Corning Corp., 208 B.R. 661, 664 (Bankr. E.D. Mich. 1997) e In re McLean Indus. Inc. 87 B.R. 830, 834 (Bankr. S.D.N.Y. 1987).

d) Por la buena fe del deudor durante el proceso de negociación que permite albergar la esperanza de que éstas llegaran a buen puerto;

e) Por la evidencia de que no se utiliza por el deudor la *limited exclusivity* como una herramienta de presión para que los acreedores otorguen su apoyo al plan de reestructuración elaborado por el deudor (*reorganise*);

f) Por la constatación de que el deudor está en disposición de cumplir sus compromisos, al proceder al pago puntual de sus obligaciones en el proceso concursal (fundamentalmente, los conocidos como *administrative expenses* o créditos contra la masa);

g) Finalmente, por la existencia de una contingencia no resuelta que pueda impactar en el devenir del proceso concursal.

Una vez expira el *exclusivity period* o la *limited exclusivity*, entra en juego el #1121(c), que habilita a cualquier parte con interés (*party in interest*), bien un acreedor individual, bien un comité de acreedores[23], bien un accionista[24], para elaborar un plan de reestructuración y presentarlo para su aprobación.

Si pese a las previsiones anteriores, nos encontráramos con que el juez ha de pronunciarse sobre la homologación de dos planes de reestructuración, bien elaborado por el deudor y por una o varias partes con interés, bien elaborado por dos o más partes con interés, el #1121(c) otorga al juez la facultad discrecional de escoger el plan que debe quedar a la consideración y aprobación de los acreedores. Es decir, no se opta por un criterio de confirmación temporal, sometiéndose a la consideración y aprobación de los acreedores el plan que temporalmente haya sido presentado a la consideración del

---

23 El comité de acreedores está constituido, generalmente, por los siete acreedores ordinarios más importantes y representa al conjunto de acreedores ordinarios de la sociedad, que ejerce una labor fiscalizadora de las actuaciones de la entidad concursada.

24 In re Innkeepers USA Trust, 448 B.R. 131, 141 (Bankr. S.D.N.Y. 2011) define el concepto de cualquier parte con interés legítimo como aquél que tenga "*a sufficient interest in the outcome of the case that would require representation, or a pecuniary interest that Will be directly affected by the case*".

juez, sino que éste debe escoger el que según su criterio merecerá el mayor apoyo por parte de los acreedores.

La forma en la que debe actuar el juez, como señala BUIL ALDANA, se condensa en el famoso caso *Tribune*. En este caso, el tribunal ordenó la elaboración de los siguientes informes:

- Un *General Disclosure Statement*: este informe se elaborará por las partes competidoras, y versará sobre el deudor y su negocio.
- Un *Specific Disclosure Statement*: este informe se elaborará por cada uno de los proponentes, en el que describirán su plan de reestructuración.
- Un *Responsive Statement*: este informe se elaborará por cada uno de los proponentes, en el que se explicarán las bondades de sus respectivos planes de reestructuración frente a los planes de reestructuración elaborado por sus competidores.

Con esta información contenida en los informes anteriores, se permite a los acreedores que han de votar los planes competidores estar en mejor condición de formar su convicción sobre el sentido de su voto. De ahí que, tras la presentación de estos informes, y conforme al criterio de la "sabiduría del colectivo", sean los acreedores, en última instancia, los que deciden el plan de reestructuración que mejor conviene al objetivo de satisfacer su crédito mediante el *going concern surplus* que pueda otorgarle el plan.

En consecuencia, en el sistema ideado por el #1121 nos encontramos con dos fases (recordemos que es un sistema previsto para el caso de que existan planes de reestructuración competidores), también conocido como *two-step process*:

- Primera fase: el tribunal valorará si el plan de reestructuración presentado es "confirmable" bajo el #1121(a) (planes consensuados), o, en su caso, bajo el #1121(b) (planes no consensuados).
- Segunda fase: el tribunal deberá escoger o seleccionar un plan de reestructuración para su confirmación entre los planes de reestructuración "confirmables". La jurisprudencia norteamericana ha propuesto como factores a tener en cuenta por el juez para seleccionar un plan de entre los "confirmables", los siguientes: (i) el tipo de plan propuesto, de reestructuración,

de reorganización o liquidativo; (ii) el tratamiento que reciban los acreedores y accionistas, esto es, la tasa de recuperación de crédito que perciban como consecuencia de la implementación del plan de reestructuración; (iii) la viabilidad garantizada por el plan, de forma que habrá que escoger aquel plan que ofrezca una mayor proporcionalidad entre la reducción de los derechos de los acreedores y la ventaja que éstos obtienen como consecuencia de la reestructuración; (iv) la preferencia mostrada por los acreedores y accionistas, que se conoce como "concurso de popularidad", resultando vencedor el que resulte aprobado por los acreedores, pero teniendo en cuenta que los acreedores pueden votar favorablemente más de un plan. Este último criterio realmente es una manifestación del criterio de la "sabiduría del colectivo" y reduce la controversia a que deberá darse preferencia al plan que, por su votación favorable, los acreedores consideran que mejor atienden a sus intereses de recuperación del crédito.

Pero, a falta de una expresa regulación de los planes de reestructuración competidores en nuestro derecho, entiendo que acudir al mecanismo del "reckoning" o "call option" puede ser una buena medida para lograr el mantenimiento de los socios relevantes en la sociedad a reestructurar, incluso la mejor medida para lograr su compromiso, pues facilita un comportamiento proactivo para alcanzar un acuerdo con los acreedores disidentes, salvo que se acuda a este mecanismo para lograr una aprobación por la vía del artículo 639.2 del TRLC. Incluso aunque se acuda a la vía citada, ya hemos visto que el mecanismo del "reckoning" o "call option" elimina el problema de los accionistas relevantes, por cuanto que pone a éstos en el centro de la reestructuración.

5. LA RESPONSABILIDAD TRIBUTARIA DE LOS ADMINISTRADORES CONCURSALES EN LOS ILÍCITOS TRIBUTARIOS

FRANCISCO CABRERA TOMÁS
Magistrado-Juez de lo Mercantil núm. 3 de Alicante. Sede Elche
Especialista en los asuntos propios de los órganos de lo mercantil

Sumario: I. INTRODUCCIÓN. EL DEBER DE DILIGENCIA. II. SUPUESTOS DE RESPONSABILIDAD TRIBUTARIA DE LOS ADMINISTRADORES CONCURSALES EN LOS ILÍCITOS TRIBUTARIOS. III. TRES SUPUESTOS DE INTERÉS PRÁCTICO. III.1. Tribunal Económico-Administrativo Central, Resolución de 18 Sep. 2024, Rec. 7050/2021. III.2. Tribunal Económico-Administrativo Central, Sección Vocalía de recaudación, Resolución de 22 Nov. 2018, Rec. 5190/2016. III.3. Tribunal Económico-Administrativo Central, Sección Vocalía 11ª, Resolución de 28 Sep. 2017, Rec. 7055/2015. IV. CONCLUSIONES. UNA VISIÓN CRÍTICA.

I. INTRODUCCIÓN. EL DEBER DE DILIGENCIA

Muchas serían las cuestiones que habrían de ser tratadas para dar una visión más amplia de la problemática sobre un concepto tan puesto en entredicho por la doctrina, a la vez que utilizado con intensidad inusitada por la Administración, como lo es la derivación de la responsabilidad tributaria, y más, cuando hablamos de pretender extender el ilícito tributario a terceros que, realmente, no ha intervenido en el mismo. No obstante, intentáremos poner de manifiesto algunos aspectos que consideramos de interés práctico.

De entrada, como hemos anunciado, no cabe duda que el hecho de tratar de imputar la comisión de una infracción tributaria a un sujeto distinto (el responsable) del que realmente la ha cometido (el obligado principal) es claramente atentatorio al principio de personalidad de la pena. Distinto sería que, si la intervención del tercero fuese necesaria para la comisión de la infracción, éste fuera sancionado por la comisión de sus propios actos y no por derivación de responsabilidad del obligado tributario principal, asumiendo una sanción que no es la suya. La cuestión es que en nuestro ordenamiento jurídico tributario no hay sanciones particulares para los partícipes, tan solo sanciones para los autores principales en la comisión de la infracción derivada a sujetos distintos que no cumplen con su "deber de diligencia".

Dispone el artículo 80 del Texto Refundido de la Ley Concursal (TRLC), regulador de los deberes del administrador concursal, que éste habrá de desempeñar el cargo con la debida diligencia, del modo más eficiente para el interés del concurso, actuando con imparcialidad e independencia con respecto al deudor y, si fuera persona jurídica, de sus socios, los administradores y directores generales, así como respecto de los acreedores concursales y de la masa.

Por su parte, el artículo 94.1 del mismo cuerpo normativo establece que: "Los administradores concursales y los auxiliares delegados responderán frente al concursado y frente a los acreedores de los daños y perjuicios causados a la masa por los actos y omisiones contrarios a la ley y por los realizados incumpliendo los deberes inherentes al desempeño del cargo sin la debida diligencia." Y el artículo 98.1 TRLC: "Quedan a salvo las acciones de responsabilidad que puedan corresponder al concursado, a los acreedores o a terceros por actos u omisiones de los administradores concursales y auxiliares delegados que lesionen directamente los intereses de aquellos."

En este último precepto se contempla la acción individual de responsabilidad que puede ejercitarse frente a la administración concursal, que tiene un marcado carácter culpabilístico, pues se trata de una responsabilidad subjetiva que precisa de la concurrencia de dolo o culpa en la actuación del administrador concursal. La doctrina percibe un claro paralelismo con las acciones previstas en la legislación societaria, por lo que se trata de una responsabilidad indemnizatoria y por culpa, conectada al incumplimiento de los deberes impuestos en el desempeño del cargo o al desconocimiento de la obligación general de actuar con la debida diligencia. La ausencia de una alusión explícita a un criterio subjetivo de imputación de responsabilidad no puede suponer que la acción indemnizatoria por daño individual se configure como un supuesto de responsabilidad objetiva. La responsabilidad civil de los administradores concursales es una responsabilidad por culpa en la que la mera constatación del daño no es presupuesto suficiente para que nazca dicha responsabilidad.

De este modo, tanto la responsabilidad de los administradores concursales por daños a la masa activa —artículo 94 TRLC— como por daños al deudor, a los acreedores o a terceros —artículo 98 TRLC— requiere de la concurrencia de los presupuestos necesarios para que esta responsabilidad pueda surgir: la conducta activa u omisiva del administrador concursal, su antijuricidad —por su contravención con la ley o con el patrón de diligencia exigido en el desempeño del cargo— y la relación de causalidad entre la conducta y el daño. A ello se refiere la STS 396/2013, de 20 de junio (ES: TS: 2013: 3605) y la SAP de Córdoba de 7 de julio de 2008, [JUR 2009/95813] (Juzgado de lo Mercantil N°. 3 de Barcelona, Sentencia 7/2023 de 13 Ene. 2023, Rec. 1273/2021, que recuerda también doctrina del TS: "..., nos ilustra acerca de la esencial diferencia que sirve para delimitar la finalidad de cada una de estas dos acciones y si bien se refiere a la regulación contenida en el art. 36 LC es aplicable al caso que nos ocupa: "El artículo 36 de la Ley Concursal regula dos tipos diferentes de acciones de exigencia de responsabilidad a los administradores concursales. Una, a la que se refieren los seis primeros números de dicho precepto, y que es denominada por la doctrina como responsabilidad "concursal" o "colectiva", que tiene por objeto reparar el daño sufrido por la masa como consecuencia de actos u omisiones ilícitos de la administración concursal; se trata de una acción que se relaciona con el interés colectivo de preservación de la integridad de la masa y puede ser ejercitada indistintamente tanto por el deudor como por cualquier acreedor. Otra, prevista en el apartado séptimo del indicado artículo, conocida por la doctrina como "individual", que permite al deudor, a los acreedores o a terceros reclamar por los daños y perjuicios que les hayan causado los actos u omisiones de los administradores concursales directamente en su patrimonio. Respecto a la primera modalidad de responsabilidad, la propiamente concursal, se configura en la Ley Concursal como una responsabilidad subjetiva, por culpa y por daño, derivada del incumplimiento de obligaciones específicas —las previstas en la Ley— y genéricas —las que surgen del deber de diligencia exigible ("Los administradores concursales desempeñarán su cargo con la diligencia de un ordenado administrador y de un representante leal", ex artículo 35.1 de la Ley Concursal)—. Son presupuestos materiales de dicha responsabilidad, según se desprende inequívocamente del propio artículo 36, la existencia de daños y perjuicios en la masa, la realización por parte de los administradores concursales de actos contrarios a la ley o negligentes y la relación de causalidad entre tales actos y el resultado lesivo". Requisitos que se extienden, como ha quedado dicho, a la acción individual).

Queda claro, por tanto, sin mucho esfuerzo argumentativo, que, si los administradores concursales no actúan en el ejercicio de su cargo, con la debida diligencia, cumpliendo los deberes que les incumben, de forma imparcial e independiente, causando daños, de forma directa, entre otros, a los acreedores concursales (incluida la Hacienda Pública), con clara relación de causa a efecto, resultarán responsables y deberán afrontar las consecuencias.

Por tanto, dado que el administrador concursal, en el ejercicio de su cargo, lleva a cabo funciones que implican la adopción de decisiones que afectan a la gestión empresarial de la concursada, sea con intervención o con suspensión de facultades, su similitud funcional hace que los criterios interpretativos utilizados por los tribunales a la hora de analizar el deber de diligencia de los administradores sociales puedan ser aplicable, también, a los administradores concursales. Cuestión de especial interés a la hora de abordar la derivación de la responsabilidad tributaria, tanto en administradores sociales como concursales.

Ni que decir tiene que el concepto de actuar con la "debida diligencia" habrá de ir concretándose caso por caso. Corresponderá, así, a lo operadores jurídicos valorar cada supuesto atendiendo a las circunstancias que lo rodean, para llegar a la conclusión de si la conducta de los administradores (sean societarios o concursales) cubre o no el estándar genérico de haber actuado o no con la "debida diligencia".

II. SUPUESTOS DE RESPONSABILIDAD TRIBUTARIA DE LOS ADMINISTRADORES CONCURSALES EN LOS ILÍCITOS TRIBUTARIOS

Regulan los artículos 42 y 43 de la LGT, los supuestos de responsabilidad tributaria solidaria y subsidiaria, respectivamente, siendo de interés para el tema que nos ocupa, los siguientes supuestos:

"Artículo 42. Responsables solidarios.

1. Serán responsables solidarios de la deuda tributaria las siguientes personas o entidades:

a) Las que sean causantes o colaboren activamente en la realización de una infracción tributaria. Su responsabilidad también se extenderá a la sanción."

Responden, así, solidariamente de la deuda tributaria las personas o entidades que sean causantes o colaboren activamente en la comisión de una infracción tributaria. Su responsabilidad también se extiende a la sanción.

No se trata, en ningún caso, de un supuesto de responsabilidad objetiva con relación a la comisión de infracciones tributarias, sino de responsabilidad por la realización de un acto ilícito: causar o colaborar activamente en la realización de una infracción.

Si intervienen varios causantes o colaboradores, habrá un supuesto de solidaridad de responsables solidarios tanto con relación a la deuda tributaria (art. 35.4 LGT) como a la sanción (art. 182.1 LGT).

Resulta de interés, a los efectos que nos ocupan, traer a colación los siguientes aspectos de este supuesto de responsabilidad solidaria:

1) Como causantes o colaboradores activos en la realización de una infracción tributaria, según nuestro Derecho Penal, pueden entenderse (TEAC 16-4-08):

– todas las personas que toman parte directa en la realización de la infracción;

– quien utilice fuerza sobre la persona que realice materialmente la infracción;

– los sujetos que hayan inducido o instigado la realización de los hechos constitutivos del ilícito tributario;

– quien tenga la consideración de colaborador necesario y la de cómplice.

2) Para declarar la responsabilidad solidaria es necesario que exista una participación directa en la comisión de la infracción, un vínculo directo, como puede ser la concesión de amplios poderes en la administración de la entidad infractora, poder de disposición de las cuentas mediante las que se instrumentó la comisión de la infracción

o representar al infractor en la realización de los actos posteriormente objeto de sanción (TS 19-11-15).

3) En la responsabilidad subsidiaria, como luego veremos, basta la simple negligencia o culpa in vigilando, lo que no sería suficiente para derivar la acción de cobro con carácter solidario, pues el elemento de culpabilidad requiere acreditar el dolo en el responsable, como ocurre en el ámbito penal.

4) La carga de la prueba sobre este supuesto de responsabilidad, tanto de los requisitos objetivos como subjetivos, recae en la Administración Tributaria.

5) De esta responsabilidad tributaria de carácter solidario pueden ser sujetos tanto los administradores sociales como los administradores concursales.

"Artículo 42. Responsables solidarios

2. También serán responsables solidarios del pago de la deuda tributaria pendiente y, en su caso, del de las sanciones tributarias, incluidos el recargo y el interés de demora del período ejecutivo, cuando procedan, hasta el importe del valor de los bienes o derechos que se hubieran podido embargar o enajenar por la Administración tributaria, las siguientes personas o entidades:

a) Las que sean causantes o colaboren en la ocultación o transmisión de bienes o derechos del obligado al pago con la finalidad de impedir la actuación de la Administración tributaria.

b) Las que, por culpa o negligencia, incumplan las órdenes de embargo.

c) Las que, con conocimiento del embargo, la medida cautelar o la constitución de la garantía, colaboren o consientan en el levantamiento de los bienes o derechos embargados, o de aquellos bienes o derechos sobre los que se hubiera constituido la medida cautelar o la garantía.

d) Las personas o entidades depositarias de los bienes del deudor que, una vez recibida la notificación del embargo, colaboren o consientan en el levantamiento de aquéllos."

De todos los comportamientos referidos, el más utilizado en la práctica por la Administración Pública es el referido a los que sean causantes o colaboren en la ocultación o transmisión de bienes o derechos del obligado al pago con la finalidad de impedir la actuación de la Administración tributaria.

Este supuesto exige que concurran los siguientes requisitos:

1. Ocultación o transmisión de bienes y derechos del obligado al pago con la finalidad de impedir o eludir su traba. La ocultación comprende cualquier actividad que distraiga bienes o derechos, ya sea por desprendimiento material o jurídico, para evitar responder con ellos.

2. Acción u omisión del presunto responsable consistente en causar o colaborar en dicha ocultación. El término causar implica un enlace razonable y directo entre la conducta del responsable y la ocultación; y colaborar entraña complicidad o cooperación.

3. Que la conducta sea maliciosa, lo que responde a la mala fe o dolo civil propio del fraude de acreedores; se busca el engaño para eludir la deuda o para hacer inútil la responsabilidad del deudor mediante hechos o fórmulas jurídicas dirigidas a preparar, provocar, simular o agravar la disminución de la solvencia patrimonial del deudor. Quiero destacar que la norma no exige una actividad dolosa (animus nocendi) sino simplemente un conocimiento de que se pueda ocasionar un perjuicio (scientia fraudis).

De esta conducta pueden ser sujetos tanto los administradores societarios como los concursales.

"Artículo 43. Responsables subsidiarios.

1. Serán responsables subsidiarios de la deuda tributaria las siguientes personas o entidades:

a) Sin perjuicio de lo dispuesto en el párrafo a) del apartado 1 del artículo 42 de esta ley, los administradores de hecho o de derecho de las personas jurídicas que, habiendo éstas cometido infracciones tributarias, no hubiesen realizado los actos necesarios que sean de su incumbencia para el cumplimiento de las obligaciones y deberes tributarios, hubiesen consentido el incumplimiento por quienes de ellos dependan o hubiesen adoptado acuerdos que posibilitasen las infracciones. Su responsabilidad también se extenderá a las sanciones."

Para poder analizar este tipo responsabilidad, hemos de tener en cuenta el presupuesto de hecho de la misma.

El presupuesto de hecho exige los siguientes requisitos:

1.- La comisión de una infracción tributaria por una persona jurídica.

Se hace necesaria, por tanto, la declaración administrativa de la infracción tributaria imputada a la persona jurídica a través del correspondiente expediente sancionador dado que, como sujeto infractor, es el deudor principal causante de la infracción tributaria. Una vez declarada la infracción tributaria cometida por la persona jurídica, queda libre la vía de derivación de responsabilidad de los administradores que hubiesen actuado de la forma prevista en el precepto que venimos comentando, una vez declarado fallido el deudor principal (TS 31-5-07; 25-6-10; 20-1-11), aun cuando las infracciones se detecten en fase de liquidación de la sociedad (TSJ Burgos 10-11-06).

Se trata, por tanto, de una responsabilidad por acto propio y distinto de la deuda tributaria, pero que requiere que la conducta infractora se haya imputado al deudor principal y la sanción también le haya sido impuesta (TS 29-1-08; 8-7-10).

2.- La condición de administrador de hecho o de derecho de dicha persona jurídica cuando la infracción fue cometida.

Así, los administradores responsables serán quienes tuvieran esa condición al cometerse la infracción, aunque posteriormente hubieran cesado en el cargo (TS 31-5-07; 5-5-10).

En este sentido se hace necesario concretar que:

a) Son administradores de hecho los que efectivamente ejerzan la administración de la sociedad y tengan atribuidos poderes de decisión, es decir, quienes, con la denominación que fuese, lleven la dirección económica de la entidad, identificándose así el administrador como el gestor de la persona jurídica, lo que conlleva poderes decisorios para la actividad social (TS 29-6-85, EDJ 3949).

b) La circunstancia de que se haya nombrado un consejero delegado no configura a este como único responsable de las deudas tributarias de la sociedad frente a la Hacienda Pública, sino que es responsable subsidiario al igual que el resto de los consejeros (TS 25-6-10; 1-7-10).

c) En cuanto a la exigencia indistinta a otros administradores del importe de la deuda tributaria, todos los componentes del consejo de administración tienen idéntica responsabilidad, porque todos se encuentran en idéntica posición (AN 2-11-07).

d) El hecho de haber sido nombrado administrador de una sociedad y de haber aceptado el cargo, constando ello inscrito en el Registro Mercantil, obliga al cumplimiento de las obligaciones propias de tal cargo, sin que la dejación de funciones pueda eximir, en principio, de responsabilidad, sino muy al contrario, de generación de la misma. No puede considerarse que el cargo de administrador de una sociedad sea un cargo honorífico (TEAC 19-6-03).

e) La inscripción del acuerdo de nombramiento de los administradores de las sociedades tiene eficacia frente a terceros a partir de la aceptación del cargo por parte del designado, de forma que desde la perspectiva de las normas mercantiles, dicha persona ostenta el cargo con los derechos y obligaciones inherentes al mismo, aunque en la realidad no desempeñe ninguna función de administración ni gestión de la sociedad (AN 8-3-04).

f) No cabe admitir que la falta de inscripción del cargo de administrador sea causa exculpatoria de toda responsabilidad porque tal inscripción tiene como fin proteger al inscrito frente a terceros y no utilizar este hecho como un modo de evadir la responsabilidad. Además, en el ámbito tributario, la LGT no menciona que el cargo de administrador de una sociedad deba estar debidamente inscrito en el Registro Mercantil; en las relaciones entre la sociedad y la persona que la represente, basta con que el cargo haya sido debidamente aceptado. Hay pues un mandato representativo, otorgado por la sociedad, que es objeto de aceptación por el nombrado y, desde ese momento, el administrador no solo está legitimado, sino que también está obligado a actuar en nombre y por cuenta de la sociedad, máxime a los mencionados efectos tributarios (AN 2-11-07).

g) Si la administradora única de una sociedad es otra sociedad, es evidente que el ejercicio del cargo ha de hacerlo alguna persona física en su nombre, pero ello no implica que suplante a la sociedad administradora en sus derechos, deberes y responsabilidades (TEAC 30-1-08).

3.- La conducta ilícita del administrador.

Las conductas negligentes del administrador se pueden resumir de la siguiente forma:

– conducta permisiva: consentir el incumplimiento de tales obligaciones y deberes por quienes de ellos dependan (o culpa in vigilando);

– conducta activa: adoptar acuerdos que posibiliten la comisión de la infracción tributaria por parte de la persona jurídica;

– conducta pasiva: no realizar los actos necesarios que sean de su incumbencia para el cumplimiento de las obligaciones y deberes tributarios de la persona jurídica.

Que duda cabe que en caso de que los administradores hayan participado o colaborado activamente en la comisión de la infracción tributaria, su responsabilidad será, como ya hemos visto, solidaria y no subsidiaria.

Dos aspectos procesales a tener en cuenta:

i) Constituye un requisito esencial la motivación del acto administrativo de declaración de responsabilidad, no solo de cara a evitar la indefensión del destinatario, sino también en aras de acreditar con prueba suficiente la conducta activa, pasiva o permisiva del administrador y la relación de causa-efecto entre la misma y la comisión de la infracción.

ii) En este sentido: "La naturaleza sancionadora del régimen de responsabilidad subsidiaria de los administradores prohíbe la responsabilidad objetiva de estos e impone a la Administración la carga de aportar los elementos de prueba que fundamenten el presupuesto de esta responsabilidad, aplicando, en caso de duda, el principio in dubio pro reo." (TS 20-5-25).

La responsabilidad, por tanto, no es objetiva, sino que se exige falta de diligencia en el cumplimiento de las obligaciones del responsable para con el fisco. El deber de diligencia que tienen los administradores y los liquidadores es un deber de diligencia genérico para el conjunto de actividades que deben desarrollar en beneficio de la sociedad y, por tanto, también en beneficio de aquellas personas que tienen derecho a obtener algo de la misma (acreedores). Las leyes societarias no pueden detallar los actos concretos en que se traduce la "diligencia debida" en el actuar de los administradores, pero todo incumplimiento de sus obligaciones, aunque lo sea a título de mera negligencia, deberán entenderse incluidos dentro de dicho deber; por su parte las leyes fiscales lo que señalan es que esa falta de diligencia respecto del cumplimiento de los deberes tributarios produce esa responsabilidad subsidiaria (TS 12-12-13).

Y de esta responsabilidad subsidiaria pueden ser sujetos, tanto los administradores sociales, como los administradores concursales (en los términos que a continuación se explicarán).

"Artículo 43. Responsables subsidiarios.

1. Serán responsables subsidiarios de la deuda tributaria las siguientes personas o entidades:

c) Los integrantes de la administración concursal y los liquidadores de sociedades y entidades en general que no hubiesen realizado las gestiones necesarias para el íntegro cumplimiento de las obligaciones tributarias devengadas con anterioridad a dichas situaciones e imputables a los respectivos obligados tributarios. De las obligaciones tributarias y sanciones posteriores a dichas situaciones responderán como administradores cuando tengan atribuidas funciones de administración."

Son responsables subsidiarios de la deuda tributaria los integrantes de la administración concursal y los liquidadores de sociedades y entidades en general que no hayan realizado las gestiones necesarias para el íntegro cumplimiento de las obligaciones tributarias devengadas con anterioridad a dichas situaciones e imputables a los respectivos obligados tributarios. De las obligaciones tributarias y sanciones posteriores a dichas situaciones responden como administradores cuando tengan atribuidas funciones de administración.

Por tanto, se sanciona con responsabilidad económica la falta de una vigilancia especial de los derechos de prelación del crédito tributario en el concurso de acreedores y de los intereses del mismo en la fase de liquidación del patrimonio social, responsabilidad que recae en los integrantes de la administración concursal.

A diferencia, en este caso, de lo que ocurre con los administradores de sociedades que actúan en interés de la sociedad, en el caso de los administradores concursales la diligencia debida debe ser ejercida del modo más eficiente para el interés del concurso; teniendo en cuenta, además, que los administradores concursales deben actuar con imparcialidad e independencia respecto del deudor y, si fuera persona jurídica, de sus socios, administradores y directores generales, así como respecto de los acreedores concursales y de la masa.

La prueba de esta responsabilidad es difícil, si tenemos en cuenta que no siempre los administradores del patrimonio del concursado tienen conocimiento de las deudas tributarias. Y todo ello partiendo de que no se trata de una responsabilidad objetiva, sino que se exige falta de diligencia o actuación negligente en el cumplimiento de las obligaciones del responsable frente al fisco (TS 12-12-13).

Deben distinguirse, además, dos supuestos distintos de responsabilidad, de distinto alcance:

1).- Por un lado, que no hayan realizado las gestiones necesarias para el íntegro cumplimiento de las obligaciones tributarias devengadas con anterioridad a dichas situaciones e imputables a los respectivos obligados tributarios. En este caso, para poder calificar a alguien como responsable subsidiario de las obligaciones tributarias de una entidad —deudor principal—, devengadas —estén o no liquidadas— con anterioridad a la situación de administración concursal de esa entidad o con anterioridad al proceso de liquidación de la misma, es preciso que en aquel concurran dos requisitos:

i).-debe ser integrante de la administración concursal o liquidador del deudor principal, esto es, de la entidad que se halle en proceso concursal o de liquidación;

ii).-debe haber desarrollado una conducta no diligente consistente en no haber realizado las gestiones necesarias para el cumplimiento íntegro de las obligaciones tributarias de la entidad devengadas con anterioridad a la situación concursal o de liquidación de esta.

En cuanto a la extensión de dicha responsabilidad, aparece referida a las obligaciones tributarias devengadas con anterioridad a las situaciones concursales, alcanzando la derivación a la deuda inicialmente liquidada al deudor principal. No obstante, el empleo de la expresión «obligaciones devengadas» frente al de liquidadas, ha de interpretarse en el sentido de admitir el alcance de la responsabilidad a aquellas deudas nacidas antes de la situación concursal, aunque liquidadas con posterioridad. Sin embargo, no cabe extender esta responsabilidad a las sanciones.

2).- Por otro, que tengan asignadas funciones de administración, respecto de las obligaciones tributarias y sanciones posteriores al proceso concursal o de liquidación de la entidad deudora principal. Únicamente se deriva responsabilidad subsidiaria por tales obligaciones tributarias y sanciones a las personas integrantes de la administración concursal de la entidad o a sus liquidadores cuando tengan asignadas funciones de administración. En este caso, resultan aplicables todo lo dicho, como ya quedó referido, sobre responsabilidad de administradores sociales contenidas en el art. 43.1.a LGT.

En cuanto a la extensión de la responsabilidad, responden de las obligaciones tributarias y las sanciones posteriores a las situaciones concursales o de liquidación de la sociedad deudora únicamente en el caso en que tengan atribuidas funciones de administración, dado que la responsabilidad se le exige por tener tal condición.

III. TRES SUPUESTOS DE INTERÉS PRÁCTICO

III.1. Tribunal Económico-Administrativo Central, Resolución de 18 Sep. 2024, Rec. 7050/2021

En la presente resolución, se reconoce, de forma clara, la naturaleza sancionadora de la responsabilidad subsidiaria del artículo 43.1 a) LGT, considerando la existencia de una conducta negligente, pero estableciendo que el principio de presunción de inocencia, exige a la Administración acreditar tanto el elemento objetivo como subjetivo del presupuesto de tal responsabilidad que revele la falta de diligencia. Y a efectos de prescripción determina que el dies a quo del plazo para exigir la obligación de pago al responsable subsidiario no es la fecha en la que la Administración dictó la declaración de fallido, sino que debió declarar fallida a la entidad de forma inmediata tras el auto de conclusión del concurso, y acto seguido, dirigir su acción frente al posible responsable subsidiario. Y todo ello en los siguientes términos:

"…, los presupuestos que habilitan la derivación de responsabilidad subsidiaria contenidos en el artículo 43.1 a) de la LGT son:

- Comisión de una infracción tributaria por la sociedad administrada.
- Condición de administrador de hecho o de derecho al tiempo de cometerse la infracción.
- Una conducta en el administrador que se relacione con el propio presupuesto de la infracción en los términos señalados en

dicho artículo 43.1, reveladora de no haber puesto la diligencia necesaria en el cumplimiento de la obligación tributaria.

[...]

Respecto del requisito subjetivo, el tercero de los requisitos exigidos, la declaración de responsabilidad del art. 43.1.a) LGT exige que los administradores no realizasen los actos necesarios que fuesen de su incumbencia para el cumplimiento de las obligaciones tributarias infringidas, consintiesen el incumplimiento por quienes de ellos dependan o adoptasen acuerdos que hicieran posible tales infracciones.

El Tribunal Supremo se ha pronunciado en numerosas ocasiones sobre la responsabilidad prevista en el artículo 43.1 a) LGT y, más recientemente, en las sentencias de 05/06/2023 (recurso de casación no 4293/2021) y de 02/10/2023 (recurso de casación no 8791/2021), donde además de lo ya señalado en sentencias anteriores sobre este supuesto de responsabilidad, ha venido a establecer que "La responsabilidad tributaria subsidiaria del artículo 43.1 a) de la LGT posee naturaleza sancionadora", confirmando lo que ya apuntó en su día la sentencia del Tribunal Constitucional 85/2006, de 27 de marzo, sobre el carácter materialmente sancionador de esta responsabilidad.

[...]

En cuanto a la carga de la prueba, de conformidad con los artículos 105 y ss. de la LGT, y en lo que respecta a los procedimientos de derivación de responsabilidad, se concreta en que la Administración está obligada a probar los hechos y circunstancias (elemento objetivo), así como el elemento subjetivo (no realizar actos de su incumbencia o permitir incumplimiento por quienes de ellos dependan), que determinan la exigencia de responsabilidad, ...

[...]

"..., el dies a quo del plazo para exigir la obligación de pago al responsable subsidiario no es la fecha en la que la Administración dictó la declaración de fallido (27/10/2020), sino que debió declarar fallida a la entidad de forma inmediata tras el auto de conclusión del concurso, y acto seguido, dirigir su acción frente al posible responsable subsidiario."

III.2. Tribunal Económico-Administrativo Central, Sección Vocalía de recaudación, Resolución de 22 Nov. 2018, Rec. 5190/2016

En el presente supuesto distingue entre la responsabilidad solidaria y la subsidiaria por la participación de los administradores en la comisión de la infracción tributaria por el deudor principal, y lo hace en los siguientes términos:

"...debemos distinguir entre la responsabilidad, solidaria prevista en el artículo 42.1.a) de la LGT, de la responsabilidad subsidiaria de los administradores de entidades prevista en el artículo 43.1.a) de la LGT. Este artículo 43.1.a) señala que "sin perjuicio de lo dispuesto en el párrafo a) del apartado 1 del artículo 42 de esta ley", es decir que los administradores que hubieran causado o colaborado activamente en la realización de una infracción tributaria será responsables solidarios a tenor del citado artículo 42.1.a) de la LGT, mientras de acuerdo con el artículo 43.1.a), cuando no hayan causado o colaborado activamente en dicha comisión, en definitiva por no haber realizado "los actos necesarios que sean de su incumbencia para el cumplimiento de las obligaciones y deberes tributarios" y que hubieran impedido dicha comisión de infracciones tributarias, serán responsables subsidiarios.

Es decir, que la diferencia entre ambos tipo de responsabilidad, a parte del elemento personal (administrador o no), deriva de que en el supuesto del artículo 42.1.a) de la LGT existe una participación activa del declarado responsable en la comisión de las infracciones, mientras que en el supuesto del artículo 43.1.a) de la LGT la responsabilidad tributaria deriva de una dejación de funciones del administrador, la mayor de veces negligente, y que posibilita la comisión de tales infracciones por la entidad administrada, como se refleja en el siguiente cuadro. Por tanto, la diferencia de los citados supuestos de declaración de responsabilidad no se fundamenta en la calificación de las infracciones tributarias cometidas: muy graves, graves y leves, limitándose erróneamente el primer supuesto a las infracciones muy graves, sino en función de si el interesado ha participado o no activamente en la comisión de las infracciones tributarias y de una manera intencionada (primer supuesto), y dejación de funciones como administrador —al menos negligente— (segundo supuesto). Por tanto, la diferencia se encuentra en el elemento objetivo del "tipo" (de responsabilidad), participación activa en el supuesto de responsabilidad solidaria, dejación de funciones en la responsabilidad subsidiaria, como en el elemento subjetivo: intencionalidad en el primer caso, al menos negligencia en el segundo."

III.3. Tribunal Económico-Administrativo Central, Sección Vocalía 11ª, Resolución de 28 Sep. 2017, Rec. 7055/2015

En la presente resolución, el Tribunal, solventando la cuestión fundamental planteada en el recurso cual es la de determinar la conformidad o no a derecho del acuerdo de derivación de responsabilidad solidaria, con base en el artículo 42.2 de la LGT, considera: a) incorrecta la actuación de la administración concursal que no respeta el orden de vencimiento y perjudica intencionadamente la acción de cobro de la Administración Tributaria, satisfaciendo créditos posteriores a los que ostenta la Hacienda Pública, incluidos los honorarios de la Administración concursal; b) esa responsabilidad no queda enervada por el hecho de que el administrador concursal actuara a través de un representante persona física; y c) se rechaza la alegación de la interesada en relación a la competencia del juez del concurso para depurar la responsabilidad por la conducta descrita; pues las acciones de responsabilidad por lesión de los intereses de terceros, deudores o acreedores quedan al margen de la jurisdicción mercantil. En este sentido, resultan de interés las siguientes conclusiones del Tribunal:

"Se ha procedido a una ocultación de la tesorería de la concursada a la acción de cobro de la Administración tributaria, con la colaboración de la actora, la cual no hizo los actos necesarios para evitar la realización de los pagos por parte de la administración concursal. Un comportamiento con la intencionalidad de evitar la traba, al menos de forma culposa:

– La actora debía de conocer el orden de pago de los créditos contra la masa: había informado de ello en el Informe provisional y la Administración tributaria así lo había requerido.

– La actora debía ser consciente de que con la alteración del orden de pago se perjudicaría la acción de cobro del Fisco, dado que conocía la insuficiencia de la masa activa.

– La administración concursal adelantó el pago de sus honorarios con el perjuicio para los créditos tributarios.

– La falta de transparencia de la administración concursal.

Por tanto, podemos concluir que los administradores colaboraron inicialmente en la ocultación (hasta el momento que la administración de la deudora no estuvo suspendida en sus funciones), y posteriormente fueron causantes de dicha ocultación, al autorizar pagos de forma indebida, con la agravante como señala el acuerdo impugnado que dichos administradores solicitaron el aplazamiento de pago de deudas tributarias contra la masa, cuando la deudora tenía tesorería, sin que fuera abonada la deuda finalmente.

El resultado es que la administración concursal perjudicó la acción de cobro de la Administración tributaria intencionadamente, al dejar de pagar créditos contra la masa a favor de la Administración tributaria, realizando otros pagos (incluidos sus honorarios) con anterioridad a los créditos de la Hacienda Pública.

[...]

"..., la actora alega que la declaración de responsabilidad carece de fundamento, dado que no realizó ninguna conducta activa. Esta alegación ha de ser rechaza por las argumentaciones antes señaladas:

– La actora era administrador concursal

– El hecho que su cargo fuera ejercido por su representante no enerva su responsabilidad

[...]

"Es decir, los administradores concursales deben ejercer su cargo con la diligencia de un ordenado administrador, bajo la supervisión del juez del concurso, por lo que en caso de incumplimiento de tales funciones el señalado juez del concurso puede condenar a una indemnización de daños y perjuicios. Mientras que las acciones individuales de responsabilidad (deudor, acreedores o terceros), deberán ejercitarse ante el órgano judicial competente (no ante el juez del concurso) y, por otra parte, además en el caso de supuestos de responsabilidad tributaria, es donde interviene una Administración Pública, mediante la ejecución de la acción individual con la incoacción del correspondiente procedimiento de declaración de responsabilidad,..."

IV. CONCLUSIONES. UNA VISIÓN CRÍTICA

Hablábamos al inicio de este trabajo que la derivación de la responsabilidad tributaria a terceros por la comisión de ilícitos tributarios cometidos por el obligado tributario principal, suponía una vulneración del principio de "personalidad de la pena", y no cabe duda que así es.

Como hemos visto, desde el Tribunal Constitucional al Tribunal Supremo, pasando, incluso, por el Tribunal Económico-Administrativo Central (como órgano de tal calibre) han considerado que los supuestos analizados en este artículo en los que el responsable participa de los ilícitos tributarios, asumiendo las sanciones por infracciones imputadas a los obligados tributarios principales y no a ellos mismos, son normas sancionadoras que participan, evidentemente, de los principios penales.

El principio de "personalidad de la pena", incluido en el art. 25.1 CE, implica que, en materia sancionadora, sólo se puede responder por los ilícitos propios y no por los ajenos.

El Tribunal Constitucional en reiteradas ocasiones, sirva como ejemplo la STC 59/2008, de 14 de mayo, ha dicho que: "La Constitución española consagra sin duda el principio de culpabilidad como principio estructural básico del Derecho penal», como derivación de la dignidad de la persona [...], y que ello comporta que la responsabilidad es personal, por los hechos y subjetiva: que sólo cabe imponer una pena al autor del delito por la comisión del mismo en el uso de su autonomía personal. La pena sólo puede «imponerse al sujeto responsable del ilícito penal". Lo mismo cabe decir de los ilícitos administrativos y, por ende, de los ilícitos tributarios, como normas de carácter sancionador.

Por tanto, este principio garantiza que por cada ilícito responderá el autor del mismo y no otro. La cuestión es, ¿cómo se puede legislar en contra de los principios constitucionales, sin que nadie enmiende la plana al estado legislador por su único afán recaudatorio? El principio de personalidad de las sanciones por hecho propio es un principio elemental dentro del régimen jurídico sancionador y como todos sabemos está recogido en el mencionado artículo 25.1 de la Constitución. Este principio supone, sin más, la obligación del ordenamiento jurídico sancionador de concretar la sanción en la persona que haya cometido la infracción, en definitiva, en el autor del ilícito. Y es que el mentado artículo 25 de nuestra Carta Magna protege tal principio de personalidad de la pena (y de la sanción) bajo el paraguas del principio de legalidad, garantizando, insistimos, que por los ilícitos sancionadores (sean penales o administrativos) tan sólo responda su autor y no terceros, pues estos últimos, únicamente, habrán de responder de sus propios actos ilícitos y no de los hechos ajenos (art. 25.1 de la Constitución: "1. Nadie puede ser condenado o sancionado por acciones u omisiones que en el momento de producirse no constituyan delito, falta o infracción administrativa, según la legislación vigente en aquel momento.").

6. LO SUBLIME DE LAS FUNCIONES DEL EXPERTO EN LA REESTRUCTURACIÓN

VICENTE ZUBIZARRETA URCELAY
Economista. Auditor de cuentas. Administrador Concursal
Socio y Fundador de GRUPO ZUBIZARRETA

I. REFERENCIAS AL EXPERTO EN LA REESTRUCTURACIÓN

(En adelante "E.R.") en el TRLC (Ley 16/2022, de 5 de septiembre)

En este apartado se inserta del listado del articulado que hace referencia al "E.R." en el TRLC, con la finalidad de que sirva al lector como guía práctica de consulta para profundizar en el análisis de las diversas cuestiones relativas al "E.R.": Nombramientos, Incompatibilidades, Actuaciones exigidas, etc.

Las referencias descritas no incorporan a la citación sobre las microempresas (Libro Tercero).

LIBRO PRIMERO

I. Art. 65.4. Prohibición de ser nombrado "AC".

LIBRO SEGUNDO

II. Art. 561.5°. Registro Público Concursal ("R.P.C."). Sección quinta.

III. Art. 586.1.8°. Contenido de la comunicación de la apertura de negociaciones.

IV. Art. 594.2. El nombramiento de un "E.R." no tendrá efecto alguno sobre las facultades de administración y disposición sobre los bienes y derechos que integran el patrimonio del deudor.

V. Art. 602.2. Informe favorable del "E.R." (cuando esté designado) para la prohibición de iniciación o suspensión de ejecuciones ya iniciadas sobre todos o algunos bienes o derechos (no considerados necesarios para la continuidad de la actividad), así como contra uno o varios acreedores individuales o contra una o varias clases de acreedores (cuando sea necesario para asegurar el buen fin de las negociaciones).

VI. Art. 607.1. La solicitud de prórroga de los efectos de la comunicación irá acompañada del informe favorable del "E.R." (si hubiera sido nombrado).

VII. Art. 607.2. A la solicitud de prórroga presentada por el deudor, acompañado de la conformidad de los acreedores mayoritarios y sobre el estado de las negociaciones deberá ir acompañada del informe del "E.R." (si hubiera sido nombrado).

VIII. Art. 608.1.1°. Levantamiento de la prórroga o de sus efectos frente a determinados acreedores. Requiriéndose la solicitud del deudor o del "E.R." (si hubiera sido nombrado).

IX. Art. 612.1. Suspensión de la solicitud de concurso voluntario, a instancia del "E.R." (si hubiera sido nombrado), mientras estén en vigor los efectos de la comunicación.

X. Art. 627.2. Para la aprobación de los "P.R.", el "E.R." (cuando haya sido nombrado) solicitará al letrado de la Administración de Justicia que ordene la publicación del "P.R." en el Registro Público Concursal ("R.P.C.").

XI. Art. 633. Diligencia debida del "E.R." (Art. 680) sobre el contenido del "P.R.".

XII. Art. 634.1. Certificación del "E.R." (si estuviera nombrado) sobre la suficiencia de las mayorías exigidas para aprobar el "P.R.".

XIII. Art. 637.1. Instancia del "E.R." (si hubiera sido nombrado) para suspender la solicitud del concurso voluntario presentado por el deudor, si se estuviera negociando un "P.R." sin comunicación previa.

XIV. Art. 639.2°. Informe del "E.R." sobre el valor de la deudora como empresa en funcionamiento.

XV. Art. 643.3. Informe, que, en su caso, haya sido emitido por el "E.R.", acompañando al instrumento público formalizado del "P.R.".

XVI. Art. 654. Diligencia debida del "E.R." (Art. 680), para salvar las posibles impugnaciones del auto de homologación aprobado por todas las clases.

XVII. Art. 655. Diligencia debida del "E.R." (Art. 680), para salvar posibles impugnaciones del auto de homologación del "P.R." no aprobado por todas las clases.

XVIII. Art. 656. Diligencia debida del "E.R." (Art. 680), para salvar las posibles impugnaciones del auto de homologación del "P.R." no aprobado por los socios.

XIX. Art. 657. Diligencia debida del "E.R." (Art. 680) para salvar las impugnaciones de la resolución de contratos.

XX. Art. 661. Efectos de la sentencia estimatoria de la impugnación del auto de homologación.

XXI. Art. 667.1 (y 2ª) y 3. Protección de la Financiación Interina y la Nueva Financiación frente a acciones rescisorias.

XXII. Art. 669. Diligencia debida del "E.R." (Art. 680), para superar el control judicial sobre los requisitos y mayorías establecidas sobre la financiación interina y la nueva financiación y que, esta última, no perjudique injustamente los intereses de los acreedores.

XXIII. Art. 672. Nombramiento obligatorio del "E.R.".

XXIV. Art. 673. Supuesto especial de nombramiento del "E.R.".

XXV. Art. 674. Condiciones subjetivas del "E.R.", para su nombramiento.

XXVI. Art. 675. Incompatibilidades y prohibiciones que impiden al "E.R." aceptar el cargo.

XXVII. Art. 676. Nombramiento del "E.R." por el Juez.

XXVIII. Art. 677. Impugnación del nombramiento del "E.R.".

XXIX. Art. 678. Sustitución del "E.R.".

XXX. Art. 679. Funciones del "E.R.".

XXXI. Art. 680. Deberes de Diligencia, independencia e imparcialidad.

XXXII. Art. 681. Responsabilidad Civil del "E.R.".

II. LA SUBLIME FUNCIÓN DEL "E.R."

II.1. Conceptos generales

El "E.R." con funciones fundamentales de ASESORAR (ASISTIR) y MEDIAR en la Negociación, entre las partes: El deudor (acompañado de sus asesores: internos y externos) y los acreedores (asimismo con sus asesores tanto internos como externos). Estas funciones son las más importantes y sutiles de todas las que deberá desarrollar el "E.R.". Tanto su actuación como asesor como de mediador, precisará que esté preparado y con conocimientos técnicos y experimentados (economistas-financieros, jurídicos-legales y de gestión empresarial) más de habilidades personales, de experiencia probada que le permita actuar como excelente asesor, comunicador y todo ello disponer de dotes para la negociación, es decir como mediador.

Las funciones de asesor y negociador ha de desarrollarla de forma conjunta. Sería un despropósito señalar que: "ahora (por la mañana) voy de asesor y luego (a la tarde) me meto en las labores de mediador". Para ello su espíritu de actuación debe enfocarlo bajo el prisma del objetivo final para el que fue nombrado: "Lograr elaborar de forma consensuada el "P.R.", que permita y evidencie razonablemente que la empresa deudora es viable a futuro".

Para ello el "E.R." debe actuar con diligencia debida a un buen profesional (tanto en conocimientos como en eficacia en los procesos a llevar a cabo) y de forma clara y sin que surjan dudas sobre su independencia e imparcialidad respecto a las partes interesadas en el desarrollo y culminar con éxito el "P.R.".

Si el "E.R." es un buen asesor, pero no cumple con las condiciones requeridas como negociador (por su carácter excesivamente persuasivo y sin cualidades para el dialogo), pudiera ser que logre un "P.R." consensuado, pero, tal vez sin convencimiento de las partes, lo cual a corto o medio plazo tiene el riesgo de ser un "P.R." baldío e ineficaz. Y lo mismo a la inversa: Un "E.R." gran negociador y comunicador, pero deficiencias de conocimientos técnicos para asesorar, lo probable es que resulte un "P.R." aunque siendo consensuado, no esté acorde con la estructura organizativa y las decisiones estratégicas que precise la organización empresarial del deudor. En definitiva, lo más probable que el "P.R." resultará infructuoso.

Ahora bien, reiteramos que la figura del "E.R." con todas las complejidades en sus conocimientos y funciones en muchos casos no se adapte a única persona natural, sino en un equipo de trabajo con diferentes técnicos profesionales: Economistas, Auditores, Juristas, Consultores empresariales, Comerciales, Expertos en negociaciones...Es decir, en una persona jurídica el equipo que constituye la referencia del "E.R." ha de estar cohesionado, y para ello es muy conveniente que todos sus miembros pertenezcan a una misma organización empresarial. Por ello, el antiguo dicho de: "Debajo del mismo techo se funciona mejor".

II.2. El "E.R." en relación al "P.R."

La regla general de la situación jurídica del deudor no desapoderándole, salvo lo establecido para Microempresas (Arts. 703 y 704 del TRLC), se concreta en:

Art. 594.1. Por la comunicación el deudor mantiene sus facultades de administración y disposición sobre los bienes y derechos que integren su patrimonio ("Debtor in possession"). Es decir, el deudor debe mantener el control de la gestión corriente de su insolvencia.

Art. 594.2. El nombramiento de un "E.R.", cuando se nombre, tampoco tendrá efecto sobre las facultades y disposición, aludidas del deudor.

Pero condicionado a que los administradores sociales, ante la proximidad de la insolvencia deben actuar a favor del interés de los acreedores.

De los artículos reseñados (594.1 y 594.2 del TRLC) y completado con lo regulado por el Art. 679 del TRLC, queda claro y evidente lo señalado que el "E.R." no es el responsable de la elaboración y aprobación del "P.R.".

Esta situación de no ser el responsable del "P.R.", le posiciona de forma idónea para embarcarse en las funciones de ASESOR y MEDIADOR (ó negociador) establecidos como preferentes en el Art. 679 de la TRLC.

Por ello, aunque se reiteren algunos conceptos, describimos los comentarios aclaratorios de tal importante función (en nuestra opinión la más importante de los asignados al "E.R.").

- Actuará en funciones de "asesor" a las dos partes (deudor y acreedores), así como "mediador" en las negociaciones entre los mismos y en la elaboración del "P.R.".
- La función asesora, tiene una similitud en el ámbito empresarial con las actuaciones típicas de los consultores de dirección, cuyas labores básicas deben limitarse a la coordinación de las fases y procesos, y la configuración de los objetivos que integran el "P.R." Para ello el "E.R." debe desarrollar y aplicar los conocimientos técnicos, en los ámbitos: financieros, jurídicos y empresariales. En todo momento debe tener en cuenta que sin una gran mayoría de acreedores a favor del "P.R.", a medio plazo (lo decimos por intuición lógica) surgirán las inevitables contradicciones que debilitarán el proceso de salvar al deudor del concurso de acreedores.

Ahora bien, la figura el "E.R." establecido por la Ley 16/2022, de 5 de septiembre, debe prestar asesoramiento a las dos partes (deudor y acreedor) con la debida diligencia profesional (que obviamente se supone en un profesional avanzado) y, de forma especial con independencia e imparcialidad.

A título orientativo la figura del "E.R." debe reunir las siguientes características:

- Ser entregado en el tema, como si los dos objetivos de las partes fuesen suyos. Ello requiere que sea práctico y eficiente y se gane la confianza de las dos partes.
- Responsabilizarse de vigilar los objetivos y datos que integrarán el proyectado "P.R.", aportando soluciones oportunas en el tiempo.
- Atienda y preste atención, mediante un adecuado proceso de "diálogo" a las ideas, conceptos y pretensiones de las partes. Pero sin dejarse influenciar por sus opiniones (sus colaboradores o expertos asesores), si bien debe, inicialmente admitir tales opiniones que pudieran ser importantes y relevantes.

▪ Una participación activa en el asesoramiento de decisiones difíciles y de envergadura.

Respecto a la función mediadora sobre la negociación, como anteriormente hemos determinado debe ir al unísono con la función asesora, exige el dominio de su tarea, proceso tras proceso.

En primer lugar, ha de visionar los intereses y necesidades de cada una de las partes (descripción en términos generales):

a) "El interés de las partes"

❖ El deudor. Salvar la situación de insolvencia y mantener las relaciones sostenibles con los acreedores.

❖ Los acreedores. Que su menoscabo económico sea el menor posible y mantener las relaciones con el deudor.

b) Necesidades

❖ El deudor. Modificar el calendario de pagos, nuevas condiciones de los créditos novados por el "P.R." y similares.

❖ Acreedores. Exigencia de cambios, en la dirección de la sociedad deudora. Implantación de "convenant" para el control y seguimiento del Plan, etc.

El "E.R." como paso previo a sus actuaciones como mediador, debe sopesar y ser consciente del nivel de poder de negociación de las partes. Normalmente los acreedores disponen de un mayor poder de negociación.

Obvia indicar que el nivel de prestigio del asesor ("E.R."), condiciona enormemente la agilidad en llegar a acuerdos precisos para determinar un "P.R." adecuado. Ejemplo imaginario. Se ha contratado para las funciones de "E.R." a consultores de prestigio internacional (BOSTON CONSULTING GROUP, MCKINSEY, MICHAEL PORTER…). Su influencia mediática y de prestigio afectará sobre las racionales opiniones de las partes (deudor y acreedor).

En relación a la función de mediadores (de negociación) sus características son distintas a la del asesoramiento. Si en el asesoramiento prima el conocimiento y práctica de aspectos técnicos (financieros, jurídicos y empresariales) en la negociación han de desarrollarse técnicas más sutiles y psicológicas. Y sin olvidar de que no estamos en el convencer a una parte sino a dos (deudor y acreedores) cuyos intereses y objetivos, normalmente, son contrapuestos.

Aunque, en un principio, el conjugar en la negociación entre dos partes contrapuestas parece que resulte más dificultoso, es decir, que conlleva inconvenientes, sin embargo, facilita también aspectos favorecedores: el "E.R.", dispone de los criterios y opiniones de cada parte, lo que sin duda le va a aportar ideas para plantearlos a la otra parte. Nunca hay que olvidar que la verdad esta distribuida entre todas las partes.

Es preciso señalar que la función de "negociación" difiere del de "arbitraje". En el arbitraje el acuerdo lo toma el árbitro, tras analizar en profundidad las cuestiones litigiosas o contrapuestas y decidirá a su leal saber y entender. En cambio, en la negociación, en el caso que nos concierne, el consenso al que se llegue debe ser tomada por decisión final de las partes.

En resumen, nadie nace con los conocimientos para asesorar a las partes en la elaboración el "P.R.", si bien con los conocimientos técnicos (3) señalados no resulta dificultoso. Sin embargo, las funciones de negociación son de otra índole, son más sutiles, requieren, además de los conocimientos técnicos de habilidades psicológicas y comunicativas.

Con la finalidad de completar lo anterior respecto a la función de "negociación", se ha preparado el ANEXO A - CONCEPTOS, PAUTAS Y PROCESOS EN LAS NEGOCIACIONES, aunque recoge una síntesis, es aconsejable su lectura por parte de los actuantes como "E.R.".

Y para terminar el enfoque de los autores críticos sobre la calidad de actuación del "E.R." en su labor de asesor y negociador entre las partes, deudor y acreedores, para lograr el consenso en la elaboración del "P.R.", y consolidar la situación de viabilidad (económica y financiera) del deudor en situación de insolvencia.

La cuestión debatida: **¿Si el "P.R." no llega a aprobarse y/o ni homologarse, ha fracasado en sus funciones el "E.R."?**

Los más escépticos se manifiestan categóricamente en el sentido de que si el "P.R." fracasa, ello obedece en gran medida a la falta de conocimientos y habilidades del "E.R.".

En nuestra opinión no compartimos esta manifestación categórica, porque en el mundo de la insolvencia existen, y si no, llegarán a surgir innumerables incertidumbres que puedan resultar insalvables, y en consecuencia derivar el "P.R." al fracaso. A continuación, describimos algunas de estas situaciones que dificultan el normal desarrollo de las negociaciones para el logro de salvar al deudor del caos que supone entrar en el proceso concursal.

(i) Llegar tarde al proceso preconcursal

Ya en tiempos de los primeros procesos de las refinanciaciones (iniciados en el renombrado Art. 5, publicamos documentos bajo el título: "**llegar al 5 bis, ya es tarde**". Ello obedecía al desconocimiento en la práctica de la reestructuración (refinanciación), donde la normativa legislativa era novedosa sin rodar por parte de los actores.

Sin embargo, en las actuaciones de los procesos de reestructuración, regulada por la Ley 16/2022, de 5 de septiembre, las posibilidades de remontar la situación de insolvencia son mayores, siempre que se llegue a tiempo, atendiendo oportunamente (en el tiempo y en las gestiones) a las alarmas tempranas. Ya no es correcto decir: "**llegar a solicitar la reestructuración es tarde"; sino que lo correcto es: "llegar al momento oportuno de solicitar la reestructuración es lo adecuado**", salvo en situaciones extremas de insolvencia (actual) e incluso en la insolvencia inminente (3 meses).

A su vez, no basta con llegar a tiempo al proceso de reestructuración, sino que debe ser adecuadamente organizada mediante medidas correctoras para consolidar la viabilidad económica, y con los precisos acuerdos entre las partes; todo ello para lograr el "P.R." exitoso. Y aquí el papel del "E.R." resulta fundamental.

(ii) El Determinismo de la supervivencia de las empresas

Como todo ser vivo y complejo, y la organización empresarial sí lo es, pasa por las fases de: creación, crecimiento, consolidación y declive (y cierre). Este determinismo histórico es imperante puesto que la mayoría de las empresas (no sólo las pymes sino incluso las de gran dimensión) no superan el límite de 45 años de vida, lo que se equipara a la mitad de la esperanza de vida de los humanos.

(iii) El logro de la homologación del "P.R." no consensual

Es el caso cuando la homologación, arrastrando a clases significativas en el porcentaje del pasivo, se logra mediante la conformación de clases de forma peculiar (no utilizamos el término "artificioso", puesto que al amparo del Art. 661.2 del TRLC, en este caso podría declararse ineficaz el "P.R."), cuyo montante del pasivo que aprueba el "P.R." es relativamente reducido.

La base filosófica de la Directiva (UE) 2019/1023, es llegar al consenso, siendo lo ideal alcanzar "P.R." consensuales o al menos con la aprobación por parte de un pasivo relevante. Por ejemplo, con la aprobación por parte del 80 por ciento de los créditos de los acreedores.

Por nuestra parte somos conscientes de que un "P.R." aprobado por un pasivo insignificante, por ejemplo, menor del 20 por ciento del pasivo conlleva la desconfianza de las clases arrastradas, y su apoyo en las relaciones a futuro con el deudor se pone en duda.

(iv) La actitud pasiva de acreedores ante preconcursos con situación de "Probabilidad de Insolvencia" del deudor

El artículo 584.2 del TRLC determina que el deudor se encuentra en probabilidad de insolvencia cuando sea objetivamente previsible que, de no alcanzarse un "P.R.", no podrá cumplir regularmente sus obligaciones que venzan en los próximos dos años.

En sí, el derecho preconcursal, que se inicia con la comunicación de apertura de negociaciones con los acreedores, es idóneo fundamentalmente para las situaciones de probabilidad de insolvencia. Sin embargo, resulta que las comunicaciones presentadas ante el Juzgado referidas a situaciones de probabilidad de insolvencia son mínimas. Ello se debe a que todavía no ha calado suficientemente tal proceder en el mundo empresarial, y por el contrario los inicios preconcursales básicos son los de las situaciones más extremas de insolvencias: actual e inminente.

Desde otro punto de vista se constata que determinadas entidades financieras (esta clase de acreedores resulta clave para el logro de un "P.R." exitoso) muestran cierta pasividad en sus actuaciones por considerar "lejana" la situación de insolvencia real, y aplazan sus decisiones.

Para incentivar la participación activa de los acreedores, resulta imprescindible que el deudor facilite información actualizada y con total transparencia. En esta labor el "E.R." tiene una responsabilidad por la diligencia debida, asesorando al deudor de forma adecuada y oportuna en el tiempo (en todo el proceso de las negociaciones, aprobación y homologación del "P.R.").

En sus actuaciones debe contemplar los mecanismos: económico-operativos, patrimonial-financieros y legales-jurídicos.

Volviendo a la crítica acerca de las actuaciones del "E.R.", si resulta fracasado el "P.R.", se puede aventurar que sí cabría tal crítica cuando las actuaciones obedecen ante la reestructuración del deudor en situación de probabilidad de insolvencia.

Resumiendo:

La actuación del "E.R." en el proceso del "P.R.", como asesor y mediador (negociador) entre las partes, constituye la más compleja y sutil de todas las funciones encomendadas al mismo. Se le exigen los niveles adecuados de conocimiento técnico y habilidades de excelencia como asesor y de comunicación, junto con las dotes de negociador. Y todo ello con actuaciones de diligencia debida, independencia e imparcialidad.

II.3. Comparativa de caracteres profesionales: "AC" vs. "ER"

Aunque el título de la rúbrica sea la comparativa del "AC" y el "E.R.", la referencia a analizar va a ser la comparativa del "Auditor de Cuentas" respecto al "Consultor de Empresa".

A su vez, lo del "carácter profesional" hace referencia al carácter anímico de actuaciones que son normalizadas para el desarrollo de este tipo de profesiones, por un lado, el Auditor de Cuentas y por otro el Consultor de empresas (con preferencia en labores económicas y empresariales).

Los párrafos que siguen, son de referencia en términos generales, por lo que caben otras apreciaciones distintas que sean cabales y reales en el mundo empresarial. Por ello, las referencias hay que considerarlas como tales, orientativas y nunca como axiomas o evidencias de plenitud.

(i) El auditor resulta ser un profesional prudente, con limitada flexibilidad, espíritu desconfiado (las normas de actuación en las auditorías se lo exigen), con aversión al riesgo. Su lema, en plan irónico: "con el cumplimiento de las normas ganaré el cielo".

(ii) La labor del consultor de empresas requiere de actividades donde sobresalen factores distintos al del auditor: imaginativo, capacidad de negociación, intenta vislumbrar el futuro (a veces imaginario), con regates a corto en los diálogos, extrovertido, no apto para una ética absoluta.

(iii) En definitiva, los auditores y consultores tienen enfoques y objetivos diferentes. El auditor: más normativo y estático y el consultor más buscador de oportunidades.

Ya en los años 90 del siglo pasado, en nuestra firma, disponíamos de dos áreas básicas: Auditoría y Consultoría de gestión de empresas. Teníamos un concepto claro de las funciones profesionales: Los profesionales de auditoría no formaban parte de los trabajos de consultoría de gestión y viceversa, tampoco los de carácter consultor eran aptos para las labores del área de auditoría de cuentas.

El acervo memorístico de una persona se va dotando de sus experiencias, y, también significativamente de los consejos que recibe de sus maestros y/o ilustres profesionales. Traemos a colación dos consejos de expertos en materia empresarial que quedan marcados para siempre en nuestra memoria y en nuestras actuaciones (teoría de la Programación Neurolingüística - PNL).

(i) La conversación mantenida con un prestigioso abogado

El abogado tenía como objetivo encomendado por una sociedad industrial-manufacturera, la adquisición de una empresa del sector de su cliente, que radicaba en un país europeo, colindante con España.

La parte vendedora fue a la reunión de cierre de la operación transaccional acompañado por sus auditores. Los auditores en su exposición sobre los datos del balance y cuenta de resultados resaltaron con todo detalle, las contingencias, limitaciones al alcance de su revisión y otros aspectos prudenciales de la valoración patrimonial.

Ello facilitó las argumentaciones para rebajar el precio final de la operación transaccional y a su vez establecer acuerdos cautelares en el contrato de compraventa.

La mentalidad de rígida "justeza" de tales auditores, aplicando los principios de prudencia contable, favoreció la operativa de la parte compradora, sin que por otra parte pusieran énfasis en la existencia de "reservas ocultas", que realmente tenían lugar.

(ii) Un consejero de un gran banco español

(Eran los años 80 del siglo pasado)

En una conversación distendida, tras la reunión de trabajo, este Consejero hizo comentarios sobre un tema económico-político que en aquellos tiempos estaba de moda: "El milagro japonés". Y entre otras interesantes manifestaciones señaló que las empresas japonesas nunca pondrían al mando de las mismas a dos tipos de profesionales: Auditores y Abogados. Argumentó que era debido al carácter anímico y de funcionamiento que les era inherente.

Señaló que <u>los Auditores</u> con su escrupulosa aplicación de los principios de prudencia y su grandísima interiorización de la aversión al riesgo, jamás permitirían situaciones que no estuvieran bajo un estricto control; por lo que el trabajo en equipo, para dar posibilidades de creatividad al conjunto de las personas lo prohibirían. Y resulta que uno de los mecanismos del "éxito japonés" ha sido la confianza depositada en la plantilla, para buscar y aprovechar la diversidad de oportunidades que el mercado y la economía presenta (en equipo se percibe más y mejor las oportunidades del entorno).

<u>Los Abogados</u>, por su parte también son portadores de criterios de actuación empresarial restrictivos y ajustados a la normativa legal vigente, viendo problemas en todo lo que no pase por el estrecho tamiz de la legalidad. Las decisiones empresariales, hay que analizarlas en profundidad desde el enfoque estratégico de la empresa: buscando el crecimiento basado en oportunidades que son reales, la permanente innovación tanto en las estructuras organizativas como en el ámbito tecnológico

de los productos y métodos de producción, etc. La mentalidad de decisiones legales que aplican, en general, los abogados son lentos y de rigurosidad para la aplicación donde se "raya" con lo desconocido por sus repercusiones potenciales desde la perspectiva legal. Y así se llega a la "parálisis por el análisis de la temeridad y la prudencia legal excesiva".

El Consejero remarcó de la necesaria práctica profesional tanto de los Auditores como de los Abogados, pero no para la dirección de empresas.

III. CONCEPTOS, PAUTAS Y PROCESOS EN LAS NEGOCIACIONES

Hay autores, sobre todo académicos, que critican que el legislador no haya entrado en una exigencia explícita de los conocimientos sobre la negociación.

Lo primero que ha de quedar claro es que la "negociación" no se identifica con el "arbitraje". En el arbitraje, el árbitro es el que determina, tras las oportunas fases de: análisis, ponderaciones y aplicando dotes de racionalidad en su decisión final, sobre los requerimientos y objetivos de las partes. Es decir, es un método heterocompositivo, donde el árbitro (como en el caso de los Jueces) es el que toma la solución. En la negociación, el "E.R." no actúa como árbitro sino como asesor de cada parte y asimismo de mediador (negociación) entre las mismas, para lograr consensos de forma eficiente, dirigidos a la elaboración del "P.R.", elaborado entre las partes y con ello superar la situación de insolvencia. Por supuesto tarea difícil, por la complejidad y los diferentes intereses de las partes.

Hemos considerado oportuno y conveniente, abrir este Anexo A - sobre: "Conceptos, Pautas y Procesos en las Negociaciones".

Su contenido constituye una síntesis del Monográfico sobre: "Manual de Consulta para las Negociaciones", integrado en el Manual de Dirección Estratégica (M.D.E.) que dispone el GRUPO ZUBIZARRETA. Nuestra guía-manual está elaborada basándonos en los escritos y obra del que fue un ilustre Consultor de Dirección, ANDRÉS FERNÁNDEZ ROMERO (1925-2018).

A su vez hemos de subrayar la importante aportación a este documento (Anexo) realizado por la abogada SUSANA SUCUNZA, experta en Derecho Colaborativo.

III.1. Principios, conceptos y definiciones

La importancia de la negociación

Siguiendo a WILLIAM URY (negociador experto estadounidense nacido en 1953):

"*La negociación, en términos generales, es un proceso de mutua colaboración encaminado a lograr un acuerdo con otros* (en el caso que nos ocupa el del "E.R." como mediador entre partes) *cuando hay intereses compartidos y otros opuestos*".

"*El camino que lleva del enfrentamiento a la cooperación es la negociación. El reto es transformar un enfrentamiento en un ejercicio de solución conjunta de problemas, que satisfaga de forma equitativa los respectivos intereses*".

Para que un acuerdo sea sostenible tiene que satisfacer las necesidades de ambas partes. Elementos o factores básicos para conseguirlo:

(i) Comunicación

La comunicación es la vía para que los negociadores (en el caso que nos ocupa: Deudor y Acreedores) indaguen sus intereses y necesidades y busquen las soluciones más satisfactorias a dichos objetivos.

- ❖ Una comunicación de calidad optimiza las posibilidades de acuerdo. Si el proceso comunicativo es ineficiente, la negociación derivará en: defectuosa o rotundo fracaso.

(ii) Características de la negociación

- La negociación debe ser una actividad de indagar los intereses y necesidades de las partes.
- La negociación debe ser una actividad no persuasiva y no coercitiva.
- Puede haber diferencias de poder y de estatus entre las partes negociadoras, pero es un principio básico de toda negociación: "el enfrentar y dirimir estas diferencias según la base del diálogo y sirviéndose sólo de las armas que el diálogo pone en nuestras manos" y corresponde al "E.R." intentar ajustar este desequilibrio dentro del contexto existente.

- El buen negociador utiliza argumentos basados en datos objetivos y haciendo ver los intereses y necesidades de ambas partes en la búsqueda de soluciones conjuntas. De esta forma se salvan los efectos negativos de la persuasión y se evitan servirse del engaño para alcanzar los objetivos.

Corresponde al "E.R." legitimar el progreso de negociación, así como a las partes intervinientes.

(iii) Atiende a resolver diferencias

- El hecho de que las partes motiven por necesidades insatisfechas, es un campo de creación de valor.
- Las diferencias muchas veces son más útiles que las similitudes para facilitar el llegar a acuerdos creativos, para lograr unas posibles ganancias para las partes.

(iv) Está orientada a la consecución de un resultado

- Para que el acuerdo sea adecuado requiere que satisfaga, en la medida de lo posible: los intereses legítimos de cada una de las partes; Resulte duradero; Respete intereses que excedan el ámbito de los negociadores.
- Caben en la negociación (3) posibles resultados:
    - Las dos partes ganan ("win/win").
    - Una parte gana, la otra pierde ("win/lose").
    - Las dos partes pierden ("lose/lose").

Aunque resulte obvio, el objetivo adecuado es el "win/win", dado que las dos partes salen satisfechas y motivadas para seguir haciendo negocios en el futuro y sobre todo para que se cumpla el acuerdo.

(v) Es un proceso formal que debe atenerse a ciertas reglas y normas para ser eficaz

Es fundamental conocer las técnicas concretas a aplicar en cada una de las fases de la negociación:

- Fase de preparación.
- Fase de encuentros.
- Fase de debates.
- Fase de cierre.

El "E.R." debe saber a dónde le está llevando lo que está haciendo. No ha de dejarse llevar por la improvisación, a la espera de que surja la luz. Una actitud metódica y reflexiva le cubrirá mejor de las estrategias imprevistas de las partes.

(vi) Incide en las relaciones personales

El "E.R." se verá afectado de forma intensa por el buen o mal desarrollo de la negociación.

Para ello, se exige un diálogo respetuoso, una actitud proactiva y serena y un genuino interés por colaborar en el logro de un resultado satisfactorio para las partes, lo que sienta las buenas bases para las relaciones futuras. El efecto contrario se origina cuando los negociadores se muestran: tramposos, cerrados en sus posiciones, poco respetuosos o empáticos.

(vii) Implica una actividad de cooperación

Es necesario que el "E.R." involucre a las partes a actuar con espíritu en la búsqueda de una solución que implique beneficios para todos.

Lo contrario es aplicar un modelo duro de negociación, que irremisiblemente derive en:

- ❖ Generar muchas tensiones.
- ❖ Cada parte va a lo suyo.
- ❖ No hay posibilidad de buenos consensos.
- ❖ Poner en peligro las relaciones entre las partes, convirtiéndose en cuestiones personales.

La negociación profesional.

Negociar está al alcance de todos, pero negociar bien es una habilidad poco frecuente que sólo se adquiere mediante una:

- ❖ Formación específica.
- ❖ Un entrenamiento sólido.

El negociador profesional consigue mejores resultados que quien, por intuición o práctica, se aproxime a la negociación en base al sentido común, y en muchos casos al amparo de la improvisación.

El "E.R." debe planificar con detalle su estrategia, para lo que ha de ser consciente de:

- Sus debilidades: situaciones que le bloquean y descontrolan.
- Sus competencias: lenguaje, simpatía, conocimientos...
- Sus estilos o tendencias: expresiones habituales, palabras, gestos..., de las partes.
- Y el saber diferenciar su valoración personal respecto a los intereses de las partes.

En realidad, muchas negociaciones se realizan en equipo, por lo que, el equipo de "E.R." ha de ser consciente de:

- Cada miembro debe desarrollar el rol más adecuado a su personalidad.
- Una buena estrategia puede fracasar si el líder del equipo no sabe implantarla, así como si cualquier miembro del equipo no cumple con sus funciones.

La cooperación no implica que se ponga fin a la competencia, dado que no se pueden ni deben eliminar las diferencias, debiéndose enfrentar a ellas bajo un prisma constructivo, centrándose más en lo que les une que en lo que les separa.

III.2. La comunicación es la base de la negociación

Es cierto que la comunicación consiste en un "proceso comunicativo complejo" entre interlocutores al servicio de la resolución de las problemáticas suscitadas.

El diálogo **es** una comunicación clara y permanente interpersonal en el que: las emociones, las miradas, la voz, las palabras..., marca su desarrollo hasta el final.

La comunicación tiene como meta el entender a la otra parte, y desde ahí lograr el acuerdo. Por lo que la existencia de intereses divergentes, exige para el logro de la conciliación de intereses que la comunicación sea algo más que el intercambio de puntos de vista y visiones distintas sobre un tema u objetivo.

La comunicación debe cumplir las siguientes (5) funciones:

- Establecer el primer contacto de los negociadores.
- Posibilitar el conocimiento mutuo.

- Explicitar los hechos, datos y propuestas de forma clara (intereses y necesidades de cada parte).
- Sentar las bases para el entendimiento.
- Hacer progresar la negociación hacia el acuerdo y el cierre.

Lo que el "E.R." en sus actuaciones de comunicación debe tener una clara intención de motivar entre las partes.

Las herramientas en las que se basa el "E.R.", son:

- La escucha.
- Preguntas abiertas.
- Empatizar.
- Esmero en forma de lenguaje.

Bases de la comunicación.

La autoafirmación o confianza en uno mismo es importante para conseguir la comunicación.

Como signos de escasa autoafirmación:

- Titubeos y circunloquios.
- Señales de ansiedad.
- La voz baja y monocorde.
- La mirada huidiza.
- Y similares actuaciones.

Como pautas que favorecen la confianza en el "E.R.", se citan:

- Conocer a las partes y sus necesidades e intereses.
- Cambiar y adecuar las condiciones (ambientales y personales para facilitar) el poder de consensuar un "P.R.", que evidencie salvarse del concurso.
- Esperar las condiciones adecuadas para actuar, huyendo de las prisas.
- Probar pruebas diferentes de motivar entre las partes.
- Validar los resultados.
- Avanzar de forma gradual y continua para elaborar el "P.R." adecuado.

El "E.R." debe utilizar formas comunicativas:

- Conceptos "marco" que guíen y estructuren la negociación.
- Citas, datos y referencias literales.
- Metáforas, anécdotas, ejemplos e imágenes.
- Propuestas, iniciativas y argumentaciones.
- Críticas constructivas, negaciones y valoraciones positivas.
- Reformulaciones, explicaciones y concreción de conceptos abstractos.
- "Regla de Tres": anunciar lo que se va a decir, decirlo y resumir o preguntar, para verificar que se ha entendido.
- Síntesis y recapitulaciones.
- Cierres parciales.
- Cierre final.

Y para terminar este primer apartado, el "E.R." debe ser riguroso ("purista") en la aplicación de los siguientes factores o disciplinas:

- Aplicación y cumplimiento del Código Ético.
- Aplicación del método de negociación.

III.3. Desarrollo de la negociación

Como ya se ha adelantado en la negociación debe desarrollarse, en términos generales, en las siguientes fases:

Uno. LA PREPARACIÓN

Dos. EL ENCUENTRO

Tres. EL DIÁLOGO

Cuatro. EL CIERRE DE LA NEGOCIACIÓN

La preparación.

El secreto del éxito de una negociación radica, en gran medida, en la calidad de su preparación. Tampoco una preparación adecuada asegura el éxito, si luego se acompaña con una negociación irracional, perezosa o por puro instinto.

La actitud de preparación debe ser permanente durante todo el proceso.

Dentro de la fase de la Preparación se contemplan las siguientes (4) subfases:

OBTENCIÓN DE LA INFORMACIÓN

El lema: "la información es poder" es del todo cierto en la negociación. Es preciso ir a la mesa de la negociación con una adecuada información para contrastar y/o asesorar a las partes, de forma que el "E.R." minimiza el factor sorpresa. Nunca hay que olvidar que, en una negociación difícil, no se debe pretender sembrar y recoger a seguido; sino, preparar todo para ir recogiendo poco a poco. Resulta vital escuchar sin perjuicios ni juicios.

En primer lugar, es preciso evaluar cuál de las partes tiene mayor poder de negociación: El deudor o los acreedores. Normalmente, los acreedores (básicamente los financieros) tienen por diferencia un mayor poder de negociación, debido a su profesionalidad y al hecho de que su capacidad de equilibrio financiero les reporta tal situación.

En todas las sesiones que se celebren en las negociaciones debe redactarse un memorándum o acta de la Reunión. El "E.R." en su función de asesor y mediador de las negociaciones, debe ser el responsable de redactar todas las actas, y de su archivo. Como resumen de cada sesión deben recogerse los acuerdos concertados, así como los temas pendientes con espacial referencia a los más controvertidos.

PLANIFICACIÓN ESTRATÉGICA

Con visión global de la problemática, considerando los siguientes (6) factores.

(i) Identificación de los intereses de ambas partes

Como se ha citado en términos generales el "interés de las partes" puede resumirse en:

- El deudor. Salvar la situación de insolvencia y mantener las relaciones sostenibles con los acreedores.
- Acreedores. Que el menoscabo económico sea el menor posible y mantener relaciones con el deudor.

Según los expertos en la negociación: "hay que desterrar la idea de que, si las posiciones son contrarias, los intereses son contrarios". En un análisis exhaustivo de intereses se constata que hay muchos más intereses compartidos o, al menos compatibles, que los que están en conflicto. Las posiciones sólo se satisfacen de una manera, mientras que los intereses se puedan satisfacer de muchas formas.

El "E.R." debe identificar los intereses y la escucha, concretos de cada parte.

Para identificar los intereses de cada parte hay que desarrollar las siguientes capacidades: la escucha, la capacidad de ponerse en el lugar de los demás: De cómo piensan, qué percepción tienen de la situación y los hechos.

(ii) Generación de opciones creativas y múltiples

Una vez de identificar los intereses de las partes en la negociación hay que generar un amplio abanico de opciones sobre las que las partes pueden y les interesa llegar a acuerdos.

Las opciones se refieren a posibles acuerdos o soluciones parciales de un posible acuerdo.

Como primer paso es importante identificar los intereses y necesidades de las partes y ver de qué forma se pueden satisfacer. Buscar soluciones creativas que satisfagan los intereses y necesidades de las partes.

(iii) Establecer normas justas y equitativas

Ante opciones que presentan intereses opuestos entre las partes, resulta conveniente negociar sobre bases independientes, basados en criterios objetivos.

Ejemplos de normas independientes: Peritajes de expertos independientes, sentencias judiciales precedentes, la norma legal, aplicación de la práctica en el entorno, etc.

Utilizar criterios externos de legitimidad aporta una eficaz herramienta para alcanzar una solución legítima ante las presiones. Ante las mismas las "cesiones" parecen más justas.

(iv) El **MAAN** (Mejor Alternativa a un Acuerdo Negociado)

Es imprescindible identificar el MAAN para cuando la negociación va por derroteros no convenientes o hacia un fracaso.

Delimitar con exactitud el MAAN de cada parte, permite al "E.R." y a las partes definir el límite a establecer en las concesiones de una parte a la otra, así como si tiene sentido, o no, la negociación.

Cuando mejor sea el MAAN, mayor será el poder de negociar, no viéndose obligado a cerrar el acuerdo que considere satisfactorio.

El "E.R.", en ocasiones tendrá que recordar a las partes su MAAN.

(v) Diseñar las Propuestas

Antes de nada, nunca hay que confundir una opción con una propuesta.

El "E.R." debe asesorar a cada parte en relación con el momento de presentar las propuestas, distinguiendo:

❖ Propuestas de apertura.

❖ Propuestas a presentar a lo largo de la negociación.

❖ Propuesta de cierre.

PLANIFICACIÓN TÁCTICA

Si la estrategia hace referencia a las actuaciones para la consecución de los objetivos previstos, la PLANIFICACIÓN TÁCTICA implica: "el arte de ejecutar el Plan".

La planificación se estructura en (3) contextos:

▪ Contexto espacial.

▪ Contexto temporal.

▪ Contexto organizativo.

(i) El contexto espacial

El "E.R." ha de validar dónde celebrar las reuniones:

• En el terreno del deudor

• En el terreno de los acreedores

• En un terreno neutral

Los dos primeros terrenos tienen su ventaja, normalmente alineados a los intereses de cada parte. Por ejemplo. Si se celebra en las dependencias del deudor, su personal decisor puede aprobar con agilidad acciones o resoluciones de problemas no previstos. En el terreno de los acreedores (normalmente el grupo financiero) puede permitir al "E.R." acceder a niveles superiores al de los interlocutores directos en la negociación.

Es conveniente que las últimas sesiones de la negociación se celebren en terreno neutral.

Los anfitriones (relacionados con el terreno elegido han de disponer para la otra parte actuaciones favorecedoras para el encuentro: Bienvenida de detalles positivos; Organizar intervalos para recesos necesarios; Facilitar medios de comunicación (WIFI, reservas de hotel, transporte, etc.).

Es habitual distribuir los asientos de cada parte de forma separada, unos enfrente de otros. Sin embargo, por crear un ambiente de confianza y de empatía, en los momentos de formular ciertas propuestas puede ser conveniente que determinados interlocutores se desplacen para sentarse al lado de los de la otra parte.

En definitiva, es muy importante crear un espacio seguro para las partes.

(ii) El contexto temporal

Hay que ser consciente del valor táctico que el tiempo tiene en la negociación: No es lo mismo una negociación donde el desenlace se prevé rápido que el que dura días, semanas, meses.

Tras el tratamiento de los puntos más controvertidos, el "E.R." ha de prever y establecer un receso, para que cada equipo se reúna por separado y pueda intercambiar impresiones antes de continuar. Lo habitual es que estos recesos sean de media hora a una hora.

Los recesos acompañados de café y galletas, al activar el nivel de azúcar en la sangre, apaciguan los debates acalorados. Los mismos efectos se observan en las comidas-reuniones.

(iii) El contexto organizativo

En términos generales comprende:

Uno. Reglas de Procedimiento.

Dos. Orden del Día/Agenda.

Tres. Equipo Negociador.

Cuatro. Identificación de autoridad.

Uno Reglas de Procedimiento

Es preciso establecer y cumplir las reglas de procedimiento, que van a regir el desarrollo de las sesiones. Estas reglas las debe elaborar el "E.R.", si bien previo consenso con las partes.

A título orientativo como reglas básicas a conservar en las sesiones se citan:

- Basarse en precedentes casos o situaciones similares.
- Basarse en prácticas habituales.

- Pactos de confidencialidad.
- Orden de intervención de los negociadores.
- Momentos para formular preguntas.
- Formas de documentar la sesión (función que corresponde al "E.R.").
- Las funciones del "E.R." como observador, asesor y director del buen orden de las sesiones.
- Etc.

Dos Orden del Día / Agenda

La Agenda tiene un uso tanto estratégico como táctico. Su cumplimiento actualizado debe ser tarea del "E.R.", previo consenso con las partes en negociación (deudor y acreedores).

También es importante empezar consensuando quién empieza a hablar u otro aspecto sencillo que conlleva inherente un primer acuerdo.

El Orden del Día con descripción de todos los aspectos de la negociación y deben atenderse debidamente. Tarea-función apropiada para el "E.R.".

El Orden del Día para las sesiones, debe iniciarse en primer lugar con temas menos controvertidos o cuestiones secundarias, lo que permite crear un ambiente de cooperación, distendido y agradable, dado que son cuestiones de fácil resolución.

Sin embargo, es preciso que las cuestiones más conflictivas se analicen por orden de importancia, con el fin de consumir el tiempo necesario en lo más principal.

Tres Equipo de Negociación

- El "E.R." ha de identificar e informar a cada parte negociadora sobre los asistentes en la mesa de negociación y sus respectivos roles y dejando claro que el "E.R." ha de dirigir (no imponer) la negociación.
- Lo normal es que participen varios miembros en cada equipo representativo de las partes.
- Como aspectos anecdóticos se citan: Aunque puede resultar peligroso, el que unos miembros del equipo defiendan criterios distintos a otros, dentro del mismo equipo, ello crea un

acercamiento en las partes; Cosa distinta son los modos de distraer al contrario: uno hace de "bueno" y el otro de "malo", que al final es pernicioso porque subyacen persuasivos a fin de confundir a la otra parte.

Cuatro Identificación de autoridad

La autoridad de los miembros de cada parte en la negociación se manifiesta con la capacidad que tiene cada negociador de vincularse con el compromiso o acuerdo en los diferentes aspectos.

El "E.R." ha de ser conocedor de los límites de autoridad en cada parte. Como cuestiones típicas se citan:

- Límites económicos

Es preciso su identificación a efectos de determinar los puntos de ruptura o MAAN (La Mejor Alternativa a un Acuerdo Negociado).

- Límites de cierre

√ En referencia a cláusulas, contratos de garantía, plazos de créditos, etc. Así como límites para vincular a la empresa o entidad que representa.

- Límites establecidos por la voluntad de las partes

Que obligan a las partes al margen de la negociación. Por ejemplo: los estatutos.

- Límites imperativos

En aplicación de la normativa legal.

PLANIFICACIÓN COMUNICATIVA

No basta con preparar concienzudamente "lo que se va a decir", es vital preparar "cómo se va a decir". Cicerón dijo: "***Cuando sabemos qué vamos a decir, lo más importante, con diferencia, es decidir cómo***".

Suele tener repercusiones muy negativas el dejar a la improvisación: la forma de hablar, así como mostrar emociones, el responder a propuestas ajenas o formular las propias propuestas.

(Por cuestiones de espacio del presente documento, sintetizamos, las cuestiones de la planificación comunicativa). Señalamos que para una correcta comunicación (en este caso centrados en la función del "E.R.", éste debe tener conocimiento sobre:

- Las competencias necesarias para la comunicación.

- Los objetivos de la planificación comunicativa.

El encuentro.

La importancia del clima inicial (el encuentro) es vital, dependiendo de él se interpretarán las acciones y palabras. Es decir, esa primera impresión suele ser difícil de cambiar a posteriori. **Todo un reto para el "E.R."**.

El contenido del proceso del encuentro, se expone bajo los siguientes conceptos-fases:

- ESTRUCTURAR EL ENCUENTRO.
- EL INICIO COMO CONDICIONANTE DEL PROCESO.
- LAS PERCEPCIONES Y LAS HIPÓTESIS.
- EL ENCUENTRO COMUNICATIVO.

ESTRUCTURAR EL ENCUENTRO

El encuentro comienza con el inicio de las conversaciones. Antes de iniciar el análisis y conversaciones sobre los temas más controvertidos es necesario:

(i) Definir de común acuerdo las reglas formales del proceso

Como aspectos habituales se citan:

✓ Apertura del debate e intervenciones iniciales de cada una de las partes.

✓ Establecimiento del Orden del Día.

✓ Identificar los portavoces de cada parte.

✓ Establecimiento de las "reglas de juego": (Fair Play), pactos de confidencialidad, no hacer declaraciones públicas hasta determinado momento, reglas de desbloqueo si surge crisis en la negociación.

✓ Dejar constancia de lo acordado, mediante: Acuerdos de intenciones, Actas de reuniones, redacción del borrador de acuerdos.

(ii) Sentar las bases de una comunicación efectiva

✓ Con el fin de conseguir:

- Un encuentro comunicativo y sereno.
- Mecanismo de escucha y respeto.

- Reglas de trato adecuadas.

(iii) Reconstruir y consensuar los hechos

✓ Resulta vital abordar previamente los hechos sobre lo que va a versar la negociación.

✓ Por las partes se han de determinar cuáles son o fueron los hechos a partir de los cuales debe avanzar el proceso.

✓ En ningún caso los hechos deberían ser objeto de negociación.

✓ Es el momento ideal para salvar divergencias que provienen de prejuicios o falsas interpretaciones.

(iv) Identificar y delimitar el objeto de la negociación

✓ Parece que es obvio, pero hay que identificarlo claramente por ambas partes.

✓ A parte de los intereses y objetivos de ambas partes, se pueden originar puntos de vista divergentes de la negociación, a cerca de lo que estamos negociando.

EL INICIO COMO CONDICIONANTE DEL PROCESO

Es importante (labor crucial del "E.R.") cuidar de forma especial, desde el primer momento:

(i) La delimitación de los roles de los negociadores

✓ Dichos roles se constatarán con una visión cada vez más clara y definida en las fases de debate y cierre del acuerdo.

(ii) El clima

✓ Que el encuentro sea sereno, respetuoso y equilibrado.

✓ La serenidad proporciona un estado psicológico idóneo para las deliberaciones y control emocional.

(iii) El grado de autoafirmación de las partes

✓ Corresponde al "E.R.", la delicada labor de que las partes in tervinientes utilicen la habilidad de la autoafirmación desde el comienzo.

✓ Los negociadores que se reafirman suelen optimizar el logro de sus objetivos.

✓ Los negociadores con expectativas elevadas, pero realistas, realizan mejor sus funciones que los de aspiraciones humildes.

✓ Desgraciadamente, sin haber mantenido una actitud de reafirmación desde el inicio del encuentro, es imposible conseguir reafirmarse y hacerse valer a la hora de formular propuestas.

En contra, un clima tenso, presidido por la impulsividad y los mecanismos de acción-reacción provoca comunicaciones abocadas al enfrentamiento y una distancia entre los negociadores.

LAS PERCEPCIONES Y LAS HIPÓTESIS

Cuando los negociadores llegan a la mesa para iniciar las sesiones, llevan consigo una serie de premisas que son tenidas como verdaderas por cada uno de ellos.

- ¿Por qué la realidad no es sólo una?
  - Porque las propuestas-premisas proceden de la experiencia humana y cada uno tiende a defender su ego.
  - Porque la memoria depende de la trayectoria vital de cada persona.
  - Porque los valores, las motivaciones y las prioridades son diferentes en cada persona.
- ¿Cómo conseguir superar las diferencias en la práctica?
  - Estar preparado para descubrir otros mundos (otras opiniones).
  - La autoridad y el totalitarismo sólo nos encierra en lo nuestro.
  - Controlar las emociones y las respuestas impulsivas: con un control emocional se frenan los arrastradores empujes sorpresivos.
  - En vez de decir: "Eso es inadmisible", preguntar ¿en qué se basa su planteamiento?
  - Superar los aspectos disonantes por medio del aporte de categorías de mayor abstracción y globalidad que integren las diferencias.
  - Para ello hay que usar un lenguaje rico, matizado y no "dilemático".
  - Hablar desde el "yo", es decir, hablando en primera persona expresando lo que siente. Por ejemplo, en lugar de decir: "Tú nos has querido engañar al darnos una informa-

ción incorrecta", se debe decir: "Hemos sentido que nos has querido engañar al darnos la información incorrecta".

- Centrarnos en el problema y no en las personas. Por ejemplo, no decir: "Tú nos diste la información incorrecta" y se debe decir: "La información facilitada no era correcta".

EL ENCUENTRO COMUNICATIVO

El momento del encuentro es un momento difícil y las partes saben que les espera un complejo proceso de diálogo, aunque se disponga de un teórico mayor poder de decisión.

En el encuentro las emociones hacen su aparición (tensión, ansiedad, cierta crispación, impulsividad) que los intervinientes tienen que controlar, aun cuando "están saludándose".

Los precedentes que se establecen al comienzo marcan el desarrollo posterior de la negociación: (i) Si uno empieza, de forma impulsiva, prepotente y descontrolada, se ha tomado una dirección que va contra la racionalidad y el control, (ii) Si se inicia en plan inhibidos, inseguros y temerosos será difícil frenar a posteriori los efectos de esta primera impresión en la/s otra/s parte/s.

A continuación, se exponen las metas y/o prácticas que deben considerar los intervinientes en la negociación (4 factores/ conceptos).

Uno. Iniciar un encuentro afable y sereno

- Un saludo cálido y pausado utilizando un tono positivo.
- No es conveniente usar fórmulas hechas, ampulosidad ni una familiaridad injustificada.
- Conceder protagonismo a la contraparte, interesándonos por algo referente al mismo.
- Observar a los interlocutores de las partes (nerviosismo, temor, cautela) y sus formas de hablar al dirigirse a las otras partes.
- No precipitarse para tomar asiento. Si somos los anfitriones cederle el asiento de mayor relevancia. Si estamos en campo ajeno, esperar que nos propongan sentarnos.
- El deslumbramiento solar (cara a la ventana) constituye un factor significativo, probablemente no ético.
- Adoptar una postura adecuada: relajada y atenta dirigida a las otras partes.

- Evitar posturas demasiado alejadas del otro, así como señales de ansiedad (movimientos de manos y pies, manipulación de objetos).
- Evitar miradas prolongadas y fijas, con la barbilla alta.

Dos. Establecer la identidad de las partes

Cada vez que se habla, además de proporcionar información sobre el tema, se revelan elementos como el yo, los roles que se adoptan, sus expectativas y resultados que prevén ...

Para ello es aconsejable:

❖ Escuchar atentamente y sin interrumpir

- El silencio antes de intervenir crea una cierta expectación y podemos controlar lo que decimos y cómo lo decimos.

❖ Controlar el ciclo: "acción-reacción"

- Poner como norma que no se interrumpa a la otra parte y se le escuche atentamente. Entregándoles a los asistentes unos folios en blanco, con el fin de que puedan anotar lo que quieran contestar a la otra parte. Y así evitar el miedo a que se le olviden la correspondiente contestación.
- El "E.R." debe recordar las normas de respeto y escucha establecidos al comienzo.
- Si el tono y diálogo no está controlado es preciso que el "E.R." diga frases como:
- ¿Qué le parece si dejamos de lado las valoraciones personales y nos centramos en el objeto de la negociación?
- Con este tipo de intervenciones se crea cierta empatía y suponen tomar la dirección del proceso hacia los objetivos previstos.
- El "E.R." debe reformular aquellas frases que puedan ser mal sonantes, dichas por una de las partes respecto a la otra, a fin de reconducir el diálogo.

❖ Mantenerse atento, para que las partes actúen en normales formas comunicativas.

Tres. Obtener información

Como ampliatorio y verificativo a lo señalado en la fase de preparación.

❖ Formular preguntas adecuadas

- Las preguntas deben ampliar los márgenes de diálogo a través de preguntas abiertas.
- Normalmente se cometen errores a la hora de escuchar: juzgar y tomar partido, respondiendo sin reflexionar con lo que se pierde información, así como, estar respondiendo de forma autobiográfica: comparando lo que dice con nuestras experiencias. Es decir, hay que legitimar a la otra parte.
- Situarnos en la "piel de la otra parte", con el fin de dar vibraciones de empatía.

❖ Observar a los interlocutores de la otra parte

- En su comportamiento: gestos, formas de hablar y moverse, su posición en la mesa, su apariencia física, con el fin de conocer cómo es y cómo previsiblemente se comportarán.
- No hay que suponer lo que la otra parte quiere o necesita, ni creer adivinar cómo son las cosas. Siempre es conveniente preguntar.
- Conviene intentar alinearse con los rasgos positivos de los interlocutores para multiplicar su efecto, en aras a facilitar conocerles.
- Reiteramos, hay que centrarse en lo que les une a las partes y en los reconocimientos que se hacen entre sí.

Cuatro. Controlar la información que se transmite

❖ Responder de forma genérica o abstracta

- No cerrar el diálogo en los estrechos márgenes de concreción.
- Si nos hacen preguntas a nivel de detalle, conviene reformularlo a un nivel más general.

❖ Posponer ciertos temas

- Responder en línea a: "la complejidad del tema exige un mayor análisis, por lo que conviene analizar y establecer un punto de partida".
- Ir paso a paso llegando a acuerdos parciales que nos ayudarán a mejorar la negociación.

- Preparación previa de un esquema de lo que vamos a hablar en un principio
  - Nos ayudará a mantener el control de determinados aspectos de relevancia que no deben ser tratados a la ligera.
  - Nos orientan sobre los temas que queremos desarrollar.

Ejemplo: No hablar de dinero hasta conocer los intereses de las diversas partes".

El dialogo.

El Diálogo constituye el centro de la negociación para construir el acuerdo. Todo ello se realiza conjugando:

- Los intereses y las necesidades de cada parte.
- La proposición de las diferentes opciones que sirvan para llegar al encuentro de ambas partes.
- Gestionar las emociones y comportamientos que vayan surgiendo durante el diálogo.

El Diálogo debe estructurarse y controlarse en los siguientes hitos:

- Elementos necesarios para un diálogo efectivo
- Las fuerzas presentes en toda negociación
- Las propuestas en la mesa de negociación
- Los bloqueos en el debate
- Las concesiones en el debate
- El debate comunicativo
- Formular y responder a las propuestas

ELEMENTOS NECESARIOS PARA UN DIÁLOGO EFECTIVO

Se citan 9 elementos:

Uno. Hablar desde el "yo"

- Hablar en primera persona desde lo que he sentido o he percibido, y no de forma acusadora hacia la otra parte.
- Centrarnos en el tema y no en las personas.
- De forma dialogante.
- Que las partes comprendan las visiones de las otras partes, a través de la escucha.

Dos. Ser paciente y dejar hablar

- Exige la escucha activa.
- En ocasiones no se sabe escuchar hasta que ellos han expresado sus opiniones. En este caso lo conveniente sería que inicien éstos el diálogo.
- Dejar hablar al otro se contagia en el otro, y disminuye la ansiedad. Esto ocurre cuando uno se siente escuchado.

Tres. Mostrar comprensión hacia los intereses de las otras partes

- Así se consigue que la negociación sea una solución conjunta de un problema común.
- Los demás escuchan mejor si consideran que se les ha comprendido.
- No confundirse: comprender no significa dar la razón.

Cuatro. Debemos conseguir que las partes conozcan los respectivos intereses

- Han de ser conscientes de que el problema con el que nos enfrentamos requiere una atención plenamente justificada, de ambas partes, recíprocamente.

Cinco. Hay que tomar el tiempo necesario para formular la propuesta

- No hay prisa para buscar la solución.
- Hay que superar las presiones existentes.

Seis. Si se dan las condiciones para entablar una estrategia de cooperación, no hay motivo para no compartir información y revelar intereses de forma recíproca y progresiva

- En caso contrario, si observamos que la otra parte actúa con ánimo competitivo y tiene intenciones de utilizar instrumentos de fuerza y no de razón, hay que actuar con cautela. Hay que intentar comprender qué miedos y/o resistencias tienen.

Siete. Establecer y diseñar el abanico de opción para conciliar, de forma creativa y detallada, los intereses de ambas partes

- Confeccionar la lista de todas las opciones. Todas las opciones valen, y, luego progresivamente ir descartando.

Ocho. Hay que realizar las propuestas, el análisis de las mismas y ver si satisfacen los intereses de todas las partes

- En línea a conseguir la conciliación.

Nueve. Calibrar la medida correcta de nuestras concesiones

- El momento más apropiado para acceder a una concesión es cuando vemos que se satisfacen los intereses con ello.

LAS FUERZAS PRESENTES EN TODA NEGOCIACIÓN

En toda negociación confluyen (3) factores:

- El Poder
- El Tiempo
- La Información

que se influyen y condicionan mutuamente. Así la falta de tiempo se puede contrarrestar con un buen nivel de información, etc.

EL PODER

Implica una dimensión de dominio-sumisión.

Se citan (3) fuentes de poder:

- Fuentes de poder asimétrico
- Fuentes de poder objetivo
- Fuentes de poder simétrico

Una. Las Fuentes de poder asimétrico, puedan ser de (2) tipos.

- ❖ El autoritarismo
  - Es el más identificable.
  - Se hace palpable a través de: amenazas, interrogaciones frecuentes, valoraciones peyorativas, imposición gratuita de reglas y represalias.
  - Ello origina una negociación cargada de emociones negativas. Lo que dificulta la negociación.
- ❖ La debilidad o aparente sumisión
  - Empezar una negociación en una situación de debilidad frente a la contraparte no significa que uno está "vencido". Ello se debe, que normalmente, la parte aparentemente superior necesita algo de la otra parte.
  - El que actúa en el rol de débil debe: (i) Evitar la tendencia al sometimiento y las cesiones rápidas al sabernos débiles; (ii) Evitar la ocultación de nuestra debilidad fingiendo poder y exposición de alternativas (MAAN) que no poseemos;

(iii) Preguntar, observar y tratar de conocer al máximo el objeto que se negocia y a nuestros interlocutores; (iv) Imprimir seguridad y serenidad a nuestro comportamiento; (v) Incidir en la negociación con aportaciones de opciones creativas y de valor.

- El débil debe empoderarse.

Dos. Como fuentes de poder objetivo se citan (3):

v La/s alternativa/s y el MAAN (La Mejor Alternativa a un Acuerdo Negociado)

- El disponer de otras soluciones posibles, para el caso de que no se llegue a un acuerdo, es una de las más importantes fuentes de poder.
- Cada propuesta que dispongamos ha de ser comparada con nuestro MAAN, tomando como referencia los mínimos.
- Cuando mejor sea nuestro MAAN, menos forzados nos veremos a aceptar acuerdos poco satisfactorios.
- Pero, hay que tener en cuenta que la otra parte tendrá su MAAN.

Tres. Fuentes de poder simétrico o de cooperación

Aunque lo habitual es considerar y hablar de poder asimétrico y objetivos, sin embargo, se puede crear poder simétrico o poder de cooperación. Para ello se deben seguir (3) indicadores:

(i) Desarrollo de una relación entre los negociadores

- Si realmente se ha llegado a la cooperación, es decir, al haber salvado: recelos, tensiones y enfrentamientos, resurgen las óptimas condiciones para escucharse, cooperar y alcanzar un acuerdo.

(ii) Comprensión de los intereses de la otra parte

- Cuando mejor hayamos identificado y comprendido los intereses y las necesidades de la otra parte, más capacitados estaremos para generar opciones creativas.

(iii) Creatividad

- La creatividad de las partes negociadoras potenciará la posibilidad de generar gran cantidad de opciones, materializándose en propuestas: claras, precisas y satisfactorias.

EL TIEMPO

El factor tiempo debe ser analizado bajo (2) perspectivas:

Una. Como tiempo disponible para negociar

- El "E.R." ha de ser consciente que el plazo de negociar estará limitado a (3) meses, pero al amparo del artículo 607.1 del TRLC, la negociación podrá prorrogarse (3) meses más. Por lo que se dispone de (6) meses para dichos fines.

En función de la complejidad de las negociaciones, el tope de (6) meses puede considerarse suficiente o corto e insuficiente en el tiempo. Pero en definitiva dependerá en gran parte de las diligencias de actuación de los interlocutores actuantes.

No hay que caer en los equívocos sobre: asociar brevedad a eficiencia, así como disponibilidad de tiempo con un desarrollo caótico y tedioso.

Dos. Es preciso determinar cuestiones logísticas

- Fijar reuniones, con la agenda de cada reunión.
- Los días y horas que más convengan al respecto a las partes.
- Solicitud de descansos.
- Etc.

LA INFORMACIÓN

- La información es poder.
- Nunca debe sentarse en la mesa de negociación sin disponer de una adecuada información y preparación.
- El considerar como lo único importante el diálogo y olvidándonos de los aspectos preparativos, conduce a formas de negociación improvisadas y muy ineficientes.
- Por otra parte, tampoco basta con hacerse con una información precisa y eficiente, sino que ésta debe ser la base para el desarrollo de todo el proceso.

LAS PROPUESTAS EN LA MESA DE NEGOCIACIÓN

Las propuestas además de su lógica y contenido han de cumplir con los (2) requisitos básicos:

a) (5) REQUISITOS DE LAS PREGUNTAS

Uno. Preguntas abiertas

- Sólo proceder a preguntas cerradas para confirmar algún externo o verificar que se ha entendido bien.

Dos. Claras y precisas

- Con claridad, brevedad y precisión.

Tres. Creíbles

- Que se consideren razonables para los interlocutores.

Cuatro. Fieles a nuestra lista de intenciones

- Debe disponerse de una lista de todos los asuntos para cerrar el acuerdo final.

Cinco. Creativas

- Hay que velar por los intereses de ambas partes.

b) Tipos de propuestas

Se clasifican según la situación de oferta de la ZOPA (Zona de Posible Acuerdo). Ejemplo: Si el acreedor no está dispuesto a una quita superior al 20% y el deudor no ve posible una quita menor del 30%, la ZOPA se sitúa gráficamente entre una quita 20 y 30%. Así se clasificarían las propuestas en:

Oferta Moderada. Dentro de la zona ZOPA (por ejemplo: 25%).

Oferta Dura. Fuera de la zona ZOPA, según los intervinientes. (Por ejemplo, si el acreedor cree que el deudor está dispuesto a aceptar quita entre 15 a 18%, la "zona Nebulosa" para el acreedor es el intervalo 15-18%).

Oferta Extrema. Que excede de la "zona Nebulosa". Por ejemplo, que el acreedor ofrece una quita el 12%.

Consejos al respecto:

- Cuanta menos informaciones se disponen sobre las condiciones de la otra parte, menos respetables podrán ser las ofertas de la parte contraria.
- Las ofertas que se realicen, tras escuchar a la otra parte, deben ser opciones que satisfagan los intereses de ambas partes, lo cual resultará más creíble y aceptable, bajo el objetivo del acuerdo.
- En la elaboración del Plan de Viabilidad es necesario que participen activamente las partes involucradas.

LOS BLOQUEOS EN EL DIÁLOGO

Es preciso superar los bloqueos que tienen gran riesgo de que surjan en el debate.

El hecho de que se haya adoptado un método no garantiza que no aparezcan bloqueos.

El Bloqueo origina los siguientes efectos negativos: (i) Ralentización anormal o paralización de todo el proceso, (ii) Sensación de frustración e incapacidad de continuar, (iii) Sensación de que la ruptura está cercana, (iv) Alteración importante en el equilibrio emocional de las partes y (v) La comunicación entre las partes se hace difícil.

Es aquí donde el "E.R." tiene que mostrar sus habilidades. Para ello, sintetizando, debe considerar:

- La identificación del bloqueo
- Aplicar las técnicas adecuadas

CONCESIONES EN EL DIÁLOGO

Es requisito indispensable mantener la escucha permanente a la otra parte. Y en progreso del diálogo se irá adaptando a lo que surge en el diálogo y, obviamente, a las concesiones mutuas a realizar.

Las concesiones están ligadas al proceso de negociación. La negociación es un intercambio y está afectado por continuas concesiones en su intento. Sin concesiones NO es una negociación, sería una imposición a la que una de las partes se adhiere.

Cuando se procede a una concesión no hay que sentir que hemos perdido algo en la negociación, sino que accedemos hacia el acuerdo deseado.

EL DIÁLOGO COMUNICATIVO

El diálogo constituye un proceso comunicativo de alto nivel, donde subsisten (2) metas difíciles:

Una. Que el diálogo sea reconocible como un proceso estructurado y evolutivo.

Dos. Que la creatividad y la capacidad de entretenimiento permita la construcción de un acuerdo conveniente para las partes.

Para recoger el conjunto de actuaciones y fases del proceso con el fin de lograr las citadas dos metas, deben aplicarse las siguientes (5) consideraciones:

- Como abordar los hechos.
- Indagar y hablar de intereses.
- Explorar las posibles opciones.
- Hacer avanzar el debate.
- Formular y responder a las propuestas.

FORMULAR Y RESPONDER A LAS PROPUESTAS

a) En la formulación y respuestas a las propuestas es donde juegan un papel decisivo los factores de "autoafirmación", y la capacidad de negociación. Constituye, dentro del diálogo, la parte final y concreción de lo que ha sucedido en el mismo.

Para ello es preciso tener en cuenta recursos de actuación, citándose como referencia:

- Escuchar con atención
- Hacer preguntas abiertas
- Guardar silencio

b) Escuchar con atención y control

Para controlar la ansiedad, la impulsividad, la indignación y la sorpresa es conveniente.

- ❖ Adoptar una postura cómoda en el asiento.
- ❖ Respirar pausadamente y mirar de forma distendida al que está hablando.
- ❖ Escucharle atentamente, sin pensar en lo que voy a contestar.
- ❖ Y tomamos nota de algunos detalles de lo que dice.

De esta forma podemos:

- ❖ Comprender bien todo lo que se nos dice,
- ❖ Observar las señales que nos pueden indicar el grado de convicción y coherencia con el que otro apoya su planteamiento.

c) Hacer preguntas

Por muy concreta que sea la propuesta, siempre es conveniente verificar qué nos quiere proponer, lo cual puede permitir:

- Observar y conocer mejor lo que propone o porqué.
- Frenar y demorar la respuesta, con el consiguiente beneficio de control emocional y deliberación.

- Deshacer el malentendido si es que hemos escuchado mal o parcialmente el contenido de su propuesta.

d) Guardar silencio

El uso de los silencios en la comunicación es una poderosa arma de diálogo. A su vez corta de forma clara la impulsividad de la reacción, y nos permite "comenzar de nuevo el diálogo", donde la iniciativa la toma el que guarda silencio.

El silencio no ha de ser demasiado largo, que a su vez ha de ir acompañado por señales que se identifiquen con la reflexión.

e) Considerar todas las propuestas que propongan las partes

Para ir valorándolas una a una.

Se establecen (6) reglas comunicativas:

Una. Uso del lenguaje concreto y cuidadoso

No deben quedar lagunas o impresiones que creen malentendidos.

Dos. Uso de la empatía

En ese momento de previsible tensión y distanciamiento es cuando debe hacerse uso de la empatía de la forma más certera y dialogante.

Tres. Argumentación objetiva

Las técnicas argumentativas son el complemento de la empatía y el cuidado del lenguaje.

Cuatro. Apertura

La argumentación objetiva se complementa con la aptitud de apertura y escucha relajada a lo/s planteamiento/s de la/s otra/s parte/s. Una propuesta es una continuación del diálogo, no es el final o la ruptura. Esperar que la otra parte responda es, de una forma o de otra, legitimar su derecho de opinar de forma diferente.

Cinco. Seguridad

Crear un espacio seguro y confiable para las partes.

Seis. Creatividad

En las actuaciones, lo cual permitirá: plantear salidas imprevistas, así como generar variaciones novedosas y soluciones que satisfagan a las partes.

El cierre de la negociación.

De nada sirve haber mantenido una adecuada preparación y encuentro, completado con un buen diálogo, si al final no se materializa el cierre de forma adecuada, oportuna y con garantías de futuro.

Para ello, hay que considerar (sintetizando) los siguientes cuatro procesos:

- Cómo realizar un cierre de forma eficiente.
- Tipos de cierre.
- Diseño del acuerdo y la formación del compromiso.
- El cierre comunicativo.

CÓMO REALIZAR UN CIERRE DE FORMA EFICIENTE

El cierre constituye el momento más importante. De nada sirven los procesos anteriores si a la hora de cerrar, sí "cedemos" por miedo o por evitar cuestiones problemáticas.

No hay nada más contraproducente que precipitar la situación de cierre. Suele ser habitual caer en la prisa. El cansancio, al igual que las prisas, son detectados por los negociadores hábiles y se aprovechan en esos momentos finales para aprovecharse de las concesiones.

Se recomienda mucha calma a la hora de cerrar. Tras el diálogo y antes de entrar al cierre, es aconsejable un receso o pausa de al menos 30 minutos.

Es fundamental que los negociadores tengan fijados, desde el inicio sus objetivos, para salvaguardarse de circunstancias sorpresivas que puedan surgir. Por ello, cualquier propuesta de cierre debe ser comparada en todo momento, por cada parte, con su MAAN (Mejor Alternativa a un Acuerdo Negociado), y sobre todo ha de verificarse que se satisfacen los intereses de las partes.

Hay que ser conscientes que nadie está obligado a llegar a un acuerdo con la otra parte. En ocasiones, el mejor acuerdo es no llegar a un acuerdo.

TIPOS DE CIERRE

Los tipos de cierre "estándar" se pueden distinguir ateniendo a las dos habituales actitudes: Posicionales y las basadas en Intereses.

a) Tipos de cierre derivados de actitudes posicionales

Se mencionan (3) tipos:

Uno. Cierre con intimidación y amenazas

- El negociador de una parte trata de presionar a la otra parte para conseguir lo que quiere.
- Sólo se justifica cuando exista un factor determinante (ejemplo: "Si no aceptas para las 12 horas de mañana, ... la propuesta se retira").

Dos. Cierre alternativo

Se presentan a la otra parte alternativas para que elija entre ellas y así se produzca el cierre.

Tres. Cierre consecuencia del empleo de determinadas tácticas

- Tácticas con fuerte sentido persuasivo.
- De inmediato han de ser neutralizadas. La palanca que hay que activar para ello no es una reacción frente a determinada acción de la otra parte, sino contemplando el conjunto holístico de los aspectos y hechos objeto de negociación.

b) Tipos de cierre derivados de las orientaciones basadas en principios o intereses

Asimismo, se mencionan (3) tipos:

Uno. Cierre recapitulativo

- Paso previo: recapitular los puntos de mayor coincidencia con la otra parte.
- A continuación: pasar a abordar los puntos donde existen más dificultades, subrayando lo ventajoso de llegar a un acuerdo sobre los aspectos que quedan pendientes.

Dos. Cierre parcial

- Con este tipo de cierre se salvan los aspectos negativos de la precipitación para el cierre del acuerdo.
- También puede servir a las partes para reflexionar con tiempo de comprender mejor las ventajas de una propuesta.

Tres. Cierre del pequeño ajuste negociado

- Suele ocurrir que tras propuestas respectivas exista un principio de acuerdo sobre las mismas, pero que una de las partes trata alguna cuestión que la otra parte consideraba ya cerrada.

En la fase de cierre, sólo es conveniente hacer pequeños ajustes, pero no negociar cuestiones que estaban ya cerradas, ni introducir puntos nuevos de negociación. Ello da la sensación de que "todo es reversible".

Sin embargo, estas situaciones suceden. Es lógico que el negociador se vea sorprendido, y sólo debe actuar aceptando si: (i) La cuestión sea de escasa importancia, (ii) Para salvar la importancia según opinión subjetiva, su objetivización puede lograrse valorando cuantitativamente y (iii) Cumpliendo lo anterior, aprovechar para cerrar y firmar el documento formal de lo acordado.

EL DISEÑO DEL ACUERDO Y LA FORMACIÓN DEL COMPROMISO

a) Etapa del diseño o construcción del acuerdo

Se trata de poner en orden todos aquellos acuerdos a los que se ha llegado con la otra parte. Para ello es conveniente seguir (4) pasos:

Uno. Lectura de las notas y recapitulación

Hay que atenerse a las notas tomadas de los avances en las negociaciones.

Dos. Validación del acta

Se preparará el acta de la negociación, responsabilizándose de ello el "E.R." y en caso de no estar nombrado, conjuntamente por el conjunto de las partes.

Tres. Redacción de documentos

Validándose por los abogados y asesores jurídicos, siendo fiel reflejo de lo acordado.

Cuatro. Firmar el acuerdo

Lo firmarán las personas autorizadas, y por supuesto, el "E.R." que ha actuado como mediador-negociador. Se firmarán tantas copias como partes, haciendo mención del número de copias firmadas.

Se redactarán en diferentes lenguas, si es necesario, haciendo mención de la versión que debe prevalecer, ya que los demás se consideran solamente traducciones de ésta y con el objetivo de ser informativos.

b) Etapa de formación de compromiso

Las partes han de conocer la vinculación jurídica y los derechos y obligaciones que se derivan del acuerdo firmado.

Así el documento requerirá elevarlo a público e inscribirlo en registros (Registro Público Concursal, Registro Mercantil, Registro de la Propiedad...).

EL CIERRE COMUNICATIVO

Es preciso mantener el diálogo constructivo y de relaciones mantenidas entre partes.

a) Si hay acuerdo garantizar el cierre

No hay que permitir que la precipitación o las ganas de terminar disminuyan la calidad de los actos comunicativos finales. Consejos (4) al respecto:

Uno. Recapitular y anotar las condiciones del cierre

Aunque parezca que está todo acordado, suelen surgir divergencias interpretativas o imprecisas. Por ello, es preciso reducir al máximo el desacuerdo o malentendido.

Dos. Concretar próximas acciones y plazos

Hay que utilizar lenguaje de alta concreción, para cerrar la agenda de actuaciones, designando responsables y los plazos correspondientes.

Tres. Mostrar satisfacción y valorar lo logrado

Es fundamental mantener el buen clima final y el interés por preservar la relación cara a futuro.

Hay que valorar, con expresión emocional sincera, el resultado obtenido y sobre todo por la cooperación y trato mostrados por los interlocutores de la otra parte.

Cuatro. Cuidar la despedida

Ha de ser un acto interpersonal. La atención estará puesta en las personas y no en los asuntos tratados. Ello permite aliviar el esfuerzo y tensión mantenidos.

b) Si no hay acuerdo salvar la relación

Si la negociación se cierra sin acuerdo, sin embargo, es preciso salvar la relación con los interlocutores de la otra parte.

Para conseguirlo se recomiendan (2) tareas comunicativas:

Uno. Recuperar el buen clima de la relación

- No todo es factible, si la relación ha sido desastrosa y se han cortado las relaciones antes de tiempo, la recuperación del buen clima puede ser inviable.
- Si embargo, hay que comunicarse los aspectos positivos que han existido durante la negociación (por pequeños que sean: amabilidad de la otra parte, el esfuerzo en escucharnos, el que nadie haya puesto "zancadillas", etc.), siempre centrarnos en el problema y no en las personas.

No deben mencionarse términos muy rotundos o despectivos: "completo fracaso", "tiempo perdido", "gran decepción", etc., por no haber llegado a un acuerdo.

Dos. Cuidar la despedida

Debemos aparentar un control emocional de suficiencia. Se recomiendan (4) acciones comunicativas:

(i) Dar un fuerte apretón de manos mirando a nuestro interlocutor de forma pausada y afable.

(ii) Interesarnos por su viaje de vuelta o desplazamiento si la otra parte ha venido de lejos.

(iii) No mostrar prisa por marcharnos, en el caso de que seamos nosotros los desplazados.

(iv) No dar la impresión de que nos "escondemos" o escapamos de los interlocutores.

III.4. La dialéctica

El monográfico del MANUAL DE DIRECCIÓN ESTRATÉGICA del GRUPO ZUBIZARRETA, en su parte **PARTE III - CONCEPTOS Y ELEMENTOS DE LA DIALÉCTICA**, desarrolla con cierta profundidad el contenido de su título.

Su inclusión, aunque sea sintetizada, desbordaría el contenido de este documento, dejándolo desproporcionado por su dimensión.

Sin embargo, respecto a la persuasión, recogemos un pequeño apartado sobre discursos persuasivos:

"TISIAS y su maestro CORAX crearon el primer tratado de los discursos persuasivos, que se titula ARTE.

Leyenda:

CORAX no consiguió que TISIAS le pagara el precio acordado por sus lecciones, por lo que presentó una demanda contra TISIAS.

Ante el tribunal, TISIAS interrogó a CORAX así: "***¿Qué prometiste enseñarme?***" Y el maestro respondió con concisión: "***El arte de persuadir a quien quieras***". Y a continuación TISIAS propuso un dilema:

TISIAS: "***Si me has enseñado bien este arte, entonces he de poder persuadirte de que no has de cobrar tus honorarios y si no me lo has enseñado, no te debo nada por no haber cumplido tu promesa***".

CORAX: "***Si consigues convencerme de que no cobre, deberás pagarme pues habré mantenido mi promesa. Si, por el contrario, no lo consigues, me habrás de pagar, y con doble motivo***".

¡Parece irónico o tal vez no!

7. LA NECESARIA PARTICIPACIÓN DE LOS REPRESENTANTES DE LOS TRABAJADORES EN EL CONCURSO DE ACREEDORES

FRANCISCO CANO MARCO
Magistrado-Juez de lo mercantil núm. 2 de Murcia

Sumario: I. INTRODUCCIÓN. II. LA REPRESENTACIÓN DE LOS TRABAJADORES EN EL DERECHO ESPAÑOL. III. LA REPRESENTACIÓN DE LOS TRABAJADORES EN EL TEXTO REFUNDIDO LEY CONCURSAL. IV. LOS REPRESENTANTES DE LOS TRABAJADORES EN EL EXPEDIENTE DE REGULACIÓN DE EMPLEO.

I. INTRODUCCIÓN

Cuando se tramita un concurso de acreedores, y el concursado, persona física o jurídica, tiene, o ha tenido trabajadores a su cargo, resulta esencial acudir a ciertas normas de derecho laboral, que afectan a aquellos, y que resultan imprescindibles para resolver las distintas incidencias concursales.

Además de las nociones laborales que son necesarias, por ejemplo, para la gestión de la empresa que continúa en funcionamiento, para la clasificación de los créditos laborales o para la tramitación de un expediente de regulación de empleo concursal, nunca debe olvidarse la posible existencia de representantes de los trabajadores, y su necesaria participación en el concurso en los supuestos concretos que prevé el propio Texto Refundido de la Ley Concursal (TRLC)

No solo en cuestiones netamente laborales, como el expediente de regulación de empleo, debe darse intervención a los representantes de los trabajadores, sino que, en otras, que pudieran parecer ajenas, como la venta de la unidad productiva o la negociación de un plan de reestructuración, la participación de los representantes de los trabajadores resulta esencial para la correcta tramitación del procedimiento.

En la medida en que la participación de los representantes de los trabajadores esté prevista como un trámite obligatorio en el TRLC, su omisión puede dar lugar a supuestos de nulidad de actuaciones, con los problemas que ello genera, e, incluso, a la responsabilidad de la administración concursal, por no haber advertido y promovido la necesaria intervención de estos órganos, en caso de que ello genere perjuicio alguno al concurso o a los propios trabajadores.

En el presente artículo analizaremos, en primer lugar, quiénes son los representantes de los trabajadores en el derecho español, y, en segundo lugar, en qué supuestos es necesaria su intervención en el concurso.

II. LA REPRESENTACIÓN DE LOS TRABAJADORES EN EL DERECHO ESPAÑOL

Nuestro ordenamiento jurídico contempla un doble sistema de representación de los trabajadores en la empresa, a través, por un lado, de la llamada representación unitaria, constituida por delegados de personal y comités de empresa, cuya regulación se contiene el Título II del Real Decreto Legislativo 2/2015, de 23 de octubre, por el que se aprueba el texto refundido de la Ley del Estatuto de los Trabajadores (ET), y por otro lado, de la llamada representación sindical, constituida por las secciones sindicales en la empresa, reguladas por la Ley Orgánica 11/1985, de 2 de agosto, de Libertad Sindical (LOLS).

Analizando, en primer lugar, la representación unitaria, conviene indicar que podrán contar con delegados de personal aquellas empresas o centros de trabajos que tengan menos de cincuenta y más de diez trabajadores. Igualmente podrá haber un delegado de personal en aquellas empresas o centros que cuenten entre seis y diez trabajadores, si así lo decidieran éstos por mayoría. Los trabajadores elegirán, mediante sufragio libre, personal, secreto y directo a los delegados de personal en la cuantía siguiente: hasta treinta trabajadores, uno; de treinta y uno a cuarenta y nueve, tres, y éstos ejercerán la representación cuando sean más de uno de manera mancomunada (artículo 62 ET).

Los comités de empresa podrán constituirse en centros de trabajo de más de cincuenta trabajadores. En la empresa que tenga en la misma provincia, o en municipios limítrofes, dos o más centros de trabajo cuyos censos no alcancen los cincuenta trabajadores, pero que en su conjunto lo sumen, se podrá constituir un comité de empresa conjunto. Cuando unos centros tengan cincuenta trabajadores y otros de la misma provincia no, en los primeros se constituirán comités de empresa propios y con todos los segundos se constituirá otro. Solo por convenio colectivo podrá pactarse la constitución y funcionamiento de un comité intercentros con un máximo de trece miembros, que serán designados de entre los componentes de los distintos comités de centro. Los comités contarán con un presidente y un secretario (artículo 63 ET).

Las competencias de delegados de personal y comités de empresa son las mismas, y se contemplan en el ET en su artículo 64, incluyendo variadas funciones de información y consulta, contando dichos órganos con las garantías establecidas en el artículo 68 ET.

La designación de delegados de personal y comités de empresa se realiza por los trabajadores de la empresa a través de las oportunas elecciones, y la duración de su mandato será de cuatro años, entendiéndose que se mantendrán en funciones, en el ejercicio de sus competencias y de sus garantías, hasta tanto no se hubiesen promovido y celebrado nuevas elecciones. Solamente podrán ser revocados los delegados de personal y miembros del comité durante su mandato por decisión de los trabajadores que los hayan elegido (artículo 67 ET).

En el caso de producirse vacante por cualquier causa (fallecimiento, dimisión, jubilación, etc...) en los comités de empresa o de centros de trabajo, aquella se cubrirá automáticamente por el trabajador siguiente en la lista a la que pertenezca el sustituido. Cuando la vacante se refiera a los delegados de personal, se cubrirá automáticamente por el trabajador que hubiera obtenido en la votación un número de votos inmediatamente inferior al último de los elegidos. El sustituto lo será por el tiempo que reste del mandato.

Resulta importante entender que no todas las empresas tienen representantes de los trabajadores, pues las elecciones a estos cargos no se celebran obligatoriamente y de modo automático, sino que ello depende de que en la concreta empresa se haya promovido la elección por los legitimados, que conforme al artículo 67 ET son las organizaciones sindicales más representativas, las que cuenten con un mínimo de un diez por ciento de representantes en la empresa o los trabajadores del centro de trabajo por acuerdo mayoritario.

Se estima que aproximadamente solo el 57,1% de las empresas españolas cuentan con representantes de los trabajadores, y, como ya se ha dicho, la norma española no permite que las empresas con entre uno y cinco trabajadores cuenten con éstos, por lo tanto, será habitual que no exista representación de los trabajadores en la empresa.

Para averiguar si una empresa tiene representantes de los trabajadores el administrador concursal deberá solicitar esta información a los administradores de la sociedad, de quienes deberá recabar la documentación oportuna, especialmente, las actas de las elecciones. En su defecto, y sin perjuicio de consultar con los trabajadores de la empresa, esta información puede solicitarse a la Oficina Pública de Elecciones Sindicales (OPE) dependiente de cada Comunidad Autónoma.

Conviviendo con los delegados de personal o con los comités de empresa, pueden existir igualmente en las empresas secciones sindicales, que son estructuras organizativas internas de los sindicatos dentro de una empresa, y pueden constituirse en el seno de la misma por los trabajadores afiliados a un concreto sindicato, y conforme a los estatutos del mismo.

Su composición y derechos se regulan en los artículos 8 y ss. de la LOLS, y se encuentran representadas por él o los delegados sindicales, que tendrán las mismas garantías que los delegados de personal y similares derechos de información y consulta.

En la medida en que en una empresa en concurso existan los dos tipos de representación, la unitaria y la sindical, habrá que estar a las concretas menciones del TRLC para determinar la participación de cada una de ellas. Como veremos, en el expediente de regulación de empleo la norma da prioridad a las secciones sindicales. Cuando no resulte con claridad, entiendo que lo más correcto será dar las oportunas audiencias o intervención separadamente a ambas representaciones.

III. LA REPRESENTACIÓN DE LOS TRABAJADORES EN EL TEXTO REFUNDIDO LEY CONCURSAL

El TRLC prevé de modo concreto la participación de los representantes de los trabajadores en determinados trámites, estableciendo ésta a través de la oportuna documentación e información, traslados o audiencias.

Más allá de los supuestos que analizaremos, el TRLC no prevé otras atribuciones a la representación de los trabajadores en cuestiones tales como la solicitud de la declaración de concurso o la impugnación del informe provisional, en los que la participación se reserva al acreedor individualmente considerado.

Ha sido criticada por la doctrina laboralista esta opción legal. Y coincido con en estas críticas. Así, por ejemplo, para la solicitud del concurso necesario, en supuestos en que los trabajadores en virtud de las deudas que acreditan, y otros datos que obren en su poder, conocen la situación de insolvencia de la empresa, sería interesante permitir la legitimación para la solicitud de los representantes de los trabajadores, evitando que el trabajador deba acudir a la contratación de profesionales en materia concursal, con el temido riesgo, además, de la imposición de costas, lo que normalmente disuade de esta solicitud.

Existirán supuestos en los que la empresa concursada no cuente con representación de los trabajadores, por lo que estas previsiones legales quedarán sin contenido, sin que haya lugar a los traslados o audiencias legalmente previstos. En este sentido el TRLC utiliza la expresión «si existieren», o «si los hubiere», en diversos artículos al tratar de la participación de los representantes de los trabajadores.

En los supuestos en que la participación de los representantes de los trabajadores sea estrictamente necesaria, como ocurre con el período de consultas del expediente de regulación de empleo, el TRLC ha previsto, como analizaremos más adelante, un específico régimen para determinar quiénes sean los representantes e, incluso, para nombrar a terceros ajenos a la empresa que puedan realizar esa función.

Entrando en el análisis de las específicas previsiones legales sobre la representación de los trabajadores en el concurso, encontramos los siguientes supuestos:

– el artículo 7 TRLC, que regula la documentación que debe aportar el deudor a la solicitud de concurso, exige un documento que contenga "la plantilla de trabajadores, en su caso, y la identidad de los integrantes del órgano de representación de los mismos si los hubiere, con expresión de la dirección electrónica de cada uno de ellos". Si la empresa carece de trabajadores o de representación, bastara con hacerlo constar.

La falta de aportación de esta documentación será causa de necesaria subsanación por un plazo único que no podrá exceder de cinco días en los términos previstos por el artículo 11 TRLC. Esta misma documentación se exige en el artículo 691.3.9º TRLC en la solicitud de inicio del procedimiento especial para microempresas por parte del deudor.

En caso de concurso necesario, este listado deberá aportarse en el plazo de diez días desde la notificación al deudor del auto de declaración de concurso, conforme establece el artículo 28.2 TRLC.

– el artículo 28.4 TRLC establece que en caso de que el deudor fuera empleador, el auto de declaración de concurso se notificará a la representación legal de las personas trabajadoras aún en los supuestos en los que no se hubiese personado o no hubiera comparecido como parte en el procedimiento. En los concursos sin masa, el artículo 37 ter indica que el auto de declaración de concurso, en caso de que el deudor fuera empleador, se notificará a la representación legal de las personas trabajadoras.

Recordemos que, en este tipo de concursos sin masa, en que el deudor carece de bienes para el abono del previsible coste del procedimiento, se dicta auto de declaración de concurso con llamamiento al acreedor o a los acreedores que representen, al menos, el cinco por ciento del pasivo a fin de que, en el plazo de quince días a contar del siguiente a la publicación del edicto, puedan solicitar el nombramiento de un administrador concursal a los fines previstos en el artículo. Si no se solicita el nombramiento, el concurso será finalmente archivado.

Resulta interesante la notificación a los representantes de los trabajadores, que no podrán solicitar el nombramiento de administrador concursal, pero sí poner en conocimiento de los trabajadores la situación existente, a fin de que insten lo oportuno sobre la extinción de sus contratos de trabajo o, incluso, que soliciten el nombramiento de administrador concursal.

– el artículo 114 TRLC regula la posibilidad de que el juez del concurso pueda acordar mediante auto el cierre de la totalidad o de parte de las oficinas, establecimientos o explotaciones de que fuera titular el concursado, así como, cuando ejerciera una actividad empresarial, el cese o la suspensión, total o parcial, de esta.

Para tomar esta decisión el precepto exige la previa audiencia, si existieran, de los representantes de los trabajadores.

La posibilidad de cierre o cese puede parecer contradictoria con el artículo 111 TRLC, que sienta el principio general de que la declaración de concurso no interrumpirá la continuación de la actividad profesional o empresarial que viniera ejerciendo el deudor, pero la Ley no desconoce que en muchas ocasiones se llega al concurso sin actividad alguna o ésta cesa durante la tramitación, o, incluso, nos podemos encontrar con una actividad mínima que genera importantes créditos contra la masa en detrimento de los acreedores concursales. En este sentido se manifiesta el AJM Santander 20/02/2004. Por el contrario, desestima el cese tras analizar la situación de la concursada el AJM Pontevedra 26/06/2019.

Aunque la Ley no indica plazo alguno para esta audiencia, entiendo que se puede acordar por un plazo de entre tres y diez días conforme a lo establecido en al artículo 518 TRLC con carácter general para las autorizaciones judiciales.

– el artículo 189 TRLC indica que la modificación de las condiciones establecidas en los convenios colectivos que sean aplicables solo podrá afectar a aquellas materias en las que sea admisible con arreglo a la legislación laboral, y, en todo caso, requerirá el acuerdo de los representantes legales de los trabajadores.

Una de las funciones básicas de los representantes de los trabajadores es la negociación de los convenios colectivos, es decir, de aquellos acuerdos, en el marco de la empresa o de un sector empresarial, que más allá de lo previsto en la norma laboral, y con respeto a la misma, regulan las concretas condiciones de trabajo.

Con la actual redacción de este artículo cabe concluir que sería posible el acuerdo que modifique las condiciones previstas en el convenio colectivo dentro del marco del procedimiento de regulación de empleo concursal, si bien dicho acuerdo debería referirse a un convenio colectivo de empresa, pues en el concurso únicamente será posible la participación de los representantes de los trabajadores en la empresa concursada.

En otro caso, cuando el convenio colectivo tenga un ámbito superior, siendo preciso negociar con los representantes de los trabajadores firmantes del convenio en un nivel superior al de empresa, habrá que acudir al procedimiento de inaplicación o descuelgue del convenio colectivo previsto en el artículo 82.3 ET.

– el artículo 220 TRLC, en el marco de la regulación de la venta de la unidad productiva dentro del concurso, establece que las resoluciones que el juez adopte en relación con la enajenación de la empresa o de una o varias unidades productivas deberán ser dictadas previa audiencia, por plazo de quince días, de los representantes de los trabajadores, si existieran.

No existe duda de la oportunidad y necesidad de la audiencia de los representantes de los trabajadores en este trámite que puede afectar notablemente a los derechos de los trabajadores. Las posibles alegaciones sobre sucesión de empresa o sobre conservación de los derechos de los trabajadores serán esenciales. Si bien resulta criticable a mi juicio el amplio plazo concedido, que dificulta en la práctica la exigible celeridad en las resoluciones de venta de la unidad productiva.

– el artículo 252 TRLC indica que la administración concursal realizará sin demora una comunicación individualizada a cada uno de los acreedores cuya identidad y domicilio consten en la documentación que obre en autos, informando de la declaración de concurso y del deber de comunicar los créditos en la forma establecida por la Ley. Esta comunicación deberá realizarse individualmente a los trabajadores titulares de créditos, pero, además, el artículo 254 TRLC establece que la administración concursal comunicará sin demora la declaración de concurso a la representación de los trabajadores, si la hubiere, haciéndoles saber de su derecho a personarse como parte en el procedimiento.

Como hemos indicado más arriba, la personación no supone la posibilidad de instar los distintos trámites concursales, como, por ejemplo, la impugnación de la lista de acreedores, pero permite tomar conocimiento de las actuaciones y, en su caso, informar a los trabajadores de los mismos, e instar la propia intervención de la representación de los trabajadores en los trámites legalmente previstos.

– en fase de convenio, siendo posible que la propuesta de convenio contemple la adquisición por un tercero, bien del conjunto de bienes y derechos de la masa activa afectos a la actividad profesional o empresarial del concursado, bien de determinadas unidades productivas, con asunción por el adquirente del compromiso de continuidad de esa actividad, el artículo 342 TRLC establece que no podrá admitirse a trámite la propuesta sin la previa audiencia de los representantes de los trabajadores.

IV. LOS REPRESENTANTES DE LOS TRABAJADORES EN EL EXPEDIENTE DE REGULACIÓN DE EMPLEO

El expediente de regulación de empleo es el trámite concursal en el que la participación de los representantes de los trabajadores se hace indispensable. Los trabajadores no pueden negociar individualmente en este expediente, debiéndose identificar con claridad a los representantes de los trabajadores legitimados con los que se va a negociar y, en su caso, a adoptar un acuerdo.

Debemos recordar que el expediente de regulación de empleo se regula en sede concursal en los artículos 169 a 184 TRLC, y tendrá por objeto la adopción de diversas medidas de reorganización del llamado pasivo laboral. De modo concreto, conforme al artículo 169 TRLC, a través de este trámite se puede conseguir la modificación sustancial de las condiciones de trabajo, el traslado, el despido, la suspensión de contratos o la reducción de jornada por causas económicas, técnicas, organizativas o de producción, siempre que, conforme a lo dispuesto en el ET, cualquiera de estas medidas tenga carácter colectivo.

La regulación de este trámite contenida en el TRLC debe completarse con lo previsto en la legislación laboral, tal y como ocurre para determinar cuando las medidas solicitadas tienen carácter colectivo o cuando las modificaciones deben ser consideradas como sustanciales. Y es que en términos generales el artículo 169.2 TRLC indica que en todo lo no previsto en esta Subsección se aplicará la legislación laboral.

En la identificación de quienes sean los representantes de los trabajadores también se debe acudir a lo dispuesto en la legislación laboral, así como en la delimitación de sus facultades, tal y como expresamente establece el artículo 169.2 TRLC cuando, tras la remisión a la legislación laboral, indica "Los representantes de los trabajadores tendrán cuantas facultades les atribuya esa legislación." Es por ello que no podemos olvidar los derechos de información y consulta que se regulan en el artículo 64 ET, y las garantías que se regulan en el artículo 68 ET.

Centrándonos en la regulación contenida en el Texto Refundido, el mismo identifica a los represententes de los trabajadores a efectos del expediente en el artículo 171.2 TRLC cuando indica "La representación de los trabajadores en la tramitación del procedimiento corresponderá a los sujetos indicados en el apartado 4 del artículo 41 del texto refundido de la Ley del Estatuto de los Trabajadores, aprobado por el Real Decreto Legislativo 2/2015, de 23 de octubre, en el orden y condiciones señalados en el mismo. Transcurridos los plazos indicados en el referido artículo sin que los trabajadores hayan designado representantes, el juez podrá acordar la intervención de una comisión de un máximo de tres miembros, integrada por los sindicatos más representativos y los representativos del sector al que la empresa pertenezca."

El párrafo transcrito está incluido en el artículo 171 TRLC con el título «legitimación activa», y después de establecer que el expediente podrá ser instado, además de por el concursado y por la administración concursal, por los representantes de los trabajadores. Pero resulta evidente que la representación indicada debe ser aplicable, igualmente, a la representación de los trabajadores en el procedimiento instado por otro legitimado. Lo anterior se desprende con claridad de la redacción del precepto, que no trata solo de la legitimación para instar el procedimiento, sino que habla expresamente de «representación de los trabajadores en la tramitación del procedimiento».

Por lo tanto, para la identificación de los representantes de los trabajadores en sede de expediente de regulación de empleo concursal, deberemos estar a lo dispuesto en el artículo 41.4 ET

De los detallados términos de la actual redacción del artículo 41.4 ET se desprende un orden de prioridad constituido, en primer lugar, por las secciones sindicales en la empresa, cuando éstas así lo acuerden, siempre que tengan la representación mayoritaria en los comités de empresa o entre los delegados de personal de los centros de trabajo afectados; en segundo lugar, si no existen secciones sindicales o éstas no acuerdan su participación, por los comités de empresa o por los delegados de personal, con la detalladas concreciones que realiza el citado artículo según exista uno o varios centros de trabajo; y, en tercer lugar, y en ausencia de los anteriores, por una comisión nombrada por los trabajadores. Y todo ello teniendo en cuenta que existirá una única comisión negociadora y que de existir varios centros de trabajo la negociación la comisión quedará circunscrita a los centros afectados por el procedimiento.

Cuando el procedimiento de regulación de empleo concursal sea instado por los trabajadores, deberá constituirse la comisión representativa en los términos indicados y con carácter previo a la solicitud.

Cuando la solicitud sea formulada por otro legitimado, la administración concursal o la empresa, por expresa remisión del artículo 171.2 TRLC, deberán acudir a las reglas establecidas en el artículo 41.4 ET, adaptadas a la mecánica concursal. Establece este artículo;

"La comisión representativa de los trabajadores deberá quedar constituida con carácter previo a la comunicación empresarial de inicio del procedimiento de consultas. A estos efectos, la dirección de la empresa deberá comunicar de manera fehaciente a los trabajadores o a sus representantes su intención de iniciar el procedimiento de modificación sustancial de condiciones de trabajo. El plazo máximo para la constitución de la comisión representativa será de siete días desde la fecha de la referida comunicación, salvo que alguno de los centros de trabajo que vaya a estar afectado por el procedimiento no cuente con representantes legales de los trabajadores, en cuyo caso el plazo será de quince días."

De manera que la administración concursal o la empresa concursada que vaya a iniciar la tramitación de un procedimiento de regulación de empleo concursal deberá comunicar de manera fehaciente a los trabajadores o a sus representantes su intención de iniciar el procedimiento de regulación de empleo, disponiendo los trabajadores de un plazo máximo para la constitución de la comisión representativa según las normas anteriormente indicadas de siete días desde la fecha de la referida comunicación, salvo que alguno de los centros de trabajo que vaya a estar afectado por el procedimiento no cuente con representantes legales de los trabajadores, en cuyo caso el plazo será de quince días.

A falta de designación por los trabajadores en dicho período, será de aplicación la previsión contemplada expresamente en el artículo 171 TRLC, de manera que el juez del concurso, a instancia de la parte que inicie el expediente, podrá acordar la intervención de una comisión de un máximo de tres miembros, integrada por los sindicatos más representativos y los representativos del sector al que la empresa pertenezca.

Resultará conveniente que la administración concursal o la empresa inicien el trámite de comunicación a los trabajadores o a sus representantes, sobre la necesidad de constitución de la oportuna comisión, con anterioridad a la presentación de la solicitud de procedimiento de regulación de empleo. De manera que cuando se formule la solicitud ante el juzgado se comunique ya al mismo quienes forman la comisión, o la falta de designación para su nombramiento por el juez del concurso.

En cualquier caso, si en el momento de presentar la solicitud ante el juzgado no se han realizado estos trámites, el juez del concurso no podrá citar de modo inmediato a las partes al período de consultas, sino que será precisa la previa constitución de la comisión, bien requiriendo a los trabajadores para su constitución, bien requiriendo al solicitante del procedimiento para que inste de los trabajadores el nombramiento, o bien inadmitiendo la solicitud o solicitando su subsanación mediante la realización del oportuno trámite previo consistente en requerir a los trabajadores o a sus representantes para que designen la oportuna comisión. Este trámite lógicamente dilatará la tramitación del procedimiento, de ahí la conveniencia de su realización con carácter previo a la solicitud.

Cabe plantear si en el caso de nombramiento de una comisión por el juez del concurso, es posible que los trabajadores nombren una comisión conforme a las reglas del artículo 41.4 ET. Y ello teniendo en cuenta que el artículo 41.4 ET prevé dicha contingencia al establecer que la misma no supondrá la ampliación del plazo del período de consultas.

Esta posibilidad debe descartarse en el procedimiento concursal dado que está prevista en el ET para el supuesto de ausencia de representación de los trabajadores, lo que no ocurrirá en el procedimiento concursal con el posible nombramiento por el juez de la mencionada comisión.

Vistas las normas reguladoras sobre identificación de los representantes de los trabajadores en el expediente, conviene advertir que cualquier defecto en la fijación de estos puede provocar una nulidad de actuaciones, con las indeseables consecuencias de retroacción de efectos. Cuando existan en la empresa delegados de personal, comités de empresa o secciones sindicales no existirá problema. En caso contrario, y cuando los trabajadores deban elegir una representación ad hoc es precisa la debida convocatoria de todos los trabajadores, incluidos los que se puedan encontrar en situación de baja laboral o los fijos discontinuos, para la debida formación de la voluntad, dejando constancia fehaciente de la realización de ese trámite.

Una vez correctamente identificada la representación de los trabajadores, ésta actuará en los distintos trámites del expediente, y será la parte negociadora en el periodo de consultas, e, incluso, podrá evitar el periodo de consultas llegando a un previo acuerdo con la administración concursal sobre la resolución del expediente.

De modo concreto, la representación de los trabajadores estará legitimada para instar la sustitución del período de consultas por el procedimiento de mediación o arbitraje que sea de aplicación en el ámbito de la empresa (artículo 176 TRLC), o la participación en el período de consultas de otras personas naturales o jurídicas que indiciariamente puedan constituir una unidad de empresa con la concursada, pudiendo interesar el auxilio del juzgado que se estime necesario para comprobar el supuesto de unidad de empresa, y a efectos de valorar la realidad económica del conjunto empresarial, podrá reclamar la documentación económica consolidada o la relativa a otras empresas (artículo 175 TRLC).

Finalmente, el acuerdo que finalice con el periodo de consulta requerirá la conformidad de los representantes de los trabajadores, debiendo recordar que el acuerdo es entre ésta y la administración concursal, no siendo precisa la conformidad del concursado/a, a pesar de que este haya participado en el periodo de consultas.

El artículo 177.1 TRLC establece un concreto régimen de mayorías entre los representantes de los trabajadores para la consecución del acuerdo, cuando indica que el acuerdo requerirá la conformidad de la mayoría de los representantes legales de los trabajadores o, en su caso, de la mayoría de los miembros de la comisión representativa de los trabajadores siempre que, en ambos casos, representen a la mayoría de los trabajadores del centro o centros de trabajo afectados.

El hecho de que sea la representación de los trabajadores, y no los trabajadores a modo individual, los que participan en los trámites propios del expediente de regulación de empleo concursal, determina un peculiar régimen de recursos contra la resolución del juez que pone fin al expediente.

En primer lugar, cabe recurso directo de suplicación, y los demás recursos previstos en la Ley reguladora de la jurisdicción social, cuando lo que se recurre es la decisión colectiva, es decir, la decisión consistente en la estimación o denegación de la extinción, suspensión, reducción de jornada, modificación o traslado que afecta colectivamente a todos los trabajadores.

En segundo lugar, en el artículo 541 TRLC se prevé la interposición del oportuno incidente concursal frente al auto resolutorio en el plazo de un mes, cuando lo que se recurre es algún aspecto de la relación jurídica individual de un trabajador, así por ejemplo antigüedad, salario o concretas condiciones de trabajo de las que disfrutaba. Lo habitual en estos casos es que el trabajador no esté de acuerdo con la indemnización fijada por discrepar de algunos de los parámetros (antigüedad o salario) que fueron tenidos en cuenta para calcular la misma.

Pues bien, el recurso de suplicación contra la decisión colectiva puede interponerlo, conforme al artículo 551 TRLC, y además de otros legitimados, la representación de los trabajadores, entendiendo por esta, lógicamente, la comisión que haya participado en la negociación conforme a las reglas que anteriormente indicábamos.

Por lo tanto, no podrá interponerlo un solo trabajador o un simple acreedor. Lo anterior se fundamenta en la necesaria condición de parte del procedimiento para recurrir la decisión adoptada en el mismo. Y siendo que el trabajador individualmente considerado no tiene la condición de parte del procedimiento, no podrá recurrir el mismo en lo que se refiere a la decisión colectiva. Se han pronunciado sobre esta cuestión la STSJ (Social) País Vasco 06/02/2007, la STSJ (Social) Navarra 09/02/2017, la STSJ (Social) Aragón 15/06/2017 o la STSJ (Social) Madrid 09/03/2020.

En este sentido la STSJ (Social) Cataluña 13/07/2022 indicaba que el trabajador afectado a través del incidente concursal laboral "sólo puede plantear cuestiones que se refieran estrictamente a su relación jurídica individual. Pues las cuestiones de los aspectos colectivos, como pueden ser los defectos en la tramitación del despido colectivo, o la existencia de fraude, coacción o dolo, habrán de plantearse por los trabajadores, a través de sus representantes legales, mediante la interposición del recurso de suplicación contra el Auto del Juez mercantil en el que se han acordado la extinción colectiva."

Por el contrario, el incidente concursal contra la cuestión relativa a la relación jurídica individual y el posterior recurso de suplicación, únicamente pueden interponerlo los trabajadores y el FOGASA, tal y como se desprende del artículo 541 TRLC, resultando, por tanto, vedado este trámite a la representación legal de los trabajadores.

8. INTERVENCIÓN DEL EXPERTO EN LOS PLANES DE REESTRUCTURACIÓN NO CONSENSUALES

OLGA AHEDO PEÑA
Magistrada-Juez de lo Mercantil núm. 4 de Madrid
Especialista en los asuntos propios de los órganos de lo mercantil

I. OBLIGATORIEDAD DE NOMBRAR EXPERTO A LA LUZ DEL ARTÍCULO 672 TRLC

El Texto Refundido de la Ley Concursal, tras la reforma operada por la Ley 16/2022, de 5 de septiembre, que transpone la Directiva (UE) 2019/1023 sobre reestructuración e insolvencia, dedica al experto en la reestructuración los artículos 672 a 681 TRLC.

La regulación del experto sigue suscitando muchos interrogantes a la fecha, entre ellos la obligatoriedad de su nombramiento en los planes no consensuales.

Con carácter general, el art. 672.1.4º TRLC establece que "*El nombramiento de experto en la reestructuración solo procederá cuando el deudor o cualquier legitimado solicite la homologación judicial de un plan de reestructuración cuyos efectos se extiendan a una clase de acreedores o a los socios que no hubieran votado a favor del plan*".

Esta previsión ha de relacionarse con el art. 639 TRLC, que establece los requisitos para la homologación de un plan no consensual, disponiendo que podrá ser homologado si ha sido aprobado por:

1º Una mayoría simple de las clases, siempre que al menos una de ellas sea una clase de créditos que en el concurso habrían sido calificados como créditos con privilegio especial o general; o, en su defecto, por

2º. *"Al menos una clase que, de acuerdo con la clasificación de créditos prevista por esta ley, pueda razonablemente presumirse que hubiese recibido algún pago tras una valoración de la deudora como empresa en funcionamiento. En este caso, la homologación del plan requerirá que la solicitud vaya acompañada de un informe del experto en la reestructuración sobre el valor de la deudora como empresa en funcionamiento".*

La relación entre los dos preceptos plantea las siguientes dudas. En primer lugar, si el art. 672 TRLC establece los supuestos en los que el experto ha de ser obligatoriamente nombrado. Y, admitiendo que así sea, cuál es la relación entre los artículos 672 y 639 TRLC, y la obligatoriedad de nombrar experto en el supuesto contemplado en el ordinal 1º del art. 639 TRLC.

El art. 672 TRLC es ambiguo. O más bien, la "obligatoriedad" sobre el nombramiento de experto que predica el art. 672 TRLC es ambigua, pues si de una primera lectura pudiera colegirse que el precepto tiene como destinatario exclusivo al juez, pues al juez corresponde nombrar al experto (apartado 3 del art. 672 TRLC), la relación del art. 672 TRLC con el art. 676.1 TRLC evidencia que el ordinal 4º del art. 672.1 TRLC tiene también como destinatarios al deudor y a los acreedores. Digo esto porque el art. 676.1 TRLC excluye que el experto pueda ser designado de oficio por el juez al establecer que el nombramiento debe recaer en la persona que, reuniendo las condiciones establecidas en la ley, hubieran propuesto el deudor o los acreedores que hubiera formulado la solicitud. Así las cosas, y volviendo al art. 672 TRLC, este precepto nos dice tres cosas. En primer lugar, en qué supuestos el juez tiene que nombrar obligatoriamente (sin valoración alguna) al experto: solicitud del deudor (ordinal 1º), solicitud del porcentaje de acreedores que concreta el precepto (ordinal 2º) y cuando, previa solicitud de experto por deudor o acreedores (art. 676.1), éstos (art. 643.1 TRLC) soliciten la homologación judicial de un plan de reestructuración cuyos efectos se extiendan a una clase de acreedores o a los socios que no hubieran votado a favor del plan (ordinal 4º). En segundo lugar, el precepto establece (apartado 1) que el nombramiento sólo procederá en los cuatro casos que relaciona y que, por tanto, no se nombrará experto en supuestos distintos. Y, en tercer lugar, el precepto indica al deudor y a los acreedores cuando, obligatoriamente, tienen que solicitar al juez el nombramiento de experto: cuando soliciten la homologación judicial de un plan de reestructuración no consensual (ordinal 4º). Es claro que este ordinal recoge un supuesto de nombramiento obligatorio para el juez y también un supuesto de solicitud obligatoria para el deudor y los acreedores, pues si solo se dirigiera al juez bastaría la mención a la solicitud del deudor, que, con independencia de su fundamento, ya obliga al juez a nombrar al experto. Luego si se hace expresa mención a la solicitud de homologación de un plan no consensual, no es porque el juez deba nombrar obligatoriamente experto en este caso. La razón de su inclusión es la obligatoriedad de solicitar el nombramiento en ese caso, teniendo en cuenta, además, que, como hemos visto, no cabe la designación de oficio por el juez. Cierto es que este razonamiento que sirve para el deudor no sirve para los acreedores, pues la legitimación para solicitar la homologación (art. 643.1 TRLC) y para solicitar la designación de experto (art. 672.1.2º TRLC) no son coincidentes, pero ninguna razón existe para exigir al deudor la designación de experto en el supuesto del ordinal 4º del art. 672.1 TRLC y no exigirla a los acreedores en el mismo caso.

En definitiva, el art. 672 TRLC nos dice cuándo el juez ha de nombrar experto obligatoriamente, también que fuera de los supuestos relacionados no procede la designación de experto, y que cuando se solicita la homologación judicial de un plan no consensual, deudor o acreedores están obligados a solicitar la designación de experto.

Y así lo ha entendido la Sección 28ª de la Audiencia Provincial de Madrid en su sentencia núm. 131/2004, de 23 de abril[1].

---

1 "2.- *Con ánimo de agotar el argumento, la Sala considera que el artículo 672.1. 4º TRLC establece la obligatoriedad del nombramiento del experto independiente cuando la homologación judicial se solicite para "extender" los efectos del plan a una clase de acreedores. Es decir, se está refiriendo a los supuestos de planes no consensuales, que son aquellos en los que el PR se extiende a una clase de créditos que no apruebe el plan. No es el caso que nos ocupa, puesto que la única clase existente ha aprobado el PR*".

II. RELACIÓN ENTRE EL ARTÍCULO 672 TRL Y EL ARTÍCULO 639 TRLC. RESOLUCIONES DE LOS JUZGADOS DE LO MERCANTIL

Concluido lo anterior, la siguiente cuestión es la relación del art. 672 TRLC con el art. 639 TRLC. En relación con su ordinal 1°, que ninguna mención contiene al experto, se plantea si puede ser homologado un plan en el que el experto no hubiera sido nombrado.

En sentido afirmativo ha resuelto el Magistrado del Juzgado de lo Mercantil n° 2 de Madrid (Ilmo. Sr. D. Andrés Sánchez Magro) en su auto núm. 72/2024, de 26 de febrero, en el que tras apuntar a la naturaleza imperativa solo "presunta" del art. 672 TRLC, considera que el nombramiento de experto no es necesario en el ordinal 1° del art. 639 TRLC en atención a la relación de especialidad del art. 639 TRLC respecto al art. 672.1.4° TRLC, pues el artículo 639 TRLC solo hace referencia al experto en el ordinal 2°.

El Magistrado del Juzgado de lo Mercantil n° 16 de Madrid, Ilmo. Sr. D. Carlos Nieto Delgado, en su auto núm. 181/2025, de 19 de mayo, pese a compartir que "*no arroja dudas*" que la regla del art. 672.1.4° TRLC es "*de general aplicación a todos los supuestos en que la extensión del plan afecta a clases de acreedores que no lo han votado, ya sea porque resulta de aplicación el supuesto del artículo 639.1 del TRLC o porque se aplica el artículo 639.2 TRLC*", considera que la ausencia del nombramiento de experto en el supuesto del artículo 639.1 TRLC no es causa de denegación de la homologación. Ello en atención a los siguientes razonamientos:

(i) El juez mercantil no está facultado para nombrar de oficio al experto cuando, siendo obligatoria la designación, ninguna parte legitimada ha solicitado su nombramiento.

(ii) La ausencia de nombramiento del experto, siendo obligatorio, no se ha recogido en el Texto Refundido de la Ley Concursal como causa para denegar la homologación.

(iii) La posibilidad de subsanar la omisión del nombramiento y, en su defecto, de inadmitir la solicitud de homologación dando trato a tal nombramiento de una suerte de "*requisito de procedibilidad*" ignora el artículo 403 de la LEC, de aplicación supletoria, conforme al cual las demandas sólo se inadmitirán en los casos y por las causas expresamente previstas en la ley. Y si bien el apartado 2 de dicho precepto permite la inadmisión cuando no se acompañen los documentos exigidos expresamente por la ley, el art. 639.2 TRLC no requiere la presentación de ningún documento suscrito por el experto.

"Si el deudor ha proyectado un plan consensual y sin embargo no ha conseguido en la fase de adhesiones el respaldo de todas las clases sino sólo de una mayoría, en la que figura una clase privilegiada, resulta absurdo que, con carácter previo a la homologación, se vea obligado a instar el nombramiento de un experto y asumir los costes que ello acarrea sólo para dar cumplimiento a un requerimiento formal, sin misión ni propósito efectivo. Si por el contrario se requiere que ese nombramiento no sea formal y el experto desarrolle efectivas funciones, la designación tardía en la fase terminal del proceso exigiría volver a reiniciar todo el proceso negociador con su intervención, ignorándose que podrían haberse agotado los plazos perentorios de efectos de la comunicación de negociaciones, exponiendo al deudor a una solicitud de concurso necesario".

(iv) El legislador sólo permite al Juez Mercantil, en el artículo 647 TRLC, denegar la homologación del plan por la concurrencia de impedimentos "manifiestos".

En su resolución, el Magistrado cita otras resoluciones que han seguido el mismo criterio: AJM nº 2 de Madrid antes citado; AJM nº 10 de Barcelona de 7 de mayo de 2025 y AJM nº 2 de Pamplona de 2 de febrero de 2024. Y añade como argumento de refuerzo la irrelevancia que, de cara a la homologación, se ha dado en supuestos en los que el nombramiento del experto ha devenido ineficaz en la práctica. Concretamente:

a) que la Sentencia de la Sección 15ª Especializada AP de Barcelona de 16 de octubre de 2024 ha venido a establecer la falta de trascendencia de la denegación de la sustitución del experto a efectos de la homologación, cuando el designado ya ha emitido los documentos e informes exigidos por la Ley. *Ergo* la trascendencia de la presencia del experto en el procedimiento está vinculada al efectivo desempeño de funciones y tareas y no al cumplimiento de un mero formalismo;

b) que la Sentencia de la AP de Las Palmas de fecha 12 de marzo de 2025 ha considerado irrelevante a efectos de la homologación que se haya impugnado el nombramiento del experto, haciendo innecesario que la homologación se suspenda hasta que esa cuestión esté resuelta. En consecuencia, se admite que un experto con nombramiento inválido ha podido desempeñar labores y emitir dictámenes sin que ello proyecte ningún efecto ni en la homologación ni en la impugnación de la misma;

c) que la Sentencia de la AP de Oviedo de 18 de diciembre de 2024 se ha llegado a admitir confirmar la homologación y denegar la impugnación incluso en el supuesto del artículo 639.2 TRLC aceptando la presentación del informe sobre el valor de la empresa en funcionamiento en el propio trámite de impugnación. *A fortiori*, no debe el Juez denegar la homologación del plan de reestructuración si el mismo no adolece de ningún defecto de forma ni de contenido, por la falta de designación de un experto al que no cabe atribuir la emisión de ningún informe necesario.

Finalmente, el Magistrado menciona la SJM núm. 2 de Murcia de fecha 6 de mayo de 2025, en la que el Juez considera irrelevante a efectos de la impugnación del plan que el experto nombrado no haya desplegado absolutamente ninguna tarea relevante concerniente a sus deberes, siempre que en las actuaciones obren los documentos de necesaria aportación para la homologación y los mismos puedan ser controvertidos por otros informes contradictorios.

Distinta postura ha seguido la Magistrada del Juzgado de lo Mercantil nº 18 de Madrid, Ilma. Sra. Dª Lucía Martínez Orejas, en su auto de 27 de marzo de 2025. La Magistrada parte de la obligatoriedad de nombramiento de experto en el supuesto del art. 672.1.4º TRLC, en relación con el art. 5.3.b) de la Directiva de reestructuración e insolvencia. Sostiene que el fundamento de su exigencia, en el caso del art. 639.1º TRLC, reside en la protección del disidente, por ser la reestructuración no consensual excepción de la actual regulación, que se basa en un modelo consensual. La Magistrada cita el asunto Torrejón Salud, en el que la Audiencia Provincial de Madrid señaló que el nombramiento de experto sí es necesario para los planes no consensuales. Además, es relevante la función del experto en el supuesto del art. 639.1° TRLC para informar sobre la formación de clases y sobre la valoración de las garantías.

En la misma línea el Magistrado del Juzgado de lo Mercantil n° 3 de Madrid, Ilmo. Sr. D. Jorge Montull Urquijo, en su auto núm. 380/2025, de 26 de junio. El Magistrado parte del carácter imperativo del art. 672.1.4° TRLC y de la nulidad que el art. 6.3 del Código Civil anuda a los actos contrarios a las normas imperativas, salvo que en las mismas se establezca un efecto distinto para el caso de su contravención. Por ello, concluye que aun cuando el art. 672 TRLC no se encuentra en la sección 1ª del cap. V del Título III del Libro II, a la que se remite el art. 647 para homologar el plan de reestructuración, este art. 647 debe ser objeto de una interpretación sistemática o finalista, no homologando un PR que, aunque pudiera cumplir los requisitos del art. 638 y demás contenidos en la referida sección, incumpliera de forma manifiesta un requisito impuesto por norma imperativa. Y ello teniendo en cuenta la finalidad del requisito que impone el art. 672.1.4°, consistente, "de modo obvio", en garantizar los derechos de los acreedores que se van a ver arrastrados, o en todo caso pueden finalmente verse arrastrados, por el plan de reestructuración no consensual. Respecto al hecho de que, a diferencia del ordinal 2° del art. 639, en el ordinal 1° no se exija informe alguno del experto, el Magistrado hace referencia a todas las funciones que competen al experto de conformidad con el art. 679 TRLC: (i) asistir al deudor y a los acreedores en las negociaciones y en la elaboración del plan de reestructuración; (ii) elaborar y presentar al juez los informes exigidos en el TRLC; y (iii) elaborar y presentar al juez aquellos otros informes que el juez considere necesarios o convenientes. El Magistrado razona que si la finalidad de la imposición del nombramiento del experto que realiza el art. 672.1.4° es la de garantizar que se respeten los derechos de los acreedores disidentes —o eventualmente disidentes—, la primera de las funciones atribuidas por el art. 679 resulta fundamental, constituyendo una cierta garantía de que se han respetado en la elaboración y aprobación del plan de reestructuración no consensual los derechos de los acreedores finalmente disidentes, dada la imparcialidad e independencia del experto tanto respecto del deudor como de los acreedores, así como su deber de actuar con la diligencia propia de un profesional especializado en reestructuraciones (art. 680). Añade el Magistrado que el hecho de que esta función del experto tenga lugar durante la negociación y elaboración del plan de reestructuración hace que la falta de su nombramiento no sea subsanable en sede de homologación del mismo, una vez presentada la solicitud de homologación. Finalmente, lo que impone el art. 672.1.4° TRLC es que, al menos desde el momento en que tenga conocimiento de que el plan que se someta a aprobación pueda no ser consensual, el solicitante de homologación tiene la obligación legal de instar el nombramiento de experto en la reestructuración.

En la doctrina, la exigencia de nombrar experto en el supuesto del ordinal 1° del art. 639 TRLC ha sido defendida por la Catedrático de Derecho Mercantil Dª Juana Pulgar Ezquerro, por ser obligatorio el nombramiento conforme al artículo 672.1.4° TRLC y por las funciones que desarrolla el experto en reestructuración ("*El nombramiento necesario del experto en la reestructuración: «prórrogas» de la comunicación de negociaciones y planes forzosos de reestructuración*", en diario LA LEY, N° 10681, Sección Tribunal, 11 de marzo de 2025).

III. POSTURA DE LA PONENTE QUE SUSCRIBE

Expuestas las posturas de los Magistrados de lo Mercantil y de la doctrina más autorizada, mi postura se alinea con los Magistrados que, también en el ordinal 1° del art. 639 TRLC, exigen, sin posibilidad de subsanación, el nombramiento del experto. Las razones son las siguientes:

No parecen existir dudas sobre el carácter imperativo del artículo 672 TRLC, que, sin dejar margen de valoración al juez (al margen el ordinal 3° del art. 672.1 TRLC), impone el nombramiento de experto cuando se solicita la homologación judicial de un plan no consensual. Y dado que la norma no faculta al juez para realizar el nombramiento de oficio (art. 676.1 TRLC), lo que está haciendo es imponer la solicitud de nombramiento de experto al deudor o acreedor que solicite la homologación judicial en tal caso.

El hecho de que el artículo 639.1° TRLC no mencione al experto no supone, en mi opinión, excepción o especialidad respecto del art. 672.1.4° TRLC, pues, aunque relacionados, estos preceptos regulan cuestiones distintas, siendo el 672.1.4º TRLC, no el art. 639 TRLC, el que regula los supuestos en los que el nombramiento de experto es obligatorio. Por tanto, en el supuesto del art. 639.1º TRLC se parte de que se ha nombrado un experto porque así lo impone el art. 672.1.4º TRLC. Y la única diferencia del ordinal 2º del art. 639 TRLC es que concreta el informe que se exige al experto. Pero el hecho de que no se exija un concreto informe en el art. 639.1º TRLC no significa que el experto no deba ser nombrado. Comparto en este punto los razonamientos vistos anteriormente sobre las funciones del experto, que, además, las Audiencias Provinciales van perfilando en el sentido de atribuir al experto "*un papel relevante de salvaguarda de los intereses del acreedor disidente que se ve arrastrado en la reestructuración de la deuda*". En este sentido la SAP de Barcelona, sección 15ª, núm. 701/2024, de 9 de julio"[2].

En esta sentencia se entiende que entre las funciones del experto se encuentra la de evaluar la adecuada composición de las clases, estableciendo que "*La certificación de la "mayoría suficiente" a la que alude la Ley implica el examen previo de las clases y su composición*".

Y la composición de las clases y su adecuada formación cobra especial relevancia en los planes no consensuales y en los supuestos del art. 639 TRLC, incluido el ordinal 1º pues es suficiente una mayoría simple de clases para arrastrar a los disidentes siempre que al menos

---

2 *"65. Es cierto que el TRLC no precisa cuál es la función del experto o auditor y, en consecuencia, hasta qué punto ha de supervisar la configuración de las clases y cotejar que cada uno de los acreedores ha quedado encuadrado en la categoría que le corresponde, más allá de verificar, bajo su responsabilidad, que se han alcanzado las mayorías previstas en la Ley. Estimamos, sin embargo, que el cometido del experto no puede quedar restringido a aprobar acríticamente la composición de las clases planteada por el deudor y, a partir de ahí, evaluar si se ha alcanzado o no la mayoría necesaria para la homologación del plan. Ha de tenerse en cuenta que en el proceso de homologación judicial no existe una depuración de los créditos análoga a la que se lleva a cabo en el proceso concursal. En línea con lo alegado por las actoras, el experto cumple un papel relevante de salvaguarda de los intereses del acreedor disidente que se ve arrastrado en la reestructuración de la deuda. La certificación de la "mayoría suficiente" a la que alude la Ley implica el examen previo de las clases y su composición. Ese análisis estará en función de las circunstancias particulares de cada caso, pues dependerá del número de acreedores afectados, de los criterios seguidos en la configuración de las clases o del respaldo real al plan de reestructuración, pues no es lo mismo un plan con una mayoría holgada que otro con un apoyo suficiente pero muy reducido".*

una de ellas esté integrada por créditos que se calificarían como créditos con privilegio especial o general. La SAP de Valencia, sección 9ª, núm. 86/2024, de 27 de marzo, hace hincapié en la debida "*justificación suficiente*" que debe tener la formación de clases dentro del mismo rango cuando nos encontramos ante planes no consensuales[3].

A mi juicio, el hecho de que el art. 672.1.4° TRLC no esté ubicado en la sección 1ª a que se refiere el artículo 647 TRLC no significa que el nombramiento del experto no sea exigido, ello por dos razones. En primer lugar, y como decía anteriormente, puede entenderse que el art. 639.1° TRLC parte de la existencia de experto, o que entre los requisitos que enuncia se encuentra implícito el nombramiento de experto, porque el art. 639 TRLC regula el supuesto (plan no consensual) en el que el nombramiento es exigido por el art. 672.1.4° TRLC, luego ninguna mención expresa al experto es necesaria en el art. 639.1° TRLC porque el precepto regulador del nombramiento ya está diciendo que es obligatorio. Desde este punto de vista, cuando el art. 647 TRLC se refiere a los requisitos exigidos en la sección 1° y, por tanto, a los requisitos exigidos por el art. 639 TRLC, está considerando también el nombramiento obligatorio previsto en el art. 672.1.4° TRLC.

Pero, además, la remisión del art. 647.1 TRLC lo es a la sección 1ª, no específicamente a los artículos 638 TRLC y 639 TRLC, y la sección 1ª está encabezada por el art. 635 TRLC, que, como presupuesto de la homologación, nos dice cuando la homologación judicial es necesaria.

Pues bien, el primero de los supuestos en que es necesaria la homologación es cuando que se pretenda extender los efectos a acree-

---

3 "*287. Si bien es cierto que el criterio que ha ido imponiéndose en las distintas resoluciones judiciales que se han dictado es que la formación de clases debe afrontarse por el juez con una visión amplia, flexible y ajustada a las circunstancias de cada caso concreto, esta Sala también aprecia que del tenor de los preceptos examinados (arts. 622 a 624 bis TRLC, que abordan la formación de clases), la intención del legislador es imponer una interpretación favorable a la agregación entre los créditos afectados del mismo rango, y será la separación o desagregación en distintas clases dentro del mismo rango la que necesitará una "justificación suficiente", cuando estemos ante planes no consensuales. Además, no vale cualquier justificación, pues ésta debe ajustarse a los criterios que aportan dichos preceptos, y en caso de que no se ajusten a los mismos debe prosperar la impugnación con las consecuencias que supone apreciar una defectuosa formación de clases.*

dores o clases de acreedores que no hubieran votado a favor del plan o a los socios del deudor persona jurídica, supuesto éste en el que el art. 672 TRLC, insisto, regulador del nombramiento de experto, exige que éste sea designado. Por tanto, cuando el deudor o acreedor legitimado (art. 643.1 TRLC) solicita la homologación porque pretende la extensión de efectos, la interpretación conjunta de los artículos 672.1.4° y 635.1° TRLC sugiere que con carácter previo haya solicitado el nombramiento de experto, cuyo informe será presentado con la solicitud de homologación (art. 643.3 TRLC).

Finalmente, a favor de la obligatoriedad del nombramiento de experto en el supuesto del art. 639.1° TRLC se ha pronunciado la Sección 9ª de la Audiencia Provincial de Valencia en su sentencia núm. 30/2025, de 2 de abril (FD 5°), que sitúa el fundamento de la obligatoriedad del nombramiento en el carácter no consensual del plan y en el arrastre de la clase de acreedores financieros por aquellas otras que, con un pasivo sensiblemente pequeño, proceden a la aprobación[4].

---

4 *El nombramiento de experto independiente en la vía del artículo 639.1 (…) encuentra su fundamento en el carácter no consensual del plan y en el arrastre de la clase de acreedores financieros por aquellas otras que, con un pasivo sensiblemente pequeño, proceden a la aprobación.*
Conviene recordar que la exigencia de nombramiento del experto no se contempla exclusivamente en el artículo 639.2, sino que resulta también del artículo 672.1.4° TRLC cuando dice:
(…) Cuando el plan es consensual, el nombramiento de experto no es necesario, pero la condición de plan no consensual y la experiencia respecto de los analizados en 2024 confirma que la previsión legal del artículo 672.1.4° afecta a los dos supuestos previstos en el art. 639 TRLC.
(…) Por otra parte, conviene indicar que, atendidas las funciones del experto descritas en el artículo 679 del TRLC su nombramiento o ausencia de nombramiento no es baladí; de ahí del carácter preceptivo que se desprende del título del artículo 672 TRLC y de su apartado 1.4° (vinculado a los planes no consensuales con arrastre a los disidentes), y del texto del artículo 639.2 TRLC para el supuesto específico que contempla (arrastre por una sola clase, "in the money", de todos los demás), que por su particularidad requiere un refuerzo de garantías que se traduce en la exigencia de un específico informe sobre el valor de la empresa en funcionamiento.
La designación del experto independiente es una garantía para los acreedores que se ven arrastrados en el marco de un plan no consensual. La norma concursal impone al experto deberes de diligencia, independencia e imparcialidad (artículo 680) en el ejercicio de las funciones propias del cargo, y entre ellas la de la elaboración del plan y de los informes exigidos por la Ley, así como la labor de asistencia tanto al deudor como a los acreedores.

IV. CONSECUENCIAS DE LA FALTA DE NOMBRAMIENTO DE EXPERTO

La falta de nombramiento de experto en el supuesto del art. 639.1° TRLC ha de conllevar la denegación de la homologación por incumplimiento de los requisitos necesarios para ello. Como decía anteriormente, cuando el artículo 639 TRLC establece los requisitos para la homologación de un plan no consensual debe entenderse implícito entre los mismos el nombramiento del experto, cuya obligatoriedad para los planes no consensuales establece el artículo 672.1.4° TRLC.

En sede de impugnación, la falta de nombramiento del experto conlleva, de conformidad con el artículo 661.1 TRLC, y tal y como ha considerado la Sección 9ª de la Audiencia Provincial de Valencia en la sentencia antes citada, la no extensión de efectos a los acreedores que han instado la impugnación. Pero en sede de homologación no cabe una suerte de homologación parcial y extensión de efectos limitada a los acreedores que hubieran votado a favor del plan.

V. CONCLUSIÓN

Como conclusión, considero que el nombramiento del experto es obligatorio en el ordinal 1° del art. 639 TRLC y que el incumplimiento de este requisito ha de conllevar la denegación de la homologación.

Y no cabe la subsanación pues la falta de nombramiento a la fecha de la solicitud de la homologación, cuando el proceso de negociación y la elaboración del plan han sido concluidos, impide que el experto pueda desarrollar sus funciones (art. 679 TRLC), funciones que no pueden condensarse en una suerte de informe de supervisión o control emitido una vez finalizado el proceso de negociación y elaborado el plan.

Consideramos que el incumplimiento de una exigencia impuesta por la Ley produce el efecto prevenido en el artículo 661.1 TRLC: no extensión de efectos a quienes hubiesen instado la impugnación, que, en el presente caso, son todas las entidades financieras que integran la clase disidente.

Atendida la existencia de dos posturas en torno a la interpretación de los artículos 639 y 672 del TRLC que se manifiestan en las dos resoluciones judiciales citadas en este apartado, nos inclinamos por la necesidad de su aportación.

9. CUESTIONES SOBRE CONCURSO SIN MASA Y EXONERACIÓN DEL PASIVO INSATISFECHO

JOSÉ MARÍA DUTILH CARVAJAL
Abogado
Experto en reestructuraciones
Socio Director de ACTHOS JURÍDICO Y FINANCIERO SLP

Sumario: I. CUESTIONES SOBRE EL CONCURSO SIN MASA. II. CUESTIONES SOBRE LA EXONERACIÓN DEL PASIVO INSATISFECHO.

I. CUESTIONES SOBRE EL CONCURSO SIN MASA

1. ¿Cuál es el objetivo principal de la figura del concurso sin masa y qué papel juega el juez en el proceso de declaración del concurso sin masa?

La regulación de los concursos sin masa, estaba prevista en el título XI del libro I, "De la conclusión y de la reapertura del concurso de acreedores" (en concreto, en los artículos 470 a 472 de la Ley Concursal —"LC"—, suprimidos), ahora, tras la reforma de la ley 16/2022, aparece en el título I del mismo libro I, "De la declaración de concurso" (en los nuevos arts. 37 bis, 37 ter, 37 quater y 37 quinquies del texto refundido de la Ley Concursal —"TRLC"—).

Esta sistematización busca de forma evidente deslindar el concurso sin masa de la causa de conclusión del concurso por insuficiencia de la masa activa (esto es, cuando tras declarar el concurso se constata que la masa activa resulta insuficiente para satisfacer los créditos contra la masa). Podría entenderse que se ha perseguido abrir un nuevo itinerario junto al convenio o la liquidación, quizás buscando agilizar la carga judicial por una vía heterodoxa y porque políticamente es una solución más "presentable" que la inadmisión (que es a formula que sigue en Alemania).

La Ley 16/2022 avanza en estos cambios legales adoptando una serie de modificaciones que permiten pensar en un nuevo escenario procesal para el tratamiento de los concursos sin masa. Se distingue entre el concurso sin masa y con masa insuficiente sobrevenida. El concurso sin masa, constatada desde la solicitud, se regula dentro de los preceptos referidos a la declaración de concurso (art. 37 bis y siguientes TRLC). El concurso sin masa sobrevenida, constatada tras la declaración, se sigue regulando dentro de las causas de conclusión del concurso. Se suprimen las normas que exigían el nombramiento en todo caso de un administrador concursal con funciones limitadas y con ello se traslada a los acreedores la carga de proponer la designa de administrador concursal, garantizando el coste de honorarios de ese profesional.

2.- A la vista del volumen de concursos sin masa ¿Se puede considerar que se ha pasado de una anomalía en el concurso a una generalidad?

Aunque pudiera parecer que los concursos sin masa serían excepcionales, que no se presentarían muchos procedimientos con estas circunstancias, lo cierto es que desde la entrada en vigor de la Ley 16/2022 se ha constatado que más de un 90% de los concursos voluntarios de personas naturales se instan con la expresa referencia a su tramitación como concurso sin masa. Esa circunstancia no puede considerarse excepcional, después de más de 16 meses de aplicación de la reforma, se comprueba que la pauta sigue siendo la de que el concurso de persona física sea normalmente sin masa. Dado que la exoneración del pasivo insatisfecho se configura como un derecho reconocido al deudor, es lógico que se ha producido un incremento sustancial del número de procedimientos de personas físicas destinados principalmente a conseguir la exoneración.

Como efecto de este fenómeno se está incrementando el recurso a las acciones penales (frustración de la ejecución e insolvencia punible) y las acciones de responsabilidad contra administradores.

3.- ¿Cuál es el régimen de recursos frente a una resolución de declaración de concurso ordinario cuando se considera que es un concurso sin masa o al revés? ¿Cabe segunda instancia?

En el art. 471 del TRLC de 2020 se preveía la posibilidad de recurrir en apelación el auto que declara y concluye el concurso. Anteriormente en el 176 bis 1 de la Ley Concursal también se preveía esta posibilidad.

Actualmente el TRLC guarda silencio sobre el recurso frente al auto que declara el concurso por lo que debemos acudir al régimen general de recursos contra los autos que dicta el juez del concurso:

Art. 546 TRLC: *Contra las providencias y autos que dicte el juez del concurso solo cabrá recurso de reposición, salvo que en esta ley se excluya todo recurso o, en el caso de los autos, se otorgue expresamente recurso de apelación,* como no se da ninguna de las anteriores, FORTEA interpreta que cabe reposición sin apelación.

En el procedimiento de microempresa no cabe recurso contra los autos (687.4 TRLC) salvo que lo establezca el libro III entonces en un auto que declare y concluya el concurso sin masa de un procedimiento de microempresa no cabría recurso, si bien algunos Juzgados están admitiendo recurrir en reposición.

Sobre el auto que declara y concluye el concurso sin masa, no cabría recurso ya que el art. 481 TRLC no prevé recurso contra el auto de conclusión del concurso.

4.- En el caso de una persona jurídica, durante la tramitación del concurso sin masa ¿queda afectado el funcionamiento ordinario del órgano de administración o de la Junta? ¿Queda afectada la obligación de presentación de cuentas anuales?

Los efectos de la declaración del concurso previstos en los artículos 105 y siguientes del Texto Refundido, para el concurso ordinario; y artículos 694 y siguientes para el procedimiento especial de microempresas; se producen de manera automática.

Esto sería problemático y así, en cuanto a las facultades de disposición y administración del deudor, conforme al art. 106 TRLC, en caso de concurso voluntario, el concursado conservará las facultades de administración y disposición sobre la masa activa, pero el ejercicio de estas facultades estará sometido a la intervención de la administración concursal; en caso de concurso necesario, el concursado tendrá suspendido el ejercicio de las facultades de administración y disposición sobre la masa activa. Pero en este caso no hay, de momento, administración concursal por lo que no se puede intervenir o suspender al concursado (persona natural o jurídica) sus facultades de administración. La solución habría sido haber previsto un tratamiento similar al de las microempresas que recoge el artículo 694 TRLC: "desde la apertura del procedimiento especial hasta su conclusión, el deudor mantendrá las facultades de administración y disposición sobre su patrimonio, aunque solo podrá realizar aquellos actos de disposición que tengan por objeto la continuación de la actividad empresarial o profesional, siempre que se ajusten a las condiciones normales de mercado".

Por supuesto, todas aquellas normas relativas al ejercicio de acciones del concursado, o a los órganos de la persona jurídica concursada y demás en los que está prevista la intervención de la administración concursal no serán de aplicación.

5.- ¿Cabrían acciones de responsabilidad contra el administrador social por la presentación de un concurso como sin masa?

En nuestro Derecho positivo y dejando aparte los ilícitos penales (alzamiento de bienes, estafa o delitos societarios.) y las acciones administrativas de derivación de responsabilidad tributaria existen hasta cuatro acciones básicas para la exigencia de responsabilidad a los administradores por daños causados a los acreedores en la vecindad de la insolvencia: una acción de responsabilidad concursal cual es la de cobertura del déficit concursal ex art. 456 TRLC; las dos acciones resarcitorias de responsabilidad social e individual y, en fin, la acción sui generis de responsabilidad por deudas del art. 367 LSC.

La acción social de responsabilidad no es totalmente inmune al concurso toda vez que ex art. 132 TRLC (y 37 quinquies para los concursos sin masa) la Ley solo reconoce legitimación activa para su ejercicio al administrador concursal quien debe actuar en interés de la masa. No obstante, la declaración de concurso no suspende el ejercicio de la acción como ocurre con la acción de responsabilidad por deudas del art. 367 LSC. A propósito de esto, nada se dice en el TRLC al respecto de suerte de la acción social de responsabilidad en situaciones preconcursales por lo que hay que entender que la comunicación del inicio de las negociaciones no afecta ni interfiere con el ejercicio de la acción social.

La acción de responsabilidad por deudas no es inmune ni al concurso ni a la comunicación del inicio de negociaciones. En el orden sustantivo, no obstante el acaecimiento de la causa legal o estatutaria de disolución, los administradores quedan exonerados de responsabilidad si en el plazo de dos meses hubieran comunicado al juzgado la existencia de negociaciones o hubieran solicitado la declaración de concurso ex art. 367.3 LSC. En el orden concursal y por razones que son fácilmente imaginables, la acción del art. 367 LSC ejercitada antes de la declaración del concurso queda "suspendida" desde entonces hasta la conclusión del concurso en aplicación de lo dispuesto en el fundamental artículo 139.1 TRLC y el juez de lo mercantil ordenará su inadmisión hasta la conclusión si se ejercitara después ex art. 136.1.2° TRLC. De igual manera, en caso de comunicación del inicio de negociaciones y mientras estén en vigor sus efectos, queda ex art. 367 TRLC en suspenso el deber legal de acordar la disolución por pérdidas por pérdidas cualificadas.

El problema está en determinar cuál es la suerte de la acción una vez concluido el concurso sobre todo en el caso paradigmático y más problemático de la frecuentísima declaración del concurso sin masa. Sabemos por ejemplo, porque nos lo dice la Ley que si el plan de reestructuración no se alcanzase durante la vigencia de la comunicación de inicio de negociaciones cesa la exoneración de la responsabilidad por deudas del primer inciso del art. 367.3 LSC y se reanuda el cómputo de los dos meses del art. 367.1 LSC para solicitar la liquidación judicial o la solicitud de declaración de concurso. Nada se dice en cambio en la LSC de qué ocurre con la acción del art. 367.3 LSC tras la conclusión del concurso cuando restaren acreedores insatisfechos.

En el caso de que se hubiera iniciado el ejercicio la acción antes del concurso, la única solución al problema es la aplicación de la solución coherente con el levantamiento de la suspensión del art. 139.1 TRLC: se reanuda la tramitación de la acción suspendida en el bien entendido que los creedores solo podrán demandar por la cantidad aún no satisfecha.

Más difícil es determinar lo que ocurre cuando con anterioridad no se hubiere ejercitado la acción. Aunque como es notorio la materia relativa la disciplina societaria y concursal aplicable al llamado "cierre en falso del concurso" por la resolución firme que acuerde la conclusión del concurso por finalización de la liquidación o por insuficiencia (originaria o sobrevenida) de masa activa y el cierre provisional de la hoja registral ex art. 485.1 TRLC constituye una cuestión difícil, es opinión muy mayoritaria que, al menos en la situación intermedia (concluso el concurso y cerrado provisionalmente el registro existiendo bienes y derechos sin liquidar), la sociedad solamente debe reputarse extinguida cuando se pone término a todas las relaciones jurídicas pendientes, tanto activas como pasivas y que terminado el concurso, si no estuviera disuelta antes, la sociedad está incursa en causa de liquidación de las de derecho. Me remito a lo que he escrito sobre el particular en un trabajo publicado en la Ley mercantil.

Tras un mero cierre provisional de la hoja registral del art. 485.1 LSC los administradores convertidos en liquidadores ex art. 376.1 LSC o los liquidadores designados (con nombramiento inscribible en el RM en la hoja solo provisionalmente cerrada) deben proceder a una liquidación extra-concursal respetando la prelación de créditos del orden civil. En estas circunstancias, abierta la fase de liquidación no tiene lógica aplicación la responsabilidad del art. 367 LSC porque sería redundante la convocatoria de junta para acordar la disolución o la solicitud de disolución judicial.

Ello no es óbice a que los liquidadores puedan incurrir en responsabilidad por dolo o culpa en las tareas liquidatorias (cfr. art. 397 LSC) y a que, por solicitud de los acreedores insatisfechos, pueda declararse la reapertura del concurso siempre que la solicitud se presentara dentro del plazo de un año desde el cierre provisional del art. 485.1 TRLC y cuando aparezcan nuevos bienes: arts. 485.1 y 505 TRLC. Tras el cierre definitivo de la sociedad del art. 485.2 TRLC no procede una nueva reapertura del mismo concurso aunque aparezcan nuevos bienes y se aplicarán en su caso los artículos 398 y 399 LSC sobre activo y pasivo sobrevenidos. De hecho, el cierre registral calificado de "definitivo" no lo es tanto porque el art. 248 RRM contempla la reapertura de oficio de la hoja registral cuando aparezcan nuevos bienes.

La sentencia del Juzgado de lo Mercantil nº 6 de Madrid del 8 de septiembre de 2023, subraya una cuestión crucial: la responsabilidad de los administradores societarios no cesa con la declaración de un concurso sin masa. Los administradores deben mantener su deber de diligencia frente a los acreedores y realizar todas las operaciones de liquidación necesarias incluso después de la conclusión del concurso.

6.- ¿Cabe un concurso sin masa de un Grupo de Empresas? ¿En ese caso, deben de estar todas en situación de concurso sin masa? ¿Si hubiera alguna de las empresas del Grupo con masa, debería de tramitarse el concurso como ordinario?

No hay concurso de grupo sino de cada sociedad. En los artículos 38 a 43 de la Ley Concursal se regulan "los concursos conexos", declaración conjunta, acumulación de concursos, tramitación coordinada sin consolidación de masa salvo excepciones por confusión patrimonial.

7.- ¿Cabe declarar el concurso sin masa de un matrimonio? En caso afirmativo, ¿Qué pasivo se debe de tomar en consideración cara a la fijación del 5%? ¿deben de tener deudas conjuntas ambos cónyuges, o basta que haya confusión patrimonial?

No hay consolidación de masas.

Artículo 38. Declaración conjunta de concurso voluntario de varios deudores.

Aquellos deudores que sean cónyuges, socios o administradores total o parcialmente responsables de las deudas de una persona jurídica y las sociedades pertenecientes al mismo grupo podrán solicitar la declaración judicial conjunta de los respectivos concursos.

Artículo 42. Tramitación coordinada.

Los concursos declarados conjuntamente y/o acumulados se tramitarán de forma coordinada, sin consolidación de las masas.

Artículo 43. Consolidación de masas.

Excepcionalmente, el juez, de oficio o a solicitud de cualquier interesado, podrá acordar la consolidación de las masas de concursos declarados conjuntamente o acumulados cuando exista confusión de patrimonios y no sea posible deslindar la titularidad de activos y pasivos sin incurrir en demora en la tramitación del concurso o en un gasto injustificado.

Según el artículo 251.2 TRLC se integrarán en la masa pasiva los créditos contra el cónyuge del concursado que sean además créditos de responsabilidad de la sociedad o comunidad conyugal. Por ello, tanto las deudas gananciales contraídas por el concursado, como por su cónyuge, se integran en la masa pasiva y ello, sin que el cónyuge tenga a su vez que ser declarado en concurso.

8.- En caso de deuda hipotecaria donde son responsables ambos cónyuges ¿Es admisible que el cónyuge concursado indique que es titular del 50% del inmueble hipotecado y deudor de toda la cantidad garantizada con la hipoteca? ¿Cabría una liquidación en el concurso de solo el 50% del inmueble quedando liberada de la hipoteca la parte vendida? ¿Cómo se interpreta el Art. 125 LH? (AAP Sección 9ª Valencia nº 143/2024 de 26 de noviembre (ECLI:ES:APV:2024:1795A).

Cuando el concursado está casado en régimen de gananciales o en otro de comunidad, según lo dispuesto en el artículo 193 TRLC, todos los bienes gananciales se integran en la masa activa.

La profesora Matilde CUENA defiende que en gananciales debe incluirse el 100% del valor de la vivienda porque no existen cuotas enajenables o embargables (ver 193.2 TRLC) y porque los bienes gananciales responden directamente de las deudas gananciales ya sean contraídos por un cónyuge privativamente o por ambos.

También defiende que se integre toda la deuda hipotecaria.

En caso de concurso con liquidación, CUENA defiende que el cónyuge no concursado pueda pedir la disolución de la sociedad de gananciales y adquirir la mitad del concursado con el derecho preferente del 125.3 TRLC.

En separación de bienes sí cabe incluir en la masa activa el 50% del valor de la vivienda y sí se debe incluir el 100% de la hipoteca porque los dos cónyuges responden solidariamente.

El Auto de la AP de Valencia de 26 de noviembre establece:

"En cumplimiento del plan de liquidación aprobado en el concurso, se subasta la mitad indivisa de la finca perteneciente al deudor concursado, ordenándose la cancelación de la hipoteca que la grava. Pero la referida hipoteca recae sobre la totalidad de la finca concurriendo como deudores los titulares de las mitades indivisas de la misma, sin que en su constitución se hiciera distribución alguna del crédito, ni de la responsabilidad hipotecaria, encontrándonos pues en el supuesto de una hipoteca unitaria.

En consecuencia, la mitad indivisa del deudor concursado consta como activo en la masa del concurso, pero debiendo computarse la totalidad del crédito garantizado con la hipoteca como pasivo, pues conforme se ha dicho anteriormente, la responsabilidad es global no pudiendo circunscribirse a parte de la deuda ni a una porción ideal del inmueble.

El decreto de adjudicación se limita a indicar que se adjudica la mitad indivisa de la finca, inmueble subastado propiedad del concursado, a favor del acreedor Bankia S.A.

En cuanto al mandamiento de cancelación de cargas, en contra de la opinión del recurrente que afirma que solo se acordó la cancelación de las cargas posteriores, de la dicción literal del mismo resulta que se ordena también la cancelación de la hipoteca, lo que se confirma con el Decreto de Adición de dieciocho de mayo de dos mil veinte, en el que se especifica que las cancelaciones, tanto de la hipoteca como de las cargas posteriores, se ordenan únicamente en relación con la parte indivisa del concursado.

Conforme se ha dicho anteriormente el carácter unitario de la hipoteca impide, como regla general, que su cancelación pueda llevarse a cabo de forma parcial.

No obstante en el supuesto concreto de este expediente la purga de la hipoteca no es consecuencia de la ejecución de la garantía sino de la subasta judicial de la mitad indivisa del concursado que debe conducir a su adjudicación libre de cargas conforme al artículo 149.5 de la Ley Concursal en su redacción aplicable a este supuesto, que dispone la cancelación de todas las cargas anteriores al concurso constituidas a favor de créditos concursales, salvo las que gocen de privilegio especial conforme al artículo 90 y se hayan transmitido al adquirente con subsistencia del gravamen, lo que no sucede en este caso.

Por otro lado, la situación concursal de uno de los deudores solidarios no altera ni modifica la relación del otro deudor con el acreedor que puede seguir reclamando de este el pago íntegro de la deuda en tanto no le ha sido satisfecha.

En consecuencia, la adquisición por el postor, en este caso el acreedor hipotecario, de la mitad indivisa del concursado, implicará que la garantía hipotecaria pase a recaer únicamente sobre la otra mitad indivisa de la finca, si bien, como consecuencia de la subasta, quedará minorada en la cantidad correspondiente al remate, sin perjuicio de las relaciones internas entre codeudores".

9.- En caso de ingresos recurrentes ¿Cabe la declaración de concurso ordinario y embargo de oficio de las cantidades que excedan del doble del SMI para pago de acreedores durante los 12 meses de máxima duración de la liquidación? ¿En qué precepto del TRLC se haya esa previsión?

El art. 192 TRLC indica que forman parte de la masa activa los bienes y derechos integrados en el patrimonio del concursado a la fecha de la declaración del concurso y los que se reintegren al mismo o adquiera hasta la conclusión del concurso.

El salario devengado que exceda el limite inembargable del 607 LEC forma parte de la masa activa, no sucede lo mismo con los ingresos futuros que son contingentes y pueden o no producirse, estos no serían masa.

Cuando el concursado tiene gastos justificados y dentro de unos límites habituales, para lo que precise una cuantía superior a lo inembargable para vivir, debe solicitar derecho de alimentos.

El hecho de que se integren en la masa activa los salarios devengados hasta la conclusión del concurso hace que su devengo deba ser tenido en cuenta a los efectos de valorar si el concurso del deudor es o no con masa. (art. 37 bis), pues es posible que de los salarios devengados con posterioridad a la solicitud y antes de la conclusión se generen recursos suficientes para atender los gastos del procedimiento (art. 37 bis c) Texto Refundido de la Ley Concursal).

Así lo entendió con acierto la sentencia 713/24 de la Audiencia Provincial de Barcelona de 15 de julio: "Como regla general, siempre que de la solicitud del concurso se derive la existencia de ingresos recurrentes posteriores a la declaración del concurso, entendemos que lo correcto es que la declaración se haga como concurso con masa, con la salvedad que deberá apreciar el juez en cada caso, que resulte acreditado que la cantidad que resultaría embargable sea tan escasa que no permita apreciar que con ella se podrían afrontar razonablemente los gastos de la masa". Esta valoración es razonable, y si el concurso fuera declarado con masa, caso de que el deudor inste la solicitud de exoneración, podrá elegir entre el itinerario de plan de pagos o de liquidación. El margen judicial se agota en la decisión de la declaración de concurso con o sin masa.

10.- ¿Es exigible una tasación bienes a los efectos del cálculo del Art. 37 bis TRLC?

Sí, entre otras Sentencia 12 de septiembre de 2023 del Juzgado Mercantil nº 7 de Madrid, o Auto de 2 de diciembre de 2024 del Juzgado Mercantil nº 5 de Madrid.

Atendiendo al art. 201 TRLC que dice que el avalúo de los bienes debe hacerse con arreglo al valor de mercado y luego el art. 210 que exige tasación oficial para la realización de los bienes afectos a privilegio especial.

11.- ¿Qué ocurre con los bienes del deudor en un concurso sin masa?

En caso de persona física se los quedaría porque ya se ha acreditado que carecen de valor.

En el caso de persona jurídica se deben liquidar por el liquidador bajo las reglas de la liquidación societaria.

12.- ¿Cómo se gestionan las posibles acciones judiciales contra el deudor tras la declaración del concurso sin masa?

En lo relativo al ejercicio de acciones declarativas contra el concursado, y en lo relativo a la competencia pues el art. 136.1.1º TRLC dispone que los jueces del orden civil y del orden social no admitirán a trámite las demandas que se presenten en las que se ejerciten acciones que sean competencia del juez del concurso; y estas acciones de acuerdo con el art. 52 TRLC, entre otras, todas las civiles con trascendencia patrimonial que se dirijan contra el concursado.

Pues bien, la cuestión estriba es que este tipo de concursos si no se llega después a dictar auto complementario y definitivamente se acuerda su conclusión tras la llamada a los acreedores, habrá estado un tiempo (¿un mes, dos meses?) durante el cual habrá existido la situación concursal y por lo tanto, de las demandas que se presenten durante ese período contra el concursado será competente el juez del concurso. Y no es difícil adivinar que éste se va a mostrar reacio a mantener una competencia por haber estado durante tan breve plazo de tiempo el concurso en suspenso.

Una de las consecuencias fundamentales que se produce en todo caso de declaración de concurso, es la suspensión de las ejecuciones aun cuando no se extienda a las ejecuciones de garantías reales (con las excepciones previstas en la Ley). En este caso, considero que, pese a ese estado latente que tiene el concurso, debería producir sus efectos pues si se continúa adelante la ejecución podrían frustrase los efectos del mismo; sin embargo, no se prevé comunicación alguna a los juzgados donde pudiera estar llevándose a término procesos de ejecución contra los bienes del ejecutado.

13.- ¿Qué implicaciones tiene el concurso sin masa para los avalistas y fiadores del deudor?

El garante puede ejecutar los avales frente a los ordenantes del aval que garantizaba al beneficiario = concursado:

Antiguo 135 LC similar al actual 492 TRLC:

Artículo 492. Efectos de la exoneración sobre obligados solidarios, fiadores, avalistas, aseguradores y quienes, por disposición legal o contractual, tengan obligación de satisfacer la deuda afectada por la exoneración.

1. La exoneración no afectará a los derechos de los acreedores frente a los obligados solidariamente con el deudor y frente a sus fiadores, avalistas, aseguradores, hipotecante no deudor o quienes, por disposición legal o contractual, tengan obligación de satisfacer todo o parte de la deuda exonerada, quienes no podrán invocar la exoneración del pasivo insatisfecho obtenido por el deudor.

2. Los créditos por acciones de repetición o regreso quedarán afectados por la exoneración con liquidación de la masa activa o derivada del plan de pagos en las mismas condiciones que el crédito principal. Si el crédito de repetición o regreso gozare de garantía real será tratado como crédito garantizado

Artículo 494. Efectos del pago por terceros de la deuda no exonerable o no exonerada.

1. Quienes, por disposición legal o contractual, tengan obligación de pago de la totalidad o parte de deuda no exonerable o no exonerada, adquirirán por el pago los derechos de repetición, regreso y subrogación frente al deudor y frente a los obligados solidariamente con el deudor, sus fiadores, avalistas, aseguradores y demás obligados por causa legal o contractual respecto de la deuda.

14.- ¿Qué consecuencias tiene la conclusión del concurso sin masa para una persona jurídica?

En el auto que declara la conclusión del concurso por insuficiencia de masa, el Juez ordena al Registro Mercantil el cierre provisional de la hoja abierta a la sociedad, y transcurrido un año, si no se reabre el concurso el registrador procederá al cierre definitivo.

Pero nada de esto supone la extinción de las deudas de la sociedad. De hecho como señala la doctrina y la jurisprudencia, esto no significa que se produzca una extinción, vía condonación, de las deudas de la sociedad, ni que los bienes que permanezcan a nombre de la sociedad pasen a ser «res nullius» (resolución DGRN 14-12-2016 con cita de otras muchas), manteniendo que incluso después de la cancelación persiste todavía la personalidad jurídica de la sociedad extinguida como centro de imputación en tanto no se agoten totalmente las relaciones jurídicas de que la sociedad es titular.

En definitiva, los acreedores pueden iniciar o continuar sus ejecuciones frente a la sociedad tras el concurso y la definitiva desaparición de la sociedad, y de sus deudas, sólo se producirá cuando la cancelación registral responda a la situación real; o sea, cuando la sociedad haya sido liquidada en forma y se haya satisfecho a los acreedores y no quede patrimonio sin repartir.

Es interesante la reciente Sentencia del tribunal Supremo de 23 de octubre de 2023 a propósito de la sucesión de deudas tributarias (art. 40 LGT) contra los socios de una mercantil cuyo concurso había concluido por insuficiencia de masa.

> *La definitiva desaparición de la sociedad, como se ha expuesto anteriormente, sólo se producirá cuando la cancelación registral prevista en el citado art. 178.3 de la Ley Concursal responda a la situación real; o sea, cuando la sociedad haya sido liquidada en forma y se haya satisfecho a los acreedores, hasta donde alcance el activo, y no quede patrimonio sin repartir. (...)*
>
> *La declaración de concurso y su conclusión por insuficiencia de masa activa no significa que se produzca una extinción, vía condonación, de las deudas de la sociedad, ni que los bienes que permanezcan a nombre de la sociedad pasen a ser "res nullius". En resumen, no se ha acreditado que se haya producido la liquidación de la sociedad, en los términos dispuestos en el capítulo II del Título X del Real Decreto Legislativo 1/2010, de 2 de julio, por el que se aprueba el texto refundido de la Ley de Sociedades de Capital, ni el resultado de las correspondientes operaciones de liquidación y efectiva extinción.*

15.- ¿Cabe reapertura del concurso sin masa? ¿Se nombraría AC o cabría una nueva declaración de concurso sin masa?

En el caso de concurso sin masa al no producirse la extinción de la sociedad y en tanto no transcurra el año hasta la extinción de la sociedad, los administradores convertidos en liquidadores por aplicación del art. 376 LSC recuperan las funciones que la LSC les encomienda en materia de liquidación, por ello, si aparecen bienes, son los liquidadores quienes podrían realizarlos y pagar a los acreedores o también podrían solicitar la reapertura del concurso.

El objetivo último de la reforma es obviar el trámite concursal y descargar al juez del concurso. Es decir, que no sea necesario recurrir al trámite de la reapertura, que implica de nuevo intervención judicial y más gastos, si resulta posible efectuar una liquidación ordinaria de la que se ocupan los liquidadores de la sociedad.

Con este cambio también, se sortea la doctrina de la personalidad jurídica "controlada" o "residual", en virtud de la cual se defendía la posibilidad de practicar inscripciones en la hoja registral particular de la sociedad aun con posterioridad a la de extinción decretada por el juez del concurso, pero siempre que las mismas fueran compatibles con el estado del registro que, por mandamiento del juez, proclama el estado de liquidación de la sociedad derivado de la situación concursal (entre otras, RDGSJFP de 14 de diciembre de 2016; la STS de 24.05.2017 en la que el Alto Tribunal señala que si concluido el concurso por insuficiencia de masa activa restan bienes o derechos sin liquidar, será posible que el acreedor inicie un procedimiento de ejecución singular contra la persona jurídica que se ha extinguido como consecuencia del concurso: "a estos efectos, relacionados con la liquidación de la sociedad, conserva su personalidad jurídica y la capacidad para ser demandada"; o la RDGSJFP de 20.08.2017 en relación a una sociedad que había sido declarada extinguida por el juez del concurso y que entendió inscribible la escritura por la que se elevaron a público los acuerdos adoptados en junta universal de nombramiento de liquidador y operaciones liquidatorias; recientemente, la RDGSJFP de 10 de febrero de 2022, que admitiendo esa virtualidad, deniega no obstante la inscripción de la reelección de miembros del consejo de administración, distribución de cargos y nombramiento de consejero delegado, por ser in compatible con el contenido con el contenido que proclama el registro).

Esta doctrina, criticable desde un punto de vista conceptual, es cierto que ha permitido solventar problemas que se venían suscitando en la práctica, especialmente en aquellos casos en los que, declarada la finalización del concurso por insuficiencia de masa activa, subsisten bienes en el patrimonio del deudor concursado, aun cuando ello no implicara la reanudación de la vida social.

Ahora es la propia ley —y, no una interpretación de esta— la que permite que los liquidadores puedan solucionar esa problemática y puedan satisfacer a los acreedores con los activos sobrevenidos.

La cuestión que surge, no obstante, es que el cambio del efecto de la conclusión del concurso persona jurídica no se ha acompañado de un cambio en la reapertura. El cierre provisional, como es sabido y ocurre en otras ocasiones, impide la inscripción de asientos registrales salvo por autorización judicial o porque expresamente una disposición legal lo contemple.

En este caso, el legislador no ha introducido esa mención. Esto significa que no se podrían llevar a cabo, si así se quisiera, operaciones societarias como aumentar el capital, o una reactivación, toda vez que los actos si no se inscriben no son ejecutables. Se trata de una mención que hubiera sido necesaria para lograr una perfecta coordinación entre el régimen de los efectos de la conclusión del concurso de la persona jurídica y la reapertura de concurso de la misma.

En un concurso concluido por finalización liquidación o insuficiencia de masa activa de forma clara, el apartado primero del artículo 505 TRLC 2022 señala que la reapertura del concurso del deudor persona jurídica por liquidación o por insuficiencia de la masa activa solo podrá tener lugar cuando, después de la conclusión, aparezcan nuevos bienes; y en el tercer apartado, al aludir a la resolución judicial por la que se acuerde la reapertura del concurso, señala que el juez ordenará la liquidación de los bienes y derechos aparecidos con posterioridad a la conclusión.

El 507 TRLC indica que el AC actualizará los textos definitivos, por lo que, en caso de reapertura tras finalización de liquidación o insuficiencia de masa activa sí se nombra AC.

II. CUESTIONES SOBRE LA EXONERACIÓN DEL PASIVO INSATISFECHO

1.- ¿Cuáles son los requisitos para acceder a la EPI en el contexto de un concurso sin masa? ¿Cambian con respecto del concurso ordinario o de microempresas?

Los requisitos son los mismos que en el concurso ordinario y no cambian.

Tampoco existen variaciones en el de microempresa, de hecho el 715 TRLC (microempresa) indica que *una vez terminada la liquidación y distribuido el remanente, podrá el deudor que reúna los requisitos legales para ello solicitar la exoneración del pasivo insatisfecho conforme a* ***lo establecido en el libro primero de esta ley.***

720.3 TRLC. Tras la conclusión del procedimiento especial del deudor persona natural, cesarán las limitaciones sobre las facultades de administración y de disposición sobre aquel, salvo las que, en su caso, se contengan en la sentencia de calificación abreviada, y el deudor seguirá siendo responsable del pago de los créditos insatisfechos, ***salvo que obtenga la exoneración del pasivo insatisfecho***

Ignacio TIRADO en la revista de insolvencias y reestructuraciones de julio de 2022 confirma que no existen diferencias entre el régimen ordinario y en microempresa:

El ámbito subjetivo del procedimiento especial para microempresas incluye a las personas físicas. Debido a la estructura empresarial española, con una gran cantidad de trabajadores autónomos cuya insolvencia se tramitaría a través de este procedimiento, resultaba sin duda necesario que el Libro III ofreciese un engarce entre las soluciones previstas en su seno y la exoneración del pasivo insatisfecho de las personas físicas.

A estos efectos, no existe ninguna justificación para tratar de modo diferente a las personas físicas que desarrollan una actividad empresarial o profesional y al resto. Por ello, el Libro III se limita a favorecer la transición entre el final del procedimiento especial de microempresas y el sistema de obtención de la segunda oportunidad a través de la exoneración de deudas. Es importante resaltar, pues constituye una opción de política legislativa relevante, que la exoneración procede, tanto tras la conclusión de un plan de continuación cuya aprobación o implementación ha sido frustrada, como tras finalizarse la liquidación. En realidad, en cierta medida, el sistema de microempresas trata su solución concordataria de manera similar a la exoneración por cumplimiento de un plan de pagos (51), y a la liquidación, cómo el equivalente del mecanismo exonerador tras haberse liquidado el activo del deudor insolvente. En ambos casos, una vez finalizado el recorrido en el seno del procedimiento especial, se aplicarán íntegramente las normas sobre exoneración del pasivo insatisfecho incluidas en el Libro I (arts. 700 y 715 TRLC).

2.- ¿Qué deudas pueden ser exoneradas a través de la EPI? ¿Las excepciones son solo las del Art. 489 TRL o caben otras excepciones, por ejemplo vía pacto contractual entre deudor y un acreedor?

No se puede excluir por pacto entre partes. Contractualmente, se puede limitar la responsabilidad patrimonial universal pero no renunciar al derecho de EPI.

Dado que, dejando al margen las excepciones recogidas en su apartado primero, como hemos visto, el artículo 489 TRLC se refiere a que la exoneración afecta a «la totalidad de las deudas insatisfechas» sin realizar mayores precisiones, deviene indispensable delimitar qué ha de entenderse por tales deudas insatisfechas y, por tanto, determinar cuáles pueden englobarse en el perímetro de la exoneración y cuáles no.

En otros términos, este precepto no incluye especificación alguna ni respecto de las fechas de nacimiento de los créditos afectados por la exoneración ni tampoco sobre si esta se extiende o no a los créditos concursales no concurrentes y, por tanto, a aquellos que no se han comunicado y que, en consecuencia, no figuran en la lista de acreedores, independientemente del hecho de que tal preterición resulte intencionada o no.

Centrándonos en la primera cuestión, en abstracto, cabrían tres posibles respuestas: (a) que la exoneración afecte a las deudas existentes hasta la fecha de la declaración del concurso; (b) que comprenda las existentes hasta el momento en que el deudor formule su solicitud de exoneración; (c) que afecte a las existentes hasta el momento en que se conceda la exoneración (DE LA RUA NAVARRO).

Pues bien, en este punto, aunque el TRLC no lo precisa, parece lógico entender que la exoneración se ha de extender únicamente a la totalidad de las deudas anteriores a la fecha de declaración del concurso (en este sentido, véanse el AAP de Cantabria [Sección 4ª] 191/2024, de 4 de octubre, el AJM núm. 2 de Santander 118/2023, de 6 de noviembre, y la SAP de Zaragoza [Sección 5ª] 454/2023, de 20 de marzo, que, aunque acuerda que la exoneración se extiende a la totalidad de las deudas «anteriores al concurso», da a entender que la fecha a la que se refiere es la de su declaración y no la de su solicitud).

La primera de estas resoluciones resulta especialmente interesante en la medida en que afirma que no puede entenderse que la exoneración afecte a todos los créditos anteriores a tal solicitud y, por tanto, que se exoneren los créditos generados desde la solicitud de concurso hasta la solicitud de exoneración, porque ello impediría la posibilidad de control de la diligencia en el endeudamiento después de la declaración del concurso, es decir, después del llamamiento a los acreedores, favoreciéndose con ello el fraude y la imposibilidad de que estos aleguen o puedan oponerse.

Por lo que se refiere a la segunda cuestión, aunque el TRLC no se pronuncia expresamente al respecto, no cabe ninguna duda de que los créditos no concurrentes se encuentran englobados también en la exoneración, lo que se deduce de los términos en los que se pronuncia su artículo 489. Dado que este dispone que la exoneración del pasivo insatisfecho se extenderá «a la totalidad de las deudas insatisfechas» sin hacer mayores distinciones, parece claro que, al no incluir ninguna limitación, la exoneración se extiende también a los créditos no concurrentes y, por tanto, a los no incluidos en la lista de acreedores.

Por otro lado, ha de tenerse presente que el que legalmente no se exija detallar todos los créditos exonerados no significa ni que estos no se puedan identificar, proceder éste que se generalizó por parte de los juzgados de lo mercantil a los comienzos de la aplicación del sistema de exoneración introducido por la Ley 16/2022, ni que no se tengan que detallar o precisar los que, siendo *a priori* exonerables, bajo el cumplimiento de determinadas condiciones, dejan de serlo.

Por último, no queremos dejar de advertir que si bien al tribunal no le es exigible identificar las concretas deudas sujetas a la exoneración en la resolución que reconozca tal derecho al deudor, se están dando fenómenos en la práctica en los que algunos tribunales, pese a ser conscientes de que no se trata de una exigencia legal, sin embargo, abogan por la conveniencia de relacionar las deudas comunicadas, exigiendo al deudor que aporte un listado de las exonerables con la solicitud de exoneración del pasivo insatisfecho (véase, AAP de Valencia [Sección 9ª] 221/2023, de 9 de enero de 2024; y la conclusión número 10 alcanzada por los Magistrados asistentes al Encuentro de la Jurisdicción Mercantil, celebrado en Cádiz durante los días 26 y 27 de octubre de 2023).

3.- ¿Cuál es el papel del administrador concursal, si lo hay, en un concurso sin masa con solicitud de EPI o el trámite de EPI es independiente de la previsión del Art. 37 ter TRLC?

En caso de concurso sin masa, se declara y concluye en el mismo auto y solo habría nombramiento de AC si lo solicitan el 5% del pasivo y sus funciones serán las del art. 37 ter TRLC (aprecio de indicios de culpabilidad, acción social de responsabilidad o acciones de reintegración).

El art. 37 ter 2 indica que si ningún acreedor ha solicitado el nombramiento de AC, el deudor puede presentar solicitud de EPI.

4.- ¿Qué diferencias existen entre la EPI en un concurso con masa y en un concurso sin masa?

Existen diferencias de aspectos procesales ya que en un concurso con masa el EPI se solicita al haber concluido la fase de liquidación (en el trámite de alegaciones a la conclusión del concurso).

En caso de plan de pagos se presenta antes de que se apertura la liquidación por el juez.

En un concurso sin masa se solicita el EPI una vez pasado el plazo de 15 días a los acreedores para que nombren AC.

5.- ¿Se puede instar el EPI en la solicitud de concurso? En ese caso, ¿se debe de tramitar el EPI desde inicio? ¿Se le tiene que exigir una nueva solicitud cuando pasen los plazos establecidos en el TRLC? ¿Qué pasa si habiendo pedido inicialmente el EPI con la solicitud no se presenta dentro de plazo? ¿Debe de inadmitirse por extemporánea?

En el caso de acudir a la vía del plan de pagos sí se pueden ya que el art. 495 TRLC dice que se llevará a cabo esta solicitud en cualquier momento antes de que el juez acuerde la liquidación de la masa activa, pero los tribunales están admitiendo esa solicitud una vez el AC ha presentado su informe provisional para tener identificada la masa pasiva del concurso.

JIMÉNEZ PARÍS, T. A., «La exoneración del pasivo insatisfecho tras la reforma concursal por Ley 16/2022, de 5 de septiembre», p. 1892), dice que aunque la Ley no lo indica, es preciso para que pueda solicitarse la exoneración del pasivo insatisfecho que se haya declarado el concurso de acreedores y tramitado la fase común (con formación del inventario y de la lista de acreedores). Así, de acuerdo con el artículo 296 bis TRLC «dentro de los quince días siguientes al de presentación del informe de la administración concursal con los documentos anejos, el letrado de la Administración de Justicia dictará decreto poniendo fin a la fase común del concurso, con simultánea apertura de la fase de liquidación si todavía no estuviera abierta». Pero la apertura de la liquidación no procederá si se hubiera presentado convenio, esté o no admitida a trámite la propuesta, o si se hubiera solicitado la exoneración del pasivo insatisfecho con arreglo a un plan de pagos (artículo 296 bis.2 en relación con los artículos 486 y 495.2 TRLC).

Existe jurisprudencia flexible a la hora de volver a conceder plazo para solicitar el EPI si se ha pasado, sobre todo en concursos sin masa, cuando se da traslado a los acreedores por 15 días para que nombren AC y si no lo hacen, luego el deudor tiene que presentar la solicitud de EPI:

Auto AP Zaragoza de 21 de abril de 2023, declara nulo un auto de 1ª instancia que había denegado la solicitud de EPI a un concursado que lo había presentado fuera de plazo.

El caso se trata de un concurso sin masa, donde, el juzgado dio traslado a los acreedores para que nombraran AC en 15 días y luego no emitió ninguna resolución al respecto dando traslado al deudor para que solicitara el EPI.

La AP entiende que debe existir mayor flexibilidad y conceder de nuevo plazo al concursado.

6.- ¿Puede revocarse la EPI una vez concedida? ¿En qué casos? ¿Es diferente la tramitación en función de si estemos en un EPI del Art. 501 TRLC o un EPI con plan de pagos del Art. 495 TRLC?

Se puede revocar conforme al 493 TRLC, supuestos de revocación de la concesión de la exoneración:

1. Cualquier acreedor afectado por la exoneración estará legitimado para solicitar del juez del concurso la revocación de la exoneración del pasivo insatisfecho en los siguientes casos:

> *1º Si se acreditara que el deudor ha ocultado la existencia de bienes, derechos o ingresos.*
>
> *2º Si, durante los tres años siguientes a la exoneración con liquidación de la masa activa, o a la exoneración provisional, en caso de plan de pagos, mejorase sustancialmente la situación económica del deudor por causa de herencia, legado o donación, o por juego de suerte, envite o azar, de manera que pudiera pagar la totalidad o al menos una parte de los créditos exonerados. En caso de que la posibilidad de pago fuera parcial, la revocación de la exoneración solo afectará a esa parte.*
>
> *3º Si en el momento de la solicitud estuviera en tramitación un procedimiento penal o administrativo de los previstos en los ordinales 1º y 2º del apartado 1 del artículo 487, y dentro de los tres años siguientes a la exoneración en caso de inexistencia o liquidación de la masa activa, o a la exoneración provisional en caso de plan de pagos, recayera sentencia condenatoria firme o resolución administrativa firme.*

2. La revocación no podrá ser solicitada una vez transcurridos tres años a contar desde la exoneración con liquidación de la masa activa, o desde la exoneración provisional en caso de plan de pagos.

En caso de EPI con plan de pagos, la revocación es conforme al *artículo 499 ter. Revocación de la exoneración en caso de plan de pagos.*

1. Cualquier acreedor afectado por la exoneración estará legitimado para solicitar del juez del concurso la revocación de la concesión provisional de la exoneración del pasivo insatisfecho si el deudor incumpliere el plan de pagos.

2. En el caso de que los pagos previstos en el plan dependan exclusiva o fundamentalmente de la evolución de la renta y recursos disponibles del deudor, también podrá revocarse la exoneración provisional a solicitud de cualquiera de esos acreedores si, al término del plazo del plan de pagos, se evidenciase que el deudor no hubiera destinado a la satisfacción de la deuda exonerable la totalidad de las rentas y recursos efectivos del deudor que excedan del mínimo legalmente inembargable, de lo preciso para el cumplimiento de las nuevas obligaciones del deudor durante el plazo del plan de pagos, siempre que se entiendan razonables a la vista de las circunstancias, y de lo requerido para el cumplimiento de los vencimientos de la deuda no exonerable durante el plazo del plan de pagos.

3. La revocación de la exoneración provisional supondrá la resolución del plan de pagos y de sus efectos sobre los créditos, y la apertura de la liquidación de la masa activa. No obstante, los actos realizados en ejecución del plan de pagos producirán plenos efectos, salvo que se probare la existencia de fraude, contravención del propio plan, o alteración de la igualdad de trato de los acreedores.

7.- ¿Cómo afecta la vivienda habitual del deudor en un concurso sin masa y la EPI?

En el contexto de un procedimiento de concurso sin masa, el deudor puede mantener la titularidad de su vivienda habitual si ésta vale menos que la deuda hipotecaria ya que si la vivienda vale más, el Juez declarará concurso y el deudor debe acogerse a la modalidad de plan de pagos del artículo 497 del TRLC.

8.- ¿Qué ocurre con los créditos con garantía real en un concurso sin masa con EPI? ¿Queda exonerada la parte no cubierta por la garantía? ¿Es necesaria la ejecución del bien para determinar la parte no cubierta por la garantía real?

Auto 14 de noviembre de 2023, Juzgado de lo Mercantil num. 1 de A Coruña:

La Ley 16/2022 no ha resuelto si es procedente llevar a cabo el ajuste de la operación de financiación garantizada al valor de la garantía en los concursos sin masa. Y, por si fuera poco, tampoco aclara cómo se fijará el valor de la garantía en estos concursos sin masa, en los que puede suceder que no se solicite el nombramiento de administrador concursal; también es posible que, de ser nombrado este profesional, su informe sea negativo respecto de los extremos mencionados en el art. 37 ter TRLC.

Si no concurre ningún acreedor legitimado al llamamiento, o el administrador concursal no aprecia que existan indicios favorables al ejercicio de las acciones que menciona la norma, lo procedente será acordar la conclusión del concurso. Eso sí, el archivo del procedimiento irá precedido de un pronunciamiento judicial que resuelva la petición de concesión de la exoneración, ya que éste ha sido el único propósito que ha guiado al concursado al tiempo de presentar su solicitud de concurso.

Pues bien, en el concurso sin masa, cuando concurre la circunstancia prevista en la letra d) del art. 37 bis TRLC —gravámenes y cargas existentes sobre los bienes y derechos del concursado por importe superior a su valor de mercado—, no es factible recalcular las cuotas de la operación de financiación garantizada, para ajustarlas al valor de la garantía, en los términos que prescribe el art. 492 bis TRLC

Y ello por varias razones:

(i) En primer lugar, conviene tener presente que, en estos concursos, no existe un trámite —sujeto a contradicción—, destinado a la confección de una lista de acreedores. Y, aunque pueda sonar obvio, en un panorama judicial en el que aparecen resoluciones de signos y criterios tan dispares, no parece ocioso recordar que, sin administrador concursal nombrado, no existe una lista de acreedores sujeta a impugnación ni, por ende, este documento se somete a supervisión del juez del concurso; esta circunstancia impide determinar el límite del privilegio especial en la forma que prescriben los arts. 273 y siguientes del TRLC. Por tanto, aunque puedan ser bienintencionadas las propuestas interpretativas que sugieren la aplicación analógica del art. 492 bis TRLC, al concurso sin masa, tal posibilidad deviene técnicamente inviable, ante la ausencia de un trámite contradictorio que lo permita. Tampoco ignoro que algunas resoluciones judiciales recientes apuntan a esa posibilidad, pero considero que lo hacen retorciendo el texto de aquella disposición, cuya sistemática y tenor literal no dejan lugar a dudas (en tanto que aquélla acota la posibilidad de reestructurar la deuda hipotecaria a los supuestos de exoneración con plan de pagos, v. infra).

(ii) En segundo lugar, no es correcto tomar como base, a estos efectos, la lista de acreedores y el inventario que debe presentar el deudor con su solicitud de concurso. Esta opción la han sugerido algunos órganos de nuestro país para los concursos sin masa. Esas resoluciones judiciales obligan a la entidad financiera a acomodar la cuota del préstamo hipotecario al valor de la garantía, y para determinar este valor, acuden a la tasación que aporta el deudor con su solicitud —v. Auto del

Tribunal de Instancia Mercantil de Sevilla de 20 de abril de 2023—.

No comparto este criterio, pues provoca un efecto nada deseable, como es el de tratar más favorablemente al deudor que acude al concurso "sin nada", que a quien lo hace previendo que debe cubrir con sus bienes los gastos de tramitación del procedimiento.

Además, esta innovación respecto de la regulación vigente puede cercenar uno de los motivos de impugnación del plan de pagos, que se pone a disposición del acreedor cuando no se le garantiza el abono de la parte de sus créditos que habría de satisfacerse en la liquidación concursal (art. 498 bis 1 1° TRLC).

De este modo, si después de seguir los trámites de los arts. 37 bis y siguientes TRLC, se cierra el concurso, se concede la exoneración y se dirige un mandato a la entidad financiera para que reduzca la cuota del préstamo, sin seguir las formalidades requeridas para la aprobación del plan de pagos, es evidente que el acreedor pierde oportunidades legales de defensa de sus derechos.

Todas las deficiencias que sufre la regulación de esta cuestión aconsejan diferir la problemática a un eventual y futuro proceso de ejecución singular. El acreedor conserva esta alternativa, que no cercena la concesión de la exoneración al deudor, atendida la condición de pasivo no exonerable que comparten las deudas con garantías real —en los términos del art. 489.1.8° TRLC—. Ciertamente, este aspecto constituye otro de los puntos débiles de la reforma en esta materia, y así lo advierte CUENA CASAS (La exoneración del pasivo insatisfecho en el concurso de acreedores de la persona física, Aranzadi, 2023), cuando se representa la situación que podría darse si el deudor conserva la vivienda después de la concesión de la exoneración; si parte de la deuda no quedara cubierta tras la ejecución del bien, el prestamista podría escapar de la exoneración, lo que, desde luego, no ha querido el legislador europeo. Comparto la crítica y postulo una interpretación correctora que dé armonía al conjunto del sistema. Para ello, habremos de acudir primeramente al art. 492 bis TRLC, que regula los efectos de la exoneración sobre las deudas con garantía real, y dispone que la exoneración declarada respecto de estas deudas quedará revocada si, ejecutada la garantía, el producto obtenido fuese suficiente para satisfacer, en todo o en parte, la deuda provisional o definitivamente exonerada.

A sensu contrario, hemos de entender que la deuda remanente —esto es, la que permanece insatisfecha tras la realización forzosa del bien—, es una de las afectadas por la concesión de la exoneración, para el supuesto hipotético de que llegara a existir; así se consolidaría su inclusión en el perímetro de la exoneración cuando, realizado el activo gravado, el importe obtenido no cubriese el total de la deuda garantizada. Al respecto, es interesante la cita del AJM nº 1 de Córdoba de 6 de marzo de 2023, [Roj: AJM CO 148/2023], que acuerda exonerar al deudor de aquella deuda que pudiera dimanar de un proceso ejecutivo contra el inmueble que mantiene en propiedad, después de decretar la conclusión del concurso sin masa. Esta resolución afirma, con argumentos muy atinados, que "... se decide que se declare ex art. 37 bis, no se liquida su patrimonio (aun no siendo ello solicitado por el deudor), y meses más tarde le ejecutan ese bien y el importe no atendido con la ejecución ya no se puede exonerar con un nuevo concurso porque está bajo la prohibición del art. 488 del TRLC, ni se ha exonerado en el proceso seguido porque no es "deuda actual". Es más, el escenario expuesto puede incluso ser, repito, puede, no mantengo que se haga ni que sea este caso, un elemento que use el acreedor garantizado para posicionar todo su crédito fuera de la exoneración, retrasando una ejecución ante un eventual impago. Esta consecuencia indeseada no debe ampararse en la interpretación de la norma, no es la finalidad de la misma".

En esta resolución nos postulamos a favor de la tesis que mantiene el mencionado AJM nº 1 de Córdoba de 6 de marzo de 2023. Aunque no sea posible el recálculo de la cuota del préstamo garantizado, en la forma que prescribe el art. 492 bis 2 nº 1 TRLC, lo que sí procede acordar, en el mismo auto que concede la exoneración del pasivo insatisfecho, es la extensión de sus efectos a la parte de la deuda que pueda quedar insatisfecha tras la realización del bien o derecho gravado con la carga de naturaleza real.

Recuérdese que, tras la concesión de la exoneración del pasivo insatisfecho, el acreedor con garantía real puede instar su ejecución, judicial o extrajudicial, ya que la deuda con garantía real (hasta el límite del valor de la garantía) ostenta la condición de pasivo no exonerable. Así se desprende del art. 490 TRLC, ubicado sistemáticamente en la sección relativa a los elementos comunes de la exoneración.

También el art. 492 bis, apartado 3, TRLC, confirma esta conclusión, ya que ordena la revocación de la exoneración ya declarada respecto de una deuda con garantía real si, tras la ejecución de la garantía, el producto obtenido fuese suficiente para satisfacer, en todo o en parte, la deuda provisional o definitivamente exonerada.

Por ello, si, una vez concedida la exoneración, el deudor desatendiera el pago de las cuotas del préstamo garantizado, la entidad financiera podría declararlo vencido anticipadamente y promover la ejecución de la garantía. En esta hipótesis, deberemos entender que el remanente de la deuda garantizada —no cubierto con el producto de la realización forzosa del bien afecto—, es una de las deudas que quedó exonerada por la resolución del juez que concedió la exoneración. Con la solución que propugnamos se sortea el efecto pernicioso que supondría no liberar al deudor del remanente no cubierto, lo que beneficiaría injustamente a la entidad financiera acreedora, que lograría soslayar los efectos de la exoneración concedida al deudor respecto de un pasivo que, por su naturaleza, tiene la condición de exonerable.

9.- El recálculo del Art. 492 bis TRLC ¿Se aplica a cualquier modalidad de exoneración? ¿Quién y cómo se solicita el recálculo? ¿Cabe discutir el recálculo y porque procedimiento se tiene que hacer? ¿Cabría discutir el recálculo en un concurso sin masa?

No cabe el recálculo, pero se extienden los efectos de la exoneración al crédito que resulte impagado tras eventual incumplimiento de pago de las cuotas y ejecución hipotecaria.

Artículo 492 bis. Efectos de la exoneración sobre las deudas con garantía real.

1. Cuando se haya ejecutado la garantía real antes de la aprobación provisional del plan o antes de la exoneración en caso de liquidación, solo se exonerará la deuda remanente.

2. En el caso de deudas con garantía real cuya cuantía pendiente de pago cuando se presenta el plan exceda del valor de la garantía calculado conforme a lo previsto en el título V del libro primero se aplicarán las siguientes reglas:

1ª Se mantendrán las fechas de vencimiento pactadas, pero la cuantía de las cuotas del principal y, en su caso, intereses, se recalculará tomando para ello solo la parte de la deuda pendiente que no supere el valor de la garantía. En caso de intereses variables, se efectuará el cálculo tomando como tipo de interés de referencia el que fuera de aplicación conforme a lo pactado a la fecha de aprobación del plan, sin perjuicio de su revisión o actualización posterior prevista en el contrato.

2ª A la parte de la deuda que exceda del valor de la garantía se le aplicará lo dispuesto en el artículo 496 bis y recibirá en el plan de pagos el tratamiento que le corresponda según su clase. La parte no satisfecha quedará exonerada de conformidad con lo dispuesto en el artículo 500.

3. Cualquier exoneración declarada respecto de una deuda con garantía real quedará revocada por ministerio de la ley si, ejecutada la garantía, el producto de la ejecución fuese suficiente para satisfacer, en todo o en parte, deuda provisional o definitivamente exonerada.

10.- La inclusión de un acreedor en la lista de acreedores del deudor en la solicitud de concurso sin masa ¿genera título ejecutivo o es una declaración carente de valor? ¿se puede considerar un reconocimiento de deuda?

No porque no ha habido un control por lo acreedores ni por el Juez mercantil.

Artículo 484. Efectos específicos en caso de concurso de persona natural.

1. En caso de conclusión del concurso por liquidación o insuficiencia de masa activa, el deudor persona natural quedará responsable del pago de los créditos insatisfechos, salvo que obtenga el beneficio de la exoneración del pasivo insatisfecho.

2. Los acreedores podrán iniciar ejecuciones singulares, en tanto no se acuerde la reapertura del concurso o no se declare nuevo concurso. Para tales ejecuciones, la inclusión de su crédito en la lista definitiva de acreedores se equipará a una sentencia firme de condena.

La lista, en definitiva, supone la concreción de la masa pasiva por la Administración concursal, y es la base natural para el reconocimiento de créditos como concursales. "*La elaboración de la lista de acreedores, sirve a la determinación de la masa pasiva, y proporciona —junto con el inventario— las bases para la solución del concurso, y se encomienda su elaboración a la Administración concursal. Para llevarla a cabo, el Administración concursal precisa tener conocimiento de los créditos que han de integrarse en esa relación, …y el modo ordinario y principal por el que lo adquirirá será la comunicación que sus titulares lleven a cabo en el oportuno plazo…que se configura como una carga procesal de los acreedores*" [HERRERO PEREZAGUA, J. F. (2017), pp. 272-273]. **Por ello, el contenido y**

la estructura de la lista de acreedores pretende hacer ejecutiva la delimitación de la masa pasiva en los concursos con masa. En el mismo sentido, FUENTES DEVESA

En cambio, la lista de acreedores tiene una naturaleza diferente, ya que determina de manera definitiva la composición de la masa pasiva, por lo que despliega efectos ad intra y ad extra: si un acreedor o el deudor pretende discutir la inclusión o procedencia o no de la cuantía incluida en la lista de acreedores, debe impugnarla y el incumplimiento de dicha carga procesal conlleva la preclusión de hacerlo en un momento ulterior dentro del concurso, y en este caso tampoco fuera del mismo, pues la competencia objetiva sí le corresponde al juez del concurso (se trataría de una acción contra el patrimonio del concursado) y sin alteración de las posiciones procesales al mantenerse el acreedor en la posición de actor en todo caso.

Este distinto efecto, derivado de la distinta naturaleza, se recoge en la STS 9.10.2018: *"El inventario no confiere un título traslativo del dominio a quien no lo tiene, pues ni crea ni extingue derechos. De modo que incluir un derecho de crédito o un bien en el inventario no constituye una declaración judicial acerca de la titularidad del bien o el derecho de que se trate. El inventario no es inamovible, sino que tiene un carácter dinámico, en la medida en que el concursado puede enajenar bienes y derechos y adquirir otros durante el concurso, además de los resultados que pueden arrojar las acciones de reintegración como cauce procesal para la recuperación de bienes que salieron indebidamente de la masa activa. 2.- En cambio, la inclusión de un crédito en el listado de la masa pasiva sí tiene consecuencias jurídicas de fondo. Por ejemplo, el art. 178 LC (actual 474) considera título ejecutivo bastante para que un acreedor inicie una ejecución de título judicial el hecho de que su crédito haya sido incluido en la lista definitiva de acreedores, y ese crédito incluido tiene el mismo valor jurídico y fuerza ejecutoria que una sentencia de condena firme, cosa que no sucede con la inclusión de un derecho de crédito a favor del concursado contra un deudor tercero en el inventario de la masa activa, que no constituye por sí un título judicial que legitime una reclamación ulterior. Y que, por ello, no impide una reclamación posterior sobre la existencia de un derecho de crédito no incluido en el inventario".*

11.- La oposición a la exoneración del Art. 502 TRLC ¿puede fundarse en cualquier motivo o solo en la concurrencia de alguna de las excepciones o prohibiciones de los Arts. 487 y 488 TRLC?

No obstante, se está cumpliendo la oposición a la exoneración a través de una interpretación extensiva de que se entiende por (i) información falsa o engañosa, (ii) comportamiento temerario o negligente al tiempo de contraer el endeudamiento o de evacuar sus obligaciones, (iii) no extinción previa de los contratos de trabajo, etc.

Art. 502.2. La oposición solo podrá fundarse en la falta de alguno de los presupuestos y requisitos establecidos en esta ley. La oposición se sustanciará por el trámite del incidente concursal.

La AP de Lleida en Sentencia de 31 de julio de 2023 ha dicho *"Por último, como también apuntábamos en las referidas Sentencias nº 324/2023 y 381/2023, es preciso añadir que según lo dispuesto en el Art. 490-2 TRTRLC, en su redacción anterior a la Ley 16/2022, la oposición a la solicitud se sustanciará por el trámite del incidente concursal y dicha oposición sólo podrá fundarse en la falta de alguno de los presupuestos y requisitos establecidos en esta ley. Los presupuestos y requisitos del BEPI son los previstos en los Arts. 486, 487 y 488 TRTRLC.*

Algunos Tribunales están interpretando las excepciones del 487 de manera quizás, excesiva.

Como dice Matilde CUENA en la revista de reestructuraciones e insolvencias de marzo de 2025:

Lo grave es que la doctrina emanada de estas resoluciones ha sido mantenida en otros foros. Destaca la sentencia de la Audiencia Provincial de Alicante de 19 de julio de 2024. Se recurre la denegación de la exoneración por parte del tribunal de instancia con base en la excepción prevista en el art. 487.1.6º Texto Refundido de la Ley Concursal al entender que ha existido una conducta temeraria o gravemente negligente de la concursada, "*no sólo rebelde al cumplimiento de sus obligaciones (sin que quedara justificado su nivel de endeudamiento), sino digna de condenas penales y sanciones administrativas por multas de tráfico reiteradas en el tiempo*". La existencia de sanciones de tráfico y antecedentes penales por tráfico de drogas que no priva del derecho a la exoneración (art. 487.1 Texto Refundido de la Ley Concursal) evidencia una conducta temeraria y negligente en el cumplimiento de sus obligaciones

Recurrida la resolución, la Audiencia se pronuncia sobre si el deudor concursado se comportó de forma temeraria o negligente al tiempo de contraer endeudamiento o de evacuar sus obligaciones.

Considera irrelevantes las multas de tráfico y los antecedentes penales. La concursada percibe una pensión por invalidez permanente que asciende a 1595 euros y un pasivo de 23.739 euros procedente en su mayoría de préstamos con entidades financieras y 3.000 euros por sanciones de tráfico. La Audiencia entiende que acumular multas supone una conducta temeraria. Pero lo que merece ser destacado de esta resolución es la afirmación de que "*si los ingresos permanecen estables, y sin la menor expectativa de aumento, resulta negligente incrementar de manera considerable los compromisos de deuda, al no tener capacidad de reembolso*". Se parte de la premisa de que se carecía de capacidad de reembolso solo porque incrementa la deuda sin aumentar los ingresos, cosa que por cierto hacemos todos (10). Efectivamente, hay endeudamiento irresponsable si se es ya consciente en el momento de contraer la deuda de la incapacidad de pago. Pero cuando esto sucede con un prestamista profesional hay que valorar si el prestamista cumplió o no su obligación de evaluar la solvencia por imponerlo la normativa de préstamo responsable.

Precisamente a este respecto se señala que "*se ignora si fue practicada la evaluación de la solvencia por los prestamistas, pues el que esté prevista tal evaluación no significa que efectivamente se haya llevado a efecto. Pero es que el dato de que la entidad financiera no actuara correctamente no significa automáticamente que el comportamiento económico del concursado resulte diligente*".

Se sanciona el recurrir a financiación ajena y se prescinde absolutamente de la conducta del acreedor que cuando es un profesional está obligado legalmente a evaluar la solvencia. Si, por ejemplo, una deudora con unos ingresos de 1.240 euros se endeuda por 120.000 euros ¿no debe la entidad prestamista profesional obligada a evaluar la solvencia asumir alguna responsabilidad?

Menos mal que esta doctrina que censuro no es generalizada y en otros foros hay que aplaudir la interpretación de la norma. Es destacable la doctrina que se mantiene en el Auto de la Audiencia provincial de Barcelona de 20 de septiembre de 2024(17) la Audiencia Provincial de Barcelona que mantiene un concepto más restrictivo de endeudamiento irresponsable. El juez de instancia deniega la exoneración de la concursada porque la deuda era muy alta (17.000 euros) respecto de sus ingresos. Ningún acreedor se opuso, el juez denegó de oficio por estar sobreendeudada (sic). Afortunadamente la Audiencia no asume semejante relato señalando que no basta tener en cuenta los ingresos y el montante del pasivo. Hay que valorar las circunstancias del deudor en el momento del endeudamiento y no en el momento de la declaración de concurso. Es negligente el deudor que es consciente de que no puede devolver el préstamo cuando lo contrae, pero su actitud tiene que ser dolosa y gravemente negligente. Denegar la exoneración por negligencia leve "nos llevaría a rechazar todas las solicitudes de exoneración, puesto que la mayoría obedecen a situación de sobreendeudamiento". Y, sobre todo, —añado yo— cuando el prestamista es profesional hay que comprobar la legalidad de su actuación porque así lo impone la normativa de préstamo responsable.

Sí tiene en cuenta con claridad la conducta del acreedor a la hora de valorar la concurrencia de endeudamiento irresponsable las recientes resoluciones dictadas por la Audiencia Provincial de Zaragoza. Si bien inicialmente este tribunal era partidario de vetar el acceso a la exoneración de deudor sobreendeudado por considerarlo culpable, su doctrina ha evolucionado valorándose la conducta del acreedor. La en la sentencia de la Audiencia Provincial de Zaragoza (Sección 5ª) de 6 de noviembre de 2023) se reconoce que, aunque la normativa concursal no lo prevea de manera expresa, "ha de tenerse en cuenta las normas que imponen al acreedor la obligación de una correcta evaluación del riesgo para la concesión de crédito al deudor".

Por su parte, en la sentencia nº 695/2024 de la AP Zaragoza (Secc. 5ª) de 11 de noviembre de 2024 se analiza un caso en el que el acreedor que evaluó la solvencia se opuso a la obtención de la exoneración alegando que "realizó la oportuna y preceptiva evaluación del riesgo del préstamo, y tras ello, la concursada empieza una "carrera" para lograr el sobreendeudamiento". El resultado de la evaluación fue positivo y no se prueba engaño en la aportación de datos por parte de la concursada. Al respecto señala la Audiencia que "el hecho de contraer más deudas de las que se pueden atender puede ser una conducta insensata o poco recomendable, pero no temeraria o negligente. Se trata de una circunstancia objetiva y objetivable que, de exigirse, haría inoperante el instituto dado que el sobreendeudamiento siempre trae causa de la asunción de deudas que no se pueden pagar". Efectivamente, si todo sobreendeudamiento por el mero hecho de existir es culposo, la exoneración no se aplicaría nunca.

Destaca la resolución citada la importancia de valorar la conducta del acreedor por más que tal exigencia no aparezca citada en el art. 487.1.6º Texto Refundido de la Ley Concursal. En el caso de autos el prestamista no pidió información sobre la ratio de endeudamiento de la concursada, aunque sí de sus ingresos y gastos. Señala que la concursada cuando se endeudó era solvente por lo que asumir posteriormente más deudas no convierte el endeudamiento en irresponsable, máxime cuando los acreedores posteriores evaluaron la solvencia a pesar de la ratio de endeudamiento.

En suma, el endeudamiento en sí mismo no es culposo y es precisa la evaluación de la conducta del acreedor pues nadie se endeuda de manera irresponsable si no se le concede los préstamos de manera también irresponsable. La doctrina que critico hoy es minoritaria, pero no por ello menos peligrosa y por eso creo que merece la pena dedicarle estas líneas.

Existe otra posible exigencia latente al deudor que no extinguió los contratos de trabajo antes de la solicitud de concurso.

La razón de esta pregunta es la adopción de un criterio unificado por parte de los Juzgados de lo Mercantil de Barcelona en diciembre de 2023 para el supuesto de empresarios personas físicas que instan el concurso sin masa con contratos de trabajo en vigor, no solamente en el sentido de considerar como una «buena práctica» el que soliciten el nombramiento de administrador concursal «a fin de que proceda a la extinción de los mismos y la certificación de las cantidades adeudadas que procedan con cargo al FOGASA» (criterio 8 de los Acuerdos de unificación de criterios de los juzgados mercantiles de Barcelona de diciembre de 2023 sobre concurso sin masa de persona física), sino también —y esto es lo realmente importante— en el de establecer que «la pasividad u omisión en la extinción de los contratos de trabajo será considerado comportamiento temerario o negligente al tiempo de contraer el endeudamiento, a los efectos previstos en el artículo 487.1-6º TRLC privando al concursado de la exoneración de pasivo insatisfecho» (criterio 9 sobre concurso sin masa de persona física).

Sin embargo, parece complicado enlazar la falta de solicitud de un AC o la extinción de los contratos al solicitar concurso con la excepción de la buena fe, como indica José Carlos GONZÁLEZ VÁZQUEZ.

12.- La STJUE 7 de noviembre de 2024 ¿Afecta solo a la interpretación del Art. 487-1-2° TRLC o se aplica a todos los supuestos del Art. 487 TRLC?

2° Cuando, en los diez años anteriores a la solicitud de la exoneración, hubiera sido sancionado por resolución administrativa firme por infracciones tributarias muy graves, de seguridad social o del orden social, o cuando en el mismo plazo se hubiera dictado acuerdo firme de derivación de responsabilidad, salvo que en la fecha de presentación de la solicitud de exoneración hubiera satisfecho íntegramente su responsabilidad.

El periodo de 10 años a que se refiere el precepto se computa desde el momento en que Hacienda adopta la resolución. Entendemos que podría exigirse el principio de proporcionalidad por el Juez a todos estos supuestos.

10. EL PAPEL DE LOS SOCIOS EN LOS PROCESOS DE REESTRUCTURACIÓN EMPRESARIAL EN UN ESCENARIO DE PREINSOLVENCIA

BÁRBARA CÓRDOBA ARDAO
Magistrada-Juez de lo Mercantil núm. 13 de Madrid
Especialista en los asuntos propios de los órganos de lo mercantil

I. INTRODUCCIÓN

La convivencia entre el derecho concursal y el derecho societario, no siempre ha sido pacífica, habiendo surgido a lo largo de los años, múltiples conflictos sobre qué norma debía aplicarse, si la ley concursal o la societaria. Ciertamente, la respuesta no era unívoca, pues había que atender a las circunstancias concurrentes del caso, dotando de primacía a una u otra norma en atención al interés jurídico que se pretendía proteger.

El legislador, consciente de esa problemática histórica, ha tratado en las últimas reformas legislativas, de plasmar y regular algunos de esos problemas, en beneficio de la seguridad jurídica. Al respecto, cabe citar, por ejemplo, las constantes referencias al derecho societario que contiene el Libro II del Texto Refundido de la Ley Concursal (en adelante “TRLC”), modificado por la Ley 16/2022 así como la nueva Ley de Modificaciones Estructurales, aprobada por el Real Decreto-Ley 5/2023, de 28 de junio, que deroga la anterior Ley 3/2009, de

3 de abril, y que nace con el objetivo de trasponer al ordenamiento jurídico español la Directiva Comunitaria 2019/2121 del Parlamento Europeo y del Consejo, de 27 de noviembre de 2019, por la que se modifica la Directiva (UE) 2017/1132 en lo que atañe a las transformaciones, fusiones y escisiones transfronterizas (en adelante, la "Directiva de Movilidad"), directiva que debe ser analizada coordinadamente con la Directiva 2019/1023, de 20 de junio de 2019, sobre marcos de reestructuración preventiva, exoneración de deudas e inhabilitaciones y sobre medidas para aumentar la eficiencia de los procedimientos de insolvencia.

II. ANTECEDENTES NORMATIVOS

Con la Ley 22/2003, el legislador español apostó de manera decidida por los procedimientos concursales y porque la reestructuración de las compañías se hiciera a través de los convenios concursales, al considerar suficiente y "atractivo" su contenido para los deudores, al poder ofrecer a los acreedores una refinanciación de la deuda mediante quitas y esperas, con posibilidad de arrastre de los demás acreedores, de obtener determinadas mayorías, todo ello, bajo el estricto control y supervisión de la administración concursal y del juez del concurso.

Para ello, la ley imponía al órgano de administración, el deber y legitimidad para instar el concurso de acreedores en el plazo de 2 meses desde que sabía o debía saber que la empresa era insolvente, haciéndolo coincidir con el plazo de 2 meses para convocar junta general de socios de concurrir una causa de disolución (art. 367 de la LSC). En caso contrario, esto es, de no promover el órgano de administración social el concurso, se exponía luego a las eventuales responsabilidades que contra él se pudieran exigir en la pieza sexta de calificación, con una posible calificación culpable del concurso, su condena a la inhabilitación para el ejercicio del comercio de 2 a 15 años, la condena a la pérdida de cualesquiera derechos que tuviera en el concurso, bien como acreedor concursal o contra la masa así como la posibilidad de ser condenado a asumir, con su patrimonio personal, la totalidad o parte, del déficit concursal.

A pesar de ello, la praxis judicial puso de manifiesto que la mayoría de las compañías insolventes acudían tarde al concurso y acababan en liquidación, de ahí que, a partir del año 2009, se introdujera un nuevo mecanismo para favorecer la refinanciación de la deuda en un estadio temprano, evitando así la declaración de concurso. Eran los denominados "acuerdos de refinanciación", previstos en los arts. 71, 71 bis y DA 4ª de la ley 22/2003, que se basaban en su carácter "consensual" al exigirse determinadas mayorías, su contenido era refinanciar la deuda y los pagos, actos y garantías que se hubieran otorgado en virtud de los mismos, se blindaban frente a las acciones de reintegración concursal en un eventual concurso.

Las causas por las que esos órganos de administración no pedían el concurso a tiempo eran muy variadas, y podrían dar para escribir otro artículo, pero unos de los argumentos que a veces empleaban era que los socios no apoyaban el solicitar el concurso, quizás, por temor a perder el control de la compañía y ante la falsa idea de que la insolvencia era meramente coyuntural.

En ese contexto, algunos órganos de administración, con el fin de no enfrentarse con los socios, pero, al mismo tiempo, eludir su responsabilidad concursal, trataban de forzar un acuerdo de junta en la que expresamente, los socios votaran manifestaran que la voluntad social era la de no promover el concurso, tratando así de obtener una especie de "acuerdo de inmunidad" cuando lejos estaba de la realidad. Tal como señalaron los juzgados y tribunales, la responsabilidad recaía en el órgano de administración, no en los socios, de ahí que la norma reconozca legitimación al órgano de administración, sin exigir previamente, ningún acuerdo de junta al respecto. Y ello era lógico pues en esa situación de crisis económica, el interés de los socios debía sucumbir frente al interés social, al interés de los acreedores y al interés del propio mercado, de expulsar a compañías inviables evitando que siguieran operando con aparente normalidad a sabiendas del riesgo de impago.

Asimismo, otra situación que se daba con relativa frecuencia era el intento por parte del órgano de administración social de que la compañía adoptara medidas de reestructuración para superar la insolvencia y nuevamente, fueran los propios socios quienes obstaculizaran esas iniciativas, en perjuicio del interés social y de los acreedores. Por esta razón, el legislador, llegó incluso a introducir e la ley concursal una nueva causa de culpabilidad frente a los socios que se negaran injustificadamente, a refinanciar la deuda. A pesar de ello, esa medida coactiva no surtió efecto o, al menos, de mi larga experiencia al frente de un juzgado mercantil, me he tenido que enfrentar a una causa de culpabilidad de estas características.

Con todo, la refinanciación de la deuda era un mecanismo más en favor de empresas viables, pero nada impedía a sus órganos de administración solicitar directamente el concurso de acreedores. Declarado el concurso, esos conflictos entre la ley societaria y el derecho concursal no desaparecían, se acrecentaban. Por ejemplo:

- El artículo 160.1 letra f de la ley de sociedades de capital, atribuye a la junta general de socios la competencia para aprobar la venta o transmisión de los activos esenciales de la compañía.

  En ese contexto, se planteó la duda de si para vender en sede concursal activos esenciales de la empresa, debía recabarse también la autorización previa de los socios.

  La respuesta que dieron los juzgados y tribunales mercantiles que no, pues, declarado el concurso, esas competencias de los socios quedaban desplazadas por el órgano de administración concursal, sometida al control y supervisión del juez del concurso. Así, era la administración concursal la que tenía el deber y responsabilidad la mantener y conservar la masa activa del concurso y de obtener su máximo rendimiento, tratando, en la medida de lo posible, de garantizar su continuidad empresarial y de los puestos de trabajo. Ello implicaba que, si se vendían activos esenciales o la unidad productiva en beneficio de los acreedores, no se requería la autorización previa de los socios, quedando desplazada la voluntad social por la autorización judicial (art. 203, 204 y 518 del TRLC).
- Asimismo, era al órgano de administración social a quien le correspondía informar, en representación de la compañía en concurso, si debía abrirse liquidación o convenio, sin que para ello tuviera que recabar, nuevamente, ninguna autorización previa de la junta de socios.
- Si el deudor proponía un convenio y, entre sus medidas se incluían algunas que exigieran un acuerdo previo de la junta, tal acuerdo no se exigía antes de la sentencia aprobatoria del

convenio sino que se entendía que era un acto ejecutivo del convenio y como tal, debía celebrarse a posteriori, quedando sometida a sus normativa específica, dígase, por ejemplo, de un convenio de asunción, con modificaciones estructurales, con conversión de préstamos en participaciones sociales, ampliaciones o reducciones de capital, etc.

No obstante, si los socios no adoptaban finalmente ese acuerdo, se entendía que era un incumplimiento del convenio y, como tal, cualquier acreedor afectado por el mismo podía pedir que se procediera a la liquidación concursal.

- Además de la propuesta de convenio que podía presentar el deudor, también los acreedores podían proponer otra propuesta alternativa, a fin de maximizar la recuperación de su inversión. Si bien era una propuesta subsidiaria que sólo se debatía si la propuesta del deudor no obtenía las mayorías necesarias.
- Por otro lado, aunque ese convenio propuesto por los acreedores tuviera visos de prosperar, el deudor siempre tenía el control del proceso concursal por lo que podía pedir la liquidación en cualquier momento y así se debía acordar por el órgano judicial.
- Es más, la Ley 16/2022, con el fin de potenciar esas soluciones consensuadas previas al concurso, introdujo una exigencia más respecto de las propuestas de convenio formuladas por los acreedores, y es que deben contar con el visto bueno del deudor.

  Surge, en este caso, nuevamente, la duda de si ese consentimiento debe ser otorgado por la junta general de socios o por el órgano de administración.

  A mi entender el consentimiento deberá ser prestado por el órgano de administración pues es quien ostenta la representación procesal de la concursada en el seno del procedimiento.
- Por último, y antes de entrar en el análisis del actual Libro II, otro de los problemas que se suscitaban es qué sucedía cuando, una vez aprobado el convenio, se llevaba a cabo una modificación estructural. En concreto, surgía la duda de si los

acreedores afectados por el convenio seguían disfrutando o no de los derechos que le otorgaba el ex art. 44 de la LME.

Nuevamente, la respuesta dada por los juzgados y tribunales es que no, pues ese derecho de oposición lo deberían haber hecho valer vía oposición a la aprobación del convenio.

Cosa distinta es que dicha operación se acometiera sin estar previamente prevista como parte del convenio o respecto de acreedores nuevos, en cuyo caso, sí que debía reconocérseles esas prerrogativas de la antigua LME.

Actualmente, todas estas cuestiones ya tienen respaldo normativo en los arts. 3.2., 3.3 y 16.2 del nuevo RDL 5/2023, de 28 de junio, a los cuales me remito pues no es el objeto del presente trabajo.

III. DIRECTIVA COMUNITARIA 2019/1023

La directiva comunitaria 2019/1023 sigue el modelo americano del "*Chapter 11*" y del modelo anglosajón de los "*schemes of arrengements*", cuyo objetivo principal es incentivar a las compañías que son económicamente viables pero inviables desde el punto de vista financiero, a que se reestructuren en un estadio temprano, evitando su concurso y su liquidación, en beneficio de la economía en general y de la salvaguarda de puestos de trabajo.

Para ello, se "privatiza" la negociación entre deudores y acreedores, quedando reducida la intervención judicial a una mínima expresión, como garante de la legalidad, siendo en su caso los propios acreedores quien deben defender sus derechos impugnando, si así procede, el contenido del plan. Tal es así que tanto la directiva comunitaria como la norma nacional, conciben los planes de reestructuración como un debate entre acreedores y deudores, en el que ni siquiera tiene participación la compañía a pesar de tener reconocida personalidad jurídica propia, de ahí que para aprobar un plan de reestructuración no se exija siquiera el consentimiento del deudor, salvo que se trate de una pyme.

Asimismo, la directiva, con el fin de potenciar esos planes y evitar los posibles riesgos de extorsión por parte de acreedores disidentes y de los mismos socios, fija un principio general y es que, si bien es cierto que los derechos del socio deben respetarse conforme a su normativa, ese derecho societario no puede llevarse a sus últimas consecuencias, ni favorecer posiciones torticeras y abusivas por parte de los socios, contrarios a la reestructuración.

En este sentido, considerando 57:

> *Si bien deben estar protegidos los intereses legítimos de otros accionistas o tenedores de participaciones, los Estados miembros deben garantizar que no puedan impedir injustificadamente la adopción de planes de reestructuración que permitirían que el deudor recuperase su viabilidad. Los Estados miembros deben poder utilizar distintos medios para lograr ese objetivo, por ejemplo, no concediendo a los tenedores de participaciones derecho de voto en relación con un plan de reestructuración y no supeditando la adopción de un plan de reestructuración al acuerdo de aquellos tenedores de participaciones que, sobre la base de una valoración de la empresa, no recibirían ningún pago ni ninguna otra retribución si se aplicara el orden normal de prelación en la liquidación. No obstante, en caso de que los tenedores de participaciones tengan derecho de voto en relación con un plan de reestructuración, la autoridad judicial o administrativa debe poder confirmar el plan aplicando las normas de reestructuración forzosa de la deuda aplicable a todas las categorías no obstante la oposición de una o más categorías de tenedores de participaciones. Los Estados miembros que excluyan a los tenedores de participaciones de las votaciones no deben estar obligados a aplicar la regla de prelación absoluta en la relación entre acreedores y tenedores de participaciones. Otro método posible de garantizar que los tenedores de participaciones no impidan injustificadamente la adopción de planes de reestructuración sería garantizando que las medidas de reestructuración que afecten directamente a los derechos de los tenedores de participaciones y que necesitan la aprobación de la junta general de accionistas con arreglo al Derecho societario no estén sometidas a requisitos de mayorías injustificadamente altas y que los tenedores de participaciones no tengan competencias en términos de las medidas de reestructuración que no afecten directamente a sus derechos.*

Esa idea de que los socios no pueden impedir ni obstaculizar el proceso de reestructuración de la compañía para evitar su insolvencia, se reitera nuevamente en el artículo 12, que dice así:

> *1. Cuando los Estados miembros excluyan a los tenedores de participaciones de la aplicación de los artículos 9 a 11, garantizarán por otros medios que no se permita a estos tenedores de participaciones impedir u*

obstaculizar injustificadamente la adopción, la confirmación o la ejecución de un plan de reestructuración.

2. Los Estados miembros también garantizarán que no se permita a los tenedores de participaciones impedir u obstaculizar injustificadamente la aplicación de un plan de reestructuración.

3. Los Estados miembros podrán adaptar el alcance del concepto de «impedir u obstaculizar injustificadamente» en el marco del presente artículo, a fin de tener en cuenta, entre otros factores: si el deudor es una pyme o una gran empresa; si las medidas de reestructuración propuestas afectan a los derechos de los tenedores de participaciones; el tipo de tenedores de participaciones; si el deudor es una persona física o una persona jurídica; o si los socios de una sociedad tienen responsabilidad limitada o ilimitada.

IV. PUNTOS DE TENSIÓN ENTRE LA NORMATIVA DEL DERECHO PRECONCURSAL Y EL SOCIETARIO EN EL LIBRO II DE LA LEY 16/2022

España traspuso la citada Directiva mediante la Ley 16/2022, de 5 de septiembre, en vigor, desde el 26 de septiembre de 2023.

Tal como se deduce de su preámbulo y articulado, es una norma que apuesta de manera decidida por la reestructuración temprana de las compañías insolventes o en riesgo de serlo.

Para ello, el legislador permite a esas compañías, no sólo proponer a sus acreedores acuerdos para refinanciar el pasivo, sino también, para reestructurarse de manera más amplia, con medidas de reestructuración del activo, de índole operativa, laboral, etc. (art. 614 TRLC).

Además, y como una de las novedades más importantes que introdujo la Ley, es la posibilidad de que sean los acreedores quienes impongan a los socios un plan de reestructuración si la compañía deudora está en insolvencia actual o inminente, con el fin de evitar el concurso de empresas económicamente viables y de recuperar su inversión. Por ese motivo, a fin de evitar el "chantaje" o la "extorsión" de los socios, la ley suspende, mientras que se tramita ese plan de reestructuración que proponen los acreedores, las solicitudes de concurso voluntario. Es lo que algunos autores han denominado "ejecución por expropiación".

Con todo, esa norma debe ser entendida en su contexto y es que, si una compañía adeuda a sus acreedores más que lo que ella misma vale, los únicos que por ley tienen derecho a cobrar, son los acreedores, ni siquiera los socios, cuya capacidad de retorno queda reducida al remanente, si lo hubiere.

Ante esa situación, es normal que sean los acreedores quienes decidan el destino de la compañía y que busquen soluciones viables y razonables para obtener el retorno de su inversión. En ese proceso, los socios pueden jugar un papel importante, para favorecer esos acuerdos o bien, para entorpecerlos por miedo a perder el control. El máximo exponente de esa tensión entre acreedores y socio fue el Caso Celsa, cuya tramitación correspondió al juzgado mercantil nº 2 de Barcelona, y que finalizó por sentencia firme de 4 de septiembre de 2024, favorable a la homologación del plan de reestructuración propuesto por los acreedores en virtud del cual, éstos capitalizaban sus créditos asumiendo así el control de la compañía y desplazando a los antiguos socios, quienes se resistían a perder o que consideran "su" empresa, a pesar de que ésta valía menos de la deuda que debía. Fue un caso singular que difícilmente se podrá repetir, pero que permitió poner en práctica la nueva norma y de ver hasta dónde se puede llegar. Fue un caso que hizo ver a los socios de que, si quieren mantener el control, deben actuar con prontitud y reestructurar en estadios tempranos y, al mismo tiempo, a los propios acreedores, de las dificultades que implica imponer un plan y ejecutarlo sin contar con el apoyo de los socios.

Por último, respecto al papel que juegan los socios durante ese proceso de homologación, la norma española sólo exige que se someta a su consideración la aprobación o no del plan de reestructuración. Es más, aunque la junta no lo apruebe, el resultado no es que el plan de reestructuración decae, sino que se puede igualmente conseguir su homologación judicial sólo que, entonces, sería tratado como un plan de restructuración no consensual, con las mayorías necesarias del art. 639 de la LSC. Dicho en otras palabras, un plan de reestructuración puede ser igualmente aprobado, aunque no estén de acuerdo los socios (salvo las pymes).

Y si el plan contiene medidas de índole operativa que requieren, para su ejecución, un acuerdo posterior de la junta según la normativa societaria, así se deberá de proceder. Ahora bien, si la junta tampoco aprueba esos acuerdos, el juez también puede imponer al órgano de administración su ejecución, desplazando así la voluntad social.

V. ALCANCE DEL CONTROL Y COMPETENCIAS JUDICIALES EN MATERIA SOCIETARIA EN LA HOMOLOGACIÓN DEL PLAN

A diferencia de la DA 4ª que contenía la previsión de homologación judicial del acuerdo de refinanciación alcanzado con los acreedores, ya fuera para extender o no sus efectos frente a acreedores disidentes, la nueva normativa recoge en su art. 615 del TRLC, aquellos supuestos por los que se puede pedir la homologación judicial del plan.

Dice así:

> *1. Se someterán a este título los planes de reestructuración que prevean una extensión de sus efectos frente a:*
>
> *1º Acreedores o clases de acreedores titulares de créditos afectados que no hayan votado a favor del plan.*
>
> *2º Los socios de la persona jurídica cuando no hayan aprobado el plan.*
>
> *2. Con independencia de que se prevea o no una extensión de los efectos del plan de reestructuración, también se someterán a este título los planes de reestructuración cuando los interesados pretendan proteger la financiación interina y la nueva financiación que prevea el plan y los actos, operaciones o negocios realizados en el contexto de este frente al régimen general de las acciones rescisorias, y reconocer a esa financiación las preferencias de cobro previstas en el libro primero.*

Por tanto, el juez, cuando analice una solicitud de homologación judicial de un plan, lo primero que debe determinar es si estamos ante alguno de los supuestos legalmente previstos y susceptibles de homologación. Cierto es que algún autor ha defendido que, si bien esos son los supuestos de homologación judicial obligatoria y que nada impide que se pueda solicitar la homologación para otros casos distintos de forma optativa y voluntaria, no es éste el parecer de la mayoría de los jueces y tribunales ni operadores jurídicos, favorables a entender que el artículo 615 del TRLC contiene una lista tasada de supuestos para obtener la homologación judicial y que son los únicos que, como tales, pueden disfrutar de las prebendas de la nueva normativa. Fuera de estos casos, las partes podrán igualmente alcanzar acuerdos, pero ya no se verían sometidos a las particularidades ni beneficios del Libro II.

Ahora bien, a pesar de la aparente sencillez de la redacción del citado precepto, su interpretación y aplicación práctica no ha estado exenta de críticas y diferentes posturas. Entre ellas, el "Caso Aldesa", plan de reestructuración homologado por auto del juzgado mercantil nº 12 de Madrid, de 18 de septiembre de 2023, recientemente confirmado por auto de la sección 28 de la AP de Madrid, de 18 de octubre de 2024 que resuelve la cuestión de previo pronunciamiento de la acción de nulidad del acuerdo social que, aprobada el plan y por otro, sentencia de la misma fecha que confirma el plan y desestima los motivos de impugnación del socio minoritario impugnante.

Sin ánimo de extenderme en demasía, y simplemente para contextualizar, quiero indicar que Aldesa era una compañía que, en origen, pertenecía a la familia Fernández Rubio la cual, en el año 2019, empezó a buscar la entrada de un socio inversor por los problemas económicos que ya entonces arrastraba. Y fruto de esas labores consiguió a un inversor chino que inyectó importantes cantidades de dinero a la compañía, un total de 34 euros, convirtiéndose así en el socio mayoritario con un 75%. Mientras tanto, la familia Fernández Rubio no prestó cantidad alguna a la sociedad y mantenía su cuota de participación del 25%.

Cuando la situación de la compañía ya era delicada y próxima a la insolvencia, la compañía inició conversaciones con la banca para renegociar la deuda y que le concedieran nuevas líneas de crédito, pero para ello, la banca le impuso como condición, sanear previamente sus cuentas y superar su situación de desbalance patrimonial.

En ese contexto, en fecha 6 de junio de 2023, se celebró junta general de socios en la que el socio mayoritario aprobó dos ampliaciones de capital, una mediante compensación de su crédito y otra mediante la inyección e otros 80 millones de euros, renunciando, no obstante, el socio mayoritario a su derecho de adquisición preferente a favor del socio minoritario para que no perdiera su cuota de poder dentro de la sociedad. Sin embargo, el socio minoritario anuncio su voluntad de impugnar ese acuerdo social al ser contrario a las mayorías previstas en el pacto parasocial.

En fecha 13 de junio de 2023, se somete a la aprobación de la junta el plan de reestructuración el cual contenía justamente como medidas, esas dos ampliaciones de capital. La junta general de socios aprobó, gracias al voto favorable del socio mayoritario (75%), ese plan, votando en contra el socio minoritario.

Acto seguido, Aldesa solicita su homologación judicial.

Ciertamente, era un caso singular, pues se trataba, en realidad, de un plan de reestructuración bilateral suscrito entre el deudor y su socio minoritario, con una sola clase y un solo acreedor por lo que la primera pregunta que se suscitó fue si entraba o no dentro de los supuestos del art. 615 TRLC para ser homologado.

Aunque algunos autores han venido defendiendo que ello no era posible, porque era un fraude de ley y que no podía un plan de reestructuración afectar a un solo acreedor, no fue ésta la decisión adoptada por el juzgado mercantil nº 12 de Madrid, quien, en auto de 23 de septiembre de 2023, consideró que sí concurría el supuesto del art. 615.1.2º del TRLC, decisión posteriormente confirmada por la sección 28 de la AP de Madrid pues estábamos ante un plan de reestructuración (sin que la ley distinga entre consensual y no consensual) y que contenía dos medidas societarias que podían afectar, siquiera desde el punto de vista de los derechos políticos y la cuota de participación en el capital social, del socio minoritario, que había votado en contra de la aprobación del plan. Así, recordemos que el artículo 615.1.2 TRLC dice que:

1. Se someterán a este título los planes de reestructuración que prevean una extensión de sus efectos frente a:

2º Los socios de la persona jurídica cuando no hayan aprobado el plan.

Otra de las dudas era si es admisible un plan de reestructuración de una sola clase y con un solo acreedor, siendo la respuesta en sentido afirmativo. Una cosa es que se exija una pluralidad de acreedores a la hora de valorar si un deudor está en insolvencia o en riesgo de estarlo, y otra bien distinta cuáles de esos acreedores se necesite afectar para superar la insolvencia, siendo el deudor quien elige ese perímetro de afectación y si tiene que afectar a un acreedor o a varios. En este caso, el acreedor afectado era el socio mayoritario y quien estaba dispuesto a soportar un sacrificio mayor, a diferencia del socio minoritario quien seguía sin asumir riesgo alguno y tratando de evitar esas medidas societarias propuestas, no porque la empresa no las necesitara, sino simplemente, por no perder su cuota de poder y sin tener que aportar, para ello, cantidad alguna.

La tercera de las cuestiones que planteaba este plan de reestructuración, era su contenido y más en particular, si el plan de reestructuración podía contener solamente, como medidas, dos ampliaciones de capital, siendo la respuesta en sentido afirmativo conforme al art. 614 del TRLC.

Por último, por parte de algún autor se ha llegado a criticar que el auto que homologa el plan, que no apreciara un posible ejercicio abusivo del derecho por parte del socio mayoritario. Pues bien, al respecto, la audiencia no sólo niega tal circunstancia, sino que ratifica la decisión del órgano de instancia de realizar un control somero y formal de la legalidad, debiendo quedar restringidas las cuestiones de índole sustantiva para su posterior impugnación.

En resumen, el plan de reestructuración está concebido para favorecer justamente la reestructuración de compañías y el Caso Aldesa es un claro ejemplo de que el derecho societario no puede ser un hándicap para ello.

Por último, no puedo dejar de transcribir algunos párrafos del auto de la sección 28 de la AP de Madrid, de 18 de octubre de 2024, en materia de legitimidad y alcance de los motivos de impugnación que puede invocar el socio minoritario a la hora de impugnar el acuerdo favorable de la junta a la aprobación del plan de reestructuración, al ser la primera de las resoluciones que aborda esta cuestión. Dice así:

> *"Lo anterior bastaría por desestimar de plano esta pretensión de la demanda de FAVIFAM SL. No obstante, el tribunal sí debe hacer algunas observaciones, en atención a colmar la repuesta al escrito de demanda. En ese conjunto de alegaciones del escrito rector se traduce la constante presencia de la denuncia de que el plan de reestructuración, en sí mismo contemplado, esto es, como acto jurídico, constituye una maniobra realizada en fraude de ley, con infracción del art. 6.4 CC.*
>
> *La argumentación al respecto se construye sobre la base de que no se está ante un verdadero plan de reestructuración, ya que no existe en él pluralidad de acreedores afectados ni se arrastra a ningún acreedor, sino que se trata de un acuerdo bilateral entre la sociedad y su socio mayoritario que emplea aquel instrumento legal del Derecho preconcursal para imponerlo al socio minoritario, eludiendo sus derechos societarios.*

Aun cuando no exista más cauce para controlar la validez del plan de reestructuración que el sistema legal de impugnaciones previsto en los arts. 654 TRLC, al que la parte debería sujetarse, con su juego de legitimaciones especiales, lo que permitiría ya apartar esta alegación, el tribunal considera realizar algunas precisiones añadidas. La interdicción del fraude de ley, art. 6.4 CC, opera como un verdadero principio de Derecho, resulta aplicable sobre todo tipo de actos y es observable en toda clase de procesos y trámites, incluso de oficio por los tribunales, art. 11.2 LOPJ. Esa naturaleza general de la institución lleva al tribunal a realizar algunas reflexiones sobre el planteamiento de FAVIFAM SL".

Por lo que se refiere al problema de la existencia de un solo acreedor con una sola clase dentro del perímetro de la reestructuración, la Audiencia acepta esa posibilidad:

"Así, por FAVIFAM SL se confunden interesadamente dos planos en cuanto a la afirmación de la falta de pluralidad de acreedores. Un extremo se refiere a la presencia del presupuesto objetivo del art. 636 en relación. con el art. 2.3 TRLC, y no cabe duda que ALDESA SA tiene una enorme lista de acreedores con créditos vencidos, como se recoge nominalmente en la lista anexa al plan; y otro extremo es el ***perímetro de afectación del plan****, donde* ***no se exige dicha pluralidad de acreedores. Debe aceptarse, aun con reticencias, la inclusión de un solo acreedor en el plan y de una sola clase de acreedores integrada por tal acreedor****. Así, de un lado, es perfectamente concebible el supuesto en que una determinada clase puede estar integrada por un único acreedor, como se dará en el caso, v. gr., en que el perímetro de afectación incluya a un único acreedor con garantía real, llamado a ser considerado como privilegiado especial en un concurso, de tal modo que, por imperativo legal, será el único integrante de su clase separada, art. 624 TRLC.* ***De igual manera, debe admitirse la posibilidad de un plan monoclase****, como se dará en supuestos donde el perímetro de afectación incluya únicamente acreedores llamados a compartir un mismo rango crediticio concursal, si no concurre causa razonable para segregarlos en clases diferentes, art. 623.2 TRLC. De hecho, en ambos supuestos, será la única forma correcta de formar adecuadamente las clases o clase de acreedores, de acuerdo con los principios legales recogidos en los arts. 623 y ss. TRLC. Y ello también ha de admitirse en la combinación de ambos supuestos anteriores, v. gr., único acreedor con garantía hipotecaria que es proponente del plan y afectado por él".*

Asimismo, la sección 28 no encuentra impedimento alguno de que el plan contenga exclusivamente dos medidas de índole societaria:

"la solicitud de homologación cumple con la búsqueda de una específica finalidad legal establecida para dicha solicitud, como es el arrastre de

los socios a los efectos del plan homologado, arts. 615.1.1º y 635.1º TRLC, sin que se exija que dicha consecuencia extensiva tenga que afectar necesariamente a acreedores o a estos conjuntamente con socios disidentes".

Termina el auto diciendo que:

*"**No se está ante un fraude de ley, sino ante un acto que merece la calificación de verdadero plan de reestructuración empleado para la finalidad legal que tiene prevista, ante lo cual ceden, no se eluden, las reglas generales societarias, las que son atenuadas en ciertas de sus exigencias para acomodarlas a la idiosincrasia particular del Derecho preconcursal,** como consecuencia natural de estar en presencia de los presupuestos objetivos y subjetivos habilitantes de la aplicación de este Derecho. Así, no se quebranta finalidad alguna del Ordenamiento jurídico, sino que se cumple precisamente con sus designios para situaciones preconcursales".*

VI. APROBACIÓN DEL PLAN POR LA JUNTA DE SOCIOS

Como expuse anteriormente, cuando un plan de reestructuración contiene medidas de índole operativa que requieren acuerdo de la junta (si no, no), el órgano de administración está obligado a convocar junta en el plazo de 10 días para las SL y SA, y 21 días si las cotizadas, reduciéndose así considerablemente los plazos legales de convocatoria previstos en la normativa societaria de 15 días o un mes.

Es más, si no se ha convocado dicha junta al tiempo de solicitarse la homologación, hay posibilidad de solicitar su convocatoria al juez, desplazando así éste la competencia que la ley 15/2025, de 2 de julio, de jurisdicción voluntaria, atribuyó a los letrados de la administración de justicia y a los registradores mercantiles respecto de las convocatorias forzosas de junta.

Lógicamente, la convocatoria judicial debe respetar esos mismos plazos no pudiendo homologarse el plan sin haberse celebrado la junta, tal como señala el art. 631.1. 2º TRLC; pues de ello dependerá la naturaleza jurídica del plan, esto es, si se trata de un plan consensual o no consensual, estando sometidos cada uno de ellos a un régimen de mayorías e impugnaciones distintos.

Por otro lado, el art. 631.1.3º del TRLC señala que el único asunto que puede incluirse en el orden del día, es la aprobación o no del plan. Aunque ello es entendible, por la limitación que la norma prevé respecto de los derechos de los socios en relación con la normativa societaria, se han planteado ciertas dudas al respecto. Por ejemplo, ¿Qué sucedería si en el orden del día se han incluido otros asuntos? ¿debemos entender que la convocatoria es nula per se y, por tanto, que el plan no es consensual? ¿o qué sucedería si, por ejemplo, en la convocatoria se incluye, como punto el orden del día, el nombramiento de un administrador cuando la sociedad se ha quedado acéfala y el nombramiento es importante justamente para que el nuevo órgano de administración ejecute el plan?

No me atrevo a dar una respuesta categórica sobre el particular, pero todo parece apuntar a que la norma debe ser interpretada en sentido estricto, por lo que la inclusión de cualquier otro asunto del orden del día que no sea la aprobación o desaprobación del plan, no estaría justificada por la limitación que supone para los derechos del socio, por ejemplo, en cuanto al plazo de convocatoria o la limitación del derecho de información.

Ahora bien, que ello sea así, creo que el juez, a la hora de homologar, debe limitarse a verificar si efectivamente el acuerdo social de aprobación o desaprobación del plan, cumple los requisitos formales, respecto a quién convocó la junta, si se respetó el plazo de convocatoria y si se adoptaron con las mayorías legalmente exigibles. Pero no puede ser un control de fondo o sustantivo, es decir, el juez no puede analizar si el acuerdo se adoptó con abuso de derecho o fraude de ley, tal como concluyen los autos que homologan los planes de reestructuración de Aldesa (auto sección 28 de Madrid, de 18 de octubre de 2024) o el auto de Villar Mir sino que son motivos de impugnación que deben ser invocados por los socios al impugnar el contenido de ese acuerdo, como cuestión de previo pronunciamiento.

En estrecha relación con lo anterior, la ley limita y restringe el derecho de información del socio respecto de la propuesta del plan de reestructuración que está siendo sometida a su consideración, lo cual es lógico, pues, como hemos visto anteriormente, se entiende que es el único punto del orden del día posible. Ahora bien, ¿qué significa que ese derecho de información deba limitarse al plan? ¿sólo puede el socio pedir una copia del mismo o podría interesar al órgano de administración que le remita también documentos contables y financieros para conocer la necesidad y proporcionalidad de esas medidas en beneficio del interés social? Nuevamente, creo que habrá que atender a los casos que se vayan suscitando, pero por una interpretación conforme con el artículo 204 de la LSC, entiendo que la información que puede pedir el socio debe estar relacionada con el plan y ser relevante para que el socio pueda formarse su propia convicción y emitir su voto en un sentido u otro.

Nuevamente, el juez, a la hora de homologar el plan sin contradicción previa, no puede realizar un análisis de oficio de si ese derecho de información ha sido o no conculcado, al tratarse de una cuestión de índole sustantiva, que requiere como tal, que sea alegado a instancia de parte.

Lo que sí cabe aclarar que la aprobación del plan de reestructuración por la junta no exime luego a ésta del deber de aprobar posteriormente, las medidas concretas que en el mismo se contienen, acuerdos que ya deberán respetar la normativa societaria específica (art. 631.5 del TRLC), excepto si la medida consiste en la emisión de nuevas acciones, por ejemplo, a raíz de una operación acordeón, en cuyo caso, los socios no tendrán derecho de adquisición preferente (art. 631.1.5 y 631.4 TRLC).

Asimismo, en la medida en que los acreedores afectados por el plan pueden impugnarlo por los motivos legalmente previstos, no es admisible que si son socios que se ven arrastrados por su contenido, pretendan atacarlo, de forma indirecta, por la vía de impugnación del propio acuerdo de la junta general de socios. Ni tampoco sería admisible impugnar los acuerdos que aprueben esas medidas concretas para reavivar el debate relativo a la pertinencia y razonabilidad del propio plan.

Por último, el *dies a quo* para que los socios puedan impugnar el acuerdo social, comienza a contar desde que se celebra la junta, sin distinguir la norma, entre los socios presentes o representados y los ausentes, se les haya entregado o no una copia del acta de la junta, lo cual encuadra con ese intento del legislador de reducir al máximo los plazos legales y de buscar un justo equilibrio entre los derechos del socio y favorecer la reestructuración y la viabilidad económica de la compañía.

Con todo, llama la atención que ese plazo no se compute desde que se dicta el auto que homologa el plan, pues no es sino en ese momento que el juez da visto bueno a su contenido. De hecho, pudiera darse la circunstancia de que el plan no fuera finalmente homologado por lo que esa impugnación del acuerdo carecía de objeto conforme al art. 22 de la LEC. Sin qué decir tiene la disfunción que genera una eventual cuestión de previo pronunciamiento ante la audiencia de un procedimiento que todavía no ha finalizado en la instancia.

A mayor abundamiento, el art. 613.1.5º TRLC obliga a la audiencia a acumular esas cuestiones de previo pronunciamiento a las impugnaciones contra el plan por lo que aquellas parecen la antesala de ésta.

Con todo, parece que la sección 28, en el caso Aldesa, no ha seguido, sin embargo, el art. 387 y 390 de la LSC, pues no ordenó ni la acumulación ni la suspensión del curso de las actuaciones principales. No obstante, ello no tiene trascendencia alguna al haber llevado las dos cuestiones de forma coordinada, celebrando incluso una misma vista, sin merma alguna de derechos para las partes. De hecho, parece que fue una decisión razonable por un principio de economía procesal.

Es más, cuando la ley habla de "acumulación" difícilmente puede entenderse una acumulación en el sentido del art. 73 de la LEC pues el objeto del debate es diferente. Además, las cuestiones de previo pronunciamiento se resuelven por auto y los motivos de impugnación contra el plan, por sentencia. Por ello, la decisión de la sección 28 de entender por "acumulación", "coordinación" de ambas cuestiones, me parece sensata.

Avanzando con la tramitación procesal y las cuestiones de previo pronunciamiento, surgen varios aspectos respecto de los que me gustaría llamar la atención:

El primero, la elección del legislador por reconducir esa impugnación del acuerdo a las cuestiones de previo pronunciamiento, similar al art. 204.3 in fine de la LSC, no me parece acertad. En el ámbito societario, la práctica ha demostrado su escasa virtualidad y que entorpecen más el procedimiento principal que lo que agilizan su tramitación. Sin qué decir que es un contrasentido obligar a la audiencia, que no olvidemos que en materia de impugnación actúa como órgano de primera instancia, que celebre dos vistas, una para las cuestiones de previo pronunciamiento y otra, para los motivos de impugnación ralentizando la resolución sobre la homologación del plan. Por ello, no entiendo por qué no se resuelve todo en la misma resolución.

De hecho, la sección 28 de la AP, con un criterio de pragmatismo, celebró en una sola vista ambas cuestiones y dictó el mismo día, las dos resoluciones, una para resolver la impugnación del acuerdo social y otra, la sentencia sobre impugnación del plan, con hechos probados coincidentes.

La segunda cuestión, ¿qué sucedería si la AP estimara la cuestión de previo pronunciamiento? El art. 661 del TRLC nada dice al respecto, pues sólo contempla los efectos que produce la estimación de la impugnación al plan, pero no de la cuestión de previo pronunciamiento. ¿Podría, por ejemplo, la audiencia, no sólo anular el contenido del acuerdo por abuso de derecho, por ejemplo, y denegar por este motivo la homologación del plan? La cuestión es discutible, y según la sección 28, son ámbitos de enjuiciamiento distintos, ahora bien, qué duda cabe que estamos ante ámbitos permeables, por lo que difícilmente se podrá homologar un plan si las medidas que en el mismo se contienen no son razonables ni proporcionales y han sido adoptadas para diluir la participación del socio minoritario. Con todo, ello no eludiría el deber de la audiencia de resolver por separado ambas cuestiones, por un lado, la societaria y, por otro, la concursal.

En tercer lugar, se ha suscitado la duda de si el socio sólo puede impugnar el acuerdo de la junta por vicio o defecto de convocatoria y por vulneración del derecho de información en esa cuestión previa o si también podría alegar motivos de nulidad diferentes, al amparo del art. 204 de la LSC. La respuesta a la pregunta es en sentido afirmativo, según el auto de la sección 28 de la AP de Madrid, de 18 de octubre de 2024, en el caso ALDESA. Según la citada sección, el socio no acreedor, aunque no tenga legitimación para impugnar el plan consensual, aprobado por la mayoría del capital social en junta, como se ve arrastrado por sus efectos, sí tiene legitimación para impugnar ese acuerdo social, incluso por abuso del derecho. Sólo se excluyen aquellos motivos que son propios de la impugnación en sí del plan, dígase, por ejemplo, la desigualdad de trato paritario, indebida formación de clases, etc. Ello pone de manifiesto, nuevamente, que entre el derecho societario y el concursal, hay cierta permeabilidad y vasos comunicantes.

A continuación, reproduzco algunos pasajes del auto de 18 de octubre de 2024, de la sección 28, por su relevancia y trascendencia, al ser la primera de las AP que se pronuncia sobre la cuestión:

> *"...... Pese a que el art. 631.2 TRLC contenga en sus primeros apartados una normativa especial y pormenorizada del procedimiento societario para la toma de esta clase de acuerdos de aceptación del plan, lo cierto es que su ap. 5º no delimita las causas o motivos impugnatorios por los que pueda atacarse el acuerdo adoptado, ni los restringe a la observación de las formas y plazos de celebración de la Junta establecidos en el propio precepto preconcursal. Por ello,* ***no parece admisible recortar el elenco de motivos impugnatorios tipificados en aquel art. 204 TRLSC****".*

A continuación, matiza:

> *"Aun cuando sea permitido emplear todos los motivos tipificados en el art. 204 TRLSC para impugnar el acuerdo social de aceptación del plan por la sociedad deudora, incluso los fundados en lesividad social y abuso de mayoría,* ***ello no permite trasladar a esta sede, ya de modo directo, ya indirecto, el contenido alegatorio propio de motivos que deberían integrar la impugnación del plan de reestructuración mismo, según su fijación legal, no del acuerdo social****.*
>
> [...]
>
> *Por lo tanto, el control de validez del acuerdo social que exprese esa voluntad societaria, además de por otras causas comunes distintas, como el procedimiento formal de conformación de la voluntad social, el derecho de información de los socios..., podrá ser controlado por los motivos intrínsecos de abuso de mayoría o lesividad social en cuanto a aquellas medidas del plan que incidan en los derechos de los socios.*
>
> *Pero* ***este control no alcanzará, en cambio, a la forma y contenido de dichas medidas como parte del contenido del plan de que se trate, en cuanto a éste contemplado como institución típica preconcursal, lo que solo puede ser juzgado a través los motivos especiales de impugnación del propio plan****. Cabría así que el acuerdo social que acepta el plan, cuyo contenido comporta medidas que afectan a los derechos de los socios, fuera plenamente válido atendiendo a criterios propios y típicos del control de la voluntad social expresada a través del acuerdo, en particular, bajo el prisma de la tutela del interés social como parámetro de validez, y que el plan de reestructuración, pese a ello, pudiera finalmente estar afectado de causa de impugnación con los efectos que se deriven según el art. 661 TRLC".*

En el Caso Aldesa, la sección 28 desestima la impugnación del acuerdo social al no apreciar que hubiera abuso de la mayoría, más al contrario, el plan obedecía a una necesidad razonable de la sociedad y se constituía en un instrumento óptimo para superar su insolvencia inminente.

También concluye que, por el hecho de que hubieran distintas alternativas posibles y que la sociedad se haya decantado por una de ellas, no convierte al acuerdo, *per se*, en abusivo. Aceptar la tesis contraria, sería tanto como legitimar al socio minoritario para que sea él quien decida la estrategia de negocio de la compañía, en contra de la idiosincrasia y funcionamiento propio de una sociedad de capitales.

> *"**No se vacía de contenido la justificación de esa necesidad razonable para aceptar un plan de reestructuración que conlleve las citadas ampliaciones de capital, por el simple hecho de que existiesen diferentes alternativas para afrontar la eventualidad financiera** [...]. En primer lugar, porque la forma más típica y específica de incrementar la solvencia de la sociedad es precisamente acudir al aumento de capital, con el refuerzo de sus fondos propios, máxime en un caso en que el socio mayoritario ya había realizado préstamos por sumas de 341 millones y resulta preciso capitalizar una parte de ese crédito.*
>
> *En segundo lugar, porque **lo exigido es que el acuerdo social se asiente en una necesidad razonable de adoptar aquello que constituya su contenido, no que esa solución sea la única o sea la mejor de todas las posibles para atender aquella necesidad**. Ninguno de esos requisitos está presente en el concepto legal de la causa de nulidad por abuso de mayoría.*
>
> *Es la libre voluntad de la sociedad, expresada mediante acuerdo tomado en Junta, la que decide optar por unas u otras soluciones posibles, siempre y cuando la elegida se presente como una **respuesta razonable a la necesidad social que se afronta, sin que se exija que la única opción válida deba ser la que se considere la más adecuada o la mejor bajo un criterio de puro y exclusivo examen jurídico de validez, el propio del proceso judicial**.*
>
> *El criterio legal para analizar el acuerdo nulo bajo tacha de abusividad **no** se traduce en una **competición para demostrar la mayor o menor razonabilidad de las posibilidades distintas entre las que la junta optó para integrar el acuerdo, siempre y cuando la elegida finalmente supere el umbral mínimo para poder presentarse como razonablemente necesaria para remover la situación que la sociedad afronte**. Así, la mera preferencia de la minoría social por otra alternativa no convierte en abusiva la decisión de la mayoría, la cual respondía a una necesidad objetiva para la pervivencia de la sociedad. A partir de ahí, juegan **criterios de oportunidad y de expectativa de negocio** que entroncan con el principio de autodeterminación de los entes colectivos y con el principio de libertad de empresa, art. 38 CE, en los que **el juicio, de base técnico-jurídica, del***

***tribunal no debe interferir**, vd. SAP de Madrid, sec. 28ª (mercantil), nº 236/2017, de 12 de mayo, FJ 4º".*

En cuarto lugar, de la lectura de la sentencia parece intuirse que la estimación de la cuestión de previo pronunciamiento hubiera dado pie a la legitimación del socio para impugnar el plan por los motivos del art. 656 de la LSC pero que, al haber sido desestimada dicha cuestión, el socio ya carece de legitimación para impugnar el plan en sí mismo considerado.

Por último, homologado el plan, el juez podrá imponer al administrador que las ejecute. Esta medida ejecutiva apenas tendrá recorrido en los planes propuestos por el deudor pues si el órgano de administración es renuente al cumplimiento del plan, siempre podrían los socios aprobar su destitución y nombrar a otro. Por tanto, parece que, en la práctica, esa medida ejecutiva y de coacción, parece que sólo tendrá recorrido práctico en los planes de reestructuración a propuesta de los acreedores, tal como sucedió en el Caso Celsa, máximo exponente del férreo enfrentamiento que mantuvieron los socios por no perder el control de la compañía frente a los acreedores, a pesar del mono económico tan elevado que adeudaban, superando el valor de la deuda el propio valor de la compañía.

VII. PRINCIPALES PLANES DE REESTRUCTURACIÓN DE ÍNDOLE SOCIETARIA

- **Sentencia CASO CELSA**, JM nº 2 de Barcelona, de 4 de setiembre de 2023.
- **Auto HOSPITAL DE TORREJÓN**, de 30 de mayo de 2023, dictada por el JM nº 13 de Madrid.
- **Auto GRUPO ALDESA**, de 18 de septiembre de 2023, dictado por el JM nº 12 de Madrid.

VIII. CONCLUSIONES FINALES

En conclusión, cuando una compañía está en dificultades financieras, en especial, si está en insolvencia actual o inminente, los socios no actúan en un plano de igualdad frente a los demás acreedores. Y es en esos momentos de crisis, en los que el derecho societario, que no dejar de ser un derecho estacional, cede frente al derecho de la insolvencia, que es temporal y cíclico, lo que puede suponer una merma de los derechos que la ley de sociedades de capital atribuye a los socios. En estas situaciones, lo que debe primar es la salvaguarda del negocio y de los puestos de trabajo pues es la manera de maximizar el valor de los activos y pagar a los acreedores, sin que decir tiene el beneficio que ello tiene para la economía en general.

A su vez, dentro a categoría de socios, hay que distinguir entre aquellos socios que no son acreedores, cuya intervención se limita a votar, en su caso, si se aprueba o no el plan de restructuración de contener alguna medida que requiera de ese acuerdo y que se pueden ver arrastrados por la homologación del plan en su condición de tales (no como acreedores), y el socio que sí es acreedor, en cuyo caso, su crédito sí puede quedar afectado por el perímetro del plan y constituir clase.

El Libro II TRLC es un claro ejemplo de la incidencia de las normas concursales y preconcursales en materias propias del derecho societario, dando primacía y prioridad al derecho de cobro de sus créditos por parte de los acreedores que, a los derechos societarios de los propios socios, hasta el punto que éstos pueden ser obligados a ceder el control de la sociedad si ésta está en insolvencia actual o inminente.

11. PARTICULARIDADES DE LA COMUNICACIÓN DE NEGOCIACIONES EN EL RÉGIMEN ESPECIAL DE MICROEMPRESA Y DIFERENCIAS CON EL RÉGIMEN GENERAL

DAVID PASTOR GARCÍA
Economista
Experto en reestructuraciones
Consejero Delegado de GRUPO LEOPOLDO PONS

I. ASPECTOS PROCESALES

I.1. Finalidad de la negociación

En el Régimen general (arts. 585 y ss. TRLC) la finalidad de la comunicación es intentar alcanzar un plan de reestructuración con los acreedores, con el objetivo de evitar la insolvencia o, si esta existe, facilitar su salida.

En el caso del Procedimiento especial (art. 690 TRLC) el deudor de microempresa comunica al juzgado que ha iniciado negociaciones para elaborar o perfeccionar un plan de continuación o, si no fuera viable, un plan de liquidación. De acuerdo con el art. 689 TRLC, la "continuación" o la "liquidación" son las únicas dos vías contempladas en este procedimiento especial.

Por tanto, la diferencia principal es que mientras que en el régimen general se persigue la aprobación de un plan de reestructuración, en el procedimiento especial para microempresas se orienta a un plan de continuación (viabilidad) o, en su defecto, plan de liquidación (cierre ordenado).

I.2. Legitimación para la comunicación de negociaciones

En el régimen general (art. 585 TRLC) el deudor puede presentar la comunicación. Además, si el deudor no lo hiciera, puede presentarla un acreedor legitimado para solicitar el concurso, siempre que justifique su interés.

En cambio, en el procedimiento especial (art. 690.1 TRLC) solo el deudor de la microempresa puede comunicar al juzgado que ha iniciado negociaciones; no se contempla la posibilidad de que un acreedor inste esta comunicación.

I.3. Plazos y tramitación posterior

En régimen general el deudor dispone de tres meses para negociar con sus acreedores desde la comunicación (art. 585.2 TRLC). Concluido ese plazo, si no se ha alcanzado ni homologado un plan de reestructuración, se debe solicitar el concurso en el plazo de un mes (art. 595 TRLC).

En el procedimiento especial (arts. 690 y 692 TRLC) el plazo de negociación también es de tres meses. Transcurrido ese plazo, el deudor de la microempresa debe solicitar el procedimiento especial de microempresas en el brevísimo plazo de cinco días hábiles (art. 690.1

in fine TRLC), debiendo acompañar en ese momento el plan de continuación o el plan de liquidación (art. 692 TRLC).

A diferencia del régimen general, el Libro Tercero no contempla una disposición específica que autorice al deudor a pedir una prórroga del plazo de negociaciones (o de su protección frente a ejecuciones) más allá de los tres meses iniciales.

El artículo 690.3 TRLC remite al régimen jurídico del Libro Segundo para algunas cuestiones (Capítulos I y II), pero no establece expresamente la posibilidad de prorrogar el plazo de negociación ni la protección de manera análoga a lo que sucede en el régimen general.

Por tanto, la duración máxima para negociar en el procedimiento de microempresas es cerrada: tres meses, sin que la ley prevea una extensión adicional.

I.4. Forma de tramitación: uso de medios electrónicos

En el procedimiento especial (art. 690.2 TRLC) todos los actos y trámites han de realizarse de forma exclusivamente telemática, mediante las plataformas habilitadas para ello. Esta obligación responde a la filosofía de agilizar y abaratar costes en concursos de escasa complejidad.

La diferencia principal respecto al régimen general es que en este hay una utilización preferente (pero no forzosamente exclusiva) de medios electrónicos, mientras que en el procedimiento especial es obligatoria la tramitación telemática.

I.5. Efectos en materia de ejecuciones

Como es sabido en el régimen general (art. 589 TRLC), el deudor puede solicitar al juzgado la suspensión de las ejecuciones singulares tras comunicar el inicio de negociaciones.

El juez, mediante resolución motivada, acordará la suspensión si se cumplen los requisitos legales y si considera que la paralización de las ejecuciones es conveniente para posibilitar el plan de reestructuración.

En el procedimiento especial, el art. 690.3 TRLC remite al régimen jurídico de los planes de reestructuración en lo relativo a la comunicación de negociaciones y sus efectos, con las especialidades ya mencionadas (puntos anteriores).

No consta una disposición que imponga la suspensión "automática" de todas las ejecuciones; se aplica, en principio, el mismo esquema del art. 589 TRLC, según el cual el deudor solicita la suspensión y el juez decide.

La tramitación debe ser más ágil y telemática, pero sigue siendo necesaria la intervención judicial para decretar la suspensión (salvo que el legislador introduzca alguna especialidad adicional).

Por lo tanto, no hay una suspensión automática ni en el régimen general ni en la literalidad del art. 690 TRLC. La diferencia radica en que la microempresa sigue un procedimiento más simplificado y telemático, pero, a nivel legal, el art. 690.3 se remite a las normas del Libro Segundo (arts. 585-596) para la suspensión de ejecuciones, sin prever un automatismo puro.

II. LA MICROEMPRESA: ¿DEBE ENCONTRARSE EN ACTIVIDAD, O PUEDE HABER CESADO? ¿CUÁNDO SE CONSIDERA QUE HA CESADO EN SU ACTIVIDAD UN AUTÓNOMO? ¿Y CUÁNDO SE CONSIDERA EL CESE DE ACTIVIDAD EN UNA MICROEMPRESA PERSONA JURÍDICA?

II.1. Régimen especial y cese de actividad

El Libro Tercero del TRLC (arts. 685 y ss.) regula el procedimiento especial para microempresas con la finalidad de agilizar la resolución de su insolvencia, ya sea inminente o actual, permitiendo un plan de continuación (si hay viabilidad) o, si no fuese posible, un plan de liquidación.

No existe un precepto que exija expresamente que la microempresa esté en actividad para acceder al procedimiento, por lo que, a priori, el legislador no impide que una microempresa ya haya cesado y, aun así, solicite el procedimiento especial.

Es cierto que muchos artículos (p. ej. arts. 689 y 692 TRLC) hablan de la continuación de la actividad, pero ello se refiere a la opción de un plan de continuación si la empresa está operativa o se prevé reanudar su operación.

Entonces, ¿por qué se permite el procedimiento si la actividad ha cesado?:

- o El procedimiento especial también contempla la posibilidad de un plan de liquidación, lo cual cobra pleno sentido cuando la microempresa ya ha cesado su actividad y busca liquidar ordenadamente sus activos.
- o Por tanto, nada impide que una microempresa sin actividad inicie o continúe este procedimiento, siempre que cumpla los requisitos objetivos (tamaño) y subjetivos (insolvencia o inminente insolvencia).

Con ello, se podría concluir que:

- La microempresa puede haber cesado en su actividad y aun así acudir al procedimiento especial.
- Si está activa, podrá plantear un plan de continuación; si está inactiva o sin perspectivas de reanudar, planteará directamente la liquidación.

II.2 Manifestaciones materiales del cese de actividad de la microempresa

A.- Microempresario persona física.

En los casos en el que la microempresa que sea persona física (autónomo), el cese de actividad suele vincularse a aspectos formales y materiales, regulados en la normativa fiscal y de la Seguridad Social, más que en la propia Ley Concursal. Podemos destacar:

i. Baja en el Régimen Especial de Trabajadores Autónomos (RETA): Normalmente, un autónomo cesa su actividad cuando se da de baja en la Seguridad Social en el RETA, lo que implica dejar de cotizar en dicho régimen.

ii. Baja en las obligaciones fiscales: Suele ir acompañada de la baja en el Censo de Empresarios de la Agencia Tributaria (modelo 036/037), así como la baja en el Impuesto de Actividades Económicas (IAE), si estuviera sujeto.

iii. Cese material: Cese efectivo en la facturación, cobros, pagos o en la publicidad de servicios.

Este criterio, de índole fáctica, puede complementarse con la prueba de que el autónomo ya no ejerce actividad productiva o comercial alguna.

En el ámbito concursal, si el autónomo ha completado estos pasos y no realiza ningún acto de comercio ni mantiene una estructura de negocio, se considera que ha cesado. Sin perjuicio de ello, puede igualmente acudir al procedimiento especial si cumple los parámetros de microempresa (art. 685 TRLC) y está en insolvencia o la prevé inminentemente.

B.- Microempresario persona jurídica.

Cuando la microempresa adopta la forma de persona jurídica (S.L., S.L. unipersonal, S.A., etc.) y cumple los umbrales del art. 685 TRLC (número de empleados, activos y volumen de negocio), el cese de actividad puede apreciarse en varios supuestos:

i. Cierre registral o falta de actividad efectiva: Aunque la sociedad no se haya disuelto formalmente, puede haber cesado si no opera en el tráfico mercantil, ha despedido a la totalidad de empleados y ha dejado de emitir o recibir facturas.

ii. Comunicaciones formales ante las Administraciones:

- o Baja en la Tesorería de la Seguridad Social de todos los trabajadores.
- o Cese en el Impuesto de Actividades Económicas, si procedía.
- o Inactividad fiscal (cese de presentación de liquidaciones de IVA, IRPF de trabajadores, etc.) salvo las meramente formales de declaración a cero.

iii. Acuerdo de disolución y liquidación (no necesariamente completado): Podría haberse adoptado en junta general el acuerdo de disolución, pero no haberse consumado todavía la liquidación. Aun así, la sociedad estaría en vías de extinción, sin actividad real.

Desde el punto de vista concursal, lo decisivo es si la persona jurídica:

- Mantiene actividad económica, en cuyo caso podría plantear un plan de continuación;
- O si, de facto, está inactiva, lo que conduce a un plan de liquidación en el procedimiento especial (arts. 689 y 692 TRLC).

No existe un artículo del TRLC que defina expresamente "cese de actividad" para sociedades; se toma la pauta del Derecho societario y fiscal. Pero el hecho de no tener actividad, no impide la solicitud o la tramitación del procedimiento especial de microempresas si la sociedad está en insolvencia.

III. LA SOLICITUD DE APERTURA DEL PROCEDIMIENTO ESPECIAL POR LOS ACREEDORES

III.1. Legitimación

En principio, el artículo 690.1 del TRLC (en el Libro Tercero, relativo al procedimiento especial) se refiere a la comunicación de negociaciones y a la solicitud de apertura del procedimiento por parte del deudor que cumpla los requisitos del artículo 685.

Esta regla general indica que el deudor es el legitimado natural para iniciar el procedimiento especial de microempresas. Sin embargo, en los supuestos de insolvencia actual o inminente, también puede suceder que un acreedor inste el concurso necesario y, si se acredita que el deudor reúne las condiciones de microempresa, se active el marco procedimental del Libro Tercero.

La reforma concursal no es muy explícita sobre cómo actúa exactamente la solicitud de los acreedores para el procedimiento especial, pues el legislador ha diseñado, sobre todo, un sistema en el que se presume que el deudor será quien inicie el procedimiento especial. Aun así, interpretando las normas de forma integradora, cabe que:

1. Un acreedor solicite el concurso necesario.
2. El juzgado verifique que el deudor cumple los requisitos de microempresa del art. 685 TRLC.

3. Se aplique en lo posible el procedimiento especial (arts. 685 y ss.), adaptando las fases de apertura, plan de continuación o liquidación, etc.

III.2. Exigencia de optar por plan de continuación o plan de liquidación

El Libro Tercero (arts. 689 y 692 TRLC) diseña un esquema muy simplificado donde, al iniciarse el procedimiento (ya sea porque el deudor o, por extensión, un acreedor legitimado lo promueve), se exige la presentación de un plan de continuación o un plan de liquidación:

1. Plan de continuación (arts. 689, 692, 694 TRLC): Orientado a la viabilidad de la microempresa y que implica ciertas propuestas de quita, espera, modificaciones operativas o societarias, etc.
2. Plan de liquidación (arts. 689, 692, 695 TRLC): En caso de inviabilidad, se procede directamente a la realización de los activos de modo ágil y telemático.

La lógica de la norma es que, desde el inicio, exista claridad sobre la vía elegida:

- Si hay reales posibilidades de continuidad, se opta por ese plan y se estructura con rapidez.
- Si, en cambio, la empresa está abocada al cierre, se transita directamente a la liquidación para no demorar la situación.

Tanto en el régimen general de concursos (cuando hay un plan de reestructuración) como en el procedimiento especial, la ley contempla supuestos de conversión o de "cambio de rumbo" dentro del procedimiento, por ejemplo:

- Si se inicia con un plan de continuación y, en el transcurso de la tramitación, se acredita la inviabilidad real de las medidas propuestas (falta de apoyos suficientes de acreedores, agravamiento de la situación...), se puede reconvertir a liquidación para no eternizar el procedimiento.
- El TRLC busca así evitar bloqueos: de ahí que se permita, en distintos artículos, la posibilidad de solicitar esa "transforma-

ción" a liquidación (o, en su caso, a continuación, si por alguna razón inicialmente se proyectó liquidar y luego aparece una oferta seria de inversor).

Entonces, ¿es lógico exigir a los acreedores —o a quien inicie el procedimiento— elegir de inicio entre continuación o liquidación, si luego pueden pedir la conversión?

El procedimiento especial para microempresas es muy ágil: no hay una fase larga de calificación o de tramitaciones intermedias. Por ello, el legislador quiere que, desde el momento en que se abre, quede claro si se apuesta por mantener la actividad (continuación) o si se asume su cierre (liquidación).

Esta definición inicial reduce la incertidumbre sobre la situación de la empresa y de los acreedores, y favorece la rápida adopción de medidas.

Lo anterior revierte en una protección de la posición de todos los acreedores, dado que si se apuesta por la continuidad, los acreedores pueden debatir (y, en su caso, oponerse o votar) una reestructuración de deudas. En cambio si se opta por liquidación, se activa inmediatamente la fase de enajenación de activos y la distribución del producto.

Pedir a la parte promotora (deudor o acreedor) que se pronuncie sobre una de las dos vías da transparencia y permite a las demás partes posicionarse, aunque no se trata de una vinculación irrevocable.

El hecho de que puedan pedir la conversión más adelante (por ejemplo, de continuación a liquidación) no convierte la elección inicial en inútil. Sirve para delimitar la estrategia principal desde el arranque, pero la posibilidad de conversión garantiza que, si las circunstancias cambian o se revela la inviabilidad, no se quede el procedimiento atascado en un plan de continuación imposible.

En la práctica, esto concuerda con la finalidad de evitar la dilación de un plan que no encuentra apoyos o que no cumple las expectativas iniciales.

A partir de lo anterior como conclusión y valoración personal:

- Sí que parece lógico que la ley exija, en el momento de la solicitud de apertura del procedimiento (o en la fase inicial), optar por continuación o liquidación. Esta exigencia no se contradice con la facultad de solicitar la conversión posterior.

- La ratio es que el legislador desea un procedimiento rápido, transparente y definido desde el principio. La conversión a liquidación, si se evidencia la inviabilidad, es un mecanismo de flexibilidad, no un sustituto de la obligación inicial de definir la hoja de ruta.
- En la situación de insolvencia actual, la elección inicial (continuación o liquidación) obliga a quien promueve el procedimiento (sea el deudor o, excepcionalmente, el acreedor) a asumir la realidad del proyecto:
  - O se pretende salvar la empresa (continuación).
  - O se asume un cierre ordenado (liquidación).
- Que luego la conversión pueda promoverse en cualquier momento no implica contradicción, sino que facilita que el procedimiento se ajuste a la evolución real de las negociaciones o de la situación patrimonial.

En definitiva, el sistema combina la claridad inicial con la posibilidad de reconducir el procedimiento si los hechos demuestran que la opción elegida no es viable, todo ello para acortar plazos y proteger de la mejor forma los intereses tanto del deudor como de sus acreedores.

IV. SOBRE EL PLAN DE CONTINUACIÓN, SU TRAMITACIÓN Y SU CONTENIDO, ALEGACIONES Y VOTACIÓN. DIFERENCIAS FUNDAMENTALES CON EL CONVENIO CONCURSAL. SIMILITUDES Y DIFERENCIAS CON LOS PLANES DE REESTRUCTURACIÓN Y CON UN CONVENIO

IV.1. Naturaleza y finalidad del Plan de Continuación (arts. 697 y ss. TRLC)

El plan de continuación es la alternativa que tiene la microempresa, dentro de su procedimiento especial, para evitar la liquidación si la actividad es viable. Sus rasgos principales son:

i. Ámbito exclusivo para microempresas: Solo aplicable a deudores que cumplan los requisitos del art. 685 TRLC (empleados, activo y volumen de negocio).

ii. Presentación temprana: El deudor lo presenta al solicitar la apertura del procedimiento especial o durante la fase inicial, si pretende mantener la actividad (art. 697 TRLC).

iii. Tramitación simplificada y telemática: Se notifica a los acreedores a través de la plataforma electrónica, fijando un plazo breve para alegaciones y votos (arts. 698 y 699 TRLC).

iv. Contenido: Incluye la reorganización de las deudas (quitas, esperas, etc.) y las medidas de viabilidad (reestructuración operativa, ajustes de costes, etc.) (arts. 697.2 y 700 TRLC).

v. Fallo rápido: Tras la votación, el juez comprueba la regularidad y, si hay mayoría, dicta resolución aprobando o denegando el plan (arts. 700 y 701 TRLC).

IV.2. Comparación con el convenio concursal (Libro Primero)

A.- Tramitación.

a) Convenio concursal.

i. Se inicia después de la "fase común" del concurso (con informe de la administración concursal, impugnación de créditos, etc.).

ii. Culmina con la junta de acreedores (o trámite escrito) y la votación formal (arts. 313 y ss. TRLC).

iii. Es un proceso más largo y formal, con intervención notable de la administración concursal.

b) Plan de continuación.

i. Se tramita de forma inmediata dentro del procedimiento especial de microempresas.

ii. La votación se hace por vías telemáticas (arts. 698 y 699 TRLC), sin una larga fase común.

iii. La administración concursal solo entra en juego si se designa expresamente (por ejemplo, si el plan lo prevé o si el juez lo estima necesario).

B.- Contenido y flexibilidad.

a) Convenio.

i. Suele centrarse en quitas y esperas, con mayores formalidades en la clasificación de créditos (privilegiados, ordinarios, etc.).

ii. Su aprobación exige respetar las reglas de mayorías del art. 322 TRLC (mayoría del pasivo ordinario afectado y, en su caso, acuerdo de privilegiados si se ven afectados).

b) Plan de continuación.

i. Permite medidas de reestructuración más sencillas y adecuadas a la menor complejidad de la microempresa (art. 697.2 TRLC).

ii. El contenido debe ser muy conciso y realista; incluye previsiones de tesorería y la forma de satisfacer a los acreedores afectados en plazos reducidos (arts. 699 y 700 TRLC).

iii. Se aprueba con las mayorías que señala la norma para los acreedores afectados (similar principio de consentimiento, pero simplificado).

IV.3. Comparación con el plan de reestructuración (Libro Segundo)

A.- Finalidad y momento de actuación.

a) Plan de reestructuración (Libro Segundo).

i. Puede adoptarse antes o durante el concurso, buscando evitar la declaración de concurso o, si ya existe, modificar su curso.

ii. Incluye medidas de reestructuración muy amplias (financieras, operativas, societarias) y puede implicar arrastrar a acreedores disidentes mediante la homologación judicial (art. 617 y ss. TRLC).

b) Plan de continuación.

i. Se aplica una vez que el procedimiento especial de microempresas está ya en marcha, ante una insolvencia declarada o inminente.

ii. Se enfoca en la continuidad de la actividad de forma ágil, con medidas menos elaboradas que en un plan de reestructuración "general".

iii. No hay un "cram-down" tan amplio como en el Libro Segundo, pero sí la posibilidad de imponer el plan a minorías disidentes si se cumplen las mayorías exigidas (art. 700 TRLC).

B.- Semejanzas y diferencias.

A continuación, se indican cuales son, a nuestro juicio, las principales semejanzas y diferencias existentes entre el plan de continuación y los planes de reestructuración:

Semejanzas:

i. Ambos buscan evitar la liquidación mediante ajustes de la deuda y reorganización de la actividad.

ii. Se apoyan en la idea de votación o adhesión de acreedores, con un control judicial final.

Diferencias:

iii. El plan de reestructuración puede ser sumamente sofisticado y aplicable a grandes empresas, con creación de clases de acreedores y arrastre de disidentes por clase.

iv. El plan de continuación está restringido a un deudor de muy pequeño tamaño, con una tramitación eminentemente telemática y plazos muy cortos (arts. 698 y 699 TRLC).

En conclusión, el plan de continuación hereda la filosofía de la reforma concursal (flexibilidad y rapidez), recordando en parte a los planes de reestructuración, pero adaptado a la microempresa y no tan amplio o complejo como aquellos.

IV.4. Alegaciones y votación (arts. 698-700 TRLC)

El deudor, una vez presenta el plan (art. 697 TRLC), notifica a los acreedores afectados por medios electrónicos (art. 698 TRLC). Los acreedores pueden alegar o formular observaciones en un plazo breve (art. 699 TRLC).

La votación se realiza en la plataforma habilitada (art. 699.2 TRLC) y si se alcanzan las mayorías exigidas, el juez examina su legalidad y dicta la aprobación (art. 700 TRLC).

En cuanto a la ubicación normativa la misma se encuentra en los arts. 697 quinquies y 698 del TRLC, así:

- El artículo 697 quinquies se integra dentro de la regulación del plan de continuación (arts. 697 y ss.). Allí se establecen normas sobre la presentación, contenido, clases de acreedores y formas de adhesión u oposición.
- El artículo 698 regula, de manera concreta, la tramitación, la notificación a los acreedores y la forma de votación o adhesión/oposición en la plataforma telemática, con la intención de agilizar el procedimiento.

En concreto, los apartados 4 (de 697 quinquies) y 8 (de 698) contemplan supuestos en los que, si el acreedor no se opone de manera expresa, la ley considera que su actitud equivale a un voto favorable o, al menos, no obstaculiza la aprobación del plan. De ahí que se hable de una "táctica" o "fórmula" de voto favorable que opera por falta de manifestación contraria.

¿En qué consiste la "expresión táctica de voto favorable"?

i. Silencio o inacción interpretados como aceptación: Las normas establecen que, si el acreedor no reacciona en el plazo conferido para la votación u oposición, o bien si el plan no le impone sacrificios relevantes y este no se pronuncia, el resultado es que se le considera como votante a favor (o, en todo caso, no perjudica el cómputo de mayorías).

ii. Facilitar la aprobación del plan: El objetivo legislativo es agilizar la tramitación y la adopción de acuerdos en microempresas, donde suele haber un número limitado de acreedores y una urgencia mayor para evitar la destrucción del negocio.

   De esta forma, se evita que la inercia o la pasividad de acreedores que no están propiamente en contra bloquee o retrase la aprobación del plan de continuación.

iii. Reminiscencia de la técnica "opt-out": Doctrinalmente, se asimila a los mecanismos que, en algunos ordenamientos o en planes de reestructuración, consideran que, cuando un acreedor no vota en contra, se entiende que consiente.

   Esto contrasta con el sistema clásico de "voto expreso" (donde solo lo que se expresa activamente puede computarse).

Aquí el legislador, dadas las peculiaridades de la microempresa, incentiva la presunción de conformidad.

En cuanto a su fundamento legal y límites, se parte del presupuesto que el acreedor afectado debe haber sido correctamente notificado por vía telemática (art. 698.1 y siguientes) y disponer de la posibilidad real de oponerse o de manifestar su voto en contra o en sentido distinto.

En este sentido se podrían fijar los siguientes límites de la presunción:

i. No se aplica si el acreedor manifiesta expresamente su disconformidad.
ii. Si el plan le impone sacrificios especialmente relevantes y, pese a ello, el acreedor no se pronuncia, podría haber un régimen específico (por ejemplo, si es un acreedor con privilegios determinados, se examina si la ley permite esa asimilación tácita).
iii. En cualquier caso, debe salvaguardarse el derecho de defensa y la posibilidad de impugnación de aquel acreedor que demuestre no haber sido efectivamente informado.
iv. Control judicial: El juzgado, al aprobar el plan, puede verificar que la notificación fue regular y que no ha habido indefensión. Si todo es correcto, se convalida la suma de "votos tácitos" como adhesión favorable.

Efectos en la práctica.

i. Mayor facilidad para reunir mayorías: Esta regla de "silencio = aceptación" o de "expresión táctica de voto favorable" facilita que el plan se apruebe sin necesidad de una participación activa de todos los acreedores, siempre que no estén realmente en contra.
ii. Reducción de costes y tiempo: Se evita la necesidad de insistir a cada acreedor para que vote expresamente. Ante su pasividad, la ley interpreta que "no objeta", y por tanto se le cuenta a favor.
iii. Riesgo de posibles abusos: Podría existir el riesgo de que un acreedor no se entere eficazmente del plan (deficiente notifi-

cación) y pase a constar como "voto favorable" sin ni siquiera conocer el contenido.

Por ello, el TRLC exige notificación telemática y deja abierta la posibilidad de que el acreedor impugne la aprobación si demuestra una falta efectiva de conocimiento o indefensión.

Conclusión. La "expresión táctica de voto favorable" a la que aluden el artículo 697 quinquies.4 y el artículo 698.8 del TRLC describe la presunción de que, en el procedimiento especial para microempresas, el silencio o la falta de oposición expresa de un acreedor se computa como voto a favor del plan de continuación (o, al menos, no se considera un voto en contra). Este mecanismo:

- Simplifica y acelera la consecución de mayorías,
- Obliga al acreedor disconforme a manifestar activamente su oposición,
- Se inspira en la idea de "opt-out" o consentimiento tácito,
- Está sujeto al control judicial y a la verificación de que haya existido una notificación efectiva, salvaguardando así los derechos de los acreedores.

En definitiva, no se trata de una fórmula arbitraria, sino de una herramienta legal para que, en el ámbito de las microempresas, la pasividad del acreedor no se convierta en un obstáculo para la aprobación de un plan de viabilidad, siempre que se le haya dado la oportunidad de oponerse de manera real y efectiva.

V. CONCLUSIÓN FINAL: EL PLAN DE CONTINUACIÓN, ¿SE PARECE MÁS A UN CONVENIO O A UN PLAN DE REESTRUCTURACIÓN?

El plan de continuación no es exactamente igual al convenio, pues se tramita con menos formalidades y en un tiempo más corto; se acerca algo más a la lógica de reestructuración (Libro Segundo), pero adaptado a la microempresa e integrado en su procedimiento concursal específico. En lo esencial, rompe con la burocracia del convenio clásico y adopta la filosofía de la reforma (planes de reestructuración), aunque de manera simplificada.

1. Rasgos parecidos al convenio concursal:

- o Buscan la solución a la insolvencia, evitando liquidar.
- o Se someten a un control judicial de legalidad final.
- o Requieren las mayorías de los acreedores afectados (aunque la forma de computarlas y la dinámica de votación difieren en parte).

2. Rasgos parecidos al plan de reestructuración
   - o Simplicidad y orientación a la continuidad, sin la formalidad de la "junta de acreedores".
   - o Enfoque telemático y rápido, con posibilidad de imponer el resultado a minorías disidentes.
   - o Puede incorporar no solo quitas y esperas, sino también medidas de reorganización (aunque a menor escala que un plan de reestructuración general).

12. CUESTIONES PRÁCTICAS A RAÍZ DE DOS RESOLUCIONES DICTADAS, DE VEINTE DE ENERO DE DOS MIL VEINTICINCO DEL JUZGADO MERCANTIL 9 DE MADRID Y DE VEINTICINCO DE ENERO DE DOS MIL VEINTICINCO DEL JUZGADO MERCANTIL 5 DE MADRID

MOISÉS GUILLAMÓN RUIZ
Magistrado-Juez de lo Mercantil núm. 5 de Madrid
Especialista en asuntos propios de lo Mercantil

Sumario: I. INTRODUCCIÓN Y REGULACIÓN. II. CONTENIDO DE LA SOLICITUD. III. DESIGNACIÓN DEL EXPERTO. IV. LA DURACIÓN Y LA RETRIBUCIÓN. V. EL CARÁCTER RESERVADO Y LA POSTERIOR PETICIÓN EN EL CONCURSO CON SIMPLE AUTORIZACIÓN JUDICIAL. VI. CONCLUSIÓN.

I. INTRODUCCIÓN Y REGULACIÓN

Tras la reforma del Texto Refundido de la Ley Concursal por la Ley 16/2022 se ha regulado de manera expresa en la ley concursal la figura del nombramiento de experto para recabar ofertas de adquisición de la unidad productiva.

La reforma se produce en la Subsección 4ª de la Sección 2ª denominada de la enajenación de bienes y derechos de la masa activa, del Capítulo 3 denominado de la conservación y enajenación de la masa activa, del Título IV denominada masa activa, del Libro 1 del TRLC.

Es decir, que, dentro de la masa activa, y de la enajenación de la misma, en la subsección siguiente a la enajenación de las unidades productivas, y antes de la cancelación de cargas, se ha optado por regular en 5 artículos escasos la figura del experto en recabar ofertas.

La Exposición de motivos de la Ley 16/2022 a propósito de la regulación de esta figura determina que "*Junto con las reglas dirigidas a agilizar la tramitación, la Directiva 2019/1023 exige el aumento de la eficiencia. Con esta específica finalidad, la presente ley introduce algunas modificaciones de las normas vigentes para hacerlas más adecuadas, más eficaces o más flexibles a las exigencias que la aplicación de la Ley Concursal ha puesto de manifiesto. Especialmente importantes son las nuevas normas relativas a la solicitud de concurso con presentación de oferta de adquisición de una o varias unidades productivas. El deudor, junto con la solicitud de concurso, puede presentar una propuesta escrita vinculante de acreedor o de tercero para la adquisición de una o varias unidades productivas. De este modo, la ley da carta de naturaleza a instrumentos técnicos arraigados en otras experiencias jurídicas, como es el pre-pack administration*".

Sin embargo, la regulación es escueta, ya que se limita a cinco artículos, consistentes en:

1° El artículo 224 ter TRLC, que bajo la denominación solicitud de nombramiento de experto, determina que "*En caso de probabilidad de insolvencia, de insolvencia inminente o de insolvencia actual, el deudor, sea persona natural o jurídica, cualquiera que sea la actividad a la que se dedique, podrá solicitar del juzgado competente para la declaración de concurso el nombramiento de un experto que recabe ofertas de terceros para la adquisición, con pago al contado, de una o de varias unidades productivas de que sea titular el solicitante, aunque hubieran cesado en la actividad*".

Se deduce que en los 3 supuestos previstos (probabilidad de insolvencia, insolvencia inminente, insolvencia actual), el deudor con actividad, puede solicitar el nombramiento de un experto que recabe ofertas de terceros para adquirir una unidad productiva, con pago al contado.

En este artículo ya surgen dos problemas consistentes en primer lugar en la posibilidad de solicitar experto en fase de probabilidad de insolvencia, pero a la hora de haber finalizado dicha selección, si el deudor se sigue encontrando en dicha situación, no podrá acudir al concurso de acreedores, sino que o bien venderá la unidad productiva sin sujeción a lo dispuesto en el Libro 1 TRLC, o deberá esperar a estar en insolvencia inminente o actual.

Además, este extremo no está cohonestado con la solicitud de comunicación de negociaciones para alcanzar un plan de reestructuración (a diferencia del Libro 3 TRLC, el que sí está cohonestado), surgiendo la duda de si se puede solicitar una comunicación de negociaciones y también una solicitud de experto para recabar ofertas.

En segundo lugar, una cuestión que ha dado lugar a polémica hoy en día, es la designación de dicho experto por el juzgado, pero elegido por el juzgador, y no por el solicitante. Sobre este extremo volveremos con posterioridad.

2º El artículo 224 TRLC quater bajo la rúbrica el nombramiento de experto, regula quien puede ser experto (quien reúna las condiciones para ser nombrado experto en reestructuraciones o administrador concursal), determina que dicha aceptación es voluntaria (a diferencia, se entiende que la designación de administración concursal), y regula que debe fijarse tanto la duración como la retribución en la resolución, siendo una resolución reservada. Sin embargo, ni determina la forma de fijar dicha retribución, ni la duración del encargo, atendiendo además en cuanto a este extremo, las distintas situaciones en las que se puede encontrar el deudor, es decir, en insolvencia inminente o actual, en probabilidad de insolvencia, habiendo comunicado negociaciones, habiendo solicitado prórroga, etc. También sobre este extremo volveremos con posterioridad.

3º En el artículo siguiente, 224 quinques TRLC, se determina que esta circunstancia no exime al deudor del deber de solicitar el concurso. Este precepto se debe poner en relación con la posible petición de comunicación de negociaciones anteriormente referida.

4º El artículo 224 sexies TRLC establece unas especialidades en el concurso posterior, referidas a la competencia, a que el nombramiento de dicho experto se podrá revocar o ratificar en el auto de declaración, y a que la retribución no percibida tendrá la consideración de crédito contra la masa. Sobre este artículo también surgen dudas en cuanto a la regulación de la posibilidad de revocar o ratificar dicho nombramiento, y a la configuración de crédito contra la masa en relación a la retribución no percibida (se entiende la que depende del resultado, o también incluye la devengada inicial).

5º Por último, en el último artículo que regula esta figura, se determina que quien realice la oferta no puede actuar por cuenta del deudor, y se establece el compromiso de continuación de actividad por un mínimo de dos años.

Tras el análisis somero del articulado, se debe determinar que la figura del nombramiento de dicho experto en la práctica de los juzgados de lo Mercantil es mínima, es decir, que no hay un gran volumen de peticiones de experto, si bien este extremo debe relacionarse con la mínima entrada de concursos con masa de persona jurídica, mínima entrada de concursos sin masa de persona jurídica, mínima entrada de concursos con venta de unidad productiva, y el volumen desproporcionado de concurso de persona física y cada vez más peticiones de procedimientos especiales de microempresas.

Sea como fuere desde septiembre de 2022 hasta el 31 de diciembre de 2023 por mi juzgado, Mercantil 5 de Madrid, no ha pasado ninguna solicitud de nombramiento de experto en recabar ofertas. En enero de 2025, en mi juzgado y en el Juzgado Mercantil 9 de Madrid en el que me encontraba realizando una sustitución voluntaria, se presentaron una solicitud en cada juzgado, dando lugar al dictado de dos resoluciones, las cuales sirven de base para explicar algunas cuestiones controvertidas, si bien tomaré como referencia la dictada en mi juzgado, por gozar de distintas especialidades la otra solicitud, que pueden distorsionar el análisis de dichas cuestiones.

El auto dictado en el juzgado Mercantil 5 de 28 de enero de 2025 se circunscribe a una petición de una sociedad cuyo objeto social es la comercialización de materiales de construcción entre otros, y albañilería. El auto dictado en el Juzgado Mercantil 9 también en enero de 2025 se centra en un supuesto más específico. En ambos surgen las mismas cuestiones, por lo que me detendré en el dictado en mi juzgado al ser el objeto de la selección de oferta con ausencia de las aristas del otro expediente.

II. CONTENIDO DE LA SOLICITUD

En primer lugar, se determina que el contenido de la solicitud no está expresamente previsto en la ley. En concreto se determina en el auto que el art. 224 ter y ss. TRLC tras la reforma del TRLC por la Ley 16/2022, viene a regular la institución del nombramiento de experto para recabar ofertas de adquisición de unidad productiva.

El articulado es escaso, con distintas interrogantes procesales y sustantivas, que han dado lugar a la Guía de Buenas Prácticas de Madrid de Pre pack, de carácter orientativo, de 21 de febrero de 2023.

Así, el articulado determina en primer lugar la posible solicitud en su art. 224 ter TRLC y establece que "En caso de probabilidad de insolvencia, de insolvencia inminente o de insolvencia actual, el *deudor, sea persona natural o jurídica, cualquiera que sea la actividad a la que se dedique, podrá solicitar del juzgado competente para la declaración de concurso el nombramiento de un experto que recabe ofertas de terceros para la adquisición, con pago al contado, de una o de varias unidades productivas de que sea titular el solicitante, aunque hubieran cesado en la actividad*".

Por ello, cualquier persona natural o jurídica que se encuentre con actividad, puede solicitar al juez (al competente para la declaración del concurso) que se nombre un experto cuya misión es recabar ofertas de terceros para adquirir una UP, incluso aunque haya cese en la actividad. Establece la particularidad de que la oferta sea con pago al contado.

Para complementar esta solicitud, pues el TRLC solamente determina que la solicitud sea genérica, la Guía de Buenas Prácticas determinó que deben incluirse al menos los siguientes extremos:

- Identificación del deudor (nombre, CIF, domicilio social, órgano de administración etc.)
- Si el deudor está en insolvencia actual, inminente o en probabilidad de insolvencia.
- Las razones que justifican su petición.
- El fundamento de la competencia del juzgado para conocer de la solicitud.
- Rama de la actividad o sector al que se dedica, incluyendo una descripción del negocio.
- Identificación del perímetro de la unidad o unidades productivas a transmitir.
- Si la empresa está en funcionamiento o si ha cesado en su actividad.
- Cifra de negocio

- Número de trabajadores, con indicación de los legales representantes, en su caso.
- Valoración de la unidad o unidades productivas a transmitir, a los efectos de poder elegir al experto independiente que resulte más idóneo atendidas las circunstancias concurrentes y fijar, asimismo, su retribución. A tal efecto, es deseable que el deudor informe del método empleado para alcanzar ese valor.
- Solicitud, por el deudor, de nombramiento de experto independiente y su preferencia/interés por la designa de un experto en reestructuraciones o administración concursal, debiendo justificar su petición, a fin de dotar al juez de los elementos de juicio necesarios para designar al profesional que resulte más idóneo para el cargo.
- Propuesta de duración de las operaciones de venta (justificación).

Por otro lado, se determina que sería recomendable que presentara Memoria Jurídica y Económica y Balance de Situación.

Es decir, que, a falta de una regulación sobre el contenido de la solicitud, en mi entender la misma debe incluir al menos los extremos determinados en la Guía de Buenas Prácticas.

III. DESIGNACIÓN DEL EXPERTO

Una segunda cuestión, que es objeto de distintas resoluciones judiciales contradictorias, es el nombramiento del experto, es decir, la designación por el deudor, y el nombramiento por el juez de dicho experto designado por el deudor, o la designación y nombramiento por el juez, quedando limitada la solicitud a una petición de nombramiento de experto, sin designación del experto que debe nombrarse.

En la resolución indicada se analiza este extremo. Así, establece que, en relación al nombramiento de dicho experto, queda regulado en el artículo 224 quater del TRLC que determina que "*1. El nombramiento del experto podrá recaer en persona natural o jurídica que reúna las condiciones para ser nombrado experto en reestructuraciones o administrador concursal. La aceptación del nombramiento es voluntaria. 2. En la resolución el juez establecerá la duración del encargo y fijará al experto la retribución que considere procedente atendiendo el valor de la unidad o unidades productivas. El derecho a percibir la retribución podrá estar total o parcialmente en función del resultado. La resolución por la que se acuerde el nombramiento del experto se mantendrá reservada*".

La Ley solamente determina las condiciones subjetivas del nombrado, siendo administrador concursal o Experto en reestructuraciones, y que su aceptación es voluntaria (entendiéndose este apartado en relación a la diferenciación con una aceptación forzosa conforme el nombramiento del AC, con renuncia por justa causa).

Dicho nombramiento se realiza por el juez, en resolución (el presente auto), y solamente se determina que el juez debe establecer la duración del encargo y la retribución que considere procedente atendiendo al valor de la UP. Además, se determina que debe ser reservada.

Derivado de ello, surge la duda consistente en si el profesional puede ser seleccionado por el deudor para que lo nombre el juez, o si dicha designación es una facultad del juez. Ciertamente existen resoluciones judiciales, y no pocas (Barcelona, Valencia, etc.) que consideran que se puede nombrar al experto o AC por el juez, habiendo sido elegido y presentado a nombramiento por el solicitante.

Sin embargo, este juzgador discrepa de dicha posición, considerando que el nombramiento lo realiza el juez, designando éste al experto o AC, de entre los que presenten dicha condición, pero no el que designe el deudor, y ello por distintos motivos.

1° Motivo consistente en regulación legal.

La ley determina expresamente en esta reforma, donde se han incluido varios profesionales pre concursales y concursales, aquellos que son designados por el juez a petición del instante. Así, en relación con el Experto en Reestructuración, se designa por el juez si bien no se regula claramente en algún supuesto, como por ejemplo en el art. 672.1. 3° TRLC.

En todo caso, se infiere de la petición realizada por el deudor y por acreedores vía 671.1. 1° y 2° TRLC si se relaciona con el apartado 2 del mismo artículo y con el art. 673 TRLC. Por ello en el caso de nombramiento de experto en la reestructuración, se nombra siendo elegido por el solicitante.

En cuanto al Libro III TRLC en el procedimiento de microempresas, en el procedimiento de continuación, en su art. 704 TRLC el profesional se designa a propuesta de los legitimados, de común acuerdo, y en su defecto por el juez conforme el Libro II TRLC. En el procedimiento de liquidación en el art. 713 TRLC se designa de común acuerdo.

Por ello, aunque regulado con deficiencias, se nombra a experto o AC en esos supuestos, siendo designado por el solicitante ya sea directamente o de común acuerdo.

En el Libro I TRLC, en dicha figura del nombramiento de pre packer, no se determina nada al respecto. En el mismo sentido respecto a profesionales del Libro I TRLC en 37 quater TRLC, o el Libro I TRLC con carácter general (AC).

Además, en la solicitud de concurso con oferta de venta en la solicitud, se debe proceder a nombrar AC conforme a las reglas generales.

Por ello considero que al no estar especificado en el artículo 224 ter y quater TRLC, en los cuales se determina que el deudor puede solicitar del juzgado el nombramiento de un experto que recabe ofertas, que dicha solicitud se circunscribe a ese extremo, solicitud de nombramiento, y no solicitud de nombramiento de experto, siendo elegido y designado por el solicitante en la solicitud.

2º Transparencia.

La designa por el juez de dicho experto o AC conlleva a un favorecimiento de la transparencia en el propio procedimiento de obtención de ofertas, fortaleciendo la imparcialidad del mismo al no contar que haya sido determinado por el deudor, junto con la oferta, de una determinada manera.

3º Posterior nombramiento de AC.

El nombramiento de este experto conlleva si se declara el concurso a que se pueda revocar o ratificar dicho nombramiento del experto adquiriendo la condición de AC.

Considero que dicho artículo determina que el nombrado por el juez, designado por el juez, en un posterior concurso puede ser administrador concursal, si bien puede revocarse dicho nombramiento en la declaración. Al margen de lo afortunado o no de dicha redacción, pues no se entiende que se deba revocar (concepto que implica apartar, retraer o dejar sin efecto) al profesional, sino más bien implica que cesa el experto y a continuación se designa a un AC que podría ser el mismo experto u otro profesional designado, en mi humilde entender si se hubiera producido el nombramiento del designado por el deudor, podría conllevar a que el posterior concurso (incluso sin venta de UP) se produjera la circunstancia consistente en que el AC del mismo hubiera sido designado por el deudor (al haber este designado al experto previamente), pudiendo producirse efectos indeseados.

4º La Directiva de 2019 determina en sus artículos 25 a 28 determinadas medidas para aumentar la eficiencia en procedimientos de reestructuración e insolvencia.

En relación al artículo 26 de la Directiva de 2019, se determina que los estados miembros garantizaran que los Administradores concursales tengan unas condiciones de nombramiento claro transparente y justo; y que para evitar conflicto de interés los acreedores tengan la posibilidad de oponerse a la selección o al nombramiento, a solicitar su sustitución.

Así, en el caso de experto en reestructuración del Libro II TRLC y en el caso del acuerdo del Libro III TRLC parece desprenderse la aplicación concreta de este apartado.

Sin embargo, no existe posibilidad de oposición ni sustitución por los acreedores en relación al 224 ter TRLC si se hubiera nombrado del designado por el deudor y éste no estuviera de acuerdo. Aunque alguna resolución judicial (Auto J Mt Tarragona 8-5-2024) determina la aplicación del art. 677 TRLC, considero que dicho incidente no es extrapolable al Libro I TRLC por motivos procesales y sustantivos.

5º La propuesta de Directiva, en ciernes, de diciembre de 2024 determina en su artículo 25 que debe velarse porque el supervisor sea el AC en la liquidación. Por tanto, es preferible que el experto designado sea a elección del Juez, y no del solicitante, ya que debe velarse por cualquier cuestión que pudiera dar lugar a que en fase de liquidación el supervisor no pudiera afrontar el cargo de AC.

6º Por último, de la propia solicitud donde se solicita el nombramiento aportando el nombre de un experto, no existe argumento alguno del motivo por el que se propone a ese específico experto o AC.

IV. LA DURACIÓN Y LA RETRIBUCIÓN

Una vez superado que la solicitud debe incluir información precisa, completa en relación a esta petición, conforme los criterios de la Guía Práctica, y que en todo caso el experto lo designa el juez, otras dos cuestiones determinantes se circunscriben a la duración del encargo y a la retribución del experto.

En relación a la duración, se fija por el juez en la resolución que designa al experto, y la ley no establece nada más al respecto. Por ello, el juez debe de ponderar si el deudor se encuentra en insolvencia actual, inminente o probabilidad de insolvencia, si ha solicitado comunicación de negociaciones, prórroga, la dificultad de la labor de selección de la oferta en su caso, y tras ello debe fijar un plazo.

La Guía de Buenas Prácticas determinó que "En *todo caso:*

- *En insolvencia actual: la duración del cargo del experto independiente no podrá superior a dos meses, de conformidad con lo dispuesto en el art. 224 quinquies TRLC.*
- *En insolvencia inminente: la duración del cargo no podrá ser superior a tres meses, prorrogables excepcionalmente por otros dos meses más, por aplicación analógica de lo dispuesto en los Arts. 224 quinquies, 607, 683.3 y 690 TRLC.*
- *En probabilidad de insolvencia: la duración del cargo no podrá ser superior a tres meses, prorrogables excepcionalmente por otros tres meses más, por aplicación analógica de lo dispuesto en los Arts. 224 quinquies, 607, 683.3 y 690 TRLC.*

Tanto en el supuesto de insolvencia inminente como de probabilidad de insolvencia, el deudor que considere que concurre justa causa para prorrogar el plazo para recabar ofertas, lo deberá solicitar de forma motivada al juzgado, antes de finalizar el plazo y con el informe favorable del experto, Para acceder a esta prórroga, el deudor deberá emitir una declaración responsable que no se encuentra en insolvencia actual.

Finalizado ese proceso, el deudor que se encuentra en estado de insolvencia actual, deberá solicitar concurso de acreedores. En ningún caso, el deber de solicitar el concurso recaerá en el experto.

La declaración de concurso comportará el cese del experto, quien será nombrado entonces (de reunir los requisitos necesarios para ello) administración concursal, salvo que concurra justa causa.

También es posible que el juez, mediante auto motivado y previa audiencia, pueda cesar de forma anticipada al experto por justa causa, por ejemplo, por incompatibilidad sobrevenida para el ejercicio del cargo o por el incumplimiento grave de las obligaciones inherentes a su condición de tal".

En todo caso en el caso que nos ocupa, atendiendo a la oferta en concreto, y la presentación de la comunicación de negociaciones, que fue en fecha 2-12-2024, se consideró prudente fijar el plazo de 2 meses desde el auto que se dicta. Se considera que atendiendo a que el deudor ha referido en la solicitud que se encuentra en insolvencia actual, en consonancia con el art. 224 quinques TRLC, el plazo de 2 meses se concede sin perjuicio de su deber de proceder en relación con la presentación de concurso.

En relación a la retribución, esta cuestión es determinante en varios aspectos, siendo importantes tanto la percepción inicial de retribución por el experto, previo a afrontar el trabajo, la determinación de una cantidad en función también del resultado, de la venta, su clasificación dentro del concurso si no se ha cobrado (se entiende el variable), y su relación con los otros créditos contra la masa, en caso de insuficiencia.

La retribución es objeto de análisis en la Guía de Buenas Prácticas de los juzgados de lo Mercantil de Madrid, en su apartado 6, como criterio orientador, y diferencia entre retribución fija, y la definitiva (diferenciando si no prospera la venta de la unidad productiva o en caso de prosperar la citada venta).

En el citado auto se determinó lo siguiente: "*La retribución fija será la mayor de las cantidades obtenidas conforme al CÁLCULO 1 (según tamaño de la UP, atendiendo a los criterios fijados en el TRLC), o al CÁLCULO 2 (conforme al art. 9.2 del RDL 1860/2004, por aplicación analógica del 704.7 del TRLC).*

En ambos casos, los porcentajes previstos para el arancel se aplicarán sobre la masa activa, no así sobre la masa pasiva, por indicación expresa del art. 224 quáter del TRLC. Los parámetros para fijar la retribución fija atenderán únicamente al valor de la UP que indique el deudor en su solicitud.

CÁLCULO 1: (por tamaño de empresa)

En el Texto Refundido de la Ley Concursal podemos encontrar cuatro tipos de empresas, en función del último balance y cuenta de pérdidas y ganancias, cerrados a fecha de la solicitud o, de no disponer de los mismos, de las cuentas anuales aprobadas del ejercicio anterior

- ***P: Microempresa (Art. 685)***
  - *Haber empleado, durante el año anterior a la solicitud, una media de menos de 10 trabajadores.*
  - *Tener un volumen de negocio anual inferior a 700.000 euros o un pasivo inferior a 350.000 euros.*
- ***M: Empresas entre P y G (Art. 682 TRLC)***
  - *Número medio de trabajadores empleados durante el ejercicio anterior no sea superior a 49 personas.*
  - *Volumen de negocios anual o balance general anual no supere los 10.000.000 €.*
  - *Que no esté incluido en P.*
- ***G: Empresas entre M y ML***
  - *Número medio de trabajadores empleados durante el ejercicio anterior a partir de 50 personas.*
  - *Volumen de negocio anual o balance general superior a 10.000.000 euros.*
- ***ML: cotizadas, multinacionales***
  - *Cumpliendo los requisitos de las G, además son entidades cotizadas y/o multinacionales.*

Tabla de retribución fija conforme cálculo 1.

Tamaño	**Importe fijo**
P	5.000
M	12.500
G	40.000
ML	100.000

En el caso de que la retribución fija sea la procedente del Cálculo 1, el abono de los honorarios del experto deberá realizarse en los cinco días hábiles siguientes a la aceptación del cargo. Su impago será causa justificada de renuncia del experto al trabajo encomendado.

CÁLCULO 2 (según arancel)

Será la cantidad mensual calculada conforme al art. 9.2 del RDL 1860/2004, que establece una retribución equivalente al 10% de la retribución aprobada en fase común, calculada conforme a los porcentajes del arancel sobre el valor atribuido por el deudor a la UP en su solicitud (como se ha dicho, con exclusión del pasivo), conforme al art. 224 quáter del TRLC.

En el caso de que la retribución fija sea la procedente del cálculo 2, se devengará mensualmente, debiendo el deudor abonar al experto la primera mensualidad dentro de los cinco días hábiles siguientes a la aceptación del cargo y las siguientes cantidades mensuales, a más tardar, en la misma fecha de cada mes sucesivo, durante el tiempo que se haya fijado para la duración del cargo y siempre, con un máximo de seis meses. Su impago será causa justificada de renuncia del experto al trabajo encomendado.

Declarado el concurso, el crédito devengado y no abonado al experto por la retribución fija será considerado crédito contra la masa.

RETRIBUCIÓN DEFINITIVA

En caso de no prosperar la venta de la UP, la retribución fija adquirirá carácter definitivo. En caso de prosperar la venta de la UP, una vez que se produzca la transmisión de los activos y pasivos que integren la UP, el experto solicitará al Juzgado la revisión de su retribución, por aplicación de la siguiente Escala, atendiendo al Valor de la UP.

Valor de la UP: será la suma del desembolso realizado (que se ingresa en metálico en la masa activa del concurso en concepto de precio) y de los pasivos asumidos por el adquirente, ya se trate de créditos concursales o contra la masa, hasta que se produzca la transmisión de la UP.

Por el contrario, no se tendrán en cuenta a la hora de calcular esa retribución los pasivos contingentes o implícitos, entendiendo por tales, por ejemplo, en caso de subrogación de trabajadores por parte del adquirente, el ahorro de créditos para el concurso en concepto de indemnizaciones por despido.

Del importe así calculado se descontará la retribución fija que hubiese percibido el experto. En definitiva, en caso de éxito, la retribución definitiva del experto será la mayor de estas cantidades: la retribución fija o la que resulte de aplicar la Escala atendiendo al Valor de la UP.

Devengo y abono de la retribución definitiva: la retribución definitiva, que tendrá naturaleza de crédito contra la masa, se abonará al experto en los cinco días hábiles siguientes a la transmisión de la UP. El hecho de que la venta de la UP se lleve a cabo una vez declarado el concurso no es óbice para que se devengue la retribución correspondiente al experto, aunque tenga ahora la condición de administración concursal pues retribuye funciones diferentes, sin perjuicio de los límites que luego se indicarán.

Ahora bien, a la hora de aplicar el arancel para calcular los honorarios de la administración concursal, ésta excluirá el valor de los activos de la UP (así como de los pasivos asumidos, en su caso, con la adquisición de la misma), con independencia de la fecha en que se formalice la venta o la transmisión, excluyendo también, en su caso, la tesorería o contrapartida entrante en el concurso por su realización. Declarado el concurso, todo lo referente a la retribución del experto se tramitará en la sección 2ª del concurso.

Por lo expuesto, atendiendo a la Guía, si acudimos al primer criterio, el deudor ostenta activo pasivo y volumen de negocio incardinable en apartado M, y trabajadores conforme apartado P, debiendo acudir por tanto al apartado M, atendiendo a mayoría de factores de ponderación, siendo la cantidad unos 12.500 euros.

Así, según primer criterio debería estarse al apartado P atendiendo a los trabajadores; no consta volumen de negocio en 2024, pero en 2023 es superior al límite del apartado P. El pasivo en todo caso es superior al apartado P, por ello, la mayoría de factores de ponderación conducen al apartado M, siendo la cantidad conforme al criterio 1 de 12.500 euros.

En todo caso atendiendo a que es orientativo, y a las manifestaciones realizadas en cuanto al contenido de la UP, su valoración, trabajadores, etc., parece más prudente determinar la retribución conforme apartado P, fijándose en 5.000 euros, más IVA.

En relación al segundo criterio, conforme arancel y activo, se determina en unos 8.000 euros al ser el activo 1,5 millón de euros la totalidad de la fase común, siendo el 10% conforme 9.2 RD 1860/2004 unos 812 euros mensuales.

Por ello, se acoge el primer criterio, conforme valoración de solicitante y atendiendo al activo por 1.5 millones, pasivo por 1.2 millones, y negocio por 1.7 millones de euros, se determina retribución fija atendiendo a criterio 1, por 5.000 euros más IVA.

El deudor refería 2.500 euros, pero dicha cantidad se considera ínfima en relación a los datos obrantes en actuaciones de activo pasivo y volumen de negocio.

Respecto al pago, se determina que se proceda a realizar el pago en 5 días hábiles siguientes a que se acepte el cargo de experto. Si no se realiza el pago por el solicitante, su impago será causa justificada de renuncia del experto al trabajo encomendado"

Es decir, que, tras el análisis orientativo de los criterios de la citada Guía, se fijó una retribución fija y se determinó que se procediera a realizar el pago en 5 días hábiles siguientes a que se acepte el cargo de experto. Si no se realiza el pago por el solicitante, su impago será causa justificada de renuncia del experto al trabajo encomendado.

Por tanto, dicha cantidad debe percibirse desde su aceptación en 5 días hábiles, antes de proceder a realizar el trabajo.

La problemática surge en el caso de que no se ingrese dicha cantidad (este extremo sucedió en el otro procedimiento del Juzgado Mercantil 9 de Madrid), dando lugar a ser causa justificada de renuncia del experto al trabajo encomendado, produciéndose la finalización del expediente.

La segunda cuestión a abordar se circunscribe a la posterior solicitud de concurso con dicha oferta seleccionada por el experto, y su consideración como crédito contra la masa, en relación a dicho variable.

En el caso objeto de análisis no se produjo dicha circunstancia pues el concursado presentó concurso voluntario con dicha oferta, sin esperar a un informe del experto en recabar ofertas; en todo caso en el concurso voluntario fue designado el mismo experto. Pero en el caso que se hubiera presentado el concurso con la oferta seleccionada por el experto, debería devengar dicho importe variable y cobrarse como crédito contra la masa, y en todo caso devengar la retribución conforme Reglamento.

En todo caso dicho crédito devengado y no cobrado en su caso, en supuesto de insuficiencia posterior en el concurso, debería considerarse imprescindible con los trámites del artículo 250 TRLC, ya sea como imprescindible conforme al apartado 1° del artículo 250, es decir, como retribución de la administración concursal, crédito vencido o que venza después, imprescindible para la liquidación, y además conforme al apartado 2 tendría derecho a su retribución durante la fase de liquidación en todo caso (a mi juicio este extremo también mediante solicitud de autorización).

V. EL CARÁCTER RESERVADO Y LA POSTERIOR PETICIÓN EN EL CONCURSO CON SIMPLE AUTORIZACIÓN JUDICIAL

Otro extremo importante o a destacar es que la designa de dicho experto es reservada, es decir, que se establece expresamente en la ley que dicha designa sea reservada, para potenciar una obtención de oferta y evitar estigmatizar a la concursada. Sin embargo, dicho extremo puede ofrecer alguna contradicción con la comunicación de negociaciones, y su carácter reservado, y la prórroga o el nombramiento de experto en la reestructuración.

En cuanto a la posterior petición del concurso, se considera que una vez realizada esta selección debidamente, y presentado el concurso por el deudor, con dicha oferta, para proceder a la venta, el régimen debe ser el del 518 TRLC y no el régimen específico del art. 224 bis TRLC, pues de lo contrario se favorecería presentación de ofertas tardías a última hora que distorsionan la finalidad de la institución.

Con todo, habrá que estar caso a caso, ya que dicha cuestión no se encuentra cerrada, y la Guía de los jueces de Madrid es orientativa, y pudiera darse el caso de una ausencia o defectos en la publicidad previa hubiera conllevado a una presentación posterior de oferta, que además beneficiara el interés del concurso.

VI. CONCLUSIÓN

Tras el análisis efectuado debe determinarse que la figura del pre pack, como otras tantas de la ley concursal, están todavía por materializarse de manera reiterada por los tribunales, y la carencia de regulación produce efectos tan discrepantes como que haya juzgados que designen al experto a petición del deudor y otros no, o que la retribución sea discrecional, que el régimen de venta en concurso pueda ser distinto en función del juzgado, y que puedan producirse efectos indeseados en relación con la comunicación de negociaciones, el experto en reestructuración, e incluso el producirse esta circunstancia tras homologación de un PR (ínterin su impugnación o tras la misma). Y no se ha hablado del precio de la oferta, ni de los efectos legales de S. Social ni laborales, ni de la aplicación en ciernes de la limitación de efectos a personas especialmente relacionadas, que deben abordarse de manera detenida y pormenorizada aparte.

13. EL CRÉDITO PÚBLICO COMO CIRCUNSTANCIA IMPEDITIVA DE LA EXONERACIÓN DEL ART. 487.1.2 ESTADO DE LA CUESTIÓN Y SOLUCIONES JURISPRUDENCIALES

RAFAEL YANGUELA CRIADO
Magistrado-Juez de Primera Instancia núm. 6 Logroño

Sumario: I. INTRODUCCIÓN. II. APLICACIÓN DE LA NORMA A CONCURSOS DECLARADOS CON ANTERIORIDAD. III. PAGO POSTERIOR DE LA RESPONSABILIDAD. IV. LA INFRACCIÓN DE SEGURIDAD SOCIAL DEBE SER MUY GRAVE O DE CUALQUIER TIPO. V. LA DERIVACIÓN DE RESPONSABILIDAD. VI. LA DERIVACIÓN DE RESPONSABILIDAD Y EL COMPORTAMIENTO DESHONESTO A LA LUZ DE LA SENTENCIA DEL TJUE.

I. INTRODUCCIÓN

En esta ponencia se va a tratar un aspecto controvertido que está siendo objeto de constante evolución jurisprudencial en cuanto a la interpretación que se le debe dar a la circunstancia que impide la exoneración del art. 487.1.2 TRLC, todo ello a la luz de la interpretación que del citado artículo se debe dar en consonancia con su adecuación o no a la DIRECTIVA 2019/2013 y a las últimas Sentencias dictadas por el TJUE en referencia a las cuestiones prejudiciales planteadas por los distintos Juzgados de lo Mercantil españoles.

Del mismo modo se va a tratar de explicar cuáles son las interpretaciones dadas a dichos artículos por los Juzgados de lo Mercantil en aras a corregir el exceso que una interpretación literal de los mismos pudiera producir sobre el acceso a la exoneración del pasivo insatisfecho, principalmente en referencia a la figura del empresario.

Partiremos de la redacción del art. 487.1.2 TRLC, que impide el acceso a la exoneración "*Cuando, en los diez años anteriores a la solicitud de la exoneración, hubiera sido sancionado por resolución administrativa firme por infracciones tributarias muy graves, de seguridad social o del orden social, o cuando en el mismo plazo se hubiera dictado acuerdo firme de derivación de responsabilidad, salvo que en la fecha de presentación de la solicitud de exoneración hubiera satisfecho íntegramente su responsabilidad.*

En el caso de infracciones graves, no podrán obtener la exoneración aquellos deudores que hubiesen sido sancionados por un importe que exceda del cincuenta por ciento de la cuantía susceptible de exoneración por la Agencia Estatal de Administración Tributaria a la que se refiere el artículo 489.1.5°, salvo que en la fecha de presentación de la solicitud de exoneración hubieran satisfecho íntegramente su responsabilidad."

Sobre esta cuestión plantearemos cuales son los principales problemas apreciados y la soluciones que se han adoptado sobre las mismas, que se centran en primer lugar en la posible aplicación de la norma a concursos anteriormente declarados, el posible pago posterior de la responsabilidad, como debe interpretarse la existencia de infracciones de la seguridad social y la gravedad de la mismas para considerar que concurre la circunstancia impeditiva de la exoneración, todos los aspectos relativos a la existencia de una derivación de responsabilidad y si esta en todo caso impide el acceso a la exoneración, sea del tipo que sea, o se exige algo más para que el mismo pueda ser contrario a la buena fe en relación con el comportamiento deshonesto o de mala fe que la directiva exige.

II. APLICACIÓN DE LA NORMA A CONCURSOS DECLARADOS CON ANTERIORIDAD

Una de las primeras cuestiones que se planteó fue si la circunstancia del art. 487.1.2 TRLC en cuanto a circunstancia que impedía el acceso a la exoneración, podía ser aplicable a concursos ya declarados con anterioridad, teniendo en consideración que el deudor cuando se planteó acudir a la vía del concurso y a la exoneración ulterior del pasivo insatisfecho no conocía que se iba a regular esta circunstancia impeditiva, de manera que sus expectativas iniciales se desvanecían en virtud de una modificación legislativa posterior, lo cual provocaba que al solicitar la exoneración del pasivo, por aplicación del de la Disposición transitoria 1° de la ley 16/22, fuera esta la normativa legal aplicable.

Sobre este aspecto resuelven las **Sentencias de la Audiencia Provincial de La Coruña de 31 de enero de 2024 y la Sentencia de la Audiencia Provincial de Murcia de 11 de octubre de 2024,** que con cita en el **Auto del Tribunal Constitucional de 6 de noviembre de 2023** refieren que la modificación del régimen legal y su proyección sobre las solicitudes de exoneración del pasivo insatisfecho posteriores a su entrara en vigor no es contraria a la regla constitucional sobre irretroactividad de las disposiciones sancionadoras no favorables o restrictivas de derechos individuales, pues refiere que fuera de estos ámbitos nada impide al legislador dotar a la ley del grado de retroactividad que considere oportuno y descarta el TC que el nuevo régimen de exoneración afecte dichos ámbitos y es lógico que el legislador haya dispuesto el régimen transitorio de su aplicación a las solicitudes de exoneración posteriores a la entrada en vigor de la ley, pues ese momento donde se trata la cuestión, sin que la exoneración fuera necesariamente un efecto automático de la apertura del concurso, sino un aspecto a tratar con posterioridad.

Es por ello que lo relevante en todo caso será la fecha de la solicitud de exoneración, para aplicar la ley 16/22, y en consecuencia, deviniendo aplicable a todas aquellas solicitudes posteriores la circunstancia del art. 487.1.2 TRLC.

III. PAGO POSTERIOR DE LA RESPONSABILIDAD

Otro aspecto controvertido se centra en la posibilidad de pago a la solicitud de exoneración de la deuda contraída al amparo del art. 487.1.2, pues la interpretación literal del artículo no permitiría el acceso a la exoneración si a la fecha de presentación de la solicitud no se hubiera abonado dicha responsabilidad.

Sobre ello se argumenta en contra de permitir el abono posterior de la deuda, por ejemplo en la **Sentencia del Juzgado de lo Mercantil de León de fecha 23 de enero de 2024** en referencia a que la admisión de la satisfacción de las responsabilidades con posterioridad a la presentación de la solicitud de exoneración propiciaría la argucia de instar esta sin el previo abono de aquellas, con posibilidad de pago posterior en caso de formulación de oposición a la exoneración por la Administración correspondiente, de manera que el terminante tenor literal de la norma, que impone el pago previo a la solicitud, excluye cualquier laxitud en su interpretación.

Sin embargo a favor de permitir dicho abono posterior encontramos resoluciones como la del **Juzgado de lo Mercantil de Logroño de fecha 9 de septiembre de 2024 o de la Audiencia Provincial de Barcelona de fecha 7 de noviembre de 2024** que estiman la irrelevancia del hecho de que el pago se haya hecho con posterioridad antes del dictado de la correspondiente Sentencia, pues el pago extinguirá la deuda y enervará el motivo real de oposición, entendiendo que hubiera bastado que el concursado se hubiera retrasado en su solicitud y hubiera pagado antes de presentarla para enervar dicho reparo, o como dice la **Sentencia del juzgado de lo Mercantil nº 2 de Granada de fecha 13 de enero de 2025**, en un caso en que se desconocía la existencia de la infracción tributaria y que le hubiera permitido abonar la misma antes de la solicitud, evitando la invocación de la circunstancia que impide la exoneración.

Obviamente nos inclinamos por esta última posición, entendiendo que el interés público quedará salvaguardado en todo caso por el abono de la citada responsabilidad.

IV. LA INFRACCIÓN DE SEGURIDAD SOCIAL DEBE SER MUY GRAVE O DE CUALQUIER TIPO

Otro de los problemas con el que nos encontramos a la vista de la redacción del art. 492.1.2 es si las infracciones de seguridad social o del orden social deben también ser muy graves, al igual que las infracciones tributarias, para considerar que se da la circunstancia que impide la exoneración, o basta que sean de cualquier tipo, graves o leves, para que se tome en consideración la misma, dejando solo para las infracciones tributarias la diferenciación entre muy graves o graves que el citado artículo refiere en sus párrafos primero y segundo.

Y la respuesta es importante por un lado para decidir si cualquier infracción grave o leve de seguridad social ya excluye la aplicación del artículo, por un lado, o en otro caso si una infracción de seguridad social grave tiene que ser superior a los 5000 euros que el párrafo segundo establece como límite a partir del cual se da la circunstancia impeditiva de la exoneración.

Nos inclinamos por entender que la necesidad de considerar que la sanción sea muy grave debe englobar tanto a las sanciones tributarias como de seguridad social, pues al tratarse de un derecho, hemos de considerar que existe una presunción de buena fe del solicitante y que existiendo varias interpretaciones posibles del precepto, debe elegirse la más favorable al ejercicio de dicho derecho, y por otro lado, no existe en la exposición de motivos de la ley 16/22 una justificación de trato diferente a ambos tipos de sanciones. El último motivo para que optemos por esta opción es que el párrafo segundo del art. 487.2 ª al referirse a infracciones graves, no distingue entre sanciones tributarias y de seguridad social, lo que nos obliga a pensar que se aplicará a ambas. A favor de esta postura citamos la **Sentencia de la Audiencia Provincial de Palma de Mallorca de 19 de noviembre de 2024.**

V. LA DERIVACIÓN DE RESPONSABILIDAD

La derivación de responsabilidad está siendo uno de los principales escollos, y el más utilizado por la AEAT y la TGSS para oponerse a la exoneración del pasivo insatisfecho del deudor. Sobre este punto se plantean varios problemas que merecen ser objeto de examen.

El primer aspecto que se ha planeado es si en referencia a la derivación de responsabilidad es necesario hacer la misma distinción que se ha realizado entre **infracciones muy graves, graves o leves** que las infracciones tributarias. La respuesta dada por la jurisprudencia en este caso sí que es casi unánime, considerando en este punto que la redacción es clara, no exigiendo que la derivación de responsabilidad proceda de una infracción muy grave, pues se trata de dos supuestos distintos, por un lado la existencia de infracciones tributarias muy graves, y por otro la derivación de responsabilidad, siendo que uso de la conjunción "o" así lo denota. Así se expresa entre otras la **sentencia de la Audiencia Provincial de Barcelona de 12 de diciembre de 2024.**

El segundo punto a destacar es que la **derivación de responsabilidad debe ser firme,** y así debe ser interpretado, y este aspecto debe ser diferenciado de la definitiva. En este aspecto se pronuncia la **Sentencia de la Audiencia Provincial de Pontevedra de 14 de oc-**

tubre de 2024, que sobre tal extremo afirma que no cabe confundir carácter firme con ejecutividad, ni es posible hablar de firmeza en vía administrativa, en expresión no empleada por la norma y sin que resulten dables interpretaciones particularmente restrictivas con el derecho del deudor. Hay que destacar que no podemos considerar que la resolución administrativa es firme desde que pone fin a la vía administrativa, con independencia de que pueda interponerse frente a dicha resolución un recurso en vía contencioso administrativa, considerando que lo relevante es la firmeza administrativa, de manera, que con cita en la STS, Sala 3ª, núm, 129/2021, que de forma expresa establece la diferencia entre resolución administrativa definitiva y firme, entendiendo que la firmeza no puede predicarse de la resolución que está pendiente un proceso jurisdiccional contencioso administrativo.

También es procedente resaltar que la firmeza de dicha resolución debe ser acreditada por la propia entidad que lo invoca, en virtud de la carga de la prueba que el art. 217 LEC establece, pues en otro caso, como afirma la **Sentencia del Juzgado de lo Mercantil nº 2 de Granada de 13 de enero de 2025**, habida cuenta de que la exoneración del pasivo insatisfecho se trata de un derecho, y que debe concederse salvo que concurra un supuesto de ausencia de buena fe, es el oponente el que debe alegar y acreditar los supuestos previstos en el art. 487 TRLC, lo que en este caso ocurre ante la falta de la acreditación de la notificación de la sanción a la concursada, y la no proposición de prueba en tal sentido, lo que hubiera trasladado a esta la carga de acreditar la falta de firmeza de la resolución sancionadora por haber interpuesto algún tipo de recurso. Pero no acreditándose su notificación, no cabe considerar que la citada resolución fuera firme.

VI. LA DERIVACIÓN DE RESPONSABILIDAD Y EL COMPORTAMIENTO DESHONESTO A LA LUZ DE LA SENTENCIA DEL TJUE

La evolución del concepto de buena fe y su adecuación a la directiva europea también ha sido objeto de examen en distintas resoluciones, incluso antes del dictado de la STJU de 7 de noviembre de

2024, y las consideraciones que sobre la buena fe en estas situaciones se refieren en la misma.

La primera Sentencia relevante que se aparta de la interpretación literal del artículo es la Sentencia del **Juzgado de lo Mercantil de Palma de Mallorca de fecha 20 de mayo de 2024.** El Juzgado trata el asunto de una derivación de responsabilidad por una infracción leve, y refiere que "*No toda derivación de responsabilidad debe interpretarse como un acto de mala fe del deudor del mismo modo que no todo delito de contenido patrimonial debe ser un impedimento para la obtención de la exoneración. Es crucial que la conducta del deudor tenga cierta gravedad o relevancia, y que exista una relación directa con la generación o agravación de la insolvencia, o con el desvalor que la conducta pueda haber generado en el mercado.*

Una correcta interpretación del concepto de "buena fe" es fundamental para que cualquier persona que realmente lo merezca pueda acogerse a la Segunda Oportunidad. La mera existencia de un acuerdo firme de derivación de responsabilidad por infracción leve, que no está intrínsecamente relacionado con la "buena fe" en los términos de la Directiva Europea 2019/1023, no debe dar lugar a interpretación inflexibles y automatismos que impidan alcanzar el objetivo de la norma.

Esta resolución está confirmada por la **SAP de PALMA DE MALLORCA DE 6 DE MARZO DE 2025.**

En el mismo sentido se pronuncia la **Sentencia del Juzgado de lo Mercantil de Vitoria de fecha 22 de marzo de 2024,** "*Considero que puede aplicarse una interpretación correctora del art. 487.1.2º TRLC y entender que las conductas de derivación de responsabilidad tributaria y de seguridad social que no tienen una base fraudulenta no deben excluir el acceso al mecanismo de exoneración, sobre todo cuando los acreedores afectados por la conducta tienen una protección reforzada que somete la exoneración del crédito al límite cuantitativo del art. 489.1.5º TRLC. Es ciertamente difícil mantener a mi juicio, con la amplitud que presenta el régimen actual para deudores que no han pasado por un fracaso empresarial que derive en deudas públicas sino meramente privadas, que la derivación de responsabilidad por incumplimientos de una mercantil administrada años atrás, sea una conducta cualificada que excluya la buena fe del deudor y conlleve la total denegación de la exoneración. Obsérvese que la concursada no plantea una total exoneración del pasivo público, sino que se somete al límite del art. 489.1.5º TRLC, con lo que la deuda pública total de laque resultará exonerada asciende a menos del 5%*

de las cantidades totales adeudadas por el crédito público y por el contrario la estricta aplicación del art. 487.1.2º TRLC sin ningún tipo de ponderación, le privará del acceso total a la exoneración y con ello de los créditos privados"

"Es ciertamente difícil mantener, a mi juicio, con la amplitud que presenta el régimen actual para deudores que no han pasado por un fracaso empresarial que derive en deudas públicas sino meramente privadas, que la derivación de responsabilidad por incumplimientos de una mercantil administrada años atrás, sea una conducta cualificada que excluya la buena fe del deudor y conlleve la total denegación de la exoneración."

Esta resolución está confirmada por la **SAP de ALAVA DE 5 DE NOVIEMBRE DE 2024**

Posteriormente la **Sentencia del Juzgado de lo Mercantil nº 2 de Pamplona de 5 de noviembre de 2024** que refiere que "*Una correcta interpretación del concepto de "buena fe" es fundamental para que cualquier persona que realmente lo merezca pueda acogerse a la Segunda Oportunidad. La mera existencia de un acuerdo firme de derivación de responsabilidad por infracción leve, que no está intrínsecamente relacionado con la "buena fe" en los términos de la Directiva Europea 2019/1023, no debe dar lugar a interpretación inflexibles y automatismos que impidan alcanzar el objetivo de la norma*".

La anterior doctrina es trasladable, con más razón, al caso de autos en el que, como se ha indicado, la derivación de responsabilidad ni siquiera parte de la comisión de una infracción, sino de deudas contraídas por una sociedad con la SS de las que el concursado era administrador. Nótese, a título meramente ilustrativo, que si dicho débito público hubiera sido originado directamente por el concursado en lugar de por la sociedad no se estaría invocando dicha causa por la TGSS. En este punto, este Juzgador entiende que no se ha acreditado la ausencia de buena fe en el concursado que impide acceder a la exoneración. La dicción literal del art. 487.1. 2º TRLC refleja que el acuerdo firme de derivación de responsabilidad se relaciona con la comisión de infracciones muy graves y dicho texto ha de ser interpretado restrictivamente en tanto que obstáculo para acceder a la exoneración."

En el mismo sentido se dictó en fecha **23 de septiembre de 2024 Sentencia por la Audiencia Provincial de BADAJOZ** que sobre el particular expone que:

"Existen numerosas causas de derivación de responsabilidad a los administradores por las deudas de una sociedad y son muy heterogéneas y, sin embargo sorprendentemente el legislador no discrimina entre ellas, cuando resulta que no todas esas causas son reveladoras de un comportamiento de mala fe. De hecho las causas más comunes de derivación tienen que ver o con la falta de liquidación ordenada de la sociedad o con no haber declarado, en su momento, el concurso de la sociedad.

Por ello no implica un comportamiento de mala fe, porque una liquidación ordenada, previsiblemente, no hubiera evitado el impago de crédito público; y porque la falta de liquidación ordenada tiene mucho que ver con los costes de esa liquidación, pero no con una falta de voluntad del administrador de no liquidar la ordenadamente.

Por tanto, puede decirse que lo que se castiga, en el fondo; es la insolvencia del deudor arruinado.

En conclusión el Juez del concurso debe poder examinar esas cuestiones para determinar si, raíz de esa derivación de responsabilidad, realmente concurrió, o no, mala fe del deudor ello permite hablar de que los privilegios que el legislador concede al acreedor público son claramente desproporcionados e injustos……

Por otro lado, la derivación de responsabilidad tributaria obedece a diferentes causas sin que exista una justificación única. Así, los artículos 42 y 43 de la Ley General Tributaria recogen un conjunto de deudas de muy diferente naturaleza, cuyo elemento común es que se trata de deudas en las que el obligado principal es tercero. De ahí que, con carácter general la derivación de responsabilidad, al amparo del Art. 43.1.a) de la LGT difícilmente puede ser asimilada con la mala fe que recoge el Art. 23.2 de la Directiva.

De ahí, en fin, que puede decirse que el Art. 487.1.2º no pretende delimitar el concepto de buena fe empresarial, sino forzar a los administradores de las Sociedades mercantiles que no han podido cumplir con sus obligaciones tributarias a abonar tales responsabilidades.

En conclusión el Juez nacional debe poder valorar las circunstancias del nacimiento de la deuda dado el concepto de buena fe en el Derecho general (concepto valorativo).

Aplicando esas consideraciones al supuesto enjuiciado, podemos decir que no se ha desvirtuado la buena fe del deudor y por tanto que concurre el presupuesto esencial para acceder a la exoneración del pasivo insatisfecho que solicitó en escrito de 20/4/2023.

En definitiva, presumiéndose de la buena fe del deudor, correspondía a la AEAT y a la TGSS desvirtuar esa presunción, acreditando la causa de la derivación."

Tras estas resoluciones se ha dictado la **STJUE de 7 de noviembre de 2024, que resolvió las cuestiones prejudiciales planteadas en los siguientes términos** (C-289/22 y C-305/23):

"1) El artículo 23, apartado 2, de la Directiva (UE) 2019/1023 del Parlamento Europeo y del Consejo, de 20 de junio de 2019, sobre marcos de reestructuración preventiva, exoneración de deudas e inhabilitaciones, y sobre medidas para aumentar la eficiencia de los procedimientos de reestructuración, insolvencia y exoneración de deudas, y por la que se modifica la Directiva (UE) 2017/1132 (Directiva sobre reestructuración e insolvencia), debe interpretarse en el sentido de que la lista de circunstancias que figura en él no tiene carácter exhaustivo y los Estados miembros están facultados, al transponer dicha Directiva a su Derecho nacional, para establecer disposiciones que restrinjan el acceso al derecho a la exoneración de deudas en mayor medida que conforme a la normativa nacional anterior, denegando o restringiendo el acceso a la exoneración de deudas, revocando la exoneración o estableciendo plazos más largos para la obtención de la plena exoneración de deudas o períodos de inhabilitación más largos en circunstancias distintas de las enumeradas en el referido artículo 23, apartado 2, siempre que esas circunstancias estén bien definidas y tales excepciones estén debidamente justificadas.

2) El artículo 23, apartados 1 y 2, de la Directiva 2019/1023 debe interpretarse en el sentido de que no se opone a una normativa nacional que, al transponer esa Directiva, impone el pago de los créditos públicos no privilegiados a raíz de un procedimiento concursal para poder acogerse a la exoneración de deudas, excluye el acceso a la exoneración de deudas en circunstancias en las que el deudor haya tenido un comportamiento negligente o imprudente, sin haber actuado, no obstante, de forma deshonesta o de mala fe, y excluye el acceso a la exoneración de deudas cuando, en los diez años anteriores a la solicitud de la exoneración, el deudor haya sido sancionado mediante resolución administrativa firme por infracciones tributarias muy graves, de seguridad social o del orden social, o se haya dictado en su contra un acuerdo firme de derivación de responsabi-

lidad, salvo que, en la fecha de presentación de esa solicitud, dicho deudor hubiera satisfecho íntegramente sus deudas tributarias y sociales, siempre que esas excepciones estén debidamente justificadas con arreglo al Derecho nacional.

3) El artículo 23, apartado 2, de la Directiva 2019/1023 debe interpretarse en el sentido de que se opone a una normativa nacional que excluye el acceso a la exoneración de deudas en un supuesto específico, sin que el legislador nacional haya justificado debidamente tal exclusión.

4) El artículo 23, apartado 4, de la Directiva 2019/1023 debe interpretarse en el sentido de que la relación de categorías específicas de créditos que figura en él no tiene carácter exhaustivo y de que los Estados miembros tienen la facultad de excluir de la exoneración de deudas categorías específicas de créditos distintas de las enumeradas en esa disposición, siempre que tal exclusión esté debidamente justificada con arreglo al Derecho nacional.

5) El artículo 23, apartado 4, de la Directiva 2019/1023 debe interpretarse en el sentido de que no se opone a una normativa nacional de transposición que establece una exclusión general de la exoneración de deudas por créditos de Derecho público, basándose en que la satisfacción de estos créditos tiene una especial relevancia para una sociedad justa y solidaria, asentada en el Estado de Derecho, salvo en circunstancias y límites cuantitativos muy restringidos, al margen de la naturaleza de esos créditos y de las circunstancias que los han originado, y que, por consiguiente, restringe el alcance de las disposiciones nacionales sobre exoneración de deudas que eran aplicables a esta categoría de créditos antes de adoptarse tal normativa, siempre que esta exclusión esté debidamente justificada con arreglo al Derecho nacional.

6) El artículo 23, apartado 4, de la Directiva 2019/1023 debe interpretarse en el sentido de que no se opone a una normativa nacional que establece una regla general de exclusión de la exoneración de deudas por créditos de Derecho público, en la medida en que concede un trato privilegiado a los acreedores públicos con respecto a los demás acreedores, siempre que tal exclusión esté debidamente justificada con arreglo al Derecho nacional.

7) El artículo 23, apartado 4, de la Directiva 2019/1023 debe interpretarse en el sentido de que no se opone a una normativa nacional que contempla una limitación de la exoneración de deudas para una categoría específica de créditos mediante el establecimiento de un tope por encima del cual queda excluida esa exoneración, sin que ese tope se fije en función del importe de la deuda en cuestión, siempre que tal limitación esté debidamente justificada con arreglo al Derecho nacional.

8) La Directiva 2019/1023 debe interpretarse en el sentido de que, cuando un legislador nacional decide ejercer la facultad regulada en el artículo 1, apartado 4, de dicha Directiva y extiende la aplicación de los procedimientos que permiten la exoneración de las deudas contraídas por empresarios insolventes a las personas físicas insolventes que no sean empresarios, las normas que devienen aplicables a esas personas físicas en virtud de tal extensión deben ajustarse a las disposiciones del título III de la citada Directiva.".

Los argumentos sobre los que se soporta la Decisión abordan el principio de proporcionalidad, en síntesis, los siguientes:

1) Los Estados miembros deben ejercer sus competencias respetando el principio de proporcionalidad, lo que implica que las medidas nacionales no deben exceder los límites de lo que es apropiado y necesario para lograr los objetivos legítimamente perseguidos.

2) Las medidas que restrinjan el acceso a la exoneración de deudas deben ser necesarias y apropiadas para alcanzar los objetivos que se buscan, lo que implica que no se pueden imponer restricciones excesivas que impidan que los empresarios insolventes tengan acceso a un procedimiento que pueda desembocar en la plena exoneración de sus deudas.

3) Aunque la Directiva permite a los Estados miembros establecer excepciones a la exoneración de deudas, estas excepciones deben estar debidamente justificadas y deben respetar el principio de proporcionalidad, no pudiendo realizar una exclusión general sin considerar la situación individual del deudor y la proporcionalidad de la medida.

4) Se aclara que una exclusión general de la exoneración de deudas de derecho público, basada en la especial relevancia de la satisfacción de estos créditos para una sociedad justa, puede ser admisible

siempre y cuando esté debidamente justificada y respete el principio de proporcionalidad.

5) En cuanto a la limitación de la exoneración de deudas mediante el establecimiento de un tope, se indica que este tope no necesariamente debe fijarse en función del importe de la deuda, pero la limitación debe estar debidamente justificada con arreglo al Derecho nacional, hallándose la clave en que la limitación no ponga en cuestión los objetivos de la Directiva, que es asegurar que los empresarios insolventes puedan acceder a la exoneración.

6) En cuanto a la situación individual del empresario, los Estados miembros que supeditan la exoneración de deudas a un reembolso parcial deben garantizar que esta obligación se base en la situación individual del empresario, debiendo el reembolso ser proporcional a los activos y la renta embargables del empresario durante el plazo de exoneración y tener en cuenta el interés equitativo de los acreedores.

7) Corresponde al órgano jurisdiccional nacional evaluar si las justificaciones ofrecidas para las excepciones a la exoneración son adecuadas y si respetan el principio de proporcionalidad, teniendo en cuenta la obligación de garantizar el acceso a la exoneración de deudas para empresarios insolventes.

En atención a lo expuesto, si bien es cierto que el TJUE considera que el sistema de exoneración español, en lo que refiere a las cuestiones planteadas se ajusta a la Directiva 2019/1023, más cierto que se desprende que la valoración de la proporcionalidad en el contexto de la exoneración de deudas exige que las restricciones impuestas por los Estados miembros no sean excesivas ni arbitrarias, sino que estén justificadas por un interés público legítimo y sean proporcionales a la situación del deudor y al objetivo perseguido, es decir, las medidas nacionales deben encontrar un equilibrio entre la necesidad de proteger los intereses de los acreedores y el derecho de los deudores a la exoneración de sus deudas, con el objetivo de facilitar la reincorporación de los deudores a la actividad económica. Ello supone que la excepciones del Art. 487 TRLC deben de valorarse su proporcionalidad en cada caso individual.

"En atención a lo expuesto, si bien es cierto que el TJUE considera que el sistema de exoneración español, en lo que refiere a las cuestiones planteadas se ajusta a la Directiva 2019/1023, más cierto que se desprende que la valoración de la proporcionalidad en el contexto de la exoneración de deudas exige que las restricciones impuestas por los Estados miembros no sean excesivas ni arbitrarias, sino que estén justificadas por un interés público legítimo y sean proporcionales a la situación del deudor y al objetivo perseguido, es decir, las medidas nacionales deben encontrar un equilibrio entre la necesidad de proteger los intereses de los acreedores y el derecho de los deudores a la exoneración de sus deudas, con el objetivo de facilitar la reincorporación de los deudores a la actividad económica. Ello supone que la excepciones del Art. 487 TRLC deben de valorarse su proporcionalidad en cada caso individual.

Esta Sentencia ha sido interpretada por la ya muy conocida Sentencia del **Juzgado de lo Mercantil de Córdoba de 29 de noviembre de 2024**, que aunque asume los criterios establecidos anteriormente de la Sentencia dictada por el Tribunal de justicia de la Unión europea, recuerda que, *los motivos de esas excepciones deben deducirse del Derecho nacional o del procedimiento que llevó a su adopción y deben perseguir un interés público legítimo, y que este extremo le corresponde ser apreciado al órgano jurisdiccional, de modo que el Derecho nacional debe permitir identificar el motivo legítimo de interés público que justifica, en esas circunstancias bien definidas, la exclusión de la exoneración de deudas.*

Continúa diciendo que el legislador español en el preámbulo de la Ley 16/2022 —cuyo objeto es garantizar la transposición de la Directiva sobre reestructuración e insolvencia al Derecho español—, expuso los motivos que le llevaron a establecer excepciones a la exoneración de deudas. Allí se indica, en particular, que un deudor que satisfaga el estándar de buena fe puede acogerse a la exoneración de todas sus deudas, salvo aquellas que, de forma excepcional y por su especial naturaleza, se consideran legalmente no exonerables. Estas excepciones se basan, en particular, en la especial relevancia de la satisfacción de determinadas deudas para una sociedad justa y solidaria, asentada en el Estado de Derecho. Entre esas deudas figuran las de Derecho público. De ese modo, la exoneración de estas últimas deudas queda sujeta a ciertos límites y solo puede producirse en la primera exoneración del pasivo insatisfecho, no en las sucesivas.

Corresponde al órgano jurisdiccional remitente apreciar, por un lado, si los referidos motivos constituyen motivos legítimos de interés público y, por otro lado, si de la normativa nacional se desprende que esos motivos justificaron la exclusión de una exoneración de deudas en circunstancias bien definidas, como las que enuncia el artículo 487, apartado 1, punto 2, del TRLC."

De nuevo aquí se reitera que es el juez nacional el que debe fiscalizar la aplicabilidad de la norma nacional, pues es el juez nacional el que decide si hay justificación debida, bien definida y si existen motivos de interés público que habiliten la aplicabilidad de la excepción que no es otra que las distintas limitaciones y excepciones de exonerabilidad que dispone la norma española.

Así pues, en la medida en que el órgano jurisdiccional remitente considere que la exclusión de la exoneración de deudas en las circunstancias definidas en el artículo 487, apartado 1, punto 2, del TRLC está justificada por el legislador nacional en aras de un interés público legítimo, le corresponderá apreciar, a la luz del referido principio, si ese interés justifica, en particular, que esta exigencia se aplique a esas deudas en los diez años anteriores a la solicitud de la exoneración y que no pueda tenerse en cuenta un posible retraso en la adopción del acuerdo de derivación de responsabilidad.

Con esta base considera que la sanción es desproporcionada y no aplica la circunstancia invocada.

Con posterioridad se ha dictado también Sentencia por el **Juzgado de lo Mercantil nº 2 de Valencia de fecha 4 de febrero de 2025** que concede al exoneración a pesar de existencia de una causa del art. 487.1.2. Refiere tal resolución que, afirmando que "*hay que poner relieve es el hecho de que, como indica el TJUE, la exclusión de determinados créditos "debe de estar justificada por el legislador nacional en aras de un interés público legítimo" (Considerando 51) que se justifica en el funcionamiento del Estado y el mantenimiento de una sociedad justa y solidaria basada en el estado de derecho; y en análisis de la proporcionalidad debe de realizarse en el caso concreto, con independencia de que se considera ajustada la exclusión del crédito tributario y de seguridad social (Considerando 71). En ese caso se considera que el deudor desconocía la derivación, que la deuda no era muy relevante y que, evaluando la proporcionalidad en el caso concreto, teniendo en cuenta las circunstancias que han dado lugar a la derivación, dos años después del cese del cargo; el importe de la misma (4.873,39€); del desconocimiento de la misma por el propio deudor hasta la oposición a la exoneración, y también por la propia TGSSoc, la cual no reconoció dichas deudas 5 meses antes de la presentación de concurso; unido a la finalidad de la exclusión de del Art. 487-1-2º TRLC es la de proteger el interés público traducido como el funcionamiento del Estado y el mantenimiento de una sociedad justa y soli-*

daria basada en el estado de derecho, el desincentivo del fraude y la equidad entre acreedores y deudores; a la vista del escaso importe objeto de derivación, se considera desproporcionada en el presente caso la excepción del Art. 487-1-2º TRLC en cuanto a la consideración del deudor como de mala fe, y por tanto la resolución de derivación en este caso no supone una excepción a la exoneración."

En el mismo sentido y analizando derivaciones de responsabilidad que se generaron en referencia a deudas de sociedades de las que el deudor era administrador en un plazo superior a los diez años establecidos en el art. 487.1.2 y en donde la derivación de responsabilidad se ha producido ya dentro de dicho plazo podemos citar dos resoluciones que consideran que ello no supera el criterio de proporcionalidad que el TJUE establece y que es apreciado en cada caso por el Juzgador nacional.

La primera es la del Juzgado de lo Mercantil nº 1 de Barcelona que en resolución de 18 de febrero de 2025 que procede entrar a valorar si ese interés público legítimo al que alude el TJUE en relación a la normativa legal estatal —que la satisfacción de estos créditos tiene una especial relevancia para una sociedad justa y solidaria interés social— justifica que esta exigencia se aplique a esas deudas en los diez años anteriores a la solicitud de la exoneración y que no pueda tenerse en cuenta un posible retraso en la adopción del acuerdo de derivación de responsabilidad. Y a la vista de las circunstancias considera que en todo caso no era posible la satisfacción de dicha deuda, puesto que se trataba de un concurso sin masa de una persona que difícilmente tendrá expectativa de cubrir dicha deuda incumpliéndose además la obligación de velar por que los empresarios insolventes tengan acceso al menos a un procedimiento que pueda desembocar en la plena exoneración de deudas y que por ello entiende que el interés público legítimo no justifica que esta exigencia se aplique a esas deudas en los diez años anteriores a la solicitud de la exoneración, por lo que procederá entrar a valorar el retraso en la adopción del acuerdo de derivación de responsabilidad.

En ese caso el acuerdo firme de derivación de responsabilidad se acordó cuando ya habían transcurrido más de 4 años desde el momento en que se produjo el presupuesto que da lugar tal responsabilidad solidaria, y que impide el acceso a una persona física a un procedimiento que pueda desembocar en la plena exoneración de deudas y lo hace de forma rígida y con automatismos, con una patente falta de transparencia informativa habitual en los procedimientos administrativos pero que no debería permear de forma automática el procedimiento judicial que está inspirado en el principio a la tutela judicial efectiva y que inspira los principios procesales de buena fe procesal, de igualdad ante la ley (principio de contradicción y de igualdad de armas) y transparencia; y es que la automaticidad puede llevarnos a situaciones injustas que condenen a personas especialmente vulnerables a una situación de condena de pobreza perpetúa que es, precisamente, lo que se pretende evitar con el instrumento de exoneración de pasivo insatisfecho y lo que quiebra, en definitiva, el derecho de proporcionalidad.

La segunda resolución es la del Juzgado de lo Mercantil de Logroño de fecha 5 de marzo de 2025, que con los mismos presupuestos refiere que existe un acuerdo de derivación de responsabilidad cuya firmeza se produce en fecha 6 de junio de 2016, por una suma no abonada por la sociedad de la que era administrador en el año 2009, apreciando en dicho caso que la derivación de responsabilidad ha sido adoptada con un retraso no justificado por parte del órgano impugnante, que no ha realizado actuación alguna para justificar la causa de porque hasta el año 2016 no se le deriva la deuda generada por la sociedad de la que era administrador en el año 2009, siete años después, máxime cuando recientes resoluciones del Tribunal supremo y del TEAC están limitando las opciones para exigir a las administraciones públicas a los administradores sociales las deudas que las sociedades hayan dejado impagadas, de modo que no queden al arbitrio de las mismas, concediendo seguridad jurídica a estos. En caso de haber actuado con diligencia el organismo público lo lógico es que la citada derivación de responsabilidad se hubiera producido en un periodo anterior al periodo establecido en el art. 487,1.2 TRLC. La superación del periodo de derivación de responsabilidad de 10 años, por deudas generadas hace más de 15 años, hace que la resolución considere que excede del periodo y de la justificación razonable que la directiva establece para garantizar un procedimiento de exoneración de deudas para los empresarios y el logro de una segunda oportunidad para estos, dejando al arbitrio de la administración correspondiente la decisión de dilatar la derivación de responsabilidad para evitar en su caso el acceso del empresario a una exoneración de sus deudas.

Se concluye en dichas resoluciones que no es proporcional dejar al arbitrio de la administración el periodo de inicio de la reclamación o por lo menos que la misma no haya justificado la causa de porque la derivación de responsabilidad se ha acordado en referencia al deudor siete años después del impago de la deuda por la sociedad que este administraba. Es en estas situaciones cuando la valoración de la proporcionalidad de la medida, tal y como indica el TJUE en su Sentencia de 7 de noviembre adquiere más relevancia, y aquí no se ha realizado justificación alguna por la actora incidental sobre tal extremo, es por ello que no se considera supera el control de proporcionalidad y no se aprecia la concurrencia de la circunstancia del art. 487.1.2 TRLC.

Aún podemos citar una última resolución, más reciente del **Juzgado de lo Mercantil nº 1 de Valladolid de 10 de abril de 2025** en el caso de una derivación de responsabilidad originada no por la comisión de una infracción, sino de deudas contraídas por un grupo de empresas con la Seguridad social, de las que fue declarada responsable solidaria la concursada, recordando que las restricciones de acceso a la exoneración deben ser siempre concebidas en términos restrictivos y concentrarse en aquellas conductas "deshonestas" a cargo de los concursados que refuercen la desconfianza del mercado hacia su conducta, siendo que contradice la lógica que los mismos hechos (adeudo a la SS) puedan erigirse en algunos casos como obstáculo para la exoneración (cuando dichas deudas se imputan al concursado en virtud de un acuerdo firme de derivación de responsabilidad) y en otros en simplemente una deuda exonerable parcialmente (como sería el caso de que la deuda originariamente hubiera sido contraída no por la sociedad sino por el concursado persona física).

Sirvan estas resoluciones como ejemplos de posturas que discrepan de la aplicación literal del artículo y que consideran que cualquier tipo de derivación de responsabilidad en el plazo legalmente marcado es suficiente para que concurra la circunstancia impeditiva del art. 487.1.2 TRLC, tal y como refieren y explican, por citar algunas Audiencias las Sentencias de la **Audiencia Provincial de Cantabria de fecha 16 de enero de 2025** y la **Audiencia Provincial de Barcelona, sección 15, de 23 de enero de 2025,** ambas ya dictadas tras la Sentencia del TJUE y que consideran la redacción del citado artículo acorde con la Directiva.

14. APUNTES SOBRE EL PROCEDIMIENTO ESPECIAL DE MICROEMPRESAS

JOSÉ LUIS FORTEA GORBE
Magistrado-Juez de lo Mercantil núm. 3 de Valencia
Especialista en los asuntos propios de los órganos de lo mercantil

I. INTRODUCCIÓN: LAS OPCIONES DEL PROCEDIMIENTO ESPECIAL DE MICROEMPRESAS: CONTINUACIÓN O LIQUIDACIÓN

Como punto de partida, hay que resaltar la naturaleza concursal del procedimiento especial de microempresas, aunque su nombre lleve a confusión. A mi entender, se trata de un procedimiento inserto en el TRLC, no en el TRLSC, por lo que es netamente concursal.

Si lo anterior no fuera suficiente, su naturaleza concursal se evidencia si cabe mayormente, al exigirse como presupuesto objetivo la insolvencia del deudor, actual, inminente o probabilidad de insolvencia (art. 686 TRLC). Dándose el deber de solicitarlo en el término de dos meses de conocer su estado de insolvencia actual, que se presume cuando concurren las circunstancias de insolvencia cualificada (art. 2.4 TRLC).

El procedimiento especial de microempresas es una novedad en nuestro ordenamiento concursal tras su implantación por la Ley 16/2022, de 5 de septiembre, pues en modo alguno se exigía por la transposición de la Directiva (UE) 2019/1023; sin que se pueda justificar —aunque así se haga— por su encuadre dentro de su "tercer pilar" sobre mejora de la eficiencia de los procedimientos concursales, en línea con los objetivos de eficacia y reducción de la duración de los procesos (Título IV, arts. 25 a 28).

Es un procedimiento especial de microempresas es un procedimiento de insolvencia único, exclusivo y excluyente en relación a los deudores de su ámbito objetivo, y encauza tanto situaciones concursales —insolvencia actual e inminente— como preconcursales —probabilidad de insolvencia—.

Y es posible realizar comunicación previa de negociaciones.

Además, el plan de continuación conecta en ciertos aspectos con la reestructuración (trato paritario e interés superior de los acreedores, arrastres, regla de la prioridad absoluta, viabilidad...), y admite la aplicación supletoria del Libro II (art. 689.1).

Por lo que no cabe duda de su naturaleza netamente concursal, alejada de toda preconcursalidad, o de su concepción como procedimiento societario.

Es más, desde un primer momento ha de optarse por la solución conveniada, o por la liquidatoria; salvo que se vea uno forzado a instar la liquidación, sin más opciones, como en el supuesto de adeudar más del 85% del pasivo a los acreedores públicos que al resto de acreedores financieros y/o comerciales, como dispone el art. 686.4 TRLC.

A continuación, reseñaremos las principales características del procedimiento (arts. 685 a 689 TRLC).

1ª.- Se establece única y exclusivamente para (micro) empresarios, personas naturales o jurídicas, en el marco del art. 685 TRLC: media de menos de 10 trabajadores, volumen de negocio inferior a 700 mil euros, o pasivo inferior a 350 mil euros. Se va a tener que reformar por cambio de los límites en la UE. Lo que ocasiona problemas de aplicación al respecto de los (micro) empresarios persona natural en cese de actividad, con deuda empresarial y de consumo, pues no pueden acogerse al procedimiento especial, ni siquiera al de liquidación, debiendo de optar por el concurso ordinario, que no ofrece las mismas opciones en régimen de continuación, al ser distinto el tratamiento del convenio concursal; o por el concurso sin masa (arts. 37 bis a quinquies TRLC), por la aplicación subsidiaria de las normas del Libro Primero (art. 689.1 TRLC).

2ª.- Es un procedimiento exclusivamente telemático, sin actuaciones presenciales en el Juzgado, y en el que, en ausencia de Administrador concursal o de otro profesional, la relación puede ser exclusiva entre el LAJ, el Juez del concurso y los profesionales que representen y defiendan al deudor concursado. Cabe la posibilidad de dictar resoluciones orales (art. 687 TRLC). La solicitud ha de realizarse en formulario telemático normalizado (arts. 691, 691 bis y 691 TRLC), que se remitirá a la sede judicial electrónica, Notarías, Registro mercantil, y Cámaras de Comercio.

3ª.- Ya en la solicitud hay que optar por el procedimiento de continuación o el de liquidación, ya sea por el deudor, o por otros legitimados (acreedores y/o socios responsables de las deudas de la sociedad); además del supuesto de apertura obligatoria de la liquidación cuando el 85% del pasivo es deuda pública, se establece igualmente la tramitación como procedimiento especial de liquidación cuando se pretenda la venta de la unidad productiva (art. 685.5 TRLC).

La solicitud corresponde formularla al órgano de administración si la microempresa es persona jurídica. Y si se opta por la continuación hay que comunicarlo expresamente a la AEAT y TGSS, con graves consecuencias si no se hace: impide quitas y esperas.

Ahora bien, hay que conceder la posibilidad de subsanación al solicitante (art. 231 LEC), a fin de conjurar la indefensión que puede suponer denegar de plano el acceso a la jurisdicción, incluso en solicitud de comunicación previa de microempresas, tal y como recalca el Auto de la Secc. 9ª de la Ilma. Audiencia Provincial de Valencia, núm. 40/2025, de 6 de mayo.

4ª.- Se limitan los recursos al máximo (art. 687.4 TRLC): únicamente cabe revisión frente a los Decretos del LAJ.

5ª.- Se exige al deudor asistencia letrada y representación por procurador.

6ª.- La presentación de información o documentación inexacta determinará la calificación culpable en los términos del art. 688 TRLC.

7ª.- Los libros primero y segundo se aplican supletoriamente (art. 689.1 TRLC), por lo que debemos preguntarnos si después del 1 de enero de 2023 —fecha de su efectiva entrada en vigor— es opción aceptable el concurso sin masa de microempresas. La respuesta para nosotros es afirmativa, ya que un microempresario sin masa puede/debe acudir al Libro primero, y allí es donde se encuentra regulado el concurso sin masa.

8ª.- Se establecen particularidades también en materia de comunicación de apertura de negociaciones para microempresas (arts. 690 TRLC), que deberá realizarse exclusivamente por medios electrónicos, y en situación de insolvencia actual, inminente o probabilidad de insolvencia, y siempre con la doble finalidad de (1) acordar un plan de continuación, o (2) acordar una liquidación mediante la transmisión de la Unidad Productiva, conforme al régimen general. Además, la suspensión de ejecuciones no podrá afectar en ningún caso al crédito público, aunque sí pueden suspenderse las ejecuciones sobre bienes o derechos necesarios; y la comunicación da una cobertura de 3 meses, transcurridos los cuales hay 5 días para solicitar la apertura del procedimiento especial.

II. TRAMITACIÓN DEL PLAN DE CONTINUACIÓN. EFECTOS DE LA APERTURA (ARTS. 691 QUATER A 693 TRLC)

De una forma muy expresiva se establece la competencia: será la del Juez del concurso que hubiera sido territorialmente competente para conocerlo, de no ser microempresa.

Como en cualquier procedimiento, las solicitudes telemáticas van a reparto y pueden subsanarse (art. 231 LEC), como ya hemos dicho.

En caso de solicitud por acreedor/otro legitimado, ha de notificarse al deudor para que en 5 días: (1) la acepte (continuación o liquidación), y presente el formulario normalizado; (2) rechace la continuación, y solicite el deudor la apertura de liquidación, que se aperturará si concurren los requisitos legales; (3) se rechace la liquidación y solicite el deudor la continuación, que se aperturará si concurren los requisitos legales, 4) el deudor se oponga al no encontrarse en insolvencia actual, que deberá alegar y probar en otros 5 días si solicita ampliación de plazo.

El juez puede convocar a vista telemática en cinco días, para resolver conforme a los criterios del párrafo segundo del ordinal 4º del art. 691 quinquies apartado 1. Resolverá por auto al final de la vista o en los 3 días siguientes.

La apertura del procedimiento es mediante auto, tras la admisión a trámite de la solicitud, o de la vista. Debe comunicarse por el deudor y a los acreedores, al cónyuge del deudor, o por el acreedor/socio responsable al resto de acreedores y/deudor/cónyuge del deudor

Puede plantearse declinatoria por falta de competencia internacional o territorial. Y debe inscribirse en los registros de personas y bienes.

Es posible la conversión del procedimiento de continuación en uno de liquidación si lo solicitan el deudor en su solicitud, el 50% de los acreedores, o el 25% en supuesto de cese de actividad, siempre por formulario normalizado.

Cabe oposición del deudor a la conversión, que se resolverá por auto tras vista telemática (art. 693 TRLC 2022). El juez rechazará si no se dan esos porcentajes, o se demuestra objetivamente la posibilidad de continuación.

Como efectos generales de la apertura del procedimiento especial, pueden reseñarse los siguientes:

1º.- Desde la apertura y hasta la conclusión, el deudor mantiene las facultades de administración y disposición, con limitación a los actos de disposiciones relacionados con la actividad. Puede acordarse la suspensión de facultades si hay Administración concursal.

2º.- Salvo fraude, no cabe rescindir las compensaciones de créditos realizadas en cuenta corriente o contrato de financiación en los tres meses anteriores al inicio del procedimiento.

3º.- Se paralizan las ejecuciones, salvo las de garantías reales, aunque sí se solicita por el deudor de afectar a bienes necesarios para la actividad.

4º.- No se suspenden las ejecuciones de los créditos que no se vean afectados por el plan de continuación

5º.- No se suspenden las ejecuciones de créditos públicos privilegiados, ni los laborales por cuotas de seguridad social (contingencias comunes y profesionales y cuota del trabajador por contingencias comunes, accidentes o enfermedad).

6º.- La afectación de contratos es la misma que la del régimen general.

7º.- Se suspende el deber de acordar la disolución societaria por pérdidas cualificadas.

8º.- No se limita la posibilidad de ejercicio de acciones rescisorias ni de responsabilidad de terceros.

III. PRESENTACIÓN, CONTENIDO, ALEGACIONES, VOTACIÓN, APROBACIÓN Y HOMOLOGACIÓN DEL PLAN DE CONTINUACIÓN. LA VIABILIDAD DEL PLAN DE CONTINUACIÓN

A) Presentación del plan de continuación:

Se realiza o por el deudor o por los acreedores, o los socios responsables de las deudas de la sociedad, dentro de los 10 días hábiles siguientes al auto de apertura del procedimiento especial.

También puede presentarse por el Experto en la reestructuración (art. 704.5 TRLC), de haberse nombrado.

Si no se presenta en plazo, se apertura automáticamente la liquidación, si hay insolvencia actual; si no, cabe oposición, que si se estima, supondrá la conclusión del procedimiento especial.

Se admite a trámite por el LAJ, mediante examen de concurrencia formal de requisitos, que es subsanable. Si no se subsana, se da conversión a liquidación, salvo que no se de insolvencia actual.

Si nada se dice en 3 días, se entiende admitido. Y admitido a trámite, se comunica por el deudor a los acreedores en 3 días, que debe acreditarse. Si no se comunica o se hace fuera de plazo, hay conversión en liquidación, a decretar de oficio por el juez o a instancia de los acreedores.

Si hay varias propuestas de plan de continuación, la primera que se tramita es la del deudor; vemos que aquí el legislador si da solución a los planes competidores, a diferencia de la regulación de los planes de reestructuración, que no ofrece solución legal alguna. En tal sentido, el AJM nº 5 de Madrid, de 10 de abril de 2023, asunto *Single Home*, que resuelve homologar el primero que se presentó, descartando su tramitación conjunta.

B) Contenido del plan de continuación (art. 697 ter TRLC).

El plan de continuación tendrá el siguiente contenido mínimo:

1º. Relación nominal y cuantía de créditos afectados;

2º. Efectos sobre los créditos (tanto quitas como esperas, una combinación, conversión en préstamos participativos, capitalización; y modificaciones del valor nominal acciones o participaciones);

3º. Agrupación de créditos en clases, conformadas por su valor económico, conforme a la graduación de créditos del Libro primero (remisión a los arts. 269 a 284 TRLC); aquí se da similitud con reestructuración, en cuanto a la formación de clases del art. 622 TRLC; pero distinción con art. 623 TRLC, porque no hay remisión a las reglas de pago de los créditos (arts. 429 a 440 TRLC), sino a la graduación de éstos para la agrupación en clases.

4º. Plan de pagos, con cuantías y plazos; no se establecen plazos (duración máxima ni mínima), ni límites a quitas.

5º. Efectos sobre contratos con obligaciones recíprocas pendientes.

6º. Descripción justificada de los medios con los que cumplir la propuesta, incluyendo fuentes de financiación proyectas.

7º. Garantías con que cuente la ejecución del plan.

8º. Medidas de reestructuración operativa, duración de las medidas, flujos de caja estimados, y relación con plan de pagos. La reestructuración operativa se llevará a cabo conforme a sus normas, y sus controversias se suscitarán ante la jurisdicción competente (laboral, civil).

9º. Memoria que explique las condiciones necesarias para el éxito del plan, y las razones por las que ofrece una perspectiva razonable de garantizar la viabilidad de la empresa en el medio plazo.

10º. Las medidas de información y consulta con los trabajadores que conforme a la legislación laboral se hayan adoptado o se vayan a adoptar.

C) Alegaciones al plan de continuación:

Deben realizarse por escrito en 15 días hábiles tras la presentación y comunicación del plan a los acreedores o resto de acreedores y deudor, socio personalmente responsable de las deudas, o experto en la reestructuración, siempre por formulario.

En cuanto a su objeto, pueden versar sobre cualquier aspecto del contenido del plan de continuación.

La no presentación de alegaciones sobre cuantía, características y naturaleza de su crédito supone aceptación tácita e impide la impugnación del plan de continuación.

Se puede solicitar la inclusión del crédito por acreedores no incluidos en la lista o en la propuesta, en los 20 días hábiles tras la apertura del procedimiento de continuación. Siempre por formulario.

D) Votación del plan de continuación.

Tras los anteriores plazos, se apertura plazo de votación por 15 días desde su comunicación, a realizar por formulario, sobre créditos no impugnados; y puede suspenderse por el Juez si hay impugnación de créditos, que se resolverán por el juez tras las alegaciones, mediante auto.

Tras el auto resolutorio de la impugnación, se abre plazo de votación por 15 días, cuyo resultado certificará el LAJ, aprobando provisionalmente el plan, continuando el resto de las actuaciones.

Si no se alcanzan mayorías suficientes, el LAJ certificará el rechazo del plan de continuación.

E) Aprobación (art. 698 TRLC)

1º.- Plan propuesto por los acreedores: debe ser consentido por deudor y/o socios responsables de las deudas sociales. Si el plan afecta a derechos políticos o económicos de los socios, deben aprobarlo conforme a Libro segundo (reestructuración, art. 631, *Decisión de los socios sobre la aprobación del plan*).

2º.- Se entiende que los créditos afectados son los así determinados en el Libro Segundo (reestructuración, arts. 616 y 616 bis TRLC, y apartado 3 del art. 698 TRLC 2022: cualquier crédito, incluso contingentes y sometidos a condición, salvo créditos por alimentos, responsabilidad extracontractual, relaciones laborales distintas a la alta dirección, y parte privilegiada créditos públicos y créditos TGSS por contingencias comunes y profesionales, y cuotas del trabajador).

3º.- El derecho al voto viene determinado por el nominal del crédito, computándose cada crédito por el principal, más los recargos e intereses vencidos.

4º.- El plan debe incluir tratamiento paritario de los créditos en condiciones homogéneas, y ningún crédito mantendrá o recibirá pagos, derechos, acciones o participaciones de valor superior a su importe

5º.- El plan no puede suponer cambio de ley aplicable a créditos públicos, ni de deudor salvo subrogación, modificación o extinción de garantías, conversión del crédito en acciones o participaciones sociales, crédito o préstamo participativo, ni quitas y esperas respecto a créditos TGSS.

6º.- La votación se realizará según división por clases prevista en la propuesta.

7º.- Si el acreedor no vota, se entenderá que ha votado a favor de la aprobación de la propuesta. Diferencia con la reestructuración.

8º.- Arrastre vertical de acreedores (*cross-class cram-down*): el plan se considerará aprobado por una clase de créditos afectados si hubiera votado a favor la mayoría del pasivo correspondiente a esa clase; y si la clase de créditos estuviera formada por créditos con garantía real, la aprobación exige una mayoría de 2/3 del pasivo de esa clase.

9º.- El plan se considerará aprobado cuando haya sido aprobado por todas las clases de créditos o, al menos, por:

- Una mayoría simple de las clases, siempre que al menos una de ellas sea una clase de créditos con privilegio especial o general (regla de la "prioridad absoluta" o "*Absolute Priority Rule*" de los arts. 10.2 y 10.3 de la Directiva UE 2019/1023); o en su defecto por

- Una clase que, de acuerdo con la clasificación de créditos del concurso de acreedores, pueda razonablemente presumirse que hubiese recibido algún pago tras una valoración del deudor como empresa en funcionamiento (regla del "*mejor interés de los acreedores*" del art. 10.2.d) de la Directiva (UE) 2019/1023 *(The best interest of creditors test)* y art. 654.7° TRLC en sede de reestructuración_._ La valoración será realizada por el Experto en la Reestructuración de así considerarlo el juez en la homologación (art. 698 bis.5 TRLC 2022).

Las mayorías han de ser de clases, y no de pasivo, lo que puede permitir que una óptima agrupación por clases permita la aprobación del plan de continuación.

10°.- Se entenderá que la AEAT ha votado a favor del plan de continuación cuando contenga una quinta no superior al 15% del importe de sus créditos ordinarios, salvo que se indique lo contrario por disposición del art. 10.3 LGT.

F) Homologación judicial del plan (art. 698 bis TRLC).

Una vez aprobado, el deudor o los acreedores afectados pueden solicitar su homologación en los diez días siguientes a la emisión de la certificación del LAJ del resultado favorable.

Si no se solicita en plazo, se entiende tácitamente homologado, que puede ser declarada como tal a petición del deudor o cualquier interesado.

No es posible homologar judicial el plan aprobado por voto ausente positivo.

Y es obligatoria la homologación judicial cuando se incluyan créditos públicos.

La solicitud de homologación se realizará mediante formulario. Se dará traslado al deudor y resto de acreedores en su caso, por 15 días hábiles, con posible vista, y resolución por auto, homologando o rechazando la homologación.

El juez puede solicitar un informe de un experto en la reestructuración sobre el valor de la empresa en funcionamiento, cuando lo considere necesario y, obligatoriamente, cuando lo solicite una clase de acreedores que hubiere votado en contra. Se resolverá en 20 días hábiles.

Son siete (7) los requisitos acumulativos para la homologación, y sin los siguientes:

1°. Que el deudor se encuentre en insolvencia actual, inminente o probabilidad de insolvencia, y el plan ofrezca una perspectiva razonable de asegurar la viabilidad de la empresa en el corto y medio plazo.

2°. Que se hayan observado los requisitos procesales y se hayan alcanzado las mayorías necesarias.

3°. Que los créditos dentro de una misma clase sean tratados de forma paritaria.

4°. Que el plan supere la prueba del interés superior de los acreedores, de acuerdo con las reglas del libro segundo (reestructuración, art. 654.7° TRLC 2022).

5°. Que en el caso de que el plan no haya sido aprobado por una clase de acreedores, sea justo y equitativo; y se entenderá que lo es, cuando la clase de los acreedores que haya votado en contra reciba un trato más favorable que cualquier clase de rango inferior, el plan sea imprescindible para asegurar la viabilidad de la empresa y los créditos de los acreedores no se vean perjudicados injustificadamente (requisitos cumulativos).

6°. Cuando se haya concedido o se vaya a conceder financiación al deudor, que sea necesaria para asegurar la viabilidad de la empresa y no perjudique injustificadamente los intereses de los acreedores.

y 7°. Se hayan respetado los requisitos y efectos previstos respecto de los acreedores públicos y el deudor se encuentre al corriente en el pago de deudas tributarias y de seguridad social devengadas surgidas con posterioridad a la solicitud de la apertura del procedimiento especial de continuación.

El auto debe publicarse de inmediato en el Registro público concursal.

G) La viabilidad del plan de continuación.

La viabilidad, como también ocurre en materia de reestructuración, ha de elevarse a la guía para la aprobación del plan de continuación (arts. 697 ter.1. 9° y. 698 bis.6. 1° TRLC), puesto que el éxito del plan se identifica con garantía de la viabilidad de la empresa en el corto y medio plazo

Se exige la presentación de una memoria que explique:

1º.- Las condiciones necesarias para el éxito del plan de "*reestructuración*" (errata), y

2º.- Las razones por las que ofrece una *perspectiva razonable de asegurar la viabilidad de la empresa en el corto y medio plazo* (arts. 697 ter.1. 9º TRLC, y 698 bis.6.1º TRLC), como requisito para la homologación judicial del plan; exigencia que ha de entenderse no desde la exigencia de ofrecimiento de garantías totales o posibilidades reales de éxito, o posibilidades legales de éxito —como sería el alcanzar las mayorías necesarias para su aprobación— sino en el bien entendido de ofrecer las condiciones materiales, financieras, estructurales y/o de negocio exigidas desde la razonabilidad empresarial para procurar el éxito del plan en el corto y medio plazo.

IV. IMPUGNACIÓN DEL AUTO DE HOMOLOGACIÓN

El auto de homologación del plan de continuación puede ser impugnado ante la Audiencia Provincial dentro de los 15 días siguientes a la publicación del auto en el Registro Público Concursal (art. 698 quater TRLC).

La legitimación se ostenta por (1) por los titulares de créditos afectados que hayan votado en contra del plan; y (2) por los acreedores públicos (sin distinción).

La impugnación carece de efectos suspensivos.

Ahora bien, la Ley nada dice del procedimiento de impugnación. Es de suponer que se aplicará el previsto para la impugnación de los planes de reestructuración (arts. 653 y ss. TRLC), de posible aplicación supletoria por lo dispuesto en el art. 689.1 TRLC.

V. PROTECCIÓN DE LA FINANCIACIÓN INTERINA Y LA NUEVA FINANCIACIÓN

Al igual que en los planes de reestructuración, se protege legalmente la financiación interina y la nueva financiación en el art. 698 TRLC 2022, que se protege con el alcance de los arts. 665 a 668 TRLC. Debiéndose entender por una y otra, lo siguiente:

– Financiación interina: la otorgada desde el comienzo de la negociación, y en su ausencia, durante los tres (3) meses anteriores a la declaración del procedimiento especial de continuación. También la concedida con anterioridad, si se aprueba el plan de continuación o se vende la unidad productiva.

– Nueva financiación: la otorgada para la implementación del plan.

VI. VICISITUDES DEL PLAN DE CONTINUACIÓN: CUMPLIMIENTO Y FRUSTRACIÓN DEL PLAN DE CONTINUACIÓN

En la forma más sintética posible, pueden establecerse dos grandes vicisitudes del plan: su cumplimiento o su frustración. Así

1ª.- se considera cumplido cuando, sin necesidad de ulterior trámite, pasados 30 días del plazo del último pago previsto, ningún acreedor hubiera solicitado la declaración de incumplimiento. Se declara por auto, de oficio o a solicitud del deudor.

2º.- son tres (3) las situaciones de frustración:

1ª) Falta de aprobación (por no alcanzarse mayorías necesarias). El juez declarará por auto el mismo día o a los dos días hábiles de la finalización del proceso escrito, la apertura del procedimiento especial de liquidación.

2ª) Rechazo de la homologación judicial; la apertura de la liquidación se acuerda en el mismo auto que la rechace, o cuando se estime el recurso, se realiza por auto al día siguiente a la comunicación de la Sentencia de la Audiencia Provincial.

3ª) Incumplimiento del plan de continuación en sus propios términos.

Para el supuesto de frustración del plan, se establecen las siguientes disposiciones generales.

- El experto en la reestructuración cesa automáticamente tras la apertura de la liquidación.
- Si hay insolvencia actual, la frustración determina la apertura del procedimiento especial de liquidación.

- Puede impugnarse el auto de apertura del procedimiento de liquidación si el deudor no se encuentra en insolvencia actual (5 días hábiles, mediante formulario). Puede convocarse una vista a deudor, acreedores y experto y se resuelve oralmente sobre si procede la apertura de la liquidación o su conclusión.
- En todos los casos de frustración del plan de continuación, si el deudor es persona física, podrá solicitar la exoneración del pasivo insatisfecho conforme al libro primero (plan de pagos o liquidación).

Para la declaración de incumplimiento del plan de continuación se establece un procedimiento específico, con las siguientes particularidades.

- o Legitimación: cualquier acreedor que estime incumplido el plan en relación con su crédito.
- o Plazo: dos (2) meses desde que se produjo.
- o Solicitud: mediante formulario normalizado; es prueba del incumplimiento la falta de pago en tiempo y forma o el incumplimiento de cualquier obligación establecida en el plan a favor del solicitante.
- o Tramitación: recibida la solicitud, el juez puede convocar a vista al deudor y acreedores, dentro de los 10 días hábiles siguientes a la presentación del formulario, y se resolverá oralmente al final de la vista o en los 5 días hábiles siguientes, declarando incumplido el plan y abierto el plan especial de liquidación; o rechazando la solicitud en caso de no probarse el incumplimiento.

Son de aplicación los artículos sobre los efectos de la declaración de incumplimiento y sobre los actos realizados en ejecución del convenio de los arts. 404 y 405 TRLC.

Un supuesto especial de apertura del proceso especial de liquidación es el no encontrarse el deudor al corriente en el cumplimiento de pago de obligaciones tributarias y de seguridad social, devengadas con posterioridad al auto de apertura del procedimiento especial de liquidación.

Tras la frustración del plan puede solicitarse, antes de que se aperture la liquidación, la exoneración del pasivo insatisfecho por el microempresario persona natural, en cualquiera de las formas previstas —plan de pagos o liquidación *formal*— ya que nada precisa el art. 700 TRLC, sino que únicamente se remite al libro primero del TRLC.

Para el deudor microempresario persona natural, el poder exonerarse con sujeción a un plan de pagos, que se tramita por su normativa especial —arts. 495 y ss. TRLC— puede suponer una segunda oportunidad para sacar adelante el frustrado *plan de continuación*, puesto que ahora será aprobado por el Juez (art. 498 TRLC), y no por los acreedores, que podrán impugnarlo, eso sí (art. 498 bis TRLC).

VII. MEDIDAS QUE PUEDEN SOLICITARSE EN EL PROCEDIMIENTO ESPECIAL DE CONTINUACIÓN

Son cuatro las medidas contempladas en la regulación (arts. 701 a 704 TRLC)

1ª.- Solicitud de suspensión de las ejecuciones:

- o Sobre los bienes y derechos necesarios para la actividad empresarial o profesional que deriven de un crédito con garantía real o de un crédito público, con independencia de su inicio anterior y de la condición del crédito o del acreedor.
- o Se hace mediante formulario normalizado, y se acuerda por el LAJ, que lo comunica al acreedor y al juzgado o autoridad ejecutante. Y se mantiene hasta que se compruebe objetivamente que el plan no va a aprobarse, y por plazo máximo de 3 meses, levantándose automáticamente.
- o Puede formularse oposición en 5 días, posterior alegación por 3, y resolución previa celebración de vista (facultativa), por auto, en forma oral.

2ª.- Solicitud de un procedimiento de mediación.

- o Por el deudor o por acreedores que representen el 20% del total del pasivo, en cualquier momento desde la apertura del procedimiento y hasta la finalización de la votación.
- o Objeto: negociación del plan de continuación, y la designación será como la del experto (art. 704 TRLC).

- Plazo: dura 10 días, aunque se puede cerrar antes. Si hay insolvencia actual, ante el cierre prematuro, se puede solicitar por el 20% de los acreedores la apertura de procedimiento especial de liquidación.

Es el último reducto de la mediación concursal.

3ª.- Solicitud de limitación de las facultades de administración o disposición del deudor

- Pueden solicitarlo el/los acreedor/es que titulen un 20% del pasivo total.
- Solicitud por formulario, pero motivada, razonada y justificando los motivos.
- El deudor alegará por 3 días, y resolverá el Juez por auto, en los tres días siguientes.
- El auto estimando o desestimando es recurrible en reposición, previa celebración de vista.
- El auto será inscribible en el RM y en el Libro sobre administración y disposición de bienes inmuebles previsto en la legislación hipotecaria, para su traslado al Índice Central Informatizado

4ª.- Solicitud de nombramiento de un experto en la reestructuración.

- Es posible en cualquier momento del procedimiento, a solicitud del deudor o de los acreedores que representen el 20% del pasivo. Tendrá funciones de intervención. Solicitud por formulario.
- Los acreedores que titulen el 40% del pasivo pueden solicitar (por formulario) el cualquier momento el nombramiento del experto con funciones de administración y disposición del patrimonio si hay insolvencia actual.
- Puede ser rechazada por acreedores que titulen la mayoría del pasivo, salvo que el nombramiento sea necesario para valorar la empresa en funcionamiento o entablar acciones rescisorias o de responsabilidad.

- o El deudor puede oponerse en 5 días, y el juez resolverá sobre si procede nombrar al experto con funciones de sustitución o con meras facultades de intervención.
- o Facultades: 1) propuesta del plan; 2) formular opiniones técnicas sobre formación de voluntad en relación, y funciones de mediación entre deudor y acreedores; 3) todas las demás funciones reconocidas legalmente.
- o Nombramiento: por elección entre el deudor y acreedores que titulen el 50% del pasivo. Si no hay acuerdo, se acude a las normas del Libro segundo (arts. 672-678 TRLC 2022).
- o Retribución: a cargo del solicitante, y se determina por acuerdo entre deudor y acreedores que titulen la mayoría del pasivo; salvo que la solicitud sea de acreedores, y asuman voluntariamente retribución. En caso contrario, por arancel AC.

VIII. EL PROCEDIMIENTO ESPECIAL DE LIQUIDACIÓN PARA MICROEMPRESAS

VIII.1. Ámbito objetivo (art. 685 TRLC)

El ámbito objetivo del procedimiento coincide con el procedimiento de continuación: personas naturales o jurídicas con actividad empresarial, de media de menos de 10 trabajadores año anterior a la solicitud, (en volumen horas a tiempo completo) y volumen anual de cifra de negocio inferior a 700 mil euros o un pasivo inferior a 350 mil euros según últimas cuentas del ejercicio anterior al de la presentación (cálculo sobre base consolidada en grupo de sociedades). Por lo que se siguen manteniendo los problemas interpretativos en cuanto a su aplicación, ante el cese de la actividad del microempresario anterior a la solicitud.

Como ya hemos dicho al inicio de este trabajo, el procedimiento especial de microempresas establece dos itinerarios posibles, como opción (art. 693.1 TRLC): una solución acordada, que combina aspectos del convenio concursal con los de la reestructuración (procedimiento de continuación); o una solución liquidativa del patrimonio del deudor, a través de la venta de la empresa o por medio de la liquidación individualizada de los bienes (procedimiento de liquidación). Y se admite la conversión de un PEM continuación a uno de liquidación (art. 693.2 TRLC).

Centrados en el procedimiento de liquidación, su objetivo fundamental es conseguir una liquidación rápida, sencilla y de bajo coste según la EM de la Ley 16/2022, de 5 de septiembre: se ha concebido y diseñado con la finalidad de dotar a las microempresas de un instrumento sencillo, rápido y flexible, que les permita terminar ordenadamente un proyecto empresarial que, por un motivo u otro, no ha resultado exitoso.

Pero ¿cómo se consigue esa liquidación rápida y sencilla? pues intentando simplificar el procedimiento; así:

1°.- El PEM-Liquidación no se desarrolla en fases, (fase común + liquidación) sino que tras la apertura del procedimiento y durante 20 días, se determina y depura la lista de acreedores, y el inventario; y en paralelo, se elabora el plan de liquidación (que ya no se prevé en la liquidación concursal del Libro I).

2°.- Además, se establece una duración máxima del procedimiento: tres (3) meses (con posibilidad de prórroga por otro (1) mes más). transcurrido ese plazo, concluye el procedimiento, aunque haya activos pendientes de enajenación, o acreedores, pasando la liquidación a la plataforma especial de liquidación.

Con ello además se pretende el abaratar costes, habida cuenta con la intervención mínima de la administración concursal, reducida legalmente a los supuestos imprescindibles (plan liquidación, valoración activos, calificación). Si solicitan las partes su intervención, y su nombramiento, pues asumen su coste, salvo que sea designado por el Juez, en cuyo caso, su retribución será de cuenta del deudor (art. 713.5 TRLC, en la redacción dada por la Ley Orgánica 1/2025, de 2 de enero, de medidas en materia de eficiencia del servicio público de justicia, cn vigor dcsdc cl 3 dc abril dc 2025).

El procedimiento especial de liquidación de microempresas viene regulado en los arts. 705 a 720 TRLC (normas especiales), con normas generales en los arts. 685 a 696 TRLC. Y regulación supletoria del Libro I (art. 689 TRLC).

VIII.2. Normas generales (arts. 685 a 696 TRLC)

- Afecta a todos los bienes del deudor a la fecha de apertura, más los reintegrados y adquiridos, con excepción de los inembargables (art. 685.3 y 192 TRLC).
- Si el deudor está casado, se aplican directamente los arts. 193 a 197 TRLC (cap IV, Tit. I, Libro Primero).
- Se impone la liquidación cuando el 85% de los créditos correspondan a acreedores públicos (no hay opción a plan de continuación, art. 686.4 TRLC).
- Y el procedimiento especial SIN transmisión de la empresa en funcionamiento exige insolvencia actual o inminente si lo solicita el deudor, o actual si lo solicitan los acreedores.
- Es un procedimiento telemático (art. 687 TRLC) en cuanto a comparecencias, declaraciones y vistas; los actos de comunicación son electrónicos, mediante formularios normalizados; establece el dictado de resoluciones orales —sentencias, autos y providencias—; contra los que no cabe recurso alguno, salvo disposición contraria en Libro III y sí revisión frente a Decretos del LAJ, con cómputo particular de plazos (desde traslado grabación o acceso a la misma de la resolución/testimonio sucinto), sin efectos suspensivos, salvo criterio del Juez.
- Se mantiene la representación del deudor por procurador su defensa por letrado.
- Las comunicaciones serán síncronas con AEAT y TGSS y por medio de formularios, mediante sede electrónica.
- Comunicación de apertura de negociaciones para microempresas (arts. 690 TRLC).
  - o Por medios electrónicos, y en situación de insolvencia actual, inminente o probabilidad de insolvencia.
  - o Finalidad: (1) acordar un plan de continuación, o (2) acordar una liquidación mediante la transmisión de la Unidad Productiva, conforme al régimen general.
  - o La suspensión de ejecuciones no podrá afectar en ningún caso al crédito público.

- o Pueden suspenderse las ejecuciones sobre bienes o derechos necesarios,
- o La comunicación da una cobertura de 3 meses, transcurridos los cuales hay 5 días para solicitar la apertura del procedimiento especial.

- • Solicitud de declaración de concurso en formulario telemático normalizado (arts. 691, 691 bis y 691 ter TRLC).
  - o Se remitirá a la sede judicial electrónica, Notarías, Registro mercantil, Cámaras de Comercio
  - o En la solicitud hay que optar por continuación o liquidación, ya sea por el deudor, o por otros legitimados (acreedores y/o socios responsables de las deudas de la sociedad).
  - o Corresponde formularla al órgano de administración si la microempresa es persona jurídica.
  - o Si se opta por la continuación hay que comunicarlo expresamente a la AEAT y TGSS, con graves consecuencias si no se hace: impide quitas y esperas.

VIII.3. Normas especiales (arts. 705 a 720 TRLC)

– Primera.- La apertura del procedimiento especial de liquidación de microempresas: (1°) por deudor, (2°) por acreedores y (3°) de oficio

1°.- A petición del deudor:

- – Desde el inicio, mediante formulario (art. 691.3.4° TRLC)
- – Al oponerse a la solicitud de apertura del procedimiento de continuación presentada por un/los acreedor/es (art. 691 quinquies TRLC).
- – En cualquier momento del procedimiento de continuación (art. 693.1 TRLC).

2°.- A petición del/los acreedor/es u otros legitimados [(socios responsables de deudas sociales) arts. 705.1 en relación con el art. 691 ter TRLC].

- – Desde el inicio, mediante formulario normalizado (art. 691 ter. 2 3° TRLC).

- Durante la tramitación del procedimiento especial de continuación (art. 693 TRLC), interesando su conversión en liquidación, sin justificación (50% del pasivo), con posibilidad de oposición del deudor (posible celebración de vista telemática).

3º.- De oficio, por imperativo legal, debido a la frustración del plan de continuación:

- Por no haberse aprobado, por no haberse homologado o por haberse incumplido (arts. 705.1 y 699 bis TRLC). Siempre que el deudor persona natural no haya solicitado la exoneración del pasivo insatisfecho con sujeción a plan de pagos y sin previa liquidación de la masa activa (art. 486.1º en relación al art. 700 TRLC).
- Por no encontrarse el deudor al corriente de pago** de las obligaciones para con la AEAT y/o TGSS (art. 699 quater TRLC).
- Segunda.- La comunicación de la apertura del procedimiento especial de liquidación.
- La apertura del procedimiento especial de liquidación debe comunicarse a los acreedores (art. 705.3 TRLC) y sujetarse a la misma publicidad registral general (art. 692 bis TRLC), Registro público concursal y Registros de bienes y personas; y comunicarse también al cónyuge del deudor persona casada (art. 692 bis.1 TRLC).
- Tercera.- El sistema abreviado de determinación de la masa.
- En la liquidación se impone una actualización de textos y/o su formación si no ha habido continuación (art. 706.1), pudiéndose modificar e incluir nuevos créditos a petición de los acreedores (art. 706.2) aperturándose trámite de alegaciones de 20 días siguientes a la apertura del procedimiento, con alegaciones del deudor y AC (en su caso, art. 706.3), y con posibilidad de vista telemática en caso de oposición. Se resuelve por el juez en el plazo de quince días desde la apertura de alegaciones, salvo situación de insuficiencia de masa (art. 706.4).
- Se consideran textos definitivos los créditos que no sean alegados en esos 20 días, así como las partidas del inventario no impugnadas (art. 706.1)

- Cuarta.- Tramitación del plan de liquidación
- Como característica especial del procedimiento especial de microempresas de liquidación, se introduce la necesidad de aprobar un plan de liquidación (art. 707 TRLC), que puede proponer el deudor manifestando su disposición para liquidar el activo, o pedir un nombramiento de Administrador concursal C (disponen de 20 días para presentarlo)
- Quinta.- Contenido plan de liquidación a propuesta del deudor o del AC (art. 707 TRLC):
- El plan de liquidación ha de establecer los tiempos y la forma prevista para la liquidación del activo, individualizado o por categorías de bienes, con preferencia de enajenación unitaria empresa o de unidades productivas. Debe incluirse valoración de la empresa o unidades productivas por la Administración concursal designada, o por experto si no hay. Debe contener orden de prelación de pago a acreedores.
- El plan ha de ser comunicado telemáticamente a acreedores por deudor o Administración concursal, para alegaciones por 10 días (deudor, acreedores, representantes de trabajadores).
- Posteriormente se apertura un plazo de 10 días para incorporar propuestas y modificar el plan y lista de créditos, lo que dará lugar a un plan de liquidación modificado si se incorporan propuestas y modificaciones, o aprobarse el plan conforme fue presentado por el deudor o AC, sin modificaciones. Puede celebrarse vista en caso de impugnación mediante formulario normalizado; si no se impugnan, es ejecutable inmediatamente.
- Contra el auto de auto de aprobación del plan de liquidación no cabe interponer recurso alguno.
- Una vez aprobado, es posible modificar el plan de liquidación, en cualquier momento. (art. 707 bis TRLC). Si no hay acuerdo en la modificación, resuelve el Juez del concurso, tras la impugnación en 3 días, que no paralizará operaciones de liquidación no impugnadas. Tampoco cabe recurso contra el plan de liquidación modificado.

- En cuanto a la ejecución de las operaciones de liquidación (art. 708 TRLC): todas las operaciones no impugnadas, las no alegadas o cuando las alegaciones no comporten suspensión.
  - Pueden realizarse sobre bienes individuales o categorías genéricas de bienes. Las realiza el deudor o el AC, de haber sido nombrado.
  - Siempre han de hacerse a través de plataforma electrónica de liquidación, y solo complementariamente, mediante entidad especializada.
  - Plazo: en un máximo de 3 meses prorrogables por un mes más (3+1). Si no puede ser realizado por causa objetiva, se comunicará al juez, junto con un plan para su realización, que puede incluir el uso de fondos de la masa activa para sufragar costes de realización, si son inferiores al valor del bien o derecho.
  - El resultado de la liquidación se distribuye entre los acreedores siguiendo el orden de prelación del plan de liquidación.
  - Las certificaciones electrónicas del sistema sobre las operaciones de liquidación llevadas a cabo a través de la plataforma serán consideradas título inscribible en el Registro de la Propiedad y Registros de bienes muebles y otros registros (propiedad industrial, por ej.).
  - Plataforma electrónica de liquidación de bienes (DA 2ª Ley 16/2022): se impone tras el transcurso del referido plazo y su prórroga, problemática en la resolución jurisdiccional de conflictos materiales en la liquidación (comunidades de bienes, proindivisos, retractos). Inexistencia de régimen de recursos. Problemas de competencia funcional tras la conclusión de concurso.
  - Informes mensuales de liquidación (art. 709 TRLC): deben informar sobre liquidación y acompañar relación créditos contra la masa, devengados y pendientes de pago según vencimientos. Se comunican electrónicamente a los acreedores y al deudor, así como al LAJ del Juzgado.
  - Transmisión empresa y/o UUPP (art. 710 TRLC): conforme al libro primero, pero con reglas especiales (nos remi-

timos al apartado 2 de esta ponencia). Son de aplicación directa arts. 224 bis a septies TRLC.

- Créditos frente a terceros (art. 711 TRLC):
  - o Salvo que se transmitan como parte de la empresa en funcionamiento, deben reclamarse y obtenerse en el plazo máximo de 3 meses desde apertura liquidación o hasta finalización calificación.
  - o Deben liquidarse en la siguiente forma dentro de ese plazo:
    - 1º.- Venta de créditos a terceros: hasta con descuento 30%, puede realizarse venta directa; si el descuento es mayor del 30% se necesitan 3 ofertas por el crédito, de entidades financieras de prestigio o de entidades de trayectoria reconocida en el mercado secundario.
    - 2º.- También cabe cesión a terceros para gestión de cobro de créditos, siempre que representen al menos el 20% del total de la masa activa; siendo la remuneración del cesionario un porcentaje sobre la cantidad recuperada, que incluirá gastos y costas del recobro. Existe obligación de información mensual sobre las gestiones de cobro.

– Sexta.- Sobre la exoneración del pasivo insatisfecho (art. 715 TRLC): es posible tras la finalización de la liquidación y distribución del remanente, conforme al Libro Primero. Se solicitará en la modalidad de liquidación de la masa activa —arts. 501 y 502 TRLC— y dentro del plazo de 10 días del art. 719.4 TRLC para formular oposición a la conclusión del procedimiento especial de liquidación.

IX. MEDIDAS QUE PUEDEN SOLICITARSE EN EL PROCEDIMIENTO ESPECIAL DE LIQUIDACIÓN (ARTS. 712 A 714 TRLC)

Las medidas son tres: la suspensión de las ejecuciones, judiciales o extrajudiciales, sobre bienes y derechos necesarios para la actividad; el nombramiento de Administrador concursal, cuyo régimen ha sido reformado por la Ley Orgánica 1/2025; y el nombramiento de experto para la valoración de la microempresa. Veamos:

– Primera: solicitud del deudor de suspensión de las ejecuciones judiciales o extrajudiciales sobre bienes y derechos necesarios para la actividad (art. 712 TRLC).

Se accederá a la suspensión solo en el caso de que haya posibilidad objetiva razonable para la transmisión de la empresa en funcionamiento o la unidad productiva. No existirá esa posibilidad si así se dice por el deudor en la solicitud de apertura de liquidación o en el plan de liquidación.

La solicitud de suspensión deberá realizarse en formulario normalizado, y eficacia desde recepción en Juzgado. Se mantienen hasta que se objetive que no se transmite la empresa en funcionamiento y en todo caso en tres (3) meses desde la solicitud, prorrogable por un (1) mes más si fracasó el plan de continuación.

– Segunda: nombramiento de Administrador concursal (art. 713 TRLC):

Ha de solicitarse por el deudor o por el 20% de acreedores del total pasivo, para sustitución en facultades de administración y disposición; o por el 10% de los acreedores si la empresa está en cese de actividad.

El administrador cuyo nombramiento así se pide se ha de elegir de común acuerdo por deudor y acreedores que representen más del 50% del pasivo total, de entre las personas inscritas en el Registro Público Concursal; y a falta de acuerdo, por el Juez.

El administrador concursal tendrá facultades de propuesta del plan de liquidación, podrá emitir opiniones técnicas relativas a la valoración de los activos y de las ofertas de adquisición de la empresa o de unidades productivas; y tendrá también las facultades de administración conferidas en el procedimiento y las facultades de disposición necesarias para proceder a la liquidación del activo, dentro del marco de la liquidación. El administrador concursal podrá realizar aquellas funciones que le son expresamente reconocidas en este libro.

La reforma del apartado 4 del art. 713 TRLC por la Ley Orgánica 1/2025 dispone que la retribución del administrador concursal se determinará de conformidad con la disposición legal o reglamentaria que lo regule y tendrá la consideración de crédito contra la masa. Y si el nombramiento lo hubiera solicitado el deudor, el cobro se producirá tras la satisfacción de la totalidad de los créditos públicos calificados contra la masa.

El reformado apartado 5 del art. 713 TRLC por la antecitada Ley Orgánica 1/2025 establece la posibilidad de nombramiento de Administrador concursal por el Juez, de oficio, o a instancia de un único acreedor, cuando:

1º.- El deudor haya provisto información insuficiente o inadecuada.

2º.- El juez haya observado un comportamiento que genere dudas razonables sobre la conveniencia de que el deudor realice directamente las operaciones de liquidación.

3º.- Concurran circunstancias objetivas que así lo aconsejen, apreciadas por el juez en resolución motivada y no se hubiere solicitado su designación de conformidad con lo previsto en el apartado 1 del art. 713 TRLC; en este supuesto, la retribución del administrador concursal correrá a cargo del deudor, o lo que es lo mismo, de la masa. La designación del administrador concursal y su retribución se efectuará conforme a lo establecido en el Libro primero; lo que, de conformidad con el régimen transitorio de la Ley 16/2022, de 5 de septiembre, se llevará a término conforme a la regulación anterior a 2014, esto es, por la Ley 22/2003, concursal, art. 37.

– Tercera: nombramiento de experto para la valoración de empresa o establecimiento mercantil (art. 714 TRLC).

Este nombramiento ha de ser acordado por el deudor y acreedores que representen a la mayoría del pasivo, y retribución por acuerdo y satisfecha por el solicitante; solicitud por formulario; o nombramiento por el LAJ en caso de inexistencia de acuerdo, conforme al nombramiento y retribución de peritos.

No cobrará de la masa si ya hay Administrador concursal nombrado; y se posterga cobro de honorarios a la satisfacción del crédito público privilegiado si ya hay AC nombrado y es nombrado a petición del deudor.

X. LA CONCLUSIÓN DEL PROCEDIMIENTO DE LIQUIDACIÓN

El informe final de liquidación (art. 719 TRLC) debe presentarse en los 10 días hábiles siguientes a la conclusión de la liquidación masa activa y pago a los acreedores; y en todo caso, a los 3 meses de su comienzo, o 4 meses si hubo prórroga, mediante formulario electrónico. Si está en trámite la calificación o acciones rescisorias o de responsabilidad, a los 15 días hábiles posteriores a la sentencia.

Como contenido del informe debe realizarse un detalle de las operaciones de liquidación, cantidades obtenidas, y momento y cuantías satisfechas a acreedores.

Y hay que acompañar una lista de créditos por satisfacer y de activos por liquidar aunque estén en la plataforma; esa lista debe remitirse a la plataforma.

Pueden formular oposición el deudor o los acreedores en los 10 días hábiles siguientes a que se les comunique el informe, mediante formulario normalizado, decidiendo el juez si convoca o no a vista virtual, a celebrar en diez días. La sentencia que lo resuelva no podrá ser recurrida.

Las causas de conclusión se regulan en el art. 720 TRLC:

1ª.- cumplimiento plan continuación);

2ª.- liquidación de la masa activa;

3ª.- insuficiencia de masa activa (con venta permanente en plataforma de liquidación de los activos, y realización de pagos periódicos del producto de ventas, asumiendo los gastos el producto de la liquidación); y

4ª.- pago de la totalidad de los créditos.

A diferencia de lo que ocurre en el procedimiento concursal ordinario, sobre conclusión de las concursadas personas jurídicas, en la resolución aprobatoria de la conclusión, se ordena la cancelación registral de la hoja abierta a la persona jurídica en el Registro, con cierre definitivo de la hoja —y no provisional, cesando limitaciones de facultades administración y disposición, salvo lo dispuesto en la sentencia de calificación.

El microempresario persona natural seguirá siendo responsable del pago de los créditos insatisfecho, salvo exoneración del pasivo en caso de deudor persona natural.

XI. LA CALIFICACIÓN ABREVIADA

En el régimen de liquidación se establece un régimen de calificación abreviada, estableciendo la regulación de su apertura (art. 716 TRLC); un procedimiento específico (art. 717 TRLC), y una causa especial de culpabilidad, añadida a las del libro primero (art. 718.2, en relación con el art. 688 TRLC).

A) Apertura (Art. 716 TRLC):

– En el término de los 60 días naturales siguientes a la apertura de la liquidación, los acreedores que representen al menos el 10% del pasivo, y los socios personalmente responsables de las deudas, podrán solicitar la apertura de la calificación abreviada de manera justificada por medio de formulario normalizado, donde puede incluir el nombramiento de Administración concursal.

– Si el deudor hubiera cometido inexactitud grave en cualquiera de los formularios normalizados remitidos o en los documentos que los acompañen, o cuando hubiera acompañado o presentado documentos falsos, la apertura de la calificación abreviada podrá ser instada por cualquier acreedor.

– Recibida la solicitud, el LAJ, en el plazo de tres días hábiles, una vez comprobado el cumplimiento de los requisitos legales, notificará a las partes la apertura de la calificación abreviada.

B) Procedimiento de la calificación abreviada (art. 717 TRLC):

– La Administración concursal designada, en el plazo de quince (15) días hábiles desde la apertura del procedimiento abreviado, presentará un informe razonado y documentado sobre los hechos relevantes para la calificación del procedimiento especial de liquidación, con propuesta de resolución.

– En el mismo plazo, los acreedores que representen, al menos el 10% del pasivo, y en todo caso los acreedores públicos podrán presentar informe razonado y documentado sobre los hechos relevantes para la calificación del procedimiento especial de liquidación, con propuesta de resolución.

– Si la Administración concursal designada propusiera la calificación del procedimiento especial de liquidación como culpable, el informe expresará la identidad de las personas a las que deba afectar la calificación y la de las que hayan de ser consideradas cómplices, justificando la causa, así como la determinación de los daños y perjuicios que, en su caso, se hayan causado por las personas anteriores y las demás pretensiones que se consideren procedentes conforme a lo previsto por la ley.

– Si el informe de la Administración concursal califica el procedimiento especial de liquidación como fortuito, el juez, sin más trámites, ordenará, mediante auto, el archivo de las actuaciones a menos que alguno de los acreedores públicos hubiera presentado informe calificando el concurso como culpable. Contra el auto que ordene el archivo de las actuaciones no cabrá recurso alguno

– Si el informe de la Administración concursal o el informe de alguno de los acreedores públicos calificaran el procedimiento especial de liquidación como culpable, se dará traslado del informe al deudor y a todas las demás personas que, según el informe, pudieran ser afectadas por la calificación o declaradas cómplices, a fin de que, en plazo de quince días hábiles, acepten o se opongan a la calificación como culpable. La oposición se realizará mediante escrito de impugnación del informe de la administración concursal, que será firmado por abogado.

– El juez podrá convocar a las partes a una vista, en un plazo no superior a cinco días, que excepcionalmente podrá ser una vista ordinaria cuando se considere necesario para la práctica de prueba.

C) La nueva presunción *iuris et de iure* de calificación del art. 688 TRLC, en relación al art. 718.2 TRLC: la presentación de información o documentación gravemente inexacta o falsa.

– Son aplicables las presunciones y hechos de concurso culpable del libro primero (arts. 443 y 444 TRLC).

– Como añadido específico, se establece una nueva presunción de culpabilidad del procedimiento especial; así, se calificará como culpable, en todo caso, cuando el deudor hubiera cometido inexactitud grave en cualquiera de los formularios normalizados remitidos o en los documentos acompañados a los mismos, presentados durante la tramitación del procedimiento especial, o hubiera acompañado o presentado documentos falsos.

– Se entenderá que se incurre en inexactitud grave cuando el importe total de un ejercicio, del pasivo o el del activo o el de los ingresos o el de los gastos fuese realmente superior o inferior al 20% del consignado en el formulario, siempre que suponga un importe de al menos 10.000,00 euros.

– Si el juez, las partes, o en su caso, la administración concursal, apreciaran la posible existencia de un hecho que ofrezca apariencia de delito no perseguible únicamente a instancia de persona agraviada, se acordará poner a disposición del Ministerio Fiscal el expediente judicial electrónico, por si hubiere lugar al ejercicio de la acción penal.

XII. ESPECIALIDADES DE LA VENTA DE LA UNIDAD PRODUCTIVA EN EL PROCEDIMIENTO ESPECIAL DE LIQUIDACIÓN DE MICROEMPRESAS

A diferencia del procedimiento concursal, como hemos dicho, el procedimiento especial sí recoge la elaboración del plan de liquidación y su posible modificación (arts. 707 y 707 bis).

El plan de liquidación debe prever, siempre que sea posible, la posibilidad de (1) enajenación unitaria del establecimiento o (2) del conjunto de unidades productivas de la masa activa (art. 707.3).

A estos efectos, el plan incluirá una valoración de la empresa o de las unidades productivas realizada por administrador concursal (art. 713,2), o para el caso de que no hubiera sido nombrado, un experto para la valoración de la empresa o de establecimientos mercantiles (art. 714).

Tras la comunicación del plan de liquidación, el deudor, los acreedores y los representantes de los trabajadores pueden realizar alegaciones en 10 días hábiles, que pueden dar lugar a un plan de liquidación modificado o sin modificaciones. Cabe impugnación no suspensiva de las operaciones de liquidación en 3 días hábiles, y resolución por Auto, contra el que no cabe recurso.

El plan así aprobado puede ser ulteriormente modificado a instancia del deudor o el administrador concursal, con posibilidad de alegaciones de acreedores por 10 días hábiles y resolución por Auto, contra el que tampoco cabe recurso.

Las operaciones de liquidación y la VUP podrá hacerse de inmediato sobre las operaciones contenidas en el plan no impugnadas, ya desde el originario plazo de diez días o en el ulterior de la modificación, y tendrán una duración máxima de 3 meses, prorrogable por 1 mes más (art. 708.4 PR-TRLC).

Si no se justifica por criterios objetivos, toda operación de liquidación de bienes o de categorías genéricas, ha de hacerse a través del sistema de plataforma electrónica de la Disposición adicional segunda.

La transmisión de la empresa o de sus unidades productivas (art. 710 TRLC) se llevará a cabo con sujeción a las reglas del libro primero (arts. 215 a 224 quater) con las siguientes especialidades:

- 1ª.- La transmisión por venta directa se realizará a favor del tercero que ofrezca como mínimo un 15% más del valor acordado y mantenga el resto de condiciones.
- 2ª.- La venta directa se llevará a cabo de acuerdo con los principios de concurrencia y transparencia, lo que exige notificación a acreedores y publicación en el Registro Público Concursal de las condiciones generales y del precio fijado.
- 3ª.- De no ser posible la venta directa, la transmisión se realizará por subasta.
- 4ª.- El precio de adjudicación de la subasta no podrá ser en ningún caso inferior a la suma del valor de los bienes y derechos del deudor incluidos en el inventario (de la totalidad).
- 5ª.- Cuando se reciba más de una oferta cuyos contenidos difieran, objetivamente, en el modo de (1) que se garantiza la continuidad de la empresa o del establecimiento mercantil, (2) el mantenimiento de los puestos de trabajo o (3) la satisfacción de los créditos, el deudor o la administración concursal, oídos los representantes de los trabajadores, presentarán un informe al juez, con propuesta de resolución, para que éste resuelva de acuerdo con la regla de la preferencia del art. 219 TRLC,

que prevista para la transmisión en subasta, permite acordar la adjudicación al oferente cuya oferta no difiera en más del 15% de la oferta superior, cuando considere las anteriores circunstancias (1 a 3).

La oferta de adquisición de la empresa o de la unidad productiva puede presentarse también con la solicitud de procedimiento especial de liquidación de acuerdo con los arts. 224 bis (oferta vinculante) a 224 quater del Libro primero (incluyendo el *pre-pack* de los artículos 224 ter y 224 quater).

Puede procederse al nombramiento de Administrador concursal para la valoración de la empresa o unidad productiva (art. 713.2 TRLC); y tendrá todas las facultades del AC, no limitadas a la valoración de la empresa o UP: propuesta del plan de liquidación, opinión técnica sobre valoración de activos y ofertas adquisición de la empresa o UP, facultades de administración y facultades de disposición para liquidar el activo dentro del marco del plan de liquidación.

De conformidad con el art. 714 TRLC, puede procederse al nombramiento de experto para la valoración de la empresa o de establecimientos mercantiles, en la siguiente forma.

- el deudor, los acreedores —sin exigencia de porcentaje sindicado— o, excepcionalmente en casos de complejidad especial, el administrador concursal designado, podrán solicitar el nombramiento de un experto a los solos efectos de la valoración de la empresa, o de una o más de sus unidades productivas.
- El nombramiento y la retribución se acordará por acuerdo entre el deudor y los acreedores que representen la mayoría del pasivo. Si no hay acuerdo, el nombramiento y la retribución se realizarán por el LAJ conforme al sistema de nombramiento y retribución de peritos judiciales.
- La retribución del experto será satisfecha por el solicitante. Si ya hay administrador concursal, el experto no puede ser retribuido con cargo a la masa, con independencia de quien haya realizado el nombramiento. Si la solicitud fue del deudor, el cobro de honorarios contra la masa será posterior a la satisfacción del crédito público privilegiado.

- La solicitud de nombramiento por formulario incluirá el nombre del experto y la retribución acordada entre el deudor y los acreedores, con identificación de éstos.

XIII. CONCLUSIONES

A pesar de los denodados esfuerzos de los Juzgados de lo Mercantil, y muy especialmente, de los profesionales que ante ellos trabajan habitualmente, puede afirmarse, sin miedo a equivocarnos, que el procedimiento especial de microempresas ha sido todo un fracaso, tanto en su concepción, como en su implementación, puesto que no es ningún procedimiento informático, sino un procedimiento que se limita a intercomunicar a través de un repositorio de documentos;

Es, además, un procedimiento extraño a la práctica judicial, que exige, en ocasiones, el dictado de resoluciones en un formato distinto al que emplean los profesionales para alegar en el procedimiento, que se ven obligados a utilizar formularios, con riesgo de preclusión para el caso de desconocer conscientemente su empleo. Ello crea una artificiosa asimetría, nada útil, pues ni abrevia, ni evita trámites procesales a pesar de la inexistencia de división en secciones; y que precisa, en el 90 por ciento de las ocasiones, especialmente en la versión liquidativa, de la intervención de la Administración concursal.

Los datos estadísticos sobre el número de procedimientos, además son engañosos, puesto que la gran mayoría de procedimientos especiales de microempresa con reflejo estadístico son procedimientos tramitados como concursos sin masa, cuyo único buen efecto es el de conjurar la responsabilidad del administrador de la microempresa persona jurídica, ante la liquidación de los bienes en la plataforma de liquidación.

No es admisible que el procedimiento pensado para el 90% de las sociedades que integran nuestro tejido empresarial —pymes, empresas familiares— sea una total decepción. Ello ha sido un factor coadyuvante del recurso al concurso sin masa, y también a desechar la posibilidad de reestructuración a través del procedimiento de continuación.

Por ello, creemos que se impone una derogación de este procedimiento, que no deja de constituir "un campo minado" para los empresarios que confían en la salida negociada del eufemístico procedimiento especial, pues constituye un procedimiento concursal en toda regla, y que prevé, como anteriormente ya hemos dicho, una vocación clara en convertirse en un procedimiento de liquidación para microempresas en insolvencia actual.

Ciertamente, la Administración de Justicia siempre ha sido considerada como muy reñida con la informatización, justificándose en la dificultad del tratamiento de los procedimientos, que no son lineales; y mucho menos los procedimientos concursales.

De ahí que sea muy difícil concebir un procedimiento tan abreviado, sin garantías de éxito, sin diseñar una aplicación informática ágil, alejada de rígidos formularios como ha sido concebido el procedimiento de microempresas.

Hace falta invertir mucho más, y dejar de experimentar legislativamente con procedimientos que no salvaguardan la exigida tutela de los procedimientos concursales, que deben conjugar, por su propia naturaleza, los intereses y la tutela de los acreedores, con la tutela judicial de los deudores.

Si se quiere un procedimiento especial, informatizado, se debe desarrollar primero el entorno informático, sobre la idea procesal que se anhela, para posteriormente construir las opciones regulatorias, y no al revés, pues ello ha exigido posponer su implantación en forma nada ortodoxa, mediante resoluciones administrativas que será mejor olvidar; y adaptar la tramitación informática interna a un procedimiento lleno de rígidos formularios.

Esperemos que la nueva Directiva sobre procedimientos de insolvencia permita la desaparición de este procedimiento, o su simplificación.

15. BREVES REFLEXIONES SOBRE LA HOMOLOGACION DE LOS PLANES DE REESTRUCTURACIÓN

SALVADOR VILATA MENADAS
Magistrado-Juez de lo Mercantil núm. 1 de Valencia
ORCID: 0009-0007-6786-0135

I. INTRODUCCIÓN

La irrupción normativa de la Ley 16/2022, de 5 de septiembre, de modificación del TRLC, ha supuesto un cambio sustancial en la filosofía que habíamos conocido del procedimiento concursal, habiéndose modificado aspectos relevantes en sede de convenio y de liquidación, pero también y de modo muy trascendente, con la incorporación de un nuevo Libro III relativo a la insolvencia de microempresa, y en lo que ahora nos interesa, la nueva conformación de los planes de reestructuración.

Pues bien, precisamente al hilo de la modificación de estructura de los planes de reestructuración —superando los por nosotros conocidos acuerdos de refinanciación de la antigua Disposición Adicional Cuarta— se ha producido la modificación en el ámbito societario del articulo 367 LSC, que ahora tiene un nuevo apartado 3° que presenta el siguiente tenor: "*No obstante el previo acaecimiento de causa legal o estatutaria de disolución, los administradores de la sociedad no serán responsables de las deudas posteriores al acaecimiento de la causa de disolución o, en caso de nombramiento en esa junta o después de ella, de las obligaciones sociales posteriores a la aceptación del nombramiento, si en el plazo de dos meses a contar desde el acaecimiento de la causa de disolución o de la aceptación el nombramiento, hubieran comunicado al juzgado la existencia de negociaciones con los acreedores para alcanzar un plan de reestructuración o hubieran solicitado la declaración de concurso de la sociedad. Si el plan de reestructuración no se alcanzase, el plazo de los dos meses se reanudará desde que la comunicación del inicio de negociaciones deje de producir efectos".*

Naturalmente el marco de responsabilidad del administrador societario está esencialmente vinculado al regular cumplimiento de las obligaciones fiduciarias que se le son propias, en particular los deberes de diligente administración y de lealtad.

Todo ello exige delimitar con la mayor claridad posible los escenarios concurrentes, complementarios entre sí, y que deben por ende desenvolverse de modo congruente. A saber, es principio básico del derecho de sociedades el de discrecionalidad empresarial, conforme al cual y en los términos del artículo 226 LSC *"En el ámbito de las decisiones estratégicas y de negocio, sujetas a la discrecionalidad empresarial, el estándar de diligencia de un ordenado empresario se entenderá cumplido cuando el administrador haya actuado de buena fe, sin interés personal en el asunto objeto de decisión, con información suficiente y con arreglo a un procedimiento de decisión adecuado".*

Porque la trasposición de la Directiva 2019/1023 ha introducido en nuestro Derecho concursal un tercer estadio de insolvencia diverso de los dos conocidos por nosotros hasta ahora (insolvencia inminente e insolvencia actual) de suerte que ahora también podemos referirnos al supuesto de la insolvencia probable, entendido como el escenario en que, de no alcanzarse y llevarse a efecto un plan de reestructuración el empresario estará en situación de insolvencia actual antes de que transcurran dos años.

Es importante en este momento hacer referencia al tenor de los Considerandos 70 y 71 de la Directiva. Conforme al primero:

"Para seguir promoviendo la reestructuración preventiva, es importante garantizar que no se disuade a los administradores sociales de tomar decisiones empresariales razonables o asumir riesgos comerciales razonables, sobre todo cuando ello mejoraría las posibilidades de una reestructuración de empresas potencialmente viables. En caso de que la sociedad experimente dificultades financieras, los administradores sociales deben tomar medidas para minimizar las pérdidas y evitar la insolvencia, como las siguientes: buscar asesoramiento profesional, en particular en materia de reestructuración e insolvencia, por ejemplo utilizando las herramientas de alerta temprana cuando

proceda; proteger el patrimonio de la sociedad a fin de incrementar al máximo su valor y evitar la pérdida de activos clave; examinar, a la luz de la estructura y las funciones de la empresa, su viabilidad y reducir gastos; evitar comprometer a la empresa en transacciones que puedan ser objeto de revocación, a menos que exista una justificación empresarial adecuada; seguir comerciando cuando sea adecuado hacerlo con el fin de maximizar el valor de la empresa en funcionamiento; mantener negociaciones con los acreedores e iniciar procedimientos de reestructuración preventiva".

Por su parte el Considerando 71, ya vinculado directamente a los deberes fiduciarios inherentes al cargo de administrador de la compañía, establece que:

"En caso de que el deudor esté próximo a la insolvencia, es importante también proteger los intereses legítimos de los acreedores frente a las decisiones de los gestores que podrían tener un impacto sobre la constitución de la masa del deudor, en particular cuando tales decisiones podrían tener el efecto de disminuir el valor del patrimonio disponible para los esfuerzos de reestructuración o para su distribución a los acreedores. Por lo tanto, es necesario garantizar que en tales casos los administradores sociales eviten toda actuación dolosa o gravemente negligente que resulte en beneficio propio en perjuicio de los interesados, y eviten aceptar transacciones a pérdida o tomando medidas conducentes a favorecer injustamente a uno o más interesados. Los Estados miembros deben poder aplicar las disposiciones correspondientes de la presente Directiva garantizando que las autoridades judiciales o administrativas, al evaluar si debe considerarse a un administrador social responsable de incumplimientos del deber de diligencia, tengan en cuenta las normas en materia de obligaciones de los administradores sociales establecidas en la presente Directiva. La presente Directiva no pretende establecer un orden de prelación entre las distintas partes cuyos intereses deben ser tenidos debidamente en cuenta. Ahora bien, los Estados miembros deben poder decidir establecer tal orden. La presente Directiva debe entenderse sin perjuicio de la normativa nacional de los Estados miembros relativa a los procesos de toma de decisiones de las empresas".

En este sentido el art. 19, al conectar con tal Considerando, enuncia que:

"Obligaciones de los administradores sociales en caso de insolvencia inminente

Los Estados miembros se cerciorarán de que, en caso de insolvencia inminente, los administradores sociales tomen debidamente en cuenta, como mínimo, lo siguiente:

a) los intereses de los acreedores, tenedores de participaciones y otros interesados;

b) la necesidad de tomar medidas para evitar la insolvencia, y

c) la necesidad de evitar una conducta dolosa o gravemente negligente que ponga en peligro la viabilidad de la empresa".

En nuestro Derecho interno, tras la reforma del Texto Refundido de la Ley de Sociedades de Capital operada en 2014, vienen mucho mejor definidos los deberes de diligente administración y de lealtad. Aun cuando la dicción literal del precepto indicado, asi como el Considerando 71 transcrito más arriba, parece invitar a vincular esa tutela del interés de los acreedores con el deber de lealtad, se vincula en todo caso con el deber de diligente administración en tanto que el deber de lealtad tiene su campo abonado en los escenarios de eventual conflicto de intereses con la sociedad o aun con otros socios.

Pues bien, para concluir este apartado introductorio, baste destacar que, en lo que ahora nos interesa obviamente, la reforma operada por la Ley 16/2022, de 5 de septiembre, descansa sobre tres ejes esenciales, a saber

- Ampliación a toda clase de acreedores.
- Formación de clases
- Regla de prioridad absoluta.

Y en este Trabajo analizaremos esencialmente las siguientes resoluciones de nuestra *jurisprudencia menor:*

› SAP Pontevedra 10/04/2023 (Xeldist)

› SAP Valencia 27/03/2024 (Das Photonics)

› SAP Barcelona 9/07/2024 (Vilaseca)

› SAP Barcelona 16/10/2024 (Ecolumber)

Y por su carácter específico, haremos alusión asimismo al AJM Madrid núm. 5 de 10 de abril de 2023 (Single Home), y en el apartado relativo a la confirmación judicial de clases a la SJM Valencia num. 3 de 27 de noviembre de 2024 (Closca Design).

La singularidad de la primera de tales resoluciones descansa en que respecto de la sociedad deudora se promueven por el deudor y por otros legitimados sendos planes de reestructuración, enfrentándose el Juez al silencio de la Ley en cuanto a cual de tales solicitudes sea preferente respecto de la otra. Y en tal situación se aplica un criterio estrictamente temporal, de suerte que la primera en el tiempo se viene a tramitar, y solo para el eventual caso de que no llegase a buen fin, se tomaría en consideración la otra, posterior en el tiempo.

II. LA DELIMITACIÓN DEL PERÍMETRO DE LA REESTRUCTURACIÓN

La reforma supone una evolución desde el modelo de acuerdos de refinanciación, cuyo ámbito subjetivo venía predeterminado por la ley, integrado por los acreedores financieros, hacia un modelo más flexible en el que el perímetro de los planes de reestructuración viene delimitado libremente por el solicitante de su homologación, ya sea el deudor o un acreedor, y que puede alcanzar a cualquier acreedor salvo los casos expresamente excluidos por la norma.

El RDL 3/2009, de 27 de marzo, en el número tres de su artículo 8 introdujo una nueva Disposición Adicional Cuarta en la Ley Concursal, llamada a regular los supuestos de acuerdos de refinanciación concluidos en lo que se entendía como periodo sospechoso pero que, atendidas las garantías de su constitución, no resultarían de suyo sin más susceptibles de reintegración.

A los efectos de esta disposición, tenían la consideración de acuerdos de refinanciación los alcanzados por el deudor en virtud de los cuales se proceda al menos a la ampliación significativa del crédito disponible o a la modificación de sus obligaciones, bien mediante la prórroga de su plazo de vencimiento, bien mediante el establecimiento de otras contraídas en sustitución de aquéllas. Tales acuerdos habrán de responder, en todo caso, a un plan de viabilidad que permita la continuidad de la actividad del deudor en el corto y el medio plazo.

En el régimen anterior, los acreedores comerciales, que obviamente son relevantes en la operativa diaria de las empresas, quedaban excluidos de los acuerdos de refinanciación. El legislador reservaba el posible escenario de los acuerdos de refinanciación a los acreedores financieros y excluía de su ámbito a los acreedores comerciales, que quedaban abocados, en su caso, a negociaciones singulares al margen de los mecanismos preconcursales.

En la disciplina del plan de reestructuración no rige el principio concursal de universalidad de la masa pasiva. Señala el Preámbulo de la Ley 16/2022, de 5 de septiembre que "*La ley, siguiendo a la Directiva, deja a los interesados que, en función de las necesidades de cada caso y del proceso de negociación, decidan si quieren afectar a la totalidad del pasivo o solo a una parte, y la cuantía o identidad de esta*". Tal planteamiento se consagra en los arts. 616 y siguientes TRLC. Así las cosas, además de los créditos excluidos legalmente del perímetro de la afectación, cabe la decisión voluntaria de excluir determinados créditos de su perímetro.

Sobre la base de estas premisas, y sin que ello suponga contradicción con lo que se acaba de decir, se parte de una potencial universalidad de los planes de reestructuración, al admitirse en el art. 616.2 TRLC que cualquier crédito, incluidos los contingentes y sometidos a condición, puedan ser afectados por el plan de reestructuración, lo que sin embargo, no quiere decir que necesariamente haya de resultar afectado todo el pasivo del deudor, pues frente a lo que acontece en el seno del concurso de acreedores, esta universalidad no es una exigencia legal para los planes de reestructuración. En este sentido PULGAR habla de reestructuraciones selectivas.

Lo que si se determina legalmente es el pasivo excluido de la reestructuración y que por tanto no puede resultar afectado por un plan, quedando *ex lege* excluidos en todo caso del perímetro de la reestructuración. Esto es, la exigencia legal es que el plan exprese las razones de la no afectación, y que estas se consideren suficientes. Y tal justificación puede resultar suficiente a partir de criterios materiales, temporales o aun de oportunidad estratégica, debidamente expuestos y que resulten defendibles ante la posible impugnación por parte de acreedores disidentes arrastrados. El Preámbulo de la Ley enuncia en este sentido que "*el control judicial… presupone un control sobre cómo se ha delimitado ese «perímetro de afectación» y garantiza que responda a criterios objetivos y suficientemente justificados*".

Sobre este particular la SAP Pontevedra de 10 de abril de 2023 (Xeldist) enuncia lo siguiente:

"A fin de valorar si cabe, o no, un control judicial sobre la formación del perímetro de afectación y su relación con la formación de clases, el Preámbulo de la Ley 16/2022, de 5 de septiembre, establece con claridad que: La ley, siguiendo a la Directiva, deja a los interesados que, en función de las necesidades de cada caso y del proceso de negociación, decidan si quieren afectar a la totalidad del pasivo o solo a una parte, y la cuantía o identidad de esta. El control judicial sobre cómo se han agrupado los créditos para formar las distintas clases presupone un control sobre cómo se ha delimitado ese «perímetro de afectación» y garantiza que responda a criterios objetivos y suficientemente justificados. La única excepción al principio de universalidad del pasivo susceptible de afectación son los créditos públicos, los créditos laborales, los alimenticios y los extracontractuales (el subrayado es nuestro). Examen, y criterios para el mismo, muy similar al que el art. 623 TRLC marca para la formación de clases. Por lo que cabe concluir que, una correcta formación del perímetro de afectación debe examinarse en el marco de la decisión sobre una correcta formación de las clases que, lógicamente, resultaría afectada —al igual que, posiblemente, las mayorías para aprobar o no el plan— si se excluyen indebidamente clases de créditos que deberían formar parte del pasivo afectado, al igual que, si se incluyen créditos en la formación de clases que deberían haber quedado fuera del perímetro de afectación."

La SAP Barcelona de 9 de julio de 2024 (Vilaseca) enuncia, con cita de leyenda del Preámbulo de la Ley lo siguiente:

"La Ley Concursal admite que no todos los acreedores queden afectados por el plan de reestructuración. De este modo, entre las menciones que necesariamente ha de contener el plan de reestructuración se encuentra "los acreedores o socios que no vayan a quedar afectados por el plan, mencionados individualmente o descritos por clases, así como las razones de la no afectación." La delimitación del perímetro de afectación es una facultad discrecional de los proponentes del plan de reestructuración. En cualquier caso y aunque los artículos 654 y 655 de la Ley no lo prevean expresamente, se admite que la correcta definición del perímetro de afectación se puede impugnar por la vía del artículo 654.2º de la Ley (infracción de las normas previstas en los capítulos III y IV en la formación de clases) y, por tanto, que una exclusión de créditos que no responda a razones objetivas es causa de impugnación. Lo expresa con claridad el Preámbulo de la Ley 16/2022, de 5 de septiembre, que dice al respecto lo siguiente:

«La ley, siguiendo a la Directiva, deja a los interesados que, en función de las necesidades de cada caso y del proceso de negociación, decidan si quieren afectar a la totalidad del pasivo o solo a una parte, y la cuantía o identidad de esta. El control judicial sobre cómo se han agrupado los créditos para formar las distintas clases presupone un control sobre cómo se ha delimitado ese "perímetro de afectación" y garantiza que responda a criterios objetivos y suficientemente justificados. La única excepción al principio de universalidad del pasivo susceptible de afectación son los créditos públicos, los créditos laborales, los alimenticios y los extracontractuales»."

III. LA RECTA FORMACIÓN DE LAS CLASES

El Considerando 44º de la Directiva 2019(1023 enuncia que:

"Para que unos derechos que son sustancialmente similares reciban el mismo trato y los planes de reestructuración puedan adoptarse sin perjudicar injustamente los derechos de las partes afectadas, estas deben ser tratadas en categorías separadas de acuerdo con los criterios para clasificar las diferentes categorías fijados por la normativa nacional. La clasificación en categorías significa el agrupamiento de partes afectadas con el propósito de adoptar un plan de modo tal que refleje sus derechos y la prelación de sus créditos e intereses. Como mínimo, los acreedores con y sin garantía deben ser tratados siempre como categorías diferentes. Sin embargo, los Estados miembros deben poder exigir que se formen más de dos categorías de acreedores, en particular categorías diferentes de acreedores con y sin garantía y categorías de acreedores con créditos subordinados. Los Estados miembros también deben poder tratar en categorías separadas los tipos de acreedores que carezcan de comunidad de intereses suficiente, como las administraciones tributarias o de seguridad social. Los Estados miembros deben poder disponer que los créditos garantizados puedan dividirse en partes garantizadas y no garantizadas sobre la base de la valoración de las garantías. Asimismo, los Estados miembros deben poder establecer normas específicas que faciliten la clasificación en diferentes categorías cuando los acreedores no diversificados o especialmente vulnerables, como los trabajadores o pequeños proveedores, puedan disfrutar de esa clasificación por categorías."

Por otra parte, enuncia el Considerando 47º de la Directiva que:

"La normativa nacional debe establecer las mayorías necesarias para garantizar que una minoría de las partes afectadas en cada categoría no pueda

obstaculizar la adopción de un plan de reestructuración que no supone una reducción injustificada de sus derechos e intereses. Sin una norma mayoritaria vinculante para los acreedores garantizados disidentes, la reestructuración temprana no sería posible en muchos casos, por ejemplo cuando resulta necesaria una reestructuración financiera pero la empresa es sin embargo viable. Para garantizar que las partes puedan expresar su opinión sobre la aprobación de planes de reestructuración que sea proporcionada a sus participaciones en la empresa, la mayoría requerida debe basarse en el importe de los créditos de los acreedores o de los intereses de los tenedores de participaciones de una categoría determinada. Los Estados miembros deben poder exigir, además, una mayoría en el número de partes afectadas en cada categoría. Los Estados miembros deben poder establecer normas en relación con las partes afectadas con derecho a voto que no ejerzan dicho derecho de manera correcta o que no estén representadas, como aquellas normas que permitan tomarlas en consideración para el umbral de participación o para el cálculo de una mayoría. Los Estados miembros también deben poder establecer un umbral de participación para la votación."

El Preámbulo de la Ley 16/2022, de 5 de septiembre, indica que para garantizar el buen funcionamiento de cualquier mecanismo de decisión colectiva resultan imprescindibles ciertas garantías procedimentales. La ley vincula estas garantías a la concurrencia de tres elementos fundamentales: una correcta configuración de las clases de acreedores afectados por el plan de reestructuración, que son quienes van a tomar la decisión; una mayoría cualificada favorable dentro de cada una de estas clases y, por último, el respeto.

La finalidad de agrupar por clases los créditos reestructurados es que los acreedores voten el plan, tal y como establece el art. 622 TRLC, por ello la inclusión en cada una de esas clases debe obedecer o hacer descansar su razón de ser en una suerte de intereses comunes de todos los que la forman, avalados por criterios objetivos, tal y como establece el art. 623.1. TRLC. Es decir, esos intereses comunes han de ser perceptibles por un observador externo al conflicto y sin interés alguno en él.

La regla general para hacer estos grupos es la clasificación concursal. Por ello el art. 623.2 TRLC establece que "se considera que existe interés común entre los créditos de igual rango determinado por el orden de pago en el concurso de acreedores". Por lo tanto, la clasificación de los créditos según su común prelación concursal es un criterio legal para definir los intereses comunes. Tendrán intereses comunes los acreedores que tengan el mismo rango concursal (privilegiado, ordinario o subordinado). Y es que aun cuando el interés común de todos los acreedores es lograr cobrar sus créditos, obviamente sus posibilidades de cobro varían en función de su orden en la prelación del colectivo fallido.

No es lo mismo la expectativa de cobro de los créditos con privilegio especial que la de los acreedores subordinados. Por ello, los acreedores se agrupan en función de su rango concursal que a su vez define sus expectativas de cobro.

Esta es la regla general que admite sus excepciones, como prevé el art. 623.3 TRLC, que dispone que "a su vez, los créditos de un mismo rango concursal podrán separarse en distintas clases cuando haya razones suficientes que lo justifiquen".

En orden a la recta conformación de las clases, podemos distinguir las siguientes normas, en clasificación que de manera muy didáctica expone la SAP Valencia de 27 de marzo de 2024 (Das Photonics):

1.- Una cláusula general. Art. 623.1 TRLC. Conforme a este precepto la formación de clases debe responder a la existencia de un interés común para los integrantes de cada clase determinado conforme a criterios objetivos, en consonancia con el art. 9.4 de la Directiva 2019/1023, que habla de "*comunidad de intereses*" o "*criterios comprobables*".

Se trata de parámetros cumulativos y por ende de la explicita mención a los criterios objetivos se deriva sin demasiada dificultad la conclusión de que la formación de clases no puede descansar en tendencias, planteamientos o criterios subjetivos o personales de los acreedores, aunque éstos puedan tener un interés común.

2.- Una serie de reglas imperativas. En particular, en este punto pueden citarse cuatro reglas, a saber:

a) El primer criterio es el rango concursal, determinado por el orden de pago. De ello se deriva que los créditos de distinto rango concursal deben por tanto separarse en clases distintas (art. 623.2 TRLC). En palabras de la SAP Valencia de 27 de marzo de 2024 (Das Photonics) se trata de una regla de separación vertical de los créditos.

La regla inicial es que la formación de clases deberá ajustarse a los criterios de clasificación de los créditos concursales, conforme a los arts. 269 y siguientes del TRLC. Y por ende, la división de clases se corresponderá con la naturaleza de los créditos concursales: créditos privilegiados, créditos ordinarios y créditos subordinados. Y dentro de los créditos privilegiados, el propio TRLC distingue entre los créditos con privilegio especial y créditos con privilegio general.

De esta regla se deriva que los créditos garantizados no pueden estar incluidos en la misma clase que los no garantizados, o los ordinarios en la misma clase que los subordinados.

b) El segundo de los criterios imperativos es que los créditos con garantía real deben constituir una clase separada del resto (sin perjuicio de que puedan separarse en una o más clases). Así lo dice expresamente el art. 624 TRLC, acorde con el art. 9.4 y considerando 44 de la Directiva 2019/1023.

c) El tercer criterio legal imperativo es aquél que impone que los acreedores, PYMES, a los que el plan de reestructuración les va a suponer un sacrificio superior al 50% del importe de su crédito, también deben constituir una clase de acreedores separada (art. 623.3 in fine).

d) Finalmente, como cuarto criterio imperativo, la norma determina que los créditos públicos también deberán constituir una clase separada (art. 624 bis TRLC).

Y termina el comentario sobre este particular la ya citada Sentencia que:

"Por tanto, vemos como se imponen una serie de reglas imperativas, la primera de ellas podríamos decir que se trata de una separación vertical de los créditos pues distingue entre los diferentes rangos concursales (privilegiados, ordinarios y subordinados) y las otras tres reglas se aplican dentro el mismo rango concursal, dividiendo horizontalmente los créditos del mismo rango en distintas clases. Es por ello por lo que, para afrontar la impugnación del presente plan de reestructuración ha sido necesario abordar todas las cuestiones planteadas sobre la naturaleza de los créditos afectados y su tratamiento en un supuesto escenario concursal, incluso el tratamiento de los créditos derivados de avales con contragarantías que, como créditos contingentes, se han excluido del perímetro de afectación. El análisis de la caracterización y tratamiento concursal de los créditos ha sido esencial para saber y decidir si se han respeta-

do los criterios o reglas de formación de clases y el régimen de mayorías para la aprobación del plan no consensual que estamos examinando."

3.- Reglas que incorporan posibles criterios adicionales por razones de oportunidad.

Dentro del respeto a los criterios imperativos, el legislador ofrece otros criterios que pueden ser utilizados para separar los créditos del mismo rango en clases distintas. Dispone el art. 623.3 TRLC que:

"A su vez, los créditos de un mismo rango concursal podrán separarse en distintas clases cuando haya razones suficientes que lo justifiquen. A estos efectos se podrá atender, en particular, a la naturaleza financiera o no financiera del crédito, al conflicto de intereses que puedan tener los acreedores que formen parte de distintas clases, o a cómo los créditos vayan a quedar afectados por el plan de reestructuración. Cuando los acreedores sean pequeñas o medianas empresas y el plan de reestructuración suponga para ellas un sacrificio superior al cincuenta por ciento del importe de su crédito, deberán constituir una clase de acreedores separada."

Esto es, partiendo de la consideración de que no parece dudoso que el propósito del legislador es imponer un criterio favorable a la agregación entre los créditos afectados del mismo rango, siendo la separación o desagregación en distintas clases dentro del mismo rango la que necesitará una "*justificación suficiente*", cuando estemos ante planes no consensuales, podrá ser hábil la separación de créditos en clases distintas en los casos en que pueda defenderse que:

- Haya razones suficientes que lo justifiquen y que deben atender a criterios objetivos, tales como: el interés común o el tipo de crédito de que se trate. Tal se puede deducir de los propios ejemplos que ofrece el legislador cuando apunta a "*la naturaleza financiera o no financiera del crédito, al conflicto de intereses que puedan tener los acreedores que forman parte de distintas clases, o a cómo los créditos vayan a quedar afectados por el plan de reestructuración" (art. 623.3 TRLC)*. La Directiva 2019/1023 en el Considerando 44 alude a "*derechos sustancialmente similares*" y en su art. 9.4 se refiere a "*criterios comprobables*".
- La posibilidad que confiere el precepto que se comenta, esto es, la separación en distintas clases y el trato diferenciado entre créditos de la misma condición deberá siempre justificarse atendiendo a criterios objetivos, y no puede descansar en un

puro voluntarismo subjetivo del deudor. La cuestión problemática en este punto pasa porque será la rica casuística la que nos irá alumbrando tal entorno de criterios objetivos.

Y finalmente el art. 624 TRLC, referido a los créditos con garantía real, habilita un nuevo supuesto de separacion en distintas clases. Establece el indicado precepto que:

"Los créditos con garantía real sobre bienes del deudor constituirán una clase única, salvo que la heterogeneidad de los bienes o derechos gravados justifique su separación en dos o más clases."

Nuevamente debe atenderse a la concurrencia de buenas razones que justifiquen el criterio de oportunidad que lleva a la separación en distintas clases. Esto es, nuevamente el trato diferencial debe aparecer justificado, y en este caso la justificación pasa por poderse apreciar la heterogeneidad de los bienes o derechos gravados y por ende la bondad (y objetividad) de la decisión que se esgrime.

IV. LA CONFIRMACIÓN JUDICIAL DE CLASES

Dispone el art. 625 TRLC que:

"El deudor y los acreedores que representen más del cincuenta por ciento del pasivo que vaya a quedar afectado por el plan de reestructuración estarán legitimados para solicitar la confirmación judicial de la correcta formación de las clases con carácter previo a la solicitud de homologación del plan de reestructuración."

Del tenor del precepto enunciado podemos derivar las siguientes consideraciones:

1.- Se trata de una facultad potestativa. No se trata de un trámite imperativo en el iter de homologación del plan de reestructuración. Esto es, los sujetos legitimados tienen la posibilidad de solicitar al Juez, tras el trámite correspondiente, que se dicte resolución confirmando (o no) la recta formación de las clases.

2.- Los sujetos legitimados para sostener, en su caso, tal solicitud, son el deudor y los acreedores que representen más del 50% del pasivo afectado por el plan de reestructuración de que se trata.

3.- Se trata de una decisión táctica. Y es que la ventaja que de ello se deriva, si es que la resolución judicial que se obtiene es favorable a la pretensión del solicitante o solicitantes, es que ya no cabe la alegación futura de la irregular conformación de las clases como motivo de oposición a la homologación del plan (art. 626.4 TRLC)

4.- La decisión judicial se contrae a resolver sobre la recta o irregular conformación de las clases, sin que quepa ir más allá en orden a reconfigurar o reordenar tales clases.

Resulta muy ilustrativa la SJM Valencia núm. 3 de 27 de noviembre 2024 (CLOSCA DESIGN). Conforme a la doctrina que menciona y con cita de la SJM Barcelona núm. 3 de 28 de junio de 2024, enuncia lo siguiente:

"En los planes no consensuales, el objeto de la confirmación judicial previa es la correcta formación de las clases, quedando extramuros el escrutinio de la equidad del perímetro de formación"; como no puede ser de otra manera, ya que no se conoce el plan de reestructuración que se va a presentar tras la confirmación —o no— de las clases, ni su contenido definitivo. Consecuentemente, el alcance de esta resolución no puede ser, ni la "imposición de una determinada conformación de las clases", alegada por los oponentes como alternativa a la propuesta por la solicitante, ni tampoco "sugerir una posible formación de las clases alternativa a la que decide no confirmar, pues la formación de clases es una prerrogativa exclusiva de las partes (acreedores/deudor) en la fase preconcursal, la cual se desarrolla extramuros del Juzgado (...) En consecuencia, cualquier interferencia del órgano judicial no sería conforme al espíritu de la Ley"

Y el problema que se planteaba, y que dio lugar a la estimación de la oposición y por ende la desestimación de la demanda incidental de confirmación judicial de clases promovida por la deudora, basculaba sobre la denunciada artificiosa separación en varias clases de sujetos titulares de créditos subordinados.

El articulo 623 TRLC atribuye la posibilidad de la separación en distintas clases y el trato diferenciado entre créditos de la misma condición. La cuestión es si ese trato diferencial que sirve para separar una clase en dos, a pesar del mismo rango concursal, se hace con la forzada intención de aprobar el plan de reestructuración o si responde a criterios objetivos.

Pues bien, caso de denuncia de irregular conformación de las clases, este trato diferencial no justificado es un problema de defecto en la formación de clases (*art. 654.2º TRLC*), y debe ser examinado desde esta perspectiva y, sólo si lo supera analizaremos si ese trato diferencial inicialmente justificado para separar en distintas clases los créditos de igual condición es, o no, discriminatorio (*art. 655.2.3º TRLC*), con las distintas consecuencias que supone estimar la impugnación por un defecto en la formación de clases o por un supuesto de discriminación.

V. LA IMPUGNACIÓN DEL PLAN

Debemos partir de la consideración de que los planes de reestructuración, en atención al resultado de las adhesiones y mayorías obtenidas en las diversas clases conformadas dentro de su perímetro, pueden ser consensuales y no consensuales. Dos son los preceptos del TRLC que se van a analizar brevemente en las líneas siguientes, a saber, los arts. 638 y 639.

Son planes consensuales aquellos en los que se consigue la mayoría necesaria (2/3 o en caso de acreedores con garantía real ¾ partes) en todas las clases, mientras que son no consensuales aquéllos en los que se consigue la mayoría necesaria en la mayoría de las clases (o en la clase in the money) pero no en todas.

Parece obvio que el control judicial debe extremarse en el caso de los planes de reestructuración no consensuales, precisamente en orden a advertir un escenario de artificiosa conformación de clases. En el caso de los planes consensuales la cuestión decisiva pasa por advertir que dentro de cada clase se ha dispensado a todos los créditos un tratamiento paritario.

En el caso de los planes no consensuales, esto es aquellos en los que no concurre el presupuesto contemplado por el ordinal tercero del art. 638 (en el caso de planes consensuales, que haya sido aprobado por todas las clases de créditos de conformidad con las previsiones de este título, por el deudor o, en su caso, por los socios), conforme al art. 639 también podrá ser homologado el plan de reestructuración que no haya sido aprobado por todas las clases de créditos si ha sido aprobado por:

1.- Una mayoría simple de las clases, siempre que al menos una de ellas sea una clase de créditos que en el concurso habrían sido calificados como créditos con privilegio especial o general; o, en su defecto, por

2.- Al menos una clase que, de acuerdo con la clasificación de créditos prevista por esta ley, pueda razonablemente presumirse que hubiese recibido algún pago tras una valoración de la deudora como empresa en funcionamiento. En este caso, la homologación del plan requerirá que la solicitud vaya acompañada de un informe del experto en la reestructuración sobre el valor de la deudora como empresa en funcionamiento.

El plan de reestructuración consensual puede ser impugnado en atención a los motivos que contempla el art. 654 TRLC. Evidentemente la legitimación la ostentan los acreedores agraviados, esto es, los que siendo titulares de créditos que están dentro del perímetro, no lo han votado a favor y se ven arrastrados. De entre los supuestos contemplados merecen destacarse los recogidos en los ordinales 5º, 6º y 7º, a saber:

– Que sus créditos no hayan sido tratados de forma paritaria con otros créditos de su clase.

– Que la reducción del valor de sus créditos sea manifiestamente mayor al que resulta necesario para garantizar la viabilidad de la empresa. En caso de cesión de créditos, se presumirá que no concurre esta circunstancia cuando el acreedor impugnante haya adquirido el crédito con un descuento superior a la reducción del valor que este padece.

– Que el plan no supere la prueba del interés superior de los acreedores.

Esto es, amén del supuesto de la exigencia del tratamiento paritario, ya mencionado más arriba, se trata de los supuestos de exigencia de sacrificio desproporcionado a los acreedores, y de quebranto del interés superior de acreedores. Es este el eje nuclear del procedimiento de insolvencia (y también del preconcurso que trata de evitar o superar la situación de insolvencia actual). Los acreedores deben tener por esta vía una expectativa de satisfacción de su derecho de crédito (ahora frustrado) superior a la que se tendría en un escenario de liquidación concursal.

Por lo que se refiere a los planes no consensuales (art. 655 TRLC) los acreedores agraviados podrán impugnar el plan por los mismos motivos con independencia de que pertenezcan a una clase en la que se haya obtenido la mayoría necesaria o no.

Además de ello, en el caso de planes no consensuales los acreedores agraviados que pertenezcan a una clase que no lo haya aprobado, podrán impugnar el plan por los motivos que contempla el apartado 2 del art. 655 TRLC.

En lo que ahora nos interesa, merece destacarse el supuesto que se contempla en el ordinal 4°, esto es, el quebranto del principio de prioridad absoluta.

Pero este supuesto no viene conformado legalmente de manera absoluta, toda vez que admite la excepción que previene el art. 655.3 TRLC. Se trata de requisitos cumulativos, a saber:

– cuando sea imprescindible para asegurar la viabilidad de la empresa y

– cuando los créditos de los acreedores afectados no se vean perjudicados injustificadamente

VI. BIBLIOGRAFÍA

GUTIÉRREZ GILSANZ, A. "La equidad en el perímetro de afectación de los planes de reestructuración homologados" Diario La Ley, núm. 10625, 11 de diciembre de 2024.

NAVARRO ROS, A. "Los planes de reestructuración", en BOLDO-CAMPUZANO (Dir.) *Tratado de Derecho Concursal*, Ed. Atelier, Barcelona 2025.

PULGAR EZQUERRA, J. "La delimitación del perímetro en los planes de reestructuación y su control", Diario La Ley, núm. 10580, 3 de octubre de 2024.

VILATA MENADAS, S. *Elementos de Derecho Concursal.* Ed. Tirant lo Blanch, Valencia 2010.

16. ALGUNAS CUESTIONES SOBRE LOS PLANES DE REESTRUCTURACIÓN

JOSÉ MARÍA TAPIA LÓPEZ
Magistrado Juez de lo Mercantil núm. 1 de Valladolid
Especialista en los asuntos propios de los órganos de lo mercantil

Sumario: I. HOMOLOGACIÓN JUDICIAL DE LOS PLANES DE REESTRUCTURACIÓN. II. REQUISITOS FORMALES DE LOS PLANES DE REESTRUCTURACIÓN. III. COMPETENCIA JUDICIAL INTERNACIONAL EN EL CASO DE FILIALES EXTRANJERAS. ART. 755 TRLC. IV. EFECTOS DE LA INEFICACIA DE UN PLAN DE REESTRUCTURACIÓN CON RELACIÓN AL RESTO CUYA HOMOLOGACIÓN SE SOLICITÓ DE FORMA CONJUNTA.

I. HOMOLOGACIÓN JUDICIAL DE LOS PLANES DE REESTRUCTURACIÓN

A la hora de abordar esta cuestión es necesario partir de la regulación contenida en los art. 638 a 640 TRLC. El primero de ellos se refiere a los requisitos para la homologación del plan de reestructuración aprobado por todas las clases de acreedores; el segundo de ellos, a los requisitos de la homologación en los casos de no aprobación por todas las clases de acreedores, y el último, a la aprobación por el deudor, y, en su caso, los socios.

De la lectura conjunta de estos preceptos podemos extraer las siguientes conclusiones:

La labor del Juez se limita a una mera verificación formal de los requisitos exigidos para la homologación judicial del plan de reestructuración presentado, salvo que, de la documentación se dedujera manifiestamente que no se cumplen tales requisitos:

– en primer lugar, que se trate de un plan de reestructuración que deba ser homologado

– en segundo lugar, debe comprobarse la condición del solicitante de la homologación (subjetiva y objetiva), en relación con la persona natural o jurídica, que se incluya en este ámbito, y comprobar el estado de insolvencia (probable, inminente o actual)

– en tercer lugar. Que el plan ofrezca una perspectiva razonable de evitar el concurso y asegurar la viabilidad de la empresa en el corto y en el medio plazo (art. 638.1°).

– verificación de los requisitos de contenido y forma (art. 633): relativos al contenido que necesariamente debe adoptar el plan de reestructuración, su forma (art. 634)

– que el plan sea aprobado por todas las clases de créditos (art. 638.3), en relación con la excepción contenida en el art. 639.

– control judicial consistente en la verificación del trato paritario de los créditos incluidos en la misma clase (art. 638.4).

– que el plan de reestructuración hubiera sido comunicado (art. 638.5/art. 627), con la excepción relativa al momento de dicha comunicación e incluso dicho procedimiento previo.

– Otra serie de requisitos que deben ser examinados judicialmente, aunque no contemplados en el art. 638: análisis del ámbito temporal y la prohibición del art. 664, la posibilidad de presentar planes conjuntos y la legitimación del instante.

Desde un punto de vista jurisprudencial la mayoría de los Juzgados de lo Mercantil mantienen la tesis de que la postura del Juez es la de mero verificador de los citados requisitos, salvo que de la documentación presentada se deduzca manifiestamente que no se cumplen los requisitos exigidos en la Sección 1ª de este Capítulo V, con lo que el Juez homologará el plan de reestructuración.

En esta línea destacan las siguientes Resoluciones:

– Auto dictado por el Juzgado de lo Mercantil de Vitoria de fecha 19 de noviembre de 2024: *"El art. 647.1 TRLC establece que salvo que de la documentación presentada se deduzca manifiestamente que no se cumplen los requisitos exigidos en la sección 1ª de este capítulo, el juez homologará el plan de reestructuración. La literalidad de dicho precepto da a entender que la labor de control del juez es puramente formal, limitándose a verificar que tras una lectura del plan y de la documentación adjunta, no se desprende de modo evidente que hay requisitos que no se cumplen. Pero en realidad la tesis que va ganando terreno entre los Juzgados de lo Mercantil desde la entrada en vigor de la Ley 16/2022, de 5 de septiembre, es que el contenido del art.*

647.1 TRLC no implica una total ausencia de control y verificación, sino que se trata necesariamente de un control limitado, porque "no es posible controlar exhaustivamente que todos los requisitos para la homologación del plan concurren, sino simplemente cerciorarse de que, tras una lectura del plan y de la documentación adjunta, no se desprende de modo evidente que hay requisitos que no se cumplan" (AAJM nº 16 de Madrid, de 15.12.2023, y de 30.07.2024) y porque el propio legislador constriñe la labor del juzgador al principio de intervención mínima. La Exposición de Motivos de la Ley señala que: "... El régimen aplicable a los planes de reestructuración descansa sobre un principio de intervención judicial mínima y a posteriori..." bajo los "... criterios de necesidad y proporcionalidad..." en dicha reducida intervención; añadiendo que "... El juez solo interviene al final del proceso, para homologar el plan ya aprobado por las clases y mayorías exigidas por la ley...", y a partir de ello "... bajo ese principio de intervención mínima, la ley se basa en que el control inicial del juez es muy limitado..."; y usando como fuente de conocimiento y valoración judicial "... exclusivamente a partir de la documentación presentada, sin perjuicio de la aplicación de las reglas generales sobre subsanación...". De esta forma, el control judicial se contrae a aspectos formales y en menor medida a aspectos sustantivos y materiales, sin verificar la veracidad, exactitud y rigor de las afirmaciones realizadas por el deudor/es o, en su caso, por las valoraciones e informes del experto en la reestructuración (A. Juzgado de lo Mercantil nº 6 de Madrid de 22.07.2024). Este mismo auto que se acaba de citar se refiere a varias resoluciones judiciales que así lo entienden: "En interpretación de dicho adverbio 'manifiestamente' el Auto del Juzgado Mercantil nº 1 de Oviedo, de 6.5.2024 [ROJ: AJM O 28/2024] afirma que "...la función del juez del concurso se contrae a la revisión documental para determinar la acreditación de los requisitos exigidos en la Sección Primera...", añadiendo el Auto del Juzgado Mercantil nº 16 de Madrid, de 15.12.2023 que "...no es posible controlar exhaustivamente que todos los requisitos para la homologación del plan concurren, sino simplemente cerciorarse de que, tras una lectura del plan y de la documentación adjunta, no se desprende de modo evidente que hay requisitos que no se cumplan...".

– En términos análogos el Auto del Juzgado Mercantil nº 10 de Barcelona, de 15 de septiembre de 2.023 razona que "... *el examen que debe hacer el juzgador en los supuestos de homologación sin contradicción queda restringido a la comprobación de los requisitos legales que fundamentalmente recogen los arts. 638 y 639 del TRLC a partir del contenido del propio acuerdo y del informe del experto independiente. De tal manera que cualquier crítica por inexactitud o enmienda por incompleta a dichos documentos debe ser vehiculada por la impugnación del plan de homologación...".* Y *de un modo más reciente, el Auto del Juzgado Mercantil nº 1 de Badajoz, Sección 1ª, de 29.2.2024, argumenta que "... salvo en supuestos manifiestamente groseros y burdos, contrarios a la ley o al orden público, el juez debe homologar el plan, dejando en manos de los acreedores la carga de alegar y probar, vía impugnación o bien, de oposición si hay contradicción previa, el carácter razonable o no de las medidas propuestas o si las mismas le imponen un sacrificio patrimonial injustificado...".*

– El Auto del Juzgado de lo Mercantil nº 13 de Madrid de 30 de mayo de 2023: analiza en profundidad el alcance de este control en los planes de reestructuración. Para ello distingue en función de que exista o no contradicción judicial previa:

– Sin contradicción previa: El juez debe limitarse a la verificación formal de los requisitos que indica la norma, lo que supone, respecto de los requisitos de índole sustantiva, una revisión somera de si los motivos ofrecidos por el deudor a la hora de justificar que los criterios elegidos para conformar el perímetro de afectación, o para la formación de clases, son objetivos y fácilmente comprobables, sin tener que ir más allá, ni mucho menos, cuestionar la proporcionalidad de las medidas.

Así las cosas, serán los acreedores quienes deben impugnar el plan ante la Audiencia Provincial y alegar y probar la concurrencia de los motivos de impugnación.

– Con contradicción previa: En este caso, el control del juez se despliega al resolver la oposición que hubieran formulado las partes afectadas.

Frente a esta postura mayoritaria, destaca el Auto dictado por el Tribunal de Instancia Mercantil de Sevilla de fecha 6 de marzo de 2.024 que establece lo siguiente: *"es decir, procede resolver sobre la homologación en esta resolución, lo que nos traslada a la delimitación de los requisitos necesarios para que ello se produzca. Se contempla en los art. 635 a 640. Sin embargo, no solo hemos de atender a éste para determinar qué requisitos deben cumplir el plan de reestructuración para ser homologado, puesto que, por un lado, se realizan remisiones a otras partes del Texto Refundido y, por otro lado, algunos preceptos fuera de esta Sección primera incluyen un mandato directo de control del juez que conoce la solicitud".*

Esta Resolución distingue tres bloques diferenciados:

– La situación de insolvencia y el hecho consistente en no haberse solicitado homologación y haberse homologado este en el año anterior.

– Bloque que incluye los requisitos externos o formales y requisitos internos o subjetivos.

Formales: haber formalizado escritura pública y certificado de experto o auditor y que se cumplan los requisitos de contenido y de comunicación.

Materiales:

- Que el plan ofrezca una perspectiva razonable para evitar el concurso y asegurar la viabilidad de la empresa en el corto y medio plazo.
- Que los créditos dentro de la misma clase sean tratados de forma paritaria.
- Que, si el plan conlleva operaciones societarias, éstas se adecuen a la legalidad (art. 647.4).

– Respecto al tercer bloque: el Auto diferencia requisitos que no siempre deben concurrir, relacionados con el consentimiento del deudor (persona natural) o el no consentimiento del deudor (persona jurídica), supuesto de socios legalmente responsables, y la aprobación de las clases (por todas, mayoría simple o por una según los casos).

Esta Resolución plantea una lectura muy distinta del art. 647.1 TRLC que, en términos procesales, nada tiene que ver con un control judicial meramente superficial o restringido de los presupuestos para la homologación. Esto significa que aquella disposición debe ser interpretada como una norma que regula el régimen de distribución de la carga de la prueba, de un modo distinto al artículo 217 LEC, así se indica que: *«Quien sostiene una pretensión tiene la carga de probar los hechos sobre las que se sustenta, de manera que, si hay dudas sobre la realidad de tales hechos, no pueden considerarse probados, lo que supone la desestimación de la pretensión asociada a aquéllos. Si no existiera la previsión que contempla el artículo 647.1 del Texto Refundido de la Ley Concursal, por mandato de los artículos 521 del Texto Refundido de la Ley Concursal y 4 de la Ley de Enjuiciamiento Civil, se aplicaría al control judicial de la homologación el régimen establecido en el artículo 217 de la Ley de Enjuiciamiento Civil, de manera que, la existencia de dudas sobre el cumplimiento de los requisitos legales necesarios para homologar el plan de reestructuración pesarían en contra del solicitante, comportando que no pudiera considerarse acreditado el cumplimiento de tales requisitos, lo que abocaría en la denegación de la homologación. La inclusión del artículo 647.1 del Texto Refundido de la Ley Concursal cambia el sistema, de manera que, en caso de que no existan dudas sobre la concurrencia de los requisitos, éstos deben entenderse cumplidos, y, por ende, debe homologarse el plan, mientras que solo si es manifiesto que no se cumplen, es decir, solo si no hay dudas de que no se cumplen, el plan no será homologado. De este modo, el citado precepto no implica que el control judicial deba ser somero, sumario, laxo o superficial, sino que, siendo profundo y completo, las dudas deben resolverse a favor del solicitante, de manera que solo se desestime su petición cuando el juez no albergue dudas de que no se cumplen los requisitos para homologar el plan de reestructuración».*

¿Qué ocurre en todos aquellos casos, en los que, habiéndose planteado una contradicción previa en materia de formación de clases, no hubiera existido oposición?

En estos casos, debemos entender que lo procedente sería dictar Auto de homologación del Plan de Reestructuración, siempre que se cumplan los requisitos para ello, sin posibilidad de impugnación posterior. En este caso, precluiría la posibilidad de una impugnación posterior, aunque la pregunta se puede plantear en el sentido si afecta a todos los acreedores o solo a quiénes formularan oposición.

El Auto dictado por el Juzgado de lo Mercantil nº 5 de Madrid de fecha 28 de septiembre de 2.023, defiende esta interpretación y considera que, en ausencia de oposiciones, lo procedente es dictar el auto de homologación, siempre que concurran los requisitos para su homologación. Y colma la laguna legal proclamando la irrecurribilidad del auto, contra el que no cabrá recurso alguno: «*…aunque se sobreentiende que ante la ausencia de oposición, y por tanto ante la ausencia de demanda incidental y de incidente concursal, debe de procederse al dictado de auto homologando el PR si se dan los requisitos para ello, pues no existe escenario de controversia sino mero control del juez en la aprobación del plan, y aunque se debe equiparar la irrecurribilidad de la sentencia que resuelva las oposiciones, con una irrecurribilidad del auto que lo homologue (o no lo homologue), hubiera sido deseable que se hubiera regulado escuetamente el escenario* *procesal que se plantea ante la falta de oposición, su resolución por auto, y su correspondiente recurso (no recurso)».*

II. REQUISITOS FORMALES DE LOS PLANES DE REESTRUCTURACIÓN

El art. 634 TRLC exige que el Plan de Reestructuración se encuentre formalizado en documento público (por quienes lo hayan suscrito), debiendo incluir, la certificación del experto en la reestructuración (si estuviera nombrado) y, en otro, caso de auditor, (sobre la suficiencia de las mayorías exigidas para aprobar el Plan).

Por su parte, el art. 643 TRLC obliga a adjuntar a la solicitud de homologación una copia íntegra del instrumento público en el que se haya formalizado el plan, incluida la certificación de auditor sobre la suficiencia de las mayorías que se exigen para su homologación, y del informe que, en su caso, hubiera emitido el experto en la reestructuración.

Si faltara la certificación, no sería posible la subsanación, pues este documento opera como el medio a partir del cual el Juez verifica la concurrencia de las mayorías necesarias para la aprobación de éste.

¿Es necesaria la comunicación del Plan a todos los acreedores afectados? En este sentido el art. 627 TRLC obliga a comunicar la Propuesta del Plan de Reestructuración a todos los acreedores cuyos créditos pudieran resultar afectados. Por su parte el apartado 2º determina el modo en que debe efectuarse la citada comunicación:

– De ser posible, la comunicación deberá hacerse individualmente, por vía postal o electrónica.

– Si no fuera posible, por desconocerse su identidad o dirección, mediante anuncio en la página web de la Sociedad, con indicación del lugar donde los acreedores que acrediten legitimación podrán examinar el contenido del plan.

– En último lugar, cuando ninguno de estos medios fuese factible, el Letrado de la Administración de Justicia del Juzgado competente para conocer de la homologación ordenará la publicación de un edicto en el Registro Público Concursal, con indicación del lugar donde los acreedores que acrediten legitimación podrán examinar el contenido del plan.

¿Cabe la posibilidad de sustituir esta comunicación conjunta por una declaración responsable del solicitante? Entiendo que esta declaración puede suplir el control judicial, al primar razones de puro pragmatismo, dado que sería irreal pensar que el Juez comprobará una por una todas las comunicaciones remitidas a los acreedores (que deberían adjuntarse a la solicitud de homologación); de ser así, ello le obligaría a chequear, además, si fueron remitidas de forma exitosa (en sentido de pronuncia el Auto dictado por el Tribunal de Instancia Mercantil de Sevilla de fecha 6 de marzo de 2.024).

Además, el art. 633.5°, cuando enumera el contenido del Plan de Reestructuración, ni siquiera obliga a identificar individualmente a los acreedores cuyos créditos vayan a quedar afectados por el Plan, sino que basta con su descripción por clases, lo que dificulta el examen del Juez, en el caso de optar por la última de las dos alternativas anteriormente relacionadas.

III. COMPETENCIA JUDICIAL INTERNACIONAL EN EL CASO DE FILIALES EXTRANJERAS. ART. 755 TRLC

Para resolver este situación, es necesario tener en cuenta el art. 755 relativo a la competencia judicial internacional respecto de filiales extranjeras: *"Cuando los tribunales españoles sean competentes para conocer de los procedimientos que se regulan en el libro segundo en relación con la sociedad matriz de un grupo de sociedades, podrán extender su competencia en relación con sociedades filiales cuyo centro de intereses principales se localice fuera de España, si concurren los siguientes requisitos:*

1° Que la sociedad matriz haya instado la comunicación regulada en el libro segundo o vaya a quedar sometida al plan de reestructuración.

2° Que la comunicación o la homologación del plan de reestructuración se hayan solicitado como reservada en relación con las filiales, en cuyo caso ni la comunicación ni las resoluciones sobre la homologación del plan respecto de las filiales se publicarán en el Registro público concursal. Estas resoluciones se dictarán separadamente de las resoluciones relativas a la sociedad matriz.

3º Que la extensión de la competencia sobre las filiales resulte necesaria para garantizar el buen fin de las negociaciones de un plan de reestructuración o la adopción y cumplimiento del plan.

En cualquier caso, la competencia solo alcanzará a los acreedores contractuales comunes a la sociedad matriz y a las filiales".

Esta regulación legal parte del presupuesto de que la Sociedad matriz tenga el centro de sus intereses principales en territorio nacional, pudiendo extender su competencia internacional a las filiales cuyo centro de intereses principales radique fuera de España, siempre que concurran los requisitos enumerados en el mismo.

El primer de ellos:

– Que por parte de la Sociedad matriz se haya solicitado la comunicación de inicio de negociaciones con sus acreedores (art. 585 y siguientes TRLC).

– Que en la citada comunicación se hubiera solicitado como reservada una comunicación o la homologación de un plan (en relación con las Sociedades filiales).

Este carácter reservado no implica el desconocimiento absoluto de la existencia de la citada comunicación (muy poco probable en la práctica, dado que, todo su entorno empresarial, acreedores conocen de su existencia). De acuerdo con el Reglamento UE 2015/848 del Parlamento Europeo y del Consejo de Insolvencia Transfronteriza esta referencia al carácter reservado debe entenderse como confidencial.

Esta exigencia legal del carácter reservado significa que tanto la comunicación del inicio de negociaciones como la solicitud de homologación (con relación a las Sociedades filiales) no se publiquen en el Registro Público Concursal.

– Por último, que resulte necesaria la extensión de la competencia internacional en relación a las filiales con el fin de garantizar el éxito de las negociaciones con los acreedores o bien la homologación de un plan de reestructuración y su cumplimiento.

– Resulte necesaria la extensión de la competencia sobre las filiales para garantizar el buen fin de las negociaciones de un plan de reestructuración o la adopción y cumplimiento del mismo.

Desde un punto de vista práctico, podemos resaltar el Asunto CODERE (Auto del Juzgado de lo Mercantil nº 6 de Madrid de fecha 22 de julio de 2.024) en el que textualmente se recoge: *"dentro del perímetro de la reestructuración se encontraba una sociedad de nacionalidad y centro de sus intereses principales (COMI) en Luxemburgo filial "... Ahora bien, incluida en el perímetro de la reestructuración una sociedad filial de la matriz CODERE NEWCO, S.A.U., de nacionalidad y centro de interese principales [COMI] luxemburgueses denominada, controlada por la matriz española, debe estarse a la determinación de competencia dispuesta en el art. 755 LCo, de tal modo que la jurisdicción española y la competencia internacional y territorial de los tribunales de Madrid se extenderá en los procedimientos preconcursales del Libro II LCo, respecto de las filiales con centro de intereses principales en el extranjero, cuando de modo acumulado: "... 1º Que la sociedad matriz haya instado la comunicación regulada en el libro segundo o vaya a quedar sometida al plan de reestructuración.*

2º Que la comunicación o la homologación del plan de reestructuración se hayan solicitado como reservada en relación con las filiales, en cuyo caso ni la comunicación ni las resoluciones sobre la homologación del plan respecto de las filiales se publicarán en el Registro público concursal. Estas resoluciones se dictarán separadamente de las resoluciones relativas a la sociedad matriz.

3º Que la extensión de la competencia sobre las filiales resulte necesaria para garantizar el buen fin de las negociaciones de un plan de reestructuración o la adopción y cumplimiento del plan... ".

Aplicando tal regla competencial nacional e internacional, en la presente solicitud y su tramitación procesal, resulta:

i.- que la sociedad matriz con centro de intereses principales en España, si bien no ha realizado la comunicación previa de negociaciones, solicita la presente homologación y queda sujeta a los efectos de la reestructuración formalizada.

ii.- la solicitud de homologación fue realizada con expresa petición de reserva respecto a la sociedad con centro de intereses principales en el extranjero; lo que fue acordado por Providencias de 3.7.2024, quedando ésta última referida a la sociedad luxemburguesa, declarada confidencial sin notificación a las partes personadas ni publicidad edictal [-de ahí la duplicidad de proveídos-].

iii.- que, tal como se razona en la solicitud de homologación y en el plan alcanzado, la sociedad con centro de intereses principales en el extranjero resulta emisora de los bonos cuya modificación se recoge en el plan, siendo las sociedades con COMI en España avalistas y/o fiadoras solidarias de aquellas emisiones; por lo que solo la extensión de la competencia internacional de los tribunales españoles a dicha filial determinó el éxito de la negociación del plan y resulta garantía jurisdiccional de su cumplimiento futuro.

En resumen, debe apreciarse la jurisdicción y competencia de los tribunales mercantiles de Madrid para el conocimiento y tramitación de la solicitud de homologación formulada, por cuanto concurrentes los requisitos materiales y procesales exigidos en el art. 755 LCo., para extender dicha jurisdicción a sociedades con COMI extranjero y sobre instrumentos de deuda sujetos a leyes de Estados extranjeros; sin perjuicio del respeto a la Ley aplicable a los mismos".

IV. EFECTOS DE LA INEFICACIA DE UN PLAN DE REESTRUCTURACIÓN CON RELACIÓN AL RESTO CUYA HOMOLOGACIÓN SE SOLICITÓ DE FORMA CONJUNTA

Art. 642 TRLC: *"1. Los deudores que hubieran efectuado una comunicación conjunta podrán solicitar bien la homologación individual o conjunta de los respectivos planes de reestructuración o de alguno de ellos, bien la homologación de un plan conjunto de reestructuración.*

2. En el caso de solicitud de homologación conjunta de distintos planes de reestructuración o de homologación o de un plan conjunto de reestructuración, los requisitos para la homologación deberán cumplirse en relación con cada uno de los deudores".

La problemática se plantea en relación con el segundo apartado, en el sentido de sí la extensión de la declaración de ineficacia de uno de los planes de reestructuración, debe suponer el mismo efecto para el resto de los planes de los que se solicitó su homologación conjunta, o, por el contrario, proclamar la independencia de cada uno de los planes presentados para su homologación, de forma que la estimación de la impugnación u oposición de uno de ellos no debiera extenderse al resto.

Para evitar esta ineficacia conjunta de homologación de planes de reestructuración, lo preferible sería la presentación individual a homologación de cada uno de los planes de reestructuración, sin vincular el resultado de la impugnación al resultado de las otras homologaciones, pero en el caso de que se eligiera la homologación conjunta, irremediablemente se produce la vinculación entre todos los planes de reestructuración, quedando condicionada la eficacia de cada uno de ellos al resto de planes de reestructuración, por lo que la ineficacia de uno de solo de ellos conllevará la ineficacia del resto de los planes de reestructuración presentados conjuntamente a homologación.

En este tipo de situaciones lo lógico sería que los impugnantes entendieran que la ineficacia de uno de los planes de reestructuración debería arrastrar irremediablemente a la de los demás, dada su tramitación conjunta, mientras que las sociedades deudoras defendieran lo contrario, es decir, la independencia de cada uno de los planes presentados, de forma que la estimación, en su caso, de la impugnación de uno de ellos no debería extenderse a los restantes, si respecto de estos últimos se confirmaba su homologación por la Audiencia.

Mayores problemas plantea la cuestión de la ineficacia parcial o limitada de uno de los planes sometido a homologación judicial: en este caso los efectos no se extienden al acreedor impugnante, siendo plenamente válido para el resto de los acreedores afectados. Esta ineficacia parcial no producirá necesariamente la extensión de esta a los demás planes presentados para su homologación conjunta.

Sentencia dictada por la Sección 15ª de la Audiencia Provincial de Barcelona de fecha 16 de octubre de 2.024 (Asunto URIARTE ITURRATE, S.L.): *"En el presente caso, se presentaron tres solicitudes de homologación de planes de reestructuración individuales, lo que dio lugar a la apertura de tres procedimientos diferentes de homologación (Homologación de plan de reestructuración 1139/2023-B, 1140/2023-B y 1366/2023-B) para cada una de las sociedades implicadas. No obstante, a petición expresa de las solicitantes, dichos procedimientos se tramitaron manera conjunta y coordinada. En la solicitud de homologación se menciona expresamente: "Solicitud de homologación judicial conjunta de planes de reestructuración (art. 642, 643 y concordantes del TRLC)". Recordemos que se nombró un ER a tenor de lo dispuesto en el artículo 672.4 TRLC. 19. El artículo 642.2 del TRLC establece que, en todo caso, los requisitos para la homologación deben cumplirse en relación con cada uno de los deudores. Esto significa que, aunque se trate de una homologación conjunta de varios planes de reestructuración individuales, generalmente pertenecientes a un grupo de empresas interrelacionadas, es necesario que cada plan cumpla los requisitos específicos. La razón de inte-*

resar una homologación conjunta radica en que la viabilidad económica de la operación depende de la aprobación de todos los planes como un conjunto, como expresamente reconoce el perito de las deudoras. De la página 28 del mencionado informe se deduce que la financiación, imprescindible para la viabilidad de las tres compañías, está subordinada a la aprobación de los tres planes, cuando indica que «Cabe destacar que a dicho compromiso irrevocable [COMPROMISOS DE FINACIACIÓN] se le aplica una condición suspensiva, relativa a la homologación de los tres PdR (Ecolumber, FSDLV y Uriarte) mediante resolución judicial firme. Este aspecto es, a nuestro juicio, y sin querer entrar en los aspectos legales del mismo, muy relevante, dado que la viabilidad del Grupo, y de Uriarte en particular en este caso, pasa por la homologación judicial de los PdR». 20. En este supuesto, aunque se han seguido tres procedimientos, estos han sido tramitados de forma coordinada. Por lo tanto, si alguno de los planes no cumpliera con los requisitos necesarios para la homologación, ello implicaría que el plan conjunto no podría ser homologado en su totalidad".

La Audiencia estima los motivos de impugnación (incorrecta formación de clases): *"Según el art. 661.1 TRLC como regla general, la estimación de la causa de impugnación determina "la no extensión de los efectos del plan únicamente frente a quien hubiera instado la impugnación, subsistiendo los efectos de la homologación frente a los demás acreedores y socios". Sin embargo, como excepción en el apartado siguiente "cuando la estimación de la impugnación se haya basado en la falta de concurrencia de las mayorías necesarias o en la formación defectuosa de las clases, la sentencia declarará la ineficacia del plan. 34. Las clases determinan la forma en la que los acreedores han de votar y, en su caso, aceptar las nuevas condiciones de sus créditos. Si esas clases han sido formadas indebidamente los acreedores no emiten de forma válida sus votos. 35. Por ello, la estimación de la impugnación por formación defectuosa de las clases conlleva necesariamente que debamos declarar la ineficacia del plan de URIARTE y, a su vez, se desestima la homologación conjunta interesada junto con los planes de reestructuración de ECOLUMBER y DIRECCION000, de conformidad con los dispuesto en el artículo 642.2 del TRLC".*

17. EL PLAZO DE PRESCRIPCIÓN DE LA ACCIÓN DE RESPONSABILIDAD POR DEUDAS DEL ARTÍCULO 367 LSC: EVOLUCIÓN JURISPRUDENCIAL Y ESTADO ACTUAL DE LA CUESTIÓN

GUILLERMO FERNÁNDEZ GARCÍA
Magistrado Juez de lo Mercantil núm. 3 de Las Palmas de Gran Canaria
Especialista en los asuntos propios de los órganos de lo mercantil

I. INTRODUCCIÓN

El régimen de responsabilidad de los administradores sociales constituye uno de los pilares fundamentales del Derecho societario, y desde un punto de vista cuantitativo, una de las materias más importantes de las que conocen a los juzgados de lo mercantil.

De este modo, el art. 367 de la Ley de Sociedades de Capital (LSC) constituye una herramienta de protección del tráfico mercantil en aquellas situaciones en que, existiendo causa de disolución, los administradores omiten el deber legal de promover dicha disolución, exponiendo así a los acreedores a un riesgo injustificado.

A diferencia de las acciones social e individual por daños (arts. 238 y 241 TRLSC), la responsabilidad por deudas del artículo 367 constituye un supuesto de responsabilidad ex lege, derivado no de un daño causado, sino del incumplimiento de una obligación legal, y que prescinde de cualquier elemento culpabilístico.

Durante años, la doctrina y la jurisprudencia han debatido intensamente sobre el régimen de prescripción aplicable a esta acción, existiendo distintas posturas que iban desde la: aplicación del artículo 241 bis LSC, incardinado entre los preceptos que disciplinan las acciones de responsabilidad por daño y que establece un plazo de cuatro años desde que la acción pudo ejercitarse, hasta la aplicación del artículo 949 del Código de Comercio, que fija el inicio del cómputo del plazo de prescripción en el momento del cese del administrador.

La reciente Sentencia del Tribunal Supremo de 31 de octubre de 2023 (STS 1512/2023), seguida por otros pronunciamientos posteriores, ha venido a zanjar esta controversia, perfilando un nuevo paradigma interpretativo, y decantándose por una solución, la de hacer coincidir el plazo de prescripción y su dies a quo con el de la deuda garantizada, como si se tratara de una fianza legal solidaria, que para muchos ha resultado sorprendente.

El artículo pretende analizar esta evolución, valorando sus consecuencias prácticas y las incertidumbres que todavía suscita en la aplicación judicial del precepto.

II. LA ACCIÓN DE RESPONSABILIDAD POR DEUDAS DEL ARTÍCULO 367 TRLSC

El artículo 367 TRLSC establece que los administradores responderán solidariamente de las obligaciones sociales posteriores a la causa de disolución cuando incumplan su deber legal de convocar la junta para adoptar medidas adecuadas, o de solicitar la disolución judicial.

Esta previsión configura una responsabilidad por deuda ajena impuesta por la ley, de carácter objetivo, y que supone una importante garantía para los acreedores.

La doctrina y la jurisprudencia del Tribunal Supremo (SSTS 367/2014, 316/2020, 669/2021, entre otras) han caracterizado esta responsabilidad como una forma de "solidaridad propia" o "ex lege", más cercana a la figura del fiador solidario que a la de un responsable por daños. El administrador no responde por su conducta culposa directamente causante del daño, sino por haber permitido que la sociedad contrajera obligaciones mientras estaba incursa en causa de disolución, incumpliendo sus deberes legales.

Esta acción tiene, por tanto, trascendentales consecuencias, pero carece de una regulación específica en lo tocante a la prescripción. De ahí que hayan existido discrepancias en cuanto al régimen que le resulta aplicable, y aquella laguna obliga a determinar si debe aplicarse una regla específica —como el art. 241 bis LSC o el art. 949 CCom— o si debe acudirse al régimen general del Código Civil en función de la obligación social que resulta cubierta por esta acción.

La cuestión ha sido resuelta por la reciente sentencia del Tribunal Supremo de 31 de octubre de 2023.

III. POSICIONES DOCTRINALES PREVIAS

La cuestión relativa al plazo de prescripción de la acción de responsabilidad por deudas del artículo 367 LSC ha sido durante años objeto de posiciones doctrinales divergentes, lo que generó una importante incertidumbre tanto en la práctica forense, como en la actuación de los propios administradores sociales.

Una primera corriente doctrinal sostenía que debía aplicarse analógicamente el artículo 241 bis LSC, introducido por la Ley 31/2014, que establece un plazo de cuatro años para el ejercicio de las acciones de responsabilidad contra administradores, a contar desde que la acción pudo ejercitarse. Esta tesis se apoyaba en una interpretación sistemática de la LSC, considerando que, pese a la ubicación del artículo 367 en el Título X (Disolución y Liquidación), el control de la conducta del administrador debe conducir a un tratamiento uniforme para todas las formas de responsabilidad.

Por el contrario, otros autores defendieron la aplicación del artículo 949 del Código de Comercio, que fija el inicio del cómputo del plazo en el cese del administrador. Ello supone una mayor dureza para este, pues en el caso de que la sociedad perviviera aún sin actividad y no se hubiese acordado su cese, la acción podría ejercitarse sin limitación temporal al no haber comenzado el cómputo del plazo de prescripción.

Finalmente, una tercera posición, que ha sido finalmente la adoptada por la sentencia del Tribunal Supremo de 31 de octubre de 2023, considera que el plazo de prescripción debe determinarse atendiendo a la deuda garantizada, tomando en consideración el régimen de la prescripción de esta. Bajo esta óptica, el artículo 367 TRLSC configura una obligación solidaria legal —una suerte de "fianza impropia"—, y por tanto, el administrador respondería conforme al régimen jurídico aplicable a la deuda principal, tanto en cuanto al plazo como al momento de inicio del cómputo y causas de interrupción.

Este enfoque fue inicialmente defendido por parte de la doctrina mercantilista, y se ha visto confirmado por la más reciente jurisprudencia del Tribunal Supremo.

IV. EVOLUCIÓN JURISPRUDENCIAL HASTA 2023

Antes de la sentencia del Tribunal Supremo de 31 de octubre de 2023, el panorama jurisprudencial en torno al plazo de prescripción de la acción del artículo 367 LSC era profundamente heterogéneo. Las Audiencias Provinciales adoptaban criterios dispares, lo que alimentaba una notable inseguridad jurídica.

Una corriente jurisprudencial, minoritaria, abogaba por la aplicación del artículo 241 bis LSC, considerando que la acción por deudas es una variante de la acción de responsabilidad derivada del incumplimiento de los deberes del cargo. Esta tesis fue compartida por algunas resoluciones aisladas, aunque nunca fue mayoritaria ni recibió refrendo expreso del Alto Tribunal.

Otras resoluciones optaban por aplicar el artículo 949 del Código de Comercio, fijando como dies a quo el momento del cese del administrador. Esta postura encontraba más acogida en la práctica judicial, pero presentaba objeciones sistemáticas: el artículo 949 está pensado para sociedades personalistas y no refleja el régimen de responsabilidad automática y objetiva que impone el artículo 367 LSC.

En esta línea podemos citar la sentencia del juzgado de lo mercantil núm. 1 de Madrid, del 16 de noviembre de 2016 (ROJ: **2SJM SS 4747/2016** - CLI:ES: JMSS:2016:4747):

"En lo que atañe a la acción de responsabilidad por deudas, el 241 bis de la LSC regula solo la prescripción de la acción individual o social de responsabilidad. El régimen de prescripción de la responsabilidad por deudas prevista en el art. 367 hay que buscarlo en lo dispuesto en el art. 949 del Código de Comercio (LA LEY 1/1885), que establece el plazo de prescripción de 4 años a contar desde el cese del cargo del administrador social, circunstancia ésta que no ha sido alegada por lo que no se puede tener en cuenta para poder estimar una posible prescripción".

En igual sentido SAP de Pontevedra, Civil sección 1 del 14 de noviembre de 2016 (ROJ: **SAP PO 2255/2016** - ECLI:ES:APPO:2016:2255):

"13. La cuestión de la prescripción de las acciones de responsabilidad contra los administradores había quedado pacíficamente establecida desde la STS 20.7.2001, que optó por la aplicación del plazo de cuatro años del Código de Comercio tanto para las acciones de responsabilidad social e individual, como para la acción de responsabilidad por deudas. Este plazo, en aplicación del art. 949 del texto sustantivo, computaba desde el cese, habiéndose también clarificado por la jurisprudencia del TS que dicho plazo computaba desde la inscripción del cese en el Registro Mercantil, salvo circunstancias excepcionales que justificaran el conocimiento del cese por el acreedor demandante. 14. En este marco, que podía entenderse como pacífico, al menos desde la perspectiva jurisprudencial, irrumpió la reforma de la LSC 31/2014, de 3 de diciembre, que en su art. 241 bis recupera para las acciones individual y social el sistema de cómputo del Código Civil de la *actio nata*, de modo que el plazo prescriptivo comenzará a correr desde que la acción pudiera ser ejercitada. Este plazo es también extensivo para la responsabilidad de los liquidadores, por la remisión general que efectúa el art. 375.2. 15. Pero consideramos que el plazo para el ejercicio de la acción de responsabilidad por deudas ha quedado fuera del ámbito de aplicación de la norma, como apuntábamos en nuestra sentencia de 31 de marzo pasado (recurso 50/16, ECLI:ES:APPO:2016:488). No sólo por los argumentos literal y sistemático (el precepto está inmerso dentro del capítulo dedicado a la responsabilidad de los administradores por los daños causados a la sociedad y a terceros en el marco de las acciones individual y social, en el Capítulo V ("La responsabilidad de los administradores") del Título VI ("La administración de la sociedad") de la LSC; mientras que el artículo 367 LSC se inserta en el Capítulo I ("La disolución"), Sección 2ª ("Disolución por constatación de causal legal o estatutaria") del Título X ("Disolución y liquidación"), sino porque consideramos que la regla de cómputo desde el cese es el que corresponde al sistema de responsabilidad por deudas, donde el administrador, mientas no cese, viene obligado al cumplimiento de las obligaciones sociales, amén de que la finalidad de la regla del art. 367 es evitar que la sociedad venga contrayendo obligaciones pese a estar incursa en causa de disolución, representando su permanencia en el tráfico una situación de riesgo frente a actuales y potenciales acreedores. Además, la regla evita dificultades probatorias, pues al acreedor le bastará acudir al registro para tomar conocimiento de las personas que ostentan el título de administrador, lo que evita al mismo tiempo complejas indagaciones subjetivas sobre en qué momento el acreedor fue o no consciente de la existencia de la causa de disolución. En suma, la acción de responsabilidad por deudas no sanciona al administrador por una conducta negligente ligada causalmente con la producción de un daño al acreedor o al socio, sino que sanciona el incumplimiento de un deber legal, —el de no disolver concurriendo causa para ello—, ligado a la permanencia en el cargo de administrador, de ahí que la regla de cómputo del plazo cuatrienal siga siendo la general del art. 949 CCom, precepto que continúa vigente. En consecuencia, permaneciendo en el cargo la demandada, la acción no podía encontrarse prescrita".

Esta tesis fue asimismo la adoptada por el Tribunal Supremo, al menos hasta la reforma operada en el TRLSC por la Ley 31/2014, de 3 de diciembre, por la que se modifica la Ley de Sociedades de Capital para la mejora del gobierno corporativo.

Así, la sentencia nº 475/2011, de 15 de julio de 2011, declaró que:

"Ha declarado el TS entre otras en sentencia de 4 de abril de 2011 que "desde la STS de 20 de julio de 2001, la jurisprudencia viene afirmando que el plazo de prescripción para todos los supuestos de reclamaciones de responsabilidad de los administradores por su actividad orgánica es el de cuatro años que señala el artículo 949 CCom. Esta doctrina ha sido aplicada por esta Sala en SSTS, entre otras, de fechas 1 marzo de 2004, 26 de mayo de 2004, 5 de octubre de 2004, 25 de marzo de 2005, 15 de junio de 2005, 22 de diciembre de 2005, 6 de marzo de 2006, 30 de enero de 2007, 21 de febrero de 2007, 30 de abril de 2008, 3 de julio de 2008, 10 de julio de 2008, 12 de marzo de 2010, 15 de abril de 2010, 11 de noviembre de 2010 y 23 de noviembre de 2010. Como declaran, entre las más recientes, las SSTS de 18 de diciembre de 2007, 3 de julio de 2008, 14 de abril de 2009, 11 de marzo de 2010 y 11 de noviembre de 2010 ", y en relación al cómputo inicial del término, cuestión esencial en esta sede "dicho artículo 949 CCom comporta una especialidad respecto al dies a quo[día inicial] del cómputo del referido plazo de cuatro años, que queda fijado en el momento del cese en el ejercicio de la administración por cualquier motivo válido para producirlo (SSTS de 23 de noviembre de 2010 y 30 de noviembre de 2010). Por su parte el nuevo artículo 241 bis, que manteniendo el mismo plazo cuatrienal, y a su vez, sin afectar a la vigencia del texto del Código sustantivo, opta por el sistema civil de 3 determinación del dies a quo: si se trata de reparar un daño, el plazo computará desde la fecha en que la acción pudo ser ejercitada. Si bien el mismo se refiere a la acción de responsabilidad social o individual de los administradores".

Sin embargo, el criterio que fue ganando terreno, tanto en sede doctrinal como judicial, era el que sostenía que la prescripción debía coincidir con el de la deuda social de la que se derivaba la responsabilidad. Bajo esta perspectiva, el administrador respondía como un garante legal, no por un acto culposo, y por tanto su responsabilidad nacía y prescribía al ritmo de la obligación principal.

Esa confirmación llegaría con la Sentencia de 31 de octubre de 2023, mediante una sentencia que consolidó doctrinalmente esta tercera vía y cerró la controversia interpretativa que había perdurado durante más de una década.

V. ANÁLISIS DE LA STS 1512/2023

La Sentencia del Tribunal Supremo núm. 1512/2023, de 31 de octubre, dictada por la Sala Primera (Sección 1ª), constituye un punto de inflexión en la doctrina jurisprudencial sobre el plazo de prescripción de la acción de responsabilidad por deudas del artículo 367 LSC. El fallo no sólo unifica criterios dispersos, sino que ofrece una fundamentación detallada que perfila la naturaleza y alcance de dicha acción.

En el supuesto de hecho enjuiciado, se discutía si la reclamación dirigida contra el administrador por una deuda de compraventa debía considerarse prescrita.

El Tribunal parte de una premisa clave: la acción de responsabilidad ex artículo 367 LSC no tiene naturaleza indemnizatoria, sino que impone una responsabilidad legal objetiva y solidaria respecto de una deuda ajena. El fundamento de la responsabilidad no es la conducta culposa del administrador, sino su omisión en el cumplimiento de los deberes legales de vigilancia.

No es por tanto una acción por daños. La sentencia descarta expresamente tanto la aplicación del artículo 241 bis LSC como la del artículo 949 del Código de Comercio. Rechaza que el artículo 241 bis sea aplicable, al tratarse de una norma relativa a las acciones de daños, que exigen un comportamiento antijurídico imputable al administrador. Asimismo, considera improcedente acudir al artículo 949 CCom, al tratarse de una norma prevista para sociedades personalistas y no aplicable directamente a sociedades de capital.

El criterio acogido por el Tribunal Supremo consiste en identificar la prescripción de la acción de responsabilidad por deudas con el de la deuda de la sociedad, en tanto que la acción contra el administrador no es autónoma, sino accesoria de la deuda social.

De este modo, si la obligación de la sociedad tiene un plazo de prescripción de cinco años (como en el caso del art. 1964 CC para acciones personales), dicho plazo será el aplicable también al administrador.

El Tribunal precisa además que el dies a quo del plazo comienza en el momento en que la deuda pudo ser exigida a la sociedad, y no cuando el administrador cesa o incurre en causa de disolución.

La sentencia ha sido seguida por otras resoluciones posteriores, como la STS 217/2024, de 20 de febrero, y la STS 275/2024, de 27 de febrero, que consolidan definitivamente esta interpretación.

VI. CONSECUENCIAS PRÁCTICAS: PLAZO, DIES A QUO, INTERRUPCIÓN

La clarificación jurisprudencial del régimen de prescripción aplicable a la acción del artículo 367 LSC ha tenido importantes consecuencias prácticas.

En primer lugar, el reconocimiento de que el plazo de prescripción depende de la naturaleza de la deuda social implica que será necesario analizar caso por caso si la deuda derivaba de un contrato, de una relación extracontractual, de una obligación tributaria o de un crédito laboral. Esta calificación determinará si el plazo aplicable es, por ejemplo, de cinco años (acción personal contractual, ex art. 1964 CC), de un año (acción extracontractual, ex art. 1968.2 CC) o de un plazo especial (por ejemplo, los previstos en la legislación laboral o fiscal).

En segundo lugar, el dies a quo para el cómputo del plazo será el mismo que el de la acción contra la sociedad. Es decir, el plazo comienza cuando la deuda social deviene exigible, no cuando se produce el cese del administrador, ni cuando se constata la causa de disolución.

Tercero, en cuanto a la interrupción de la prescripción, esta se produce por los mismos actos que interrumpen la prescripción de la deuda principal. Es decir, la reclamación judicial o extrajudicial frente a la sociedad interrumpe también el plazo contra el administrador art. 1973 CC, en la medida en que su responsabilidad es accesoria.

Por último, esta interpretación impone una carga mayor de diligencia a los acreedores: no podrán esperar a que cese el administrador ni confiar en que existan plazos uniformes de cuatro años, sino que deberán calcular el plazo de acuerdo con la naturaleza y exigibilidad de la deuda, bajo riesgo de que su acción se vea extinguida por prescripción.

VII. CUESTIONES CONTROVERTIDAS

A pesar de la claridad alcanzada con la STS 1512/2023 y su posterior consolidación, subsisten en la práctica diversas cuestiones controvertidas que afectan a la aplicación efectiva del régimen de prescripción del artículo 367 LSC.

Una de las principales dificultades radica en la identificación precisa del momento en que la deuda social es exigible. En muchos casos, especialmente en relaciones contractuales de larga duración o en obligaciones sometidas a condiciones suspensivas, puede no ser evidente cuándo comienza a contarse el plazo de prescripción. Esta indefinición favorece la litigiosidad.

Otro punto de fricción doctrinal gira en torno a la interrupción del plazo de prescripción. Aunque la jurisprudencia del Supremo permite aplicar las reglas generales del Código Civil, subsiste el debate sobre si la reclamación dirigida exclusivamente contra la sociedad interrumpe también la acción contra el administrador.

Por último, la aplicación del nuevo criterio afecta también a procedimientos ya iniciados, planteando dudas respecto a la retroactividad o no del nuevo cómputo. Aunque el Tribunal Supremo no se pronuncia expresamente sobre efectos retroactivos, la doctrina mayoritaria estima que la interpretación consolidada en 2023 debe considerarse como una fijación de doctrina interpretativa y, por tanto, de aplicación a procedimientos en curso.

VIII. CONCLUSIONES

La Sentencia del Tribunal Supremo de 31 de octubre de 2023 ha supuesto un hito relevante en la delimitación del régimen jurídico de la prescripción de la responsabilidad por deudas del artículo 367 LSC.

Al establecer con claridad que el plazo de prescripción de esta acción debe regirse por la naturaleza de la deuda social garantizada, se pone fin a un debate doctrinal y jurisprudencial que generaba una importante inseguridad jurídica. Este nuevo criterio, por lo tanto, ofrece ventajas evidentes.

De otro lado, el nuevo marco también impone nuevas exigencias: acreedores, asesores y operadores deberán extremar el control de los plazos en función del tipo de deuda reclamada.

En definitiva, la sentencia de 31 de octubre en 2023 permite mejorar la seguridad jurídica en un ámbito especialmente sensible para el tráfico mercantil y la responsabilidad de los órganos de administración.

18. LA PROBLEMÁTICA PROCESAL EN LA APLICACIÓN DEL ARTÍCULO 224 TER Y SS.: EL EXPERTO PARA RECABAR OFERTAS DE COMPRA DE LA UNIDAD PRODUCTIVA

JUAN FRANCISCO TEJERO ALDOMAR
Abogado
Administrador Concursal
Prepacker
Socio Director de JURISTAS Y ASESORES TRIBUTARIOS TEJERO

I. INTRODUCCIÓN

En el presente trabajo, intentaremos glosar alguno de las situaciones que se producen en la práctica procesal en los distintos Juzgados, referidos a la figura del denominado “prepack concursal”.

Como posteriormente analizaremos, la parca e incompleta regulación jurídica de esta figura ha generado interpretaciones diversas, y en ocasiones enfrentadas, en los distintos foros judiciales.

En definitiva, desde un punto eminentemente práctico reflejaremos las distintas casuísticas ante las que nos encontramos en los distintos juzgados del territorio nacional.

II. DERECHO COMPARADO. ANTECEDENTES LEGISLATIVOS DEL EXPERTO PARA RECABAR OFERTAS DE UNIDAD PRODUCTIVA

La propia denominación coloquial con la que se denomina a esta figura (prepacker), denota de forma clara que su origen cabe fijarlo en el derecho anglosajón, y más concretamente en los Estados Unidos de América, que implementó en su legislación la figura del "Pre-Packaged Plan". De esta forma, y antes de acudir al concurso de acreedores, la legislación ofrece al deudor la posibilidad de negociar deudas y reestructuración con los acreedores. Con la implementación de este procedimiento, se intentaba evitar el sacrificio reputacional que supone la declaración de concurso; igualmente, se buscaba evitar que la tramitación de un concurso suponga una evidente depreciación de los activos sujetos a la venta, y en último término, el procedimiento del Pre-Packaged permite una solución con un espacio más breve de tiempo.

A nivel europeo, la práctica totalidad de legislaciones de nuestro entorno contemplan este tipo de figura. Así en el Reino Unido, los antecedentes se remontan a la Ley de Emprendimiento del año 2002. En Francia, se regula un procedimiento previo al del "sauvegarde "(Concurso de acreedores) que se denomina el "mandat ad hoc" mientras que en Holanda la deudora solicitará el nombramiento de un experto para recabar ofertas (silent trustee) que procederá a realizar todas las actuaciones preparatorias para una futura venta de la unidad productiva.

Finalizamos con la referencia a la legislación comunitaria, que ya en el año 2019, y en la Directiva 2019/1023, obligaba a los estados miembros a establecer un régimen jurídico que permitiera a los deudores poder acceder a un mecanismo que permita reestructurar su deuda.

III. DERECHO INTERNO. AUSENCIA DE REGULACIÓN

Mientras que nuestro entorno más cercano, contaba con la figura del experto reconocida legislativamente, en territorio nacional no existía referencia alguna a esta institución. Por parte de los juzgados mercantiles de Barcelona y Baleares, se consideró que aun cuando existía una evidente orfandad legislativa, podía establecerse un protocolo que regulara la figura del experto. De esta forma en los acuerdos de los Juzgados de Barcelona de 20 de enero de 2021, se estableció un protocolo (que es el germen del actual artículo 224 ter y ss.) en el que se regulaba de forma pormenorizada un procedimiento que regulaba desde la solicitud de nombramiento de un experto, las funciones del experto y desarrollo el procedimiento hasta la posterior solicitud de concurso, e incluso la resolución judicial autorizando la venta.

Por muy encomiable que fuera la labor interpretativa de los Juzgados, y que fueran sensibles a la práctica judicial de nuestro entorno, lo bien cierto es que dicho acuerdo sobrepasaba de una labor puramente interpretativa, llegando a establecer un auténtico procedimiento que no encontraba cobertura legal en nuestra legislación interna. Esto supuso, que salvo en Juzgados de Barcelona y Baleares, la mayoría de los juzgados mercantiles no implementaran este procedimiento, y por tanto no accedían al nombramiento de experto para recabar ofertas de compra.

El legislador nacional, con más de diez años de retraso respecto a la legislación de los países de nuestro entorno, decidió dar carta de naturaleza a la figura del experto para recabar ofertas de compra de la unidad productiva. De esta forma, la Ley 16/2022, de 5 de septiembre, de reforma del texto refundido de la Ley Concursal, introdujo los actuales artículos 224 ter al 224 septies.

IV. ARTÍCULOS 224 TER AL 224 SEPTIES. CUESTIONES PRÁCTICAS

Anteriormente, ya calificamos esta regulación como parca. Es más, a nuestro juicio, no solamente es insuficiente la configuración del experto, sus funciones y desarrollo del procedimiento, sino que las lagunas existentes han supuesto: (i) por un lado la utilización residual de este procedimiento y (ii) la interpretación divergente de los distintos juzgados.

Como apuntábamos la utilización de este procedimiento cabe calificarla como residual, y máxime si la confrontamos con la figura del experto en reestructuración. Debemos recordar que el Texto Refundido dedica el Título III, con 70 artículos, para regular el Plan de Reestructuración, su funcionamiento y desarrollo, incluyendo a la figura del experto. Frente a estos 70 artículos, el TRLC despacha la figura del experto para recabar ofertas de compra de la unidad productiva con 5 preceptos.

Tal y como adelantábamos en la introducción, el presente artículo analiza la casuística que en la actualidad se suscita en los distintos juzgados respecto a la figura del experto, por lo que enumeramos una serie de cuestiones sobre las que en la actualidad existen posturas enfrentadas:

IV.1. ¿Está obligado el juez mercantil a nombrar al experto que propone el deudor? ¿Cuál es la postura del juez en el caso que el solicitante no facilite la identidad del experto?

Debemos de partir de la base, que el artículo 224 ter, en ningún caso impone al Juez el nombramiento del experto propuesto por el solicitante. En este sentido, y a diferencia de lo que ocurre en el nombramiento del experto en la reestructuración, en el que se determina de forma clara (artículo 672 TRLC) que el deudor acompañará un escrito en el que propondrá la experto, glosará su capacitación y posible aceptación, y acompañará la correspondiente póliza de seguro, el artículo 224 ter guarda totalmente silencio al respecto.

Aun cuándo es palmario que el Juez Mercantil podrá designar como experto a quien considere oportuno, la práctica judicial es unánime al considerar que deberá nombrarse experto al propuesto por el deudor. En este sentido, es la propia empresa la que acude voluntariamente a solicitar el nombramiento de este experto, por lo que debería de haber realizado gestiones previas y buscar de alguna forma la persona con la experiencia suficiente para obtener ofertas de compra. Igualmente, no puede orillarse que una posible aplicación analógica de los dispuesto en el 672 y ss. TRLC, nos llevaría a la misma conclusión.

No obstante lo expuesto existen voces discordantes que consideran que aun cuando el solicitante proponga un experto, será el Juzgado será quien determine quien deberá ser nombrado. En este sentido citamos por su interés el Auto del Juzgado de lo Mercantil nº 9 de los de Barcelona de fecha 21 de enero de 2025: "… *Derivado de ello, surge la duda consistente en si el profesional puede ser seleccionado por el deudor para que lo nombre el juez, o si dicha designación es una facultad del juez. Ciertamente existen resoluciones judiciales, y no pocas (Barcelona, Valencia, etc.) que consideran que se puede nombrar al experto o AC por el juez, habiendo sido elegido y presentado a nombramiento por el solicitante. Sin embargo, este juzgador discrepa de dicha posición, considerando que el nombramiento lo realiza el juez, designando éste al experto o AC, de entre los que presenten dicha condición, pero no el que designe el deudor, y ello por distintos motivos: 1º Motivo consistente en regulación legal:… Por ello considero que al no estar especificado en el artículo 224 ter y quater, en los cuales se determina que el deudor puede solicitar del juzgado el nombramiento de un experto que recabe ofertas, que dicha solicitud se circunscribe a ese extremo, solicitud de nombramiento, y no solicitud de nombramiento de experto, siendo elegido y designado por el solicitante en la solicitud. 2º Transparencia. La designa por el juez de dicho experto o AC conlleva a un favorecimiento de la transparencia en el propio procedimiento de recusación de ofertas, fortaleciendo la imparcialidad del mismo al no contar que haya sido determinado por el deudor, junto con la oferta, de una determinada manera…3º Posterior nombramiento de AC. El nombramiento de este experto conlleva si se declara el concurso a que se pueda revocar o ratificar dicho nombramiento del experto adquiriendo la condición de AC…4º La Directiva de 2019 determina en sus artículos 25 a 28 determinadas medidas para aumentar la eficiencia en procedimientos de reestructuración e insolvencia… 5º La propuesta de Directiva, en ciernes, de diciembre de 2024 determina en su artículo 25 que debe velarse porque el supervisor sea el AC en la liquidación. Por tanto, es preferible que el experto designado sea a elección del Juez, y no del solicitante, ya que debe velarse por cualquier cuestión que pudiera dar lugar a que en fase de liquidación el supervisor no pudiera afrontar el cargo de AC. 6º Por último, de la propia solicitud donde se solicita el nombramiento aportando el nombre de un experto, no existe argumento alguno del motivo por el que se propone a ese específico experto o AC. Por lo expuesto, se desecha el experto o AC propuesto por el solicitante, y se procede a nombrar a DLM Insolvia Juan Pedro experto en recabación de ofertas.*

Para el caso que el deudor solicite el nombramiento del experto, pero no proponga un candidato, surge la duda de cuál es la decisión que deberá adoptar el Juez Mercantil. En mi opinión deberá de nombrar experto, tomando en consideración la lista de administradores concursales que obrará en poder del juzgado. El problema con el que se encontrará será que, ante la ausencia de un listado de expertos, el seleccionado podría no tener la experiencia suficiente para afrontar la selección de ofertas de compra, lo que podría sin duda frustrar el procedimiento.

En consonancia con lo expuesto anteriormente, podríamos llegar a dos conclusiones. Es necesario que el solicitante del experto para recabar ofertas de compra de la unidad productiva proponga a un profesional justificando su experiencia y conocimiento en este tipo de procedimientos. La segunda, es que parece imprescindible que se elabore un listado de expertos, al igual que ocurre con los administradores concursales, peritos, contadores partidores etc..., que permita al Juez tener conocimiento cabal de estos profesionales.

IV.2. ¿Cuál es el plazo de duración del nombramiento? ¿Existe un plazo máximo? ¿Cabe su prórroga?

El artículo 224 quater, es uno de los ejemplos de la regulación poco clara de la figura del experto, limitándose a afirmar "*2. En la resolución el juez establecerá la duración del encargo*".

La primera cuestión que nos planteamos es si la duración del encargo debe ser la propuesta por el solicitante, o bien puede el Juez fijar el plazo que considere conveniente. Parece evidente, que será el solicitante quien plantee al Juzgado cual es el plazo que estima suficiente para fructificar la obtención de ofertas y a la vista de estas alegaciones el Juez decidirá si el plazo solicitado queda justificado, aprobando entonces la duración del encargo. En este sentido se han pronunciado los Jueces Mercantiles de Sevilla en Acuerdo 2/2022 de 22 de octubre: "*Al solicitar el nombramiento de experto el deudor deberá señalar el plazo estimado de duración del encargo. El juez fijará el plazo de nombramiento del experto a la vista de tales alegaciones*". En el mismo sentido, la Guía de buenas prácticas de los Juzgados de lo Mercantil de Madrid de 21 de febrero de 2023, afirman: "*Habida cuenta que el deudor es quien mejor conoce la situación económica y financiera en la que se encuentra la compañía, es aconsejable que informe al juzgado del plazo que prevé para llevar a cabo esas operaciones de preparación de venta de la unidad o unidades productivas*"

Respecto a la existencia de un plazo máximo, en nuestra opinión, y ante la ausencia de limitación temporal en la norma, no parece que se exija un plazo máximo de duración. En este sentido, debemos recordar que ningún efecto perjudicial frente a los acreedores supone el nombramiento de experto para recabar ofertas de compra de la unidad productiva a diferencia de lo que ocurre en el nombramiento del experto en reestructuración, en donde la deudora tendrá un escudo frente a posibles ejecuciones o solicitudes de concurso necesario. No obstante, la práctica judicial refleja una limitación a la duración del encargo. Muestra de ello la tenemos en la Guía de Buenas Prácticas de los Juzgados de Madrid, al establecer unos plazos máximos dependiendo del tipo de insolvencia en el que se encuentre la solicitante: "*En insolvencia actual: la duración del cargo del experto independiente no podrá superior a dos meses, de conformidad con lo dispuesto en el art. 224 quinquies TRLC. En insolvencia inminente: la duración del cargo no podrá ser superior a tres meses, prorrogables excepcionalmente por otros dos meses más, por aplicación analógica de lo dispuesto en los Arts. 224 quinquies, 607, 683.3 y 690 TRLC. En probabilidad de insolvencia: la duración del cargo no podrá ser superior a tres meses, prorrogables excepcionalmente por otros tres meses más, por aplicación analógica de lo dispuesto en los Arts. 224 quinquies, 607, 683.3 y 690 TRLC.*"

Por último, y aun cuándo nuevamente el texto guarda silencio parece factible que el deudor pueda interesar la concesión de una prórroga, siempre y cuándo justifique de alguna forma la concesión de ésta. En cualquier caso, quedará al arbitrio del Juez su concesión y nuevo plazo.

IV.3. ¿Cuál es la retribución del experto? ¿Puede proponerla el deudor? ¿Cuándo se devenga?

La única luz que arroja el TRLC, es que será el juez del concurso quien fijará la retribución que considere procedente atendiendo el valor de la unidad productiva, pudiendo ser ésta total o parcialmente en función del resultado.

Siendo indudable que será el Juez el que finalmente fije la retribución, cabe plantearse si sería conveniente que el propio solicitante propusiera la retribución. En nuestra opinión, más que conveniente, sería imprescindible no solamente que el solicitante propusiera la retribución, sino que justificara ésta. No puede exigirse al juez que determine una retribución atendiendo el valor de la unidad productiva, si el interesado no expone de forma clara las características de la unidad productiva susceptible de transmisión, su valor y todas aquellas circunstancias que permitan al juez poder tomar una decisión sobre la retribución.

En cualquier caso, y en cuanto al importe de la retribución existen 3 posturas distintas en los juzgados mercantiles: (i) Los juzgados de lo mercantil de Sevilla consideran que la retribución del experto deberá determinarse conforme al arancel de la administración concursal, aprobada en el Real Decreto 1860/2004 de 6 de septiembre para la fase de liquidación (Acuerdo 2/2022 de 22 de octubre. (ii) Los Juzgados de lo Barcelona optan por atender a la retribución pactada por el solicitante y el experto, y en defecto de ésta atender al Arancel de la administración concursal para la fase de liquidación (Acuerdos de unificación de criterios de diciembre de 2023). (iii) Por su parte, los Juzgados de Madrid regulan mucho más pormenorizadamente la retribución del experto, estableciendo un sistema dual. Por un lado, reconocen una retribución fija y otra variable en función de si finalmente se transmite la unidad productiva. Por otro se atiende a las características de la empresa. Así, y partiendo del TRLC, distingue entre • P: Microempresa (Art. 685) Haber empleado, durante el año anterior a la solicitud, una media de menos de 10 trabajadores y tener un volumen de negocio anual inferior a 700.000 euros o un pasivo inferior a 350.000 euros. • M: Empresas entre P y G (Art. 682 TRLC) Número medio de trabajadores empleados durante el ejercicio anterior no sea superior a 49 personas y volumen de negocios anual o balance general anual no supere los 10.000.000 €. • G: Empresas entre M y ML Número medio de trabajadores empleados durante el ejercicio anterior a partir de 50 personas y volumen de negocio anual o balance general superior a 10.000.000 euros. • ML:

cotizadas, multinacionales (Guía de Buenas Prácticas para el prepack de 21 de febrero de 2023).

Por último, quedará por determinar en qué espacio temporal se percibirán los honorarios por parte del experto. En el caso que se estableciera una retribución fija, habrá de estarse a lo pactado entre el solicitante y el experto, si bien lo lógico es que esta se hubiera percibido antes de la finalización del procedimiento de nombramiento de experto. Mas problema advertimos en la retribución variable o a éxito. Por su propia naturaleza, esta retribución se devengará en el momento en el que se formalice la venta de la unidad productiva, y ésta se verificará, en todo caso, una vez declarado el concurso de acreedores. Ante esta situación debemos plantearnos si estos honorarios deben considerarse como un crédito contra la masa, o bien como un crédito concursal. En este sentido, el TRLC, zanja la cuestión al reconocer expresamente en el ordinal 9º del apartado 1 del artículo 242 TRLC, la retribución del experto para recabar ofertas de adquisición de la unidad productiva, como crédito contra la masa. En los mismos términos se pronuncia el artículo 224 sexies TRLC al establecer en su apartado 3, el carácter de crédito contra la masa la retribución que no hubiera podido percibir el experto.

IV.4. ¿Cuáles son las funciones del experto nombrado para recabar ofertas de compra de la unidad productiva? ¿Debe rendir cuentas al juez del concurso?

Mas allá de afirmar que el experto recabará ofertas de compra de la unidad productiva, ninguna otra referencia existe en el TRLC referido al papel que debe jugar el experto y cuáles son las funciones.

Ante la evidente orfandad de la norma, debemos acudir nuevamente a las interpretaciones judiciales. En este sentido, vemos más que acertadas las conclusiones que se alcanzan en la Guía de Buenas Prácticas aprobada por los magistrados/as de los juzgados mercantiles de Madrid, en junta de 21 de febrero de 2023. De esta forma, se considera que bajo el término "recabar ofertas" se abarcan las siguientes: *"Asistir al deudor en la preparación de las operaciones de delimitación del perímetro de la unidad productiva. • Comprobar que el valor de la unidad productiva supera el valor de mercado de los activos individuales integrados dentro del perímetro. • Conocer y familiarizarse con la actividad y negocio en funcionamiento. • Verificar y supervisar que el proceso de venta es abierto, objetivo, concurrente y transparente, pudiendo emitir recomendaciones a tal fin. • Asistir en la búsqueda y selección de ofertas. • Para el caso de que dentro de la unidad productiva haya bienes afectos al pago de un privilegio especial, es recomendable que el experto verifique que se ha informado de ese proceso de venta a los acreedores privilegiados (art. 224 TRLC) así como a los representantes legales de los trabajadores (art. 220 TRLC). • Presentar al Juzgado Mercantil, un informe en el que documente cómo se ha desarrollado ese proceso de venta y cuál ha sido su resultado, indicando, en su caso, la oferta seleccionada y si la misma es acorde al valor de mercado y al interés de los acreedores. • Emitir cuantos informes le sean requeridos por el Juzgado Mercantil."*

Obviamente, el experto deberá rendir cuentas ante el Juzgado que le ha encomendado y nombrado experto para recabar ofertas. En cualquier caso, y con independencia del nuevo silencio del legislador, para imprescindible que el experto formule un informe final en donde se recoja de forma pormenorizada todas las actuaciones que ha llevado a cabo, así como el resultado final del trabajo encomendado.

IV.5. ¿Una vez finalizada la intervención del experto, la solicitante está obligada a solicitar la declaración de concurso? ¿Está obligada la empresa a solicitar del juzgado la venta de la unidad productiva en base a la oferta obtenida por el experto?

El escenario que planteamos es aquel en el que el experto ha finalizado la labor encomendada. Haya fructificado o no esta labor mediante la obtención de una oferta vinculante, debemos cuestionarnos si el deudor está obligado a la solicitar el concurso de acreedores. A nuestro juicio, deberemos atender a la situación de la empresa para concluir si es o no preceptiva la solicitud de concurso. En este sentido, debemos recordar que el artículo 224 ter contempla la solicitud de nombramiento de experto para aquellos deudores que se encuentren en una situación de probabilidad de insolvencia, de insolvencia inminente o de insolvencia actual. Por tanto, si finalizada la intervención del experto, la deudora se encontrara en alguno de los dos primeros escenarios (insolvencia inminente o probabilidad de insolvencia) no se encontraría en la obligación de solicitar el concurso, y ello en atención a lo dispuesto en el artículo 5 TRLC.

La segunda cuestión que planteamos, parte de un escenario en el que el experto obtiene una oferta de la compra de la unidad productiva y es entregada tanto al deudor como al propio Juzgado. En este caso, ¿estaría obligada la sociedad a solicitar la declaración de concurso, acompañando la oferta de compra de la unidad productiva y solicitando la autorización para su enajenación? Para dar respuesta a esta cuestión, debemos atender a los intereses de los acreedores. De esta forma, podríamos encontrarnos ante una oferta que fuera perjudicial para los intereses del concurso, al obtenerse un numerario menor que el que podría lograr en el caso de convenio o liquidación. Por otra parte, no podemos orillar que en el supuesto que el deudor no solicitara la venta de la unidad productiva acompañando la oferta obtenida, y finalmente el numerario obtenido en la liquidación fuera inferior al de la oferta, podrían derivarse responsabilidades para el órgano de administración de la concursada. En definitiva, si bien no parece imperativa la solicitud de autorización de la venta de la UPA obtenida por parte del experto, los rectores de la sociedad deberán sopesar los efectos perjudiciales que podría suponer para sus intereses la no presentación. No coincide con esta exposición, los acuerdos de los Jueces de Madrid, plasmados en la Guía de Buenas prácticas, que entienden que la solicitud de concurso deberá ir acompaña de forma indefectible del informe emitido por el experto, afirmando: "*Con la solicitud de concurso, el deudor deberá acompañar, además de los documentos legalmente exigidos, el informe emitido por el experto, sea éste favorable o desfavorable*"

IV.6. ¿Cuál es el juzgado competente para la declaración del concurso posterior?¿Debe nombrarse como administrador concursal a quien ostentó el cargo de experto?

La respuesta a ambas cuestiones las tenemos en el artículo 224 sexies TRLC. Es indudable que el juez competente para conocer del concurso posterior es el que designó al experto para recabar ofertas de compra de unidad productiva, por así venir impuesto en el apartado 1 del artículo 224 sexies TRLC. No obstante, debemos plantearnos diversos escenarios, que si bien no son frecuentes, generan dudas en cuanto a la competencia en el posterior concurso de acreedores. El primer supuesto que planteamos es aquel en el que el deudor, a pesar de haber interesado el nombramiento del experto, no solicita posteriormente el concurso de acreedores al no encontrarse en una situación de insolvencia inminente o actual, pero con el transcurso del tiempo su situación deviene irreversible y se encuentra obligado a presentar el concurso. ¿Sería igualmente competente el Juzgado? Ciertamente la respuesta no es fácil, sin embargo, por una cuestión puramente práctica, entendemos que la vis atractiva no puede perdurar en el tiempo, y por tanto en el caso que no se presentara la solicitud del concurso de forma inmediata a la finalización del procedimiento de prepack, perecerá la competencia del juez que designó experto. Refuerza esta postura el encabezamiento del artículo 224 sexies TRLC al aludir al "concurso posterior".

Igualmente, y dado que el artículo 224 quinquies TRLC, no exime al deudor del deber de solicitar la declaración de concurso, podría darse la situación en la que por parte de un acreedor se interpusiera un concurso necesario, mientras se esté desarrollando el procedimiento de búsqueda de adquirente de la unidad productiva. En este supuesto, debemos volvernos a plantear si la competencia para conocer del concurso necesario, la ostentará el juez que designó al experto. En nuestra opinión, no se extiende la vis atractiva en el caso de concurso necesario, al no constar expresamente en el TRLC, siendo de aplicación las reglas generales de competencia.

En cuanto al nombramiento del administrador concursal en el concurso posterior, el apartado 2 del artículo 224 sexies, afirma: "En la declaración del concurso, el juez podrá revocar o ratificar el nombramiento del experto. Si lo ratificara tendrá este la condición de administrador concursal". Este precepto anuda el nombramiento del administrador concursal en la figura del experto, a la ratificación o no del experto por parte del Juez. Nos planteamos en primer lugar, si la revocación del experto por parte del Juzgado debe motivarse y en segundo lugar, cuáles serían las causas para su revocación.

En este sentido es muy ilustrativo el contenido de la Guía de Buenas prácticas. Por un lado, exige que la posible revocación se acuerde mediante Auto motivado y previa audiencia al experto. Y en todo caso, considera que la revocación debe estar fundada en justa causa, señalando como ejemplo una incompatibilidad sobrevenida para el ejercicio del cargo o la concurrencia de un incumplimiento grave de las obligaciones inherentes al cargo de experto para recabar ofertas de compra.

IV.7. ¿Cual es el iter procesal en el concurso posterior?

Finalizada la labor del experto, y una vez emitido y presentado su informe tanto al Juzgado como a la deudora, cabe plantearse cuál será el devenir procesal en el caso de declaración del concurso posterior.

En el caso que la oferta vinculante fuera calificada por el experto como satisfactoria para los intereses de los acreedores, el deudor acompañará junto a la solicitud de concurso, tanto el informe como la oferta seleccionada, interesando la autorización judicial de la enajenación de la unidad productiva. Parece indudable que la venta de la UPA deberá ser realizada con el paraguas de la autorización judicial, dado que, de lo contrario, no serían predicable en la futura venta la protección al adquirente de la unidad productiva. El problema reside en como tramitar procesalmente en sede judicial la autorización de venta. Si atendemos a los criterios adoptados por las distintas Juntas de Jueces, la cuestión es totalmente pacífica, sin que quepa interpretación alternativa. En este sentido, la guía de buenas prácticas de los jueces de Madrid, afirman: *La siguiente duda que se plantea es si, solicitado el concurso, debemos aplicar a la solicitud de concurso con oferta de compra de la UP obtenida con motivo del "prepack", la tramitación prevista en el art. 224 bis TRLC, siendo la respuesta en sentido negativo siempre que el informe del experto independiente sea favorable a la operación, por ser de interés para el concurso. Somos conscientes de que el art. 224 bis TRLC se refiere a la solicitud de concurso solicitada con el deudor con venta de unidad productiva, sin distinguir según la misma se haya obtenido con la intervención y asistencia de un experto o no. Ahora bien, entendemos que dicho precepto se refiere únicamente a aquellos supuestos en los que la oferta de compra en firme de la unidad o unidades productivas se ha obtenido por el deudor por sus propios medios, sin la supervisión de un tercero que haya garantizado la transparencia y publicidad del proceso. Por tanto, es, en aquel supuesto de ausencia de supervisión de un tercero, en el que cobra sentido abrir licitación una vez declarado el concurso, habida cuenta que, hasta ese momento, no consta que se haya realizado o, al menos, no con la supervisión judicial ni control de un experto. Es más, prueba que estamos ante dos instituciones distintas, es que están ubicadas sistemáticamente en distintas secciones. Así, el art. 224 bis TRLC está ubicada en la subsección 3ª del capítulo III, del Título I y los artículos 225 ter a 224 septies TRLC conforman la subsección 4ª. Asimismo, cada una de ellas presenta sus propias particularidades. Por tanto, la solicitud de concurso con oferta vinculante obtenida con la intervención del experto se deberá canalizar por la vía del art. 518 del TRLC, lo que implica que, declarado el concurso, el único trámite procesal que procedería sería la de dar audiencia a las partes para alegaciones (no para nueva licitación), en especial, a los legales representantes de los trabajadores por imperativo del art. 220 TRLC y de los acreedores con privilegio especial (art. 214 y ss. TRLC).*

En los mismos términos se pronuncian los Juzgados de Barcelona: "*2.4 En el auto de declaración de concurso, o en resolución inmediatamente posterior, el juez abrirá el trámite de autorización judicial del art. 518 TRLC, sin que se admitan nuevas ofertas, y dará audiencia previa por un plazo no inferior a 3 ni superior a 10 días a las partes para alegaciones, en especial, a los acreedores con privilegio especial y a los legales representantes de los trabajadores, si los hubiera. 2.5 El juez del concurso no autorizará la venta cuando no quede garantizado que el proceso de venta llevado a cabo durante la fase de preparación ha sido competitivo, transparente, justo y ha cumplido con normativa concursal y las presentes reglas generales y especiales. En ese caso, el juez podrá ordenar la continuación por el procedimiento previsto en el art. 224 bis TRLC. 2.6 A los efectos de la sucesión laboral de empresa, en el proceso de preparación de venta de unidades productivas o de parte de ellas, se seguirán los criterios establecidos en la STJUE de 28 de abril de 2022 que implica que, declarado el concurso, el único trámite procesal que procedería sería la de dar audiencia a las partes para alegaciones (no para nueva licitación), en especial, a los legales representantes de los trabajadores por imperativo del art. 220 TRLC y de los acreedores con privilegio especial (art. 214 y ss. TRLC).*

Por último, citamos los acuerdos de los Juzgados de Sevilla; *II) Cuando junto a la solicitud de concurso se presente la oferta obtenida en base a los art. 224 ter-224 septies, el juez comprobará que en la búsqueda de ofertas por el experto se han dado los requisitos de publicidad, contradicción y posibilidad de mejora sucesiva. Si el juez entiende que en la recolección de ofertas no se han dado dichos requisitos se dará a la oferta la tramitación prevista en el art. 224 bis. Si la valoración judicial es positiva, se dará a la solicitud el trámite prevenido en el art. 518 TRLConc, sin que se admitan ofertas nuevas. Finalmente, el juez autorizará la oferta presentada, si fuera de interés para el concurso. En otro caso, denegará la autorización. III) Se entenderá que en el sistema de los art. 224 ter a 224 septies (prepack) ha habido suficientes publicidad, contradicción y posibilidad de mejora sucesiva, cuando se siga un sistema equivalente al previsto en el art. 224 bis.*

A pesar de la claridad de estas interpretaciones, la realidad en los Juzgados es otra. De esta forma, la tendencia actual, al menos la observada por quien suscribe, es tramitar las ofertas mediante la aplicación del artículo 224 bis TRLC, y ello por entender que es más garante con los acreedores concediendo un plazo de 15 días, frente a los 10 días máximo que se otorgarían en el caso de acudir al procedimiento de autorización judicial del artículo 518 TRLC.

A nuestro juicio, optar por la tramitación de la venta de la unidad productiva mediante el procedimiento recogido en el artículo 224 bis TRLC, supondría:

- Se vaciaría de contenido el procedimiento recogido en el artículo 224 ter y ss. del TRLC. Carece de sentido jurídico acudir al procedimiento general del 224 bis TRLC (solicitud de concurso acompañado de oferta vinculante de compra), cuándo el legislador ha querido implementar un procedimiento distinto, mediante el nombramiento de un experto para recabar ofertas de compra de la unidad productiva.
- Se vaciaría de contenido el trabajo previo realizado por el experto. Dentro de las funciones encomendadas al experto, se encuentran, entre otros, el análisis y estudio de la unidad productiva, la búsqueda de interesados, velar por la transparencia en el procedimiento de búsqueda e informar sobre la mejor oferta recibida en relación a los intereses de los acreedores.
- Se permitirían la presentación de ofertas alternativas, lo que sin duda supondrá que, en el proceso previo de búsqueda y selección de oferentes, no se formulen las mejores ofertas, y se espere al trámite del 224 bis TRLC.
- En el caso que el experto fuera designado administrador concursal, se produciría la paradoja que debería de informar sobre una oferta, sobre la que ya he presentado informe ante el juzgado como experto. En este sentido, hemos de recordar que en el procedimiento contemplado en el artículo 224 bis TRLC, el experto cuenta con un plazo de 15 días para emitir

informe sobre la oferta de compra de la unidad productiva acompañada junto a la solicitud del concurso, y recordemos que este mismo administrador concursal, intervino como experto en la obtención de la oferta e informó previamente de la bondad de la oferta que ahora se acompaña junto a la solicitud del concurso.

- Se dilataría el proceso de venta de la UPA de forma innecesaria.

El único motivo, que podría sustentar la decisión de acudir al 224 bis, sería la necesidad que los acreedores pudieran tener conocimiento cabal de la oferta acompañada junto a la solicitud de concurso, y para ello el traslado por plazo de 3 a 10 días (artículo 518 TRLC), podría resultar insuficiente dado que los acreedores ni siquiera se encuentran personados en el procedimiento. Pero siendo comprensible esta reticencia, no parece que los mas lógico sea acudir al trámite del 224 bis TRLC. Entendemos que pueden existir otro tipo de mecanismos para garantizar los derechos de los acreedores. Ponemos como ejemplo, la acertada decisión del Juzgado de lo Mercantil nº 3 de Valencia, que consideró que el plazo del artículo 518 TRLC, debería computarse una vez transcurridos 15 días desde la publicación en el BOE del concurso. Con esta decisión se garantiza, incluso de manera mas reforzada, los intereses de los acreedores, sin necesidad de acudir a un procedimiento que es totalmente contrapuesto al 224 ter.

19. LA ADECUACIÓN DE LA REGULACIÓN DEL ARTÍCULO 487.1, 2 TRLC A LA DOCTRINA EMANADA DE LA SENTENCIA DEL TRIBUNAL DE JUSTICIA DE LA UNIÓN EUROPEA, SALA SEGUNDA, EN 7 DE NOVIEMBRE DE 2024, C-289/2023

JUAN CARLOS PICAZO MENDENDEZ
Magistrado Juez de lo Mercantil núm. 7 de Madrid
Especialista en los asuntos propios de los órganos de lo mercantil

Sumario: I. INTRODUCCIÓN. II. ESTADO ACTUAL DE LA JURISPRUDENCIA EUROPEA Y ESPAÑOLA. III. ADECUACIÓN DE LA REGULACIÓN DEL ARTÍCULO 487.1, 2 TRLC A LA DOCTRINA DEL TJUE.

I. INTRODUCCIÓN

La nueva regulación de la exoneración del pasivo insatisfecho a partir de la Ley 16/2022, de 5 de septiembre ha implicado un verdadero problema en cuanto al alcance de la misma. Por un lado, la extensión objetiva de la exoneración, conforme al artículo 489 del Texto Refundido de la Ley Concursal (TRLC), es decir, a qué créditos se extiende o no la exoneración. Y, por otro, la que podríamos llamar "extensión subjetiva", es decir, qué deudores pueden acceder a la exoneración del pasivo insatisfecho, conforme al artículo 486, párrafo primero —*El deudor persona natural, sea o no empresario (...) siempre que sea deudor de buena fe*— y al artículo 487 TRLC.

La cuestión que aquí tratamos es determinar el alcance de la previsión legal del artículo 487.1 TRLC conforme al cual *no podrá obtener la exoneración del pasivo insatisfecho el deudor que se encuentre en alguna de las circunstancias siguientes:*

2º Cuando, en los diez años anteriores a la solicitud de la exoneración, hubiera sido sancionado por resolución administrativa firme por infracciones tributarias muy graves, de seguridad social o del orden social, o cuando en el mismo plazo se hubiera dictado acuerdo firme de derivación de responsabilidad, salvo que en la fecha de presentación de la solicitud de exoneración hubiera satisfecho íntegramente su responsabilidad.

En el caso de infracciones graves, no podrán obtener la exoneración aquellos deudores que hubiesen sido sancionados por un importe que exceda del cincuenta por ciento de la cuantía susceptible de exoneración por la Agencia Estatal de Administración Tributaria a la que se refiere el artículo 489.1.5º, salvo que en la fecha de presentación de la solicitud de exoneración hubieran satisfecho íntegramente su responsabilidad.

II. ESTADO ACTUAL DE LA JURISPRUDENCIA EUROPEA Y ESPAÑOLA

Pues bien, la Sentencia del Tribunal de Justicia de la Unión Europea, Sala Segunda, en 7 de noviembre de 2024, C-289/2023, en resumen y en lo que aquí nos interesa, dice lo siguiente:

"31. Por lo que respecta a las mencionadas condiciones, el artículo 23, apartado 2, de la Directiva sobre reestructuración e insolvencia supedita expresamente el ejercicio de la facultad así reconocida a los Estados miembros en ese artículo 23, apartado 2, a las condiciones de que las excepciones que introduzcan se refieran a «determinadas circunstancias bien definidas» y estén «debidamente justificadas». De ello se desprende que, cuando el legislador nacional establezca disposiciones que contemplen tales excepciones, los motivos de esas excepciones deben deducirse del Derecho nacional o del procedimiento que llevó a su adopción y deben perseguir un interés público legítimo [véase, en este sentido, la sentencia de 11 de abril de 2024, Agencia Estatal de Administración Tributaria (Exclusión de los créditos públicos de la exoneración de deudas), C-687/22, EU:C:2024:287 (LA LEY 51337/2024), apartado 42].

32. A este respecto, tanto el considerando 78 de la Directiva sobre reestructuración e insolvencia, que hace referencia a las excepciones debidamente justificadas por motivos precisados en el Derecho nacional, como su considerando 81, que alude a una razón debidamente justificada con arreglo al Derecho nacional, permiten considerar que el legislador de la Unión estimó que basta-

ba con que se respetaran las modalidades previstas a tal efecto en los distintos Derechos nacionales.

Habida cuenta de lo anterior, procede responder a la primera cuestión prejudicial, letra a), planteada en el asunto C-289/23 y a la tercera cuestión prejudicial planteada en el asunto C-305/23 que el artículo 23, apartado 2, de la Directiva sobre reestructuración e insolvencia debe interpretarse en el sentido de que la lista de circunstancias que figura en él no tiene carácter exhaustivo y los Estados miembros están facultados, al transponer dicha Directiva a su Derecho nacional, para establecer disposiciones que restrinjan el acceso al derecho a la exoneración de deudas en mayor medida que conforme a la normativa nacional anterior, denegando o restringiendo el acceso a la exoneración de deudas, revocando la exoneración o estableciendo plazos más largos para la obtención de la plena exoneración de deudas o períodos de inhabilitación más largos en circunstancias distintas de las enumeradas en el referido artículo 23, apartado 2, siempre que esas circunstancias estén bien definidas y tales excepciones estén debidamente justificadas.

41. En efecto, el citado artículo 23, apartado 2, se limita a establecer que los Estados miembros pueden mantener o introducir disposiciones que denieguen o restrinjan el acceso a la exoneración de deudas o revoquen una exoneración o que establezcan plazos más largos para la obtención de la plena exoneración de deudas o períodos de inhabilitación más largos «en determinadas circunstancias bien definidas y siempre que tales excepciones estén debidamente justificadas», sin exigir, no obstante, que concurra una actuación «deshonesta» o de «mala fe» por parte de los empresarios de que se trate.

42. Además, las circunstancias, enumeradas con carácter ejemplificativo en el propio artículo 23, apartado 2, en las que cabe establecer excepciones a la exoneración de deudas no se caracterizan por la existencia de un comportamiento «deshonesto» o de «mala fe» por parte de los empresarios en cuestión.

43. Ha de añadirse que estas circunstancias se corresponden, en esencia, con las mencionadas en los considerandos 79 y 80 de la Directiva sobre reestructuración e insolvencia y que tampoco de esos considerandos se desprende que el legislador de la Unión haya querido circunscribir las «circunstancias bien definidas» mencionadas en el artículo 23, apartado 2, de esa Directiva a supuestos en los que los empresarios en cuestión hayan actuado de manera deshonesta o de mala fe.

44. De lo anterior se infiere que el referido artículo 23, apartado 2, debe interpretarse en el sentido de que no se opone a una normativa nacional que excluye el acceso a la exoneración de deudas en circunstancias bien definidas en las que el deudor no haya actuado de forma deshonesta o de mala fe.

45. En lo que atañe, en tercer y último lugar, a la cuestión de si el citado artículo 23, apartado 2, se opone a una normativa nacional que excluye el acceso a la exoneración de deudas cuando, en los diez años anteriores a la solicitud de la exoneración, el deudor haya sido sancionado mediante resolución administrativa firme por infracciones tributarias muy graves, de seguridad social o del orden social, o se haya dictado en su contra un acuerdo firme de derivación de responsabilidad, salvo que, en la fecha de presentación de esa solicitud, dicho deudor hubiera satisfecho íntegramente sus deudas tributarias y sociales, es preciso recordar que, según se desprende los apartados 28 a 33 de la presente sentencia, esta disposición atribuye un margen de apreciación a los Estados miembros al disponer expresamente que estos pueden mantener o introducir disposiciones «que denieguen o restrinjan el acceso a la exoneración de deudas o revoquen una exoneración o que establezcan plazos más largos para la obtención de la plena exoneración de deudas o períodos de inhabilitación más largos en determinadas circunstancias bien definidas y siempre que tales excepciones estén debidamente justificadas». Asimismo, como se desprende del apartado 29 de la presente sentencia, ni la Directiva sobre reestructuración e insolvencia ni los trabajos preparatorios para su adopción contienen datos que permitan considerar que el legislador de la Unión quiso limitar ese margen de apreciación.

46. Dicho esto, como se desprende de los apartados 31 y 37 de la presente sentencia, cuando el legislador nacional establezca disposiciones que contemplen tales excepciones, los motivos de esas excepciones deben deducirse del Derecho nacional o del procedimiento que llevó a su adopción y deben perseguir un interés público legítimo.

48. En los presentes asuntos, como se desprende del apartado 9 de esta sentencia, el legislador español, en el preámbulo de la Ley 16/2022 (LA LEY 19331/2022) —cuyo objeto es garantizar la transposición de la Directiva sobre reestructuración e insolvencia al Derecho español—, expuso los motivos que le llevaron a establecer excepciones a la exoneración de deudas. Allí se indica, en particular, que un deudor que satisfaga el estándar de buena fe puede acogerse a la exoneración de todas sus deudas, salvo aquellas que, de forma excepcional y por su especial naturaleza, se consideran legalmente no exonerables. Estas excepciones se basan, en particular, en la especial relevancia de la satisfacción de determinadas deudas para una sociedad justa y solidaria, asentada en el Estado de Derecho. Entre esas deudas figuran las de Derecho público. De ese modo, la exoneración de estas últimas deudas queda sujeta a ciertos límites y solo puede producirse en la primera exoneración del pasivo insatisfecho, no en las sucesivas.

49. Corresponde al órgano jurisdiccional remitente apreciar, por un lado, si los referidos motivos constituyen motivos legítimos de interés público y, por otro lado, si de la normativa nacional se desprende que esos motivos justificaron la exclusión de una exoneración de deudas en circunstancias bien definidas, como las que enuncia el artículo 487, apartado 1, punto 2, del TRLC.

51. Así pues, en la medida en que el órgano jurisdiccional remitente considere que la exclusión de la exoneración de deudas en las circunstancias definidas en el artículo 487, apartado 1, punto 2, del TRLC está justificada por el legislador nacional en aras de un interés público legítimo, le corresponderá apreciar, a la luz del referido principio, si ese interés justifica, en particular, que esta exigencia se aplique a esas deudas en los diez años anteriores a la solicitud de la exoneración y que no pueda tenerse en cuenta un posible retraso en la adopción del acuerdo de derivación de responsabilidad.

Habida cuenta de las consideraciones anteriores, procede responder a la primera cuestión prejudicial, letras b), c) y d), planteada en el asunto C-289/23 y a las cuestiones prejudiciales segunda y cuarta planteadas en el asunto C-305/23 que el artículo 23, apartados 1 y 2, de la Directiva sobre reestructuración e insolvencia debe interpretarse en el sentido de que no se opone a una normativa nacional que, al transponer esa Directiva, impone el pago de los créditos públicos no privilegiados a raíz de un procedimiento concursal para poder acogerse a la exoneración de deudas, excluye el acceso a la exoneración de deudas en circunstancias en las que el deudor haya tenido un comportamiento negligente o imprudente, sin haber actuado, no obstante, de forma deshonesta o de mala fe, y excluye ese acceso cuando, en los diez años anteriores a la solicitud de la exoneración, el deudor haya sido sancionado mediante resolución administrativa firme por infracciones tributarias muy graves, de seguridad social o del orden social, o se haya dictado en su contra un acuerdo firme de derivación de responsabilidad, salvo que, en la fecha de presentación de esa solicitud, dicho deudor hubiera satisfecho íntegramente sus deudas tributarias y sociales, siempre que esas excepciones estén debidamente justificadas con arreglo al Derecho nacional."

A raíz de dicha sentencia, la SAP Madrid secc. 28ª, 363/24, de 15 de noviembre, referida a la extensión de la exoneración y afectación del crédito público, dijo que "*20.- Sentado todo lo anterior, esta Sala considera que, efectivamente, el Preámbulo de la Ley 16/22 justifica la exclusión general de los créditos públicos y se trata de una medida proporcionada. Debemos resaltar que los créditos públicos son recursos que deben asignarse equitativamente al gasto público (artículo 31.2 de la Constitución Española —CE—). Las administraciones públicas que gestionan esos gastos han de servir con objetividad los intereses generales con sometimiento pleno a la ley y al Derecho (artículo 103.1 CE); han de promover las condiciones para que la libertad e igualdad del individuo y de los grupos en que se integra sean reales y efectivas (artículo 9.2 CE); y han de ajustar su actuación a los principios rectores de la política social y económica (artículo 53.3 en relación con el capítulo III del Título I CE). En definitiva, la actuación de los poderes públicos está directamente relacionada con la consecución de una sociedad justa y solidaria, asentada en el Estado de Derecho."*

En relación con la concurrencia de buena fe, la SJM nº 2 de Sevilla 93/24, de 20 de noviembre ha señalado que *"en el caso que nos ocupa es cierto que la responsabilidad se ha satisfecho con posterioridad a la fecha de presentación de la solicitud de exoneración, ya que la solicitud se presentó el día 3 de septiembre de 2024 y la responsabilidad se abonó el día 17 de octubre de 2024. No obstante, la escasa cuantía de la sanción determina que hayamos de preguntarnos si, a pesar de no haberse satisfecho la responsabilidad hasta un momento posterior, cabe conceder la exoneración. Para responder a esta pregunta hemos de acudir a la Sentencia del Tribunal Supremo 863/2022, de 1 de diciembre, que, aunque formulada respecto de la regulación anterior a la reforma operada por la Ley 16/2022, de 5 de septiembre, contiene una doctrina extrapolable al supuesto que nos ocupa. En dicha sentencia puede leerse lo siguiente: "La previsión legal de que se trate de un deudor de buena fe se objetiva en función de lo que justifica su exigencia: que algo positivo como es permitir una segunda oportunidad al deudor persona natural que deviene insolvente, no sea aprovechado por quien no lo merece al haber actuado en el plano económico de forma fraudulenta o contrariando la buena fe. Y estos comportamientos que hacen desmerecer al deudor de la exoneración de deudas es natural que guarden relación con las causas y circunstancias de la insolvencia de dicho deudor o con otras conductas que le hacen desmerecer del crédito y la confianza del mercado. De tal forma que, aunque al supeditar la consideración de deudor de buena fe, para merecer la exoneración del pasivo insatisfecho, al cumplimiento de una serie de requisitos negativos, la ley trata de evitar o disuadir de ciertos comportamientos, su interpretación debe estar guiada por la finalidad perseguida con la exoneración, y esta a su vez debe atender a un equilibrio entre los intereses afectados: los del propio deudor de volver a operar en el mercado sin la losa de las deudas; los de los acreedores, de no sufrir mayores sacrificios que los necesarios y justificados; y los del mercado, de no propiciar la reinserción de quien defraudó la confianza y el crédito general".*

Tras ello, la sentencia afirma lo siguiente: "El caso que ahora enjuiciamos pone en evidencia que no cualquier condena por un delito incluido en el titulo XIII del Código Penal tiene sentido que prive del derecho a la exoneración del pasivo insatisfecho. La condena penal lo fue por daños materiales ocasionados en la propiedad ajena, en un automóvil, como consecuencia de una riña entre vecinos."

Con ello, el Alto Tribunal deja claro que los requisitos de la exoneración deben interpretarse de manera que se alcance su finalidad, que no es otra que procurar la exoneración del pasivo del deudor de buena fe, hasta el punto de que concluyó, en contra de la literalidad de la norma, que "no cualquier condena por un delito incluido en el titulo XIII del Código Penal tiene sentido que prive del derecho a la exoneración del pasivo insatisfecho".

Del mismo modo, hemos de analizar si tiene sentido que la conducta determinante de la imposición de la sanción prive del derecho a la exoneración del pasivo insatisfecho.

Esta sanción se impone, según el acuerdo aportado por la propia Agencia Estatal de la Administración Tributaria porque "(e)l obligado tributario ha dejado de ingresar en el Tesoro Público la cantidad de 114,00 euros retenidos a Hidalgo Del Valle Dolores —sobre los importes satisfechos por el arrendamiento de inmuebles urbanos, según la información que posee esta Oficina Gestora". Por tanto, es el mero impago de 114 euros lo que se sanciona, no una actuación fraudulenta por parte de la hoy concursada, hasta el punto de que el propio acuerdo trata de justificar la imposición de la sanción no en la conducta positiva o activa de la obligada tributaria sino en su actuación poco diligente en tanto que podría haber accedido a los servicios de información ofrecidos por el Estado. Así, puede leerse en el acuerdo, por una parte, que "se aprecia una omisión de diligencia exigible al no ingresarse cantidades que han sido retenidas" y, por otra parte, que "la Administración tributaria pone, asimismo, a disposición de los contribuyentes una gran variedad de servicios de información y de confección de declaraciones a los cuales pudo acudir el obligado tributario en caso de duda sobre el importe de los ingresos a realizar".

De este modo, atendiendo a la escasa relevancia tanto de la conducta como del importe de la sanción, así como al hecho de que se ha satisfecho la responsabilidad y ello, aunque extemporáneo formalmente, evidencia la intención de actuar conforme a derecho, considero que, aplicando la doctrina jurisprudencial expuesta, debo conceder la exoneración del pasivo insatisfecho a la concursada."

III. ADECUACIÓN DE LA REGULACIÓN DEL ARTÍCULO 487.1, 2 TRLC A LA DOCTRINA DEL TJUE

La cuestión aquí no es determinar la adecuación de la limitación de la extensión de la exoneración al crédito público; ni señalar si la excepción a la exoneración del supuesto de sanción administrativa por responsabilidad tributaria muy grave es acorde a la Directiva sobre reestructuración e insolvencia, sino ver si el momento procesal límite de satisfacción de dicha responsabilidad cumple con el "test de debida definición y justificación" apuntado por el TJUE.

Partimos, como ha dicho la Audiencia Provincial de Madrid, secc. 28ª, de que los créditos públicos son recursos que deben asignarse equitativamente al gasto público, por lo que la actuación de los poderes públicos, destinada a la obtención, vía impositiva, de tales recursos para destinarlo a dicho gasto público en el interés general, está directamente relacionada con la consecución de una sociedad justa y solidaria, asentada en el Estado de Derecho.

El artículo 486 TRLC exige que el deudor solicitante de la exoneración sea deudor de buena fe. Por tanto, el establecimiento de excepciones a dicha exoneración, por hechos que afectarían a la buena fe del deudor por incumplimiento, en general, de obligaciones tributarias o de seguridad social se entiende debidamente justificada y definida en la ley.

Y considero que afectan dichas excepciones a la buena fe del deudor porque si nos vamos a la redacción originaria del artículo 487 TRLC (previa a la Ley 16/22, de 5 de septiembre) el mismo señalaba que *solo podrá solicitar el beneficio de exoneración de responsabilidad el deudor persona natural que sea de buena fe.*

2. A estos efectos, se considera que el deudor es de buena fe cuando reúna los dos siguientes requisitos:

1º Que el concurso no haya sido declarado culpable. No obstante, si el concurso hubiera sido declarado culpable por haber incumplido el deudor el deber de solicitar oportunamente la declaración de concurso, el juez podrá conceder el beneficio atendiendo a las circunstancias en que se hubiera producido el retraso.

2º Que el deudor no haya sido condenado en sentencia firme por delitos contra el patrimonio, contra el orden socioeconómico, de falsedad documental, contra la Hacienda Pública y la Seguridad Social o contra los derechos de los trabajadores en los diez años anteriores a la declaración de concurso. Si existiera un proceso penal pendiente, el juez del concurso deberá suspender la decisión respecto a la exoneración del pasivo insatisfecho hasta que recaiga resolución judicial firme.

Es decir, vinculaba la buena fe a la inexistencia de declaración de culpabilidad del concurso o de condena en sede penal por los delitos referidos. Y aunque ahora no lo hace directamente, mantiene las mismas excepciones, ampliándolas en la forma expuesta más arriba.

Se deduce, pues, que la finalidad del legislador del 2022 es considerar que no se puede tener por deudor de buena fe al que, directa o indirectamente, no ha cumplido con sus obligaciones tributarias o de seguridad social, por lo que se le ha sancionado por infracción grave o se le ha derivado responsabilidad.

Ahora bien, el mismo precepto legal establece la posibilidad de "levantar" la excepción mediante el pago de la deuda tributaria o de seguridad social de carácter sancionador (cuyo impago deviene en impeditivo, según el artículo 487.1, 2º TRLC).

Es decir, la buena fe se relaciona, no con la imposición de la sanción, sino con el impago de la misma. Si fuera al revés, el pago posterior a la imposición de la sanción no tendría el carácter "exculpatorio" que se le atribuye.

De modo que el foco del reproche jurídico se traslada del incumplimiento sancionable de las obligaciones tributarias, al impago de las sanciones derivadas de dichos incumplimientos. Y ello debe ser así porque el interés general se centra, como se ha dicho, en la obtención de recursos económicos del contribuyente (o figura equivalente en régimen de seguridad social) para destinarlo a dicho gasto público.

Así las cosas, dicha enmienda de la buena fe mediante el pago de la responsabilidad tributaria o de seguridad social la fija el legislador como un momento preclusivo (de carácter procesal); concretamente en el momento inmediatamente anterior a la fecha de presentación de la solicitud de exoneración.

Pues bien, el establecimiento de dicho momento procesal creemos que no está debidamente justificado. Efectivamente, si el legislador pretende que, en aras del fin legítimo de obtención de recursos públicos, mediante el pago por parte del deudor de la responsabilidad pecuniaria derivada de infracciones tributarias muy graves, de seguridad social o del orden social, o de un acuerdo firme de derivación de responsabilidad, dicho deudor se encuentre, de nuevo, en situación de ser considerado "deudor de buena fe", no se entiende (pues no se justifica) el porqué del momento en el cual ya no puede accederse a dicha situación.

Es decir, si se hubiera fijado dicho momento en uno anterior a la solicitud de concurso podría decirse que, una vez declarado el mismo, ya no habría buena fe en el deudor que paga con el fin de exonerarse, no por un ánimo de regularizar, *per se*, su situación con el erario público. Como hemos dicho más arriba, el pago posterior a la imposición de la sanción no tendría el carácter "exculpatorio" que se le atribuye, pues en el deudor sancionado ya no es un deudor tributario o de seguridad social de buena fe.

Ahora bien, posponiendo el momento preclusivo del pago exonerante a uno posterior a la declaración de concurso (*vid.* artículo 495.2 y 501 TRLC para el momento de solicitud de la exoneración, constante el proceso concursal), en dicha situación procesal el deudor sabe o debería saber que se puede exonerar; y que para exonerarse debe pagar la responsabilidad tributaria o de seguridad social. Es decir, su pago, en cualquier caso, puede presumirse con un fin puramente exoneratorio. De este modo, siendo dicha la motivación del deudor, debería dar igual cuándo pague, siempre que lo haga antes de que el Juez del concurso resuelva sobre la exoneración. Y si no diera igual, el legislador debería haber justificado suficientemente el porqué: es decir, por qué considera el pago (con meros fines de acceso a la exoneración) anterior a la solicitud de exoneración, ya declarado el concurso, enervante de la mala fe, y por qué el pago posterior, no.

En definitiva, conforme a la doctrina emanada de la sentencia del TJUE arriba transcrita, considerando que no se ha justificado debidamente, no la excepción a la exoneración, sino el momento procesal preclusivo para poder pagar y poder acceder a dicha exoneración, entendemos que el pago posterior a la solicitud de exoneración, como una suerte de satisfacción extraprocesal, impide la concurrencia de la excepción del artículo 487.1, 2º TRLC y, por tanto, debemos considerar al solicitante de exoneración como deudor de buena fe, a los efectos del artículo 486 TRLC.

De este modo, constando el pago de dicha deuda tributaria en un momento posterior a la solicitud de exoneración, se debería desestimar, por tanto, una eventual petición de no exoneración realizada por un acreedor público deducida en la correspondiente demanda incidental.

20. RESPONSABILIDAD DE ADMINISTRADORES SOCIALES Y CONCURSO DE ACREEDORES. ESPECIAL ATENCIÓN A LA ACCIÓN INDIVIDUAL POR DAÑO CONTRA LOS ADMINISTRADORES SOCIALES

CARLOS MARTÍNEZ DE MARIGORTA MENÉNDEZ
Magistrado de la Audiencia Provincial de Santander
Especialista en los asuntos propios de los órganos de lo mercantil

Sumario: I. INTRODUCCIÓN. II. LAS POSIBLES ACCIONES DE RESPONSABILIDAD SOCIETARIAS. III. ACCIÓN INDIVIDUAL EN SUPUESTOS DE CIERRE DE HECHO. IV. ACCIÓN INDIVIDUAL EN CASOS DE CONTRATACIÓN EN CRISIS IRREVERSIBLE. V. RELACIÓN ENTRE LA ACCIÓN INDIVIDUAL DE RESPONSABILIDAD POR CIERRE DE HECHO Y EL CONCURSO. VI. ACCIÓN INDIVIDUAL POR CONTRATACIÓN EN CRISIS IRREVERSIBLE Y CONCURSO.

I. INTRODUCCIÓN

Mucho se ha escrito sobre la relación entre las acciones societarias (entendiendo por tales las previstas en el Real Decreto Legislativo 1/2010, de 2 de julio, por el que se aprueba el texto refundido de la Ley de Sociedades de Capital —LSC en adelante—) de responsabilidad de los administradores sociales y el concurso de acreedores de la sociedad administrada por aquéllos.

La relación se plantea, grosso modo, en varios planos:

1) Efecto de la declaración del concurso sobre las acciones ya ejercitadas o de potencial ejercicio. Tanto en materia de legitimación activa, como en competencia judicial e interrupción de prescripción, como se suspensión o libertad para su ejercicio mientras el concurso esté vivo.

2) Diferencias y similitudes en los presupuestos de las acciones societarias y las concursales. En la sección sexta de calificación culpable del concurso podrá declararse la culpabilidad y considerar personas afectadas por la calificación los administradores o liquidadores, de derecho o de hecho, los directores generales y quienes, dentro de los dos años anteriores a la fecha de la declaración de concurso, hubieren tenido cualquiera de estas condiciones (artículo 455.2.1° del Real Decreto Legislativo 1/2020, de 5 de mayo, por el que se aprueba el texto refundido de la Ley Concursal —TRLC en adelante—).

Estas personas afectadas por la calificación podrán ser condenadas a devolver los bienes o derechos que indebidamente hubieran obtenido del patrimonio del deudor o recibido de la masa activa (artículo 445.2.4° TRLC), a indemnizar, con o sin solidaridad, los daños y perjuicios causados (artículo 455.2.5° TRLC), y también, cuando la sección de calificación hubiera sido formada o reabierta como consecuencia de la apertura de la fase de liquidación, podrá condenar, con o sin solidaridad, a la cobertura, total o parcial, del déficit a todos o a algunos de los administradores, liquidadores, de derecho o de hecho, o directores generales de la persona jurídica concursada que hubieran sido declarados personas afectadas por la calificación en la medida que la conducta de estas personas que haya determinado la calificación del concurso como culpable hubiera generado o agravado la insolvencia (artículo 456. TRLC).

Los presupuestos de las acciones de responsabilidad societaria no siempre coinciden con los de la responsabilidad concursal, que además solo examina las conductas de los administradores en los dos años anteriores a la declaración del concurso.

3) La relación entre la calificación culpable o fortuita del concurso y las posibles acciones de responsabilidad societarias que se pudieran plantear tras el concurso de acreedores.

II. LAS POSIBLES ACCIONES DE RESPONSABILIDAD SOCIETARIAS

Desde un prisma societario ordinario, el acreedor dispone de tres acciones a las que ordinariamente nos referimos como "social", "individual" o "por daño", y "objetiva por deudas", para tratar de obtener el cobro de su crédito no de la sociedad deudora, sino de sus administradores.

Se suele descartar la vía de la acción social de responsabilidad del artículo 236 en relación con el 238 LSC. La legitimación del acreedor (artículo 240 LSC) es solo subsidiaria en caso de falta de ejercicio por la sociedad o sus socios. Además, el efecto que produciría su estimación no le reportaría un beneficio directo propio al demandante, sino al patrimonio social dañado, por lo que, en suma, el resultado es muy similar al de una responsabilidad concursal, donde el producto de las acciones incrementará la masa activa del concurso (artículo 461.2 TRLC: "todas las cantidades que se obtengan en ejecución de la sentencia de calificación se integrarán en la masa activa del concurso").

De modo que son las otras dos acciones las que ofrecen verdadero interés en la mayoría de los casos. Muy frecuentemente ocurrirá que la sociedad deudora haya acudido al concurso de acreedores antes de que el acreedor interponga la acción de responsabilidad. Y esto plantea la duda del posible funcionamiento del concurso como "puerto seguro" frente a ulteriores reclamaciones basadas en dichas acciones societarias.

Para tratar de aproximarnos a dicha cuestión, conviene que previamente recordemos algunos rasgos de las dos posibles acciones a disposición del acreedor frustrado.

La acción del artículo 367 LSC se configura como una garantía legal de solidaridad del administrador respecto de deudas sociales posteriores al afloramiento de una causa de disolución no atendida en forma y plazo.

El TS de modo reiterado (así lo recuerda la STS 1492/2024 de 11 de noviembre) señala que la medida legal prevista en dicho precepto "*constituye a los administradores en garantes personales y solidarios de las obligaciones de la sociedad posteriores a la fecha de concurrencia de la causa de disolución*" y que "*las acciones individual y social tienen una naturaleza diferente a la de responsabilidad por deudas, puesto que las dos primeras son típicas acciones de daños, mientras que la tercera es una acción de responsabilidad legal por deuda ajena con presupuestos propios*".

La acción individual de responsabilidad se prevé en el artículo 241 LSC como "acciones de indemnización que puedan corresponder a los socios y a los terceros por actos de administradores que lesionen directamente los intereses de aquellos".

Como acción por daño que es, para su éxito debe justificarse un incumplimiento nítido de un deber legal al que pueda anudarse de forma directa el impago de la deuda social, en los términos de las SSTS de 18 de abril y 13 de julio de 2016 ó 2 de marzo de 2017. La STS 274/2017, de 5 mayo, resume la doctrina de la sala. Los requisitos de la acción individual ex art. 241 LSC son: (i) un comportamiento activo o pasivo de los administradores; (ii) que tal comportamiento sea imputable al órgano de administración en cuanto tal; (iii) que la conducta del administrador sea antijurídica por infringir la ley, los estatutos o no ajustarse al estándar o patrón de diligencia exigible a un ordenado empresario y a un representante leal; (iv) que la conducta antijurídica, culposa o negligente, sea susceptible de producir un daño; (v) que el daño que se infiere sea directo al tercero que contrata, sin necesidad de lesionar los intereses de la sociedad; y (vi) la relación de causalidad entre la conducta antijurídica del administrador y el daño directo ocasionado al tercero.

La jurisprudencia insiste en rechazar el recurso automático a la vía de esta acción para el cobro de dudas sociales, lo que supondría objetivar esta responsabilidad y quebrar el principio de relatividad de los contratos y la separación de personalidades entre la sociedad y sus administradores y socios. Esta posibilidad debe ser reservada para supuestos en que "*concurran circunstancias muy excepcionales y cualificadas*" (STS 716/2018 de 19 de diciembre), y la demanda debe realizar un especial esfuerzo argumentativo al respecto.

Entre los incumplimientos legales alegados para justificar la conducta antijurídica del administrador nos encontramos los siguientes:

- Incumplimiento por la sociedad promotora de viviendas de la obligación de garantizar mediante seguro o aval la devolución de las cantidades recibidas a cuenta o de depositarla en una cuenta especial (art. 1 de la ley 57/1968, de 27 de julio, sobre percibo de cantidades anticipadas en la construcción y venta de viviendas, y Disposición adicional primera de la ley 38/1999, de 5 de noviembre, de Ordenación de la Edificación).
- Omisión de deberes del liquidador social, con desaparición de activos (por la vía del artículo 375 LSC).

- No devolución de un doble pago (enriquecimiento injusto) permitiendo el cobro por otros (STS 665/2020 de 10 diciembre)
- Contratación en situación de crisis irreversible.
- Cierre de hecho ("persianazo"), desapareciendo del tráfico de forma desordenada, sin acudir a un proceso de liquidación en forma (societario o concursal).

Son los dos últimos los que plantean más habitualmente la colisión con el concurso de acreedores.

III. ACCIÓN INDIVIDUAL EN SUPUESTOS DE CIERRE DE HECHO

En los supuestos en que el ilícito reprochado consista en el cierre de hecho sin practicar operaciones de liquidación (SSTS 580/2019 de 5 noviembre, 612/2019 de 14 de noviembre) la dificultad radica en apreciar relación causalidad entre esta conducta y el impago de la deuda, debiendo constatarse la existencia concretos activos cuya realización hubiera permitido abonar total o parcialmente la deuda.

IV. ACCIÓN INDIVIDUAL EN CASOS DE CONTRATACIÓN EN CRISIS IRREVERSIBLE

La doctrina de la sala Primera la encontramos ya en las SSTS 87/2004 de 16 de febrero 43/2010 de 12 de febrero:

- Se trata de una contratación no en situación de dificultades económicas, lo que entra en el ámbito de la normalidad comercial, sino de crisis irreversible con acreditada falta de capital.
- Conocimiento suficiente por los administradores de que la sociedad atravesaba una fase de grave endeudamiento y descapitalización.
- Pese a dicho conocimiento, llevan a cabo actividades de comercio mediante un comportamiento ilícito, al no informar a los clientes del estado económico de la sociedad, y mover su voluntad a contratar, la que de este modo pueda resultar

interferida en cuanto a la posibilidad de que no se hubiesen realizado las operaciones o lo fueran en otras condiciones.

- Esto nos sitúa en un escenario de malicia, negligencia o actuación dolosa.

Más recientemente, la STS nº 679/2021 de 6 de octubre aborda un supuesto en que la sociedad, en causa de disolución por pérdidas según las cuentas anuales de 2014, a finales de 2014 y principios de 2015 contrata (realiza pedidos) por cantidades relevantes (215.000 €). Poco después, en septiembre del mismo año, realiza comunicación de negociaciones conforme al entonces vigente artículo 5 bis de la Ley Concursal, y posteriormente solicita concurso de acreedores, que se declaró fortuito. La deuda no pudo hacerse efectiva en vía ejecutiva.

La Audiencia Provincial consideró que la celebración del contrato en fechas tan próximas al preconcurso y en una situación ya de déficit patrimonial al realizar las primeras compras implicaba que el deudor no podía desconocer la imposibilidad de pago.

El Tribunal Supremo casa la sentencia. Destaca en primer lugar que el daño no sería directo al acreedor, sino indirecto, reflejo o secundario, al no poder cobrar de la sociedad que era quien había sufrido el daño directo o primario. En estos casos, la acción oportuna no es la individual, sino la social:

"*En caso de que el acreedor haya sufrido daños como consecuencia de la insolvencia de la sociedad deudora, la acción que puede ejercitarse no es por regla general la individual, sino la social, que permite reintegrar el patrimonio de la sociedad.*".

Recuerda el Alto Tribunal que el recurso a la acción individual por los acreedores es excepcional:

"*Es cierto que, en determinados supuestos, hemos considerado que la imposibilidad del cobro de sus créditos por los acreedores sociales es un daño directo imputable a los administradores sociales. Pero para ello es preciso que concurran circunstancias muy excepcionales y cualificadas, que en este caso no costa que se hayan producido.*".

Finalmente, descarta que se hubiera dado un supuesto de contratación en situación de crisis irreversible, al no haber se contratado de modo fraudulento, o extraordinario, habiendo acudido a la solución concursal que se calificó de fortuita:

"*No consta que la operación que dio lugar a la deuda, aun siendo de un elevado importe económico, fuera fraudulenta, extraordinaria o se alejara de las pautas habituales de contratación de la sociedad; antes al contrario, la propia argumentación de la sentencia recurrida relativa a que las marcas proveedoras obligaban a comprar un gran número de género induce a pensar lo contrario. Tampoco puede considerarse que la conducta del administrador fuera negligente en cuanto al cumplimiento de sus obligaciones legales: cuando tuvo noticia de la existencia de graves dificultades económica acudió al mecanismo preconcursal procedente y ante la inviabilidad de éste, instó el concurso voluntario de la sociedad, que fue declarado fortuito. Que a posteriori pueda considerarse que la decisión del administrador de optar por marcas punteras que le obligaban a comprar un stock de mercancía elevado fue desacertada y no atajó la situación de insolvencia de la sociedad, que acabó en su declaración de concurso, no puede derivarse en una responsabilidad individual del administrador social. Debemos recordar que la responsabilidad del administrador no se genera por el hecho de que se haya incumplido el contrato, ni tampoco por el fracaso de la empresa.*".

V. RELACIÓN ENTRE LA ACCIÓN INDIVIDUAL DE RESPONSABILIDAD POR CIERRE DE HECHO Y EL CONCURSO

El supuesto es muy habitual. Existían activos en cuentas anuales previas, cuyo destino no se aclara. El deudor acude al concurso buscando su extinción. Muy frecuentemente solicitando concurso sin masa, sin que ningún acreedor solicite en plazo (15 días desde la publicación) el nombramiento de administración concursal (AC en adelante) lo que provoca la conclusión sin verdadera tramitación del concurso, y en particular, sin sección de calificación.

En principio, debemos entender que esta situación supone concurrencia pluralidad acreedores frente a patrimonio insuficiente para la satisfacción de sus créditos, y por ello, desaparición relación causalidad necesaria para el éxito de la acción. Según la STS 580/2019 de 5 de noviembre, en un supuesto en que el cierre de hecho había venido seguido de una declaración de concurso (dos años después), "*esa relación de causalidad se difumina tanto que dificulta su apreciación. Aun en el supuesto en que se demostrara que al tiempo de verificarse el cierre había algún activo concreto pendiente de ser liquidado, con el que se hubiera podido pagar el crédito del demandante, la posterior apertura del concurso pone de relieve la existencia de otros acreedores concurrentes, lo que dificulta concluir que con aquella correcta liquidación se hubiera pagado necesariamente el crédito del demandante*" ya que esa insolvencia del deudor común evidencia "*la imposibilidad de pagar todos los créditos con los activos existentes*".

La sentencia remite al eventual enjuiciamiento en la sección de calificación del concurso: "*los posibles fraudes derivados de la distracción de bienes o del retraso en la solicitud del concurso, como afirma la sentencia, tienen un cauce natural para su apreciación y sanción, que es la calificación concursal*".

Así lo acordamos en la sentencia de la AP de Cantabria, sección 4ª, nº 715/2024 de 2 de diciembre. En este sentido la también la sección 28ª de la AP de Madrid en sentencias nº 252/2024 de 22 de julio, y nº 144/2024 de 9 de mayo ha dicho: "*la jurisprudencia tiene declarado que la demora en la solicitud de concurso pone de manifiesto una situación de insolvencia, por lo que el impago de la deuda no puede imputarse al retraso mismo sino a la incapacidad de hacer frente al pago de todas las deudas. Por eso el retraso indicado no puede fundamentar la responsabilidad ex art. 241 LSC, ni siquiera en supuestos más graves en que ha tenido lugar un cierre de hecho. En su caso, los posibles fraudes derivados de la distracción de bienes o del retraso en la solicitud del concurso, tienen un cauce natural para su apreciación y sanción, que es la calificación concursal*". "*En supuestos en que ha existido una declaración concursal, la existencia previa de algunos bienes pendientes de liquidar no es suficiente para acreditar la relación causal*".

En el supuesto de no haberse llegado a declarar el concurso de acreedores, si se admite que existía insolvencia y se reprocha precisamente no haber solicitado concurso (lo que no resulta infrecuente en las demandas que buscan la antijuridicidad de la conducta tanto en no haber instado un proceso de disolución y liquidación societaria ordenado, como en no haber solicitado a tiempo declaración de concurso de acreedores), parece que la respuesta debiera ser la misma, ya que la afectación del nexo causal sería idéntica.

Con todo, no podemos negar que la conclusión alcanzada puede ser cuestionable. Por los siguientes motivos:

- En la sección sexta de calificación culpable se examinan solo los dos años anteriores. Puede haber mediado un cambio de administrador.
- Determinadas conductas no agravan insolvencia (por ejemplo, una selección de pagos), y podrían resultar inocuas en la sección sexta.
- Si se da el supuesto de la acción por daño, la posterior solicitud de concurso no sana el vicio, y la acción del art. 241 LSC pervive pese a la declaración de concurso.
- No puede afirmarse que el nexo causal desaparezca por completo. Puede que haya menos cuota de cobro, pero que "en parte" hubiera podido cobrar el acreedor pese al concurso. Recordemos que la doctrina sobre la acción individual en casos de cierre de hecho (STS 612/2019 de 14 de noviembre) "*precisa la constatación de la existencia de concretos activos cuya realización hubiera permitido abonar total o parcialmente la deuda*".
- En el caso de que el concurso hubiera sido sin masa ex art. 37 bis, de no haberse solicitado nombramiento de AC (lo que ocurre en la práctica totalidad de los supuestos), no habrá habido sección sexta, y el acreedor no cobrará nada ya que no hay masa (salvo los residuales y liquidación posterior).
- La ausencia de sección sexta en un concurso sin masa es una diferencia muy relevante con el supuesto de la STS 580/2019 de 5 de noviembre, donde se había tramitado un concurso de modo completo, con sección sexta incluida. Tengamos además en cuenta que, independientemente de que se tramite o no una sección sexta, un concurso sin masa apunta de modo muy intenso a un retraso en la solicitud.

VI. ACCIÓN INDIVIDUAL POR CONTRATACIÓN EN CRISIS IRREVERSIBLE Y CONCURSO

La Directiva (UE) 2019/1023 del parlamento europeo y del consejo de 20 de junio de 2019 sobre marcos de reestructuración preventiva, exoneración de deudas e inhabilitaciones, y sobre medidas para aumentar la eficiencia de los procedimientos de reestructuración, insolvencia y exoneración de deudas (DRI en adelante), en su artículo 19 (obligaciones de los administradores sociales en caso de insolvencia inminente) estableció:

"Los Estados miembros se cerciorarán de que, en caso de insolvencia inminente, los administradores sociales tomen debidamente en cuenta, como mínimo, lo siguiente:

a) los intereses de los acreedores, tenedores de participaciones y otros interesados;

b) la necesidad de tomar medidas para evitar la insolvencia, y

c) la necesidad de evitar una conducta dolosa o gravemente negligente que ponga en peligro la viabilidad de la empresa.".

El considerando 71 de la DIR señala que "en caso de que el deudor esté próximo a la insolvencia, es importante también proteger los intereses legítimos de los acreedores frente a las decisiones de los gestores que podrían tener un impacto sobre la constitución de la masa del deudor, en particular cuando tales decisiones podrían tener el efecto de disminuir el valor del patrimonio disponible para los esfuerzos de reestructuración o para su distribución a los acreedores (...) Los Estados miembros deben poder aplicar las disposiciones correspondientes de la presente Directiva garantizando que las autoridades judiciales o administrativas, al evaluar si debe considerarse a un administrador social responsable de incumplimientos del deber de diligencia, tengan en cuenta las normas en materia de obligaciones de los administradores sociales establecidas en la presente Directiva".

El apartado VII de la exposición de motivos de la ley 16/2022 de 5 de septiembre, de reforma del TRLC para la transposición de la DIR, consideró que las previsiones de la DRI "respecto de los deberes de los administradores sociales se encuentran implícitos en la normativa vigente, por lo que no se introducen novedades en el régimen actual de la acción social ni en la posible calificación del concurso de acreedores como culpable".

Parece, sin embargo, con la actual jurisprudencia en materia de contratación en situaciones de crisis irreversible (que viene a exigir la concurrencia de una insolvencia liquidatoria en la sociedad de deudora), y de dilución de la relación de causalidad en caso de insolvencia posterior, que la articulación con la DRI no resulta tan sencilla.

Tengamos en cuenta los requisitos para que la acción del art. 241 LSC prospere en los términos que hemos indicado, no bastaría que la sociedad se encontrara en una situación de insolvencia probable, o próxima. Habitualmente implicará que la sociedad ya estuviera en insolvencia (o incluso se habrá solicitado el concurso), y esto a su vez haría desaparecer el nexo causal con el daño directo en los términos ya explicados.

Por último, apuntaremos el supuesto de contratación en situación de crisis irreversible posterior a un concurso sin masa, brillantemente apuntada por el Auto del Juzgado Mercantil nº 1 de Coruña de 21 de junio de 2024. Producido el cierre provisional ex artículo 485 TRLC, la situación equivale a una disolución y apertura de periodo de liquidación (extinción de relaciones) y el liquidador debe extinguir los contratos (en el supuesto contratos laborales). No hacerlo implicaría asumir —o tolerar— obligaciones, en una fase en que se deben liquidar las relaciones, lo que plantea el riesgo de una posible acción individual de responsabilidad ex artículos 375 y 241 LSC.

En Santander a 9 de mayo de 2025.

21. EL CONCURSO SIN MASA: EVOLUCIÓN Y REGULACIÓN ACTUAL

CÉSAR SUÁREZ VÁZQUEZ
Magistrado-Juez de lo mercantil núm. 6 de Barcelona

Sumario: I. REGULACIÓN DEL CONCURSO SIN MASA EN LA LC. II. REGULACIÓN ACTUAL. III. EL CONCURSO SIN MASA EN EL CASO DE LAS MICROEMPRESAS. IV. RÉGIMEN DE RECURSOS.

I. REGULACIÓN DEL CONCURSO SIN MASA EN LA LC

El dictado de la ley 38/ 2011 produce el primer cambio relevante en el ámbito de regulación del concurso con insuficiencia de masa, puesto que inicialmente se regulaba en el artículo 176 como posible causa de conclusión del procedimiento la comprobación de inexistencia de bienes y derechos del concursado o de terceros responsables con los que satisfacer a los acreedores, mientras que tras la reforma, el nuevo 176. 3 hacía referencia a la posibilidad de concluir el procedimiento con la simple comprobación de insuficiencia de masa activa para satisfacer los créditos contra la masa, de tal manera que se produce un cambio sustancial en la concepción del concurso sin activos, que por obra de esta reforma experimentaba un cambio conceptual cualitativo al entenderse que bastaba con que los bienes constitutivos del activo de la concursada fueran insuficientes para atender a los gastos del concurso aunque existieran en una determinada medida concretando esa insuficiencia al ámbito de la satisfacción del crédito contra la masa.

Desde esta reforma ya era posible declarar el concurso y su conclusión en la misma resolución judicial sin necesidad de nombramiento de administrador concursal como sí ocurría en la regulación previa.

Por otra parte, el régimen jurídico aplicable al concurso sin masa con anterioridad a la entrada en vigor de la ley 16/2022 venía caracterizado por el artículo 465 del texto refundido de la Ley

Concursal, según el cual procedería la conclusión del concurso en cualquier estado del procedimiento cuando se comprobara la insuficiencia de la masa activa para satisfacer los créditos contra la masa, hoy completado con el 470 del mismo texto legal según el cual el juez podría acordar en el mismo auto de declaración de concurso la conclusión del procedimiento cuando aprecie de manera evidente que la masa activa presumiblemente será insuficiente para la satisfacción de los posibles rastros del procedimiento, y además, que no es previsible el ejercicio de acciones de reintegración o de responsabilidad de terceros ni la calificación del concurso como culpable.

Así, era necesario apreciar de modo evidente que la masa activa no sería presumiblemente suficiente para satisfacer gastos del procedimiento, lo que ciertamente suponía un juicio valorativo respecto de una situación sobrevenida; en segundo lugar, que tampoco sea previsible el ejercicio de acciones de reintegración ni de responsabilidad de terceros, y finalmente que no se percibiera la posibilidad de que el concurso fuera culpable en una eventual sección de calificación.

Esta regulación, desde su inicial aparición en 2011 había generado algunos problemas relevantes y de manera particular en lo referente a la declarada extinción de la personalidad jurídica de la sociedad concursada como efecto automático del cierre concursal, de modo que cuando los acreedores intentaban ver satisfechos si quiera parte sus créditos con los escasos activos existentes se encontraban con la realidad jurídica de una sociedad extinguida. Para evitar este serio problema se intentaron diversas soluciones, como no acordar la disolución, o supeditarla a la presentación por el administrador societario de un informe sobre la liquidación o bien incluso apoderar al administrador concursal nombrado para funciones de exclusiva liquidación extra concursal. En hoy todo caso terminó prevaleciendo la idea de que había que extinguir la sociedad aunque se mantuviera una cierta capacidad residual que permitiera accionar frente a la misma y realizar los pocos activos subsistentes.

II. REGULACIÓN ACTUAL

Tras la entrada en vigor de la Ley 16/2022, de 5 de septiembre, nos encontramos con el nuevo artículo 37 bis, con arreglo al cual:

"Se considera que existe concurso sin masa cuando concurran los supuestos siguientes por este orden:

a) El concursado carezca de bienes y derechos que sean legalmente embargables.

b) El coste de realización de los bienes y derechos del concursado fuera manifiestamente desproporcionado respecto al previsible valor venal.

c) Los bienes y derechos del concursado libres de cargas fueran de valor inferior al previsible coste del procedimiento.

d) Los gravámenes y las cargas existentes sobre los bienes y derechos del concursado lo sean por importe superior al valor de mercado de esos bienes y derechos."

Por lo que respecta al primero de los requisitos, debemos acudir a la Ley de Enjuiciamiento civil para comprobar qué bienes tienen la consideración de inembargables, y en concreto el artículo 606 según el cual:

"Son también inembargables:

1º El mobiliario y el menaje de la casa, así como las ropas del ejecutado y de su familia, en lo que no pueda considerarse superfluo. En general, aquellos bienes como alimentos, combustible y otros que, a juicio del tribunal, resulten imprescindibles para que el ejecutado y las personas de él dependientes puedan atender con razonable dignidad a su subsistencia.

2º Los libros e instrumentos necesarios para el ejercicio de la profesión, arte u oficio a que se dedique el ejecutado, cuando su valor no guarde proporción con la cuantía de la deuda reclamada.

3º Los bienes sacros y los dedicados al culto de las religiones legalmente registradas.

4º Las cantidades expresamente declaradas inembargables por Ley.

5º Los bienes y cantidades declarados inembargables por Tratados ratificados por España."

Por su parte el artículo 607 consagra la inembargabilidad del salario, sueldo, pensión, retribución o su equivalente, que no exceda de la cuantía señalada para el salario mínimo interprofesional, y sí en cambio su carácter de embargables de los salarios, sueldos, jornales, retribuciones o pensiones que sean superiores al salario mínimo interprofesional conforme a determinada escala.

Sin embargo, cuando observamos el segundo de los supuestos nos encontramos con conceptos jurídicos claramente indeterminados como el de coste de realización manifiestamente desproporcionado, lo que implica que el juez haya de efectuar un análisis valorativo de difícil realización en un estadio tan preliminar acerca del posible coste de realización de los activos y su incompatibilidad sustancial con la continuidad del procedimiento.

Otro tanto ocurre en el supuesto de que los bienes y derechos del concursado libres de carga sean de valor inferior al previsible coste del procedimiento, por cuanto que no es posible con tan exigua información como se acompaña con la solicitud inicial de declaración judicial de concurso que se alcance a cuantificar el valor de mercado ni el valor de realización de estos bienes y derechos del concursado respecto de los cuales el juez sólo tendrá una visión unilateral de muy difícil análisis a los efectos de valorar la continuidad o de conclusión del procedimiento.

En cambio, sí que se concreta en el cuarto de los supuestos un determinado valor de realización cuando se establece que los gravámenes y las cargas que existan sobre los bienes y derechos del concursado lo sean por importe superior a su valor de mercado aun cuando respecto de esta última consideración también deben manifestarse las reticencias propias de un concepto que resulta más económico que jurídico.

Respecto a su tramitación, nos encontramos asimismo con algunos problemas e indeterminaciones que el legislador no ha resuelto o clarificado a la hora de concretar los efectos previsibles con la mera declaración del concurso sin masa y su prácticamente segura ratificación en el auto que se dicta con posterioridad.

Así, la ley impone que en el mismo auto debe el juez remitir telemáticamente al Boletín Oficial del Estado para la publicación en el suplemento del tablón editar judicial único y la publicación en el registro público concursal con llamamiento en el creador a los acreedores que representen al menos el 5% del pasivo a fin de que en el plazo de 15 días a contar del siguiente a la publicación del edicto puedan solicitar el nombramiento de un administrador concursal. Ello implica que se deje en manos de los acreedores la posibilidad de efectuar un verdadero control sobre las condiciones objetivas en que el activo y el pasivo de la concursada han llegado al momento concreto de la petición de declaración concursal, puesto que el juez carece de real posibilidad de nombramiento de administración concursal, en una clara manifestación del legislador de decantarse por la desjudicialización o por el incremento del papel de los acreedores como verdaderos impulsores del procedimiento concursal.

En el artículo 37 bis se diseña un sistema de declaración concursal con el dictado de una para resolución, en la que, se debe limitar a constatar la situación de insolvencia sobre la base de la documentación aportada por el deudor *sin más pronunciamiento* pero no se aclara el alcance concreto de tal expresión.

Resulta razonable pensar que los únicos pronunciamientos que caben en este primer momento procesal no pueden ser los que integren el auto de declaración de concurso con arreglo al procedimiento general, si bien cabe suponer que la declaración de concurso lleva aparejados los efectos inherentes al mismo.

Uno de los más relevantes es el que se refiere a la publicidad concursal, por cuanto que la norma en realidad habla de que el concurso deba publicitarse en el BOE y además en el registro público concursal, lo que puede generar algún problema en el caso de que no coincida el día de la publicación; al respecto el acuerdo del tribunal de instancia mercantil de Sevilla considera que lo razonable es atender a la última de las publicaciones ya que en caso contrario, es decir, si se tiene en cuenta la primera, carecería de sentido efectuar la segunda, mientras que por lo que se refiere al cómputo habrá que entender que estamos siempre en presencia de días hábiles siguiendo en este ámbito el criterio general de la Ley Concursal.

El hecho de que se supedite el nombramiento a la instancia de aquellos acreedores que representen el 5% del pasivo plantea una primera cuestión relativa a esa cuantificación inicial, esto es, si puede eventualmente algún acreedor efectuar objeciones al pasivo comunicado en la solicitud de declaración judicial de concurso a los efectos de contradecir si existe o no esa cantidad mínima que legitima para el nombramiento de administración concursal.

En todo caso es evidente que el juez ya no puede declarar y concluir el concurso en el mismo auto de declaración, en la medida en que habrá que estarse a los efectos de la publicidad concursal para conocer sí los acreedores instan y nombramiento de un administrador concursal. En la misma dirección, o habrán de comprobarse los extremos que constituyen el objeto del informe que aquel tiene que emitir: parece claro que el administrador concursal deberá pronunciarse sobre si existen indicios suficientes de que el deudor hubiera realizado actos perjudiciales para la masa activa que sean rescindibles conforme a lo establecido en la ley. Al respecto el artículo 37 ter hace referencia a la existencia de indicios sobre posibles actos del deudor concursado que hayan supuesto un sacrificio patrimonial injustificado o que se hayan realizado en fraude de los acreedores y puedan dar lugar al ejercicio de acciones de reintegración o acciones rescisorias por actos realizados en fraude de acreedores.

Recordemos que el artículo 226 de la Ley Concursal dispone:

> *1. Son rescindibles los actos perjudiciales para la masa activa realizados por el deudor dentro de los dos años anteriores a la fecha de la solicitud de declaración de concurso, así como los realizados desde esa fecha a la de la declaración, aunque no hubiere existido intención fraudulenta.*
>
> *2. Son igualmente rescindibles los actos perjudiciales para la masa activa realizados por el deudor dentro de los dos años anteriores a la fecha de la comunicación de la existencia de negociaciones con los acreedores o la intención de iniciarlas, para alcanzar un plan de reestructuración, así como los realizados desde esa fecha a la de la declaración de concurso, aunque no hubiere existido intención fraudulenta, siempre que concurran las dos siguientes condiciones:*
>
> *1° Que no se hubiera aprobado un plan de reestructuración o que, aun aprobado, no hubiera sido homologado por el juez.*
>
> *2° Que el concurso se declare dentro del año siguiente a la finalización de los efectos de esa comunicación o de la prórroga que hubiera sido concedida.*

La aplicación de este precepto a los supuestos de insuficiencia de masa plantea algunos interrogantes no resueltos por el legislador a saber: en primer lugar si existen indicios suficientes para el ejercicio de la acción social de responsabilidad contra los administradores o liquidadores de la concursada o bien contra la persona natural designada por la persona jurídica que es administradora en el ejercicio permanente de las funciones propias de su cargo es un supuesto que refiere a la apreciación de indicios suficientes considerados como determinantes el ejercicio de la acción social de responsabilidad regulada en los artículos 238 y siguientes del texto refundido de la ley de sociedades de capital pero que en esta fase tan preliminar resulta de muy difícil apreciación por cuanto que el juez carece de elementos suficientes que le permitan anticipar siquiera un juicio indiciario o de provisionalidad sobre el ejercicio de estas acciones.

Otro tanto cabe decir respecto de la existencia o no de indicios suficientes que determinen la culpabilidad del concurso. En este sentido es crucial y así lo establece específicamente la ley que el administrador concursal nombrado a instancias de los acreedores que representen como mínimo el 5% del pasivo haga constar en su informe la eventual existencia de estos indicios aunque también puede llevarse a este supuesto el mismo reproche que predicamos respecto del primero en la medida en que hoy las más de las veces resultará de muy difícil valoración, *prima facie,* tal concurrencia de circunstancias.

Es claro que pueden suscitarse muchos problemas tanto en cuanto al pasivo total como en lo que se refiere al concreto importe del acreedor que solicita el nombramiento de administrador concursal. Si nos encontramos en el caso de que diferentes acreedores aporten también importes dispares, deberá ser el juez quién valore la documentación incorporada y decida sobre la concreta cifra del pasivo, aún cuando este aserto tenga una evidente carga voluntarista porque nos encontramos en un momento tan preliminar que difícilmente podrá el juez tener elementos suficientes con los que valorar cuantitativamente aquel.

Por otra parte, prevé la ley que en el mismo auto en el que se procede al nombramiento de administrador concursal haya de fijarse su retribución por la emisión del informe encomendado la cual debe ser satisfecha en todo caso por el acreedor o pluralidad de acreedores que lo hubieran solicitado.

Se ha planteado, tanto desde el punto de vista doctrinal como jurisprudencial, cómo deben ser calculados los honorarios en este particular supuesto, y las respuestas varían desde el establecimiento de una cantidad mínima a satisfacer, cualquiera que sea la tipología del concurso y el volumen de los activos y pasivos de la concursada, hasta el tratamiento de la figura del administrador concursal como una figura equiparable aquí a la del perito judicialmente designado de modo que no le sería de aplicación la regulación de los honorarios establecida en el reglamento.

En el momento actual de la polémica resulta pertinente hacer alusión a uno de los criterios contenidos en el acuerdo del tribunal instancia mercantil de Sevilla según el cual, por lo que respecta a la cuantificación, atendiendo que el trabajo que desarrollará la administración concursal para emitir el informe forma parte de la labor que realizará en la fase común del concurso en el caso de dictarse el auto complementario, de modo que parece lógico acudir a los parámetros establecidos en el RD 1860/2004, de 6 de septiembre, por el que se establece el arancel de derechos de los administradores concursales; de esta forma atendiendo a que el informe ha de ser realizado en un mes, se considera razonable el criterio establecido en esta norma respecto de aquellas fases en las que la actuación de la administración concursal se retribuye por periodos temporales como es el caso de la liquidación del convenio de manera que se concrete la retribución en el 10% de la que correspondería a la fase común.

A fin de evitar que la aplicación de los parámetros anteriores suponga que la administración concursal haya de realizar un informe por una cantidad irrisoria, en los supuestos en que el pasivo no sea elevado se entiende que en cualquier caso la retribución de la administración concursal no podrá ser inferior a 300 euros.

Por otra parte, el juzgado mercantil número dos de Valencia en una resolución de 15 de noviembre de 2022 analiza las diferentes alternativas disponibles y entiende que en la emisión del informe la función del administrador concursal se asemeja más a la de una pericial técnica, considerando que el criterio estable sería el de fijar una cuantía en función del pasivo del deudor de manera que no variará en función de si este es o no superior a los 500.000 euros, que es la horquilla a partir de la cual se fija la retribución en las tablas del RD.

También se plantea si sobre este específico aspecto cabría la posibilidad de llegar al planteamiento de un incidente concursal en el caso de que la cuantificación de los honorarios efectuada por la administración concursal fuera impugnada por alguno o todos los acreedores instantes de su nombramiento.

Sin embargo, parece que en la medida en que se aplique analógicamente la regulación contenida en la ley procesal civil respecto de la provisión de fondos de los peritos judiciales la eventual discrepancia que se produzca sobre la cuantía de la retribución debiera ser resuelta por cauces semejantes de los previstos en aquella regulación, y que serían ajenos a la dinámica propia del incidente concursal.

Otra de las cuestiones que se plantean es si cabe un control judicial respecto de la insuficiencia de masa que se plantea en términos cuantitativos, y que podría llevar a que de oficio se efectuará una averiguación patrimonial o se recabará información complementaria del concursado.

Pues bien, parece descartado de forma mayoritaria que pueda el juez de oficio asumir esa labor de investigación por cuanto que el espíritu de la nueva regulación, con claridad opta por incentivar que la intervención judicial se minimice, de modo que sean los acreedores eventualmente legitimados con el umbral del 5% del pasivo total quienes tomen en todo caso la iniciativa de recabar estas actuaciones de investigación específicas. Ello hoy no implica que no pueda el juez en un primer momento requerir del concursado información adicional o aclaratoria sobre determinados aspectos y muy en particular en el caso de que exista algún tipo de activo que en un escenario concursal ordinario impediría la apreciación de insuficiencia de masa.

Pensemos al respecto en el caso de que el concursado sea titular de una vivienda en garantía de un préstamo hipotecario; en este supuesto sería de aplicación la práctica generalizada de requerir para el caso de que tal información no sea suministrada por el deudor *ab initio* la acreditación tanto del importe del préstamo hipotecario que resta por de satisfacerse, así como la circunstancia de encontrarse al día en los pagos, sin s olvidar la incorporación al procedimiento de una valoración a precio de mercado o en términos de valor razonable del inmueble dado en garantía, con la necesaria premisa de que este resulte de un valor inferior al importe que resta por abonar del préstamo garantizado.

III. EL CONCURSO SIN MASA EN EL CASO DE LAS MICROEMPRESAS

La regulación del concurso sin masa parece concebirse en términos de unicidad, exclusividad y obligatoriedad para los deudores que reúnan las características legalmente explicitadas, de manera que opera como regulación general en relación con todos los bienes y derechos que integran el patrimonio del deudor y acepta a todos los acreedores con independencia del camino procesal que lleva tomarse en función de las características de la empresa.

Con todo, no hay en el libro III una regulación semejante a la de declaración de concurso sin masa sino que solamente se refiere a tal insuficiencia como causa de conclusión del concurso de acuerdo con lo previsto en el artículo 720.1.3° TRLC.

Por lo tanto, debemos preguntarnos si en los casos de procedimiento especial de microempresas sería posible la aplicación de las reglas generales sobre el concurso sin masa, lo cual resulta de indudable trascendencia porque si consideramos que no resultan de aplicación quedarían excluidos hoy la mayor parte de los concursos de sociedades mercantiles y se limitaría a los casos de persona física no empresaria y deudor empresario que no entre dentro de la definición de microempresa del artículo 685 TRLC.

Ahora bien, debemos tener en cuenta en este caso que el artículo 689.1 TRLC prevé la aplicación supletoria al procedimiento especial para microempresas de lo establecido en los libros primero y segundo con las adaptaciones que resulten precisas para acomodar los principios que presiden este procedimiento especial y las reglas que integran el libro tercero. En consecuencia, es perfectamente asumible la declaración de concurso sin masa también en el caso de microempresas con las variaciones propias de la particular tipología de estas sociedades en concurso, y aún partiendo de considerar que el propósito indubitado del legislador con la creación de este específico procedimiento tenía como fin la rápida liquidación de sociedades que cuente con algún bien o derecho dentro de su activo, de modo que resulte más ajustado a la realidad económica en términos de eficiencia y brevedad.

IV. RÉGIMEN DE RECURSOS

Finalmente, en lo que se refiere hoy al régimen de recursos frente a los distintos autos a los que se refieren los artículos 37 bis a 37 quinquies TRLC, hemos de partir de la base de que cabe la posibilidad de que se dicten hasta tres autos diferentes, tanto en contenido como en pronunciamientos, a saber:

1.- El auto del artículo 37 ter.1, que se limita a la declaración de concurso sin más pronunciamientos y que debe contener la motivación correspondiente a que concurran los supuestos previstos en el artículo 37 bis, necesarios para entender qué se trata de un concurso sin masa.

2.- El auto a que se refiere el artículo 37 quater.1, relativo al pronunciamiento sobre nombramiento de administrador concursal en el que ha de examinarse tanto la legitimación cualitativa y cuantitativa de quienes lo promueven como la retribución del administrador concursal.

3.- Finalmente, el auto complementario del artículo 37 quinquies TRLC, que incluirá los demás pronunciamientos de la declaración de concurso y apertura de la fase de liquidación de la masa activa continuando el procedimiento conforme a lo establecido en la ley.

A estas tres resoluciones eventualmente, incluso, podría añadirse el auto de conclusión del concurso sí no se solicita el informe o, si, a pesar de su existencia, el administrador concursal concluye que no se dan los indicios de ejercicio de acciones de reintegración o de culpabilidad.

Pues bien, a pesar de que no existe ninguna previsión legal en cuanto al régimen de recursos contra estas resoluciones debería entenderse necesario acudir al régimen general de los recursos es decir el artículo 546 con arreglo al cual contra las providencias y autos que dicte el juez del concurso solo cabrá recurso de reposición salvo que en esta ley se excluya todo recurso o en el caso de los autos se otorga expresamente recurso de apelación.

Así pues, contra los autos referidos cabrá recurso de reposición ante el propio juez sin posibilidad de ulterior recurso, aunque se trata esta de una cuestión no pacífica por cuanto también se ha considerado que el auto de nombramiento del administrador concursal y de fijación de retribución es de naturaleza diferente y que respecto del mismo cabría en su caso la interposición de recurso de apelación.

Cuando el deudor cuente con ingresos recurrentes que puedan resultar embargables conforme a la LEC, se valorará en cada caso, en función de la relación de ingresos y gastos del deudor y en su caso de la unidad familiar que se desprendan de los documentos aportados y el formulario del anexo I, la posibilidad de que realice un esfuerzo razonable de pago de los créditos exonerables, a través de un plan de pagos, en cuyo caso se considerará el concurso como "concurso con masa".

En todos los concursos de persona física en que se desprenda de los documentos aportados y el formulario del anexo I, la existencia de ingresos recurrentes conforme al criterio anterior número 2 y la posibilidad de que el deudor realice un esfuerzo razonable de pago de los créditos exonerables, entonces el deudor tendrá la posibilidad de presentar, en el tiempo y forma establecidos en los arts. 495 y siguientes del TRLC, un plan de pagos para acceder a la exoneración provisional del pasivo insatisfecho.

En los casos anteriores, si el deudor elige la modalidad de exoneración mediante liquidación, el Juez del concurso valorará en cada caso la posibilidad de liquidar los ingresos recurrentes que se encuentren por encima del mínimo inembargable, estableciendo la liquidación mensual de la parte embargable para pago de los créditos exonerables durante un plazo determinado.

En cuanto a la valoración de los inmuebles, a los efectos de lo previsto en el apartado d) del art. 37 bis, en relación al art. 7 del TRLC, los inmuebles deben ser valorados de acuerdo con el valor hipotecario que conste en la propia escritura, salvo que exista una tasación posterior del inmueble realizada, de acuerdo con la Orden ECO/805/2003, de 27 de marzo, sobre normas de valoración de bienes inmuebles y de determinados derechos para ciertas finalidades financieras, por entidad de tasación homologada por el Banco de España

Por lo que respecta a la cuantía de la retribución del administrador concursal para la emisión del informe del art. 37 ter TRLC, a falta de previsión legal, se considerará aplicable supletoriamente la LEC y la previsión del art. 342.3 de la LEC para la liquidación de fondos para los peritos judiciales.

En consecuencia, el administrador concursal designado podrá solicitar en los tres días siguientes a su nombramiento, la provisión de fondos que considere necesaria, debiendo el acreedor solicitante manifestar su aceptación a dicha cantidad en un plazo no superior a los tres días siguientes. En caso contrario, se entenderá que el acreedor o acreedores desisten de su solicitud de nombramiento.

En todo caso, la emisión del informe por la administración concursal queda condicionada a la efectiva consignación por el acreedor del importe aceptado en la Cuenta de Depósitos y Consignaciones del Tribunal.

Resulta relevante la consideración del tratamiento que deba darse a los concursos sin masa en los que concurran las circunstancias del art. 685 del TRLC se tramitarán por el cauce del art. 37 bis: en este sentido, en el supuesto que existan contratos de trabajo en vigor al momento de la solicitud del concurso, se considera una buena práctica exigible al concursado la solicitud de nombramiento de administrador concursal a fin de que proceda a la extinción de los mismos y la certificación de las cantidades adeudadas que procedan con cargo al FOGASA.

En el caso de las personas físicas empresarias, la pasividad u omisión en la extinción de los contratos de trabajo será considerado comportamiento temerario o negligente al tiempo de contraerse el endeudamiento, a los efectos previstos en el art. 487.6º del TRLC privando al concursado de la exoneración del pasivo insatisfecho.

En el caso de las personas jurídicas, la pasividad u omisión en la extinción de los contratos de trabajo por el órgano de administración puede derivar la responsabilidad prevista en el art. 241 de la LSC. Finalmente, el Auto de declaración de concurso podrá contener una disposición de publicidad adicional a la publicación en el Registro Público Concursal. Dicha publicidad adicional podrá incluir, de acuerdo con los artículos 35.2 y el 135 del TRLC, un requerimiento al concursado de comunicar el auto de declaración de concurso con la documentación adjunta presentada, de forma directa e individual a sus acreedores, a través de cualquier correo electrónico disponible, de forma análoga a la previsión contenida en el art. 692 bis.1 de TRLC.

22. CONCURSO DE PERSONAS FÍSICAS Y EXONERACIÓN DEL PASIVO INSATISFECHO EN LOS SUPUESTOS DE CONCURSOS SIN MASA. ALGUNAS CUESTIONES

RAÚL GARCÍA OREJUDO
Magistrado-Juez de lo mercantil núm. 7 de Barcelona
Especialista en los asuntos propios de los órganos de lo mercantil

Sumario: I. INTRODUCCIÓN. II. EL CONTROVERTIDO ESCENARIO DE CONCURSO SIN MASA. PROBLEMAS VARIADOS. III. BIENES CON CARGAS Y GRAVÁMENES Y EXONERACIÓN. EL FAMOSO RECÁLCULO DE CUOTAS. IV. PETICIÓN DE EXONERACIÓN Y ACTUACIÓN DE OFICIO. EL DIFÍCIL CASO DEL ENDEUDAMIENTO TEMERARIO.

I. INTRODUCCIÓN

La regulación que se contempla del concurso sin masa del art. 37 bis del TRLC respecto de personas físicas y su conexión con la exoneración del pasivo insatisfecho continúa siendo una de las cuestiones de aplicación práctica más cuestionadas y variadas que se puede efectuar a la Ley 16/2022, de 5 de septiembre, de reforma del texto refundido de la Ley Concursal, aprobado por el Real Decreto Legislativo 1/2020, de 5 de mayo, que supuso la transposición de la Directiva (UE) 2019/1023 del Parlamento Europeo y del Consejo, de 20 de junio de 2019, sobre marcos de reestructuración preventiva, exoneración de deudas e inhabilitaciones, y sobre medidas para aumentar la eficiencia de los procedimientos de reestructuración, insolvencia y exoneración de deudas, y por la que se modifica la Directiva (UE) 2017/1132 del Parlamento Europeo y del Consejo, sobre determinados aspectos del Derecho de sociedades.

II. EL CONTROVERTIDO ESCENARIO DE CONCURSO SIN MASA. PROBLEMAS VARIADOS

La práctica judicial en estos últimos años respecto de los arts, 37 bis y siguientes ha permitido detectar varios problemas tanto en la tramitación de estos procedimientos como en el subsiguiente trámite de solicitud y reconocimiento de la exoneración del pasivo, que han dado lugar a diversos criterios judiciales, en ocasiones contradictorios que hace que a la ya compleja regulación se añada la dificultad de conocer cuál es la práctica de los Jueces Mercantiles en cada partido judicial.

Por ejemplo, en Barcelona, los Acuerdos de Unificación de criterios alcanzado en diciembre de 2023 recogía diversos aspectos de interpretación. Entre ellos y comenzando por el final, se incluía, a modo de tutela de los acreedores, y acogiéndose a la cláusula sobre publicidad complementaria que recoge el TRLC, la siguiente mención: *11. El Auto de declaración de concurso podrá contener una disposición de publicidad adicional a la publicación en el Registro Público Concursal. Dicha publicidad adicional podrá incluir, de acuerdo con los artículos 35.2 y el 135 del TRLC, un requerimiento al concursado de comunicar el auto de declaración de concurso con la documentación adjunta presentada, de forma directa e individual a sus acreedores, a través de cualquier correo electrónico disponible, de forma análoga a la previsión contenida en el art. 692 bis.1 de TRLC.*

Y así, los Juzgados Mercantiles de Barcelona incluyen en sus autos de declaración la referida cláusula que obliga al deudor a la citada publicidad complementaria.

Los problemas prácticos en la aplicación de este criterio no han tardado en llegar. Uno de estos problemas, en que se trata la materia de la publicidad y de la de publicidad complementaria han sido resueltos por el Auto del Juzgado Mercantil de Barcelona número 7, de 10 de abril de 2025 en que por el acreedor BANCO DE SANTANDER se planteó la nulidad de actuaciones por error en la publicación en el BOE del número de DNI del deudor. El Juzgado los trata de la siguiente manera:

"*...Considera la solicitante que hay un error en la publicación del BOE sobre el número de DNI del concursado que ha provocado que BANCO SANTANDER no pudiera comparecer en el presente concurso sin masa, generando* *una evidente situación de indefensión a mi representada, al habérsele privado de la posibilidad de personarse en el procedimiento y defender sus intereses y derechos, negándole la posibilidad de solicitar el nombramiento de un administrador concursal o realizar las manifestaciones pertinentes en relación a su crédito Ha lugar acordar la nulidad de actuaciones solicitada en el presente procedimiento por la representación procesal de la parte demandante. Mediante acuerdo jurisdiccional de los Juzgados Mercantiles de Barcelona se resolvió que el deudor debe comunicar de manera individualizada a los acreedores la declaración de concurso. EL auto de declaración expresamente indicaba que: "De acuerdo con los artículos 35.2 y el 135 del TRLC, se requiere al concursado de comunicar el auto de declaración de concurso con la documentación adjunta presentada, de forma directa e individual a sus acreedores, a través de cualquier correo electrónico disponible, de forma análoga a la previsión contenida en el art. 692 bis 1 del TRLC." En este caso consta que el deudor remitió comunicación al BANCO SANTANDER sobre su situación de concurso, en fecha 12 de marzo de 2025 una vez dictado el auto de exoneración y conclusión del concurso. Ello supone una infracción legal y de la obligación establecida en el auto de declaración, que ha impedido, al menos a este acreedor, conocer la existencia de la declaración de concurso, teniendo en cuenta que el Edicto y restantes medios ordinarios de publicación contenían el error en el DNI detectado..."*

Relacionado con las variadas situaciones prácticas que generan serias dificultades en la detección de concursos sin masa que deberían ser tratados como concursos con masa se encuentra el asunto resuelto por el Auto del Juzgado Mercantil 6 de Madrid de 24 de marzo de 2025. Por parte del Juzgado de lo mercantil en trámite de exoneración de un concurso sin masa se tramitó de oficio un incidente de nulidad de actuaciones por ocultación de bienes por el deudor en su solicitud. Tras la solicitud de exoneración del pasivo insatisfecho por el deudor en su modalidad liquidativa del art. 501.1. TRLC, un acreedor presentó escrito manifestando la presencia de un inmueble titularidad del concursado que está siendo objeto de ejecución judicial ante un JPI de Guadalajara, y que esta embargada en dicho proceso. En la solicitud concursal no se incorporó relación de acreedores ni inventario de bienes y derechos, y consta aportada nota simple de la finca referida de la que resulta que esta es titularidad del concursado. El juzgado aplica el art. 238 y 240 LOPJ así como la jurisprudencia del TC y del TS en relación con aquellos actos procesales que no realizados en forma correcta que por su trascendencia no garantizan el proceso y pueden producir indefensión, entre los que están aquellos en donde la parte no puede acudir a recurso alguno para hacer valer sus derechos y necesaria indefensión.

Con aplicación al caso de autos refiere que procede declarar la nulidad de actuaciones desde el momento inmediatamente anterior a la admisión a trámite de la solicitud concursal, por cuanto acreditada la titularidad dominical de la finca y que dicho inmueble fue ocultado en la solicitud concursal, omitiendo la presentación de listado de acreedores y relación de bienes y derechos, resulta que se ha hurtado información a los acreedores necesaria para proteger sus intereses. El concursado afirma que estando dicho inmueble sujeto a ejecución hipotecaría no era su responsabilidad ni le era exigible estar al tanto de la marcha del proceso de ejecución, dando por supuesto que el mismo ya había sido ejecutado y cedido a un tercero, pero el juzgado refiere que al contrario tal imprudencia y desidia pone de manifiesto el propósito del mismo de ocultación de los bienes de su titularidad. Se anulan las actuaciones y se retrotraen hasta el momento inmediatamente anterior a la declaración de concurso.

Otro de los problemas que generan estos concursos en relación con la exoneración es el de la inclusión o no en el auto que resuelve la EPI del listado de créditos que se deben exonerar. Y relacionado con esto se hallan las peticiones de aclaración o complemento del auto que resuelve sobre la EPI. Sobre esta cuestión el Auto del Juzgado Mercantil 7 de Barcelona de 31 de marzo de 2025 se pronuncia en el siguiente sentido denegando una solicitud de complemento del Auto de exoneración para incorporar nuevos créditos:

"… *Con carácter general, no cabe incorporar nuevos créditos exonerables no tenidos en cuenta en el auto que resuelve sobre la exoneración, en particular, cuando estamos ante concursos sin masa en que no se ha procedido al nombramiento de administrador concursal y no ha existido fase común de determinación provisional y definitiva de la masa pasiva del concurso, con la posibilidad de contradicción y con filtro de la lista de acreedores por parte de la AC y con control judicial. El sistema del concurso sin masa se asienta en la necesidad de que el deudor provea de toda la información de la lista de acreedores y resto de información al Juez del concurso, sin omisión alguna. De hecho, la omisión de información relevante puede ser objeto de una causa de calificación culpable del concurso y además una excepción al acceso a la exoneración ex art. 487.1.5°. Asimismo, el hecho de que se incorporen con posterioridad al momento de solicitud de concurso sin masa y de exoneración nuevos créditos podría suponer una alteración, cuando no un fraude, al sistema legal de concurso sin masa que habría permitido al acreedor preterido la petición de nombramiento de AC a los efectos de los art. 37 ter y siguientes del TRLC, así como la posibilidad de oposición a la petición de exoneración. En tal sentido hay que recordar que es práctica procesal de los Juzgados Mercantiles de Barcelona, según acuerdo de Junta de Jueces de 23 de diciembre de 2023, que se comunique por el deudor de manera individualizada a los acreedores que formen parte de la lista la declaración de concurso publicada en el BOE a los efectos previstos en el apartado anterior. Finalmente, no hay que olvidar que el art. 489 TRLC y la extensión que regula, establece un efecto legal que se produce sin necesidad de declaración del Juez del concurso, cuyo pronunciamiento va dirigido exclusivamente a conceder o no la exoneración al deudor, y cuyos efectos en otros procedimientos se producen de la misma manera ex lege y tendrán que ser valorados por los correspondientes órganos administrativos y judiciales a la hora de aplicar los arts. 490 y ss. del TRLC. Por ello, tampoco puede ser objeto de rectificación, aclaración o complemento la petición de calificación respecto de un determinado crédito o su consideración de exonerable, no exonerable o su cuantía…"*

III. BIENES CON CARGAS Y GRAVÁMENES Y EXONERACIÓN. EL FAMOSO RECÁLCULO DE CUOTAS

Es otra de las dificultades en la aplicación o no a cada caso concreto de los trámites del concurso sin masa del art. 37 bis que tiene luego un claro reflejo en el trámite de la EPI. Es un supuesto habitual el que el deudor dispone de masa patrimonial que debe reflejarse en la masa activa del concurso, pero, las cargas o gravámenes sobre esos bienes son muy superiores al valor de mercado. Desde luego para que pueda aplicarse este supuesto es necesario que el bien o derecho se refleje en el inventario.

Pero, también es necesario que en la masa pasiva del concurso se refleje correctamente el crédito que origina esa carga o garantía real, indicando si el deudor se encuentra al día en los pagos pendientes o si las obligaciones se han incumplido, tanto en los supuestos en los que ya haya apremios judiciales, como en los que se hayan producido simples requerimientos extrajudiciales de pago. Y Es imprescindible que el deudor aporte una tasación o valoración actualizada del bien o derecho trabado, conforme a criterios de mercado. El juzgado puede requerir la aportación de la tasación o valoración correspondiente.

Otro de los criterios recogidos en los Acuerdos de Unificación de criterios alcanzado en diciembre de 2023 en Barcelona se refiere a este aspecto al exigirse lo siguiente: *5. A los efectos de lo previsto en el apartado d) del art. 37 bis, en relación al art. 7 del TRLC, los inmuebles deben ser valorados de acuerdo con el valor hipotecario que conste en la propia escritura, salvo que exista una tasación posterior del inmueble realizada, de acuerdo con la Orden ECO/805/2003, de 27 de marzo, sobre normas de valoración de bienes inmuebles y de determinados derechos para ciertas finalidades financieras, por entidad de tasación homologada por el Banco de España.*

No obstante el debate estrella en la actualidad se centra en la interpretación que debe darse al art. 489.1.8º del LTRLS dado que algunos Juzgados y doctrina consideran que este precepto no es aplicable a los concursos sin masa en que sin AC no se puede proceder propiamente al cálculo del privilegio especial. Y derivado de aquí si el cálculo de las cuotas que se han de pagar recogido en el art. 492 bis expresamente para el caso de la exoneración con plan de pagos puede aplicarse también en caso de la exoneración se lleve por las otras dos modalidades, insuficiencia que incluye concurso sin masa y liquidación.

A este respecto se ha pronunciado, sobre la primera de las cuestiones la AP de Barcelona, secc. 15ª en el auto de 20 de febrero de 2025, en los siguientes términos:

"*4. El artículo 489 de la Ley Concursal, que regula la extensión de la exoneración, establece que la exoneración del pasivo insatisfecho alcanza a la totalidad de las deudas insatisfechas (regla general), salvo las excepciones que contempla en su apartado primero. Entre ellas se encuentra "las deudas con garantía real, sean por principal, intereses o cualquier otro concepto debido, dentro del límite del privilegio especial, calculado conforme a lo establecido en esta Ley" (apartado octavo). Por tanto, no es exonerable la parte del crédito cubierto con la garantía real. El exceso, por el contrario, es objeto de exoneración. Así lo corrobora el artículo 492 bis en su apartado primero, por el que "cuando se haya ejecutado la garantía real antes de la aprobación provisional del plan o antes de la exoneración en caso de liquidación, solo se exonerará la deuda remanente". 5. A partir de ahí, entendemos que, en un concurso declarado sin masa, con arreglo a lo dispuesto en el artículo 37 bis, apartado d), por ser las cargas sobre los bienes del concursado de importe superior al valor de los bienes gravados, no existe obstáculo procesal a que la exoneración se extienda también al crédito remanente que pudiera quedar tras la realización del bien hipotecado en un proceso de ejecución iniciado antes de la declaración de concurso. Es cierto que el artículo 492 bis parece exigir, para que quede exonerado el crédito remanente, que haya concluido la ejecución de la garantía real antes de la exoneración "en caso de liquidación". Estimamos, sin embargo, que lo relevante del precepto es el ámbito material de la exoneración, que alcanza, sin duda, a la parte del crédito que no se haya satisfecho con la realización de la garantía, en línea con la extensión de la exoneración que con carácter general establece el artículo 489.1°, apartado octavo, de la Ley. El hecho de que el proceso de ejecución no haya concluido al tiempo de la exoneración, circunstancia que escapa del control del concursado, no puede impedir que la deuda quede exonerada dentro de los límites previstos en los artículos 489.1°-8° y 492 bis, apartado primero, de la LC. De hecho, este último precepto en su literalidad sólo contempla la ejecución de la garantía real antes de la exoneración en caso de liquidación, no así en los casos de conclusión por insuficiencia o inexistencia de masa, como es el caso del concurso declarado sin masa. 6. En este caso, además, HOIST FINANCE SPAIN S.L., titular del crédito hipotecario objeto de ejecución, al que se le notificó la existencia del concurso, con el listado de créditos y la propuesta de que la exoneración alcance al crédito que quede pendiente tras la ejecución, no se opuso a la propuesta (correo de 28 de septiembre de 2023). 7. Por todo ello, debemos estimar el recurso y declarar la exoneración del excedente de deuda que pudiera quedar tras la realización del bien objeto de ejecución hipotecaria ante el Juzgado de Igualada..."*

No me consta que a la segunda de las cuestiones se haya dado respuesta en alguna de las secciones especializadas de las Audiencias Provinciales. Pero resulta llamativa alguna resolución de Juzgado Mercantil, que siguiendo el criterio pionero de los Juzgados Mercantiles de Sevilla abogan por aplicar el art. 492 bis y el llamado recálculo de cuota a toda modalidad de exoneración. Se trata de la extensa y didáctica resolución del Juzgado Mercantil 5 de 23 de abril de 2025 que se expresa en el siguiente sentido: Los hechos se resumen de la siguiente manera: CAIXABANK, S.A. formuló oposición parcial, cuestionando la procedencia de aplicar el artículo 492 bis TRLC al concurso sin masa y solicitando que se excluyera íntegramente del beneficio de exoneración su crédito hipotecario por importe de 259.631,96 €, alegando que el mismo se encuentra totalmente cubierto por una garantía real. Asimismo, sostuvo que los artículos 272 y siguientes del TRLC serían únicamente aplicables en el contexto de convenios o planes de reestructuración.

A partir de aquí el auto resuelve así: *El artículo 501 TRLC permite al deudor persona natural solicitar el beneficio de exoneración del pasivo insatisfecho (BEPI) una vez concluido el concurso por insuficiencia de masa activa, en tanto concurran los requisitos del artículo 486 TRLC y no se aprecie ninguna causa legal de exclusión del artículo 489 TRLC. En el presente supuesto, no se ha formulado oposición fundada por la generalidad de los acreedores. La oposición parcial formulada por CaixaBank se circunscribe exclusivamente a la calificación de su crédito como no exonerable. Los deudores han aportado la documentación preceptiva, han sido calificados como deudores de buena fe y no consta que se hallen incursos en ninguna de las causas del artículo 489 TRLC. Cuestión controvertida: la deuda con garantía hipotecaria y su recálculo. La controversia jurídica radica en determinar si, en el contexto de un concurso sin masa, procede declarar la exoneración de aquella parte del crédito garantizado con hipoteca que excede del valor razonable del bien gravado, y si resulta conforme al ordenamiento jurídico ordenar el recálculo de la cuota hipotecaria atendiendo al límite del privilegio especial conforme al artículo 492 bis TRLC. Doctrina jurisprudencial y análisis del artículo 492 bis TRLC. CaixaBank sostiene que la deuda garantizada con hipoteca debe quedar íntegramente excluida del beneficio de exoneración conforme al artículo 489.1.8° TRLC, al no haber mediado liquidación ni ejecución de la garantía. Alega que los artículos 272 y siguientes del TRLC resultan inaplicables fuera del contexto del convenio o los planes de reestructuración. Esta interpretación no puede ser acogida por el Juzgado, por las razones que seguidamente se exponen: 1°.- El artículo 489.1.8° TRLC excluye del EPI únicamente aquella parte del crédito con garantía real dentro del límite del privilegio especial calculado conforme a lo previsto en esta ley. La remisión incluye necesariamente la aplicación de los artículos 272 y 275 TRLC, lo que permite delimitar el privilegio conforme al valor razonable del bien sobre el que se constituye la garantía. 2°.- La falta de realización efectiva del bien no impide la valoración, que puede hacerse conforme a tasación emitida por entidad homologada, tal como se ha aportado en autos. 3°.- El artículo 492 bis TRLC, aunque encuadrado formalmente en la vía del plan de pagos, responde a una finalidad material aplicable también a la exoneración por concurso sin masa, hacienda una interpretación finalista y sistemática conforme a la Directiva (UE) 2019/1023. 4º.- El Auto del Juzgado de lo Mercantil nº 2 de Sevilla, de fecha 20 de abril de 2023, aborda expresamente la posibilidad de aplicar de forma analógica el artículo 492 bis TRLC en el contexto del concurso sin masa. En dicha resolución, el órgano judicial defiende una interpretación restrictiva del privilegio especial vinculado a deudas garantizadas con hipoteca, señalando que la exoneración del pasivo insatisfecho debe alcanzar también a la parte del crédito que exceda del valor razonable del bien gravado. A tal efecto, respalda la utilización de los artículos 273 a 275 TRLC (tasación homologada o informe de experto) para la determinación del valor razonable. El auto considera que, aun sin liquidación efectiva de los bienes, procede diferenciar entre la parte privilegiada y la ordinaria del crédito garantizado, siendo esta última exonerable si no concurre causa legal de exclusión.*

5º.- Asimismo, La Sentencia núm. 244/25 de la Audiencia Provincial de Zaragoza, Sección 5ª, de 13 de marzo de 2025, confirma expresamente la posibilidad de aplicar el artículo 492 bis.2 del TRLC en procedimientos de exoneración del pasivo insatisfecho tramitados por la vía del concurso sin masa:

– La Audiencia Provincial de Zaragoza rechaza el argumento de la sentencia de primera instancia de que el art. 492 bis.2 del TRLCon solo es aplicable a la exoneración por plan de pagos. Argumenta que el art. 489.1.8º del TRLCon establece la inexonerabilidad del crédito hipotecario "dentro del límite del privilegio especial calculado conforme a lo prevenido en esta ley", es decir, hasta el valor razonable del inmueble. "Es discutible que tras la terminación del concurso se pueda seguir hablando de un crédito con privilegio general, pero en todo caso, lo cierto es que el único crédito inexorable es el cubierto por el valor de la hipoteca, el resto del mismo es afectado por la cláusula general del art. 489.1 párrafo inicial 'la exoneración del pasivo insatisfecho se extenderá a la totalidad de las deudas insatisfechas, excepto las relacionas en los ocho números de dicho precepto.' Por tanto, la deuda no cubierta por el valor de la vivienda esta per se exonerada."

– La Audiencia Provincial de Zaragoza interpreta que el art. 492 bis.2 del TRLCon regula el tratamiento del crédito cubierto por la garantía y el recálculo de cuotas (apartado 1º) y el tratamiento en el plan de pagos de la parte no cubierta (apartado 2º). Sin embargo, considera que el hecho de que esté ubicado en la subsección de "Efectos de la exoneración" sugiere su aplicabilidad a ambas vías de exoneración (con liquidación y por plan de pagos). "Por tanto, debe fijarse el valor razonable de la garantía y limitar el crédito inexorable a

dicha suma, exonerando el resto, en cuanto en la vía de la liquidación no existe un plan de pagos, sino una exoneración directa."

– La Audiencia Provincial de Zaragoza invoca el art. 492 bis.3 TRLCon como salvaguarda ante posibles errores en la valoración o incrementos futuros del precio de la vivienda. Este artículo prevé la revocación de la exoneración si, tras la ejecución de la garantía, el producto de la venta fuera suficiente para satisfacer la deuda exonerada.

6º.- Finalmente, la doctrina (CUENA CASAS) sostiene que limitar la aplicación del artículo 492 bis TRLC únicamente al plan de pagos supone "una interpretación formalista, no conforme con la Directiva 2019/1023, y que incentiva el préstamo irresponsable".

Así, interpretar que no procede la exoneración del pasivo remanente tras la ejecución de la garantía hipotecaria implica, en la práctica, vaciar de eficacia el mecanismo de segunda oportunidad y favorecer una distorsión del sistema. Esta lectura no sólo se aparta del principio general de interpretación favorable a la exoneración, sino que además refuerza dinámicas de concesión irresponsable de crédito, especialmente cuando la diferencia entre el valor del préstamo y el valor real del bien se debe a prácticas de sobrevaloración de las garantías, muy frecuentes en hipotecas anteriores a la crisis de 2008. Permitir que el acreedor hipotecario quede inmune a la exoneración de dicho exceso, en los casos en que no se ha ejecutado la garantía, equivale a validar una conducta contraria al principio de préstamo responsable. Tal conclusión vulnera tanto la Directiva (UE) 2019/1023 sobre reestructuración e insolvencia, como la Directiva 2014/17/UE sobre crédito hipotecario a consumidores, cuyo artículo 38 exige que las sanciones por omitir la evaluación de solvencia sean efectivas y disuasorias. Por todo ello, resulta imprescindible una interpretación del régimen de exoneración conforme a la normativa europea citada, que impida premiar al prestamista que incurre en una conducta financiera inadecuada y asegure la efectividad del sistema de segunda oportunidad en sus dos itinerarios: liquidación y plan de pagos.

Aplicación al caso concreto. De la documentación obrante en autos se constata que el valor razonable del inmueble, según tasación aportada por entidad homologada, asciende a 165.728,64 €. Aplicando la deducción legal del 10% prevista en el artículo 275 TRLC, el límite del privilegio especial queda fijado en 149.155,76 €. El crédito total garantizado con hipoteca ascendía, a la fecha del concurso, a 259.345,57 €, por lo que la cantidad de 110.189,81 € excede del privilegio especial. En el caso enjuiciado, los concur-

sados continúan satisfaciendo regularmente las cuotas del préstamo hipotecario, habiendo solicitado la aplicación del recálculo previsto en el artículo 492 bis. La deuda reconocida supera en 110.189,81 euros el valor razonable del inmueble tasado, el cual asciende a 149.155,76 euros. En consecuencia, la parte de deuda que excede de dicho valor debe ser considerada exonerable. En cuanto al recálculo de cuotas, procede ordenar a CaixaBank que actualice el cuadro de amortización para que las cuotas futuras se calculen sobre la suma de 149.155,76 euros, ajustando tanto capital como intereses, lo que permitirá al deudor mantener la posesión de la vivienda y evitar un perjuicio desproporcionado. Como dijimos, tal solución ha sido avalada por la Sección 5ª de la Audiencia Provincial de Zaragoza en su Sentencia de 13 de marzo de 2025, que reconoce la exonerabilidad de la parte del crédito hipotecario que excede del valor de la garantía, en línea con los objetivos de la Directiva europea..."

IV. PETICIÓN DE EXONERACIÓN Y ACTUACIÓN DE OFICIO. EL DIFÍCIL CASO DEL ENDEUDAMIENTO TEMERARIO

Como ya se ha destacado en muchas ocasiones por la doctrina y los Juzgados, por lo que se refiere a la posible actuación de oficio mediante un control del acceso a la exoneración, en el concurso sin masa, el TRLC se limita a establecer que el Juez ha de verificar la concurrencia de las circunstancias que permiten considerar que el deudor es de buena fe, previstas en el artículo 487 del TR, o comprobar que no concurren las causas de prohibición de la exoneración, previstas en el artículo 488 del TRLC.

Parece lógico, en aras del derecho de defensa que el Juez del concurso debería advertirlo previamente al deudor, especialmente si el juez considera que concurren causas impeditivas o prohibitivas, con el fin de no dejar al deudor en situación de indefensión, dado que, si los acreedores se opusieran a la concesión de la exoneración, dicha oposición se tramitaría de modo contradictorio, por las reglas del incidente concursal.

Pero en la práctica varios Juzgados deciden actuar de oficio aplicando, sin petición de acreedor, las excepciones del art. 487 del TRLC, incluso sin trámite alguno. Ello desde un punto de vista procesal parece una clara infracción del más elemental derecho de defensa.

Y desde un punto de vista sustantivo la denegación no está exenta de dificultades cuando se trata de la compleja excepción del apartado 6 del art, 487 llamada del endeudamiento temerario. Dificultad que se deriva sencillamente de tres características: Primero, su perfil claramente subjetivo, de valoración y discrecionalidad judicial, en segundo lugar la utilización en el precepto de diversos conceptos jurídicos indeterminados junto con una redacción un tanto farragosa, y finalmente, muy relacionado con lo anterior, su carácter novedoso al ser introducida por primera vez en nuestro ordenamiento jurídico con la Ley 16/22 y no existir apenas sentencias de Audiencias Provinciales y menos aún del TS que vengan a perfilar adecuadamente sus requisitos.

No obstante, tenemos algunas resoluciones de Audiencias más que notables, como es la dictada por la AP de Zaragoza sección 5 del 30 de enero de 2025 que trata del endeudamiento temerario y toca también la falta de colaboración con el Juzgado.

Los hechos y antecedentes del caso son los siguientes:

Por auto de 7 de diciembre del 2022 se declaró el concurso sin masa del deudor persona natural D. Jesús Luis con un pasivo de 18.080 €.

Transcurrido el plazo sin que nadie haya formulado solicitud de nombramiento de administración concursal, se confirió al deudor el plazo de 10 días para que presentara solicitud de exoneración del pasivo insatisfecho, lo que verificó por medio de escrito de 8 de febrero de 2023.

Por auto de 6 de noviembre del 2023 le fue denegada la exoneración del pasivo insatisfecho.

Interpuesta demanda de incidente concursal por el deudor, se admitió a trámite y se acordó emplazar a los acreedores, personados y no personados, no habiendo contestado a la demanda ninguno de ellos.

Por sentencia de 11 de marzo del 2024 se denegó la exoneración del pasivo insatisfecho por concurrir as causas previstas en el artículo 487.1 del TRLC, apartados 5° y 6°.

D. Jesús Luis formuló recurso de apelación, sin que nadie haya formulado oposición.

Señala la sentencia de instancia que, «En el caso de autos, en relación a los ingresos, se constata que no se aprecia la disminución significativa de ingresos ni situación excepcional de pérdida de ingresos por desempleo u otras circunstancias que pueda justificar la exoneración, al contrario, se incrementan y se encuentran por encima del umbral de la declaración obligatoria del impuesto. Ello ya implicaría una causa para la denegación de la EPI ya que los ingresos no se reducen de forma excepcional. Además, siendo obligatoria la presentación de las tres últimas declaraciones de IRPF, fue requerido expresamente tras la solicitud de la EPI mediante providencia de 7 de septiembre de 2023, a la que se hizo caso omiso, lo que implicaría causa de denegación.»

Añade: «En relación a los gastos debe ratificarse el auto objeto de recurso ya que no se desvirtúan las conclusiones a las que se llegó en el mismo. ("...En relación a las deudas, se trata una pluralidad de préstamos y de diferentes entidades hasta un importe total adeudado de unos 18000 euros, de cuya finalidad, fecha de contratación y cuantía nada se sabe y que no consta que se deban a circunstancias o necesidades excepcionales pues no se aporta justificante alguno de su finalidad. Se dan explicaciones genéricas acerca de su necesidad pero no se adjunta justificación alguna del gasto (viajes de familiares, disminución de ingresos etc). No se ha aportado ninguna documentación pese a ser requerido...") En la misma providencia de requerimiento de la renta de 2022 de 7 de septiembre de 2023 se instó se aportara la documentación de los préstamos y su finalidad, sin que se hubiese formalizado dicha información, incumpliendo el deber de colaboración, lo que desvirtúa íntegramente la presunción de buena fe que se defiende.»

Y concluye: «En resumen, con el nivel de ingresos incrementándose y sin constar probada la excepcionalidad del gasto, aportando la documentación precisa, no se entiende desvirtuado el contenido del auto de no exoneración, por lo que debe desestimarse la demanda.»

Así pues, se imputa al deudor un endeudamiento temerario y parece que también una infracción de los deberes de colaboración y de información.

Pues bien, con los anteriores antecedentes, el criterio de la sección de la AP de Zaragoza es el siguiente:

"......*El artículo 487.1.5º TRLC establece que «No podrá obtener la exoneración del pasivo insatisfecho el deudor que se encuentre en alguna de las circunstancias siguientes: (...) «5º Cuando haya incumplido los deberes de colaboración y de información respecto del juez del concurso y de la administración concursal.» No cualquier incumplimiento resulta relevante, sino que, por contra debe tratarse de un incumplimiento trascendente y rebelde que dificulte gravemente el normal desarrollo del concurso. Sólo entonces cabrá afirmar la mala fe del deudor. Conforme a lo normado en el artículo 7 TRLC, con la solicitud de declaración de concurso, el deudor deberá acompañar los documentos que el precepto enumera, entre ellos, «Una memoria expresiva de la historia económica y jurídica del deudor; de la actividad o actividades a que se haya dedicado durante los tres últimos años y de los establecimientos, oficinas y explotaciones de que sea titular, y de las causas del estado de insolvencia en que se encuentre». Y refiriéndose a la exoneración del pasivo insatisfecho, el art. 501.3 TRLC dispone que «En la solicitud el concursado deberá manifestar que no está incurso en ninguna de las causas establecidas en esta ley que impiden obtener la exoneración, y acompañar las declaraciones del impuesto sobre la renta de las personas físicas correspondientes a los tres últimos años anteriores a la fecha de la solicitud que se hubieran presentado o debido presentarse.»*

Sentado lo que antecede, es de ver que el deudor aportó una memoria que refleja el origen del sobreendeudamiento y donde constan el activo y la lista de acreedores, las nóminas, las declaraciones del impuesto sobre la renta, certificado de antecedentes penales y otra documentación. En la solicitud de exoneración del pasivo insatisfecho consta la declaración responsable de no estar incurso el deudor en ninguna de las causas legales que impiden obtener la exoneración del pasivo insatisfecho. Es cierto que el deudor fue requerido en los siguientes términos: «-deberán acompañarse la declaración de IRPF del último año. Además debe explicarse la finalidad de cada préstamo, indicando la fecha de contratación, cuantía e ingresos existentes, señalando la cuantía de amortización mensual de cada préstamo y adjuntando documentación de los préstamos y de la finalidad a la que se destinaron.» Y no consta que haya dado cumplimiento a dicho requerimiento. Ahora bien; el deudor acompañó con la solicitud de concurso las certificaciones del IRPF de los años 2019, 2020 y 2021, por lo que habiendo solicitado el concurso en octubre de 2022 no le era posible presentar el IRPF del año en cursos. Por lo demás, con la demanda incidental se aportó la declaración de la renta de 2022. En cuanto a los préstamos, es cierto que el deudor no se tomó la molestia de contestar al requerimiento. Sin embargo, si atendió, hasta donde consideró posible hacerlo, un requerimiento anterior señalando «Tras varios intentos del concursado para que los acreedores le facilitasen documentación dónde se indicase la fecha exacta del vencimiento y, ante la negativa de los mismos, la parte concursada no dispone de los documentos, incluso algunos no se los han facilitado en ningún momento. Por ello, solicitamos al Juzgado al que tenemos el honor de dirigirnos que requiera a los mismos la exhibición de los documentos necesarios en virtud del artículo 328 de la Ley de Enjuiciamiento Civil para la continuación del proceso. (...) Subsidiariamente, en caso de no recibirlo y de considerar a los referidos acreedores como terceros en el procedimiento, y por razones de economía procesal, solicitamos se oficie a la entidad bancaria concreta el depósito de los documentos en el que se indique la fecha del vencimiento de los mismos en virtud del artículo 329 de la Ley de Enjuiciamiento Civil.»No consta que por el Juzgado se haya dad contestación a dicha solicitud. Así pues, es evidente que el concursado no respetó las reglas de lealtad procesal con el Juzgado al hacer oídos sordos al requerimiento que nos ocupa (el segundo). Pero también parece claro que la respuesta no podía ser distinta que la ofrecida la primera vez. Estima la Sala que dicha falta de cortesía no puede equiparse a una voluntad rebelde, reiterada y contumaz de cumplimentar el requerimiento dadas la imposibilidad de hacerlo, según contestó ante el primer requerimiento, y la intrascendencia para el buen fin del concurso como resulta del hecho de que tampoco por parte del juzgado se requirió la documentación a los bancos. En definitiva, estima la Sala que no concurre la causa de denegación de la exoneración del pasivo insatisfecho prevista en el artículo 487.1.5° TRLC. CUARTO.-El artículo 487.1.6° TRLC establece que «No podrá obtener la exoneración del pasivo insatisfecho el deudor que se encuentre en alguna de las circunstancias siguientes: (...) Cuando haya proporcionado información falsa o engañosa o se haya comportado de forma temeraria o negligente al tiempo de contraer endeudamiento o de evacuar sus obligaciones, incluso sin que ello haya merecido sentencia de calificación del concurso como culpable.

En realidad el precepto regula dos cosas distintas: la información falsa o engañosa, y el endeudamiento culpable, que es lo que la sentencia le reprocha al deudor. A este respecto d la norma puntualiza: «Para determinar la concurrencia de esta circunstancia el juez deberá valorar: a) La información patrimonial suministrada por el deudor al acreedor antes de la concesión del préstamo a los efectos de la evaluación de la solvencia patrimonial. b) El nivel social y profesional del deudor. c) Las circunstancias personales del sobreendeudamiento. d) En caso de empresarios,...» Estima la Sala que de la documentación aportada, única prueba que se ha practicado en el incidente, no resulta probado un endeudamiento temerario o negligente. Como hemos dicho en numerosas ocasiones, la exoneración del pasivo insatisfecho se asienta en la buena fe del deudor. Así, la EM de la nueva Ley dice: «Uno de los cambios más drásticos de la nueva normativa es que, en lugar de condicionar la obtención de la exoneración a la satisfacción de un determinado tipo de deudas (como ha venido a recoger el artículo 487.2 del texto refundido de la Ley Concursal), se acoge un sistema de exoneración por mérito en el que cualquier deudor, sea o no empresario, siempre que satisfaga el estándar de buena fe en que se asienta este instituto, puede exonerar todas sus deudas, salvo aquellas que, de forma excepcional y por su especial naturaleza, se consideran legalmente no exonerables. Se mantiene la opción, ya acogida por el legislador español en 2015, de conceder la exoneración a cualquier deudor persona natural de buena fe, sea o no empresario.» Y dado que la buena fe se presume siempre según tiene dicho la jurisprudencia (STS de 31 de enero de 1975 y 5 de diciembre de 2.002), sólo cabrá denegar la exoneración del pasivo insatisfecho en aquellos casos excepcionales en que la mala fe del deudor resulte cumplidamente demostrada; excepcionalidad que resulta del hecho de que los acreedores, que son los naturalmente llamados a impugnar la buena del deudor, no han formulado oposición. Como dice la STS 13 de junio de 2023 «Debemos partir de la buena fe de los demandados al hacer la partición. No solo porque la buena fe se presume, sino porque no ha sido discutida por el actor.» Es cierto que una disminución de los ingresos, y a ese fin las declaraciones de la renta aportan datos objetivos, pueden servir para justificar el sobreendeudamiento: a menor salario menos dinero para afrontar los gastos de la vida diaria, lo que puede llevar a pedir préstamos. Sin embargo, su falta no es determinante de lo contrario. Lógicamente, también un aumento de los gastos puede servir como parámetro, bien que en este caso la naturaleza de los mismos introduce matices subjetivos indeseables. Lo que no cabe, a juicio de la Sala, es exigir la excepcionalidad de esos gastos, o no sólo, pues ello sería tanto como pedir a los deudores la prueba de que el sobreendeudamiento se originó por desgracias imprevisibles de la vida, lo que, a más de imponerles la carga de una prueba que la ley no les exige, en la práctica conduciría a la ineficacia de la institución, sobre todo en el caso de deudores no comerciantes que raramente podrán invocar factores excepcionales en una sociedad que dispone de mecanismos suficientes para no dejar desamparados a sus ciudadanos. Centrados en el caso que nos ocupa, todas las deudas deriva de préstamos, siendo los mas importantes los de Bankinter Consumer Finance, E.F.C, S.A. (4.213.9 €), Credit Agricole Consumer Finance Spain EFC, S.A.U. (5.807.81 €) y CaixaBank, S.A. (5.374.78 €). El resto (Access Finance S.L. CaixaBank, S.A. ID Finance Spain, S.L.U. y Servicios Financieros Carrefour, E.F.C.) son préstamos de muy pequeña cuantía, sumando los unos y los otros 18.080 €. No existe razón alguna para calificar estas deudas como temerarias o negligentes, pues a diferencia del criterio que sustenta la sentencia de instancia, entendemos que no interesa tanto para qué se pidieron los préstamos sino cómo se pidieron.

En cuanto a lo primero, la finalidad del préstamo sólo resulta relevante si se prueba que se pidió para sufragar caprichos injustificados o ilegales, lo que no es el caso. Es más, el deudor, ha explicado los motivos del sobreendeudamiento, el cual deriva del volumen de gastos mensuales asumidos para que su familia viajase a España desde Venezuela para formar la vida aquí, planteándose el problema en el momento en el que sus ingresos disminuyeron, lo que lo llevó a solicitar más créditos, que abonaba mediante otros nuevos, hasta llegar a una situación de sobreendeudamiento, por la que ya no podía afrontar las cuotas asumidas, lo que hizo que, finalmente, le fuera imposible poder hacer frente a todos ellos, creándose un efecto bola de nieve de créditos. Y por mucho que esta explicación no aparezca contrastada por prueba fehaciente, amén de que a ley no la exige, tampoco ha sido contradicha por nadie. En cuanto a lo segundo, que es a nuestro juicio lo realmente relevante, el sobreendeudamiento no se puede imputar exclusivamente al prestatario.

Llama poderosamente la atención que artículo 487 TRLC no haya incluido como parámetro equilibrador la conducta del prestamista, quien está obligado a comprobar la solvencia del deudor; omisión esta que fue valorada negativamente en el Informe al Anteproyecto del CGPJ. La Orden EHA/2899/2011, de 28 de octubre de transparencia y protección del cliente de servicios bancarios, en su artículo 18 establece la obligación de evaluar la capacidad del cliente para cumplir las obligaciones que contraiga con la entidad «sobre la base de la información suficiente obtenida por medios adecuados a tal fin, entre ellos, la información facilitada por el propio cliente a solicitud de la entidad. En el mismo sentido, el art. 14 de la LEY 16/2011, de 24 de junio, de contratos de crédito al Concurso: «1. El prestamista, antes de que se celebre el contrato de crédito, deberá evaluar la solvencia del consumidor, sobre la base de una información suficiente obtenida por los medios adecuados a tal fin, entre ellos, la información facilitada por el consumidor, a solicitud del prestamista o intermediario en la concesión de crédito. Con igual finali-

dad, podrá consultar los ficheros de solvencia patrimonial y crédito, a los que se refiere el artículo 29 de la Ley Orgánica 15/1999, de 13 de diciembre, de Protección de Datos de Carácter Personal, en los términos y con los requisitos y garantías previstos en dicha Ley Orgánica y su normativa de desarrollo.» En definitiva, como quiera que todas las deudas traen causa de préstamos concedidos tras la evaluación de solvencia del prestatario, considera la Sala que no concurren méritos bastantes para destruir la presunción de buena fe que ampara al deudor. QUINTO.-Como conclusión a todo lo expuesto, concurriendo los restantes requisitos para la concesión de la exoneración del pasivo insatisfecho, debe acordarse el mismo.:..."

Esta sentencias junto con las dictadas por la AP de Barcelona en julio y septiembre de 2024 son los primeros pasos en la interpretación y aplicación del art. 487.1.6º sobre cuyo devenir habrá que estar muy atentos, sobre todo con la esperanza de que alguno de estos asuntos llegue a la Sala Primera del TS.

23. LA RESPONSABILIDAD DE LOS ADMINISTRADORES SOCIALES: CUESTIONES PRÁCTICAS

CARMEN GONZÁLEZ SUÁREZ
Magistrado-Juez de lo mercantil núm. 14 de Madrid
Especialista en los asuntos propios de los órganos de lo mercantil

Sumario: I. INTRODUCCIÓN. II. SUPUESTOS DE PRESUNCIÓN DE CULPABILIDAD DEL ADMINISTRADOR SEGÚN EL ART. 236 TRLC. III. REQUISITOS PARA EJERCITAR LA ACCIÓN SOCIAL DE RESPONSABILIDAD EN CASO DE CONCURSO DE ACREEDORES. IV. SUJETOS LEGITIMADOS PARA EJERCITAR LA ACCIÓN INDIVIDUAL DE RESPONSABILIDAD. V. PLAZOS DE PRESCRIPCIÓN PARA EJERCITAR LA ACCIÓN DE RESPONSABILIDAD CONTRA LOS ADMINISTRADORES. V.1. Antecedentes. V.2. Plazo general para acciones de responsabilidad (social e individual). V.3. Plazo para la acción de responsabilidad por deudas sociales (art. 367 LSC). VI. CONFLICTOS DE INTERÉS: DEBERES Y POSIBLES CONSECUENCIAS. VII. DEUDAS DE LAS QUE RESPONDEN LOS ADMINISTRADORES EN CASO DE INCUMPLIR SUS DEBERES EN CAUSA DE DISOLUCIÓN (ART. 367 TRLSC). VIII. ADMINISTRADOR DE HECHO: REQUISITOS Y EXTENSIÓN DE LA RESPONSABILIDAD.

I. INTRODUCCIÓN

La actuación de los administradores está sometida a un creciente escrutinio judicial, en parte por la complejidad y riesgo inherente a la toma de decisiones, pero también por la exigencia de responsabilidad en escenarios de crisis, insolvencia o conflicto de intereses. La evolución normativa —especialmente a raíz de la reforma introducida por la Ley 31/2014 y su interpretación por la jurisprudencia reciente— ha ido reforzando el control sobre la gestión societaria, dotando a los terceros de instrumentos más eficaces para exigir el resarcimiento de daños y sancionar conductas negligentes o desleales.

La relevancia práctica de esta materia es incuestionable: la posibilidad de reclamar frente a los administradores opera como un elemento disuasorio ante eventuales abusos o actuaciones imprudentes, pero también es una herramienta fundamental para la recuperación de créditos en situaciones de insolvencia. El progresivo aumento de litigiosidad en este campo y el constante perfeccionamiento de las acciones de responsabilidad ponen de manifiesto la importancia de un conocimiento preciso —teórico y práctico— de los presupuestos, límites y efectos de la responsabilidad de administradores.

Este artículo aborda diversos aspectos prácticos de la responsabilidad de los administradores sociales, analizando en primer lugar las bases legales y doctrinales que sustentan la presunción de culpa, las particularidades del ejercicio de la acción social en el concurso de acreedores, la legitimación y efectos del ejercicio de la acción individual, así como los conflictos de interés y la responsabilidad asociada a los administradores de hecho. También se examina el régimen de prescripción de estas acciones y los supuestos específicos de responsabilidad por deudas surgidas tras la causa de disolución.

La exposición se acompaña de referencias jurisprudenciales actuales y de doctrina relevante, con la finalidad de ofrecer una visión práctica y actualizada, útil para juristas, administradores y profesionales vinculados al ámbito societario y concursales.

II. SUPUESTOS DE PRESUNCIÓN DE CULPABILIDAD DEL ADMINISTRADOR SEGÚN EL ART. 236 TRLC

La reforma de la ley 31/2014 introdujo dos novedades en lo que respecta a los presupuestos de la acción de responsabilidad: por un lado, la exigencia expresa de dolo o culpa, presupuesto de la acción y; por otro, la presunción de culpabilidad cuando el acto sea contrario a la ley o los estatutos.

Según el artículo 236 LSC *"La culpabilidad se presumirá, salvo prueba en contrario, cuando el acto sea contrario a la ley o a los estatutos sociales"*

Puesto que el art. 236. 1 LSC distingue entre los actos contrarios a la ley, los estatutos y los actos realizados incumpliendo los deberes inherentes al cargo, parece que el legislador ha dejado fuera de la presunción a estos últimos.

Sin embargo, la doctrina (JUSTE MENCIA) entiende que, en aquellos casos en que la conducta esté perfectamente determinada *ex ante* —en la ley o los estatutos—; una vez demostrado el incumplimiento del deber de diligencia o lealtad, también se presume la culpa, salvo prueba en contrario.

Así, si la sociedad —o la minoría en interés de esta— acreditan la violación de un deber de secreto, la falta de abstención en el seno del órgano, la percepción de retribuciones de terceros o la realización de cualquiera de los actos prohibidos por el artículo 229 LSC sin obtener la preceptiva dispensa, debe presumirse la culpabilidad y los administradores no pueden defenderse exigiendo la prueba de hechos adicionales demostrativos de ella.

Cuando el comportamiento no está predeterminado por la ley o los estatutos, como ocurre con las infracciones del deber de diligencia del art. 225 LSC, el demandante deberá probar los hechos que, a su juicio, son constitutivos de una conducta antijurídica y culpable. En estos casos, lo normal es que no exista una prueba autónoma sobre el dolo o culpa por lo que la doctrina mayoritaria se inclina por entender que, acreditado el comportamiento antijurídico y el daño, por facilidad probatoria, corresponda a los administradores la prueba de las circunstancias que le puedan exonerar de responsabilidad.

III. REQUISITOS PARA EJERCITAR LA ACCIÓN SOCIAL DE RESPONSABILIDAD EN CASO DE CONCURSO DE ACREEDORES

La acción social de responsabilidad dentro del procedimiento concursal presenta características especiales que la diferencian del régimen general. Así:

a) La competencia para conocer de la acción social de responsabilidad corresponde exclusivamente al juez del concurso (art. 52.3.2 TRLC).

b) El juez del concurso ordenará la acumulación de oficio de aquellos procesos en los que se hubiera ejercitado la acción social de responsabilidad con anterioridad a la declaración del concurso, siempre que se encuentren en primera instancia y no se haya celebrado el juicio o la vista (art. 138 TRLC).

c) La legitimación para ejercitar la acción social corresponde exclusivamente al administrador concursal (art. 132 TRLC), lo que supone una importante modificación del régimen general de legitimación en cascada (sociedad, minoría, acreedores) que opera fuera del concurso.

¿El administrador concursal necesita autorización de la junta?

El administrador concursal no necesita autorización de la junta general para ejercitar la acción social de responsabilidad una vez declarado el concurso. Así se desprende del tenor literal del art. 132 TRLC, que señala que corresponde exclusivamente a la administración concursal su ejercicio, lo que implica que no necesita recabar autorización alguna. Ello porque la acción social de responsabilidad tiene como finalidad de incrementar la masa activa del concurso en beneficio de los acreedores, por lo que parece razonable que la administración concursal asuma esta competencia al objeto de evitar posibles conflictos de interés y asegurar la protección del interés colectivo de los acreedores.

¿Debe esperar al cierre de la pieza de calificación?

La acción social de responsabilidad y la responsabilidad concursal derivada de la calificación tienen fundamentos y finalidades distintas. La acción social de responsabilidad es un mecanismo previsto en la LSC que permite a la sociedad, a los socios y, en ciertos casos, a los acreedores, exigir judicialmente que los administradores respondan por los daños causados al patrimonio social debido a actos u omisiones contrarios a la ley, a los estatutos o a los deberes inherentes a su cargo. El objetivo de esta acción es resarcir a la sociedad por el perjuicio sufrido y se dirige específicamente contra los administradores de hecho o de derecho. La calificación es una sección del procedimiento concursal en la que se determina si la insolvencia de la empresa es culpable y, en caso de serlo, si los administradores y otras personas vinculadas han de ser condenados a responder con su patrimonio personal, si se acredita que han contribuido a la insolvencia mediante dolo o culpa grave

La calificación del concurso como fortuito con carácter general no afecta, ni condiciona, ni excluye, las acciones de responsabilidad. Ello sin perjuicio de que, en ciertos casos, la calificación del concurso podría tener relevancia cuando la pieza de calificación valora exactamente la misma conducta que posteriormente se imputa al administrador en una acción de responsabilidad

En consecuencia, en principio, el administrador concursal no necesita esperar al cierre de la pieza de calificación para ejercitar la acción social de responsabilidad.

IV. SUJETOS LEGITIMADOS PARA EJERCITAR LA ACCIÓN INDIVIDUAL DE RESPONSABILIDAD

Están legitimados para el ejercicio de la acción individual de responsabilidad aquellos que han sufrido un daño como consecuencia de la actuación el administrador, es decir, socios, acreedores y cualquier tercero perjudicado directamente por la actuación del administrador.

Lo relevante es que hayan sufrido un daño directo en su patrimonio y no meramente indirecto o reflejo del sufrido por la sociedad que habría de reclamarse a través de la acción social de responsabilidad.

¿Hay algún cambio en el concurso de acreedores?

En lo que respecta a la competencia para conocer de estas acciones, no es competencia del Juez del Concurso, puesto que el art. 52.3. 2° TRLC hace referencia a las acciones de responsabilidad por los daños y perjuicios causados a la persona jurídica concursada.

Tampoco procede la acumulación, puesto que el art. 138 TRLC hace referencia a daños frente a la persona jurídica concursada.

En cuanto a la legitimación activa, el art. 132 TRLC no resulta de aplicación a las acciones de responsabilidad de las que sean titulares socios o terceros.

Así se desprende de la ubicación del precepto en una sección específicamente dedicada a regular los efectos de la declaración del concurso "sobre la persona jurídica" y del propio tenor literal del precepto que hace referencia al ejercicio de las "acciones de la persona jurídica concursada".

¿Se ve afectada la acción individual por el concurso?

1. Desde un punto de vista procesal, históricamente ha habido un debate sobre la compatibilidad de la acción de responsabilidad individual con el concurso

La acción de responsabilidad por deudas queda relegada o suspendida en caso de concurso según los arts. 136.1. 2º y 139.1 TRLC, con la finalidad de evitar que el eventual ejercicio compatible de acciones conduzca al doble pago de una misma deuda y, de otra parte, de las "vías de escape" del proceso concursal y de la comunidad de pérdidas, buscando el trato igual de los acreedores.

Sin embargo, la jurisprudencia (sentencias del Tribunal Supremo 737/2014 de 22 de diciembre y 580/2019 de 5 de noviembre) admite la compatibilidad del concurso con la acción individual (arts. 236 y 241 LSC), con los siguientes argumentos:

a) La ausencia de norma legal que impida o posponga su ejercicio. Imponer trabas por interpretación judicial iría en contra del derecho a la tutela judicial efectiva.
b) Aunque en el concurso cabe la responsabilidad concursal (art. 456 TRLC), que es de naturaleza indemnizatoria, los presupuestos y legitimados activos son distintos para ambas acciones.
c) La regla sobre la interrupción de la prescripción (art. 155. 3 TRLC) es un beneficio que permite al acreedor esperar el resultado del concurso sin que perjudique su acción, pero no implica una suspensión obligatoria de su ejercicio

2. Desde un punto de vista sustantivo, sin embargo, la declaración de concurso tiene trascendencia en el ejercicio de la acción individual. Así, la sentencia del Tribunal Supremo de 5 de noviembre de 2019 descarta la responsabilidad por el cierre de hecho de una sociedad, cuando esta es posteriormente declarada en concurso. Según la resolución, aunque se haya acreditado la existencia de activos cuya liquidación ordenada habrían permitido el cobro de los créditos, la posterior apertura del concurso difumina la relación de causalidad entre la conducta del administrador (el cierre de hecho y el retraso en solicitar el concurso) y el impago de la deuda. La concurrencia de otros acreedores en el concurso pone de relieve la imposibilidad de pagar todos los créditos con los activos existentes, lo que dificulta concluir que, con una correcta liquidación, se hubiera pagado necesariamente el crédito del demandante. Los posibles fraudes (distracción de bienes, retraso en la solicitud de concurso) deben juzgarse en la sección de calificación del concurso que es el cauce natural para su apreciación.

V. PLAZOS DE PRESCRIPCIÓN PARA EJERCITAR LA ACCIÓN DE RESPONSABILIDAD CONTRA LOS ADMINISTRADORES

V.1. Antecedentes

Esta materia no había sido objeto de regulación expresa en anteriores textos legales, por lo que suscitó un debate doctrinal y jurisprudencial que zanjó el Tribunal Supremo en diversas sentencias (las últimas, de 12 de marzo, 15 de abril y 11 de noviembre de 2010) que establecieron que la prescripción de todas las acciones de responsabilidad de administradores, incluida la acción individual, se regían por el art. 949 CCom, con independencia de su naturaleza contractual o extracontractual.

En lo que respecta al *dies a quo* del cómputo del plazo de prescripción, existía consenso en que se producía con el cese del administrador en todos los supuestos de responsabilidad. En aquellos casos en los que el cese no había sido objeto de inscripción, se retrasaba el inicio del cómputo del plazo en relación con los terceros de buena fe, atribuyéndose la carga de la prueba de la buena o mala fe a la parte demandada que invoca la excepción.

V.2. Plazo general para acciones de responsabilidad (social e individual)

Tras la reforma de la LSC llevada a cabo por la ley 31/2014, el plazo se regula en el artículo 241 bis TRLSC, que dispone que la acción prescribirá a los cuatro años desde el día en que pudo ejercitarse.

El régimen de prescripción se completa por las reglas comunes en materia de prescripción de acciones del Código Civil, en todo aquellos no regulado expresamente, como sucede con el cómputo del plazo, su interrupción y suspensión.

En particular, en lo que respecta a la determinación del momento en que pudo ejercitarse la acción se aplica la jurisprudencia del Tribunal Supremo en relación con el art. 1969 CC, de forma que, es necesario:

a) que concurran los presupuestos sustantivos de la acción;

b) que se tenga conocimiento cabal de los hechos que fundan la acción y determinan el nacimiento del derecho a ser indemnizado, incluyendo el del daño u su alcance;

c) que no existan obstáculos que impidan el ejercicio de la acción

V.3. Plazo para la acción de responsabilidad por deudas sociales (art. 367 LSC)

En el caso específico de la acción de responsabilidad por deudas sociales, existió una polémica doctrinal y jurisprudencial en torno a si resultaba de aplicación el art. 241 bis o si seguía siendo de aplicación el art. 949 CCom.

Esta polémica ha quedado zanjada por el Tribunal Supremo, que ha establecido (STS de 31 de octubre de 2023 y 20 de febrero de 2024) que el plazo de prescripción no es el de cuatro años del artículo 241 bis LSC (aplicable a la acción social e individual) ni el del art. 949 CCom (aplicable a sociedades personalistas); sino el mismo que el de la acción para reclamar la deuda frente a la sociedad.

El Supremo consideró que el administrador responsable bajo el art. 367 LSC actúa como fiador solidario de las deudas sociales contraídas después de la causa de disolución. Por tanto, su responsabilidad deriva directamente de la deuda principal de la sociedad, no de un daño independiente

Es decir, el plazo será el que corresponda a la naturaleza de la deuda (por ejemplo, cinco años para obligaciones personales según el artículo 1964 del Código Civil).

¿Se ve afectado este plazo por el concurso de acreedores?

La declaración de concurso interrumpe la prescripción de cualquier acción de responsabilidad ejercitable contra los administradores (así como contra socios, liquidadores y auditores) de la sociedad concursada.

Así lo establece el artículo 155 TRLC, en línea con la jurisprudencia del Tribunal Supremo. En este sentido, la sentencia del TS 22 de diciembre de 2014 señala:

> (...) *El hecho de que el ejercicio de esta acción individual no quede suspendido como consecuencia de la declaración de concurso, no signi-*

fica que no alcance a esta acción el efecto interruptivo de la prescripción. La interrupción de la prescripción no va ligada necesariamente a la suspensión o paralización de la acción, siendo posible que estando interrumpida la prescripción, pueda ejercitarse la acción.

En estos casos, la justificación del efecto interactivo de la prescripción es distinto y guarda relación con la conveniencia de que los terceros afectados, en nuestro caso, los acreedores de la sociedad esperen a lo que pudiera acontecer en el concurso, que pudiera afectar al daño o perjuicio susceptible de ser resarcido por los administradores con la acción individual y también al conocimiento de las conductas o comportamientos que pudieran justificar la responsabilidad.

El cómputo del plazo de prescripción se inicia de nuevo desde la conclusión del concurso. Es decir, el tiempo transcurrido antes de la declaración de concurso no se suma al plazo restante tras su conclusión; el plazo completo vuelve a empezar una vez finalizado el procedimiento concursal

VI. CONFLICTOS DE INTERÉS: DEBERES Y POSIBLES CONSECUENCIAS

La LSC, tras la reforma operada por la ley 31/2014 regula qué debe hacer el administrador de la sociedad:

1. Evitar/ prevenir la situación de conflicto (art. 228 e) LSC). Para ello, el art. 229 LSC obliga al administrador a abstenerse de realizar una serie de conductas que implican situación de conflicto puntual o permanente: a) realizar transacciones con la sociedad; b) utilizar el nombre de la sociedad o invocar su condición de tal para influir en la realización de operaciones privadas; c) hacer uso de activos sociales con fines privados; d) aprovecharse de oportunidades de negocio de la sociedad; f) obtener ventajas o remuneraciones de terceros asociadas al desempeño del cargo; g) desarrollar actividades por cuenta propia o ajena que entrañen competencia objetiva con la sociedad o que de cualquier otro modo le sitúen en conflicto permanente con los intereses de la sociedad.

2. Comunicarlo (art. 229.3 LSC). En todo caso, el administrador debe comunicar la situación de conflicto a los demás administradores y, en su caso, al consejo de administración o, si es administrador único, a la junta general.

3. Abstenerse (art. 228. c) LSC). El administrador debe abstenerse de participar en las deliberaciones y votaciones de los acuerdos o decisiones en que las que él —o una persona vinculada al mismo— tenga un conflicto de intereses, directo o indirecto.

4. Solicitar la dispensa (art. 230 LSC). En determinados casos, el administrador puede solicitar una dispensa que le permita realizar la actuación a pesar del conflicto.

¿El administrador en situación de conflicto de interés debe renunciar al cargo?

La LSC no prevé expresamente la obligación de renuncia al cargo, sino que se limita a establecer obligaciones a cargo del administrador dirigidas a evitar situaciones de conflicto.

Sin embargo, el conflicto puede llevar al cese del administrador a instancia de los socios en los supuestos previstos en la ley. Así:

1. Los administradores y las personas que bajo cualquier forma tengan intereses opuestos a los de la sociedad cesarán en su cargo a solicitud de cualquier socio por acuerdo de la junta general (art. 224.2 LSC)
2. A instancia de cualquier socio, la junta general resolverá sobre el cese del administrador que desarrolle actividades competitivas cuando el riesgo de perjuicio para la sociedad haya devenido relevante (art. 230.3 LSC)

VII. DEUDAS DE LAS QUE RESPONDEN LOS ADMINISTRADORES EN CASO DE INCUMPLIR SUS DEBERES EN CAUSA DE DISOLUCIÓN (ART. 367 TRLSC)

De acuerdo con el artículo 367.1 LSC, los administradores responderán solidariamente de las obligaciones sociales posteriores al acaecimiento de la causa legal de disolución.

La normativa actual limita esta responsabilidad exclusivamente a las deudas generadas después de que surja la causa de disolución, a diferencia de la antigua redacción del precepto, que hacía responsables a los administradores de todas las deudas de la sociedad

El problema es determinar el momento de origen de la deuda. En este punto, resulta particularmente relevante la sentencia 532/2021 de 14 de julio de la Sala de lo Civil del Tribunal Supremo (con cita de las 151/2016 y 144/2017) que establece que, a estos efectos, el momento relevante es aquel en el que nace la obligación social, no su vencimiento, exigibilidad o liquidez, ni el nacimiento de la relación jurídica previa de la que trae causa.

Algunos supuestos dudosos en la fijación del momento de origen de la deuda son los siguientes:

a) Deudas fijadas en resolución judicial

Con arreglo a la jurisprudencia citada, lo relevante es el momento en que la obligación social fue contraída o surgió en la realidad extraprocesal según las reglas generales del derecho de obligaciones. La sentencia judicial que declara la existencia de la deuda es meramente declarativa. Por ejemplo, si la deuda proviene de un contrato de compraventa, la obligación nace cuando se firma el contrato y se adquiere el compromiso de pago, aunque su exigibilidad o reclamación judicial se produzca después. La resolución judicial simplemente reconoce y cuantifica una deuda preexistente, pero no la origina

b) Contratos de tracto sucesivo

La sentencia de la Sala 1ª del Tribunal Supremo, de 10 de abril de 2019, establece que, en el caso de contratos de tracto sucesivo suscritos antes de la existencia de la causa de disolución, los administradores responderán por el impago de los créditos devengados con posterioridad al momento en el que la sociedad incurrió en causa de disolución. En el asunto enjuiciado, se reclamaban rentas impagadas tras la concurrencia de la causa de disolución derivadas de un contrato de arrendamiento de local de negocio suscrito por la sociedad arrendataria antes de dicho momento. La sentencia señala que “en este tipo de contratos no cabe considerar que la obligación nazca en el momento de celebración del contrato originario, sino cada vez que se realiza una prestación en el marco de la relación de que se trate. Lo que significa, en el caso del arrendamiento, que las rentas devengadas con posterioridad a la concurrencia de la causa de disolución han de considerarse obligaciones posteriores y, por tanto, susceptibles de generar la responsabilidad solidaria de los administradores ex art. 367 LSC”. Aplicando la doctrina general en materia de contratos de tracto sucesivo, la sentencia sigue razonando que "cada período de utilización o disfrute del bien arrendado genera una obligación de pago independiente y con autonomía suficiente para considerar que ese período marca el nacimiento de la obligación".

c) Deudas por responsabilidad civil

Algunos autores (ALFONSO MUÑOZ PAREDES) consideran que la deuda derivada de responsabilidad extracontractual se entiende nacida en el momento de la sentencia judicial que la declara, no en el de los hechos causantes del daño. La obligación de reparar surge directamente del fallo judicial, no de los actos previos y, en consecuencia, la sentencia crea la deuda *ex novo*, independientemente de cuándo ocurrieron los hechos.

Por el contrario, existen autores (García Villarrubia) que consideran que rige la regla general, por lo que la deuda nace en el momento de realización del hecho dañoso generador de responsabilidad. Sin embargo, el criterio puede requerir de matización en el supuesto de daños diferidos (en los que el daño se exterioriza, o manifiesta, después de la realización del hecho dañoso) o continuados (en los que el daño se produce o extiende a lo largo del tiempo).

VIII. ADMINISTRADOR DE HECHO: REQUISITOS Y EXTENSIÓN DE LA RESPONSABILIDAD

El artículo 236.3 LSC establece una definición legal del administrador de hecho:

> *(...) "...tanto la persona que en la realidad del tráfico desempeñe sin título, con un título nulo o extinguido, o con otro título, las funciones propias de administrador, como, en su caso, aquella bajo cuyas instrucciones actúen los administradores de la sociedad"*

Sin embargo, esta definición ha sido complementada por la jurisprudencia del Tribunal Supremo que, en su sentencia 421/2015 de 22 de julio, añadió requisitos adicionales para configurar la figura del administrador de hecho:

1. Un elemento negativo: carecer de designación formal como administrador
2. Tres elementos positivos: a) desarrollo de una actividad de gestión sobre materias propias del administrador; b) actividad realizada de forma sistemática y continuada; c) actuación independiente, con poder autónomo de decisión y respaldo de la sociedad.

En esta materia tiene una extraordinaria importancia la prueba indiciaria, pues normalmente no existe prueba directa. Así, la jurisprudencia valora, entre otros, los siguientes indicios: el hecho de que el sujeto en cuestión se encuentre investido de un poder general (p.e. que ostente el cargo de director general de la empresa, un poder general), la vinculación del administrador de hecho con el administrador de derecho por relaciones de parentesco o la presentación frente a terceros como administrador de la sociedad.

¿Se extiende la responsabilidad al administrador de hecho en todo caso?

En el ámbito de la acción social e individual si, toda vez que el artículo 236.3 LSC prevé expresamente la equiparación del administrador de hecho y de derecho.

El problema se presenta con respecto a la responsabilidad por deudas del art. 367 LSC porque a pesar de que el legislador ha ido extendiendo al administrador de hecho la responsabilidad ex 236 y 241 LSC, no ha pasado lo mismo con la responsabilidad por deudas. En la actualidad el artículo 367 LSC, alude a «los administradores» sin mención del administrador de hecho. Adicionalmente, se ha de tener en cuenta que la actuación debida por los administradores consiste en la convocatoria de la junta general, a fin de que ésta acuerde la disolución y el administrador de hecho, al carecer de un nombramiento regular, no puede convocar la junta general, aunque quiera.

Por ello, un sector de la doctrina ha entendido que no se puede exigir responsabilidad por incumplir un deber (convocar junta en el plazo de dos meses para acordar, en su caso, la disolución) a quien no puede convocar por no estar investido de dicha facultad (Juste Mencía).

No obstante, la posición doctrinal mayoritaria (Rojo, Beltrán) aboga por entender aplicable a los administradores de hecho también la responsabilidad ex artículo 367 LSC.

El argumento está en que, aunque el administrador de hecho no pueda convocar la junta general, dispone de medios para lograr la disolución:

- puesto que es quien materialmente gestiona y dirige la sociedad, puede influir sobre los administradores de derecho (caso de existir) a fin de que convoquen la junta
- puede dirigirse al juez, en cuanto «interesado», solicitando la disolución judicial de la sociedad (ex art. 366.1 LSC) en cuanto «interesado» a los efectos del art. 366.1 LSC).

Asimismo, no aplicar a los administradores de hecho el régimen del artículo 367 LSC implicaría tolerar una situación de claro privilegio sobre la base de un argumento de orden formal, todo ello con evidente perjuicio para los terceros a quienes trata de amparar la norma.

Aunque existía cierta contradicción en resoluciones anteriores (sentencia del TS 28 de abril de 2006, con el argumento formal de se trata de una responsabilidad que sólo se puede exigir al administrador de derecho), la jurisprudencia actual admite la responsabilidad del administrador de hecho si actúa con las mismas facultades y atribuciones que un administrador de derecho.

Así, el Tribunal Supremo ha confirmado condenas a administradores de hecho o incluso las ha impuesto sin mayor justificación (sentencias de 7 de mayo de 2007, 14 de abril 2009 y 11 de marzo de 2010). Mas recientemente, la sentencia del Tribunal Supremo de 25 de enero de 2024 confirma expresamente que el administrador de hecho está incluido en el ámbito de aplicación del art. 367 LSC y puede ser condenado solidariamente junto con el administrador de derecho, siempre que su comportamiento revele un control efectivo y continuado de la gestión social.

En la jurisprudencia de las AP, a favor, las sentencias de la Secc. 28 de la AP de Madrid de 17 de septiembre de 2010, 9 de abril de 2010, invocando la STS de 31 de julio de 2009 y la Secc. 15 AP Barcelona de 9 de junio de 2011.

Así, la sentencia de la SAP de Madrid, Sección 28ª, de 25 de febrero de 2013 admite que la jurisprudencia no es pacífica, pero se muestra favorable a exigir responsabilidad al administrador de hecho con el argumento de que siempre estará en manos del administrador de hecho, real administrador de la sociedad, excitar el celo del administrador de derecho, cuando lo haya, para el cumplimiento de sus deberes o, en último término, instar la convocatoria judicial de la junta. Además, no parece razonable que el administrador de hecho, por serlo, mantenga una mejor posición que el de derecho, liberándose de este tipo de responsabilidad, precisamente, por mantenerse en la sombra o sin regularizar su nombramiento.

24. LA HOMOLOGACIÓN JUDICIAL DE LOS PLANES DE REESTRUCTURACIÓN: CRITERIOS Y LÍMITES

MIGUEL MARTÍNEZ MUÑOZ
Profesor de Derecho Mercantil. Universidad Pontificia Comillas

I. INTRODUCCIÓN

A lo largo de estos años de vigencia del nuevo Texto Refundido de la Ley Concursal se han pronunciado ya numerosos Juzgados y Tribunales acerca de los requisitos necesarios para proceder a la homologación de un plan de reestructuración, así como si los mismos son objeto de control judicial, ya sea en el propio trámite de la homologación o, por el contrario, *a posteriori*, cuando ha tenido lugar la impugnación a dicha homologación.

Si bien existen otros muchos ejemplos, en este trabajo centraremos nuestra atención especialmente en el Auto del Juzgado de lo Mercantil número 9 de Madrid de 10 de abril de 2025, el cual aborda la homologación judicial del plan de reestructuración del grupo Scientia School, S.A. El Juez de lo Mercantil, en este Auto de fecha 10 de abril de 2025, aprovecha para poner de manifiesto, de una forma bastante didáctica y clara, los requisitos que han de concurrir para que la homologación judicial sea aprobada. Es decir, se pone de manifiesto cómo el Juez debe realizar un control de todos estos requisitos con una intensidad diferente, toda vez que en ciertos casos bastará con que se acredite que concurre dicho requisito para homologar el plan en este primer trámite. En efecto, algunos de los requisitos que se deben comprobar por el Juez de lo Mercantil constituyen supuestos de impugnación de la homologación cuyo control compete a la Audiencia Provincial, de tal suerte que el Juez de lo Mercantil cumpliría su función supervisando que dichos requisitos no se incumplen de modo manifiesto[1].

Así las cosas, y de modo esquemático, el Auto distingue los siguientes requisitos para la homologación judicial de un plan de reestructuración que habrán de ser supervisados por parte del Juez:

1. Requisitos generales:
   - Ámbito objetivo y carácter necesario.
   - Legitimación del instante del plan de reestructuración.
   - Condición de la persona física o jurídica sobre la que recae el plan de reestructuración.
   - Aplicación de procedimiento general o contradicción previa.
   - Requisito temporal.
   - Carácter conjunto.
   - Competencia.
2. Requisitos tasados aplicables a los planes de reestructuración consensuales:
   - Insolvencia.
   - Perspectiva razonable de evitar el concurso y asegurar la viabilidad de la empresa y en el corto y medio plazo.
   - Requisitos de contenido y forma.

---

1 Expresamente se establece en el Fundamento Jurídico Primero del Auto: "*Existen una serie de requisitos previstos tasadamente en el art. 638 TRLC para los planes consensuales y 639 TRLC para los no consensuales, siendo los mismos susceptibles de control por el juez, y además siendo los mismos motivos de impugnación ante la AP, por lo que no queda claro el nivel de control en ambos escenarios, si bien lo único que puede determinarse estrictamente es que en este escenario inicial de homologación, salvo que sea manifiesto el incumplimiento de dichos requisitos, debe procederse a homologar el PR, y que sea en el régimen de impugnación (o contradicción previa en su caso), tras contradicción entre ambas partes, donde se realice el análisis en los motivos de impugnación en cuanto a la contravención de dichos requisitos en el PR*".

- Que el plan de reestructuración sea aprobado por todas las clases de créditos según el Texto Refundido de la Ley Concursal, por el deudor o los socios, en su caso.
- Control judicial que dentro de la misma clase los créditos hayan sido tratados de forma paritaria.
- Que el plan de reestructuración haya sido comunicado.

3. Requisito alternativo al artículo 638.3º del Texto Refundido de la Ley Concursal en relación a los planes no consensuales.
4. Controles societarios y financiación interina:
   - Control de legalidad de operaciones societarias conforme al artículo 647.4 del Texto Refundido de la Ley Concursal.
   - Control del artículo 669 del Texto Refundido de la Ley Concursal.

Se señala igualmente por el juzgador que existen dudas en cuanto a la posible realización de un control en este trámite de homologación respecto de dos elementos clave en toda reestructuración: la delimitación del perímetro de afectación y el control sobre la formación de las clases, no existiendo una solución clara al respecto[2].

Tras el estudio de todos y cada uno de estos requisitos en la vertiente de plan no consensual, el Juez homologa finalmente el plan de reestructuración presentado por Scientia School, S.A., si bien poniendo de manifiesto algunas dudas en su análisis que, a buen seguro, darán lugar a una impugnación del plan ante la Audiencia Provincial de Madrid.

---

2 Véase sobre estas cuestiones VILLORIA RIVERA, I., "El control judicial del perímetro y de la formación de clases en la homologación de planes de reestructuración", *Revista General de Insolvencias & Reestructuraciones,* núm. 15, 2025, pp. 131 y ss.; VALENCIA GARCÍA, F., "El control del perímetro de afectación en los planes de reestructuración", *Revista General de Insolvencias & Reestructuraciones,* núm. 13, 2024, pp. 221 y ss.

II. REQUISITOS PARA LA HOMOLOGACIÓN DE LOS PLANES DE REESTRUCTURACIÓN

II.1. Requisitos generales

El Auto señala que a lo largo del Texto Refundido de la Ley Concursal se prevén un conjunto de requisitos generales, susceptibles de control judicial, para proceder a la homologación de los planes de reestructuración. A estos habrá que añadir otros en función de si el plan es consensual o no y de control societario que iremos analizando seguidamente.

Recuérdese que la homologación en sí misma no resulta necesaria para que un plan de reestructuración se apruebe y se ejecute, pero sí que será imprescindible en todo caso cuando se pretenda extender sus efectos a acreedores o clases de acreedores disidentes o a los socios del deudor persona jurídica; cuando se pretenda la resolución de contratos en interés de la reestructuración; y cuando se pretenda proteger la financiación interina y la nueva financiación, así como los actos, operaciones o negocios realizados en el contexto del plan frente a acciones rescisorias y reconocer a dicha financiación las preferencias de cobro previstas legalmente[3].

Obsérvese cómo los efectos de la homologación de los planes de reestructuración resultan ser similares a los que acontecían con los antiguos acuerdos de refinanciación en la normativa derogada, siendo por ello tremendamente conveniente homologar los planes para conseguir el arrastre de acreedores o de clases completas de acreedores, así como para proteger la financiación nueva e interina y evitar la rescisión concursal de las operaciones llevadas a cabo en virtud del plan de reestructuración[4].

---

[3] Véase con carácter general MÁRQUEZ RUBIO, P., "Aprobación y homologación. Impugnación de los planes de reestructuración", en CAMPUZANO, A./ DÍAZ A. (Dirs.), *Reestructuraciones preconcursales y operaciones societarias. XIII Congreso Español de Derecho de la Insolvencia*, Madrid, 2024, p. 221; PULGAR EZQUERRA, J., "Artículo 635. Homologación judicial", en PULGAR, J. (Dir.), *Comentario a la Ley Concursal*, tomo II, Madrid, 2023, pp. 1146 y ss.; VILLORIA RIVERA, I., cit., p. 132.

[4] Sobre el arrastre y sus consecuencias, véase ampliamente MARTÍNEZ MUÑOZ, M., "La reestructuración forzosa", *Anuario de Derecho Concursal*, núm. 58, 2023,

Así las cosas, el primer grupo de requisitos para que la homologación judicial sea concedida resultan ser de corte más procesal o general, como son los relativos al ámbito objetivo y necesidad de reestructuración, la legitimación del instante, la condición subjetiva y objetiva del instado, el carácter temporal, la sujeción al procedimiento ordinario o contradicción y su declaración con carácter conjunto en caso de pluralidad de planes de reestructuración.

En primer lugar, se trata de analizar el ámbito objetivo y el carácter necesario de la homologación del plan de reestructuración en relación con los artículos 614, 615 y 635 del Texto Refundido de la Ley Concursal. Es decir, que el plan de reestructuración merezca la condición de tal por entrar dentro del concepto establecido *ex lege*, esto es, por tener por objeto la modificación de la composición, de las condiciones o de la estructura del activo y del pasivo del deudor, o de sus fondos propios, incluidas las transmisiones de activos, unidades productivas o de la totalidad de la empresa en funcionamiento, así como cualquier cambio operativo necesario, o una combinación de estos elementos[5]. Así, si el plan tiene alguno de esos contenidos y prevé la extensión de sus efectos a los acreedores o clases disidentes, así como a los socios cuando no hayan aprobado el plan, o con independencia de dicha extensión, contemple la protección de la financiación nueva o interina o la no posibilidad de rescindir las operaciones establecidas en el plan, entonces dicho plan estará dentro del ámbito de la homologación establecido legalmente.

A estos efectos, señala el Juez de lo Mercantil en la resolución comentada que existe una discrepancia entre los artículos 615 y 635 del Texto Refundido de la Ley Concursal en tanto la primera norma prevé la homologación para extender los efectos del plan a los socios de la persona jurídica cuando éstos no hayan aprobado el mismo

---

pp. 385-412.

5 La reforma operada por el Texto Refundido de la Ley Concursal ha centrado el ámbito de la dinámica reestructuradora en la llamada estructura de capital, representada por los inversores financieros, esto es, socios, bancos y bonistas (inversores que financian el capital fijo a largo plazo), aunque permite que sea el propio deudor el que decida sobre el perímetro de la reestructuración. Véase THERY, A., "Directiva de reestructuraciones, capitalización de créditos y gobierno corporativo", *Revista de Derecho Concursal y Paraconcursal*, núm. 31, 2019, pp. 57-58.

(se entiende, a través de la junta general) y la segunda no señala la necesidad de que los socios hayan aprobado o no el plan, sino que si se quiere extender alguna de las medidas a dicho colectivo, con independencia de su actuación, procederá la homologación.

En todo caso, hemos de traer aquí a colación el contenido del artículo 640.2 del Texto Refundido de la Ley Concursal, precepto que indica que si el deudor fuera una persona jurídica, la homologación del plan de reestructuración requerirá que haya sido aprobado por los socios legalmente responsables de las deudas sociales y que, en caso de que estos socios no existieran, y el plan contuviera medidas que requieran acuerdo de la junta de socios, el plan de reestructuración se podrá homologar aunque no haya sido aprobado por los socios si la sociedad se encuentra en situación de insolvencia actual o inminente. Esto es, voten a favor o en contra o no voten los socios que no sean responsables de las deudas se les podrán extender los efectos del plan vía homologación sólo en los casos en los que el deudor se encuentre en situación de insolvencia actual o inminente, no en probabilidad de la insolvencia, donde será necesario el acuerdo de la junta en aquellas materias que sean de su competencia[6].

En segundo lugar, el juez ha de comprobar la legitimación del instante de la homologación, que coincidirá con la del plan de reestructuración. Según el Auto, están legitimados para presentar el plan de reestructuración y, por ello, para homologar, tanto el deudor como los acreedores que representen el 50% del pasivo que pueda quedar afectado por el plan de reestructuración. Sin embargo, este extremo no está tan claro como parece, sino que se deduce por parte del Juez de una conjunción de normas. Para el deudor, su legitimación procede de los artículos 642, 643 y 672.1.4º y, para los acreedores, de los artículos 637.1 y 643 del Texto Refundido de la Ley Concursal.

---

6 Véase AZOFRA VEGAS, F., "Artículo 615. Ámbito objetivo", en PULGAR, J. (Dir.), *Comentario a la Ley Concursal*, tomo II, Madrid, 2023, pp. 977-978; GARCÍA-VILLARUBIA BERNABÉ, M., "El papel del socio en la reestructuración", en COHEN A. (Dir.), *Nuevo marco jurídico de la reestructuración de empresas en España*, Navarra, 2022, pp. 1207 y ss.; DÍAZ MORENO, A., "Socios, planes de reestructuración y capitalización de créditos en la Directiva (EU) 2019/1023, sobre reestructuración e insolvencia", *Anuario de Derecho Concursal*, núm. 49, 2020, pp. 7 y ss.

Respecto del deudor, creemos que resulta innegable su legitimación, tanto para presentar un plan de reestructuración como para solicitar la homologación. Ahora bien, con respecto al acreedor, consideramos que el artículo 643.1 es claro cuando se refiere a que la solicitud de homologación del plan de reestructuración podrá ser presentada por el deudor o "*por cualquier acreedor afectado que lo haya suscrito*", siendo necesario en ambos casos que dicha solicitud vaya firmada por procurador y abogado. Por ello, no alcanzamos a entender en este contexto dicha referencia al 50% del pasivo que pueda quedar afectado por el plan de reestructuración. La conexión de los artículos 643 y 637.1 no tiene mucho sentido en la medida en que el segundo supuesto se refiere a que dicho porcentaje del pasivo podrá solicitar al juez la suspensión de la solicitud de concurso realizada por el deudor cuando se encuentre negociando un plan de reestructuración sin comunicación previa. Es cierto que, en esos casos, ese porcentaje del pasivo potencialmente afectado bloquearía la solicitud de concurso presentada por el deudor en favor de la reestructuración, pero ello no es óbice para convertirlo en legitimado exclusivo para la solicitud de la homologación cuando el artículo 643 está redactado de una forma tan clara.

Aun así, creemos que el Juez en este Auto objeto de estudio ha tratado de interpretar conjuntamente varias normas para poner en valor que determinados efectos de la reestructuración solo serán posibles si se hacen por el 50% del pasivo afectado. Así, aunque en rigor cualquier acreedor puede presentar un plan de reestructuración y solicitar la homologación, será el 50% del pasivo afectado el que podrá bloquear la solicitud de concurso del deudor (artículo 637.1), así como instar la confirmación judicial de la correcta formación de las clases con carácter previo a la homologación (artículo 625) y solicitar el nombramiento del experto en reestructuración (artículo 672.1.2º), extremo este fundamental pues sin el informe de dicho experto no se podría proceder a homologar un plan de reestructuración no consensual. Por ello, no siendo completamente exacta la apreciación contenida en el Auto, es cierto que solo el 50% del pasivo afectado puede conseguir ciertos extremos de interés en la reestructuración bajo el juego de normas actuales.

El tercero de los requisitos generales que el Juez ha de controlar consiste en la condición subjetiva del reestructurado, el cual habrá de ser una persona física o jurídica que lleve a cabo una actividad empresarial o profesional. Además, dicha persona física o jurídica no podrá estar en alguno de los supuestos de exclusión del artículo 583.2 del Texto Refundido de la Ley Concursal ni tener la consideración de microempresa en los términos del artículo 685 del Texto refundido de la Ley Concursal (haber empleado durante el año anterior a la solicitud del procedimiento una media de menos de diez trabajadores y tener un volumen de negocio anual inferior a setecientos mil euros o un pasivo inferior a trescientos cincuenta mil euros según las últimas cuentas cerradas en el ejercicio anterior a la presentación de la solicitud)[7].

En cuarto término, debe controlar el Juez si a la homologación se le aplica el procedimiento general o el especial de contradicción previa previsto en los artículos 662 y 663 del Texto Refundido de la Ley Concursal. De forma absolutamente voluntaria y opcional, el instante de la homologación puede solicitar este trámite de contradicción previa para que las partes afectadas puedan oponerse o no a la homologación. Esta circunstancia hará que todo el procedimiento se tramite ante el Juez de lo Mercantil sin posibilidad de acudirse posteriormente a la Audiencia Provincial, como sí acontecería con el trámite de impugnación tras el de homologación. Este elemento de juicio producirá el que el Juez deba pronunciarse sobre ciertos extremos que, bajo el régimen general de impugnación, serían competencia del tribunal superior.

El quinto requisito se refiere a un aspecto temporal consistente en que no se haya procedido a presentar una solicitud de homologación de un plan de reestructuración referido al mismo deudor antes de que haya transcurrido un año desde la solicitud de homologación de otro plan de reestructuración anterior. Esta prohibición temporal de presentación de nuevas solicitudes de homologación ya se encontraba contemplada en la legislación derogada a propósito de los acuerdos de refinanciación y, bajo la dicción del artículo 664 del Texto Refundido de la Ley Concursal, viene referida a los deudores

---

7 Sobre el régimen especial véase MOLINA HERNÁNDEZ, C. A., *La continuación y la liquidación concursal simplificadas: un mecanismo ágil para las microempresas insolventes*, Madrid, 2025, pp. 11 y ss.

con independencia de quien presente la solicitud de homologación. Con esto se evitan problemas surgidos en el pasado a propósito de que en el mismo año se presentaron propuestas de homologación de acuerdos de refinanciación de la misma empresa por parte del deudor, en un caso, y de los acreedores, en otro[8]. Así, habrá el juez de comprobar este extremo so pena de desestimar la solicitud de homologación si ha transcurrido menos de un año desde la solicitud de homologación del plan anterior.

En sexto lugar, se analizará si concurre el supuesto establecido *ex* artículo 642 del Texto Refundido de la Ley Concursal relativo al carácter conjunto. En este sentido, contempla dicha norma que los deudores que hubieran efectuado una comunicación conjunta podrán solicitar bien la homologación individual o conjunta de los respectivos planes de reestructuración o de alguno de ellos, bien la homologación de un plan conjunto de reestructuración. Aquí, el supuesto que se contempla es doble: de un lado hay una pluralidad de deudores o, de otro, una pluralidad de planes que se presentan bien individual o conjuntamente a homologación[9]. En todo caso precisa la norma, pensada para grupos de sociedades clarísimamente, que los requisitos de homologación han de cumplirse para cada uno de los deudores y de los planes. Por ello, el Juez deberá analizar tal circunstancia.

Por último, el Juez debe analizar su competencia para la homologación, la cual se contendrá en la propia providencia de admisión y, si se quisiera plantear una declinatoria, habrán de seguirse los trámites de los artículos 646 (para el procedimiento general, que se resolverá por auto) o 663 (para el procedimiento con contradicción previa, que se resolvería por sentencia) del Texto Refundido de la Ley Concursal. Estos primeros siete requisitos constituyen los elementos generales que todo Juez ha de controlar ante una solicitud de homologación de plan de reestructuración, venga este aprobado por

---

8 CERVERA MARTÍNEZ, M., "Artículo 664. Prohibición temporal de nuevas solicitudes", en PULGAR, J., (Dir.), *Comentario a la Ley Concursal*, tomo II, Madrid, 2023, p. 1375.

9 CERVERA MARTÍNEZ, M., "Artículo 642. Planes conjuntos de reestructuración", en PULGAR, J., (Dir.), *Comentario a la Ley Concursal*, tomo II, Madrid, 2023, pp. 1240-1245.

todas las clases o solo por algunas. Si se observa, en el Fundamento Jurídico Tercero del Auto se aprecia que el Juez procede a analizar uno a uno dichos elementos.

II.2. Requisitos tasados aplicables a los planes de reestructuración consensuales

A continuación, el Auto distingue entre si los planes de reestructuración son consensuales o no, toda vez que la normativa concursal establece una serie de requisitos diferentes, además de los generales analizados *supra*, para proceder a su homologación.

Adviértase que la consecución de la reestructuración y la salvación de la empresa se erige en valor principal de la nueva regulación y, para ello, se orquesta un sistema de intervención judicial mínima y de adopción mayoritaria de los planes de reestructuración. Así, serán los propios acreedores, junto al deudor y los socios, los que habrán de pactar las medidas e instrumentos que conduzcan a la empresa a la senda de la viabilidad, debiendo alcanzarse necesariamente una mayoría determinada dentro de cada clase de acreedores. Si se consigue, se estará ante un plan de reestructuración consensual, que desplegará su eficacia entre las partes afectadas aceptantes y aquellas partes disidentes dentro de cada clase de acreedores en virtud del arrastre horizontal o intraclase. Por su parte, la normativa concursal prevé como novedad, tras la transposición de la Directiva 2019/1023, la reestructuración forzosa de la deuda en caso de que no sea posible la aprobación de un plan consensual y, para ello, se basa en el arrastre vertical o entre clases como vía de imposición de la reestructuración a las partes afectadas disidentes siempre que se cumplan determinados requisitos[10].

Con respecto a los elementos que son necesarios para homologar un plan consensual o no consensual establece el Juez una advertencia previa en el Auto estudiado que es tremendamente importante y es la de que estos requisitos coinciden con los motivos de impugnación de la homologación, no quedando claro el nivel de control judicial que ha de realizarse en esta primera instancia. Se contempla, de forma

---

[10] MARTÍNEZ MUÑOZ, M., "La reestructuración...", cit., pp. 386-388.

bastante lógica y cabal en nuestra opinión, que lo único que puede determinarse estrictamente es que en el escenario inicial de homologación, salvo que sea manifiesto el incumplimiento de los requisitos, deberá procederse a homologar el plan de reestructuración, siendo en el régimen de impugnación (o contradicción previa en su caso), tras contradicción entre ambas partes, donde se realice el análisis en profundidad de los motivos de impugnación en cuanto a la contravención de dichos requisitos en el plan de reestructuración[11].

Así las cosas, el Juez ha de controlar los requisitos de los artículos 638 (para planes consensuales) y 639 (para planes no consensuales) del Texto Refundido de la Ley Concursal en el sentido de comprobar que los mismos se dan o, cuando menos, que no se incumplen de forma flagrante y procederse así a la homologación, todo ello en línea con lo preceptuado en el artículo 647.1 del Texto Refundido de la Ley Concursal[12]. Es decir, se establece una presunción de que, en caso de duda, el Juez de lo Mercantil ha de homologar y que luego habrá de ser la Audiencia Provincial en el trámite de impugnación (o el mismo Juez de instancia en el trámite de contradicción previa) la que analice expresamente el incumplimiento de aquellos requisitos esgrimidos como motivos de impugnación de la homologación. A este respecto, señala el Auto igualmente que las alegaciones realizadas por los acreedores antes de la homologación habrán de tenerse en cuenta de cara a la valoración de los requisitos de la homologación,

---

11 PULGAR EZQUERRA, J., "Artículo 638. Requisitos para la homologación del plan aprobado por todas las clases de acreedores", en PULGAR, J. (Dir.), *Comentario a la Ley Concursal*, tomo II, Madrid, 2023, pp. 1171-1173.

12 Ya el Auto de la Sección 2ª del Tribunal de Instancia Mercantil de Sevilla de 6 de marzo de 2024 estableció: "*La inclusión del artículo 647.1 del Texto Refundido de la Ley Concursal cambia el sistema, de manera que, en caso de que existan dudas sobre la concurrencia de los requisitos, éstos deben entenderse cumplidos, y, por ende, debe homologarse el plan, mientras que solo si es manifiesto que no se cumplen, es decir, solo si no hay dudas de que no se cumplen, el plan no será homologado. De este modo, el citado precepto no implica que el control judicial deba ser somero, sumario, laxo o superficial, sino que, siendo profundo y completo, las dudas deben resolverse a favor del solicitante, de manera que solo se desestime su petición cuando el juez no albergue dudas de que no se cumplen los requisitos para homologar el plan de reestructuración* (...), *y solamente denegar cuando de la documentación y de la solicitud sea manifiesto el incumplimiento de tales requisitos o presupuestos*".

pero siempre bajo la máxima de homologar, salvo manifiesto incumplimiento de los requisitos tasados[13].

No obstante lo anterior, sí que compartimos la opinión, como termina haciendo el Auto objeto de análisis, de que el control judicial de los planes no consensuales debería ser más estricto que el de los consensuales por los efectos del arrastre vertical entre clases y la posibilidad, bajo este nuevo sistema legal impuesto por la Directiva 2019/1023, de que una minoría del pasivo imponga el plan a la mayoría, cxistiendo ya ejemplos concretos de este proceder[14]. Sin

---

13 A este respecto, véase el Auto del Juzgado de lo Mercantil número 16 de Madrid de 30 de julio de 2024: "*Intentando hallar una hermenéutica integradora, que sea capaz de conciliar las reflexiones que hemos recogido en los párrafos precedentes, creemos que si los acreedores ponen de manifiesto en sus escritos unidos a las actuaciones hechos o circunstancias que de modo manifiesto hayan de considerarse impeditivas de la homologación, por entrar en contradicción con la verificación mínima exigida por los artículos 638 a 640 TRLC, el Juez habrá de prestar atención a esas alegaciones y podrá basarse en ellas para denegar la homologación pedida. Por el contrario, cuando las alegaciones pretendan adelantar el examen de fondo de motivos de impugnación cuyo examen corresponde a la Audiencia Provincial en el trámite contradictorio expresamente previsto con ese objeto, creemos que el Juez puede simplemente responder a las mismas calificándolas como motivos de impugnación y no de denegación de la homologación, reconduciendo al acreedor que las opone al trámite impugnador. No creemos que pueda sólidamente defenderse que si uno o varios acreedores afectados por el plan ponen de manifiesto en escritos previos al dictado del auto resolviendo sobre la homologación, en primera instancia, motivos excluyentes de esa decisión que de modo manifiesto (en los términos del art. 647 TRLC) concurren, el Juez pueda simplemente ignorarlos, apelando a una cuestión estrictamente procesal, como es la falta de elección del trámite de contradicción previa por quien tenga legitimación para activarlo. Cabría incluso conjeturar que el Juez mercantil encargado de la homologación de un plan podría tener que hacer frente a responsabilidades de distinta índole si, en modo "autista", dictase una resolución estimatoria de la homologación, decidiendo conscientemente ignorar causas de denegación de la misma que hubiera podido apreciar simplemente leyendo los escritos presentados por los acreedores contrarios a esa concesión; o incluso tras su lectura, ya a sabiendas por tanto de su concurrencia, simplemente por entender que el cauce procesal elegido no es el adecuado, siendo el correcto el de la impugnación del plan*". Véase VILLORIA RIVERA, I., cit., p. 149.

14 Véase el Auto del Juzgado Mercantil número 5 de Madrid de 20 de marzo de 2024: "*(…) sería deseable que se diferenciara en el control de homologación judicial, planes consensuales y no consensuales y arrastre en no consensuales con un pasivo ínfimo en relación con el crédito afectado, e incluso con el crédito no afectado*". Por su parte, véase la Sentencia de la Audiencia Provincial de Valencia de 27 de marzo de 2024 (caso Das Photonics): "*Esta Sala considera que cuando se pretende la homologación de un PR con el apoyo de una minoría del pasivo (pensemos en el PR que estamos examinando y que ha sido aprobado por el 16,28% del pasivo afectado, arrastrando al 83,72%*

embargo, la práctica pone de manifiesto que los tribunales no llevan a cabo un control de distinto calado en función de la naturaleza de los planes, interpretándose la Ley de forma flexible para favorecer las reestructuraciones[15].

Pues bien, el primero de los elementos a controlar por el Juez en caso de plan consensual es que el deudor se encuentre en probabilidad de insolvencia, insolvencia inminente o actual. Nótese que si el deudor se encuentra en estado de insolvencia actual, la homologación solo podrá solicitarse siempre que no hubiera sido admitida a trámite una solicitud de concurso necesario (artículo 636.2 del Texto Refundido de la Ley Concursal).

Más allá de los ya conocidos términos de insolvencia actual o inminente, el Texto Refundido de la Ley Concursal acoge el novedoso concepto de probabilidad de la insolvencia, estado previo al de insolvencia inminente y que constituye el presupuesto objetivo para acogerse a los planes de reestructuración. Con esto, la Ley baraja tres estados temporales que se ordenan secuencialmente, siendo la probabilidad de la insolvencia un estado previo a la insolvencia inminente y ésta a su vez un estado anterior a la insolvencia actual. De esta forma, el deudor que se encuentre en probabilidad de la insolvencia no podrá ser sujeto de un concurso de acreedores, pero podrá utilizar los mecanismos que integran el Derecho preconcursal.

No obstante, si bien la probabilidad de la insolvencia se reputa el presupuesto objetivo de los planes de reestructuración, la normativa no la impone en el sentido de que el deudor que se halle en estado de insolvencia inminente o, incluso, de insolvencia actual podrá acogerse a la reestructuración. Así las cosas, lo verdaderamente importante a este respecto es destacar que el horizonte en el que el deudor puede reestructurarse y homologar el plan de reestructuración es el de las dificultades financieras, aquel en el que exista un riesgo potencial de insolvencia, no siendo dicha insolvencia ni tan siquiera inminente, pero sí posible o probable, en el período de tiempo en el

---

restante que votó en contra) estamos ante un escenario de excepcionalidad y los Tribunales no pueden quedar al margen sino que deben examinar si el instrumento que el legislador ha facilitado se está utilizando correctamente y no de forma fraudulenta o con abuso de derecho".

15 VILLORIA RIVERA, I., cit., pp. 132-133.

que la sociedad mercantil está analizando su situación y contemplando opciones de reestructuración preventiva[16].

El Texto Refundido de la Ley Concursal contempla una definición de la probabilidad de insolvencia en términos objetivos. Así, el art. 584.2 dispone: "*Se considera que existe probabilidad de insolvencia cuando sea objetivamente previsible que, de no alcanzarse un plan de reestructuración, el deudor no podrá cumplir regularmente sus obligaciones que venzan en los próximos dos años*". El período de dos años fijado, en nuestra opinión, dc forma completamente arbitraria, encierra la finalidad de proceder a la reestructuración en un momento temprano, antes en todo caso a que el valor de la empresa se vea notablemente mermado. La idea que late en este concepto es que cuando haya una expectativa o probabilidad real de fracaso empresarial el deudor debe optar por la reestructuración, entendida en un sentido muy amplio, para salvar la empresa a futuro, siendo el tiempo un factor decisivo en este contexto.

En todo caso, el Juez habrá de comprobar este extremo sobre la base de la información suministrada por el propio deudor y el experto en la reestructuración, así como los acreedores, debiendo igualmente tenerse en cuenta los estados contables, la información financiera o los hechos reveladores de insolvencia establecidos legalmente. Como decimos, en cualquier estado se podrá solicitar la homologación del plan de reestructuración, siendo la única limitación a este respecto la admisión a trámite de la solicitud de concurso necesario cuando el deudor esté en situación de insolvencia actual.

Este primer requisito está íntimamente relacionado con el segundo, de hecho, en la norma están recogidos en el mismo número, consistiendo en que el plan tiene que ofrecer una perspectiva razonable de evitar el concurso y asegurar la viabilidad de la empresa en el corto y medio plazo[17]. Lógicamente la viabilidad en este punto va

---

16 Véase extensamente en este punto MUÑOZ GARCÍA, A., "Situaciones próximas a la insolvencia y viabilidad empresarial", en PULGAR, J. (Dir.), *Reestructuración y Gobierno Corporativo en la proximidad de la insolvencia*, Madrid, 2020, pp. 171 y ss.; CAMPUZANO LAGUILLO, A. B., "La insolvencia inminente", en VEIGA, A. B. (Dir.), *Perímetros de insolvencia, parámetros de reestructuración*, Madrid, 2024, pp. 97 y ss.

17 PULGAR EZQUERRA, J., "Artículo 638…", cit., pp. 1179-1180.

a depender, entre otras cosas, de ese factor tiempo que mencionábamos *supra*, razón por la que cuanto antes se presente el plan mayores posibilidades de éxito de la reestructuración. Si el plan no va a servir para alcanzar dicho fin, se tendrá que rechazar el mismo y procederse al concurso de acreedores.

Adviértase la dificultad que tiene el Juez para controlar la existencia de este elemento si no es a través de informes de peritos y expertos avalando dicha viabilidad. La Directiva 2019/1023 pone el foco de la reestructuración en aquellas empresas que, siendo viables, se hallen en dificultades financieras en el corto y medio plazo, pudiendo por ello adoptar ciertas medidas, tanto financieras como operativas, para devolver al negocio a la generación positiva de caja[18]. Así, el plan de reestructuración debería venir acompañado de un plan de viabilidad, el cual se estructurará adaptando la devolución de la deuda con la generación de caja por el negocio y viéndose si será necesario incorporar nuevo capital por parte de los socios, si los acreedores estarán dispuestos a hacer quitas o si resulta necesario hacer capitalizaciones de deuda, entre otros extremos. Todo ello podrá venir además apoyado por ventas de unidades productivas, cierre de centros de deuda y ajustes de costes en todos los sentidos para que la empresa vuelva a la senda de la viabilidad[19].

En todo caso, es importante resaltar que la viabilidad no solo ha de apoyarse en cuadros y proyecciones financieras, sino venir avalada por hechos y por una exposición argumentativa que justifique por qué y cómo las medidas previstas permiten alcanzar una situación de viabilidad del deudor[20]. No obstante, el Auto parte de una pre-

---

18 Véase ampliamente MARTÍN TORRES, Á., "La viabilidad como condición de la reestructuración", en CAMPUZANO, A./DÍAZ A. (Dirs.), *Reestructuraciones preconcursales y operaciones societarias. XIII Congreso Español de Derecho de la Insolvencia*, Madrid, 2024, pp. 179-195.

19 MARTÍN TORRES, Á., cit., p. 181.

20 Véase el Auto del Juzgado de lo Mercantil número 1 de Jaén de 20 de diciembre de 2024: "*La viabilidad económica de la empresa es un aspecto fundamental a tener en cuenta para poder apreciar si el plan de reestructuración cumple con su finalidad.* (…) *Es insuficiente los cuadros que establece en el plan ya que no es esto lo que pide el precepto citado, que habla de exposición y razones, careciendo absolutamente de ellas el plan presentado*". Véase las consideraciones de GUAL TOMÁS, R./GUTIÉRREZ GÁRATE, A., "La viabilidad como esencia y finalidad de los planes de reestructuración",

sunción a favor de reestructuración y no exige tanta argumentación, *a priori*, sobre este requisito de la viabilidad. De hecho, manifiesta alguna que otra duda pero, al no ver que la viabilidad falte de forma manifiesta, el Juez autoriza la homologación para que dicho extremo pueda ser discutido, en su caso, en sede de impugnación de la homologación[21].

El tercero de los requisitos objeto de control judicial será el relativo al contenido y forma del plan de reestructuración según lo previsto en los artículos 633 y 634 del Texto Refundido de la Ley Concursal. La primera norma establece unas menciones mínimas que el plan de reestructuración debe tener, contenido que habrá de ser controlado por el Juez y que en el Auto objeto de comentario se plantea si, fruto de esta norma, se podría entender que indirectamente el control judicial puede extenderse a estos extremos, tales como la formación de las clases o el perímetro de afectación[22]. Por su parte, la segunda norma se refiere a la propia formalización del plan de reestructuración, la cual habrá de llevarse a cabo en instrumento público por quienes lo hayan suscrito, en el que se incluirá la certificación del experto en la reestructuración, si estuviera nombrado, y en otro caso de auditor, sobre la suficiencia de las mayorías que se exigen para aprobar el

---

en *Análisis práctico de cuestiones relevantes en el Derecho de reestructuraciones español*, Madrid, 2025, pp. 58 y ss., estableciéndose expresamente en la p. 60: "*Este contraste entre Transbiaga I y Transbiaga II pone de relieve la relevancia de la prueba en materia de viabilidad; el juicio acerca de su concurrencia y acreditación debe realizarse a partir del contenido y la realidad económica del plan concreto. Dicho de otro modo, la decisión acerca de la acreditación o no de la viabilidad dependerá de la solidez de las circunstancias, hipótesis, y documentación que respalde las proyecciones y la consistencia de las medidas de viabilidad propuestas. Ello nos lleva a concluir que, si bien no se exige una certeza absoluta acerca del cumplimiento íntegro del plan de reestructuración, si debe poder realizarse un juicio probabilístico fundado que atienda al conjunto de variables que incidan en la evolución futura de la empresa*".

21 Esta forma de proceder coincide con la puesta de manifiesto en la Sentencia del Juzgado Mercantil número 2 de Barcelona de 4 de septiembre de 2023 (Caso Celsa): "*De lo que se trata es de perfilar a grandes rasgos el conjunto de presupuestos imprescindibles para que el plan se pueda llevar a efecto, para que tenga 'éxito', y de exponer los argumentos que sustentan esa apuesta por la viabilidad enderezada a evitar la situación de concurso*".

22 No nos detendremos ahora en el análisis de esta cuestión en tanto el Auto lo recoge en un apartado diferente que abordaremos *infra*.

plan[23]. Sea como fuere, lo cierto es que este requisito de forma reviste una importancia capital, al igual que sucedía con los acuerdos de refinanciación de la legislación derogada, por lo que el Juez debe comprobar todos estos extremos y cerciorarse de que la certificación del auditor y, en su caso, del experto, respecto de la suficiencia de las mayorías sea lo más completo posible, no limitándose meramente a hacer constar que las mayorías se han alcanzado. Habrá de analizarse el pasivo afectado, el perímetro realizado, las mayorías alcanzadas dentro de cada clase, si hay un pacto de sindicación y otros extremos relacionados.

El cuarto elemento objeto de control judicial en la homologación de un plan consensual consiste en que éste sea aprobado por todas las clases de créditos, por el deudor o, en su caso, por los socios. Así, la primera exigencia es que todas las clases de créditos suscriban el plan, por lo que será necesario para su adopción por las partes afectadas que en cada categoría de acreedores se alcance una mayoría concreta de dos tercios del importe del pasivo correspondiente a cada clase o de tres cuartos del importe del pasivo en las clases de créditos dotados de garantía real *ex* artículo 629 del Texto Refundido de la Ley Concursal. En este plan consensual, todas las clases son iguales y votan en las mismas condiciones, siendo precisa la adopción unánime del plan por las clases afectadas y por las mayorías exigidas en función de su distinta naturaleza. En la consecución de dicha mayoría es donde podrá jugar un papel clave el arrastre horizontal siempre que cuente con el respaldo de la autoridad judicial (homologación judicial), toda vez que, si dentro de cada clase se logra dicha mayoría, procederá el arrastre dentro de la clase de acreedores por la diferencia de un tercio o un cuarto máximo respectivamente, com-

---

23 PULGAR EZQUERRA, J., "Artículo 638…", cit., pp. 1181-1182 considera que, de acuerdo con el artículo 643.3 del Texto Refundido de la Ley Concursal, la certificación del auditor procede siempre y no únicamente en los casos en los que el experto no haya sido nombrado, como parece señalar el artículo 634. En efecto, la primera norma señala que "*(a) la solicitud se acompañará copia íntegra del instrumento público en el que se haya formalizado el plan, incluida la certificación de auditor sobre la suficiencia de las mayorías que se exigen para que se homologue el plan, de acuerdo con lo previsto en esta ley, del informe que, en su caso, haya sido emitido por el experto en la reestructuración (…)*".

putándose ésta como clase a favor del plan y confirmándose el mismo por parte de la autoridad judicial.

Para que el arrastre horizontal o *intra-class cram-down* sea posible, además de las mayorías exigidas y de la homologación judicial, el artículo. 654 del Texto Refundido de la Ley Concursal exige una serie de presupuestos para que tal confirmación pueda producirse o, mejor dicho en sentido negativo, para que no pueda impugnarse dicha homologación con el arrastre horizontal: (i) Que no se hayan cumplido los requisitos de comunicación, contenido y de forma que se exigen en el capítulo IV del título III del libro II; (ii) Que la formación de las clases de acreedores y la aprobación del plan no se hayan producido de conformidad con lo previsto en la normas; (iii) Que el deudor no se encuentre en probabilidad de insolvencia, insolvencia inminente o actual; (iv) Que el plan no ofrezca una perspectiva razonable de evitar el concurso y asegurar la viabilidad de la empresa en el corto y medio plazo; (v) Que sus créditos no hayan sido tratados de forma paritaria con otros créditos de su clase; (vi) Que la reducción del valor de sus créditos sea manifiestamente mayor al que resulta necesario para garantizar la viabilidad de la empresa; (vii) Que el plan no supere la prueba del interés superior de los acreedores; y (viii) Que el deudor haya incumplido la obligación de encontrarse al corriente en el cumplimiento de sus obligaciones tributarias y frente a la Seguridad Social.

Con respecto a la aprobación por parte del deudor, la misma vendrá dada por el órgano de administración en caso de ser persona jurídica y se presume que es obligatoria, no como la que sucede con la de los socios, en su caso. En efecto, aunque el plan de reestructuración pueda no ser presentado ni homologado a solicitud del deudor, su aprobación resulta determinante para que el plan sea consensual.

En relación con la aprobación por parte de los socios, hay que poner este requisito en conexión con los artículos 631 y 640.2 del Texto Refundido de la Ley Concursal. El primer precepto establece cierta relajación de los requisitos societarios respecto de la convocatoria y aprobación por parte de la junta, mientras que la segunda norma señala que si el deudor fuera una persona jurídica, la homologación del plan de reestructuración requerirá que haya sido aprobado por los socios legalmente responsables de las deudas sociales. En caso de que estos socios no existieran, y el plan contuviera medidas que requieran acuerdo de la junta de socios, el plan se podrá homologar aunque no haya sido aprobado por los socios si la sociedad se encuentra en situación de insolvencia actual o inminente. Obsérvese cómo en los casos de insolvencia actual o inminente, pero no en probabilidad de la insolvencia, los socios pueden ser obviados absolutamente del proceso de reestructuración pues la nueva legislación no les considera clase de acreedores en sentido estricto con el fin de evitar situaciones de bloqueo o de *holdout*[24].

Si el plan no es aprobado por todas las clases de créditos, por el deudor o, en su caso, por los socios, habría que analizarse el requisito alternativo para los planes no consensuales, tal y como pone de manifiesto el Auto y que se estudiará seguidamente.

Por otro lado, también es requisito objeto de control judicial el que los créditos dentro de la misma clase sean tratados de forma paritaria. Esto implica que los acreedores dentro de una misma clase sean tratados en plano de igualdad en proporción a su crédito y así soporten el mismo sacrificio. Esto es, se trata de no tratar desigualmente a los créditos que se encuentran dentro de una misma clase. Obsérvese en este punto como el principio de paridad se aplica a créditos dentro de una misma clase y no de un rango concursal, por lo que el proceso de formación de clases es muy importante a este respecto. Es decir, no se trata de que todos los acreedores ordinarios sufran, por ejemplo, la misma quita o espera, sino que si hay dos clases de créditos ordinarios, todos los créditos dentro de cada clase soporten las misma quita o espera aunque entre esas clases la quita o espera sea diferente[25].

Por último, el Juez habrá de comprobar que el plan de reestructuración haya sido comunicado conforme a lo establecido en el artículo 627 del Texto Refundido de la Ley Concursal. La comunicación a este respecto es indispensable para que los acreedores puedan ejercer sus derechos de voto dentro de cada clase y dicha comunicación

---

24 ENCISO ALONSO-MUÑUMER, M., “La posición de los socios en la aprobación y homologación del plan de reestructuración”, *Anuario de Derecho Concursal*, núm. 62, 2024, pp. 83 y ss.; DÍAZ MORENO, A., “Socios...”, cit., pp. 16 y ss.; PULGAR EZQUERRA, J., “Artículo 638...”, cit., p. 1186.

25 Véase extensamente las consideraciones de PULGAR EZQUERRA, J., “Artículo 638...”, cit., pp. 1187 y ss.

se extiende a todos los acreedores cuyos créditos pudieran quedar afectados por el plan. En este sentido, serán créditos afectados los créditos que en virtud del plan de reestructuración sufran una modificación de sus términos o condiciones, en particular, la modificación de la fecha de vencimiento, la modificación del principal o los intereses, la conversión en crédito participativo o subordinado, acciones o participaciones sociales, o en cualquier otro instrumento de características o rango distintos de aquellos que tuviese el crédito originario, la modificación o extinción de las garantías, personales o reales, que garanticen el crédito, el cambio en la persona del deudor o la modificación de la ley aplicable al crédito (artículo 616 del Texto Refundido de la Ley Concursal).

II.3. Requisito alternativo para los planes no consensuales

Para los supuestos en los que ni siquiera el arrastre horizontal permita la reestructuración sobre la base del plan consensual queda expedita la vía de la reestructuración forzosa, recogida en el artículo 11 de la Directiva 2019/1023 y en el artículo 639 de Texto Refundido de la Ley Concursal[26]. En este caso, existen una o varias categorías de clases disidentes en las que no se han alcanzado las mayorías dispuestas *ex* artículo 629 del Texto Refundido de la Ley Concursal, pudiendo homologarse un plan de reestructuración por parte de la autoridad judicial siempre que haya sido aprobado por:

1. Una mayoría simple de las clases, siempre que al menos una de ellas sea una clase de créditos que en el concurso habrían sido calificados como créditos con privilegio especial o general; o, en su defecto, por,

2. Al menos una clase que, de acuerdo con la clasificación de créditos prevista en la legislación concursal, pueda razonablemente presumirse que hubiese recibido algún pago tras una valoración de la deudora como empresa en funcionamiento. En este caso, la homologación del plan requerirá que la solicitud vaya acompañada de

---

[26] Véase MARTÍNEZ MUÑOZ, M., "El arrastre de acreedores en la Directiva UE 2019/1023 sobre marcos de reestructuración preventiva y su transposición al Derecho preconcursal español", *Cuadernos Europeos de Deusto*, núm. 66, 2022, pp. 133 y ss.

un informe del experto en la reestructuración sobre el valor de la deudora como empresa en funcionamiento[27].

Es decir, en este último supuesto, el arrastre vertical o *cross-class cram-down* podrá acontecer cuando exista al menos una categoría de acreedores *in the money* que haya aprobado el plan de reestructuración. Obsérvese cómo la aprobación por esta mayoría de clases o por una clase de acreedores *in the money* del artículo 639 del Texto Refundido de la Ley Concursal es el único requisito alternativo que habrá de producirse respecto de los del artículo 638 del Texto Refundido de la Ley Concursal en caso de un plan no consensual, debiendo en todo caso cerciorarse el Juez de que el resto de los elementos están presentes para proceder a la homologación del plan de reestructuración.

Igualmente, la Directiva 2019/1023 contempla una serie de cautelas para proteger a los acreedores frente a este *cross-class cram-down*, elementos que resultan ser similares a los motivos para impugnar la homologación judicial que extiende la reestructuración forzosamente a las clases de acreedores disidentes. Así, el artículo 655 del Texto Refundido de la Ley Concursal prevé que el auto de homologación de un plan de reestructuración que no haya sido aprobado por todas las clases de créditos podrá ser impugnado por los motivos previstos en el artículo 654 del Texto Refundido de la Ley Concursal por los acreedores que no hayan votado a favor del plan, con independencia de que pertenezcan o no a una clase que haya aprobado dicho plan. Asimismo, podrá impugnarse también por los titulares de créditos afectados que no hayan votado a favor del plan y pertenezcan a una clase que no lo haya aprobado por los siguientes motivos: (i) Que no haya sido aprobado por la clase o clases necesarias de conformidad con lo previsto en la norma; (ii) Que una clase de créditos vaya a mantener o recibir, de conformidad con el plan, derechos, acciones o participaciones, con un valor superior al importe de sus créditos; (iii) Que la clase a la que pertenezca el acreedor o los acreedores impugnantes vaya a recibir un trato menos favorable que cualquier otra

---

27 PULGAR EZQUERRA, J., "Artículo 639. Requisitos para la homologación del plan de reestructuración no aprobado por todas las clases de acreedores", en PULGAR, J. (Dir.), *Comentario a la Ley Concursal*, tomo II, Madrid, 2023, pp. 1198 y ss.

clase del mismo rango; (iv) Que la clase a la que pertenezca el acreedor o acreedores impugnantes vaya a mantener o recibir derechos, acciones o participaciones con un valor inferior al importe de sus créditos si una clase de rango inferior o los socios van a recibir cualquier pago o conservar cualquier derecho, acción o participación en el deudor en virtud del plan de reestructuración; y (v) En caso de que el plan afecte al crédito público, que el deudor haya incumplido la obligación de encontrarse al corriente en el cumplimiento de sus obligaciones tributarias y frente a la Seguridad Social.

A estos efectos, y más importante, será necesario para proceder a la reestructuración forzosa que se garantice que las categorías de voto disidentes de los acreedores afectados reciban un trato al menos igual de favorable que el de cualquier otra categoría del mismo rango y más favorable que el de cualquier categoría de rango inferior, así como que en el marco del plan de reestructuración ninguna categoría de las partes afectadas pueda recibir o mantener más del importe total de sus créditos o intereses. Este presupuesto, que en rigor encierra dos, es lo que se denomina el test de justicia o *fairness test*, cuyos componentes son: la regla de la prioridad absoluta, el corolario a dicha regla y la prohibición de discriminación injusta entre clases con el mismo rango, que establece la necesidad de que las clases con un rango idéntico sean tratadas *pari-passu* en el plan de reestructuración[28].

Los planes no consensuales fueron concebidos como una excepción a la regla general del consenso en la reestructuración y, por ello, se exige en todo caso que el experto en la reestructuración emita un informe con distinto contenido[29]. El supuesto del artículo 639.2 del Texto Refundido de la Ley Concursal (aprobación por al menos una clase *in the money*) es el único que en rigor está regulado en la normativa y exige que la solicitud de la homologación vaya acompañada de un informe del experto en la reestructuración sobre el valor de la deudora como empresa en funcionamiento. Para el caso del artículo

---

28 Véase extensamente MARTÍNEZ MUÑOZ, M., "La reestructuración...", cit., pp. 402-405; VEDER, M., "Article 11. Cross-class cram-down", en *European Preventive Restructuring*, Munich, 2021, pp. 184-185.

29 A pesar de esta concepción legal, la práctica reestructuradora arroja un resultado muy elevado de planes no consensuales frente a los consensuales.

639.1 del Texto Refundido de la Ley Concursal (aprobación por una mayoría simple de clases, siempre que al menos una sea privilegiada) no hay previsión expresa, si bien se ha considerado por parte de un sector judicial y doctrinal que la presencia del experto resulta en todo caso necesaria como vía para la protección de los acreedores disidentes[30]. En este supuesto, el informe del experto debería avalar la correcta formación de clases y certificar las mayorías alcanzadas, así como ratificar o enmendar la clasificación de créditos privilegiados y valorar las garantías[31].

II.4. Controles societarios y financiación interina y nueva

Por último, señala el Juez en el Auto analizado dos elementos más que deberán ser controlados judicialmente en caso de homologación de un plan de reestructuración.

El primero se refiere al supuesto de que el plan homologado conllevase alguna operación societaria, debiendo realizarse el control de legalidad por la autoridad judicial en virtud del artículo 647.4 del Texto Refundido de la Ley Concursal. El plan de reestructuración puede contener prácticamente cualquier clase de medida, entre ellas, alguna operación societaria de modificación estructural, capitalización de deuda, ampliaciones de capital u operaciones sobre activos esenciales. Recuérdese cómo, en estos casos, habrán de ser los socios los que adopten dichas operaciones sobre la base de los requisitos del artículo 631 del Texto Refundido de la Ley Concursal, salvo si la empresa se encontrase en insolvencia actual o inminente, escenario éste en el que el plan podrá adoptarse sin su aprobación. Pues bien, en todo caso habrá el Juez de comprobar que las operacio-

---

30 De hecho, el propio Auto tratado menciona el Auto del Juzgado Mercantil número 18 de Madrid de 27 de marzo de 2025 como resolución a favor de la presencia del experto. A favor igualmente PULGAR EZQUERRA, J., "El nombramiento necesario del experto en la reestructuración: «prórrogas» de la comunicación de negociaciones y planes forzosos de reestructuración", *Diario La Ley*, núm. 10686, 18 de marzo de 2025, versión online. En contra, el Auto del Juzgado de lo Mercantil núm. 10 de Barcelona de 7 de mayo de 2025.

31 ALEMANY POZUELO, D., "Las funciones del experto en la reestructuración: asistencia, certificación y otras áreas grises de la Ley Concursal", *Revista General de Insolvencias & Reestructuraciones*, núm. 16, 2025, pp. 261-262.

nes societarias contenidas en el plan cumplen con los requisitos del Derecho de Sociedades debidamente matizados, en su caso, por las disposiciones del Texto Refundido de la Ley Concursal.

En segundo término, el Juez ha de verificar igualmente el cumplimiento de todos los requisitos relativos a la financiación interina y a la nueva financiación y expresamente que, en este último caso, la misma no perjudica injustamente los intereses de los acreedores (artículo 669 del Texto Refundido de la Ley Concursal[32]). El fundamento para proceder al control de esta financiación reside en la necesidad de evitar conductas expropiatorias de valor en el seno de la estructura de capital, toda vez que ambas clases de financiación hacen aumentar el pasivo, lo que hará que los acreedores preexistentes vean su posición en la estructura subordinada[33]. De esta manera, el control de la financiación interina y de la nueva financiación se somete a un doble control: de un lado, al control de los propios acreedores y, de otro, al control judicial.

En relación con el control realizado por los propios acreedores, este se realizará sobre la base de la aprobación del plan de reestructuración que contenga este tipo de medidas. Así, se habrá de alcanzar una mayoría de dos tercios en el seno de cada clase o de tres cuartos en las clases con garantías reales para que el plan de reestructuración sea aprobado. Adicionalmente, la protección frente a acciones rescisorias en caso de concurso posterior precisará que los créditos afectados por un plan de reestructuración homologado sean representativos de, al menos, el 51% del pasivo total del deudor (artículo 667 del Texto Refundido de la Ley Concursal) o el 60% del pasivo total descontados los créditos de las personas especialmente relacionadas cuando la financiación interina o la nueva hayan sido concedidas por estos sujetos (artículo 668 del Texto Refundido de la Ley Concursal).

El control judicial, por su parte, se realizará a través del propio procedimiento de homologación del plan de reestructuración que contenga este tipo de medidas y su protección en sede concursal, analizándose no solo que concurren las mayorías necesarias, sino

---

32 BUIL ALDANA, I. "Artículo 669. Control judicial", en PULGAR, J. (Dir.), *Comentario a la Ley Concursal*, tomo II, Madrid, 2023, pp. 1412-1416.

33 BUIL ALDANA, I. cit., p. 1413.

también que el plan de reestructuración resulta necesario para evitar el concurso y asegurar la viabilidad en el corto y medio plazo[34]. Adicionalmente, se exige que la nueva financiación no debe perjudicar injustamente los intereses de los acreedores, concepto éste que resulta totalmente indeterminado y que recuerda al antiguo sacrificio patrimonial desproporcionado de la legislación anterior. El Juez llevará a cabo en este contexto un control puramente superficial sobre la base de la imposibilidad de su conocimiento, al menos en los casos en los que no haya habido una fase de contradicción previa. No obstante, se ha de decir que si esta financiación se da porque resulta necesaria para el cumplimiento del plan y se destina a financiar las necesidades que resulten del plan de viabilidad no será, en sí misma, perjudicial para los acreedores, al estar salvaguardando el negocio para pagar los créditos afectados por la reestructuración[35].

Así las cosas, tras el análisis de todo este conjunto de requisitos para alcanzar la homologación judicial de un plan de reestructuración, el Auto continúa señalando aquellos elementos sobre los que existen dudas en torno al control judicial en la homologación.

III. ELEMENTOS DUDOSOS DE CONTROL JUDICIAL EN LA HOMOLOGACIÓN

III.1. El perímetro de afectación

El Auto apunta que existen serias dudas en torno al control judicial en sede de homologación de dos importantes elementos: el perímetro de afectación y la formación de clases. Si bien el Juez puede controlar los extremos señalados en los apartados precedentes,

---

34 BUIL ALDANA, I. cit., p. 1414. Señala a esta respecto PULGAR EZQUERRA, J., "Artículo 638…", cit., p. 1197: "*Se establece por tanto un control judicial de oficia ex ante vía homologación, común respecto de la financiación interina —condicionado en este caso a que llegue a haber plan de reestructuración no estableciéndose controles ex ante de otro modo respecto de esta financiación— y la nueva financiación, en lo relativo a la concurrencia de los requisitos y mayorías legalmente establecidas para su protección y un plus de control propio y específico solo para la nueva financiación, situado en que esta "no perjudique injustamente los intereses de los acreedores" (doublé check)*".

35 PULGAR EZQUERRA, J., "Artículo 638…", cit., p. 1198; BUIL ALDANA, I. cit., pp. 1414-1416.

señala que lógicamente existen otros que solo pueden analizarse en sede de impugnación, como serían la regla del mejor interés para los acreedores (*best interest of creditors test*), así como la valoración empresarial o el cumplimiento de la regla de prioridad absoluta, entre otros. Precisamente, el perímetro de afectación y la formación de clases no se encuentran entre el elenco de requisitos para la homologación, y sí entre los motivos de impugnación, si bien entroncan con cuestiones fundamentales que podrían ser objeto de análisis en esta fase previa.

Con respecto al perímetro de afectación, señala el Auto tratado que el mismo podría verse controlado sobre la base de los artículos 633 y 638.3 del Texto Refundido de la Ley Concursal pues "*parece claro que debe analizase un control sobre las razones y justificaciones referidas por el deudor en relación a los créditos no afectados, siendo posible denegar un Plan de Reestructuración por no encontrarse justificada dicha exclusión*". Resulta indubitado que el asunto de la formación de las clases entronca con la delimitación del pasivo afectado por la reestructuración en tanto para proceder a la configuración de dicho perímetro será necesario proceder a una correcta estratificación del pasivo afectado mediante la composición de las distintas categorías[36]. Es decir, cuando se forman las clases de acreedores afectados se desechan igualmente los no afectados, los cuales quedan excluidos de participar en la reestructuración al no tener derecho de voto (artículo 9.2 de la Directiva 2019/10123). La importancia, por tanto, de seleccionar bien el perímetro de afectación y, con ello, de componer correctamente las clases de acreedores es obvia, pues es en el marco de dichas categorías donde la reestructuración tiene lugar, donde se vota la misma o donde se producen los efectos del arrastre horizontal o vertical[37].

---

36 THERY, A., "Los marcos de reestructuración en la Propuesta de Directiva de la Comisión Europea de 22 de noviembre de 2016 (I)", *Revista de Derecho Concursal y Paraconcursal*, núm. 27, 2017, pp. 530 y ss.

37 DAMMANN, R., "Article 9. Adoption of restructuring plans", en *European Preventive Restructuring*, Munich, 2021, p. 156. Véase igualmente la Sentencia del Juzgado de Primera Instancia e Instrucción número 1 de Palencia de 14 de abril de 2024 (caso Farming Agricola), que indica: "*La correcta formación del perímetro de afectación es el presupuesto previo para analizar la correcta formación de las clases*".

En principio, la delimitación del perímetro de afectación es libre, si bien cuando el mismo se diseña de forma estratégica para asegurar el éxito de una reestructuración sobre la base de una concreta formación de clases, sin hacerse bajo criterios objetivos, es cuando surge la necesidad de un control judicial en sede de homologación. Como decimos, y expresamente señala el Auto comentado, la cuestión no es pacífica y existen resoluciones judiciales que aceptan o rechazan el control judicial del perímetro en sede de homologación[38].

Sea como fuere, lo cierto es que una incorrecta delimitación del perímetro de afectación no afecta solo a la formación de las clases, con todo lo que ello supone, sino que igualmente puede afectar a la regla de prioridad absoluta, pues si se dejan fuera del perímetro determinados créditos que, teniendo una clasificación concursal in-

---

38 A favor, por ejemplo, se manifestó la Sentencia del Juzgado Mercantil número 11 de Barcelona de 23 de julio de 2024 (caso Move Art Mission), siendo la primera que rechazó un plan por una incorrecta conformación del perímetro de afectación, estableciendo además que el perímetro se había delimitado, no sobre la base de criterios objetivos, sino para obtener las mayorías suficientes para la homologación del plan. Igualmente a favor la Sentencia de la Audiencia Provincial de Pontevedra de 10 de abril de 2023 (caso Xeldist), la Sentencia de la Audiencia Provincial de Córdoba de 30 de mayo de 2024 (caso Pharmex) y la Sentencia de la Audiencia Provincial de Valencia de 27 de marzo de 2024 (Das Photonics), concluyendo esta úlitma: "*Es por todo ello que consideramos que el control judicial del perímetro debe hacerse con base en los mismos criterios que se utilizan para separar los créditos en distintas clases; de manera que podrían dejarse fuera por ejemplo los créditos garantizados e incluir los ordinarios, y dentro de estos, dejar fuera los financieros e incluir los comerciales, entre otros. Por ello, siempre y cuando se haya justificado suficientemente con base en unos criterios objetivos el perímetro de afectación, deberá desestimarse la impugnación por defectuosa formación de clases*".
Por el contrario, se posiciona completamente en contra de un control judicial del perímetro la Sentencia de la Audiencia Provincial de Madrid de 23 de abril de 2024 (caso Torrejón Salud), que señala: "*El hecho de que el PR considere afectos determinados créditos y excluya otros supone en sí mismo un trato diferenciado. Sin embargo, ese trato diferenciado es aceptado por la Ley como mecanismo dotado de flexibilidad para la consecución de los objetivos del Plan. Por tanto, no puede constituir ningún motivo de impugnación*". En idéntico sentido, la Sentencia del Juzgado de lo Mercantil número 1 de San Sebastián de 23 de noviembre de 2023 (caso Transbiaga): "*La paridad de trato, o su ausencia, más bien, se puede predicar respecto de acreedores incluidos en la misma clase afectada por el plan, no respecto de acreedores que, aunque pudieran haber sido incluidos en la misma clase de ser afectados, no han sido incorporados al perímetro del plan, como es el caso*".

ferior, obtienen un trato mejor que otros créditos con un rango concursal mayor que sí entran en el perímetro de afectación, se estaría conculcando "por la puerta de atrás" dicha regla[39]. Igualmente, se puede ver afectado el principio de no discriminación en su doble manifestación de trato paritario (entre créditos de la misma clase) y regla de equidad (entre créditos del mismo rango concursal), toda vez que si créditos similares son tratados de forma distinta porque uno entre en el perímetro de afectación y otro no existiría una discriminación amparada legalmente[40].

En nuestra opinión, siguiendo la línea de la jurisprudencia mayoritaria, debe existir un control judicial del perímetro de afectación en sede de homologación, pero solo en los casos de diseño subjetivo y arbitrario manifiesto, pues siempre hay que tener presente ese principio pro-reestructuración. Igualmente, el control judicial cabrá en sede de impugnación, pues, aunque la Ley da completa libertad al solicitante del plan en la formación del perímetro, el mismo siempre habrá de responder a criterios objetivos en todo caso so pena de que la formación de clases, la regla de la prioridad absoluta y el principio de no discriminación se vean burlados y conculcados.

III.2. La formación de las clases

En relación con el control judicial de la formación de las clases, que se podría llevar a cabo según algunos por la vía de los artículos 633 y 638.2 del Texto Refundido de la Ley Concursal, las dudas son más intensas que en el caso del perímetro de afectación en tanto dicho elemento se contempla expresamente como un motivo de impugnación de la homologación *ex* artículo 654.2 del Texto Refundido de la Ley Concursal.

En la propuesta original de la Directiva 2019/1023 se contenía una definición de formación de clases en el artículo 2 que indicaba: "*la agrupación de los acreedores y los socios afectados por un plan de reestructuración de tal manera que reflejen los derechos y el rango de los créditos*

---

39 VILLORIA RIVERA, I., cit., p. 138; VALENCIA GARCÍA, F., cit., p. 225.

40 GUTIÉRREZ GILSANZ, A., "La equidad en el perímetro de afectación de los planes de reestructuración homologados", *Diario La Ley*, núm. 10625, 11 de diciembre de 2024, versión online; VILLORIA RIVERA, I., cit., p. 139.

y participaciones afectados, teniendo en cuenta los posibles derechos contractuales existentes, derechos reales o acuerdos entre acreedores, así como su tratamiento bajo el plan de reestructuración". No obstante, la versión definitiva eliminó este concepto porque alguno de los Estados miembros lo consideró excesivo al interferir con sus categorías concursales, estableciéndose en el Considerando 44 de la Directiva 2019/1023 una definición más amplia que contempla que "*la clasificación en categorías significa el agrupamiento de partes afectadas con el propósito de adoptar un plan de modo tal que refleje sus derechos y la prelación de sus créditos e intereses*".

Sea como fuere, lo cierto es que la formación de las clases reviste una importancia extraordinaria en tanto tal proceder determinará el perímetro de afectación de la reestructuración, por lo que no puede establecerse de forma arbitraria ni artificiosa en ningún caso. Y es que para que unos derechos que son sustancialmente similares reciban el mismo trato y los planes de reestructuración puedan adoptarse sin perjudicar injustamente los derechos de las partes afectadas, éstas deben ser tratadas en categorías separadas de acuerdo con los criterios para clasificar las diferentes categorías fijados por la normativa nacional. Así, habrán de seguirse unos criterios legales previamente establecidos en las legislaciones de cada uno de los Estados miembros pues ello afectará al arrastre de acreedores y al éxito de la reestructuración en general.

En este punto, la Directiva permitía libertad a los Estados a la hora de regular la formación de las clases, si bien se establece una serie de normas mínimas (artículo 9.4 de la Directiva 2019/1023). En primer lugar, se habrá de velar porque las partes afectadas sean tratadas en categorías separadas que reflejen una comunidad de intereses suficiente basada en criterios comprobables con arreglo a la normativa nacional. Este requisito es fundamental, toda vez que se tiene que tratar de igual forma a aquellos acreedores que tengan derechos similares para que no exista un perjuicio bajo el plan de reestructuración. En el mismo sentido, la anterior conclusión conlleva igualmente que los acreedores con derechos diferentes sean colocados en categorías distintas pues no tiene razón de ser dispensar el mismo trato a quienes no son iguales. Es decir, carecería de toda lógica encasillar conjuntamente a acreedores heterogéneos como, por ejemplo, un acreedor dotado de hipoteca con un acreedor subordinado o, incluso, un acreedor público con un socio del deudor. Las categorías de acreedores deben responder a criterios de clasificación racionales y, en todo caso, homogéneos para evitar daños innecesarios[41].

En segundo lugar, la Directiva 2019/1023 también exige que, como mínimo, los acreedores garantizados y no garantizados sean tratados como categorías separadas a efectos de adoptar un plan de reestructuración. Esta norma, en puridad, no sería necesaria sobre la base de la regla anterior, en tanto los intereses de un acreedor garantizado y no garantizado son tangencialmente opuestos dada la fuerza y eficacia del derecho de garantía. Es más, dentro de los propios acreedores garantizados, tampoco tendría todo el sentido tratar de la misma manera al acreedor titular de una garantía real y al que ostenta una garantía personal por cuanto la protección dispensada por una y otra presentan un alcance distinto[42].

Por último, se establece que los Estados miembros podrán disponer que los créditos de los trabajadores se traten como una categoría propia, así como que se contemplen en clases separadas aquellos acreedores que carezcan de comunidad de intereses suficiente, como las administraciones tributarias o de seguridad social, pudiendo igualmente regularse medidas adecuadas para garantizar que la clasificación en categorías se realiza de modo que tenga en cuenta la protección de los acreedores vulnerables, como los pequeños proveedores.

Siguiendo estás pautas, el Texto Refundido de Ley Concursal contempla en los arts. 622 a 624 bis una serie de reglas para la configuración de las clases de acreedores[43]. Así, se prevé con carácter previo y general que los acreedores titulares de créditos afectados por el plan de reestructuración votarán agrupados por clases de créditos. La formación de las clases debe atender a la existencia de un interés común a los integrantes de cada clase determinado conforme a criterios objetivos, tal y como se establece en la Directiva 2019/1023.

---

41 MARTÍNEZ MUÑOZ, M., "El arrastre…", cit., pp. 144-145.

42 DAMMANN, R., cit., pp. 158-159.

43 VILLORIA RIVERA, I., cit., pp. 141 y ss.; THERY, A., "Artículos 622 a 624 bis", en PULGAR, J. (Dir.), *Comentario a la Ley Concursal*, tomo II, Madrid, 2023, pp. 1006-1053.

Concretamente, se prevé que existe interés común entre los créditos de igual rango determinado por el orden de pago en el concurso de acreedores, si bien ese no es el único criterio que debe tenerse en cuenta. A su vez, los créditos de un mismo rango concursal podrán separarse en distintas clases cuando haya razones suficientes que lo justifiquen[44]. A estos efectos se podrá atender, en particular, a la naturaleza financiera o no financiera del crédito, al conflicto de intereses que puedan tener los acreedores que formen parte de distintas clases, o a cómo los créditos vayan a quedar afectados por el plan de reestructuración[45].

Por su parte, los créditos con garantía real sobre bienes del deudor constituirán una clase única, salvo que la heterogeneidad de los bienes o derechos gravados justifique su separación en dos o más clases. Es decir, podría haber una clase de acreedores hipotecarios, otra de pignoraticios, una clase de acreedores con garantía personal, etc. Además, los créditos de derecho público constituirán una clase separada entre las clases de su mismo rango concursal.

Lo importante en todo caso es que cada categoría de acreedores afectados refleje un mínimo común y sean titulares de derechos o intereses similares, pues solo así tendrá sentido aplicar el principio mayoritario dentro de cada clase para la aprobación de un plan de reestructuración. De no configurarse bien dichas clases, se obtendrían deficiencias en la aplicación del principio de mayoría porque las partes heterogéneas dentro de una misma clase partirían de ex-

---

44 La Sentencia de la Audiencia Provincial de Barcelona de 16 de octubre de 2024 (caso Ecolumber) señala a propósito de establecer clases distintas para créditos del mismo rango concursal lo siguiente: "*Como hemos indicado, la regla general es la agrupación en una sola clase de los créditos con el mismo rango concursal; la excepción es la desagregación o separación de clases dentro de dicho rango, lo cual requiere una justificación suficiente*", y ello para que no se haga de forma artificial con el único fin de obtener las mayorías para la homologación. Igualmente, establece el Auto del Juzgado de lo Mercantil número 2 de Sevilla de 6 de marzo de 2024: "*(…) no puede ser el capricho o el interés espurio de quien impulsa la reestructuración lo que determine la formación de las clases. De este modo, el carácter objetivo no debe predicarse del criterio empleado para distribuir a los acreedores en una u otra clase, sino la delimitación del interés que los agrupa (…) Y por ello no basta con utilizar un criterio objetivo, pues todo criterio objetivo dará lugar a la delimitación de un interés común a los acreedores agrupados en esa clase y suficientemente distinto del de los demás*".

45 Véase las consideraciones de VILLORIA RIVERA, I., cit., pp. 143 y ss.

pectativas diferentes en lo que a su tratamiento bajo el plan se refiere, pudiendo barrer injustamente, más allá del arrastre, a ciertos acreedores[46]. La aprobación de los planes de reestructuración ha de partir en todo caso de unas clases de acreedores heterogéneas entre sí, pero homogéneas dentro de cada una, que recojan los distintos intereses en juego y permitan el arrastre en las condiciones previstas en la ley.

Bajo estas reglas, la configuración de las clases corresponderá al proponente del plan, generalmente al deudor, si bien el experto y el auditor deberán certificar la concurrencia de mayorías para procederse a la homologación partiendo de las clases que haya establecido el solicitante. Además, la formación de clases debe igualmente responder a criterios objetivos y justificados para no generar clases artificiosas, amparados en las reglas legales, con los que forzar las mayorías para el éxito de la reestructuración, toda vez que, al igual que sucedía con el perímetro de afectación, el principio de no discriminación podría verse conculcado[47].

Por ello, a pesar de que este elemento es objeto de control en sede de impugnación por mandato de la Ley, creemos que, de nuevo, si resulta manifiesto que ha habido una formación artificiosa de las clases o que las mismas vulneran el principio de no discriminación, el Juez, en sede de homologación, puede rechazar la misma[48]. Solo en el caso de que existieran dudas a este respecto debería aprobarse la homologación para que fuera en el trámite de impugnación, tras

---

46 THERY, A., "Directiva...", cit., pp. 76-77.

47 Por ejemplo, sucedió esto en la Sentencia de la Audiencia Provincial de Pontevedra 10 de abril de 2023 (caso Xeldist), donde se apreció un trato discriminatorio. En el mismo sentido, la Sentencia del Juzgado de Primera Instancia e Instrucción número 1 de Palencia de 14 de abril de 2024 (caso Farming Agricola) rechazó el plan por infracción de la regla de equidad al entender que, si bien había dos clases supuestamente bien formadas y claramente diferencias, el diferente trato entre una y otra era desproporcionado y, por ello, injusto, indicando: "*Existe una clara vulneración del art. 655.2.3º del TRLC en el PR presentado al haber tratado de manera desfavorable a los acreedores de la clase Acreedores Financieros respecto de los acreedores de la clase Proveedores Esenciales, haciendo desproporcionado el reparto de los recortes o pérdidas económicas, desproporción que la convierte en injusta y no supera el test de equidad*".

48 VILLORIA RIVERA, I., cit., pp. 148-149.

la contradicción, donde se discutiera la correcta o incorrecta formación de clases.

En este sentido resulta interesante traer a colación la posibilidad de que, previo a la homologación del plan, se solicite la confirmación judicial de las clases siguiendo el procedimiento establecido en los artículos 625 y 626 del Texto Refundido de la Ley Concursal. Así, si lo solicita el deudor o acreedores que representen más del 50% del pasivo que vaya a quedar afectado por el plan de reestructuración (porcentaje excesivamente alto en nuestra opinión), el Juez podrá confirmar o no la correcta formación de las clases, de tal suerte que si la misma tiene lugar, dicho elemento no podrá invocarse como motivo de impugnación u oposición a la homologación judicial del plan. En este caso, debería ser requisito indispensable que, con la solicitud, se presente igualmente un plan de reestructuración, dado que, sin conocer el tratamiento que el plan dispensa a unos y otros créditos, el Juez no puede pronunciarse sobre la correcta formación de las clases en lo que al principio de no discriminación se refiere[49].

III.3. El abuso de derecho o fraude de ley

Por último, tras las dudas relativas al control judicial del perímetro y la formación de clases, plantea el Auto objeto de estudio si cabría controlar el abuso de derecho o el fraude de ley en relación con alguna cuestión concreta dentro del ámbito del control judicial. Parece ser que la jurisprudencia se muestra a favor de este control y ello sobre la base del artículo 11.2 de la Ley Orgánica del Poder Judicial, norma que dispone que los jueces y tribunales rechazarán fundada-

---

[49] La Sentencia del Juzgado de lo Mercantil número 19 de Madrid de 21 de junio de 2024 rechazó el incidente de confirmación judicial de clases porque no se aportó plan de reestructuración, indicando al respecto: "*Cierto es que tal exigencia no se encuentra expresamente prevista en el art. 626.1 TRLC; mas a mi entender no se ha establecido expresamente porque parece una obviedad que, para valorar si las clases están bien formadas, haya de conocerse el contenido del plan, en el que se establecerá, por ejemplo, el 'sacrificio' que se va a exigir a las partes afectadas" (...) No pueden existir clases de acreedores sin un plan de reestructuración que sirva como guía y de homogeneidad a la conformación de las clases*". VILLORIA RIVERA, I., cit., p. 150.

mente las peticiones, incidentes y excepciones que se formulen con manifiesto abuso de derecho o entrañen fraude de ley o procesal[50].

Así las cosas, parece que nada obsta a este control en cualquier momento por parte de la autoridad judicial[51].

IV. CONCLUSIONES

El Auto del Juzgado de lo Mercantil número 9 de Madrid de 10 de abril de 2025 ha realizado un esfuerzo sintetizador relevante respecto de los requisitos que la autoridad judicial habrá de controlar en relación con la homologación de los planes de reestructuración, estableciendo criterios muy valiosos para las homologaciones futuras y planteando igualmente dudas prácticas que seguirán dando lugar a resoluciones judiciales en dichas cuestiones.

Así, la resolución judicial establece que se habrá de diferenciar entre si el plan a homologar es consensual o no, pues los requisitos serán diferentes, analizándose el pasivo total afectado y no afectado. Igualmente, se considera que debe producirse un control judicial más intenso en los planes no consensuales por su imposición forzosa a clases de acreedores disidentes, pero, en todo caso, dicha intensidad de control tendrá que circunscribirse a los elementos susceptibles de control expuestos: (i) generales; (ii) tasados del artículo 638; (iii) alternativa del artículo 639; y (iv) demás preceptos legales expresos, todo ello en el contexto de un principio pro-reestructuración previsto en el artículo 647.1 del Texto Refundido de la Ley Concursal.

Por otro lado, el Auto aborda las dudas existentes sobre el control del perímetro de afectación y la formación de clases, reconociendo que, aunque tradicionalmente se consideran motivos de impugnación, pueden ser objeto de control en sede de homologación si su configuración es manifiestamente arbitraria o fraudulenta, tal y

---

50 Así, señala el Auto objeto de comentario: "*Se han producido distintas posiciones, así en la sentencia de AP Madrid 23-4-2024 se determina que el fraude puede analizarse en cualquier momento; en la ST AP Barcelona Sección 15ª se estimó dicho fraude en relación a las clases formadas, y en el Auto del Juzgado Mercantil nº 5 de Barcelona de 23-1-2025 incluso se ha analizado y estimado de oficio*".

51 VALENCIA GARCÍA, F., cit., pp. 224-225.

como ya mantienen otros juzgados y tribunales. En efecto, no sería necesario esperar al trámite de impugnación, toda vez que la falta manifiesta e injustificada respecto del cumplimiento de los requisitos legales permiten al Juez rechazar el plan en la homologación.

En todo caso, se reafirma la orientación del legislador hacia la viabilidad empresarial y la continuidad de la actividad económica, lo que justifica una interpretación flexible de los requisitos expuestos, siempre que no se vulneren de forma evidente los derechos de los acreedores. Además, en el estudio de todos los elementos de control judicial se subraya el papel esencial del experto en la reestructuración, especialmente en los planes no consensuales, como garante de la objetividad en la valoración de la empresa y en la correcta formación de clases, así como en lo que respecta al control de la viabilidad en todos los supuestos.

En definitiva, esta resolución judicial no solo ofrece una guía práctica para futuros procesos de homologación, sino que también plantea interrogantes que invitan a una reflexión doctrinal y jurisprudencial más profunda sobre el papel del Juez en el nuevo Derecho de las Reestructuraciones.

V. BIBLIOGRAFÍA

ALEMANY POZUELO, D., "Las funciones del experto en la reestructuración: asistencia, certificación y otras áreas grises de la Ley Concursal", *Revista General de Insolvencias & Reestructuraciones*, núm. 16, 2025, pp. 249-269.

AZOFRA VEGAS, F., "Artículo 615. Ámbito objetivo", en PULGAR, J. (Dir.), *Comentario a la Ley Concursal*, tomo II, Madrid, 2023, pp. 976-979.

BUIL ALDANA, I. "Artículo 669. Control judicial", en PULGAR, J. (Dir.), *Comentario a la Ley Concursal*, tomo II, Madrid, 2023, pp. 1412-1416.

CAMPUZANO LAGUILLO, A. B., "La insolvencia inminente", en VEIGA, A. B. (Dir.), *Perímetros de insolvencia, parámetros de reestructuración*, Madrid, 2024, pp. 97-118.

CERVERA MARTÍNEZ, M., "Artículo 642. Planes conjuntos de reestructuración", en PULGAR, J. (Dir.), *Comentario a la Ley Concursal*, tomo II, Madrid, 2023, pp. 1240-1245.

CERVERA MARTÍNEZ, M., "Artículo 664. Prohibición temporal de nuevas solicitudes", en PULGAR, J. (Dir.), *Comentario a la Ley Concursal*, tomo II, Madrid, 2023, pp. 1374-1376.

DAMMANN, R., "Article 9. Adoption of restructuring plans", en *European Preventive Restructuring*, Munich, 2021, pp. 146-166.

DÍAZ MORENO, A., "Socios, planes de reestructuración y capitalización de créditos en la Directiva (EU) 2019/1023, sobre reestructuración e insolvencia", *Anuario de Derecho Concursal*, núm. 49, 2020, pp. 7-64.

ENCISO ALONSO-MUÑUMER, M., "La posición de los socios en la aprobación y homologación del plan de reestructuración", *Anuario de Derecho Concursal*, núm. 62, 2024, pp. 83-118.

GARCÍA-VILLARUBIA BERNABÉ, M., "El papel del socio en la reestructuración", en COHEN, A. (Dir.), *Nuevo marco jurídico de la reestructuración de empresas en España*, Navarra, 2022, pp. 1207-1250.

GUAL TOMÁS, R./GUTIÉRREZ GÁRATE, A., "La viabilidad como esencia y finalidad de los planes de reestructuración", en *Análisis práctico de cuestiones relevantes en el Derecho de reestructuraciones español*, Madrid, 2025, pp. 54-63.

GUTIÉRREZ GILSANZ, A., "La equidad en el perímetro de afectación de los planes de reestructuración homologados", *Diario La Ley*, núm. 10625, 11 de diciembre de 2024, versión online.

MÁRQUEZ RUBIO, P., "Aprobación y homologación. Impugnación de los planes de reestructuración", en CAMPUZANO, A./DÍAZ A. (Dirs.), *Reestructuraciones preconcursales y operaciones societarias. XIII Congreso Español de Derecho de la Insolvencia*, Madrid, 2024, pp. 213-229.

MARTÍN TORRES, Á., "La viabilidad como condición de la reestructuración", en CAMPUZANO, A./DÍAZ A. (Dirs.), *Reestructuraciones preconcursales y operaciones societarias. XIII Congreso Español de Derecho de la Insolvencia*, Madrid, 2024, pp. 179-195.

MARTÍNEZ MUÑOZ, M., "La reestructuración forzosa", *Anuario de Derecho Concursal*, núm. 58, 2023, pp. 385-412.

MARTÍNEZ MUÑOZ, M., "El arrastre de acreedores en la Directiva UE 2019/1023 sobre marcos de reestructuración preventiva y su transposición al Derecho preconcursal español", *Cuadernos Europeos de Deusto*, núm. 66, 2022, pp. 133-162.

MOLINA HERNÁNDEZ, C. A., *La continuación y la liquidación concursal simplificadas: un mecanismo ágil para las microempresas insolventes*, Madrid, 2025.

MUÑOZ GARCÍA, A., "Situaciones próximas a la insolvencia y viabilidad empresarial", en PULGAR, J. (Dir.), *Reestructuración y Gobierno Corporativo en la proximidad de la insolvencia*, Madrid, 2020, pp. 169- 202.

PULGAR EZQUERRA, J., "El nombramiento necesario del experto en la reestructuración: «prórrogas» de la comunicación de negociaciones y planes forzosos de reestructuración", *Diario La Ley*, núm. 10686, 18 de marzo de 2025, versión online.

PULGAR EZQUERRA, J.,"Artículo 635. Homologación judicial", en PULGAR, J. (Dir.), *Comentario a la Ley Concursal,* tomo II, Madrid, 2023, pp. 1139-1153.

PULGAR EZQUERRA, J.,"Artículo 638. Requisitos para la homologación del plan aprobado por todas las clases de acreedores", en PULGAR, J. (Dir.), *Comentario a la Ley Concursal,* tomo II, Madrid, 2023, pp. 1167-1198.

PULGAR EZQUERRA, J.,"Artículo 639. Requisitos para la homologación del plan de reestructuración no aprobado por todas las clases de acreedores", en PULGAR, J. (Dir.), *Comentario a la Ley Concursal,* tomo II, Madrid, 2023, pp. 1198-1213.

THERY, A., "Artículos 622 a 624 bis", en PULGAR, J. (Dir.), *Comentario a la Ley Concursal,* tomo II, Madrid, 2023, pp. 1006-1053.

THERY, A., "Directiva de reestructuraciones, capitalización de créditos y gobierno corporativo", *Revista de Derecho Concursal y Paraconcursal,* núm. 31, 2019, pp. 55-96.

THERY, A., "Los marcos de reestructuración en la Propuesta de Directiva de la Comisión Europea de 22 de noviembre de 2016 (I)", *Revista de Derecho Concursal y Paraconcursal,* núm. 27, 2017, pp. 513-548.

VALENCIA GARCÍA, F., "El control del perímetro de afectación en los planes de reestructuración", *Revista General de Insolvencias & Reestructuraciones,* núm. 13, 2024, pp. 221-229.

VEDER, M., "Article 11. Cross-class cram-down", en *European Preventive Restructuring,* Munich, 2021, pp. 176-189.

VILLORIA RIVERA, I., "El control judicial del perímetro y de la formación de clases en la homologación de planes de reestructuración", *Revista General de Insolvencias & Reestructuraciones,* núm. 15, 2025, pp. 131-151.

25. SOBRE LA VENTA DE LA UNIDAD PRODUCTIVA Y EL PRE-PACK

FRANCISCO GIL MONZÓ
Magistrado-Juez de lo Mercantil núm. 4 de Valencia
Especialista en los asuntos propios de los órganos de lo mercantil

Sumario: I. INTRODUCCIÓN. II. SOBRE LA VENTA DE LA UNIDAD PRODUCTIVA. III. SOBRE EL PRE-PACK. IV. CONCLUSIÓN.

I. INTRODUCCIÓN

El objeto de la presente recensión es recopilar alguna de las cuestiones de índole eminentemente práctica que fueron objeto de debate en la **SESIÓN 4ª ENCUENTROS TIRANT LO BLANCH,** celebrada en Madrid el 14 de febrero de 2025, y que versaron fundamentalmente sobre la venta de la unidad productiva con carácter general y, señaladamente, bajo la modalidad llamada *pre-pack*.

Como punto de partida resulta conveniente recordar que tras la reforma operada por la Ley 16/2022, de 5 de septiembre, de reforma del texto refundido de la Ley Concursal, aprobado por el Real Decreto Legislativo 1/2020, de 5 de mayo (en adelante, TRLC) para la transposición de la Directiva (UE) 2019/1023 del Parlamento Europeo y del Consejo, de 20 de junio de 2019, sobre marcos de reestructuración preventiva, exoneración de deudas e inhabilitaciones, y sobre medidas para aumentar la eficiencia de los procedimientos de reestructuración, insolvencia y exoneración de deudas, y por la que se modifica la Directiva (UE) 2017/1132 del Parlamento Europeo y del Consejo, sobre determinados aspectos del Derecho de sociedades (Directiva sobre reestructuración e insolvencia), el TRLC incluye menciones a la venta de la unidad productiva, tanto en sede preconcursal[1], como una vez

[1] El art. 614 dispone la venta de la unidad productiva como contenido del plan de reestructuración, existiendo cierto consenso acerca de que la venta en estos

declarado el concurso ordinario (Libro I) o abierto el procedimiento especial de microempresas (Libro III).

II. SOBRE LA VENTA DE LA UNIDAD PRODUCTIVA

La venta de la unidad productiva tras la declaración del concurso puede tener lugar en cualquier estado del mismo, ya sea en fase común, ya sea en fase de liquidación o de convenio, quedando en cualquiera de los escenarios descritos sujeta a lo previsto en los arts. 214 y 215 a 224 TRLC, preceptos que, a mi juicio, como sucede con el conjunto de normas que integran el Capítulo III, del Título IV, del Libro I, constituye un cuerpo normativo de naturaleza imperativa[2].

A lo largo de la sesión se discutió ampliamente entre los asistentes sobre dos cuestiones de evidente interés práctico relacionadas con el régimen general de la venta de la unidad productiva.

---

casos queda excluida de los efectos asociados a la venta de la unidad productiva que tiene lugar en el seno del concurso (arts. 221 a 224 y, señaladamente, por su importancia, la limitación de responsabilidad a efectos laborales o de Seguridad Social al amparo de lo previsto en el art. 224.1.3º). Así se indica expresamente la "Guía de Buenas Prácticas para el nombramiento de experto en fase preconcursal", aprobada por los magistrados/as de los juzgados mercantiles de Madrid, en junta de 21 de febrero de 2023 (punto 8)

2 La naturaleza imperativa de las normas contenidas en el Capítulo III, del Título IV, del Libro I, especialmente, las relativas a la enajenación de bienes sujetos a privilegio especial o a la venta de la unidad productiva, aparecía expresamente recogida en el art. 415.3 TRLC en su versión anterior a la reforma como límite a los planes de liquidación, en lo que representaba la recepción de una cierta jurisprudencia que impedía la derogación vía planes de liquidación de ciertos derechos reconocidos a los acreedores privilegiados así como de la ambición del legislador de dispensar un tratamiento uniforme a la venta de la unidad productiva en cualquier estado del concurso, anhelo que se remonta al RDL 11/2014, de 5 de septiembre, que introdujo el art. 146 bis LC. Dicho mandato se mantiene, a mi juicio, en el actual TRLC, sin perjuicio de la confusa dicción que presenta su homólogo precepto, el art. 421, que bajo idéntica rubrica que el anterior (régimen supletorio) declara "De no haber establecido el juez reglas especiales de liquidación, el administrador concursal realizará los bienes y derechos de la masa activa del modo más conveniente para el interés del concurso, sin más limitaciones que las establecidas en los artículos siguientes y en el capítulo III del título IV del libro primero."

En primer lugar, se sustanció el manido debate en torno a la necesidad de solicitar autorización judicial para llevar a cabo la venta de unidad productiva, especialmente, en el caso en el que, abierta la liquidación, se hubieran aprobado las reglas especiales de liquidación a las que hace mención el art. 415 TRLC y estas contuvieran previsiones en torno al modo en el que la administrador concursal ha de implementar el procedimiento de venta de la unidad productiva, sosteniéndose por los contrarios a la necesidad de obtener autorización judicial, que las reglas especiales actuarían como una suerte de autorización genérica en favor de la administración concursal en virtud de las que resultaría habilitado para culminar la venta en favor de quien resulte mejor postor una vez concluido el proceso reglado.

A mi juicio, atendida la naturaleza imperativa del cuerpo normativo que definen los arts. 214 a 224 TRLC, incluido, por tanto, el art. 216, no parece posible eludir vía reglas especiales el recurso a la autorización judicial, no solo en aquellos casos en los que la venta se desarrolle bajo la modalidad de venta directa (que parece imponer el cauce del art. 518 TRLC), sino también cuando el oferente haya sido seleccionado en su condición de mejor postor obtenida en un procedimiento de subasta propiamente dicho que hubiera sido desarrollado previamente con sujeción a las condiciones autorizadas en las reglas especiales[3].

Otro aspecto de interés es el relativo al régimen de recursos contra el auto que autoriza la venta de la unidad productiva, advirtiéndose al igual que sucede en el caso anterior, posiciones discrepantes. Así, los favorables a la existencia de recurso (reposición), justifican su postura interpretando que la supresión tras la reforma operada por la Ley 16/2022, de 5 de septiembre, de la mención a la ausencia de recurso del art. 216 TRLC que se consignaba en la dicción anterior, abre la puerta a someter a dicho auto al régimen general de recursos (art. 518 en relación con el 546). Por su parte, los contrarios apuestan por resolver la discrepancia integrando el silencio del art.

---

3 En este sentido, se pronuncian, por ejemplo, los acuerdos alcanzados por los JJMM de Andalucía sobre reglas especiales de liquidación en el año 2022 (acuerdo 3).

216 con lo previsto en el art. 422, precepto cuya redacción se ha mantenido tras la reforma y que excluye expresamente el recurso.

Si bien es cierto que en algún partido se rechaza abiertamente la posibilidad de recurso[4], en mi opinión, recurriendo de nuevo al carácter imperativo de las normas especiales que integran los arts. 214 a 224, debe haber lugar al recurso como vía en todo caso correctora de cualesquiera incidencias que pudieran haberse ocasionado a lo largo del procedimiento de venta, máxime si tenemos en cuenta la fuerza de cosa juzgada que la jurisprudencia reconoce al auto que autoriza la venta y la imposibilidad de promover por vía incidental debate sobre aquella vicisitudes[5].

Hemos dicho que también resulta posible la venta de la unidad productiva en el marco del procedimiento especial de liquidación con venta de la unidad productiva o en un plan de continuación, escenarios ambos en los que, insisto, resultan de aplicación de las previsiones de los arts. 214 a 224 TRLC, (art. 689.1; art. 710.1), sin perjuicio de alguna salvedad o especialidad que de forma llamativa (al margen de la más evidente de mantener el plan de liquidación que instrumento vertebrador de la liquidación; art. 707) el legislador ha aprovechado la ocasión para introducir y que algunos no dudan en trasladar, recorriendo el camino inverso, al ámbito de la venta de unidad productiva en el marco del procedimiento ordinario, como

---

4 Acuerdos de los JJMM de Barcelona de diciembre de 2023 (punto 9)

5 En este sentido, Sentencia del Tribunal Supremo nº 1384/2024, de 23 de octubre (R3610/2020; Pte. Ignacio Sancho Gargallo); también la SAP de la secc. 9ª de Valencia, nº 7/2025, 28 de enero, en la que se rechaza el recurso a la vía incidental para la impugnación de la venta por el acreedor privilegiado que invoca la infracción del art. 210.3 TRLC; o la SAP de la secc. 3ª de Castellón, nº 367/2023, 18 de septiembre, que hace lo propio respecto de la impugnación de la venta por el acreedor privilegiado, en este caso, por infracción del plan de liquidación Ello, no obstante, la cuestión no es del todo pacífica, resultando de cierto interés la STS nº 1823/2023, de 22 de diciembre, que estima la impugnación de la venta de una serie de participaciones sociales titularidad de la concursada realizada en fase común sin autorización judicial (infracción del art. 43.2 LC 22/2023; actual art. 205), reconociéndose, además, legitimación para impugnar a quien no siendo acreedor de la concursada sostiene un interés legítimo derivado de su condición de socio de las sociedades cuyas participaciones fueron vendidas (provocando una alteración del régimen de mayorías).

sucedía en su momento entre el procedimiento concursal ordinario y el abreviado (más moderno y ágil).

En especial, reviste cierto interés el hecho de que se haya hecho constar expresamente la prioridad de la venta directa (que debe ser del propio modo transparente y concurrencial) sobre la subasta como modo de realización preferente de la unidad productiva (art. 710.1.1° vs 209), así como la introducción del principio del superior interés de los acreedores ("best interest of creditors"; art. 710.1.4°) como criterio de valoración del precio ofertado, que no aparece expresado en el Libro I y que sin embargo sí aparece recogido como tal criterio valorativo en otros pasajes del TRLC[6].

Mención aparte requiere la posibilidad, contemplada en el art. 685 TRLC de invocar la preparación de la venta de la unidad productiva como contenido de la comunicación de inicio de negociaciones al amparo expresada en el art. 690.1 TRLC que sin embargo no aparece prevista en su homólogo art. 585 TRLC, que tan solo hace referencia a la existencia de negociaciones para alcanzar un plan de reestructuración, existiendo una cierta polémica acerca de la posibilidad de trasladar aquella justificación al ámbito de la comunicación de negociaciones en el concurso ordinario. Se trata, no obstante, de una cuestión delicada habida cuenta los efectos que, especialmente sobre los acreedores (paralización de ejecuciones sobre bienes necesarios; suspensión de la admisión a trámite de la solicitud de concurso necesario; arts. 600 y ss. TRLC), tiene la comunicación.

El criterio favorable a la extensión de aquella justificación goza de amplio predicamento en la práctica de los JJMM, que amparan seme-

---

6 De acuerdo con el principio de interés superior de los acreedores, estos pueden oponerse a la venta de la unidad productiva en aquellos casos en los que acrediten que de enajenarse forma individualizada los elementos que la componen podrían obtener una mayor recuperación de su crédito. Con un cierto matiz diferencial, el interés superior de los acreedores se erige como motivo de impugnación de los acreedores disidentes respecto de los planes de reestructuración no consensuales (654.7); de los planes de continuación (art. 698.6.4°), e, incluso, de los planes de pagos relación con la exoneración (498. Bis 1), si bien en estos casos, la impugnación se sustenta en la convicción de que lo que han de percibir plan de reestructuración, de continuación o de pagos mediante, es inferior a lo que recibirían si se liquidara la unidad productiva, bien en funcionamiento, bien sus elementos de forma individualizada.

jante criterio en la idea anteriormente expresada de que la venta de la unidad productiva puede formar parte de un plan de reestructuración[7] y, por tanto, basta con que se deje abierta en la comunicación esta posibilidad para que la comunicación pueda desplegar sus efectos en la esfera del concurso ordinario. Sin perjuicio de alguna duda al respecto (el carácter de *subterfugio* de la mención al plan de reestructuración en algunos casos puede resultar notorio), me inclino por la postura mayoritaria, en particular, para que pueda protegerse el desarrollo del procedimiento preconcursal de venta en aquellos casos en los que se hubiera designado un experto en venta de unidad productiva, lo que dota de una cierta publicidad al proceso que puede poner en guardia a los acreedores, perjudicándose, por tanto, el esfuerzo a desarrollar por la concursada y el citado profesional en beneficio en última instancia de la masa de acreedores.

III. SOBRE EL PRE-PACK

Superado el debate en torno a las cuestiones generales, fijamos la mirada en la venta pre-pack o preempaquetada sobre la que, en puridad, la Directiva sobre reestructuración e insolvencias no contiene ninguna expresa mención y cuya introducción en la reforma pudo obedecer al conocimiento que el legislador pudo tener de las labores preparatorias de la posterior Propuesta de Directiva del Parlamento Europeo y del Consejo relativa a la armonización de determinados aspectos de la legislación en materia de insolvencia, de diciembre de 2022, de incierto futuro, todo sea dicho, pero a la que sin embargo ha acudido reiteradamente la práxis judicial para interpretar la figura y suplir algunas lagunas y deficiencias que ofrece la regulación actual[8].

---

7 Acuerdos de los JJMM de Barcelona de diciembre de 2023 (punto 1.3); Acuerdos alcanzados por los JJMM de Andalucía sobre reglas especiales de liquidación en el año 2022 (acuerdo 2).

8 Así lo indican expresamente Acuerdos de los JJMM de Barcelona de diciembre de 2023: "*El título IV de esta propuesta de Directiva recoge un conjunto de normas comunes sobre los procedimientos de pre-pack, así como una serie de salvaguardias para garantizar que se llegue a los compradores potenciales y que se logre el mejor valor de mercado*

Precisamente la Propuesta de Directiva define la venta pre-pack como aquella en la que "*la empresa del deudor o parte de la misma se vende como empresa en funcionamiento en virtud de un contrato negociado de forma confidencial antes del inicio de un procedimiento de insolvencia bajo la supervisión de un supervisor designado por un órgano jurisdiccional y seguido de un breve procedimiento de insolvencia, en el que la venta prenegociada se autoriza y ejecuta formalmente.*"[9]

De la definición transcrita se desprende la condición para la Propuesta de Directiva de la venta pre-pack como una *venta concursal*, sin perjuicio de que dentro de la misma sea posible distinguir dos etapas, una previa a la declaración de concurso, en la que bajo la tutela del experto se desarrolla un proceso encaminado a la selección del mejor postor; una segunda, ya declarado el concurso, en la que, bajo un trámite acelerado, se aprueba/autoriza la venta unidad productiva en favor de aquel por el Juez del concurso.

La discusión surge a raíz de las relaciones entre la solicitud de declaración de concurso acompañada de oferta de compra de la unidad productiva (art. 224 bis TRLC) y la figura del experto (arts. 224 ter y ss. TRLC), surgiendo la disputa en torno a si en aquellos casos en los que, designado el experto, la solicitud de concurso va acompañada de oferta de compra de la unidad productiva, todavía debe tramitarse la oferta por el cauce del art. 224 bis TRLC.

Conviene recordar que el art. 224 bis TRLC como *vía exprés* para la venta de la unidad productiva constituye una novedad relativa en nuestro ordenamiento jurídico en la medida que sugiere como precedente inmediato el art. 191 ter LC (530 TRLC en su versión anterior a la reforma), precepto que ya regulaba la hipótesis de que el deudor adjuntara a la solicitud de concurso una oferta vinculante

---

posible como resultado de un proceso de preparación y de venta competitivo, transparente y equitativo.

Los Juzgado Mercantiles de Barcelona, en línea con la tradición precursora en esta materia, exponemos a continuación unas reglas generales para la venta de unidades productivas en sede concursal así como unas reglas especiales que han de servir de guía para el procedimiento de tramitación del pre-pack concursal. Todo ello, a falta de regulación legal expresa, siguiendo el espíritu de la referida propuesta de Directiva de armonización, y mientras no se produzca su aprobación y transposición."

9 Nota a pie de página nº 13, de la página 5.

de compra de la unidad productiva. En este caso, se imponía desde un inicio la apertura de la liquidación en el marco del procedimiento abreviado, debiendo acompañarse a la solicitud, además, una propuesta de plan de liquidación, que durante un plazo de 10 días era sometida junto con la oferta a un trámite de alegaciones/observaciones por parte de los personados. Concluido dicho plazo, procedía el dictado de un auto en el que, en su caso, de forma simultánea, se autorizaba la oferta y se aprobaba el plan de liquidación. Sin embargo, las dudas que ofrecía la regulación[10] unidas a la falta de certeza acerca de si la oferta presentada era la mejor posible[11], provocaba la *huida* de la figura en la práctica judicial sobre la base de negar el carácter imperativo del cauce previsto en el meritado precepto, derivándose la tramitación de la oferta a un momento posterior, ya fuera en fase común o de liquidación.

El art. 224 bis no solo representa una versión remozada, sino también *mejorada,* del régimen contemplado con anterioridad a la reforma, en tanto que depura y aclara el trámite al que se va a someter la oferta preseleccionada por el deudor, ofreciendo mayores garantías en torno a la libre y transparente concurrencia de los postores, en interés principalmente de la masa, pero también de los acreedores y los posibles interesados como oferentes o de otro modo. En esta línea se inscriben cambios en el régimen aplicable como la ampliación del plazo de audiencia, que pasa de 10 a 15 días (art. 224 bis 2), precisándose que dentro de dicho plazo es posible, tanto realizar

---

10 Sobre las muchas dudas y problemas que planteaba la regulación del anterior art. 191 ter LC (530 TRLC), podemos traer a colación los AAP de la secc. 15ª, de Barcelona, de 13 de septiembre de 2016 y 16 de junio de 2017; (ambos dictados en el caso ABANTIA) en los que se entra a valorar cuestiones tales como la procedencia del dictado de una o dos resoluciones (la que aprobaba el plan de liquidación y la que autorizaba la venta), cuestión de trascendencia, entre otros aspectos, a efectos de recurso; el cómputo de los plazos para los acreedores; o el contenido del trámite de alegaciones.

11 De hecho, con carácter previo a la positivización de la figura, en muchas ocasiones la solicitud de concurso se acompañaba de un pequeño informe por medio del que el deudor pretendía ofrecer alguna garantía al juez al respecto de la singularidad y ventajas de la oferta presentada así como del procedimiento para su selección, llegando, incluso, a recogerse *de lege ferenda* la figura del experto supervisor en los acuerdos de los JJMM de Barcelona del año 2020.

observaciones sobre la oferta vinculante presentada, como formular propuestas alternativas[12]; o la disposición de mecanismos específicos de publicidad tales como la publicación de la oferta en el portal de liquidaciones concursales del Registro público concursal el mismo día que se publique la declaración de concurso en la sección primera de dicho Registro (hito que, en mi opinión, marca *dies a quo* del plazo de audiencia para los personados) (art. 224 bis 9).

Como he indicado más arriba, buena parte del debate en torno a la venta pre-pack reside en la actualidad en la cuestión relativa a si designado el experto debe darse necesariamente a la oferta que acompaña la solicitud de concurso el curso previsto en el del art. 224 bis TRLC o si, por el contrario, declarado el concurso, cabe acudir al cauce genérico de la autorización judicial (art. 518 TRLC), quedando limitada la posibilidad de intervención de los acreedores dentro del plazo concedido (de 3 a 10 días) a la realización de alegaciones al respecto de la oferta presentada. En favor de esta segunda postura, se ofrecen argumentos relacionados con la disposición sistemática ambas figuras (ubicadas en subsecciones distintas, lo que abre la puerta a pensar que se trata de dos figuras independientes), así como con la necesidad de dotar de una mayor seriedad y evitar la reproducción (inútil) de un trámite (el de la selección de postores) que se supone que se ha desarrollado previamente con plenas garantías bajo la tutela del experto.

Esta última tesis (netamente, además, influida por la visión que del prepak se deduce de la Propuesta de Directiva) goza de un amplio predicamento en la práctica judicial[13], que estaría dispuesto a compartir en el solo caso en el que no se imponga en todo caso la citada solución, es decir, que se asocie de forma indisoluble la previa

---

12 En este caso se introduce también como relevante novedad la celebración de una subastilla entre el primitivo oferente y los sucesivos postores, a modo y semejanza de la previsión contenida en el art. 210.4 TRLC para el caso de la venta directa de los bienes sujetos a privilegio especial

13 Acuerdos de los JJMM de Barcelona de diciembre de 2023 (punto 2.4); Acuerdos alcanzados por el Tribunal Mercantil de Sevilla JJMM de Andalucía sobre reglas especiales de liquidación en el año 2022; Guía de Buenas Prácticas para el nombramiento de experto en fase preconcursal", aprobada por los magistrados/as de los juzgados mercantiles de Madrid, en junta de 21 de febrero de 2023 (punto 8).

designación del experto, con el trámite del 518 TRLC, de modo que no se sustraiga de forma absoluta al juez en estos casos la facultad de decidir el curso que, atendidas las concretas circunstancias concurrentes, debe darse a la primitiva oferta (el del art. 518; el del 224 bis o, incluso, rechazar este último cauce y derivar el trámite a un momento posterior), disipándose de este modo el riesgo de fraude o colusión que hicieron fracasar el modelo anterior.

En este contexto juega un papel muy relevante el informe que, a pesar de que nada se dice en la Ley, existe cierto consenso el experto debe presentar a la conclusión de su mandato[14] valorando las vicisitudes acaecidas a lo largo del proceso de selección de la oferta, señaladamente, su participación, la publicidad dada al proceso; los participantes; criterios de admisión de ofertas y de selección de la mejor postura.

A la luz de este informe y del estado de las cosas que se deduzca de la solicitud de concurso y la documentación que la acompaña, insisto, considero que el juez debe poder optar razonadamente por cualquiera de las vías descritas, escogiendo la del art. 518 TRLC exclusivamente en aquellos casos en los que, al margen de los habituales motivos de urgencia y de porque así lo asegure bajo su responsabilidad del experto, sea posible afirmar, no solo que la oferta se ha obtenido en el contexto de un procedimiento que ha garantizado la libre y trasparente concurrencia de los postores sino que, además, no existe elemento de juicio alguno que permita a priori concluir que de seguir la oferta el curso del art. 224 bis (u otro) se obtendría un resultado más favorable para los intereses de la masa.

Por último, me gustaría hacer alguna consideración sobre la figura del experto en venta de unidad productiva, sobre la que también se polemizó a lo largo de la charla.

La primera cuestión que surgió fue la relativa a su propia designación, en el sentido de si, sin llegar a ser vinculante[15], cabe asumir la

---

[14] Otra opción, en absoluto descartable por útil, sería que sea el propio deudor el que acompañe el informe junto con la solicitud de concurso que adjunta la oferta seleccionada.

[15] Como sucede con el experto en la reestructuración (art. 672 TRLC)

propuesta realizada por el deudor, criterio por el que se inclinan los JJMM de Barcelona[16].

En mi opinión, la regla general debe ser la designación judicial para alejar el riesgo de la designación de un experto cuya propuesta fuera interesada por el deudor con el único propósito de favorecer algún postor o, peor aún, condicionar la designación del futuro administrador concursal[17], reduciéndose, por tanto, los supuestos de asunción de la propuesta del deudor a aquellos casos en los que las condiciones subjetivas del experto al margen de las generales de la Ley pudieran justificarlo.

En cualquier caso, propuesto o no por el deudor, difícilmente se justifica la designación como administrador concursal del experto bajo cuya tutela no se haya desarrollado verdaderamente un procedimiento de venta de modo que no se haya obtenido oferta alguna o la obtenida ofrezca visos de haberlo sido en un procedimiento que no ofrezca una mínima apariencia de trasparencia y concurrencia de modo que genere absolutamente su rechazo al acceso de la vía del 518 TRLC.

Por último, del propio modo se suscitó cierto debate en torno a las funciones del experto, en concreto, sobre si debe actuar como mero garante o supervisor de un procedimiento de selección postores cuya iniciativa corresponde al deudor informando sobre su devenir y resultado, o si, por el contrario, debe resultar proactivo ordenando e impulsando aquel procedimiento.

El criterio mayoritario de los JJMM parece inclinarse por la primera de las opciones indicadas[18] tratando de evitar situaciones de eventual conflicto de interés, si bien lo cierto es que algunas funciones concretas que se atribuyen al experto son verdaderamente fron-

---

16 Acuerdos de los JJMM de Barcelona de diciembre de 2023 (punto 1.5);

17 La regla general es que el experto será designado como administrado concursal en el posterior concurso (art. 224 sexies).

18 Acuerdos de los JJMM de Barcelona de diciembre de 2023 (punto 1.6); "Guía de Buenas Prácticas para el nombramiento de experto en fase preconcursal", aprobada por los magistrados/as de los juzgados mercantiles de Madrid, en junta de 21 de febrero de 2023 (punto 5)

terizas[19], hasta el punto de que en la práctica, los expertos no solo informan en su *curriculum* de habilidades y experiencia relacionadas con la propia organización de la concurrencia, sino que se comportan durante en el escenario preconcusal y asumen responsabilidades como si de prematuros administradores concursales se tratara.

IV. CONCLUSIÓN

La venta de la unidad productiva, si bien alineada a priori con un marco liquidatorio de la masa concursal, representa, en realidad, un *tertium genus* concursal o preconcursal, ya que si bien es cierto que supone la salida los bienes de la masa del deudor, permite la supervivencia (bajo la cobertura habitualmente de otra persona jurídica que sucede al deudor) total o parcial de las relaciones jurídicas asociadas a la actividad aquel, motivo por el cual se ha tratado de favorecer por el legislador en los últimos años por diferentes vías, frente a la mejor opción, pero generalmente inalcanzable, que es el convenio. Al margen de lo anterior, la consideración a la venta de la unidad productiva como solución concursal alternativa deseable deriva de la constatación práctica de que la venta unidad productiva en funcionamiento es un escenario que, de forma directa o indirecta, suele ofrecer una tasa más alta de recuperación de créditos que la liquidación individualizada de los activos que la componen.

Una de estas medidas favorecedoras es la introducción del experto en venta de unidad productiva o el desarrollo del régimen del art. 224 bis (que, como se ha explicado, en realidad, no considero figuras incompatibles), con las que se busca que el tránsito del procedimiento de venta en sede concursal sea de la menor duración posible,

---

19 "*Asistir en la búsqueda y selección de ofertas*", en el caso de los acuerdos de Madrid; "c*) informar a los acreedores del proceso, participando, en su caso, en las negociaciones, especialmente, en caso de resultar afectados por la enajenación, con los acreedores privilegiados y públicos, así como con los representantes de los trabajadores. d) verificar y supervisar la regularidad, publicidad o apertura y transparencia en la preparación de operaciones sobre los activos de la empresa, especialmente garantizando la igualdad de acceso a la misma información y oportunidades entre los potenciales interesados o postores y la justa competencia, respetando los estándares habituales de mercado en procesos de enajenación de empresas.*", en el caso de los acuerdos de Barcelona.

habida cuenta el veloz deterioro al que queda sometida la unidad productiva declarado el concurso, siendo que el deseado éxito de estas figuras va a depender en buena medida de la calidad profesional de los expertos y administradores concursales.

26. LOS EFECTOS DE LA QUITA O ESPERA DEL CONVENIO EN LA CONTABILIDAD E IMPUESTO DE SOCIEDADES DE LA CONCURSADA

EDUARDO AZNAR GINER
Abogado
Administrador Concursal. Experto en reestructuraciones
Director de AZNAR & MONDEJAR ABOGADOS
Socio de AZPAL ADMINISTRACIONES CONCURSALES

JOSU ECHEVERRÍA LARRAÑAGA
Economista
Socio Director de ARGOSS PARTNERS

I. INTRODUCCIÓN, DE LA HISTORIA DEL CINE

Quizás una de las películas más bellas sea "Blade Runner", obviamente en su primer montaje, una cinta de tinte futurista que, ciertamente, no deja ser más que una maravillosa reflexión sobre lo humano, la memoria, el alma, la muerte, y la ética. En esencia, la vida. Absolutamente recomendable.

Puede que una de las escenas más recordadas de la película sea aquella en la que Roy Batty, el replicante magistralmente interpretado por Rutger Heuer, y ante su inminente muerte, dice, entre otras cosas, y en un monologo inolvidable "He visto cosas que vosotros nunca creeríais: Atacar naves en llamas más allá de Orión. He visto rayos C brillar en la oscuridad cerca de la Puerta de Tannhäuser...... Todos esos momentos se perderán... en el tiempo ... como lágrimas en la lluvia"

Trasladando esa frase al ámbito del concurso de acreedores, los firmantes de este trabajo, que ya peinamos canas, especialmente, Eduardo Aznar, lamentablemente, no hemos estado más allá de Orion ni visto brillar los citados rayos C. Que decir de la Puerta de Tannhäuser. Pero a diferencia de muchos de nuestros compañeros del ámbito de la insolvencia, especialmente los más jóvenes, somos de los pocos afortunados que hemos visto algo actualmente y desde hace años ya, tan raro, rarísimo, igual que esos rayos C, como la aprobación de un convenio concursal, regulado de forma solvente y actualmente en el Titulo VII, del Libro I, TRLC (arts. 315 y ss. TRLC), solución ésta prevista en el concurso de acreedores a la insolvencia del deudor, a través de la viabilidad y continuación de la actividad empresarial. Además, con el apoyo y sacrificio de los acreedores expresado, habitualmente, en forma de una quita en los créditos, o una espera de su exigibilidad.

Desde hace ya bastante años, y especialmente, tras la reforma TRLC introducida por la Ley 16/2022, el concurso de acreedores parece irremediablemente conectado a la liquidación de la empresa deudora y, por el contrario, cualquier tratamiento medicinal a la enfermedad de la insolvencia, basada en la viabilidad y continuación de la actividad empresarial del deudor, encuentra su cobijo en el ámbito preconcursal del libro II TRLC, esencialmente, en el régimen de los planes de reestructuración (arts. 614 y ss. TRLC). Incluso, erróneamente, la insolvencia actual. El remedio del convenio concursal, pese a que su actual regulación aparece mejorada, se antoja como excepcional, y dejado en el trastero del pasado, olvidado y perdido como esas lágrimas en la lluvia.

Volviendo a esos felices momentos de la aprobación del convenio en el concurso de acreedores, y la celebración que seguía a tal hito (salvar una empresa del cierre), en la que se felicitaba por su arduo trabajo a los administradores concursales y a los abogados de la concursada, y se reconocía el esfuerzo y tenacidad del concursado en conseguir la viabilidad y continuación de la actividad de su empresa, siempre había una persona con cara mustia, como detonada, más propia de un funeral que de una celebración: el director financiero de la concursada. Una vez me acerqué para interesarme por su estado y porque no estaba contento. Y me respondió con un alud de dudas sobre como contabilizar los efectos patrimoniales, obviamente beneficios, del convenio y con el pastizal que tenía que pagar en unos meses Hacienda. Porque esa quita y espera generaba impuestos a cargo del deudor concursado, con nulo acceso a la financiación bancaria y aun seco desde un punto de vista financiero y de tesorería tras llegar a la orilla del convenio concursal. A mí también se me demudó la cara.

En este trabajo, vamos a analizar el tratamiento contable y en el impuesto de sociedades de los efectos patrimoniales derivados para la concursada de esa quita o espera aprobada en el convenio.

Dicho lo cual, y entrando ya en harina, ciertamente no consta en el TRLC norma alguna que establezca pautas o reglas regulatorias de la contabilización por el concursado de los efectos de la aprobación del convenio. Y en el Plan General Contable tampoco nos topamos con una norma que, específicamente, verse sobre tal tratamiento contable.

Por ello, y en orden a la hora contabilización de los efectos patrimoniales derivados de la quita y espera del convenio concursal, resulta impepinable atender a las normas generales, especialmente, las concursales y las contables, en esencia, en este último caso, el Plan General de contabilidad (PGC) y las consultas del Instituto de Contabilidad y Auditoría de Cuentas (ICAC)

Por el contrario, desde un punto de vista fiscal, y a excepción de lo dispuesto en el Impuesto sobre Sociedades, art. 11.13 LIS, tampoco hallamos norma alguna que, igualmente de manera específica, regule el tratamiento fiscal de los efectos de la aprobación del convenio concursal para el concursado. Por ello, también deberemos partir de las normas generales fiscales y concursales a la hora de determinar el régimen fiscal aplicable a tal convenio y sus efectos. Pero en este caso, cabe prestar atención a lo dispuesto en el citado precepto de la LIS.

Además, resulta indudable que, tras la aprobación del convenio, continúan siendo de aplicación las normas de valoración del Plan General de Contabilidad (PGC) en la contabilidad de la concursada. Dado que el proceso concursal tiende a la continuidad de la actividad empresarial y a entender a la concursada como empresa en funcionamiento, tanto la declaración de concurso, salvo que se apertura la liquidación, o sea patente la falta de continuidad de su actividad empresarial, como la posterior aprobación de un convenio, no implica cambio alguno en las normas de valoración del PGC y su aplicación en la contabilidad de la concursada.

La anterior conclusión no queda sin efecto por el hecho que los valores recogidos en el informe de la Administración concursal sean distintos a los reseñados en la contabilidad social. En ese caso, debe prescindirse de ellos y mantener y seguir los criterios de valoración del PGC, que repetimos, atiende a la empresa en funcionamiento y a su continuidad.

Por ello, en fase de convenio y tras su aprobación, contemplaremos las normas de valoración del PGC, aunque difieran de los valores recogidos en el informe de la administración concursal ex art. 290 y ss. TRLC, que atiende a valores de mercado. Sólo se tomará tal valoración a precios de mercado, en el momento en que se aperture la liquidación de la sociedad o existan dudas sobre la continuidad de la empresa (por ejemplo, por haber cesado en su actividad).

Obviamente, ello no implica que, en fase de convenio, se prescindan y obvien los datos contables del informe de los administradores concursales, pues una cosa son las normas de valoración aplicables y otra distinta son las correcciones a introducir en la contabilidad de la sociedad como consecuencia, por ejemplo, de la omisión de deudores o acreedores, la rectificación de derechos de cobro o deudas; pagos realizados y no contabilizados etc, que obviamente, tendrán trascendencia no solo en el concurso de acreedores, por ejemplo, en sede de calificación concursal, sino, a los efectos que nos ocupa, en fase de convenio y tras, su aprobación, en orden a su íntegro cumplimiento.

Y del mismo modo, las quitas o esperas pactadas en el convenio concursal también afectan a la contabilidad, y debe darse a ese impacto efectual el oportuno tratamiento en los libros de contabilidad de la concursada, y en el de sus acreedores.

II. DE LA CONTABILIZACION POR LA CONCURSADA DE LOS EFECTOS PATRIMONIALES DERIVADOS DE LA APROBACIÓN DEL CONVENIO

El Instituto de Contabilidad y Auditoría de Cuentas, dictó la consulta núm. 1 del BOICAC núm. 76, de diciembre de 2008, que trata de la contabilización de los efectos sobre el concursado de la aprobación del Convenio, y que transcribimos a continuación por su importancia:

"Según lo dispuesto en la Ley 22/2003, de 9 de julio, Concursal, procederá la declaración de concurso en caso de insolvencia del deudor común, considerándose que se encuentra en estado de insolvencia el deudor que no puede cumplir regularmente sus obligaciones exigibles. La Ley dedica el Capítulo I del Título V a la regulación de la Fase del convenio (artículos 98 a 141). El artículo 100, apartado 1, de la Ley Concursal determina que: "La propuesta de convenio deberá contener proposiciones de quita o de espera, pudiendo acumular ambas (...)" Por su parte, el artículo 136 regula la eficacia novatoria del convenio disponiendo que: "los créditos de los acreedores privilegiados que hubiesen votado a favor del convenio, los de los acreedores ordinarios y los de los subordinados quedarán extinguidos en la parte a que alcance la quita, aplazados en su exigibilidad por el tiempo de espera y, en general, afectados por el contenido del convenio." De acuerdo con el Código Civil, la novación es una de las causas de extinción de las obligaciones (artículo 1156), pudiendo quedar una obligación extinguida por otra que la sustituya, ante variaciones en su objeto o condiciones principales, cuando así se declare terminantemente. Por lo que se refiere al tratamiento contable de esta situación, el apartado 3.5. "Baja de pasivos financieros" de la norma de registro y valoración 9ª "Instrumentos financieros" "del Plan General de Contabilidad, aprobado por Real Decreto 1514/2007, de 16 de noviembre, expresa: "La empresa dará de baja un pasivo financiero cuando la obligación se haya extinguido.(...) Si se produjese un intercambio de instrumentos de deuda entre un prestamista y un prestatario, siempre que éstos tengan condiciones sustancialmente diferentes, se registrará la baja del pasivo financiero original y se reconocerá el nuevo pasivo financiero que surja. De la misma forma se registrará una modificación sustancial de las condiciones actuales de un pasivo financiero. La diferencia entre el valor en libros del pasivo financiero o de la parte del mismo que se haya dado de baja y la contraprestación pagada incluidos los costes de transacción atribuibles y en la que se recogerá asimismo cualquier activo cedido diferente del efectivo o pasivo asumido, se reconocerá en la cuenta de pérdidas y ganancias del ejercicio en que tenga lugar. En el caso de un intercambio de instrumentos de deuda que no tengan condiciones sustancialmente diferentes, el pasivo financiero original no se dará de baja del balance registrando el importe de las comisiones pagadas como un ajuste de su valor contable. El coste amortizado del pasivo financiero se determinará aplicando el tipo de interés efectivo, que será aquel que iguale el valor en libros del pasivo financiero en la fecha de modificación con los flujos de efectivo a pagar según las nuevas condiciones. A estos efectos, las condiciones de los contratos se considerarán sustancialmente diferentes cuando el valor actual de los flujos de efectivo del nuevo pasivo financiero, incluyendo las comisiones netas cobradas o pagadas, sea diferente, al menos en un diez por ciento del valor actual de los flujos de efectivo remanentes del pasivo financiero original, actualizados ambos al tipo de interés efectivo de éste." A la vista de lo anterior, la empresa deberá analizar si a raíz de la aprobación del convenio las nuevas condiciones de la deuda son "sustancialmente diferentes" o no: (a) Si las condiciones son sustancialmente diferentes: se dará de baja el pasivo financiero original y se reconocerá el nuevo pasivo por su valor razonable. La diferencia se contabilizará como un ingreso en la cuenta de pérdidas y ganancias del ejercicio, minorado, en su caso, en el importe de los costes de transacción atribuibles. Dicho resultado se mostrará en el margen financiero debiendo crear la empresa una partida específica con adecuada DENOMINACIÓN si su importe es significativo. A tal efecto, se propone la siguiente DENOMINACIÓN: "Ingresos financieros derivados de convenios de acreedores". (b) Si las condiciones no son sustancialmente diferentes: no se dará de baja el pasivo financiero original, registrando, en su caso, el importe de las comisiones pagadas como un ajuste en su valor contable. Se calculará un nuevo tipo de interés efectivo, que será el que iguale el valor en libros del pasivo financiero en la fecha de modificación con los flujos de efectivo a pagar según las nuevas condiciones. Por último, se plantea la cuestión de cuándo habrán de realizarse los ajustes contables referidos en los párrafos anteriores. En este sentido, cabe mencionar que el artículo 133 de la Ley Concursal, al referirse al comienzo y alcance de la eficacia del convenio establece: "El convenio adquirirá plena eficacia desde la fecha de la sentencia de su aprobación, salvo que, recurrida ésta, quede afectado por las consecuencias del acuerdo de suspensión que, en su caso, adopte el juez conforme a lo dispuesto en el apartado 5 del artículo 197." Asimismo, el artículo 140.4 de la mencionada norma determina que "la declaración de incumplimiento del convenio supondrá la rescisión de éste y la desaparición de los efectos sobre los créditos a que se refiere el artículo 136". De todo lo anterior, se desprende que la contabilización del efecto de la aprobación del convenio con los acreedores, se reflejará en las cuentas anuales del ejercicio en que se apruebe judicialmente, siempre que de forma racional se prevea su cumplimiento y que la empresa pueda seguir aplicando el principio de empresa en funcionamiento. En la memoria de las cuentas anuales deberá incluirse toda información significativa sobre la situación concursal en la que se encuentre una empresa, al objeto de que aquéllas, en su conjunto, reflejen la imagen fiel de su patrimonio, la situación financiera y los resultados. En particular, si al cierre del ejercicio la empresa hubiera solicitado la declaración voluntaria de concurso deberá informarse de esta circunstancia. En todo caso, una empresa con un convenio aprobado en un procedimiento concursal y en ejecución a la fecha de aprobación de las cuentas anuales, señalará en su memoria la fecha de la sentencia de aprobación del convenio, características, situación de las deudas del convenio aprobado, y variaciones más signi-

> ficativas, indicando las producidas por quitas y por aplazamientos en la exigibilidad de los pasivos. También se informará sobre el cumplimiento del convenio, precisando para las deudas más significativas lo siguiente: deuda inicial con expresión de su plazo de vencimiento original y su tipo de interés efectivo, deuda en el convenio aprobado, indicando el plazo de vencimiento y su tipo de interés efectivo, así como la parte de la deuda satisfecha de acuerdo con las condiciones del convenio. Asimismo, si no se hubieran formulado cuentas anuales desde el inicio de la solicitud de declaración de concurso hasta la sentencia de aprobación del convenio, también se informará sobre la fecha de la solicitud, juzgado y fecha del auto y propuesta de convenio, indicando los medios con los que cuenta para hacer frente a las deudas."

También, y en el mismo sentido, traemos a colación la posterior consulta 6 del BOICAC Nº 102/2015:

> "...... En dicha consulta se indica que la contabilización del efecto de la aprobación del convenio con los acreedores se reflejará en las cuentas anuales del ejercicio en que se apruebe judicialmente siempre que de forma racional se prevea su cumplimiento, y que la empresa pueda seguir aplicando el principio de empresa en funcionamiento. A tal efecto, el deudor, en aplicación de la norma de registro y valoración en materia de baja de pasivos financieros, realizará un registro en dos etapas: primero analizará si se ha producido una modificación sustancial de las condiciones de la deuda para lo cual descontará los flujos de efectivo de la antigua y de la nueva empleando el tipo de interés inicial, para posteriormente, en su caso (si el cambio es sustancial), registrar la baja de la deuda original y reconocer el nuevo pasivo por su valor razonable (lo que implica que el gasto por intereses de la nueva deuda se contabilice a partir de ese momento aplicando el tipo de interés de mercado en esa fecha; esto es, el tipo de interés incremental del deudor o tasa de interés que debería pagar en ese momento para obtener financiación en moneda y plazo equivalente a la que ha resultado de los términos en que ha sido aprobado el Convenio). En la memoria de las cuentas anuales deberá incluirse toda la información significativa sobre la situación concursal en la que se encuentre la empresa, al objeto de que aquéllas, en su conjunto, reflejen la imagen fiel de su patrimonio, la situación financiera y los resultados. En particular, si al cierre del ejercicio la empresa hubiera solicitado la declaración voluntaria de concurso deberá informarse de esta circunstancia. En todo caso, una empresa con un convenio aprobado en un procedimiento concursal y en ejecución a la fecha de aprobación de las cuentas anuales, señalará en su memoria la fecha de la sentencia de aprobación del convenio, características, situación de las deudas del convenio aprobado, y variaciones más significativas, indicando las producidas por quitas y por aplazamientos en la exigibilidad de los pasivos......"

Y, finalmente, cabe señalar la reciente consulta 6 del BOICAC Nº 141/2025, seguitoria de las doctrinas señaladas en las anteriores consultas, aportando como novedad, el registro del interés de la nueva deuda impactada por el convenio:

> "........En dichas consultas se indica que la contabilización del efecto de la aprobación del convenio con los acreedores se reflejará en las cuentas anuales del ejercicio en que se apruebe judicialmente, siempre que de forma racional se prevea su cumplimiento y que la empresa pueda seguir aplicando el principio de empresa en funcionamiento. El PGC regula en su segunda parte, en la norma de registro y valoración (NRV) 9ª Instrumentos financieros, apartado 3.4 Baja de pasivos financieros, la contabilización del efecto de la aprobación de un convenio con los acreedores que consista en una modificación de las condiciones de la deuda. En particular, el deudor, en aplicación de la NRV en materia de baja de pasivos financieros del PGC realizará un registro en dos etapas: primero analizará si se ha producido una modificación sustancial de las condiciones de la deuda, para lo cual la NRV prevé un test cuantitativo y otro cualitativo. En relación con el primero, la empresa descontará los flujos de efectivo de la antigua y de la nueva deuda (incluida cualquier comisión pagada, neta de cualquier comisión recibida) empleando el tipo de interés efectivo inicial, para posteriormente, en su caso (si el cambio es sustancial), registrar la baja de la deuda original y reconocer el nuevo pasivo por su valor razonable (lo que implica que el gasto por intereses de la nueva deuda se contabilice a partir de ese momento aplicando el tipo de interés de mercado en esa fecha; esto es, el tipo de interés incremental del deudor o tasa de interés que debería pagar en ese momento para obtener financiación en moneda y plazo equivalente a la que ha resultado de los términos en que ha sido aprobado el Convenio). La diferencia entre la deuda original y el nuevo pasivo se contabilizará como un ingreso en la cuenta de pérdidas y ganancias del ejercicio, minorado, en su caso, en el importe de los costes de transacción atribuibles. Dicho resultado se mostrará en el margen financiero debiendo crear la empresa una partida específica con adecuada denominación si su importe es significativo. Si las condiciones de la deuda no son sustancialmente diferentes, no se dará de baja el pasivo financiero original, registrando, en su caso, el importe de las comisiones pagadas como un ajuste en el valor contable del pasivo financiero. Se calculará un nuevo tipo de interés efectivo, que será el que iguale el valor en libros del pasivo financiero en la fecha de modificación con los flujos de efectivo a pagar según las nuevas condiciones. De acuerdo con lo anterior, en la medida en que los gastos a los que se refiere el texto de la consulta se pueden considerar costes de transacción atribuibles al pasivo, si se trata de una modificación sustancial de las condiciones de la deuda, minorarán el ingreso que se haya podido producir como

consecuencia de la quita. Dicho resultado se mostrará en el margen financiero debiendo crear la empresa una partida específica con adecuada denominación si su importe es significativo. A tal efecto, se propone la siguiente denominación: Ingresos financieros derivados de convenios de acreedores. En el supuesto de que las condiciones de la deuda no sean sustancialmente diferentes, los citados gastos se registrarán como un ajuste en el valor contable del pasivo financiero. En todo caso, una empresa con un convenio aprobado en un procedimiento concursal y en ejecución a la fecha de aprobación de las cuentas anuales, incluirá en la memoria la información sobre el concurso de acreedores y el convenio recogida en la consulta 1 del BOICAC 76 de diciembre de 2008......"

Por lo tanto, el ICAC, en esencia, y a la hora de contabilizar tal efecto, distingue dos supuestos atendiendo al hecho que la aprobación del convenio suponga que las nuevas condiciones de la deuda se exhiban sustancialmente diferentes o no.

a) Supuesto de condiciones sustancialmente diferentes: procede dar de baja el pasivo financiero original y se reconoce el nuevo pasivo por su valor razonable. La diferencia se contabiliza como un ingreso en la cuenta de pérdidas y ganancias del ejercicio, minorado, en su caso, en el importe de los costes de transacción atribuibles. Dicho resultado se muestra en el margen financiero debiendo crear la empresa una partida específica con adecuada denominación si su importe es significativo. A tal efecto, el ICAC propone la siguiente denominación: "Ingresos financieros derivados de convenios de acreedores".

b) Supuesto de condiciones no sustancialmente diferentes: no se da de baja el pasivo financiero original, registrando, en su caso, el importe de las comisiones pagadas como un ajuste en su valor contable. Se calcula un nuevo tipo de interés efectivo, que iguala el valor en libros del pasivo financiero en la fecha de modificación con los flujos de efectivo a pagar según las nuevas condiciones.

Las condiciones de los contratos se consideran sustancialmente diferentes cuando el valor actual de los flujos de efectivo del nuevo pasivo financiero, incluyendo las comisiones netas cobradas o pagadas, sea diferente, al menos en un diez por ciento del valor actual de los flujos de efectivo remanentes del pasivo financiero original, actualizados ambos al tipo de interés efectivo de éste.

Normalmente, esa referida modificación sustancial adviene en aquel convenio pactatorio de una quita o una espera. Y ello, en mi opinión, con independencia de su cuantificación.

Por lo tanto, no cabe el registro de los ingresos procedentes de la aprobación del convenio en el estado de cambios en el patrimonio neto, sino en la cuenta de pérdidas y ganancias.

Por otro lado, resulta preciso reclasificar las deudas atendido a las esperas acordadas en el convenio, de tal forma que procede traspasar a las cuentas de deudas a largo plazo, aquellas deudas en principio a corto pero que, en virtud de la espera acordada en el convenio, pasan a tener un vencimiento superior a un año.

Eso si. Solo en el supuesto en que la concursada, tras dictarse el auto de declaración de concurso de acreedores no haya procedido reclasificar sus saldos acreedores, pasándolos a largo plazo, como es aconsejable y habitual. En este caso, únicamente se procedería a reclasificar a corto plazo según los nuevos vencimientos derivado de la espera y plan de pagos aprobado.

Los efectos contables de la aprobación del convenio los imputa el concursado en el ejercicio en que se apruebe judicialmente, siempre que, racionalmente, se prevea su cumplimiento y la empresa pueda seguir aplicando el principio de empresa en funcionamiento.

En este sentido, conviene traer a colación el art. 393.1 TRLC, según el cual, el convenio adquiere eficacia desde la fecha de la sentencia que lo apruebe, salvo que el juez, por razón del contenido del convenio, acuerde, de oficio o a instancia de parte, retrasar esa eficacia a la fecha en que la aprobación alcance firmeza (art. 393.2 TRLC).

Esto es, la eficacia del convenio es inmediata y, salvo que el Juez haga uso de la facultad que le confiere el art. 393.2 TRLC, su aprobación provoca que el convenio surta todos sus efectos. Incluso, aunque la sentencia aprobatoria del mismo hubiese sido impugnada. Y entre dichos efectos se halla, sin lugar a duda, el novatorio y extintivo de créditos recogido en el art. 398 TRLC al establecer que los créditos ordinarios y los créditos subordinados quedan extinguidos en la parte a que alcance la quita, aplazados en su exigibilidad por el tiempo de espera y, en general, afectados por el contenido del convenio.

La misma regla resulta de aplicación a aquellos créditos privilegiados a los que se extienda la eficacia del convenio.

Porque, en mi opinión, la aprobación del convenio de acreedores conlleva una automática novación de los créditos ex art. 1156 CC, e incluso por mor del art. 1203 CC, dado el marcado carácter contractual del convenio, pues como consecuencia de la citada aprobación, quedan reducidos en el importe de la quita acordada y/o su exigibilidad aplazada en los términos y con el alcance de la espera contemplada en el convenio concursal.

Máxime, vid. arts. 403.3 y 404 TRLC, a la vista que la declaración de incumplimiento del convenio supone la rescisión de éste y la desaparición de los efectos sobre los créditos anteriormente reseñados. Esto es, el convenio aprobado es válido y no nulo o anulable, y despliega todos sus efectos, pero como consecuencia de su posterior incumplimiento, se tiene por no realizado, deviene ineficaz y retrotrae los efectos y consecuencias de tal rescisión al momento de la aprobación del convenio.

El fundamento de la anterior propuesta, imputatoria por el concursado de los efectos contables de la aprobación del convenio en el ejercicio en que se apruebe judicialmente, mantenida por el ICAC, y por quienes pergeñamos estas líneas, cabe situarlo según, el ICAC, en los siguientes preceptos:

a) Por un lado, el contenido del art. 317.1 TRLC, según el cual, la propuesta de convenio deberá contener proposiciones de quita, de espera o de quita y espera. La espera no podrá ser superior a diez años."

b) Por otro, el 398 TRLC: "Los créditos ordinarios y los créditos subordinados quedarán extinguidos en la parte a que alcance la quita, aplazados en su exigibilidad por el tiempo de espera y, en general, afectados por el contenido del convenio. La misma regla será de aplicación a aquellos créditos privilegiados a los que se extienda la eficacia del convenio."

c) Y el art. 1156 CC al establecer que la novación es una de las causas de extinción de las obligaciones (artículo 1156), pudiendo quedar una obligación extinguida por otra que la sustituya, ante variaciones en su objeto o condiciones principales, cuando así se declare terminantemente.

d) Finalmente, se alude al contenido del apartado 3.5. "Baja de pasivos financieros" de la norma de registro y valoración 9ª "instrumentos financieros" del PGC 2007, al establecer que "La empresa dará de baja un pasivo financiero cuando la obligación se haya extinguido.(...) Si se produjese un intercambio de instrumentos de deuda entre un prestamista y un prestatario, siempre que éstos tengan condiciones sustancialmente diferentes, se registrará la baja del pasivo financiero original y se reconocerá el nuevo pasivo financiero que surja. De la misma forma se registrará una modificación sustancial de las condiciones actuales de un pasivo financiero. La diferencia entre el valor en libros del pasivo financiero o de la parte del mismo que se haya dado de baja y la contraprestación pagada incluidos los costes de transacción atribuibles y en la que se recogerá asimismo cualquier activo cedido diferente del efectivo o pasivo asumido, se reconocerá en la cuenta de pérdidas y ganancias del ejercicio en que tenga lugar. En el caso de un intercambio de instrumentos de deuda que no tengan condiciones sustancialmente diferentes, el pasivo financiero original no se dará de baja del balance registrando el importe de las comisiones pagadas como un ajuste de su valor contable. El coste amortizado del pasivo financiero se determinará aplicando el tipo de interés efectivo, que será aquel que iguale el valor en libros del pasivo financiero en la fecha de modificación con los flujos de efectivo a pagar según las nuevas condiciones. A estos efectos, las condiciones de los contratos se considerarán sustancialmente diferentes cuando el valor actual de los flujos de efectivo del nuevo pasivo financiero, incluyendo las comisiones netas cobradas o pagadas, sea diferente, al menos en un diez por ciento del valor actual de los flujos de efectivo remanentes del pasivo financiero original, actualizados ambos al tipo de interés efectivo de éste."

Por último, tales efectos contables deben reflejarse en la memoria de las cuentas anuales. Concretamente, en la memoria deberá incluirse toda información significativa sobre la situación concursal en la que se encuentre una empresa, al objeto de que aquéllas, en su conjunto, reflejen la imagen fiel de su patrimonio, la situación financiera y los resultados. En particular, si al cierre del ejercicio la empresa hubiera solicitado la declaración voluntaria de concurso deberá informarse de esta circunstancia.

En todo caso, una empresa con un convenio aprobado en un procedimiento concursal y en ejecución a la fecha de aprobación de las cuentas anuales señalará en su memoria la fecha de la sentencia de aprobación del convenio, características, situación de las deudas del convenio aprobado, y variaciones más significativas, indicando las producidas por quitas y por aplazamientos en la exigibilidad de los pasivos. También se informará sobre el cumplimiento del convenio, precisando para las deudas más significativas lo siguiente: deuda inicial con expresión de su plazo de vencimiento original y su tipo de interés efectivo, deuda en el convenio aprobado, indicando el plazo de vencimiento y su tipo de interés efectivo, así como la parte de la deuda satisfecha de acuerdo con las condiciones del convenio.

Asimismo, si no se hubieran formulado cuentas anuales desde el inicio de la solicitud de declaración de concurso hasta la sentencia de aprobación del convenio, también se informará sobre la fecha de la solicitud, juzgado y fecha del auto y propuesta de convenio, indicando los medios con los que cuenta para hacer frente a las deudas.

Dejamos aquí un ejemplo de menciones a efectuar en la memoria de las cuentas como consecuencia de la aprobación del convenio concursal:

> "La sociedad... S.L. se halla en estado de concurso de acreedores, que fue declarado por el Juzgado de lo Mercantil núm... de..., mediante auto de fecha... de... de..., dictado en el procedimiento concursal que se sigue en el citado Juzgado bajo el número de autos.../...
>
> Mediante sentencia de fecha... de... de..., por el citado Juzgado núm... de... se aprobó el convenio de acreedores aceptado el día... de... de..., por los acreedores con las mayorías y demás formalidades legalmente exigidas. Dicha sentencia devino firme el día... de... de...
>
> Las características y condiciones significativas del expresado convenio son las que a continuación se reseñan, con indicación de la deuda afectada, así como la quita y el aplazamiento en su exigibilidad acordadas:...
>
> Que al cierre del ejercicio..., la situación del cumplimiento de convenio es la siguiente:...
>
> Respecto a las deudas más significativas, de manera expresa se indica lo siguiente:
>
> I.- Identificación de las deuda:...
>
> II.- Deuda inicial con expresión de su plazo de vencimiento original y su tipo de interés efectivo:...

III.- Deuda en el convenio aprobado, con indicación del plazo de vencimiento y su tipo de interés efectivo:...

IV.- Parte de la deuda satisfecha de acuerdo con las condiciones del convenio:...

Finalmente, la sociedad cuenta para hacer frente a las deudas con los siguientes medios: ...."

Sin perjuicio de todo lo anterior, no queremos pasar por alto que, en la práctica concursal, se defienden otros dos criterios contables distintos del expuesto en los apartados anteriores:

a) Manifestar contablemente los efectos del convenio a medida que se vaya cumpliendo el convenio y

b) Reflejar tales efectos una vez cumplido el convenio.

Sin embargo, la solución que plantea el ICAC es la asumida por la mayor parte de la doctrina.

Manifestación contable de los efectos del convenio a medida que se vaya cumpliendo el convenio. Esta postura se acoge por parte de la doctrina (GÓMEZ MARTIN) y la consulta a la AECA núm. 212, febrero 2009, considerando la quita aprobada en el convenio como un auxilio de índole financiero al concursado a efectos que pueda cumplir con sus obligaciones y pagar la deuda, aunque sea sin intereses y con una reducción de la misma.

Por tal razón, esa quita o reducción de la deuda, que tiene la consideración para el concursado de ingreso financiero, se genera a lo largo de los ejercicios en que se va cumpliendo el convenio, procediendo su integración en la cuenta de pérdidas y ganancias a medida y en la proporción que se vaya produciendo los pagos hasta el total finiquito a los acreedores sometidos al convenio y, por ende, el cumplimiento íntegro del mismo. Esto es, debe reflejarse en la contabilidad a medida que se va pagando y cancelando la deuda afectada por el convenio.

En apoyo de tal interpretación se aduce la NRV 18ª del PGC relativa al tratamiento contable de las subvenciones, donaciones y legados otorgados por entes diferentes a los socios o accionistas. Concretamente, el apartado 1.3.c) que sienta similar criterio en materia de subvenciones, y que atiende a la imputación de la subvención a la finalidad.

Reflejo de los efectos una vez cumplido el convenio. Esto es, atender a su integración una vez cumplido el convenio, y por lo tanto, en el momento de cancelarse la total deuda afectada por el mismo, un criterio mantenido por autores como DEL CASTILLO, A, DIÉGUEZ J. y GALACHO G, que, en síntesis, pasa por considerar que:

A.- La aprobación del convenio en modo alguno supone la extinción de la obligación afectada por el mismo, pues tal extinción sólo se produce cuando se cumple íntegramente el mismo. La eventual quita o espera pactada en el convenio queda sujeta al cumplimiento del contenido del convenio, en los términos y condiciones establecidas en el mismo. Por ello, cuando se cumpla el convenio se extinguirá la deuda concursal. Mientras tanto el deudor no queda liberado de la deuda originaria. Así resultaría de una lectura conjunta de los arts. 1203 y 1207 CC y, especialmente, los arts. 402 y ss. TRLC.

B.- Si no se ha extinguido el crédito, no parece que quepa contabilizar en la cuenta de pérdidas y ganancias el efecto de la quita, el ingreso extraordinario, hasta que se cumpla íntegramente el contenido del convenio y, en ese momento, hablar de efectos y alteraciones. Así parece exigirlo el art. 38 bis C.Com, y la obligación de redactar las cuentas anuales con claridad, de forma que la información suministrada sea comprensible y útil para los usuarios al tomar sus decisiones económicas, debiendo mostrar la imagen fiel del patrimonio, de la situación financiera y de los resultados de la empresa (Marco Conceptual del Plan General Contable).

C.- No es aplicable el contenido de contenido del apartado 3.5. "Baja de pasivos financieros" de la norma de registro y valoración 9ª "instrumentos financieros" del PGC, pues su fundamento es la extinción de una obligación, lo que no sucede, en el ámbito concursal, hasta que se cumpla íntegramente el convenio aprobado en el procedimiento concursal

D.- Por ello, se propone por los citados autores, la siguiente contabilización de tales efectos:

a) El beneficio procedente de la quita no debe reflejarse en la cuenta de pérdidas y ganancias, aunque se dé de baja el pasivo afectado por la quita, de lo que se informará en la memoria por su condición de pasivo contingente y estar vigentes y vivos los riesgos de tal pasivo hasta el cumplimiento del concursado

b) Se debe reconocer el ingreso en patrimonio neto (pues es probable su cumplimiento y es determinable) y cuando se cumpla íntegramente el convenio, pasará de patrimonio neto a como ingreso a la cuenta de pérdidas y ganancias, como resultado. Y al desaparecer la contingencia cesará la mención en la memoria.

c) Del mismo modo se procede cuando se estime que no se va a poder cumplir el convenio. En tal caso, y de forma inmediata, se reconocerá en los estados financieros del ejercicio en que se haya tenido constancia de tal posible incumplimiento del convenio, y se dará de baja el ingreso reconocido previamente como patrimonio neto.

Sin embargo, en nuestra opinión, las dos alternativas reseñadas, no parece que sean admisibles por dos motivos:

A.- La aprobación del convenio, a la vista de lo dispuesto en el TRLC, supone una novación automática del crédito afectado por el mismo. Reiteramos lo señalado anteriormente y lo establecido en el art. 393.1 TRLC, según el cual, surge eficaz el convenio desde la fecha de la sentencia que lo apruebe, salvo que el juez, por razón del contenido del convenio, acuerde, de oficio o a instancia de parte, retrasar esa eficacia, incluso, parcialmente, a la fecha en que la aprobación alcance firmeza (art. 393.2 TRLC).

La eficacia del convenio se presenta inmediata y, salvo que el Juez haga uso de la facultad que le confiere el art. 393.2 TRLC, su aprobación provoca que el convenio surta todos sus efectos. Incluso, aunque la sentencia aprobatoria del mismo hubiese sido impugnada. Y entre tales efectos se halla, sin lugar a duda, el novatorio y extintivo de créditos recogido en el art. 398 TRLC, según el cual, los créditos ordinarios y los créditos subordinados quedarán extinguidos en la parte a que alcance la quita, aplazados en su exigibilidad por el tiempo de espera y, en general, afectados por el contenido del convenio. La misma regla se aplicará a aquellos créditos privilegiados a los que se extienda la eficacia del convenio.

La aprobación del convenio de acreedores, aunque la sentencia hubiere sido impugnada, conlleva una automática novación de los créditos ex art. 393 y 398 TRLC, y 1156 CC, e incluso, como dijimos antes, por mor del art. 1203 CC, pues, como consecuencia de la citada aprobación, los créditos afectados por el convenio quedan reducidos en el importe de la quita acordada, y/o su exigibilidad aplazada en los términos y con el alcance de la espera contemplada en el convenio concursal.

Reiterar que los arts. 403.3 y 404 TRLC surgen cristalinos como el agua de Formentera, y conllevan que la declaración de incumplimiento del convenio supone la rescisión de éste y la desaparición de los efectos sobre los créditos a que se refiere el artículo 398 TRLC, esto es, el convenio aprobado es válido y no nulo o anulable, y despliega todos sus efectos desde su aprobación judicial, pero como consecuencia de su posterior incumplimiento, se tiene por no realizado, deviene ineficaz y retrotrae los efectos y consecuencias de tal rescisión al momento de la aprobación del convenio.

Por ello, a la vista de lo expuesto, parece lógico registrar en la contabilidad del concursado tal modificación en el ejercicio en que la misma concurre, esto es, aquel en que acontece la citada aprobación.

Máxime cuando no cabe el cumplimiento parcial del convenio. Este se cumple íntegramente y concluye el concurso o, caso contrario, provoca la apertura de la liquidación rescindiéndose el convenio y desapareciendo con efectos ex tunc la quita o espera en su día acordada.

B.- Por otro lado, y desde una perspectiva estrictamente contable, el registro de los efectos del convenio en la cuenta de pérdidas y ganancias del ejercicio en que se aprueba judicialmente el mismo, deriva de la necesidad que la información financiera que arrojan las cuentas anuales sea relevante para la toma de decisiones por sus destinatarios y, pienso sinceramente, que cumple mejor esta necesidad la alternativa que defendemos que las otras dos. No tiene sentido traspasar a ejercicios futuros los efectos del convenio que, ex lege y con la aprobación del mismo, surge eficaz y despliega sus efectos, so pena de registrar de forma artificiosa ingresos ya generados al aprobarse el convenio.

Tras todo lo anterior, queda pendiente una cuestión: el registro contable por la concursada de los efectos de la quita y espera acordados en el convenio aprobado. Al efecto, formulamos la siguiente propuesta de asientos contables, distinguiendo al efecto:

A.- El convenio introduce condiciones sustancialmente diferentes.

En este caso, la concursada da de baja al pasivo financiero original (tomamos, por ejemplo, una deuda a largo plazo con entidad de crédito) y reconoce el nuevo pasivo por su valor razonable. La diferencia se contabiliza como un ingreso en la cuenta de pérdidas y ganancias del ejercicio en que se aprueba el convenio, bajo la cuenta 7691 "Ingresos financieros derivados de convenios de acreedores".

NÚMERO Y DENOMINACIÓN DE LA CUENTA		DEBE	HABER
1701	Deudas a largo plazo con entidades de crédito (original)	XXX	
1702	Deudas a largo plazo con entidades de crédito (nuevo)		XXX
7691	Ingresos financieros derivados del concurso de acreedores		XXX

Al vencimiento de cada uno de los plazos del convenio, reclasificaremos la deuda, pasándola de largo a corto plazo:

NÚMERO Y DENOMINACIÓN DE LA CUENTA		DEBE	HABER
170	Deudas con entidades de crédito a largo plazo	XXX	
520	Deudas a corto plazo con entidades de crédito		XXX

Y al pago de cada uno de los plazos del convenio:

NÚMERO Y DENOMINACIÓN DE LA CUENTA		DEBE	HABER
572	Bancos		XXX
520	Deudas a corto plazo con entidades de crédito	XXX	

B.- El convenio no introduce condiciones sustancialmente diferentes al pasivo original.

En ese caso, si las condiciones no son sustancialmente diferentes, no se da de baja el pasivo financiero original, registrando, en su caso, el importe de las comisiones pagadas como un ajuste en su valor contable. Se calcula un nuevo tipo de interés efectivo, que será el que iguale el valor en libros del pasivo financiero en la fecha de modificación con los flujos de efectivo a pagar según las nuevas condiciones.

Por ello, se lleva a cabo únicamente el asiento correspondiente al ajuste del valor contable del préstamo ya existente

NÚMERO Y DENOMINACIÓN DE LA CUENTA		DEBE	HABER
572	Bancos		XXX
520	Deudas a largo plazo con entidades de crédito	XXX	

III. DE LA TRIBUTACION DE LOS EFECTOS PATRIMONIALES DERIVADOS DE LA APROBACIÓN DEL CONVENIO EN EL IMPUESTO SOBRE SOCIEDADES DE LA CONCURSADA

La extinción parcial de la deuda, la quita, origina un ingreso que el sujeto pasivo, el concursado, viene compelido a integrar en la base imponible del Impuesto de Sociedades.

Para llevar a cabo tal integración, cabe traer a colación lo previsto en el art. 10.3 TRLIS, según el cual, en el método de estimación directa, la base imponible se calculará, corrigiendo, mediante la aplicación de los preceptos establecidos en TLIS, el resultado contable determinado de acuerdo con las normas previstas en el Código de Comercio, en las demás leyes relativas a dicha determinación y en las disposiciones que se dicten en desarrollo de las citadas normas

Por ello, a la vista del citado precepto, la integración de ese ingreso conecta con el tratamiento contable dado a la quita, de tal forma que dicho ingreso se debería integrar en la base imponible correspondiente, a) según la postura mantenida por el ICAC (y también hasta la modificación legal que a continuación se dirá por la Dirección General de los Tributos), al ejercicio en que se apruebe judicialmente el convenio, b) atendiendo al ejercicio en que se cumpla íntegramente el convenio de acreedores y c) según la postura intermedia antes mantenida, integrándose en cada uno de los ejercicios en que se va cumpliendo el mismo, a medida y en la proporción que se vaya produciendo los pagos hasta el total finiquito a los acreedores sometidos al convenio y cumplimiento íntegro del mismo.

Ni que decir tiene que las dos últimas alternativas, desde una perspectiva fiscal, son las más positivas para la concursada. En especial, la b), que implicar diferir la tributación del ingreso obtenido por la quita hasta el total cumplimiento del convenio.

Sin embargo, como vimos, la Ley obliga a la contabilización de tal ingreso en la cuenta de pérdidas y ganancia correspondiente al ejercicio en que se produce la aprobación firme del convenio.

Pero ello no empece una reflexión sobre lo paradójico de la situación que se generaba. La concursada, que acababa de obtener un convenio, que había que ver si era capaz de afrontar, que se encontraba con graves dificultades por el mero hecho de ser concursada, especialmente, en materia de tesorería y financiación bancaria, de "sopetón", quedaba compelida, y obligada, a atender y hacer frente a una renta generada por la aprobación de un convenio, que no había empezado todavía a cumplir. De ahí la cara de funeral del Director Financiero al que antes aludíamos en la introducción de este trabajo.

Ello provocó diversas reacciones sobre lo ilógico de la situación hasta el punto de solicitarse que se trasladase la referida tributación al momento en que se cumpliese íntegramente el convenio, o, cuanto menos, que se fuera integrando proporcionalmente según el cumplimiento, aunque ello supusiese que el criterio contable no fuese coincidente con el fiscal.

No obstante, la Resolución de la Dirección General de los Tributos, en la Resolución de fecha 29 de enero de 2010. Consulta V0138-10, se manifiesta de manera clara por la primera opción, defendida desde un punto de vista contable, por el ICAC. La citada resolución tiene el siguiente supuesto de hecho: La sociedad consultante está en periodo de negociación del convenio con los acreedores en un procedimiento concursal del que resultará la extinción de parte de la deuda (quita del convenio), sustituyendo el resto por una nueva deuda sometida a la condición resolutoria del cumplimiento de los plazos pactados para el pago de la deuda no condonada, con diferimiento (espera) del pago de la deuda objeto del convenio.

> "...El artículo 10.3 del texto refundido de la Ley del Impuesto sobre Sociedades (TRLIS), aprobado por el Real Decreto Legislativo 4/2004, de 5

de marzo, establece lo siguiente: "3. En el método de estimación directa, la base imponible se calculará, corrigiendo, mediante la aplicación de los preceptos establecidos en esta ley, el resultado contable determinado de acuerdo con las normas previstas en el Código de Comercio, en las demás leyes relativas a dicha determinación y en las disposiciones que se dicten en desarrollo de las citadas normas." El Plan General de Contabilidad (PGC), aprobado por el Real Decreto 1514/2007, de 16 de noviembre, recoge estas definiciones en el apartado 4° de su primera parte, y en el apartado 3.5 de la norma 9ª de las de registro y valoración dispone que "la empresa dará de baja un pasivo financiero cuando la obligación se haya extinguido", y añade más adelante que "la diferencia entre el valor en libros del pasivo financiero o de la parte del mismo que se haya dado de baja y la contraprestación pagada incluidos los costes de transacción atribuibles y en la que se recogerá asimismo cualquier activo cedido diferente del efectivo o pasivo asumido, se reconocerá en la cuenta de pérdidas y ganancias del ejercicio en que tenga lugar." Asimismo, la consulta 1 del BOICAC 76/2008 del Instituto de Contabilidad y Auditoría de cuentas, establece que en un procedimiento concursal si a raíz de la aprobación del convenio las nuevas condiciones de la deuda son sustancialmente diferentes, se dará de baja el pasivo financiero original y se reconocerá el nuevo pasivo por su valor razonable, contabilizándose la diferencia como un ingreso en la cuenta de pérdidas y ganancias del ejercicio en que se apruebe judicialmente el convenio con los acreedores. En consecuencia, el ingreso derivado de la extinción de parte de la deuda (quita del convenio) en un procedimiento concursal se integrará en la base imponible del Impuesto sobre Sociedades del ejercicio en que tenga lugar la aprobación judicial del convenio en virtud del cual se reconoce dicha extinción..."

Y la resolución de la Dirección General de los Tributos de 8 de marzo de 2010, que se cuestiona igualmente sobre como se integra en la base Imponible del Impuesto sobre Sociedades el ingreso derivado de la quita aprobada en un convenio concursal, señala en idéntico sentido al transcrito arriba:

"El Plan General de Contabilidad (PGC), aprobado por el Real Decreto 1514/2007, de 16 de noviembre, en el apartado 3.5 de la norma 9ª de las de registro y valoración dispone que la empresa dará de baja un pasivo financiero cuando la obligación se haya extinguido, y añade más adelante que la diferencia entre el valor en libros del pasivo financiero o de la parte del mismo que se haya dado de baja y la contraprestación pagada incluidos los costes de transacción atribuibles y en la que se recogerá asimismo cualquier activo cedido diferente del efectivo o pasivo asumido, se reconocerá en la cuenta de pérdidas y ganancias del ejercicio en que tenga lugar. Asimismo, la consulta 1 del BOICAC 76/2008 del Instituto de

> Contabilidad y Auditoría de Cuentas, establece que en un procedimiento concursal si a raíz de la aprobación del convenio las nuevas condiciones de la deuda son sustancialmente diferentes, se dará de baja el pasivo financiero original y se reconocerá el nuevo pasivo por su valor razonable, contabilizándose la diferencia como un ingreso en la cuenta de pérdidas y ganancias del ejercicio en que se apruebe judicialmente el convenio con los acreedores. En consecuencia, el ingreso derivado de la extinción de parte de la deuda (quita del convenio) en un procedimiento concursal se integrará en la base imponible del Impuesto sobre Sociedades del ejercicio en que tenga lugar la aprobación judicial del convenio en virtud del cual se reconoce dicha extinción..."

Acogiendo dichas reflexiones y con efecto desde el 1 de enero de 2014, el art. 11.13 LIS, precepto este que introduce una regla de integración en la base imponible del Impuesto preceptiva y, por lo tanto de aplicación obligatoria por el concursado, apartándose del criterio contable y obligando, por lo tanto, a efectuar ajustes fiscales negativos y positivos en la correspondiente declaración del Impuesto de Sociedades, señala que el ingreso correspondiente al registro contable de quitas y esperas consecuencia de la aplicación del TRLC, por lo que entendemos se incluye también el supuesto de los planes de reestructuración del Libro II TRLC, se imputará en la base imponible del deudor a medida que proceda registrar con posterioridad gastos financieros derivados de la misma deuda y hasta el límite del citado ingreso.

No obstante, en el supuesto de que el importe del ingreso a que se refiere el párrafo anterior sea superior al importe total de gastos financieros pendientes de registrar, derivados de la misma deuda, la imputación de aquel en la base imponible se realizará proporcionalmente a los gastos financieros registrados en cada período impositivo respecto de los gastos financieros totales pendientes de registrar derivados de la misma deuda.

Interpretando esta norma, dejamos señalada la consulta vinculante de la Dirección General de Tributos, V-1111/14, de fecha 16 de abril de 2014:

> "A su vez, la Ley 16/2013, de 29 de octubre, por la que se establecen determinadas medidas en materia de fiscalidad medioambiental y se adoptan otras medidas tributarias y financieras, establece en su artículo 2.Segundo.Dos, con efectos para los períodos impositivos que se inicien en los años 2014 y 2015, que: "Dos. Para los sujetos pasivos cuyo volu-

men de operaciones, calculado conforme a lo dispuesto en el artículo 121 de la Ley 37/1992, haya superado la cantidad de 6.010.121,04 euros durante los doce meses anteriores a la fecha en que se inicien los períodos impositivos dentro del año 2014 ó 2015, en la compensación de bases imponibles negativas a que se refiere el artículo 25 del texto refundido de la Ley del Impuesto sobre Sociedades se tendrán en consideración las siguientes especialidades: – La compensación de bases imponibles negativas está limitada al 50 por ciento de la base imponible previa a dicha compensación, cuando en esos doce meses el importe neto de la cifra de negocios sea al menos de veinte millones de euros pero inferior a sesenta millones de euros. – La compensación de bases imponibles negativas está limitada al 25 por ciento de la base imponible previa a dicha compensación, cuando en esos doce meses el importe neto de la cifra de negocios sea al menos sesenta millones de euros. La limitación a la compensación de bases imponibles negativas no resultará de aplicación en el importe de las rentas correspondientes a quitas consecuencia de un acuerdo con los acreedores no vinculados con el sujeto pasivo, aprobado en un período impositivo iniciado a partir de 1 de enero de 2013." En este artículo 2.Segundo.Dos de la Ley 16/2013 se introduce un último párrafo que contempla una excepción en la limitación temporal a la compensación de bases imponibles negativas, de manera que la limitación no resultará de aplicación en el importe de las rentas correspondientes a quitas consecuencia de un acuerdo con los acreedores no vinculados con el sujeto pasivo aprobado en un período impositivo iniciado a partir de 1 de enero de 2013. En este sentido, el Instituto de Contabilidad y Auditoría de Cuentas en su consulta nº 1 del BOICAC 76/diciembre 2008, sobre el tratamiento contable de la aprobación de un convenio de acreedores en un procedimiento concursal, señala que: "(...) De todo lo anterior, se desprende que la contabilización del efecto de la aprobación del convenio con los acreedores, se reflejará en las cuentas anuales del ejercicio en que se apruebe judicialmente, siempre que de forma racional se prevea su cumplimiento y que la empresa pueda seguir aplicando el principio de empresa en funcionamiento. (...)" De igual manera, aun cuando no exista convenio de acreedores, la aprobación de una quita, en el caso de la entidad deudora, determinará la existencia de una renta positiva en el momento de su aprobación, consecuencia de la reducción de su pasivo. Ello significa que los acuerdos con los acreedores no vinculados con el sujeto pasivo, aprobados en un período impositivo iniciado en 2013, tendrán impacto en la base imponible de dicho período impositivo. Por ello, una interpretación razonable e integradora de la norma debe conllevar que la redacción del artículo 2.Segundo.Dos de la Ley 16/2013, resulta de aplicación también el período impositivo 2013. En caso contrario, dicho párrafo quedaría vacío de contenido para ese período impositivo, lo que carece de sentido. En consecuencia, en los períodos impositivos iniciados en el año 2013, las limitaciones a la compensación de bases imponibles negativas establecidas en el artículo 9.Primero.Dos del Real Decreto-ley 9/2011 y en el artículo 2.Segundo.Dos de la Ley 16/2013, no resultarán de aplicación en el importe de las rentas correspondientes a quitas consecuencia de un acuerdo con los acreedores no vinculados con el sujeto pasivo, aprobado en un período impositivo iniciado a partir de 1 de enero de 2013. En el caso concreto planteado, según se manifiesta en el escrito de consulta, en el ejercicio 2012, el volumen de operaciones de la entidad consultante ha superado la cantidad de 6.010.121,04 euros y disponía a 31 de diciembre de 2012 de bases imponibles negativas. De acuerdo con lo anteriormente indicado, y partiendo del supuesto de que el ejercicio económico de la entidad consultante coincide con el año natural, si en el período impositivo 2013 la entidad consultante obtiene una base imponible positiva, la compensación de bases imponibles negativas estará limitada al 50 ó 25 por ciento de la base imponible previa a dicha compensación, excepto para el importe de las rentas correspondientes a la quita consecuencia del acuerdo con la entidad acreedora, que se supone no vinculada, aprobado en dicho ejercicio 2013, que podrá compensarse con bases imponibles negativas en los términos previstos en el artículo 25 del TRLIS, es decir, con el límite de la propia base imponible positiva. ..."

Y la consulta vinculante de la Dirección General de Tributos, V-2351-24, de fecha 14 de noviembre de 2024.

"......El artículo 10.3 de la Ley 27/2014, de 27 de noviembre, del Impuesto sobre Sociedades (en adelante, LIS) establece que "3. En el método de estimación directa, la base imponible se calculará, corrigiendo, mediante la aplicación de los preceptos establecidos en esta Ley, el resultado contable determinado de acuerdo con las normas previstas en el Código de Comercio, en las demás leyes relativas a dicha determinación y en las disposiciones que se dicten en desarrollo de las citadas normas".

A su vez, en relación con la imputación temporal de ingresos y gastos, el artículo 11 de la LIS establece que:

"1. Los ingresos y gastos derivados de las transacciones o hechos económicos se imputarán al periodo impositivo en que se produzca su devengo, con arreglo a la normativa contable, con independencia de la fecha de su pago o de su cobro, respetando la debida correlación entre unos y otros.

(...)".

Según se indica, la negociación de la deuda se ha realizado dentro de un proceso concursal, si bien, de la información facilitada en el escrito de consulta, no es posible deducir si la entidad consultante se encuentra en una situación en la que proceda cuestionar la aplicación del principio de empresa en funcionamiento en los términos previstos en la Resolución de 18 de octubre de 2013, del Instituto de Contabilidad y Auditoría de Cuentas, sobre el marco de información financiera cuando no resulta de aplicación el principio de empresa en funcionamiento.

Ante la señalada falta de información, este Centro Directivo parte de la hipótesis de que no existen dudas significativas sobre la continuidad de la empresa, resultando de aplicación, en el caso objeto de consulta, el principio contable básico de empresa en funcionamiento previsto en la primera parte Marco Conceptual de la Contabilidad (MCC) del Plan General de Contabilidad (en adelante, PGC), aprobado por Real Decreto 1514/2007, de 16 de noviembre.

Sentado lo anterior, respecto al tratamiento contable de las operaciones planteadas en el escrito de consulta, el apartado 3.4, Baja de pasivos financieros de la norma de registro y valoración (NRV) 9ª. Instrumentos financieros del PGC expresa que:

"La empresa dará de baja un pasivo financiero, o parte del mismo, cuando la obligación se haya extinguido; es decir, cuando haya sido satisfecha, cancelada o haya expirado. También dará de baja los pasivos financieros propios que adquiera, aunque sea con la intención de recolocarlos en el futuro.

Si se produjese un intercambio de instrumentos de deuda entre un prestamista y un prestatario, siempre que estos tengan condiciones sustancialmente diferentes, se registrará la baja del pasivo financiero original y se reconocerá el nuevo pasivo financiero que surja. De la misma forma se registrará una modificación sustancial de las condiciones actuales de un pasivo financiero.

La diferencia entre el valor en libros del pasivo financiero o de la parte del mismo que se haya dado de baja y la contraprestación pagada incluidos los costes o comisiones en que se incurra y en la que se recogerá asimismo cualquier activo cedido diferente del efectivo o pasivo asumido, se reconocerá en la cuenta de pérdidas y ganancias del ejercicio en que tenga lugar.

En el caso de un intercambio de instrumentos de deuda que no tengan condiciones sustancialmente diferentes, el pasivo financiero original no se dará de baja del balance. Cualquier coste de transacción o comisión incurrida ajustará el importe en libros del pasivo financiero. A partir de esa fecha, el coste amortizado del pasivo financiero se determinará aplicando el tipo de interés efectivo que iguale el valor en libros del pasivo financiero con los flujos de efectivo a pagar según las nuevas condiciones.

A estos efectos, las condiciones de los contratos se considerarán sustancialmente diferentes, entre otros casos, cuando el valor actual de los flujos de efectivo del nuevo contrato, incluida cualquier comisión pagada, neta de cualquier comisión recibida, difiera al menos en un diez por ciento del valor actual de los flujos de efectivo remanentes del contrato original, actualizados ambos importes al tipo de interés efectivo de este último. Ciertas modificaciones en la determinación de los flujos de efectivo pueden no superar este análisis cuantitativo, pero pueden dar lugar también a una modificación sustancial del pasivo, tales como: un cambio de tipo de interés fijo a variable en la remuneración del pasivo, la reexpresión del pasivo a una divisa distinta, un préstamo a tipo de interés fijo que se convierte en un préstamo participativo, entre otros casos.

En particular, la contabilización del efecto de la aprobación de un convenio con los acreedores que consista en una modificación de las condiciones de la deuda se reflejará en las cuentas anuales del ejercicio en que se apruebe judicialmente siempre que de forma racional se prevea su cumplimiento, y que la empresa pueda seguir aplicando el principio de empresa en funcionamiento. A tal efecto, el deudor, en aplicación de los criterios incluidos en los párrafos anteriores, realizará un registro en dos etapas:

a) Primero analizará si se ha producido una modificación sustancial de las condiciones de la deuda para lo cual descontará los flujos de efectivo de la antigua y de la nueva empleando el tipo de interés inicial, para posteriormente, en su caso (si el cambio es sustancial),

b) Registrar la baja de la deuda original y reconocer el nuevo pasivo por su valor razonable (lo que implica que el gasto por intereses de la nueva deuda se contabilice a partir de ese momento aplicando el tipo de interés de mercado en esa fecha; esto es, el tipo de interés incremental del deudor o tasa de interés que debería pagar en ese momento para obtener financiación en moneda y plazo equivalente a la que ha resultado de los términos en que ha sido aprobado el convenio)".

El criterio anterior es el recogido en diversas consultas publicadas por el Instituto de Contabilidad y Auditoría de Cuentas en su Boletín Oficial (BOICAC), entre las cabe destacar la consulta 1 del BOICAC nº 76/2008, Sobre el tratamiento contable de la aprobación de un convenio de acreedores en un procedimiento concursal, la cual señala, entre otros aspectos, lo siguiente:

"(...)

A la vista de lo anterior, la empresa deberá analizar si a raíz de la aprobación del convenio las nuevas condiciones de la deuda son "sustancialmente diferentes" o no:

a) Si las condiciones son sustancialmente diferentes: se dará de baja el pasivo financiero original y se reconocerá el nuevo pasivo por su valor razonable. La diferencia se contabilizará como un ingreso en la cuenta de pérdidas y ganancias del ejercicio, minorado, en su caso, en el importe de los costes de transacción atribuibles. Dicho resultado se mostrará en el margen financiero debiendo crear la empresa una partida específica con adecuada denominación si su importe es significativo. A tal efecto, se propone la siguiente denominación: "Ingresos financieros derivados de convenios de acreedores".

b) las condiciones no son sustancialmente diferentes: no se dará de baja el pasivo financiero original, registrando, en su caso, el importe de las comisiones pagadas como un ajuste en su valor contable. Se calculará un nuevo tipo de interés efectivo, que será el que iguale el valor en libros del pasivo financiero en la fecha de modificación con los flujos de efectivo a pagar según las nuevas condiciones.

(...)".

De conformidad con la normativa contable arriba reproducida, la renegociación de un pasivo se deberá evaluar en dos etapas: primero, la empresa analizará si se ha producido una modificación sustancial de las condiciones de la deuda para lo que se descontarán los flujos de efectivo de la antigua y la nueva empleando el tipo de interés inicial, para, posteriormente, si el cambio es sustancial, registrar la baja de la deuda original y reconocer el nuevo pasivo por su valor razonable. La diferencia existente se presentará como un ingreso financiero en la cuenta de pérdidas y ganancias.

A efectos de la presente contestación, este Centro Directivo parte de la presunción de que la consultante se ha ajustado a la normativa contable aplicable prevista, para el caso objeto de consulta, en el apartado 3.4 de la NRV 9ª del PGC y la consulta 1 del BOICAC nº 76/2008.

En relación con la opción A planteada, de la información contenida en el escrito de consulta cabría considerar que, como consecuencia de la quita superior al 90%, sí se produciría un cambio sustancial en las condiciones del pasivo financiero originario, circunstancia determinante para el reconocimiento contable de un ingreso financiero por la diferencia entre el pasivo financiero original y el nuevo pasivo por su valor razonable, y sin perjuicio de los costes de transacción que puedan afectar a su importe.

Por el contrario, en lo que a la opción B se refiere, de la información facilitada en el escrito de consulta no se puede determinar si se ha producido un cambio sustancial en las condiciones del pasivo financiero originario, por lo que este Centro Directivo no puede pronunciarse sobre dicha opción.

Una vez señalado lo anterior, en relación con la ya citada opción A, cabe traer a colación lo dispuesto en el apartado 13 del artículo 11 de la LIS establece que:

"13. El ingreso correspondiente al registro contable de quitas y esperas consecuencia de la aplicación de la Ley 22/2003, de 9 de julio, Concursal, se imputará en la base imponible del deudor a medida que proceda registrar con posterioridad gastos financieros derivados de la misma deuda y hasta el límite del citado ingreso.

No obstante, en el supuesto de que el importe del ingreso a que se refiere el párrafo anterior sea superior al importe total de gastos financieros pendientes de registrar, derivados de la misma deuda, la imputación de aquel en la base imponible se realizará proporcionalmente a los gastos financieros registrados en cada período impositivo respecto de los gastos financieros totales pendientes de registrar derivados de la misma deuda".

El reproducido artículo 11.13 de la LIS será de aplicación solo para aquellos ingresos correspondientes al registro contable de quitas y esperas que se realicen en el ámbito de la Ley Concursal, siendo una regla de integración en la base imponible del Impuesto preceptiva.

En consecuencia, el resultado contable se corregirá, en todo caso, practicándose el correspondiente ajuste positivo, en la parte correspondiente al ingreso contable derivado de la extinción de parte de la deuda (con motivo de la quita o la espera del convenio), devengado en el ejercicio en que tuviera lugar la aprobación judicial del convenio en virtud del cual se reconoce dicha extinción, tal y como señala el apartado 3.4 de la NRV 9ª del PGC.

Ulteriormente, el referido ingreso se integrará en la base imponible del Impuesto sobre Sociedades del ejercicio en que proceda registrar los gastos financieros derivados de la misma deuda y hasta el límite del citado ingreso. No obstante, en el supuesto de que el importe del referido ingreso fuese superior al importe total de los gastos financieros pendientes de registrar, derivados de la misma deuda, la imputación de aquel en la base imponible se realizará proporcionalmente a los gastos financieros registrados en cada período impositivo respecto de los gastos financieros totales pendientes de registrar derivados de la misma deuda..."

27. LOS PLANES DE REESTRUCTURACIÓN LIQUIDATIVOS: PRECONCURSO Y PRE-PACK

JUANA PULGAR EZQUERRA
Catedrático de Derecho Mercantil UCM

Sumario: I. EL CONTENIDO DE LOS PLANES DE REESTRUCTURACIÓN. II. LA POSIBILIDAD DE UN CONTENIDO LIQUIDATIVO DE LOS PLANES DE REESTRUCTURACIÓN. III. LOS INCENTIVOS DE LA LIQUIDACIÓN PRECONCURSAL A TRAVÉS DE LOS PLANES DE REESTRUCTURACIÓN. IV. CONCLUSIONES.

I. EL CONTENIDO DE LOS PLANES DE REESTRUCTURACIÓN

Transcurridos ya tres años desde la entrada en vigor de la ley 16/2022, se ha puesto de manifiesto la operatividad práctica de los nuevos planes de reestructuración regulados en el libro II del TRLC, así como la preferencia de los operadores por resolver la dificultades económicas por esta vía, con el consiguiente descenso del número de concursos de acreedores declarados, aun cuando carecemos hasta el momento del necesario desarrollo reglamentario que nos permita medir el número exacto de planes de reestructuración homologados y con ello la eficiencia del modelo.

Han sido diversas las cuestiones interpretativas que ha venido suscitando el nuevo régimen jurídico regulador de los planes de reestructuración, abarcando desde la posibilidad de planes competidores, el alcance del control judicial en la homologación de los planes, los criterios de formación de las clases de acreedores y delimitación del perímetro de afectación o los efectos sobre la homologación de un plan de reestructuración forzoso del art. 639.1° TRLC sin nombramiento del experto en la reestructuración.

En este marco hay que destacar además el debate interpretativo sobre la posibilidad de planes de reestructuración de contenido liquidativo, lo que conecta necesariamente con la finalidad encomendada a los planes de reestructuración de mantener la actividad de empresas viable en el corto y medio plazo, evitando la declaración de un concurso de acreedores.

El tema es relevante en particular en este momento en el que está concluyendo el proceso de negociación y tramitación de la propuesta de segunda directiva de insolvencia de 7 de diciembre de 2022, centrada en la armonización de temas relativos a la liquidación de empresas por la vía hibrida y fast track del denominado pre-pack, que combina una fase preconcursal de búsqueda competitiva de la mejor oferta con una fase concursal de liquidación de la compañía. En este contexto, se suscita y es necesario definir el marco de relaciones entra planes de reestructuración y pre-pack y, por tanto, lo que conlleva un pronunciamiento sobre la posibilidad de incorporar la liquidación de la empresa o partes de esta, como contenido de los planes de reestructuración[1].

En el art. 633 del TRLC se regula el contenido mínimo que deben tener los planes de reestructuración para resultar sometidos al libro II del TRLC, debiendo completarse las previsiones recogidas en este articulo con el art. 614 TRLC que en conexión con el concepto de los planes de reestructuración también alude a su contenido, siendo este un precepto clave como se analizará más adelante, en orden a precisar la posibilidad de que los planes de reestructuración tengan en su caso un contenido liquidativo.

Nos encontramos ante el contenido mínimo que ha de tener el plan de reestructuración si se quiere homologar (art. 638.2º TRLC) y resultar protegido en un eventual escenario concursal, al que no obstante podrían añadirse otros contenidos sobre la base de la autonomía de voluntad de las partes y dentro de los límites de esta (art. 1255 CC).

---

1 Me he ocupado de este tema en PULGAR EZQUERRA, J "Rescisorias concursales y pre-pack en la propuesta de segunda directiva de insolvencias" en RDM 171/2023. Pp. 11-58; Vid. THERY, A "El pre-pack en la propuesta de directiva de 7 diciembre de 2022" en Revista General de insolvencias & Reestructuraciones (I &R) 9/2023. Pp. 93-131.

En este último marco, se pueden situar una serie de obligaciones de hacer y no hacer (covenants positivos y negativos) que en particular los acreedores profesionales, en el sentido de financieros, suelen introducir en los planes de reestructuración a cargo de las sociedades deudoras en relación a su actividad empresarial (p. e., restricción de la actividad a la gestión ordinaria, contratación en términos de mercado, etc.), de carácter societario (p. e., prohibición absoluta o relativa de reparto de dividendos, prohibición de reducciones de capital salvo las legalmente exigidas, fijación de retribuciones de administradores), o de carácter financiero (prohibición de otorgar garantías en aseguramiento de obligaciones de terceros, prohibición de financiación a terceros, prohibición de asumir nuevos endeudamientos).

Asimismo, podrían incorporarse al plan un listado de supuestos resolutorios, vencimientos anticipados u obligaciones de cumplimiento de ratios financieros, como mecanismo de medición anticipada de impagos y por tanto de la insolvencia (ratio de cobertura del servicio de la deuda basado en un criterio de caja, *«debt service coverage ratio»* o DSCR, y *ratio* de cobertura de intereses, *«interest coverage ratio»* o ICR, basado en criterios contables o ratio de endeudamiento que permite calcular lo que porcentualmente supone el EBITDA generado por las sociedades deudoras respecto a su deuda financiera total).

La causa de la inclusión por las entidades financieras de estos *«covenants»* positivos y negativos conecta en gran medida con el elevado apalancamiento (relación entre fondos propios y endeudamiento financiero) de las sociedades en general y en particular de las que optan por reestructurar su deuda. Ello determina que sean los acreedores profesionales, en el sentido de entidades financieras, los que *«de facto»* soporten el riesgo empresarial, buscando, con el fin de soportar este coste, «controlar» por la vía de las limitaciones, los comportamientos de sus deudores, reservándose la última palabra en la importante toma de decisiones. Ello suscita como una cuestión de relevante trascendencia práctica, si nos movemos en un ámbito de «supervisión de la solvencia» para lo que no sólo están legitimados sino aún más obligados los acreedores financieros o si entraríamos en el complejo ámbito de una eventual «administración de hecho» de las entidades financieras en el marco de los procesos de reestructuración, con las implicaciones que este pronunciamiento podría tener en un eventual escenario concursal, particularmente en materia de responsabilidad por cobertura del déficit patrimonial *ex* art. 456 TRLC.

El contenido mínimo del plan de reestructuración, puede sistematizarse en un contenido descriptivo, esto es, en el plan debe indicarse el activo y pasivo del deudor, los acreedores afectados por el plan con su identidad e importes de afectación, los acreedores y socios que no vayan a resultar afectados.

De otro lado en el plan deben recogerse las medidas de reestructuración financiera y operativa, lo que evidencia el salto de la mera refinanciación a la reestructuración que se produjo con la ley 16/2022 y el concepto amplio de ésta por el que se opta en el art. 614 TRLC, con incidencia no solo en el pasivo de la compañía como acontecía en los acuerdos de refinanciación sino también en el activo; Así mismo, debe recogerse una exposición de las condiciones necesarias para el éxito del plan, garantizando la viabilidad de la compañía y finalmente las medidas de información y consulta con los trabajadores.

Así en el art. 633.9º del TRLC se regula todo aquello que se propone para garantizar la viabilidad del deudor, aludiéndose en primer lugar en un modo genérico a las medidas de reestructuración operativa propuestas que podrán tener carácter societario (p.e. fusiones, escisiones, desinversión de activos no estratégicos…) en su caso su duración y flujos de caja estimados del plan.

De otro lado, se hace referencia a las medidas de reestructuración financiera (quitas, esperas, capitalizaciones…) que formaban parte y en ocasiones agotaban el contenido de los anteriores acuerdos de refinanciación, incluyéndose una expresa referencia al dinero nuevo.

Se ha optado por no enumerar en el art. 633 TRLC, en sede de contenido legal mínimo del plan de reestructuración, cuales podrían ser esas medidas de reestructuración operativa, conteniéndose, no obstante, una enumeración ejemplificativa y no taxativa en el art. 614 del TRLC, en conexión con el concepto de los planes de reestructuración. Así, se establece que tendrán por objeto la modificación de la composición, las condiciones o la estructura del activo y del pasivo del deudor o de sus fondos propios "incluidas las transmisiones de activos, unidades productivas o de la totalidad de la empresa en funcionamiento, así como cualquier cambio operativo necesario o una combinación de ambos elementos"[2].

Por tanto, las medidas de reestructuración operativa de los planes de reestructuración serán fijadas sobre la base de la autonomía de la voluntad (art. 1255 Cc) por las partes deudor y acreedores en cada caso, no habiendo dos planes de reestructuración iguales desde el punto de vista de su contenido de medidas operativas a adoptar en orden a la reestructuración.

Así en este ámbito, podrían además de adoptarse las posibles medidas operativas societarias y financieras mencionadas y contemplarse transmisiones de activos, unidades productivas o de la empresa en funcionamiento en su totalidad a las que se hace referencia en el art. 614 del TRLC, así como otras medidas laborales y societarias.

Son medidas que de un lado, habrá que adoptar con arreglo a la normativa societaria, civil, mercantil o laboral correspondiente, pero produciéndose a su vez un cierto desplazamiento de estas normativas en aras de la reestructuración, lo que hay que entender partiendo de la lógica colectiva que subyace a los planes de reestructuración cuyo fundamento se sitúa en principio en una amplia base de consenso alcanzada entre los acreedores (sabiduría del colectivo), aun cuando también se regula la posibilidad de planes de reestructuración forzosos, esto es, no consensuales.

Ello va a justificar que en ocasiones, las normas de protección individuales de los acreedores en el marco de la adopción de estas medidas de reestructuración operativa queden desplazadas por los mecanismos colectivos de protección regulados en el libro II TRLC en el marco de los planes homologados de reestructuración y en concreto por la impugnación del plan de reestructuración.

De otro lado, son medidas que pueden ser decididas en el marco de los planes de reestructuración regulados en el libro II TRLC por los acreedores con la amplia mayoría de consenso exigida en la ley, incluso en contra de la voluntad de los socios, pudiendo verse arrastrados por las medidas aceptadas por los acreedores en el marco de

---

2 Vid. DE ROJAS, P "Comentario al art. 633 TRLC en AAVV Comentario a la Ley concursal, Dir Pulgar Ezquerra, J. Coord Gutiérrez GilSanz, A/ Megias Lopez, J / Recaman Graña, E. La ley 2023, pp. 1123-1136.

los denominados planes de reestructuración forzosos con los requisitos y en las condiciones que legalmente se regulan, lo que representa un potente incentivo para que los socios acepten alcanzar un plan de reestructuración.

II. LA POSIBILIDAD DE UN CONTENIDO LIQUIDATIVO DE LOS PLANES DE REESTRUCTURACIÓN

En el marco de las medidas de reestructuración operativas que pueden formar parte de los planes de reestructuración con incidencia en el activo, se situarían también, como se ha adelantado, la venta de partes o incluso de la totalidad de la empresa.

Esta opción significa que, en virtud de un plan homologado de reestructuración, la sociedad se "despoja" o es despojada a la fuerza de todos sus activos en funcionamiento y pasivos, que serían adquiridos por un tercero, destinándose el precio de la venta a la satisfacción de los pasivos afectados por el plan, acompañando los pasivos no afectados al negocio que se transmite[3].

Esta posibilidad no se contemplaba expresamente en nuestro derecho respecto de los acuerdos de refinanciación en cuyo marco se mencionaba en los entonces arts. 623.2° y 626.12° TRLC en relación a los acuerdos homologados de refinanciación, así como en los arts. 667.1.4° y 667.2 TRLC, la cesión en pago y para pago de bienes o derechos) como contenido del acuerdo, lo que por otro lado, ha sido frecuente en la práctica, pero no así la enajenación de unidad productiva o cualquier otra forma de liquidación de la empresa.

Esta ausencia de previsión legal expresa era coherente dada de un lado, la incidencia de estos acuerdos en el pasivo de la compañía y no tanto en el activo, y, de otro, dada la expresa vinculación legal de aquellos acuerdos al mantenimiento de la actividad de la compañía en el corto y medio plazo conforme a las previsiones de un plan de

3 Vid. DE ROJAS, op. cit. p. 1132 asimilando esta posibilidad a una especie de pre-pack pero instrumentado a través de un plan de reestructuración y no de un concurso de acreedores.

viabilidad, lo que parecía excluir a priori cualquier contenido liquidativo de aquellos.

No obstante, en el marco de los planes de reestructuración nos encontramos ante un escenario diferente en el que las enajenaciones de unidades productivas en funcionamiento, incluso de la compañía entera en globo, adquieren un significado distinto respecto de la reestructuración del activo de las compañías en dificultades económicas, en particular cuando estas son pymes o microempresas.

En la directiva UE 2019/1023 sobre marcos de reestructuración preventivos, sobre la base del amplio concepto de reestructuración del que se parte, se contemplan expresamente las ventas de unidades productivas (art. 2.1.1), dándose la opción a los estados miembros para su regulación en el marco de los planes de reestructuración, con atención a la necesaria continuidad de las relaciones laborales y protección de los derechos de los trabajadores conforme a las Directivas laborales Europeas y en particular a la Directiva 2001/23 CE, con posibilidad no obstante de excluir la responsabilidad del adquirente.

Ello es necesario si se quiere incentivar este tipo de operaciones pues como ha resaltado la doctrina en diversas ocasiones, el mantenimiento de la responsabilidad solidaria del comprador de una unidad productiva que beneficia a determinadas clases de acreedores (Hacienda Pública, Seguridad Social y trabajadores) obstaculiza estas operaciones por lo que es aconsejable su exclusión sin merma de los derechos de los trabajadores regulados sobre todo en la mencionada Directiva 2001/23.

En la reforma del Texto Refundido de la Ley Concursal por la ley 16/2022, para la transposición de la referida directiva, la posibilidad de planes de reestructuración liquidativos se admite no tanto en el artículo 633 TRLC, en el que como se ha analizado se regula el contenido mínimo de los planes de reestructuración y no se hace referencia alguna al posible contenido liquidativo del plan, cuanto en el artículo 614 del texto refundido en sede de delimitación conceptual de los planes, como se ha adelantado.

Así, en el art. 614 TRLC, al definirse los planes de reestructuración, se consideran tales los que tengan por objeto la modificación de la composición, las condiciones o de la estructura del activo y del pasivo del deudor o de sus fondos propios "incluidas las transmisiones de activos, unidades productivas o de la totalidad de la empresa en funcionamiento, así como cualquier cambio operativo necesario o una combinación de ambos elementos", lo que implícitamente nos remite al artículo 200.2 TRLC en el que la unidad productiva se define como el "conjunto de medidas organizativas para el ejercicio de una actividad económica esencial o accesoria".

La conveniencia de la admisión de los planes de reestructuración liquidativos en nuestro modelo, encontraría su fundamento de política legislativa al menos en dos consideraciones; De un lado, como ha resaltado la doctrina, si se admiten conversiones de deuda en capital que pueden ser impuestas a los socios como parte del contenido de los planes de reestructuración y a través de las que se produce de algún modo una "ejecución por apropiación" a modo de liquidación, no resultaría coherente en el sistema excluir la posibilidad de dicha liquidación en un modo directo mediante la venta en globo del negocio como parte del contenido de la reestructuración operativa del plan[4]. En definitiva, lo que los acreedores puedan hacer indirectamente vía capitalización de deuda, tienen por coherencia que poder hacerlo también directamente mediante la enajenación de la unidad productiva o del negocio en globo.

Así mismo, la liquidación como parte del contenido de los planes de reestructuración puede ser una opción especialmente operativa para pequeñas y medianas empresas, en la medida en que permite "drenar" la compañía, evitando los costes temporales y económicos de la canalización de la liquidación a través de la apertura de un procedimiento concursal, lo que se contempla en el procedimiento especial para microempresas regulado en el libro III TRLC.

No obstante, el tema puede no estar tan claro conforme a lo dispuesto en el artículo 638. 1° TRLC en el que claramente se impone como requisito material para homologar un plan de reestructuración, que este ofrezca una perspectiva razonable de evitar el concurso y asegurar la viabilidad empresarial del deudor en el corto y medio plazo, requisito este cuya importancia en orden a la homologación

---

4 Así acertadamente Vid. GARCIMARTIN ALFÉREZ, F en "Revista de insolvencias y Reestructuraciones" Iustel (I&R) n° extraordinario 3/2021. Pp. 56

de un plan de reestructuración han resaltado reiteradamente nuestros tribunales[5].

Es cierto como ha resaltado la doctrina que el objetivo de evitar el concurso de acreedores se alcanzaría con una liquidación y extinción de la deuda pactada con las mayorías de acreedores exigidas por la Ley, en virtud de un Plan que previera el pago de las deudas de los acreedores afectados y, una vez pagados los acreedores que no se pudieran afectar (básicamente, pasivo laboral, crédito público y los mencionados en el artículo 616.2 de la Ley) en su totalidad, ya no quedarían más acreedores a los que hacer participar en un potencial concurso ni activos que realizar, pudiendo argumentarse incluso que el resultado obtenido por esta vía sería mejor que el que se podría obtener en una liquidación concursal[6]

No obstante, entendemos partiendo de la Directiva UE 2019/1023 que los planes de reestructuración no pueden constituir una vía para la liquidación de empresas inviables, lo que por razones de seguridad jurídica queda reservado al ámbito concursal, siendo esencial y un elemento definitorio de los planes que permitan la continuidad de la actividad empresarial y la viabilidad del negocio, aun cuando tema distinto es la delimitación conceptual de la viabilidad en el corto y medio plazo[7].

Por tanto, el artículo 638.1° del TRLC constituiría un límite claro a la posibilidad de utilizar los planes de reestructuración como vía para la liquidación ordenada de empresas, habiéndose denegado hasta el momento en varias ocasiones en la práctica la homologación de un plan de reestructuración cuando no resultaba suficientemente

---

5 Sentencia de la Audiencia Provincial de Madrid, de 28 de octubre de 2024; Sentencia de la Audiencia Provincial de Barcelona de 9 de julio de 2024, sección 15 Auto del Juzgado de lo Mercantil 1 de Jaén, de 20 de diciembre de 2024, caso Aceites Naturales del Sur); Juzgado de lo Mercantil n° 2 de Barcelona en su sentencia de 4 de septiembre de 2023 (caso Celsa),

6 En este sentido, vid. FARRES JUSTE, LL/TAGLIAVINI SANSA, R "La liquidación ordenada como necesidad preconcursal: un paso, más", Revista de insolvencias y Reestructuraciones Iustel (I&R) n° 16/2025. Pp. 235-249.

7 Vid. Sentencia de la Audiencia Provincial de Barcelona, Sección 15ª, de 9 de julio de 2024, caso Vilaseca),

acreditada la viabilidad de la compañía[8], impidiendo la ausencia de actividad apreciar la viabilidad del deudor[9].

Todo ello, pone en duda los planes de liquidación pactada que consistan en la venta total del negocio sin continuidad de la actividad, siendo por tanto admisibles solo los planes liquidativos que podríamos denominar conservativos, esto es, aquellos que mediante la venta total de la empresa con cambio de titularidad o de parte de ella, permitan la continuidad de dicha actividad.

III. LOS INCENTIVOS DE LA LIQUIDACIÓN PRECONCURSAL A TRAVÉS DE LOS PLANES DE REESTRUCTURACIÓN

La valoración de la operatividad de la opción de dotar de contenido liquidativo a un plan de reestructuración, con los limites analizados, no ha de valorarse en abstracto sino en conexión y comparación valorativa con las otras posibilidades que se ofrecen en sede concursal en el texto refundido de la ley concursal tras su reforma por la ley 16/2022.

Así, centrándonos en la enajenación de unidades productivas, se pueden distinguir en el TRLC diversas posibilidades que se ofrecen al operador;

De un lado, se regula la posibilidad de que la propuesta de convenio consista en la adquisición por una persona natural o jurídica bien del conjunto de bienes y derechos de la masa activa afectos a la actividad profesional o empresarial del concursado con la asunción por el adquirente del compromiso de continuidad de esa actividad durante el tiempo mínimo establecido y de la obligación de pago to-

8 Así vid: sentencia del Juzgado de lo Mercantil 2 de Almería, de 30 de julio de 2024 (caso Sat Naturchac); Auto del Juzgado de lo Mercantil 1 de Jaén, de 20 de diciembre de 2024 (caso Aceites Naturales del Sur).

9 Vid. el pionero Auto del Juzgado de lo Mercantil nº 12 de Madrid de 20 de noviembre de 2023 (caso Industrias Bianchezza), siendo el primer caso en el que se denegó la homologación de un plan sobre la base de esta argumentación: ausencia de actividad, ausencia de viabilidad.

tal o parcial de todos o de algunos de los créditos concursales, lo que se denomina "convenio con asunción" (art. 324 TRLC)[10].

De otro lado, el deudor en caso de probabilidad de insolvencia, insolvencia inminente o insolvencia actual y cualquiera sea la actividad a la que se dedique, puede solicitar del juzgado competente para la declaración en su caso del concurso de acreedores el nombramiento de un experto que recabe ofertas de terceros para la adquisición, con pago al contado, de una o varias unidades productivas de que sea titular el solicitante, aunque hubieran cesado en la actividad aplicándose en estos supuesto el régimen previsto en los arts. 224 ter a 224 septies del TRLC.

Se regulan así legalmente como novedad en nuestro derecho, instrumentos técnicos de liquidación procedentes de los modelos anglosajones[11] e incorporados a modelos como el holandés y que habían sido acogidos con anterioridad en ocasiones en la práctica jurisprudencial por nuestros jueces de lo mercantil, a través del denominado pre-pack. En efecto, en este marco, hay que destacar los esfuerzos desarrollados por nuestros jueces de lo mercantil, que en algunas de sus resoluciones encontraron en la comunicación de inicio de negociaciones ex art. 583 TRLC, antiguo art. 5 bis LC, un cauce para dicho pre-pack[12], teniendo que mencionarse además en este lugar las normas sobre pre-pack redactadas inicialmente por los jueces de lo mercantil de Barcelona a las que con posterioridad se añadieron otras[13] y que aun cuando no constituyan una fuente de

---

10 Me he ocupado del convenio con asunción en PULGAR EZQUERRA, J "Los convenios con asunción de pasivo en el marco de la transmisión concursal de empresas" en RDM 266/2007 pp. 889-940.

11 Vid. GALLEGO CORCOLES, A "El pre-pack y la venta anticipada de unidades productivas en derecho español: modelos comparados" en Revista general de insolvencies & reestructuraciones (I&R) 4/2021 pp. 283-302

12 Así pueden citarse los ya clásicos autos de 29-2-2020 del Juzgado de lo mercantil nº 10 de Barcelona, en el que se cita como antecedente el Auto del juzgado de lo mercantil nº 3 también de Barcelona en los que por primera vez se designaron a unos auxiliares independientes para supervisar y auxiliar a la concursada en su labor de búsqueda de ofertas de adquisición de unidades productivas.

13 Así vid. protocolo pre-pack de 20 de enero de 2021 aprobado por los jueces de lo mercantil de Barcelona; Protocolo aprobado en la junta sectorial de Baleares de 28 de abril de 2021 y el aprobado por la sala de gobierno del tribunal

derecho vinculante sirvieron como criterios interpretativos ante la ausencia de regulación legal de la figura en nuestro derecho a lo que deben añadirse las normas redactadas también en este sentido por diversos colegios profesionales.

No obstante, el pre-pack que se ha regulado no se corresponde exactamente con la aproximación judicial que nuestros jueces de lo mercantil habían hecho a esta figura y que se planteaba como un supuesto en el que el deudor podía junto a su solicitud de concurso voluntario presentar una propuesta escrita vinculante de un acreedor o de un tercero para la adquisición de una o varias unidades productivas, lo que le permitía gestionar extraconcursalmente las condiciones de dichas enajenaciones, tramitándose en todo caso concursalmente dicha adquisición sobre la base de la referida oferta, con los incentivos concursalmente previstos en materia de sucesión de empresa y cesión ex lege de contratos (arts. TRLC).

En el régimen legal de pre-pack introducido en virtud de la ley 16/2022, sin embargo, la designación de un experto en pre-pack, esto es, para la enajenación de unidades productivas no está ligado necesariamente a la declaración de un concurso de acreedores, aunque puede ser así, pudiendo materializarse la venta no solo en sede de concurso sino también preconcursalmente y por tanto fuera de un procedimiento concursal.

Así se deriva de los presupuestos objetivos a los que se conecta en el art. 224 ter TRLC la posibilidad de solicitud de nombramiento por el deudor al juez que sería competente para declarar un concurso de acreedores situados de un lado, en la insolvencia actual e inminente que legitima al deudor e incluso le obliga a pedir el concurso en situaciones de insolvencia actual, no eximiendo de dicho deber la solicitud de nombramiento de un experto en el marco de un pre-pack (art. 224 quinquies TRLC).

---

superior de justicia de las islas baleares de 5 de mayo de 2021; GuÍa de buenas prácticas procesales en materia del art. 530 del TRLC aprobada por los jueces de lo mercantil de Madrid de 22 de enero de 2021, relativa a procedimiento concursales ya declarados Así mismo y más recientemente, vid. conclusiones 2/2022 de los jueces de lo mercantil de Sevilla relativas ya a la interpretación del régimen legal de pre-pack introducido por la ley 16/2022.

De otro, también se contempla esta posibilidad en situaciones de probabilidad de insolvencia que es un presupuesto objetivo exclusivamente preconcursal conectado a los planes de reestructuración y en modo alguno al concurso de acreedores del que no constituye presupuesto objetivo como se deriva del art. 2 TRLC, no pudiendo por tanto en estos supuestos desembocar la solicitud y designación de un experto en pre-pack en un concurso de acreedores.

Esta regulación abre nuevas posibilidades de pre-pack, algunas de ellas en conexión con planes de reestructuración y no solo con el concurso de acreedores, pudiendo distinguirse varios escenarios.

En principio parece que la opción por un pre-pack sobre la base del art. 224 ter TRLC en sede preconcursal seria excluyente con la opción de canalizar la enajenación de una o varias unidades productivas a través de un plan de reestructuración del libro II del TRLC, siendo figuras distintas y teniendo distintas funciones el experto en pre-pack y el experto en reestructuraciones, aun cuando como se establece en el artículo 224 quater TRLC el nombramiento del experto en pre-pack puede recaer en persona natural o jurídica que reúna las condiciones para ser experto en reestructuraciones o administrador concursal.

No obstante, serian posibles "cambios de ruta", de modo que se puede comenzar escogiendo la vía de solicitar el nombramiento de un experto en pre-pack para recabar ofertas sobre la base del art. 224 ter TRLC, pero eso no excluye que en el curso de las ofertas y las negociaciones los acreedores decidan optar por insertar dicha enajenación en un plan liquidativo de reestructuración preconcursal del libro II TRLC.

Esta opción determinaría el fin de las funciones del experto en pre-pack abonándole lo que le corresponda, homologándose un plan de reestructuración con ese contenido, en cuyo caso el experto del art. 224 ter TRLC no sería un experto adecuado a los efectos de la homologación del plan, dado que a este se le nombró solo para recabar ofertas por lo que no podría servir como tal a los efectos de la homologación, sin perjuicio de que se pueda solicitar al juez por el deudor o los acreedores con los porcentajes de mayoría o minoría de los arts. 672.1.2° y 673 TRLC que "reconvierta" a dicho experto en experto de la reestructuración, dado que los requisitos son comunes.

Ello no obstante no podría ser decidido de oficio por el juez dado que en materia de experto en reestructuraciones se ha optado por un modelo de mercado y en todo caso ha de ser el deudor o la mayoría o la minoría cualificada de acreedores la que designe al experto que luego solo formalmente nombrará el juez.

La pregunta clave es analizar cuáles serían los elementos que podrían determinar dicho cambio de ruta lo que conecta con las principales ventajas que conllevaría la opción de enajenar unidades productivas en el marco de un plan de reestructuración o del pre-pack del art. 224 ter TRLC.

A nuestro entender, las principales ventajas serian dos, de un lado, la opción de los operadores y en particular de los acreedores se puede decantar por articular la enajenación a través de un plan precoconcursal de reestructuración, dado que pueden "forzar" la venta de la empresa en funcionamiento a un tercero o a los trabajadores, incluso contra la voluntad de los socios (art. 631 en conexión con el art. 640 TRLC).

No obstante, esta última posibilidad solo en supuestos en los que la compañía se encuentre en situación de insolvencia actual o inminente (art. 640.2 TRLC), en los que cabría la homologación de un plan liquidativo incluso sin el parecer o el parecer en contra de los socios manifestado en junta dado que este sería uno de los contenidos que habrían de ser adoptados por los socios reunidos en junta, siendo estos arrastrados por los efectos del plan de reestructuración homologado, siempre que concurran las condiciones legalmente exigidas para ello, lo que no cabría en el marco de una enajenación con pre-pack.

Así mismo, se eluden las ofertas alternativas y competitivas de adquisición que durante el plazo de 15 días se establecen en el artículo 224 bis. 2 TRLC para que cualquier interesado pueda presentar propuesta vinculante alternativa.

De otro lado, se eluden las restricciones existentes en nuestro derecho en aquellos supuestos en los que una persona especialmente relacionada con el deudor (PER) sea el adquirente (art. 224.2 TRLC).

Así mismo, el adquirente en el marco de un plan de reestructuración no asume la obligación de continuar o reiniciar la actividad de la unidad productiva durante el plazo mínimo de dos años que se recoge en el artículo 224 septies. 2 TRLC y que se eleva a tres en supuestos de solicitud de declaración de concurso voluntario con presentación de oferta de una o varias unidades productivas sin solicitud de nombramiento de un experto ex art. 224 bis.1 TRLC[14].

Esta exigencia, convierte al adquirente en un empresario a plazo fijo, dando lugar el incumplimiento de este compromiso a que cualquier afectado pueda reclamar al adquirente la indemnización de los daños y perjuicios causados, aun cuando sin que se precise el juez competente para conocer de dicha reclamación[15].

No obstante, y como contrapartida de todo ello, se excluyen en el marco de los planes de reestructuración los beneficios legalmente regulados en materia de responsabilidad del adquirente (art. 221 TRLC) y sucesión de empresa a efectos tributarios y de Seguridad social[16].

---

14 Vid. GALLEGO CORCOLES, A. Comentario al art. 224 bis TRLC en AAVV Comentario a la ley concursal. Dir PULGAR EZQUERRA. (tercera edición) op. cit. pp. 1266. Las incongruencias presentes en la actual regulación del pre-pack respecto del plazo del compromiso de continuidad en la actividad, se persiguieron solventar a través de diversas enmiendas parlamentarias presentadas en el marco del proyecto de ley orgánica de eficiencia (enmienda 88; enmienda 212; y 269), decayendo este proyecto con el adelanto de las selecciones generales (23 de julio de 2023) por lo que no pudieron "arreglarse" algunas de las incongruencias presentes en el régimen del pre-pack.

15 Me he ocupado de los problemas que plantea este compromiso de continuidad en el marco de los convenios de asunción, pero con consideraciones extensibles al marco del compromiso que ese exige en sede de pre-pack en PULGAR EZQUERRA, J. "Los convenios con asunción de pasivo en el marco de la transmisión concursal de empresas" en RDM 266/2007 pp. 889-940.
Estas y otras incongruencias presentes en la, actual regulación del pre-pack se persiguió solventar a través de diversas enmiendas parlamentarias presentadas en el marco del proyecto de ley orgánica de eficiencia (enmienda 88; enmienda 212; y 269), decayendo este proyecto con el adelanto de las selecciones generales (23 de julio de 2023) por lo que no pudieron "arreglarse" algunas de las incongruencias presentes en el régimen del pre-pack.

16 Vid. sobre las ventajas de acudir a un plan de reestructuración para liquidar Vid. ALONSO HERNANDEZ, A. "Los planes liquidativos: la transmisión del negocio con acuerdo de acreedores" en Revista general de insolvencias & reestructuraciones (I&R) 10/2023.

Sobre la base de estas consideraciones pudo optarse inicialmente por canalizar la enajenación de unidad productiva a través de un plan de reestructuración porque no se contaba con el parecer favorable de los socios para ello o no quería o no podía asumir el adquirente la obligación de continuar o reanudar la actividad.

No obstante, estas circunstancias iniciales pudieron cambiar posteriormente y es evidente que son muchas las ventajas que conlleva optar por la enajenación de unidad productiva a través del pre-pack del art. 224 ter TRLC, que se incentiva a través de la cesión ex lege de los contratos de los que dependa la continuidad de la actividad empresarial o profesional, así como con especiales reglas en materia de sucesión de empresa existiendo ésta a efectos de SS y de trabajadores, pero solo y exclusivamente dentro de los trabajadores adscritos al perímetro de los contratos de trabajo cedidos ex arts. 221 y 224.1.1° TRLC.

Así mismo, la transmisión de unidad productiva vía pre-pack no lleva aparejada la obligación de pago de los créditos no satisfechos por el concursado antes de la transmisión ya sea concursales o contra la masa, salvo si los adquirentes de las unidades productivas son personas especialmente relacionadas con el concursado (art. 224.2 TRLC). Con esta previsión, se maximiza el precio que se pueda obtener y su distribución conforme a los rangos concursales, habiéndose admitido en ocasiones jurisprudencialmente "descontar" el pasivo que voluntariamente adquiere el adquirente del precio final de la compra de la empresa.

Estos incentivos sin embargo no se regulan cuando la enajenación se articula a través de un plan de reestructuración, sin que se haya introducido en este marco un procedimiento especial de liquidación preconcursal, resultando por tanto estas operaciones sometidas al régimen general mercantil, tributario, administrativo, laboral y de seguridad social y sobre todo en materia de sucesión de empresa y responsabilidad solidaria del adquirente respecto de las deudas tributarias, de seguridad social y laboral, sin limitación al perímetro de los contratos en los que se subrogue el adquirente.

No se ha introducido por tanto un régimen especial para la sucesión de empresa preconcursal por contraste con el régimen general laboral, justificándose esta opción desde un punto de vista de principios de política jurídica, en coherencia con la opción en nuestro modelo de no vincular y dejar fuera de los efectos de los planes de reestructuración a los trabajadores. Así mismo, el establecimiento de un régimen especial en sede preconcursal podría haber suscitado un debate en torno a la compatibilidad de esta opción con la directiva UE 2019/1023, pues si bien está claro cómo ha puesto de relieve el Tribunal de Justicia Europeo en una reciente resolución que es compatible con la Directiva la no aplicación de las normas generales sobre sucesión de empresa cuando la enajenación se produce en el marco de un procedimiento concursal[17], no está claro sin embargo interpretativamente que ello también pueda operar en sede preconcursal sin que se altere la referida compatibilidad con el derecho Europeo.

Así mismo, la enajenación de unidad productiva podría articularse a través de la solicitud de concurso voluntario con oferta de adquisición de una o varias unidades productivas sobre la base del art. 224 bis TRLC, en supuestos solo de insolvencia actual o inminente pero no en probabilidad de insolvencia. En este caso, la enajenación se realizaría en sede concursal en fase común, sin que sea necesario abrir la fase de liquidación, lo que permite ahorrar tiempo y por tanto preservar el valor de los activos en su ejecución, sin que en este caso se solicite por parte del deudor el nombramiento de un experto para recabar dichas ofertas al juez que sería competente para declarar el concurso. Ello resta transparencia a la fase previa al concurso, beneficiándose no obstante también esta enajenación de los incentivos en materia de sucesión de empresa y cesión ex lege de contratos regulados en supuestos de pre-pack (arts. 221 a 224 TRLC).

Finalmente, puede plantearse dicha enajenación con un carácter judicial en sede concursal en fase de liquidación conforme a lo

---

17 Auto del Tribunal de Justicia de 28 de enero de 2015 (Gimnasio Deportivo S Andres SL) entendiéndose que cuando una entidad económica mantenga su identidad, entendida como un conjunto de medios organizados a fin de llevar a cabo una actividad económica esencial o accesoria, se considerara a los efectos laborales que existe sucesión de empresa, aun cuando el juez podrá acordar que el adquirente no se subrogue en la parte de la cuantía de los salarios o indemnizaciones pendientes de pago anteriores a la enajenación que se asumida por el fondo de garantía salarial.

previsto en los arts. 215 a 224 TRLC, lo que conlleva un importante coste temporal al dilatar esa enajenación hasta la fase de liquidación, con la consiguiente depreciación del valor de los activos y estigma reputacional asociado a la venta en sede concursal.

IV. CONCLUSIONES

A la vista de lo analizado y aun cuando admitamos en los términos expuestos la posibilidad de planes de reestructuración con un contenido liquidativo, parece más operativo optar por la vía del pre-pack para proceder a la enajenación de unidades productivas.

Como se ha analizado esta opción conlleva importantes ventajas respecto de una enajenación por la vía de los planes de reestructuración, entre las que recopilando hay que situar: el estrecho margen para reestructurar y afectar al crédito público en los planes de reestructuración; la imposibilidad de afectar al pasivo derivado de responsabilidad civil extracontractual; la limitación de los efectos de la sucesión de empresa a la que no pueden acogerse los planes de reestructuración; la protección frente a las acciones rescisorias; la elección de los contratos a incluir la cesión de contratos sin consentimiento de la contraparte; la elección de los contratos a incluir dentro del perímetro de la venta de unidad productiva y finalmente, la cesión de las licencias o autorizaciones administrativas, a la que tampoco pueden acogerse las enajenaciones por la vía de los planes de reestructuración[18].

No obstante, la verdadera utilidad de vehiculizar una liquidación a través de un plan de reestructuración, además de no tener que asumir un compromiso de continuidad en la actividad, residiría en los casos en los que como se ha analizado no se cuente con el parecer favorable de los socios y se busque su "arrastre" forzando una enajenación en supuestos de insolvencia actual o inminente o no sea posible conseguir el compromiso de continuidad o reanudación de la actividad por el adquirente.

---

18 Vid. no obstante destacando las ventajas que puede conllevar la liquidación concursal THERY, A / ARA, C. "Hacia una interpretación restrictiva del art. 224.2 de la ley concursal" en Almacén de Derecho, 26 de marzo de 2025.

Por tanto, es preciso potenciar el pre-pack, mejorando en nuestro derecho su régimen jurídico en la actualidad confuso y no exento de contradicciones, lo que necesariamente tendremos que hacer con ocasión de la transposición de la propuesta de segunda directiva de insolvencia, que tienen entre sus objetivos la armonización del régimen de pre-pack[19].

---

19 Vid. los Acuerdos de unificación de criterios en derecho concursal de los juzgados mercantiles de Barcelona, de diciembre de 2023, en los que en el apartado relativo a "Reglas especiales para el procedimiento de pre-pack" se incorporan interpretativamente de lege ferenda, atendiendo a la Propuesta de Segunda Directiva en materia de insolvencia algunos de los cambios que por exigencias de la segunda Directiva tendremos que introducir en el régimen vigente de pre-pack (protección de la financiación interina, incorporación de la regla del mejor interés de los acreedores, honorarios de éxito).

28. ESTRATEGIA PROCESAL EN LA HOMOLOGACIÓN DE LOS PLANES DE REESTRUCTURACIÓN A LA LUZ DEL CASO NOVOLINE SAP MADRID 9 DE JUNIO DE 2025

CARLOS SALINAS ADELANTADO
Profesor Titular de Derecho Mercantil
Universidad de Valencia
Socio MA Abogados

I. INTRODUCCIÓN

El procedimiento de homologación de los planes de reestructuración es una parte del Texto Refundido de la Ley concursal que, como sucede en general con todo el Derecho preconcursal, es ciertamente extensa y compleja, ya que abarca, nada más y nada menos que los artículos 635 a 664 TRLC. Por ello mismo, es bueno comprender con carácter previo, tres importantes ideas.

La primera, es que la Ley ha sido muy restrictiva con el ámbito de actuación del Juez a la hora de poder rechazar homologaciones. **La segunda,** es que también ha querido ser muy restrictiva con la posibilidad de impugnarlas por parte de terceros. **Y, la tercera,** aunque no sea una novedad, es que incluso en los casos en que se consiga ganar una impugnación, **su efecto está buscado que se limite, como regla general, sólo a las partes que hayan impugnado la homologación.** Es decir, y por entendernos, una vez conseguidas las mayorías pertinentes en un plan de reestructuración, la homologación es un procedimiento que se ha querido que sea relativamente fácil de conseguir.

Es decir, si se han obtenido las mayorías reglamentarias y las clases de acreedores no son manifiestamente ilegales, **la idea del legislador era que la homologación de un plan de reestructuración fuese prácticamente automática**, teniendo la intervención judicial un papel sólo detector de graves defectos en el plan. El verdadero control, y muy limitado, sobre los planes de reestructuración, se deja en manos de los acreedores o de los socios, lo que sucede es que, incluso aunque esos acreedores impugnen y vean acogidas sus pretensiones, se podrá atacar el plan, pero sólo y salvo excepciones, sin efectos *erga omnes*.

Como ya expusimos de forma cercana a la aprobación de la reforma[1], en nuestra opinión, este diseño normativo introducido por la reforma es muy criticable. Sobre todo, y, fundamentalmente, porque, si se mantuviese a rajatabla, puede provocar la tentación de que, en los casos más graves, se busque la vía penal para subsanar los graves abusos a los que pueden llevar estas normas[2]. Y, por ello mismo, sin forzar en demasía el texto legal, ya abogamos en su día porque se hiciese una interpretación favorable tanto al control de los jueces en las homologaciones de planes de reestructuración y como a la posibilidad de los acreedores de alegar causas de impugnación.

Y, debemos decir que, la realidad práctica después de la reforma nos ha venido a dar la razón. La litigiosidad derivada de la homologación de los planes de reestructuración ha sido muy grande y la tendencia es a incrementarse, tanto en la cantidad de casos, como en

---

1 Vid. RECATALÁ, S./MADRID, D./SALINAS, C "El procedimiento de homologación de los planes de reestructuración", en AZNAR/ZUBIZARRETA (Ed), *Reestructuraciones e insolvencia,* Tirant lo Blanch, Valencia, 2023, p. 899 ss.

2 Es inevitable que los procesos preconcursales y concursales tengan a veces derivas de carácter penal. Pero cuanto más constreñida se vea una parte en la vía civil, más se fomenta que los que se sienten perjudicados por este tipo de prácticas busquen, aunque sea de forma casi desesperada (porque no es fácil que prospere), la vía penal para tratar de neutralizar los efectos de lo acordado en vía preconcursal o concursal.

la intensidad del control judicial sobre el PR propuesto. En efecto, frente a una inicial aproximación prudente y restrictiva de los jueces al principio de la reforma, por ejemplo, en el caso Aldesa[3], Ezentis[4] o Torrejon Salud[5], la realidad es que cada vez más se observa un carácter más incisivo de la intervención de los jueces en el control

---

3 La Audiencia Provincial de Madrid, en sentencia de 18 de octubre de 2024, desestima la impugnación presentada por el socio minoritario frente a la homologación judicial del plan de reestructuración de Grupo Aldesa, S.A., aprobado por el Juzgado de lo Mercantil nº 12 de Madrid. El tribunal confirma la validez del plan, que fue suscrito entre la sociedad y su socio mayoritario —único acreedor afectado—, y avala que, en situaciones de insolvencia inminente, las reglas societarias ordinarias pueden ser desplazadas por la normativa preconcursal específica (art. 631 TRLC), siempre que se respete la finalidad legal de viabilidad empresarial y tutela de los derechos de los socios. La sentencia rechaza la existencia de fraude de ley o abuso de mayoría, y considera legítima la aprobación y homologación de un plan con una sola clase y un único acreedor, cuando concurren los presupuestos legales y se garantiza la protección de los derechos del socio minoritario.

4 La resolución dictada por el Tribunal de Instancia Mercantil de Sevilla (Sección Primera) el 23 de mayo de 2023 homologa los planes de reestructuración presentados por las entidades del Grupo Ezentis, extendiendo sus efectos a todos los créditos afectados y levantando la suspensión de ejecuciones sobre los bienes de las sociedades deudoras. El auto destaca que se han cumplido los requisitos formales exigidos por el Texto Refundido de la Ley Concursal, subrayando la protección de la financiación interina y nueva frente a acciones rescisorias, así como la importancia de la acumulación procesal para evitar resoluciones contradictorias en grupos de sociedades. La resolución enfatiza la finalidad de los planes de reestructuración: evitar la insolvencia y asegurar la viabilidad empresarial, en línea con la transposición de la Directiva (UE) 2019/1023 al derecho español.

5 La Audiencia Provincial de Madrid, en su sentencia de 23 de abril de 2024, desestima la impugnación contra la homologación judicial del plan de reestructuración de Torrejón Salud, S.A., confirmando la validez de la formación de una única clase de acreedores y la legalidad del proceso seguido. El tribunal subraya que la aprobación del plan por el acreedor mayoritario dentro de la clase única cumple con las mayorías exigidas por la ley, y que la existencia de una sola clase no constituye fraude ni abuso, sino que responde a la flexibilidad prevista en el TRLC para la consecución de los objetivos del plan. Asimismo, la resolución destaca que el plan no requiere acuerdo de la junta de socios cuando no se adoptan medidas de competencia societaria, y que la selección de créditos afectados y la extensión de efectos al acreedor disidente son mecanismos expresamente contemplados por la normativa concursal para garantizar la viabilidad de la sociedad y evitar el concurso.

de la homologación de los planes de reestructuración. Por ejemplo, el caso Hoteles Beatriz[6], DAS Photonics[7], o caso Outlet Andalucia[8].

En todo caso, con este trabajo no pretendemos abordar el ámbito y extensión del control judicial en la tramitación y homologación de los PR, labor que sin duda exigiría una extensión mucho mayor que la aquí expuesta[9]. Nosotros tenemos un objetivo mucho más modesto pero que creemos interesante. Analizar un caso reciente que supone

---

6 La resolución del Juzgado de lo Mercantil nº 2 de Las Palmas de Gran Canaria, de 16 de julio de 2024, deniega la homologación del plan de reestructuración presentado por INVERSIONES Y PARCELACIONES URBANAS, S.A. (INPARSA), matriz del grupo hotelero Beatriz Hoteles. La denegación se fundamenta en la falta de acreditación de la insolvencia actual de la sociedad y en la interpretación del artículo 647.1 del TRLC, que exige la presentación de un plan de reestructuración viable y ajustado a los requisitos legales. El tribunal destaca que el cambio de control en la sociedad, sin el consentimiento previo de los acreedores, activó cláusulas contractuales de vencimiento anticipado de la deuda, lo que generó dudas sobre la sostenibilidad del plan propuesto. La resolución subraya la importancia de cumplir con las cláusulas de cambio de control y la necesidad de obtener los consentimientos necesarios para evitar la resolución anticipada de los contratos financieros."

7 La Audiencia Provincial de Valencia, en su sentencia de 27 de marzo de 2024, estima la impugnación contra la homologación del plan de reestructuración de DAS Photonics, S.L., declarando la total ineficacia del plan por defectuosa formación de clases. El tribunal analiza en profundidad la configuración de las distintas clases de acreedores, la naturaleza de los créditos y la justificación de su separación, concluyendo que la desagregación propuesta carecía de base objetiva suficiente y no respondía a criterios legalmente exigibles. La resolución subraya la importancia de una correcta estructuración de las clases para salvaguardar los derechos de los acreedores y la transparencia del procedimiento, recordando que la flexibilidad en la formación de clases debe estar siempre sustentada en motivos objetivos y comprobables, conforme a los principios del TRLC y la jurisprudencia reciente.

8 Auto del Tribunal de Instancia Mercantil de Sevilla (Sección 2ª), de 6 de marzo de 2024, que deniega la homologación del plan conjunto de reestructuración de Outlet Andalucía SL y First Out 2005 SL por defectos en la formación de clases, falta de paridad de trato entre acreedores y ausencia de certificación del experto en reestructuración, declarando que el incumplimiento respecto de un deudor perjudica al otro y no cabe homologación parcial (FJ 9º).

9 No nos resistimos, en todo caso, a señalar que, en nuestra opinión, la jurisprudencia debería buscar el justo término medio entre el abstencionismo y el intervencionismo judicial en el control de la homologación de los planes de reestructuración. Equilibrio que, sin duda, es mucho más fácil de propugnar que de conseguir.

un magnífico ejemplo de por qué aprobar PR se va a convertir cada vez más en una tarea más difícil. Y, aclarado este extremo, reflexionar de forma muy breve en qué estrategias procesales se pueden diseñar para, si se representa a los proponentes de PR, protegerse de estos riesgos cada vez mayores o, si se representa a oponentes al PR, sacar partido de ese endurecimiento de requisitos, oponerse con mayor eficiencia y agresividad a la aprobación de los PR.

En fin, aportar tanto al práctico como al estudioso del Derecho preconcursal, ideas para, si se nos permite la licencia, tratar de navegar en estos procelosos mares preconcursales y tratar de no zozobrar en el intento.

II. EL EJEMPLO DEL CASO NOVOLINE

Un caso reciente que demuestra que el control de los PR se está volviendo cada vez más intenso es la SAP Madrid 9 de junio de 2025, que acepta la oposición a la homologación del plan de reestructuración de NOVOLINE por incorrecta formación de clases, incluso aunque se pase el test de la "prueba de resistencia" y con el efecto de invalidar totalmente el plan, no de hacerlo meramente inoponible al impugnante.

II.1. Los hechos del caso

Los hechos de la sentencia son someramente los siguientes (FJ PRIMERO):

1.- En fecha ***17 de noviembre de 2023****, la mercantil NOVOLINE MAJADAHONDA INMUEBLES S.L. (en adelante, "NOVOLINE") presentó* ***comunicación*** *de negociaciones con los acreedores ante el Juzgado de lo Mercantil núm. 16 de Madrid (autos núm. 550/2023) y solicitó el* ***nombramiento de un experto*** *para la homologación de un plan de reestructuración (en adelante PR).*

2.- En fecha ***1 de diciembre de 2023****, el juzgado de lo mercantil núm. 16 de Madrid dictó* ***auto nombrando como experto a la entidad BDO AUDIBERIA ABOGADOS Y ASESORES TRIBUTARIOS, S.L.P*** *(en adelante BDO).*

3.- ***En 7 de mayo de 2024****, NOVILINE y STX HEALTHCARE LOGISTICS SOLUTIONS S.L. (en adelante STX) otorgaron* ***escritura de elevación***

a público de contrato privado de prenda de primer rango de derechos de crédito de factoring.

4.- En ese contrato se efectuaron las siguientes declaraciones: (i) NOVOLINE reconoce una deuda a favor de STX por importe de 486.708,80€ a fecha 15 de abril de 2024 por importes entregados entre el 16 de abril de 2021 y el 7 de mayo de 2024; (ii) STX se compromete a continuar la asistencia financiera hasta el 15 de abril de 2034; (iii) La entidad MANTECABA 2007 S.L. (en adelante MANTECABA) es deudora de NOVOLINE en la cantidad de 8.059.107,16€, cuyo crédito deriva de un contrato de factoring sin recurso suscrito entre NOVOLINE y MANTECABA en fecha 15 de abril de 2024. El objeto de este contrato es factorizar los créditos futuros de que dispone NOVILINE por el arrendamiento de inmuebles de su propiedad. En virtud de esas declaraciones, las partes del mencionado contrato acordaron constituir un contrato de prenda con desplazamiento a favor de STX, por créditos futuros derivados del factoring indicado durante el periodo de 16 de abril de 2025 al 15 de abril de 2027 por importe de 1.427.090€.

*5.-En **fecha 8 de mayo de 2024,** NOVILINE, como prestataria, suscribió con la mercantil STX, como prestamista, un contrato denominado de **"financiación interina"** por importe de 63.500€ para atender el pasivo circulante durante el periodo temporal iniciado con la comunicación de negociaciones con los acreedores, consistente principalmente en impuestos y tributos, gastos de comunidades de propietarios, gastos de conservación y mantenimiento y gastos de estructura administrativa y de personal. Asimismo, el financiador se comprometió a completar la asistencia financiera hasta la elevación a público de un plan de restructuración, con una duración máxima de 10 años. En garantía del pago, las partes señalaron que la prenda constituida en el contrato mencionado en el párrafo precedente cubre el crédito de 63.000€ por financiación interina.*

*6.- El mismo **día 8 de mayo de 2024** NOVOLINE, por un lado y las sociedades INTERNATIONAL EXPRESS WORLDWIDE S.L. (en adelante INTERNATIONAL), Y STARPHONE S.A. (en adelante STARPHONE) y TRANSPORT SYSTEM WORLDWIDE S.A. (en adelante TRANSPORT), por otro, otorgaron escritura de elevación a público de contrato privado de prenda de primer rango de derechos de crédito de factoring.*

7.- En el mencionado contrato NOVOLINE reconoce las siguientes deudas, a fecha 15 de abril de 2024: (i) a favor de INTERNATIONAL por importe de 2.597.786€ derivada de los importes entregados entre el primer semestre de

2012 y el segundo semestre de 2022; (ii) a favor de STARPHONE, por importe de 2.568.631,60€ derivada importes entregados entre el primer semestre de 2012 y el segundo semestre de 2019; y (iii) a favor de TRANSPORT, por importe de 706.823,14€, derivada importes entregados entre el primer semestre de 2016 y el segundo semestre de 2023.

8.- En el contrato indicado se declara que MANTECABA es deudora de NOVILNE en la cantidad de 8.059.107,16€, cuyo crédito deriva del contrato de factoring sin recurso suscrito entre NOVOLINE y MANTECABA en fecha 15 de abril de 2024 ya mencionado. En virtud de esas declaraciones, las partes acordaron constituir prenda a favor de los acreedores, por los créditos futuros derivados del factoring que se devenguen en los periodos e importes que se especifican en el contrato.

9.- En fecha **16 de mayo de 2024** *NOVOLINE elevó a escritura pública el plan de reestructuración de esa misma fecha. El plan contempla las siguientes clases y medidas:*

a) **clase 1:** *Acreedores por financiación interina con garantía real por importe de 63.500€ con el compromiso de mantener el contrato durante 10 años y un importe máximo de 1.270.000€.*

b) **clase 2**: *Acreedores con privilegio especial, para los que se propone una carencia de 24 meses; el pago del 100% de lo que hayan invertido para la adquisición de sus créditos; una quita de intereses desde la presentación de la comunicación del inicio de negociaciones hasta la homologación del plan; un calendario de pagos y la aplicación del interés remuneratorio equivalente al Euribor.*

c) **clase 3**: *acreedores por créditos ordinarios. Se propone una quita del 95% y pago del 5% en ocho plazos.*

d) **clase 4:** *créditos subordinados, por intereses y recargos. Se propone su cancelación mediante una quita del 100% del importe.*

10.- En esa misma fecha 16 de mayo de 2024, la entidad BDO emitió certificado en el que se hace constar que el PR había sido aprobado por tres de las cuatro clases afectadas, con el siguiente porcentaje de votos: clase 1: 100%, por lo que el plan es aprobado por esa clase; clase 2: 53,17%, por lo que el plan no es aprobado por esa clase; clase 3: 79,76%, por lo que el plan ha sido aprobado por esa clase; y clase 4: 75,24%, por lo que el plan ha sido aprobado por esa clase.

(…)

13.- El certificado de BDO acredita la aprobación del plan por haber sido aprobado por un número de clases superior a la mayoría simple de las mismas (3 de 4), siendo una de ellas, una clase de crédito que en el concurso habría sido calificado como crédito con privilegio especial, de conformidad con lo dispuesto en el artículo 639.1 del Real Decreto Legislativo 1/2020, de 5 de mayo, por el que se aprueba el texto refundido de la Ley Concursal (TRLC).

*14.- En fecha **17 de mayo de 2024**, BDO emitió informe de valoración de empresa en funcionamiento, en el que se hace constar un valor de NOVOLINE de 11.873.094€, por lo que la prelación para el cobro de créditos quedaría como sigue: 63.500€ para la clase 1; 11.875.987€ para la clase 2; y 66.393€ disponible para la clase 3.*

*15.- En la misma fecha, **17 de mayo de 2024 NOVOLINE** solicitó ante el juzgado de lo mercantil núm. 16 de Madrid la **homologación judicial** del plan de reestructuración con certificación sobre las mayorías necesarias emitido por la entidad BBO.*

*16.- En fecha **23 de mayo de 2024** BDO presentó una adenda de "fe de erratas" a su informe emitido el 17 de mayo de 2024 rectificando los valores, que se fijan en las siguientes cantidades: valor de empresa en funcionamiento de NOVOLINE: 11.995.093,59€; clase 1: 63.500€; clase 2: 11.841.327€; y 90.266,98€ disponible para la clase 3.*

*17.- En auto de **fecha 30 de julio de 2024**, el juzgado de lo mercantil núm. 16 de Madrid homologó el plan de reestructuración concernido. Las entidades BANKINTER S.A., SEYMOURE AND HINES, S.L y ESTEL ADVANCE PROJECTS, S.L., STRONGHOLD CAPITAL LIMITED y AUCTUS SITUACIONES ESPECIALES, S.L. han impugnado el plan. NOVOLINE se ha opuesto a la impugnación.*

Como vemos, el plan es algo tortuoso con la existencia de elevaciones a público de documentos privados de reconocimientos de deuda y factorings de créditos futuros donde aparentemente el cesionario al final no financia tanto al cedente como que su obligación de factorizar alquileres a futuro sirve como garantía para las pignoraciones de los acreedores que ya durante el preconcurso devienen "notarialmente" acreedores privilegiados. Créditos que, al provenir de reconocimientos de deuda en documento privado elevados a público con posterioridad, tienen sin duda elementos de sospecha.

Por otro lado, es interesante cómo se consigue que el plan de reestructuración sea aprobado por los acreedores ordinarios a pesar de pedirles un 95% de quita, e incluso por los acreedores subordinados, a pesar de suponer la condonación de la deuda, quita del 100%. Es decir, todo suena a que las clases y las mayorías han sido "prefabricadas" para la presentación del PR en el conocido fenómeno del Gerrymandering[10]. Sin embargo, vistos los precedentes que existen en la práctica, tampoco estamos hablando de situaciones especialmente sorprendentes. Lo que creemos que en cierto modo ha planeado a lo largo de esta resolución legal es la idea de que existía una actuación contraria a la buena fe y en fraude de ley.

II.2. La paralegal contradicción previa que se produjo en este caso y su reflejo en el auto de homologación

Un tema muy interesante que se produjo en este caso es que, aunque el procedimiento de homologación se presentó sin contradicción previa, varios acreedores hicieron alegaciones (no contempladas en el TRLC) esgrimiendo varios motivos por los que entendían que el Juez, de oficio, debía rechazar la homologación del plan. Como ya expusimos en una obra anterior[11], lo que tiene que controlar el juez en esta fase es lo señalado en los 638 a 640 TRLC, que contemplan tres supuestos diferentes: **a) Que el plan haya sido aprobado por todas las clases; b) Que no lo haya sido aprobado por todas las clases; c) Los supuestos en los que, adicionalmente, se necesita la aprobación del deudor y/o los socios.**

Pero la clave nos la da el art. 647. 1. TRLC, cuando dice que:

*Salvo que de la **documentación** presentada se deduzca **manifiestamente** que no se cumplen los requisitos exigidos en la sección 1ª de este capítulo, el juez homologará el plan de reestructuración.*

Es decir, el control judicial inicial de estos requisitos va a ser, meramente documental y somero, ya que el juez sólo puede rechazar la homologación si el incumplimiento es manifiesto.

---

10 Entre muchos y por su relación con el caso, vid. NIETO DELGADO, C. VIII CONGRESO CONCURSAL Y SOCIETARIO DEL MEDITERRÁNEO, Planes de reestructuración: primeras experiencias, *passim*.

11 RECATALA/MADRID/SALINAS, cit. p. 902 ss.

En la línea de nuestra no oculta intención de reforzar algo más el control judicial, una forma de hacerlo, siendo respetuoso con el tenor de las normas legales, visto el extenso contenido que debe tener el plan de reestructuración (cfr. art. 633 TRLC); sería, siguiendo la práctica de algunos juzgados, que el juez en la providencia que admita a trámite la solicitud (cfr. art. 644 TRLC) requiera las aclaraciones del solicitante que le puedan ser de utilidad para tomar una decisión en su auto de homologación o no del mismo (cfr. art. 647 TRLC). Así se podría combinar el carácter urgente y somero del control judicial, con no convertir este trámite en una homologación "a ciegas".

Nótese, en este sentido como el Juzgado del caso NOVOLINE procedió de esta manera:

QUINTO.- Se dictó providencia en fecha 17 de junio de 2024 en la cual, a efectos de realizar el control de oficio específico de la financiación interina previsto por el artículo 609 TRLC en cuanto a su necesidad y razonabilidad (art. 665 TRLC), así como el genérico de los requisitos de la homologación prevenido por el artículo 647 TRLC (incluyendo la correcta conformación de las clases de acreedores y mayorías necesarias para la homologación: arts. 638-639 TRLC), se acordó requerir a la deudora para que en el plazo de DIEZ DÍAS completara la documentación acompañada a su solicitud de homologación aportando: 1) Contrato de préstamo de fecha 8 de mayo de 2024 suscrito con STX HLS. Fecha de constitución y en su caso inscripción de la garantía real que se dice vigente sobre el crédito de 63.500 EUR; 2) estado de flujos de efectivo desde la fecha de comunicación de negociaciones hasta la fecha de la solicitud de homologación; 3) apuntes del Libro Diario de NOVOLINE en que consten los ingresos de la cantidad de 63.500 EUR; 4) informe explicativo de la necesidad y razonabilidad de la financiación interina concedida por STX HLS para asegurar la continuidad total o parcial de la actividad empresarial o profesional del deudor durante las negociaciones con los acreedores hasta la homologación de ese plan, bien para preservar o mejorar el valor que tuvieran a la fecha de inicio de esas negociaciones el conjunto de la empresa o una o varias unidades productivas; 5) declaración responsable especificando si STX HLS es o no persona especialmente relacionada con el deudor.

SEXTO.- Se dictó nuevamente diligencia en fecha 4 de julio de 2024 teniendo por evacuado por la deudora el requerimiento efectuado en la providencia de 17 de junio de 2024 y dejando los autos sobre la mesa para resolver sobre la homologación.

SÉPTIMO.- Se dictó nuevamente providencia en fecha 8 de julio de 2024 por plazo de DIEZ DÍAS, requiriendo esta vez a la deudora para que aportase la escritura otorgada ante el Notario de Madrid D. PABLO DE LA ESPERANZA RODRÍGUEZ en fecha 7 de mayo de 2024 (sin referencia de número de protocolo) relativa a la prenda de créditos derivados del factoring inmobiliario aludida en la p. 4/4 del informe explicativo de la financiación interina.

OCTAVO.- La deudora ha presentado escrito en fecha 23 de julio de 2024, acompañando escritura de elevación a público de contrato de prenda de primer rango de derechos de crédito de factoring otorgada en fecha 7 de mayo de 2024 ante el Notario de Madrid D. PABLO DE LA ESPERANZA RODRÍGUEZ con el número 2487 de su protocolo.

Por otro lado, nadie puede negar el paralelismo que existe entre los arts. 638 a 640 TRLC con las causas de impugnación (cfr. arts. 654, 655 y 656 TRLC), aunque éstas son mucho más amplias que las de sus artículos homólogos en esta Sección. Por ello, surge la duda de si dichos criterios pueden ser tenidos o no en cuenta por el juez que homologue el acuerdo, como elementos a la hora de interpretar los arts. 638 a 640 TRLC. En nuestra opinión, a la vista del artículo 647 TRLC, entendemos que su uso debe hacerse sólo en casos muy claros, ya que lo contrario sería pervertir la voluntad clara del legislador.

Toda esta problemática se refleja en este caso, porque los acreedores presentaron escritos de oposición en esta fase aunque, al no haberse pedido la contradicción previa, en principio eran procesalmente extemporáneos e impertinentes:

NOVENO.- Por la Procuradora de los Tribunales Dª. MARGARITA LÓPEZ JIMÉNEZ obrando en representación de SEYMOURE AND HINES, S.L. y de ESTEL ADVANCE PROJECTS, S.L. se presentó primeramente escrito fechado el 16 de mayo de 2024, La autenticidad de este documento se puede comprobar en www.madrid.org/covemediante el siguiente código seguro de verificación: 1276514408349554984655 Juzgado de lo Mercantil nº 16 de Madrid - Comunicación apertura de negociaciones 550/2023 3 de 27 formulando voto en contra del plan y petición de alzamiento de la suspensión de las ejecuciones en trámite; ***y posteriormente en fecha 5 de julio de 2024, de oposición al plan*** *y poniendo de manifiesto la especial relación existente entre NOVOLINE MAJADAHONDA INMUEBLES, S.L. y STX HEALTHCARE LOGISTICS SOLUTIONS, S.L. Asimismo, por los restantes acreedores han sido presentados los siguientes escritos: 1) por el Procurador de los*

Tribunales D. LUIS AMADO ALCÁNTARA obrando en representación de la COMUNIDAD DE PROPIETARIOS GUADALMARINA II, de fecha 20 de mayo de 2024, formulando voto en contra a la propuesta de plan; 2) por la Procuradora de los Tribunales Dª. SILVIA VÁZQUEZ SENÍN obrando en representación de AUCTUS SITUACIONES ESPECIALES, S.L., de fecha 28 de mayo de 2024, ***oponiéndose a la homologación*** *del plan y denunciando irregularidades en el cómputo de los votos; 2) por la Procuradora de los Tribunales Dª. CARMEN PALOMARES QUESADA, obrando en representación de STRONGHOLD CAPITAL LIMITED, de fecha 11 de junio de 2024,* ***oponiéndose*** *a la homologación del plan sobre la base de manipulaciones en la formulación y cómputo de los votos, falta de cumplimiento real del requisito de la comunicación del plan, carácter artificioso de la clase de acreedores integrada por STX HEALTHCARE LOGISTICS SOLUTIONS, S.L., división indebida del crédito de dicho acreedor en dos clases distintas, improcedencia del cómputo del crédito de STX HEALTHCARE LOGISTICS SOLUTIONS, S.L., inexistencia de privilegio especial alguno para el crédito de STX HEALTHCARE LOGISTICS SOLUTIONS, S.L., cómputo erróneo del pasivo de la clase 2 por no haberse recalculado el valor de las garantías, disparidad de trato entre los acreedores de la clase 2 concerniente a la quita de los intereses devengados e impagados desde la presentación de la comunicación del inicio de negociaciones.*

Por ello mismo, son muy interesantes las consideraciones que hace el Juez de lo Mercantil sobre la difícil papeleta en la que se deja al Juez en estos casos:

Como ya expresamos en nuestro auto anterior de fecha 15 de diciembre de 2023, ***el control judicial del citado cumplimiento, en los términos que ordena el artículo 647 del TRLC, no es pleno****, en la medida en que esta última norma incorpora un mandato de homologación del plan,* ***a menos que de la documentación presentada se deduzca manifiestamente que no se cumplen los requisitos exigidos en los artículos 635 a 640 TRLC****. Por tanto, no es posible controlar exhaustivamente que todos los requisitos para la homologación del plan concurren, sino simplemente cerciorarse de que, tras una lectura del plan y de la documentación adjunta,* ***no se desprende de modo evidente*** *que hay requisitos que no se cumplan. Quiere ello decir, a nuestro modo de ver, que el órgano judicial únicamente puede denegar la homologación del plan cuando:*

1) ***la infracción de los requisitos de forma y contenido exigidos sea literosuficiente:*** *es decir, se desprenda de una simple lectura y examen de la* *documentación aportada. (…).* ***Negar tal tipo de control y defender que el plan ha de ser homologado aunque esas menciones no consten en absoluto supondría asumir que el Juez español no debe siquiera leer el plan ni examinar la documentación adjunta, lo que entendemos rebaja la intensidad del control judicial por debajo de lo exigido por el artículo 647 TRLC y no se ajusta a las exigencias europeas impuestas en la Directiva 2019/2023.*** *Por el contrario, el Juez no podrá en ningún caso entrar a valorar si el plan realmente ofrece una perspectiva razonable de garantizar la viabilidad de la empresa, en el corto y medio plazo, y evitar el concurso del deudor, si así queda puesto de manifiesto en el plan; ni podrá enjuiciar si está justificada la necesidad de las medidas de reestructuración financiera de la deuda, incorporando la financiación interina y la nueva financiación prevista en el plan de reestructuración, etc.;*

2) ***el incumplimiento de los requisitos no ofrezca ninguna duda ni sea susceptible de interpretación.*** *En todos aquellos casos en que no pueda establecerse de manera categórica que el plan de modo insubsanable no cumple con los requisitos legales para su homologación, la consecuencia es que el Juez mercantil tiene la obligación de homologar, sin perjuicio de la posibilidad de que el plan esté incurso en causas de impugnación que habrán de ser hechas valer por el cauce procesal adecuado (…).*

La valoración que hicimos en nuestra anterior resolución sobre el alcance del control judicial de los requisitos de la homologación y la concurrencia de causas impeditivas para la misma se enfrenta a dificultades de mucha mayor envergadura en el presente caso, en razón de las circunstancias que seguidamente pasamos a resumir, para la mejor comprensión de lo actuado hasta la fecha. *Según resulta de la documentación obrante en el expediente, el patrimonio inmobiliario de la deudora se halla generalizadamente sujeto a procedimientos de ejecución y apremios. (…).*

Se concluye por tanto, en una aproximación preliminar, que la deudora es una empresa cuyo patrimonio de naturaleza inmobiliaria se encuentra en el momento de la comunicación de negociaciones afectado por ejecuciones hipotecarias generalizadas y otros apremios administrativos; haciéndose depender la homologación del plan de la adhesión al mismo de acreedores pertenecientes a clases con precarias expectativas de cobro y en Juzgado de lo Mercantil nº 16 de Madrid - Comunicación apertura de negociaciones 550/2023 7 de 27 particular del apoyo de un financiador interino, que según se sostiene en distintos escritos de oposición, ha sido introducido en el plan maliciosamente, al objeto de dar indebidamente entrada a la aplicación en la homologación del plan no consensual al artículo 639.2 TRLC.

Simplificando, la deudora pretende la homologación de un plan que conlleva considerables esperas para los acreedores con garantía (dos años de carencia y diez años de espera), que constituyen la parte esencial y ampliamente mayoritaria de su pasivo, gracias a la adhesión de las clases de acreedores sin garantía ordinaria y subordinada (con muy escasas en el primer caso y totalmente nulas expectativas de cobro en el segundo), más el apoyo de un financiador nuevo o interino (cuyo cobro se ha reforzado con la constitución de una prenda sobre créditos futuros), que además se ha sostenido en las actuaciones que es una persona especialmente relacionada del deudor.

Todo ello ha sido puesto de manifiesto en el expediente a través de los distintos escritos de alegaciones que han sido presentados por distintos acreedores personados y unidos a los autos, acompañando documentación diversa, lo que fuerza a valorar cuál sea la consideración que hayan de merecer tales alegaciones, especialmente en aquellos apartados en que recogen circunstancias que los promotores de las mismas defienden que deberían conducir inexorablemente al rechazo de la homologación del plan, si bien propiamente tienen encaje en las distintas causas de impugnación del mismo.

En distintas resoluciones dictadas por los Juzgados Mercantiles tras la entrada en vigor de la Ley 16/2022 se vino a sostener que este tipo de escritos de alegaciones deducidas por acreedores personados, en aquellos casos en que no se había promovido el itinerario procesal de la contradicción previa, no habían de ser consideradas. *Como ejemplo de esta hermenéutica podemos citar el Auto del JM núm. 13 de Madrid de 30 de mayo de 2023 (Torrejón Salud, S.A.).(…)*

Si bien compartimos en línea de principio que la impugnación sin contradicción previa no puede transformarse procesalmente en un trámite de facto contradictorio en el que, como aquí ha sucedido, se unan sin control todo tipo de alegaciones contra la homologación del plan, forzando al Juez a dar una respuesta motivada a todas y cada una de ellas, con la profundidad que exija su respectiva complejidad, ***no creemos que esa interpretación pueda exacerbarse hasta el extremo de que el Juez tenga la obligación (o la facultad) de homologar el plan sin ni siquiera leer o considerar dichas alegaciones. Por un lado, creemos que se incurre en cierta contradicción cuando al acreedor afectado por el plan se le permite la personación en el trámite homologador***

en primera instancia, para luego decirle que su escrito unido a las actuaciones no ha sido siquiera leído ni va a ser considerado. *Si el*

Legislador hubiera querido que esa extrema consecuencia fuera de aplicación, habría incluido en el Libro II una norma específica, prohibiendo expresamente la personación en el procedimiento de homologación en la fase previa al dictado del auto sin contradicción previa de cualquier acreedor, y esa prohibición no ha sido introducida. **En consecuencia, entendemos que esas alegaciones sí han de ser consideradas y en cierto modo deben obtener en el auto de homologación siquiera una sucinta respuesta.**

Razonando en otra dirección, el hecho de que quien tenga la facultad de instar la homologación con contradicción previa no lo haya hecho, no significa que el Juez deba homologar velis nolis, haciendo oídos sordos a hechos o circunstancias que cualquier parte personada haya puesto de manifiesto y acreditado debidamente que constituya una manifiesta infracción impeditiva de la homologación. *La contradicción previa tiene como efecto fundamental que las impugnaciones del plan se sustancien en única instancia ante el Juez Mercantil, de tal modo que la sentencia que las resuelva no permitirá ya ningún recurso.*

Pero ello no parece resultar incompatible con la posibilidad de que, en el procedimiento sin contradicción previa, cualquier acreedor afectado, antes de la homologación, pueda traer al conocimiento del Juzgador hechos o circunstancias que, en los términos del artículo 647 TRLC, hayan de impedir de modo manifiesto la concesión de la misma; sin perjuicio de la posibilidad de que, si el Juez a pesar de todo concede la homologación, puedan promover la correspondiente impugnación ante la Audiencia Provincial.

En todo caso, se suscita la duda de si el Juez homologador en primera instancia debe atender a alegaciones que en realidad constituyen propiamente motivos de impugnación como motivos impeditivos de la homologación. El diseño de la Ley en este punto dista de ser diáfano, en la medida en que configura con extrema sencillez la homologación en primera instancia y enumera en los artículos 638 a 640 TRLC unos requisitos muy básicos para acceder a la misma, cuya concurrencia el Juez debe comprobar (cuanto menos, verificando que de modo manifiesto que no se da ninguna circunstancia excluyente de los mismos); para luego habilitar una batería de motivos de impugnación de extraordinaria complejidad en los artículos 654 a 657 y 670 TRLC, donde la Audiencia Provincial examina (en única instancia) la posible contradicción del plan con reglas y parámetros que el Juez de instancia no ha tenido oportu-

nidad de analizar en profundidad (como la regla del mejor interés de los acreedores o la justificación del sacrificio exigido a los acreedores para garantizar la viabilidad de la empresa).

Intentando hallar una hermenéutica integradora, *que sea capaz de conciliar las reflexiones que hemos recogido en los párrafos precedentes,* ***creemos que si los acreedores ponen de manifiesto en sus escritos unidos a las actuaciones hechos o circunstancias que de modo manifiesto hayan de considerarse impeditivas de la homologación, por entrar en contradicción con la verificación mínima exigida por los artículos 638 a 640 TRLC, el Juez habrá de prestar atención a esas alegaciones y podrá basarse en ellas para denegar la homologación pedida. Por el contrario,*** *cuando las alegaciones* ***pretendan adelantar el examen de fondo*** *de motivos de impugnación cuyo examen corresponde a la Audiencia Provincial en el trámite contradictorio expresamente previsto con ese objeto, creemos que el Juez puede simplemente responder a las mismas calificándolas como motivos de impugnación y no de denegación de la homologación, reconduciendo al acreedor que las opone al trámite impugnador.*

No creemos que pueda sólidamente defenderse que si uno o varios acreedores afectados por el plan ponen de manifiesto en escritos previos al dictado del auto resolviendo sobre la homologación, en primera instancia, motivos excluyentes de esa decisión que de modo manifiesto (en los términos del art. 647 TRLC) concurren, el Juez pueda simplemente ignorarlos, apelando a una cuestión estrictamente procesal, como es la falta de elección del trámite de contradicción previa por quien tenga legitimación para activarlo. Cabría incluso conjeturar que el Juez mercantil encargado de la homologación de un plan podría tener que_hacer frente a responsabilidades de distinta índole si, en modo "autista", dictase una resolución estimatoria de la homologación, decidiendo conscientemente ignorar causas de denegación de la misma que hubiera podido apreciar simplemente leyendo los escritos presentados por los acreedores contrarios a esa concesión; o incluso tras su lectura, ya a sabiendas por tanto de su concurrencia, simplemente por entender que el cauce procesal elegido no es el adecuado, siendo el correcto el de la impugnación del plan.

Después de todas estas reflexiones el Juez acaba homologando, porque, por un lado, y simplificando bastante los argumentos usados, no considera que las clases estén mal formadas, al tener una estructura muy cercana a la de la prelación del concurso, no siendo por tanto sorprendentes ni exóticas; y, por otro lado, a pesar de sus dudas, porque entiende que los temas dudosos, fundamentalmente el de la existencia de personas especialmente relacionadas, no podía ser objeto de enjuiciamiento en fase de homologación.

Frente a ello, se presentan ante la Audiencia varias impugnaciones a la homologación. Pero, básicamente, pueden reducirse a dos: 1.- La impugnación de Bankinter; 2.- La del resto de impugnantes.

II.3. La impugnación de BANKINTER

En este caso, Bankinter alega dos cosas: En primer lugar, que no se le comunicó el crédito. Y, segundo, que su crédito no es totalmente ordinario, como así se estableció en el plan de reestructuración, ya que tiene una hipoteca sobre un inmueble de NOVOLINE. Lo curioso es que Bankinter expresamente no pide la ineficacia del plan por incorrecta formación de clases (art. 654 2º TRLC), sino que pide sólo que éste le sea ineficaz, sobreentendemos que, en relación a la falta de comunicación ex art. 654 1º TRLC, y en cuanto a las cuestiones más de fondo se atacan alegando trato discriminatorio ex arts. 655 2 3º y 4 TRLC, y 654 7º TRLC.

Por lo que respecta a la falta de comunicación, la sentencia lo que dice es que como se envió al mail buzon@bankinter.com se comunicó correctamente el plan. De la propia redacción de la sentencia, se desprende que quizás el deudor podría haber sido algo más diligente en comunicar el PR al banco, ya que seguramente tendría algún mail más que este tan genérico que aparece aquí. Como ya señalamos en el trabajo antes indicado[12], creemos que los jueces deben exigir a los presentantes de un PR para homologación una cierta diligencia y buena fe procesal que haga que realmente intenten que los acreedores se enteren del PR, y en este caso no da la impresión de que fuese así. En todo caso, compartimos la opinión de la Audiencia en no aceptar este motivo como causa de impugnación. Sobre todo porque, una cosa es que el deudor podría haber hecho más, pero por lo menos sí ha comunicado el plan y los bancos son acreedores profesionales que deben tener equipos que estén vigilando la presentación de preconcursos y peticiones de homologación de PR.

---

12 RECATALA/MADRID/SALINAS, ob. Cit. pp. 906 y 907.

La segunda causa, lo que sucede, y que no es realmente negado por la deudora, es que Bankinter había sido incluido en su totalidad como ordinario (Clase 3), pero tenía una hipoteca constituida por NOVOLINE como garantía de una deuda de un tercero pero sobre un bien propiedad de NOVOLINE. Por ello, Bankinter señala que tiene un trato discriminatorio sobre los créditos de la clase 2 (privilegiados) y que va a cobrar menos que otros de menor rango (como es la clase 3 donde se le ha ubicado). Con buen criterio, la Sala le reprocha a Bankinter que, al no haber impugnado su inclusión en la Clase 3, en vez de ponernos en la Clase 1 o Clase 2 (acreedores con privilegio real), no puede alegar ex art. 655 2 TRLC, ya que no pertenece a una clase que no ha aprobado el plan. Aparte de que, en el caso del art. 655. 2. 3º TRLC, se trata de comparación entre clases de créditos y no de créditos entre sí.

Puede parecer raro, pero realmente la Sala tiene razón. En este sentido, lo que la Sala le indica a Bankinter es que debería haber impugnado la correcta formación de clases, cuando dice:

9.- Debemos resaltar, en relación a estos motivos de impugnación, que BANKINTER no ha invocado una defectuosa formación de clases derivada de su inclusión en la clase 3 (ordinarios), a pesar de ser un acreedor con privilegio especial. El motivo de esta estrategia procesal lo ha revelado el propio impugnante, pues expresamente ***indica que solo quiere quedar excluido del PR****, sin atacar la eficacia del PR. De ese modo, se elude el efecto que sería inevitable si hubiera impugnado la formación de clases (artículo 661.2 TRLC).*

Ciertamente, y aun reconociendo que el TRLC es muy complejo, parece que existe un error estratégico por parte de Bankinter, ya que, al ser su crédito parte ordinario y parte privilegiado especial, no le interesa para nada la quita del 95% de los créditos ordinarios, dado el mero hecho de que no le afecte el plan por el hecho de ser privilegiado, no parece claro si afectaría a su parte ordinaria.

Al final, y sin perjuicio de lo que se verá en la otra causa de impugnación, la realidad es que al haber alegado el 654 7º TRLC, la Sala encuentra una fórmula para salir del atolladero procesal al que le había abogado la impugnante, que es aceptar la impugnación por la no pasar la prueba del "interés superior de los acreedores".

2.- En relación con este motivo impugnatorio, BANKINTER acompaña dos certificados de tasación de la finca hipotecada (245.022,78.- € a fecha 24 de marzo de 2020 y 190.007,00.- € a 27 de diciembre de 2022) de entidades homologadas e inscritas en el Banco de España, conforme a los requisitos que exige el artículo 273 TRLC, y que se adjuntan como documentos núm. 11 y 12. Las cantidades que se barajan evidencian la certeza absoluta de que el acreedor hipotecario percibiría una cantidad superior a los 9.574,67 euros que habría de percibir para el caso de cumplirse el PR.

13.- En atención a estos datos, resulta palmario que en un escenario concursal BANKINTER percibiría una cantidad muy superior a la que le ofrece el plan. A estos efectos, debemos tener en cuenta el artículo 213 TRLC dispone que el acreedor privilegiado tendrá derecho a recibir el importe resultante de la realización del bien o derecho en cantidad que no exceda de la deuda originaria.

De todos modos, la situación es muy rara, ya que para calcular el interés superior del acreedor se tiene en cuenta una hipoteca sin cambiar la condición de acreedor ordinario de Bankinter.

Esto nos lleva a un tema esencial: ¿Realmente es este un caso de incorrecta formación de clases? Tenemos nuestras dudas. En nuestra opinión, no es que las clases estén mal formadas, ya que existe una Clase 2 para créditos con garantía real y, en función del art. 626 TRLC nada hubiera impedido que se incluyese en dicha clase a la parte privilegiada del crédito de Bankinter. Es decir, se podría alegar ex art. 654 1º TRLC que no se ha cumplido el requisito de contenido del convenio, ya que la relación de créditos con garantía real, tiene un error. Y entonces subsanarlo y, en consecuencia, valorar si las mayorías han sido bien conformadas ex. art. 654 2º TRLC. Si ese error de inclusión del crédito pasa la “prueba de resistencia” no podría alegarse la violación del 654. 2º TRLC y, en consecuencia no podría invalidarse el plan entero (ex art. 661. 2 TRLC). Por ello si, a pesar de todo, se tienen las mayorías o es una clase que se ve arrastrada a pesar de no haber aprobado el plan, se podría considerar que no afecta el plan a este acreedor por existir la causa de impugnación del art. 654 1º TRLC pero no que el plan pierda toda su eficacia frente a todos.

Como se ve claramente de lo que insinúa la Sala, no parece ser ésta la forma de verlo de la misma. Si hay un error de inclusión de un acreedor en una clase, ese error lleva a una incorrecta formación de las clases y, por ende, a la pérdida de eficacia de todo el plan. Para evitar repeticiones, nos remitimos a lo que se verá en el apartado siguiente, donde desarrollamos la argumentación al respecto esgrimida por la Sala.

II.4. La impugnación del resto de acreedores

El resto de las impugnaciones se basan ya exclusivamente en el art. 654. 2º TRLC, falta de mayorías necesarias y defecto en la formación de clases, pero con tres argumentos muy diferentes.

El primero es la alegación de que la Clase 1 del plan está mal formada porque el único crédito que la conforma no se ve afectado por el PR.

1.- SEYMOURE AND HINES, S.L y ESTEL ADVANCE PROJECTS, S.L. (en adelante SEYMOURE y ESTEL), STRONGHOLD CAPITAL LIMITED (en adelante STRONGHOLD) y AUCTUS SITUACIONES ESPECIALES S.L. (en adelante AUCTUS) han impugnado el PR con sustento, entre otros, en el motivo impugnatorio contemplado en el artículo 654.2º TRLC, consistente en que "la formación de las clases de acreedores y la aprobación del plan, no se hayan producido de conformidad con lo previsto en los capítulos III y IV de este título"(título III —planes de reestructuración— del libro II —del derecho preconcursal—).

2.- Los impugnantes resaltan que el único crédito que conforma la clase primera, que titula STX, por importe de 63.500€, realmente no está afectado por el PR.

3.- Ciertamente, el compromiso de STX de aportar en el futuro nueva financiación podría constituir una obligación asumida por el acreedor, pero en sí misma es neutra respecto al crédito recogido en la clase primera.

4.- La posibilidad de convertir este crédito en capital se configura como una facultad atribuida al acreedor, no como una medida modificativa del crédito. Así resulta del apartado «Efectos sobre los socios», en el que se indica que STX podrá optar por la asunción de participaciones de forma proporcional al importe de la «Nueva Financiación».

5.- En esa misma línea, en el apartado «Deuda Afectada. Plan de Reestructuración» del Plan de Viabilidad, se indica que la financiación interina «se podrácapitalizar en su totalidad en NOVOLINE «a voluntaddel acreedor».

6.- El artículo 616.1 TRLC define normativamente qué créditos se consideran afectados al PR. Según este precepto, se considerarán créditos afectados aquellos que en virtud del plan de reestructuración sufran una modificación de sus términos o condiciones. A título enunciativo, se indica que una de esas modificaciones es la conversión del crédito en acciones o participaciones sociales. Sin embargo, el PR objeto de la litis no recoge esta conversión ni ninguna otra modificación que "sufra" el crédito. Simplemente contempla una facultad del acreedor que podrá ejercitar en el futuro a su voluntad.

7.- La consecuencia es que la clase en cuestión debe situarse fuera del perímetro de afectación del PR y que el acreedor del crédito concernido carece derecho de voto, tal y como claramente se deduce de lo dispuesto en los artículos 622 y 628.1 TRLC

Este argumento es interesante pero hay que entenderlo bien. El hecho de que la financiación interina sea a futuro no debería plantear problema alguno porque, por la misma forma de pensamiento, entonces cualquier apertura de crédito no podría ser susceptible de ser incluida como crédito afecto en un PR. Lo realmente interesante aquí es saber si la posibilidad facultativa de conversión de deuda en capital es una afectación a efectos del art. 616 TRLC. El hecho de que la conversión sea facultativa realmente no implica que no exista afectación. Es cierto que la dicción del art. 616 TRLC parece dar a entender que la afectación debe ser actual y no potencial, pero eso cuadra mal con la flexibilidad que ha querido dar el legislador a la posibilidad de que se puedan proponer PR de muy distinta naturaleza y contenido. Una vez más nos faltan datos pero, supongamos que el PR lo que dijera es que el crédito no se ve modificado pero, si el deudor no cumple puntualmente con los pagos (que serían los originarios del "crédito afecto"), el acreedor por financiación interina tiene la facultad de exigir el pago o convertir en capital. Es decir, si se configura esta cláusula como una opción para el caso de incumplimiento del "crédito afecto", que en este caso ha mantenido sus condiciones crediticias originales. Nótese que esta cláusula, que observamos en algunos PR actuales, puede tener sentido, porque dado que según el art. 671 TRLC el incumplimiento de los PR, salvo para el crédito público, no permite, a diferencia de los convenios concursales, pedir la resolución del PR sino, si hay insolvencia, volver a pedir un PR si ha pasado el plazo de un año (cfr. art. 664 TRLC) o ir a un procedimiento concursal. Con lo que el acreedor que no quiera pasar por una ejecución singular de su crédito de difícil resultado o por pedir un concurso necesario, puede tener como opción la capitalización que, además, contaría con las facilidades para su ejecución que establecen el art. 650 TRLC.

En definitiva, realmente no está paladinamente claro que la clase 1 de este PR no fuese un "crédito afecto" a los efectos del art. 616 TRLC. La Sala ha optado por considerar que no lo era, pero no resultaría difícil redactar un PR con un contenido muy parecido que pudiese salvar este escollo. Por ejemplo, poniendo una espera muy corta de seis o doce meses, y así dejar un crédito casi intacto, pero aun así susceptible de conformar una clase. Por otro lado, la decisión de la Sala puede traer alguna duda sobre las cláusulas que hay en algunos PR que contemplan el propio incumplimiento del PR obligando o proponiendo entonces la conversión del crédito en capital. Sobre todo, por considerar si es o no un contenido válido a la luz del art. 671 TRLC. ¿Si el incumplimiento de un PR no afecta al PR, por qué un PR puede prever su propio incumplimiento? ¿No es eso un fraude de ley al 671 TRLC que dice que, si hay insolvencia cualquier legitimado podrá pedir la declaración de concurso? Por tanto, es un tema discutible y sobre el que quizás la Sala no ha valorado el "efecto mariposa" que puede tener en contenidos parecidos de otros PR.

Una segunda objeción interesante que se hace a esta Clase 1 de "financiación interina", es que se ha infringido el art. 624 TRLC ya que se crean dos clases 1 y 2 que tienen la misma prenda de créditos futuros como garantía.

8.- Se argumenta como motivo de impugnación que las clases están mal formadas porque las clases 1 y 2 incluyen créditos de un mismo acreedor con privilegio especial que gravan los mismos bienes o derechos. De ese modo se infringe lo dispuesto en el artículo 624 TRLC, a cuyo tenor "los créditos con garantía real sobre bienes del deudor constituirán una clase única, salvo que la heterogeneidad de los bienes o derechos gravados justifique su separación en dos o más clases".

9.- Compartimos el razonamiento indicado, pues tanto el crédito contemplado en la clase 1 como el contemplado en la clase 2 están garantizados con la misma prenda sobre créditos futuros derivados del contrato de factoring suscrito con la entidad MANTECABA. Por tanto, el hecho de que el crédito de la clase 1 pueda referirse, hipotéticamente, a financiación interina es insuficiente para establecer la separación entre estas dos clases.

Una vez más, estamos ante una forma de razonar discutible. Si el propio art. 615 TRLC reconoce que una de las finalidades propias de los planes de reestructuración puede ser la protección de la financiación interina, parece que existe una cierta antinomia entre el 615 y el 624 TRLC que aboca a que, si existen razones porque el crédito sea una financiación interina, aunque no existan motivos ex 624 TRLC para crear una clase aparte, sí sería posible crearla, ya que se podría apoyar en el propio art. 615 y concordantes del TRLC. Es decir, el 624 TRLC no sería un *numerus clausus* de los casos en que una garantía real puede verse fraccionada en clases diferentes, ya que podrían existir criterios externos a dicho precepto, basados en la naturaleza del crédito y no de la garantía real, que permitan dicho fraccionamiento. Obviamente, no se debe poder admitir cualquier tipo de "ocurrencia" del proponente del PR, pero la financiación interina no parece que pueda considerarse como tal. No ocultamos que aquí estamos más cercanos a la forma de razonar que tenía el Juez de lo Mercantil en su Auto que a la de la Sala.

En el fondo, en realidad, lo que planea alrededor de esta "financiación interina" es que estamos ante un crédito simulado creado con la sola intención de generar la mayoría de clases necesaria para aprobar el plan. Lo que sucede es que, ante la gran dificultad de prueba de la simulación, que debería ir en un declarativo aparte, se buscan otros argumentos más formalistas para atacar la eficacia de la maniobra que se pretende atajar. Como ya hemos expuesto, no nos parece mal que los jueces controlen los PR incluso dilatando algo el tenor de la ley. El problema es que, como sucede en este caso, eso lleva a veces a interpretaciones algo restrictivas que hay que evitar que se extrapolen a supuestos diferentes en los que pueda no existir esta sospecha de fraude que planea en este caso.

Para finalizar, se alega que muchos de los créditos en realidad eran de personas especialmente relacionadas con lo que tendría que haberse colocado en la Clase 4 de acreedores subordinados. Por su interés reproducimos el detallado razonamiento de la Sala:

10.- Los impugnantes también consideran mal formadas las clases porque en la clase 1 (crédito privilegiado), la clase 2 (créditos privilegiados) y clase 3 (créditos ordinarios) se han incluido acreedores que son personas especialmente relacionadas con la deudora (en adelante PER). En atención a esta circuns-

tancia, los impugnantes consideran que el PR debió atribuir a estos acreedores la condición de subordinados (artículo 281.1.5º TRLC).

11.- El motivo ahora invocado se refiere en concreto a la sociedad STX, cuyos créditos se han incluido en las clases 1 y 2 con privilegio especial; a STARPHONE, TRANSPORT e INTERNATIONAL, cuyos créditos se han incluido en la clase 2 como acreedores con privilegio especial; y a SPORTBALL ENTERPRISES S.L. (en adelante SPORTBALL), cuyo crédito se ha incluido en la clase 3 como crédito ordinario.

*12.- **La condición de PER de las sociedades mencionadas trae causa de los Sres. Verónica y don Julio. Según consta en el libro de socios, la Sr. Verónica adquirió en fecha 2 de julio de 2009 un 25% del capital; y el Sr. Julio adquirió en fecha 30 de noviembre de 1999 un 33,60% del capital, si bien, a partir del 2 de julio de 2009 es titular de un 25% del capital.** Así está reflejado en el libro de socios. Además, según consta en la información mercantil que se adjunta como anexo al informe pericial de NXT FORENSIC, expedida por el Registro Mercantil de Madrid en fecha 5 de agosto de 2024, la Sra. Verónica es administradora única de NOVOLINE desde el 18 de noviembre de 1999.*

*13**.- La primera conclusión, por consiguiente, es que las dos personas físicas indicadas son PER de NOVOLINE (artículo 283.1.1º y 2º TRLC). Lo que habría que analizar a continuación si las sociedades ya mencionadas son PER respecto de estas personas físicas, pues en ese caso, también sería PER de NOVOLINE (artículo 283.1.1º in fine TRLC).***

*14**.- Don Julio ostenta el 99% del capital de STX** desde el día 28 de enero de 2021, según consta en el libro de socios.*

15.- El crédito incluido en la clase 2 a favor de STX deriva de un reconocimiento de deuda por importes entregados entre el 16 de abril de 2021 y el 7 de mayo de 2024, según consta en un anexo de la escritura de elevación a público de contrato privado de prenda de primer rango de derechos de crédito de factoring de fecha 7 de mayo de 2024.

*16.- En consonancia, **STX también es PER con NOVOLINE desde el 28 de enero de 2021**, dado que STX está controlada por el Sr. Julio a partir de la fecha indicada (artículo 283.1.1º en relación el artículo 282.4º TRLC y 42 del Código de Comercio). **En definitiva, el crédito incluido en la clase 2 a favor de STX debe considerarse subordinado (artículo 281.1.5º TRLC), porque nació cuando ya existía una situación de subordinación.***

*17.- El crédito incluido en la clase 2 a favor de **STARPHONE** deriva de un reconocimiento de deuda por importes entregados entre el primer trimestre de 2012 y el segundo semestre de 2019, según consta en un anexo de la escritura de elevación a público de contrato privado de prenda de primer rango de derechos de crédito de factoring de fecha 8 de mayo de 2024.*

*18.- **Doña Verónica es administradora única** de STARPHONE desde el 24 de abril de 1998, según consta en la información registral, recabada del Registro Mercantil con fecha 5 de agosto de 2024, que figura como anexo al informe pericial NXT FORENSIC. Según consta en el libro de socios, **doña Verónica era socia única** de la compañía cuando se efectuó ese nombramiento. Desde el 2 de julio de 2009 es titular del 25% del capital.*

*19.- **STARPHONE es PER de NOVOLINE desde el 18 de noviembre de 1999, fecha en que doña Verónica fue nombrada administradora única de NOVOLINE.** Ello es así porque en esa fecha STARPHONE ya estaba controlada por doña Verónica en su condición de socia única y administradora única de esa entidad (artículo 283.1.1° en relación el artículo 282.4° TRLC y 42 del Código de Comercio). **Tal situación de control no desapareció con las enajenaciones posteriores de acciones, porque a pesar de perder la condición de socia única, doña Verónica conservó la condición de administradora única.***

*20.- **La consecuencia es que el crédito incluido en la clase 2 a favor de STARPHONE debe considerarse subordinado (artículo 281.1.5° TRLC) porque nació cuando ya existía una situación de subordinación.***

*21.- El crédito incluido en la clase 2 a favor de **TRANSPORT** deriva de un reconocimiento de deuda por importes entregados entre primer semestre de 2016 y el segundo semestre de 2023, según consta en un anexo de la escritura de elevación a público de contrato privado de prenda de primer rango de derechos de crédito de factoring de fecha 8 de mayo de 2024.*

*22.- **Doña Verónica es administradora única de TRANSPORT** desde el 2 de marzo de 1999, según consta en la información registral, recabada del Registro Mercantil con fecha 5 de agosto de 2024, que figura como anexo al informe pericial NXT FORENSIC. Tal y como aparece en el libro de socios, doña Verónica era socia única de la compañía cuando se efectuó el nombramiento. **Actualmente es titular del 25% del capital desde el 2 de julio de 2009.***

*23.- **TRANSPORT es PER con NOVOLINE desde el 18 de noviembre de 1999, fecha en que doña Verónica fue nombrada administradora única de NOVOLINE.** Ello es así porque en esa fecha TRANSPORT ya estaba controlada por doña Verónica en su condición de socia única y administradora* *única de esa entidad desde (artículo 283.1.1º en relación el artículo 282.4º TRLC y 42 del Código de Comercio).* ***Esa situación de control no desapareció con las enajenaciones accionariales posteriores, pues a pesar de perder la condición de socia única, doña Verónica conservó la condición de administradora única.***

24.- ***La consecuencia es que el crédito incluido en la clase 2 a favor de TRANSPORT debe considerarse subordinado (artículo 281.1.5º TRLC).***

25.- El crédito incluido en la clase 2 a favor de ***INTERNATIONAL*** *deriva de un reconocimiento de deuda por importes entregados primer semestre de 2012 y el segundo semestre de 2022, según consta en un anexo des escritura de elevación a público de contrato privado de prenda de primer rango de derechos de crédito de factoring de fecha 8 de mayo de 2024.*

26.- ***Doña Verónica es administradora única de INTERNATIONAL*** *desde el 25 de octubre de 2001, según consta en la información registral obrante como anexo al informe pericial NXT FORENSIC obtenido del Registro Mercantil con fecha 5 de agosto de 2024. Desde esa misma fecha es titular del* ***50% del capital.***

27.- ***INTERNATIONAL es PER con NOVOLINE desde el 25 de octubre de 2001, fecha en que doña Verónica fue nombrada administradora única de INTERNATIONAL. Ello es así porque en esa fecha doña Verónica ya era administradora única de NOVOLINE (artículo 283.1.1º en relación el artículo 282.4º TRLC y 42 del Código de Comercio).***

28.- La consecuencia es que el crédito incluido en la clase 2 a favor de INTERNATIONAL debe considerarse subordinado (artículo 281.1.5º TRLC).

29.- ***Don Julio ostenta el 100% del capital de SPORTBALL*** *desde su constitución, el día 1 de septiembre de 2009, según consta en el libro de socios.*

30.- ***El crédito incluido en la clase 3 a favor de SPORTBALL deriva de serie de transferencias efectuadas entre el 20 de octubre de 2011 y el 23 de junio de 2017, tal y como aparece en un documento aportado por NOVOLINE.***

31.- ***En consonancia con lo expuesto, SPORTBALL es PER con NOVOLINE desde la constitución de SPORTBALL el 1 de septiembre de 2009, fecha en la que el Sr. Don Julio ya ostentaba una participación significativa en NOVOLINE*** *(artículo 283.1.1º en relación el artículo 282.4º TRLC y 42 del Código de Comercio).* ***La consecuencia es que el crédito incluido en la*** *clase 2 a favor de SPORTBALL debe considerarse subordinado (artículo 281.1.5º TRLC).*

32.- En virtud de todo lo razonado, hemos de concluir que tanto la clase 2 como la clase 3 están mal formadas porque los acreedores integrados en ellas no responden a un interés común, bajo la consideración de que tienen interés común los créditos de igual rango determinado por el orden de pago en el concurso de acreedores (artículo 623.1 y 2 TRLC).

33.- Las clases concernidas no se han producido de conformidad con el precepto indicado porque los acreedores integrados en ellas presentan rangos heterogéneos. En la clase 2 se integran acreedores con privilegio especial junto con acreedores con créditos subordinados y en la clase 3 se integran acreedores con créditos ordinarios junto con SPORTBALL, que ostenta un crédito subordinado.

34.- Tal y como hemos indicado, el defecto en la formación de clases da lugar de forma inexorable a la ineficacia del PR (artículo 661.2 TRLC).

Hemos de aplaudir la precisión y detalle del razonamiento de la Sala. Sin embargo, tenemos nuestras dudas sobre el carácter automático que da a la constatación de que habiendo acreedores mal ubicados en las clases, se debe considerar que las clases están mal formadas. Según lo que opina la Sala, constatado el error (ya sea querido o no), lo que hay que entender es que la clase está mal formada porque tiene acreedores heterogéneos. Sin embargo, también se podría considerar no que la clase esté mal formada, sino que se han incluido acreedores que no deberían estar en dicha clase.

Como veremos, este matiz no es baladí, ya que si se aceptase el criterio de la mala colocación podría entrar en juego la prueba de resistencia que fue alegada por NOVOLINE en su defensa. Como señala la Sala:

35.- NOVOLINE mantiene la tesis de que un hipotético defecto en la formación de clases no debe dar lugar a la ineficacia del plan, siempre que se supere el denominado "test de resistencia". Al efecto indicado, NOVOLINE entiende que el tribunal deberá comprobar si concurren las mayorías necesarias, una vez subsanados los posibles defectos en la formación de clases afectadas.

36.- La tesis mencionada parte de una premisa que la Sala no comparte: que el tribunal puede subsanar los defectos existentes en la formación de las clases afectadas. El PR es un instrumento preconcursal cuyo funda-

mento radica en la voluntad mayoritaria de los interesados. Esa voluntad no se puede alterar, modificar sustituir por el tribunal, pues lo contrario significaría imponer unas condiciones no previstas e incluso contrarias a lo acordado por los afectados. En consonancia con lo indicado, la labor del tribunal debe limitarse a constatar si concurren las circunstancias precisas para extender la eficacia del acuerdo a los disidentes.

37.- Por la razón indicada, la estimación del motivo impugnatorio previsto en el artículo 654.2º TRLC en relación a la formación de clases, da lugar de forma inexorable a ineficacia del PR, pues así lo dispone expresamente el artículo 661.2 TRLC.

Este es, sin lugar a dudas, el punto más novedoso e interesante de la decisión de la Sala. No es posible subsanar errores de colocación de acreedores en un PR, ya que ello supondría alterar la bases por las que los acreedores emitieron su voto.

No le falta razón a la Sala en lo que dice. No es lo mismo que yo vote a favor pensando que soy un acreedor privilegiado, que sabiendo que soy un crédito subordinado. Pero si, vote lo que vote, el resultado hubiese sido el mismo, no está muy claro por qué todo el PR debe perder eficacia. Como ya hemos indicado, se podría utilizar el 654 1º TRLC para conseguir que el incorrectamente ubicado consiguiese la ineficacia frente a él del plan, pero sin provocar la ineficacia total del PR que, si realmente ha pasado la prueba de resistencia, es que contaba con mayorías suficientes para ser aprobado.

En definitiva, que aunque entendemos la decisión de la Sala, creemos que aceptar la prueba de resistencia podría haber sido un buen mecanismo para evitar que, por errores en la correcta ubicación de los acreedores en cada clase, incluso nimios en cuestión de votos emitidos, se pueda impugnar y hacer totalmente ineficaz la homologación de un PR. No parece que fuera ésta la *ratio legis* a la hora de establecer la nueva normativa y puede provocar que PR perfectamente legítimos y equilibrados (lo que no parece que fuese el caso de autos), pierdan eficacia por defectos de entidad menor.

III. ESTRATEGIA PROCESAL FRENTE AL ENDURECIMIENTO DE LOS REQUISITOS PARA HOMOLOGAR EL PLAN DE REESTRUCTURACIÓN

Como ha demostrado el ejemplo de NOVOLINE, dado que cada vez hay más formas de atacar la homologación de un plan de reestructuración y, no sólo con efectos de ineficacia con respecto al impugnante vencedor de la impugnación, sino con el riesgo de que devenga ineficaz todo el plan, es muy interesante preguntarnos: ¿qué estrategias procesales puedo aplicar al respecto y cuáles son sus pros y contras?

Obviamente, todo depende de a quién represente uno, al acreedor o deudor solicitante del plan, o a los que pretenden oponerse al mismo. Dado el carácter poliédrico de la regulación legal, las opciones son múltiples y habrá que estar al supuesto concreto. El Derecho preconcursal y concursal no es un *pret a porter* sino una labor de sastrería fina con soluciones *tailored made.* En todo caso, hay tres hitos básicos a tener en cuenta:

El primero, es valorar si pido o no la confirmación previa de clases. Porque, aunque inicialmente no se veía demasiado su utilidad, dado que iba a ser "tan fácil" homologar los planes, ahora quizás más de uno se piense si prefiere usarlo antes de lanzarse al vacío de aprobar un plan que luego sea declarado ineficaz por los tribunales. O, como veremos, incluso pueda ser una opción a valorar por los acreedores con más del 50% de la deuda, como medida dilatoria de la presentación del plan.

El segundo, más conocido y usado, sería si el proponente pide o no que la homologación se haga con contradicción previa.

Y el tercero si, a pesar de los riesgos, compensa seguir el procedimiento normal, y hasta qué punto se arriesga uno al dejar que la Audiencia sea el foro donde los acreedores puedan tratar de atacar la homologación.

Creemos que es un ejercicio que vale la pena realizar y, como se verá, quizás nos abra los ojos a que, en materia de planes de reestructuración, queda todavía mucho por descubrir y muchas a interesantes polémicas que tendrán que ser resueltas por los tribunales.

III.1. La opción de pedir la confirmación previa de la formación de clases

Recordemos brevemente qué es la confirmación previa[13]. Está regulada en los 625 y 626 TRLC que dicen:

Artículo 625. Confirmación judicial facultativa de las clases de acreedores. *El* ***deudor*** *y los* ***acreedores que representen más del cincuenta por ciento del pasivo que vaya a quedar afectado por el plan de reestructuración*** *estarán legitimados para solicitar la confirmación judicial de la correcta formación de las clases con carácter previo a la solicitud de homologación del plan de reestructuración.*

Artículo 626. Procedimiento para la confirmación judicial de las clases.

1. Cualquiera de los legitimados podrá solicitar ***la confirmación de una o varias clases*** *al juez competente para conocer de la homologación del plan. A la solicitud deberá acompañarse la acreditación de la comunicación de* ***la propuesta de formación*** *de la clase o clases a las partes afectadas por la confirmación judicial, donde se les haya anunciado la presentación de esta solicitud.*

2. El juez, si considera que posee competencia internacional y territorial, dictará providencia admitiendo la solicitud a trámite. La providencia se publicará en el Registro público concursal.

3. Los ***acreedores que puedan verse afectados por la formación*** *de clases solicitada podrán presentar escrito de* ***oposición*** *dentro de los* ***diez días*** *siguientes a la publicación de la providencia. El juez resolverá por medio de* ***sentencia*** *dentro de los cinco días siguientes a la conclusión del plazo de oposición. La resolución judicial* ***no será susceptible de recurso alguno****.*

4. ***En el caso de que se hayan confirmado las clases propuestas por el solicitante, la formación de clases no podrá invocarse como motivo de impugnación u oposición a la homologación judicial del plan.***

Aunque la norma es muy parca, podemos sacar algunas conclusiones: La primera es que la confirmación de clases la pueden pedir tanto el deudor como los acreedores que representen más del 50% de las clases afectadas y que es previa a la solicitud de homologación.

---

13 Vid. entre muchos González Vázquez, J. C. "Algunas cuestiones y dudas sobre el alcance de la confirmación previa de clases. A propósito de dos recientes resoluciones judiciales", publicado el 18 de julio de 2024, en Píldoras Mercantiles.

Aquí surge la duda de si la legitimación de los acreedores lo es sólo para los casos en que éstos sean los promotores de la presentación del PR. Un poco en la línea de esa especial relevancia que le confieren artículos como el 637 TRLC. Sin embargo, en nuestra opinión, como la ley no distingue, debe permitirse pedir la confirmación a los acreedores con más del 50% incluso aunque no sean proponentes del plan.

III.1.1. Desde la posición del proponente del Plan de reestructuración

Desde la perspectiva del proponente, un tema importante, es si la confirmación debe ir junto con un PR o puede ser previa a la misma. En nuestra opinión, una vez más la literalidad de la norma implica que se puede seguir ambas posibilidades. Se puede decir cuál es la distribución de clases que se está barajando y pedir su confirmación incluso antes de anunciar cuáles serían las quitas, esperas o demás condiciones propuestas. O se puede también notificar el PR a los acreedores y mientras se está recabando votos pedir la confirmación de clases.

Creemos que dar opciones al proponente no es malo y la única pega que se podría dar a la posibilidad de pedir confirmación de clases sin acompañar la propuesta de PR, que sería que los acreedores no tienen toda la información sobre qué les van a proponer es en el fondo una falacia, porque lo único que va a evitar la confirmación previa de las clases es impugnar la formación de clases. Supongamos que luego el acreedor quiere impugnar que se le ha considerado como ordinario y tenía que ser considerado privilegiado, en nuestra opinión, a pesar de la confirmación previa, eso se podría alegar y, si afecta a la correcta formación de mayorías, podría incluso llevar a la ineficacia del plan ex art. 654 2º TRLC. Recuérdese, en este sentido lo que hemos defendido al comentar el caso NOVOLINE[14].

---

[14] Por decirlo de otra forma, confirmar una clase no significa confirmar que todos los incluidos en dicha clase debieran estar incluidos en la misma. Confirmar que hay acreedores con privilegio especial pignoraticio, no significa que si se incluye uno que tiene una promesa de prenda pero no una prenda, se deba considerar que la clase está mal configurada. Lo que ha habido es un error,

El gran aliciente que tiene esta medida para el proponente es lo que señala el art. 626 TRLC, el juez de lo mercantil resuelve con sentencia sin posibilidad de recurso alguno y, además, ello impide alegar la incorrecta formación de clases como causa de impugnación.

Aquí está la clave en términos de estrategia procesal. Pongamos, por ejemplo, que fuésemos NOVOLINE. Sabemos que estamos proponiendo un PR cuya distribución de clases puede ser discutida. Podemos aceptar el riesgo y dejar la discusión a la contradicción previa del Juez de lo Mercantil y dejar que sea luego la Audiencia la que decida. Pero si finalmente, como sucedió en este caso, se declara la ineficacia del PR, nos encontramos, un año después y en plena ejecución del PR, con que dicho PR no vale y nos ponemos ante la tesitura de tener que volver a pedir un 585 TRLC si ha pasado el plazo del art. 609 TRL y proponer un nuevo PR, que no se vería afectado por la prohibición del art. 664 TRLC.

Es decir, si es preferible saber pronto si el plan va a estar protegido más allá de la ineficacia puntual frente a algunos de los acreedores (aunque recordemos que todavía podríamos tener el peligro del cómputo de mayorías), sin duda la confirmación previa de clases puede ser una fórmula a utilizar, por ejemplo, de forma coetánea o muy cercana con la presentación del art. 585 TRLC y mientras se pergeña la negociación con los distintos acreedores para terminar de preparar el PR.

Como demuestra el caso NOVOLINE, la amenaza de la ineficacia del PR por defectuosa formación de clases es real y peligrosa, con lo que quizás en algunos casos valga la pena tratar de atajarla desde un principio.

---

provocado no no intencionado, pero en puridad la clase está perfectamente configurada. Esto es muy parecido a la impugnación de créditos en el concurso. Es muy probable que haya errores e incluso discrepancias entre proponente y acreedores sobre por qué se les ha incluido en una clase u otra, pero eso no creemos que deba ser considerado como que la clase está mal constituida.

III.1.2. Posibilidades de los acreedores que representen más del 50% no proponentes de pedir la confirmación de clases

Como hemos señalado en el apartado anterior, en nuestra opinión, los acreedores que representen más del 50% tienen la legitimación propia para pedir la confirmación previa de clases *incluso aunque no sean los proponentes del plan*. Ello abre un abanico de posibilidades estratégicas para los acreedores que estén en contra el PR que se les quiere imponer.

La situación sería básicamente que los acreedores reciben una propuesta de PR para que voten a favor y quieren oponerse a ella con todos los medios posibles. Si realmente agrupan más del 50% de los créditos, podrían plantearse como alternativa presentar ante el juzgado una petición de **no confirmación** de clases, ya que así podrían conseguir la ineficacia del PR de forma muy temprana, e incluso presentar un PR competidor mientras se ataca el PR con el que no están de acuerdo. Por otro lado, incluso en supuestos discutibles, podría conseguir dilatar la posibilidad de pedir la homologación del PR, porque es discutible si el juez puede admitir que se presenten la solicitud de homologación del PR cuyas clases están siendo confirmadas antes de haber resuelto la confirmación judicial de clases.

Lo que tienen que entender los acreedores es que, obviamente incentivado por la labor de los letrados de los proponentes, pueden encontrarse ante una cierta resistencia por parte de los jueces a admitir este trámite. Por ejemplo, alegando que la ley prevé pedir la "confirmación" pero no la "no confirmación". Y que la referencia a los acreedores lo es sólo para incluir la legitimación en los casos en que los acreedores sean los proponentes del PR.

Sin embargo, como demuestra también el caso NOVOLINE con lo que pasó antes de la homologación del plan, en la que los acreedores se opusieron a pesar de no haberse pedido la contradicción previa; es que cuanto antes empiecen a defenderse de posibles irregularidades, incluso aunque puedan no tener un éxito inicial, como pasó en dicho caso que el plan sí fue homologado, ese trabajo probablemente no caiga en saco roto en posteriores instancias.

III.2. La opción de pedir la homologación con contradicción previa

Como señalamos al principio, junto con el procedimiento "ordinario" de homologación, el TRLC, en sus artículos 662 y ss., contiene la posibilidad de realizar otro procedimiento "especial" de homologación, cuya especialidad radica en que la impugnación a la homologación se realiza, con carácter previo al auto de homologación, y ante el mismo juez que conoce de la homologación. Lo que, por ende, hace que la sentencia de homologación dictada por el juez de concurso, carezca de recurso alguno. En cuanto a su procedimiento, nos dice el art. 663 TRLC:

Especialidades.

La oposición de las partes afectadas se tramitará por los cauces del incidente concursal con las especialidades siguientes:

1ª La providencia que admita a trámite la solicitud de homologación se publicará en el Registro público concursal con indicación del lugar donde el plan queda a disposición de los acreedores afectados y, en su caso, de los socios, para que en un plazo de quince días desde su publicación registral puedan formular oposición.

2ª La legitimación y los motivos de la oposición se sujetarán a las normas previstas para la impugnación del plan en la sección 3ª de este capítulo, incluyendo la falta de competencia internacional o territorial.

3ª Todas las oposiciones, incluidas las fundadas en la falta de competencia judicial, se tramitarán conjuntamente, y se dará traslado de todas ellas al solicitante de la homologación para que, en un plazo común de quince días conteste a la oposición.

4ª La sentencia que resuelva sobre el incidente se dictará en un plazo de un mes y no será susceptible de recurso.

En definitiva, todas las oposiciones, incluidas las de falta de competencia y de impugnación de la homologación, se concentran en un único procedimiento que sigue los trámites del incidente concursal, y que son resueltos por el juez de lo mercantil mediante sentencia.

La pregunta que nos podemos hacer es, qué conviene más. El procedimiento "sin contradicción previa" o "con contradicción previa". Aunque, obviamente habrá que acudir al caso concreto, la realidad es que los incentivos para utilizar el proceso de contradicción previa son muy poderosos.

Nótese como con la publicación de la providencia de admisión a trámite de la homologación (cfr. art. 664 TRLC), empezará a contar el plazo de quince días a que hace referencia el art. 663. 1. TRLC con lo que, a diferencia del procedimiento sin contradicción, el plazo que tienen los posibles acreedores o socios con intención de impugnar el plan para prepararlo, se reduce considerablemente.

Por otro lado, el que ya en primera instancia la homologación adquiera firmeza, tiene un atractivo indudable, ya que muchas veces los caballeros blancos condicionan la totalidad de la financiación adicional u otras condiciones del plan a su firmeza. Con lo que se puede conseguir certeza de sobre el resultado de la homologación con mucha más rapidez.

La única desventaja es que el proceso de impugnación provoque el retraso de la sentencia de homologación y, por tanto, de la producción de sus efectos (cfr. art. 649 TRLC). Si hay mucha urgencia en su producción, sin duda será un tema a tener en cuenta.

En todo caso, y resumiendo lo ya dicho, y más visto lo visto en casos como NOVOLINE, creemos que en muchos casos el procedimiento con contradicción previa será el procedimiento más conveniente para tramitar la homologación del plan, ya que sus ventajas, en nuestra opinión, superan con creces los inconvenientes.

III.3. La opción de pedir la homologación sin contradicción previa

Como última opción, nos queda el pedir la homologación sin contradicción previa. En este caso básicamente el mayor riesgo que afrontamos es que finalmente tengamos homologado un PR que finalmente sea revocado por la Audiencia, como sucedió en el caso NOVOLINE.

En todo caso, como nos demuestra la experiencia, aunque el retraso o prolongar la incertidumbre puede parecer algo negativo, **en materia concursal a veces lo que realmente quiere el deudor es "comprar tiempo".**

Es decir, si realmente se necesita el PR para ponerlo en marcha y cumplirlo, siendo esencial tener certeza sobre que luego no se vayan a producir sorpresas desagradables, entonces hay correr y buscar la certeza pronto es bueno. Pero si se presenta el plan porque se necesita aliviar la presión financiera, pero no se tiene total certeza si en el medio o largo plazo va a ser suficiente el PR para salir de la insolvencia, presentar el plan, conseguir una homologación relativamente rápida por el juez de lo mercantil, y diferir las impugnaciones a la Audiencia, puede hacer que, entre que se tramita la apelación pase el año desde la solicitud de homologación y, sin duda, ya haya pasado el año desde la presentación del 585 TRLC. Con lo que, si triunfan impugnaciones que declaran la ineficacia total del plan, se puede volver a iniciar un nuevo 585 TRLC con la protección que otorga y una nueva negociación de otro PR. Y si triunfa alguna impugnación con efectos sólo frente al impugnante, pero dichos efectos hacen menos atractivo o inviable el PR, nada impide que se vuelva a pedir un 585 TRLC y se negocie un nuevo PR, con la ventaja adicional de que para los acreedores afectos por PR parcialmente invalidado, no existe la posibilidad de pedir su resolución por incumplimiento, con lo que las quitas y esperas ya acordadas serían el punto de partida con el que iniciar una renegociación con ellos (cfr. art. 671 TRLC).

En definitiva, parafraseando el conocido dicho, en Derecho preconcursal, nada es blanco ni negro, sino una sucesiva progresión de grises.